KB039325

제2판

국제
환경법

이재곤 · 박덕영 · 박병도 · 소병천

박영사

이 저서는 2016년 대한민국 교육부와 한국연구재단의 지원을 받아 수행된 연구임 (NRF-2016S1A3A2925230)

제 2 판 서문

'국제환경법'이 출판된 후 거의 5년이 흘렀다. 부지런하지 못한 저자들이지만 책을 개정하여 제2판을 내야 한다는 의무감을 갖도록 자극한 핵심적인 이유는 다음 두 가지 점이다. 우선, 세월의 빠른 흐름 속에서도 국제환경법과 관련된 조약과 각종 국제문서의 채택, 국가 관행의 발전과 변화, 국제재판소 및 국내의 판결 등이 빠르게 축적되어 이러한 내용을 반영하지 않으면 책의 국제환경법 교과서 또는 참고서로서의 유용성과 생명력을 가질 수 없게 되었다는 점이다. 둘째는 서둘러 첫 출판을 한 후 책의 편제, 포함되어야 할 국제환경법 주제, 서술방향과 정도, 용어 통일 등에서 개선할 점들이 적지 않게 발견되었다는 점이다.

시의성 있는 책이 되게 하기 위하여 그동안의 국제환경법 상황의 변화를 반영하였는데, 기후변화에 관한 파리협정의 채택과 발효 및 이행을 위한 협상의 진행과 진전이 가장 중요한 부분이다. 수은의 국제적 규제를 위한 미나마타협약의 발효, 유전자원의 접근과 형평한 이익공유를 위한 나고야의정서의 발효, 국가관할권이원해역의 해양생물 자원보존을 위한 국제법규 논의 등도 포함된다. 또한 지속가능발전목표(SDGs)와 같은 새롭게 채택된 국제문서와 남극해 포경사건, 산후안강 하안도로사건 등 국제환경법 쟁점을 가진 국제 판례 등도 반영된 내용 중 하나이다.

책의 편제 등에 변화를 준 것으로는 첫째로, 국제환경법과 다른 국제법분야와의 교차 지점이 있는 문제를 포함시켰는데 '인권과 국제환경법', '무력충돌과 국제환경법'이 그것이다. 둘째로, 대한민국이 그동안 국제환경법과 관련하여 보여준 여러 관행과 태도를 정리하여 '국제환경법과 한국'이라는 장을 추가하였다. 셋째로, 별도의 장으로 다루었던 '우주환경의 보호'문제는 대기환경 등의 보호를 다루는 장의 일부로 편입하였고 별도의 장으로 다루었던 '인류의 공동유산문제'는 전체를 삭제하고 필요한 부분에서 짧게 언급하였다. 넷째로 개별 장에서 다루지 못하였던 국제환경법 쟁점들을 추가하거나 보완하였는데 국제하천의 보호 등을 다룬 장에 '지하수'와 '빙하'의 보호 문제를 추가하였고 위험물질의 규제를 다룬 장에 '유해화학물질' 및 '핵물질'의 규제 문제를 새롭게 추가하였다. 환경과 무역 문제를 다루는 장에서는 '기후변화대응과 통상법적 쟁점'을 추가로 기술하였다.

   용어통일 문제를 해결하기 위해 집필방향 논의 시 용어통일 문제도 함께 논의하였고 또한 추후 용어통일을 위한 별도의 협의를 거쳤다. 하지만 4명의 저자가 자신의 관심분야를 분담하여 집필하다 보니 '지속가능발전'과 같은 주요 국제환경법 개념에서는 어느 정도 통일적인 용어 사용이 이루어졌지만 조약명칭, 기관명칭 등 세밀한 부분에서는 아직도 미세한 차이를 보이는 부분도 있다. 원어를 괄호 안에 넣어 이러한 문제를 해결하려 노력하였지만 독자의 입장에서는 여전히 불편을 느낄 수 있을 것 같아 부족함을 느낀다. 또한 이번 제2판을 출판하면서도 내용이나 표현에서 아직도 결함들이 보인다. 독자제현의 애정 어린 지적을 다시 한번 고대한다.

   환경법 관련 조약 수가 3,000개를 넘은 지 여러 해가 흘렀다. 하지만 여전히 국제환경 상황은 개선보다는 악화되고 있다는 평가가 많고, 큰 태풍과 자연재해가 많았던 지난 여름과 유난히 따뜻한 이번 겨울을 보내며 지구의 환경상황이 인류생존을 위협하고 있다는 것을 구체적으로 실감할 수 있었다. 파리협정 체결을 극적으로 이루어 내고 거의 대부분의 주요 국가의 참여 속에 1년 만에 이 조약이 발효하게 되었을 때 국제사회의 환경문제 해결능력과 의지에 희망을 가져 보기도 하였다. 하지만 핵심국가의 하나인 미국의 정치상황 변화로 기후변화의 대응이 제대로 이루어질 수 있을까 하는 절망감이 스며드는 것이 현실이다. 과학이 지배하여야 할 영역에 정치가 개입할 때 발생할 수 있는 비극을 경험하고 있다. 과학자와 법학자의 분발이 요구되고 깨어 있는 시민의 참여가 절실함을 느낀다.

   세상의 모든 일이 혼자 할 수 있는 것이 없지만 특별히 책을 내는 일은 더 그러하다. 많은 분들의 전문적인 의견 제시와 조언 및 헌신적인 도움이 있어서 이 책이 나올 수 있었다. 특별히 연세대학교 SSK 기후변화와 국제법사업단의 이일호 연구교수는 타고난 세심함과 성실함으로 편제방향의 제시, 용어통일과 교정 등으로 이번 출판에 크게 기여하였기에 마음 깊이 고마움을 전한다. 법학서적의 출판 사정이 극도로 어려운 상황 속에서도 대한민국의 법학발전이라는 큰 목표를 위해 출판을 허락하신 박영사 안종만 회장님께 감사드린다. 마지막으로 가독성이 뛰어나게 책을 편집하여 주신 박영사 윤혜경 선생께도 감사드린다.

2020. 3.

굳은 대지를 뚫고 나오는 새순에 다시 소망을 가지며,

이재곤, 박덕영, 박병도, 소병천

서 문

산업혁명 이래로 인간이 지구의 자정능력을 고려하지 않은 채 자신들의 필요와 편리에 따라 자연을 이용하고 파괴시켜 온 결과, 환경오염이 자신의 생존을 위협하는 가장 중대한 요인 중의 하나가 되었다. 이러한 문제를 인식하고 인간은 여러 가지 방법으로 환경문제에 대응하여 일정한 성과를 내고 있지만 그러한 대응이 자연이용에 대한 인간중심적인 태도에 근본적인 변화 없이 이루어지고 있을 뿐만 아니라 손상된 자연환경을 회복시키는 것은 많은 자원과 시간을 요하는 일이어서 환경오염으로 인한 위험을 만족할 만한 수준으로 낮췄다고 평가하기는 어려운 상황이다. 인간의 자연에 대한 태도의 변화와 온 인류의 지혜를 모은 대응이 절실하다.

이러한 인식하에 이 책은 지구환경을 보호하기 위해 국제사회가 국제법적인 측면에서 대응하여 온 역사와 규제원칙 및 규제내용 등을 설명하려는 기본서이다. 이미 Sands를 비롯한 외국저자들이 쓴 정평 있는 국제환경법 교과서들이 나와 있지만 학생들이나 비전문가들이 교재로 쓰거나 손쉽게 접근하기에는 언어능력 등의 이유로 일정한 한계가 있고, 국내저자들이 낸 국제환경법 교과서들은 출판 이후 시간이 많이 흘러 급속도로 변화하는 국제환경법의 변화내용을 반영하지 못하고 있다는 점을 고려하여 새로운 교과서를 출간하기로 용기를 내었다. 이 책의 집필이 시작된 것은 국제환경법 분야를 주로 연구하여 온 저자들이 2009년 교육부 법학전문대학원 교재개발사업의 지원을 받아 국제환경법교재개발용역을 수행하면서부터이다. 용역결과를 그대로 복사하여 교재로 사용하여 왔으나 학생들과 저자 모두 불편함이 있었고 앞서 밝힌 것과 같이 최신 법규내용을 반영한 교과서가 필요하다고 느껴 일반 교과서로 사용할 수 있도록 내용과 기술방법을 보완하고 그간의 국제환경법규상의 변화를 반영하여 다른 독자들도 이용가능한 책으로 내는 것이 좋겠다고 생각하였다.

1972 스톡홀름지구환경회의 이후 본격적으로 발전한 국제환경법은 관련 조약만도 3,000개가 넘는 국제법의 한 독립된 분야로 발전하였고 국제경제법, 국제인권법 등과 함께 가장 많은 연구결과가 쏟아져 나오는 국제법 분야의 하나가 되어 있어 한 권의 책

으로 잘 분석·정리된 내용을 담는 것은 어려운 일이다. 또한 토양, 해양, 대기, 생물생태계 등 개별 환경영역은 각각 특징적 요소를 가지고 있고 전문적인 접근이 필요하다. 이러한 상황을 고려하여 4명의 공동집필자들이 비교적 자신이 집중적으로 연구해 온 영역을 중심으로 나누어 집필하였다. 그리고 이 책의 내용 중에는 저자들이 발표했던 논문을 토대로 수정·보완하여 기술한 부분이 포함되어 있음을 밝힌다.

이 책을 집필하면서 몇 가지 점을 염두에 두었는데 첫 번째는 기술내용을 교과서 수준으로 하는 것을 원칙으로 했다. 두 번째는 각장의 말미에 '생각하기'라는 부분을 두어 그 장에서 제기될 수 있는 과제를 제시하였다. 이것은 정답을 찾으라는 것은 아니고 해당 분야의 법적 규제 방법과 내용에 대한 토론주제라고 할 수 있다. 세 번째는 각 장마다 해당 분야의 연구에 필요한 기초자료를 중심으로 참고문헌을 제시하여 상세한 내용을 보충하려는 독자에게 도움이 될 수 있도록 하였다.

공동집필 방법으로 영역별 전문집필이 이루어질 수는 있었지만 집필자마다 사용하는 전문용어나 표현방법 등이 상이한 문제가 발생하여 이를 통일하는 데 많은 노력을 기울였다. 하지만 여전히 독자들 입장에서는 불편함을 느끼거나 중복 또는 오류를 찾아볼 수 있을 것이다. 담겨진 내용이나 표현에서도 많은 부족함을 느낀다. 독자제현의 애정 어린 지적을 고대한다.

이 책이 나오기까지 많은 분들의 헌신과 희생 및 도움이 있었다. 먼저 사법시험의 축소·폐지로 법학도서 출판이 어려운 환경 속에서도 출판을 허락하여 주신 박영사 안종만 회장님께 감사드린다. 공동집필자의 초고를 꼼꼼히 읽고 용어와 표현상의 통일과 독자의 입장에서 가독성을 높일 수 있도록 의견을 제시하여, 집필방향과 책내용의 충실성에 큰 도움을 준 연세대학교 기후변화와 국제법센터 이순자 박사에게 고마운 마음을 전한다. 책의 편집과정에서 많은 도움을 주신 박영사 김선민 부장님과 문선미 선생께도 감사드린다.

2015. 6.

이재곤, 박덕영, 박병도, 소병천

차 례

제1장 서 장

제2장 국제환경법의 행위자

제3장   국제환경법의 역사

제4장   국제환경법의 주요 원칙

제5장   환경영향평가제도

제6장 대기오염 등의 규제

제7장 국제하천 등의 규제

제8장 해양환경의 보호와 보전

제9장 위험물질의 규제

제10장 생물다양성의 보호

제11장 환경오염에 대한 국가책임

제12장 국제환경분쟁의 해결

제13장 국제환경협약의 이행 및 준수

제14장 다자간 환경협정과 통상규범

제15장 인권보호 및 무력충돌과 국제환경법

제16장   대한민국과 국제환경법

약 어 표

AAU	Assigned Amount Unit
ACRU	Administrative Commission of the River Uruguay
ADP	Ad Hoc Working Group on the Durban Platform for Enhanced Action
AIA	Advanced Informed Agreement
AIDS	Acquired Immune Deficiency Syndrome
AJIL	*American Journal of International Law*
APA	Ad Hoc Working on the Paris Agreement
APEC	Asia Pacific Economic Cooperation
ASEAN	Association of Southeast Asian Nations
BAU	Business as Usual
BTA	Best-Available-Technology
CBD	Convention on Biological Diversity
CBDRRC	Common but Differentiated Responsibility and Respective Capabilities
CCAMLR	Convention on the Conservation of Antarctic Marine Living Resources
CCSBT	Convention on the Conservation of Southern Bluefin Tuna
CDM	Clean Development Mechanism
CER	Certified Emission Reduction
CFC	Chlorofluorocarbon
CIEL	Center for International Environmental Law
CITES	Convention on the International Trade of Endangered Species of Fauna and Flora
CLRTAP	Convention on the Long Range Transboundary Air Pollution
COP	Conference of Parties
CRAMRA	Convention on the Regulation of Antarctic Mineral Resource Activities
CSCE	Conference on Security and Cooperation in Europe
CTBT	Comprehensive Nuclear Test Ban Treaty
CTE	Committee on Trade and Environment
DDT	Dichlorodiphenyltrichloroethane
DGD	Decision Guidance Document
DMZ	De-Militarized Zone
DSS-RETA	Regional Technical Assistance on Dust and Sandstorm

EANET   Acid Deposition Monitoring Network in East Asia

EC   European Community

ECE   Economic Commission for Europe

ECJ   European Court of Justice

ECOSOC   Economic and Social Council

ECSC   European Coal and Steel Community

EDF   Environmental Defense Fund

EEC   European Economic Community

EEZ   Exclusive Economic Zone

EIG   Environmental Integrity Group

ENMOD   Environmental Modification Convention

ERU   Emission Reduction Unit

ESCAP   Economic and Social Commission for Asia and Pacific

ET   Emission Trading

ETS   Emission Trade System

EU   European Union

EURATOM   European Atomic Energy Agency

FAO   Food and Agriculture Organization

FTA   Free Trade Agreement

GATT   General Agreement on Trade and Tariffs

GCF   Green Climate Fund

GDP   Gross Domestic Product

GEF   Global Environmental Facility

GEMS   International Environment Monitoring System

GHS   Globally Harmonized System of Classification and Labelling of Chemicals

GMO   Genetically Modified Organism

HCB   Hexachlorobenzene

IADC   Inter-Agency Space Debris Coordination Committee

IAEA   Intranational Atomic Energy Agency

IBRD   International Bank for Reconstruction and Development

ICAO   International Civil Aviation Organization

ICC   International Criminal Court

ICJ   International Court of Justice

ICRC   International Committee of the Red Cross

ICTY   International Criminal Tribunal for the former Yugoslavia

IFCS   International Forum on Chemical Safety

IGRAC   International Groundwater Resources Assessment Center

IHP   International Hydrological Programme

ILA   International Law Association

ILC   International Law Commission

ILM   *Intranational Legal Materials*

ILO   International Labor Organization

ILR   *International Law Reports*

IMCO   International Maritime Consultative Organization

IMF   International Monetary Fund

IMO   International Maritime Organization

INDC   Intended Nationally Determined Contribution

INF   Irradiated Nuclear Fuel

INFOTERRA   International Referral System for Sources of Environmental Information

INGO   International Non-Governmental Organization

IOMC   Inter-Organization Programme for the Sound Management of Chemicals

IPCC   Intergovernmental Panel on Climate Change

IPE   *International Protection of Environment: Treaties and Related Documents* (B. Ruster and B. Simma ed.(vol.1-XXXI 1975-1983)

IRPTC   International Register for the Potentially Toxic Chemicals

ITLOS   International Tribunal for the Law of the Sea

ITMO   Internationally Transferred Mitigation Outcomes

IUCN   International Union for the Conservation of Nature

IWC   International Whaling Commission

JARPA   Japan's Research Whaling in the Antarctic

JI   Joint Implementation

LNTS   League of Nations Treaty Series

LRTAP   Long Range Transboundary Air Pollution

LULUCF   Land Use & Land Use Change and Forestry

MARPOL   International Convention for the Prevention of Pollution from Ships

MEAs   Multilateral Environmental Agreements

MIC   Methyliso-cynate

MOP   Meeting of Parties

MOU	Memorandum of Understanding
NAFO	North Atlantic Fisheries Organization
NAFTA	North America Free Trade Agreement
NASA	National Aeronautics and Space Administration
NATO	North Atlantic Treaty Organization
NCP	Non-Compliance Procedures
NDC	Nationally Determined Contribution
NEA	Nuclear Energy Agency
NEAC	North East Asian Conference on Environmental Cooperation
NEACAP	Northeast Asian Clean Air Partnership
NEASPEC	Northeast Asian Subregional Programme of Environmental Cooperation
NEPA	National Environmental Policy Act
NGO	Non Governmental Organization
NOWPAP	Action Plan for the Protection, Management and Development of the Marine and Coastal Environment of the Northeast Pacific Region
NOx	Nitrogen Oxide
NPT	Non-Proliferation of Nuclear Weapons Treaty
NRDC	Natural Resources Defence Council
NUSAC	Nuclear Safety Coordination
OECD	Organization for Economic Cooperation and Development
OHCHR	Office of High Commissioner for Human Rights
OSPAR	Convention for the Protection of the Marine Environment of the North-East Atlantic
PCA	Permanent Court of Arbitration
PCB	Polychlorinated biphenyl
PCIJ	Permanent Court of International Justice
PIC	Prior Informed Consent
PM	particle matter
POP	Persistent Organic Pollutant
PTBT	Partial Nuclear Test Ban Treaty
RIAA	*Reports of International Arbitral Awards*
RMU	Removal Unit
SBI	Subsidiary Body for Implementation
SBSTA	Subsidiary Body for Scientific and Technological Advice

SDG   Sustainable Development Goal

SPT   Sanitary and Phytosanitory Measures

TAC   Total Available Catch

TBT   Technical Barriers to Trade

TEMM   Tripartite Environmental Ministers Meeting

TRIPs   Trade Related Intellectual Properties

UN   United Nations

UNCED   United Nations Conference on Environment and Development

UNCHE   United Nations Conference on Human Environment

UNCITRAL   United Nations Commission on International Trade Law

UNCOPUOS   United Nations Committee on the Peaceful Use of Outer Space

UNCSD   United Nations Commission on Sustainable Development

UNDP   United Nations Development Program

UNECE   United Nations Economic Council for Europe

UNEP   United National Environment Program

UNESCO   United Nations Education, Science, Culture Organization

UNFCCC   United Nations Framework Convention on Climate Change

UNGA   United Nations General Assembly

UNITAR   United Nations Institute on Training and Research

UNTS   United Nations Treaty Series

USA   United States of America

WANO   World Association of Nuclear Operators

WCED   World Commission on Environment and Development

WHO   World Health Organization

WMO   International Meteorological Organization

WSSD   World Summit on Sustainable Development

WTO   World Trade Organization

WTO DSB   World Trade Organization Dispute Settlement Body

WWF   World Wide Fund for Nature

제 **1** 장

서 장

국 / 제 / 환 / 경 / 법

제1절 ● 국제환경법의 개념

'국제환경법'(international environmental law)에 대한 통일적인 개념정의는 존재하지 않는다. 또한 국제환경법이 규율하여야 할 분야와 내용에 대하여도 학계에서나 실무계에서나 합의를 보지 못하고 있다. 심지어는 국제환경법이 독자적인 국제법의 한 분야인가에 대하여 이견을 가지고 있는 학자도 있다.[1] 개념정의가 어려운 원인으로는 첫째, 국제환경법이 그 발전 역사가 비교적 짧아 아직 그 규율내용과 분야가 급격하게 변화하고 있는 분야라는 점과 둘째로 '환경', '생태계', '생물다양성', '자연자원' 등 보호 또는 규제 대상이 되는 용어에 대한 통일적인 개념정의가 상당히 어렵다는 점이 지적될 수 있다.

그럼에도 불구하고 국내외 학자들은 국제환경법이 '독자적인' 국제법의 한 분야로 발전하고 있다는 것에 동의하면서 다양하게 국제환경법의 개념정의를 시도하고 있다. 우선, 노명준교수는 "인간 활동으로 인하여 야기되고 인류와 기타 생물에 대하여 악영향을 주는 생태계의 변화를 규제하는 규범과 제도에 관한 법의 총체"[2]라고 정의하고 있고, Kiss교수는 "지구의 생물 및 비생물요소와 그 생태적 과정을 보호하려는 목적을 가진 복잡하고 방대한 수백의 지구적 및 지역적 규범"이라고 정의하고 있다.[3]

---

[1] 예를 들어, Ian Brownlie는 국제환경보호 문제를 'international environmental law'라는 용어를 피하고 'legal aspects of the protection of the environment'라는 제목하에 다루고 있다. I. Brownlie, *Principles of Public International Law*, 5th ed. (Oxford University Press, 1998), p.283.

[2] 노명준, 「신국제환경법」 (법문사, 2003), 1면.

[3] A. Kiss and D. Shelton, *International Environmental Law*, 3rd ed. (Transnational Publishers, 2004), p.1. 이 밖에도, 유병화교수는 "인간 및 자연의 환경을 보존하고 보호하기 위한 국제법"(유병화, 「국제환경법」 (민영사, 1997), 11면), 이영준교수는 "환경보호를 목적으로 하는 국제법규범의 총체"라는 A. Kiss 교과서의 정의를 인용(이영준, 「국제환경법론」 (법문사, 1995), 57면), 김홍균교수는 개념정의를 내리지 않고 자연자원, 문화유산, 경관 등을 보호하기 위한 국제원칙, 규범, 제도, 기구, 절차 등을 다룬다고 하여 논의범위를 서술하고 있다(김홍균, 「국제환경법」, 제2판 (홍문사, 2015), 6면). 한편, Patricia Birnie, Alan Boyle 및 Catherine Redgwell의 교과서는 "the expression 'international environmental law' is thus used simply as a convenient way to encompass the entire corpus of international law, public and private, relevant to environmental problems"(P. Birnie, A. Boyle and C. Redgwell, *International Law & the Environment*, 3rd ed. (Oxford University Press, 2009), p.2), Phillipe Sands 는 "International environmental law comprises those substantive, procedural and institutional rules of international law which have as their objective the protection of the environment"(P. Sands, *Principles of International Environmental Law*, 2nd ed. (Cambridge University Press, 2003), p.15) 로 정의하고 있다. 반면에 Pierre-Marie Dupuy와 Jorge E. Viñuales의 교과서는 개념정의를 시도하지 않고 있다. P.-M. Dupuy and J.E. Viñuales, *International Environmental Law*, 2nd ed. (Cambridge

이 책에서는 국제환경법을 "자연환경 및 생태계의 보호와 환경오염으로 인한 문제해결을 규율하는 국제규범의 총체"를 말하는 것으로 정의하고자 한다. 이렇게 볼 때 국제환경법은 국제공법의 한 분야이고 그 규제대상은 인간을 포함한 자연환경 및 생태계의 보호문제라고 하겠다.

국제환경법이라는 용어와 함께 국제법과 지속가능발전(international law and sustainable development), 심지어는 지속가능발전국제법(international law of sustainable development)이라는 용어가 사용되고 있는데 국제환경법이라는 용어와의 구분필요성이 있는지 의문이다.4)

생각하기

1. '국제환경법'은 '국제공법'(public international law)의 한 분야인가?

참고로 P. Birnie, A. Boyle and C. Redgwell의 교과서 제목을 '*Environment and International Law*'라고 하고 있다. '*International Environmental Law*'라는 제목과 비교하여 보라.

2. '국제환경법'이 다른 '국제공법'(public international law) 분야와 구분되는 특징적 요소는 무엇인가?

참고로, 국제환경법의 특징적 요소로는 규제기준과 규제대상을 정하기 위한 목적 등 여러 면에서 자연과학과의 관련성이 크다는 점, 소위 '소프트로'(soft law)의 역할과 기능이 크고 다양하다는 점, 비정부기구(NGOs)의 역할과 기능이 많다는 점, 규율대상인 환경이 상호 밀접하게 연관되어 조약을 비롯한 규율 법규들도 상호연관성이 크다는 점 등이 지적된다.5) 자연과학과의 관련성은 국제지적재산권법에도 나타나고, 소프트로와 비정부기구의 역할은 국제인권법 분야 등에서도 나타나는데 국제환경법만의 특징적 요소라고 할 수 있는가?

3. 국제환경법의 규제대상으로서의 '환경'은 무엇인가?

참고로 국제사법재판소(ICJ)는 "환경은 추상적 개념이 아니라 아직 태어나지 않은 세대를 포함한 인간이 사는 공간, 삶의 질 및 건강 자체를 나타낸다"(environment is not an abstraction but represents the living space, the quality of life and the very health of human beings, including generations unborn)고 밝혔다.6)

University Press, 2018).

4) 예를 들어, N. Schrijver, F. Weiss and B. Simma, *International Law and Sustainable Development: Principles and Practice* (Hotai Publishing, 2004).

5) 김정건·장신·이재곤·박덕영, 「국제법」 (박영사, 2010), 753면.

6) *Legality of Nuclear Weapons case*, ICJ Reports 1996, pp.241~242, para.29.

제2절 ● 환경보호의 윤리적 기준

I. 서 언

환경보호문제를 법적으로 규율하려 할 때 많은 질문에 답하여야 할 필요가 있다. 우선은 '무엇을' '어느 정도' 보호할 것인가 하는 질문이 생긴다. 또한 보호대상 중에서 어느 것에 '우선순위'를 두어야 하는가, 보호대상인 '환경'에는 무엇이 포함되는가 등 수많은 질문이 발생하게 된다. 실제의 사례로 설명하여 보자. 국제사회는 고래잡이를 금지하여 고래를 멸종위기에서 보호하려 한다. 일본인과 북극지역의 에스키모를 비롯한 원주민들에게 고래가 식생활의 중요한 부분을 차지하고 다른 일부에게는 종교적인 면에서도 의미 있는 생명체이다. 고래잡이를 계속하려는 일본인들이나 북극지역의 원주민의 필요를 채우기 위해 고래잡이금지의 예외를 인정하여야 하는가, 아니면 고래의 멸종을 막기 위해 예외를 인정하지 않아야 하는가 하는 질문들이 국제사회에서의 의사결정과정에서 던져질 수 있다.

이러한 의사결정과정에 영향을 미칠 수 있는 것 중의 하나가 바로 '환경윤리'(environmental ethics)이다. 환경윤리란 철학의 한 분야로 다른 윤리 분야와 마찬가지로 무엇이 옳고 그른가, 무엇이 선과 악인가, 누가 무엇에 대하여 책임을 지는가 등에 대한 답을 찾는 학문 분야이다.[7] 환경윤리는 환경적 문맥에서 이에 대한 답을 찾는 것이고 이렇게 볼 때 환경윤리는 인간의 행위가 환경에 미치는 영향을 좋은 것과 나쁜 것으로 구분하기 위한 일련의 원칙과 정당화 논리라고 할 수 있고 광의로는 "비자연세계와의 상호관계에서 인간이 채택한 도덕률"이라고도 할 수 있다.[8]

국제환경법을 논의함에 있어 국제법학자들이 환경윤리학자 또는 환경철학자가 되어야 할 필요는 없지만 개인적 및 사회적 환경윤리의 인식과 발전이 법과 정책의 발전에 긴요하다는 것이 인정되고 있다.

---

7) H.G. Robertson, "Seeking a Seat at the Table: Has Law Left Environmental Ethics behind as it Embraces Bioethics?", *William and Mary Environmental Law and Policy Review*, vol.32, 2008, p.296.

8) A.C. Flourney, "In Search of an Environmental Ethic", *Columbia Journal of International Law*, vol.28, 2003, p.71.

Ⅱ. 논의의 연혁

환경보호에 대하여 윤리적 측면에서 접근하기 시작한 이는 Aldo Leopold라고 할 수 있다. 그는 환경법 및 환경윤리 분야의 필독서로 불리는 *A Sand County Almanac*(1948) 의 서문에서 다음과 같이 밝히고 있다.

> 환경보존은 우리의 소유권자 지배적 토지개념과 합치될 수 없기 때문에 발붙일 곳 이 없다. 토지를 우리에게 속한 소비재(commodity)로 간주하는 우리의 태도로 말미 암아 토지를 남용한다. 우리가 토지를 우리에게 속한 공동체(community)로 볼 때 우리는 사랑과 존경으로 그것을 사용할 수 있다.9)

1970년대 초에 와서 환경윤리는 많은 종교학자와 철학자의 본격적인 관심을 받기 시작하였고 Lynn White, John Passmore 등이 중요한 역할을 수행하였다. 환경윤리 문 제와 법을 연계시켜 논의하는 데 영향을 미친 사람은 Mark Sagoff와 Christopher Stone인데 Sagoff는 환경정책을 집행함에 있어 비용편익분석(cost-benefit analysis)에 의 존하는 경향에 반대하고 환경법규의 저변에 흐르는 가치문제를 직접적으로 다루었다. 한편 Stone은 도덕적 일원론을 거부하고 환경윤리가 법제도에 의해 배제된 가치를 품 어야 한다고 보았다. 특별히 그의 인간 이외의 생물체에 대하여 권리주체 지위를 부여 하려 한 시도10)는 중요한 의미를 갖는다.

Ⅲ. 환경윤리적 제접근

환경윤리에 따른 주장은 크게 두 개의 축으로 정리될 수 있는데 하나의 축은 인간중 심적 환경윤리(anthropocentric approach)와 자연 또는 생태계 중심의 환경윤리(biocentric approach)의 구분이고, 다른 하나의 축은 권리에 기초한 접근(rights-based approach)과 공리 주의 또는 결과주의적 접근(utilitarian or consequentialist approach)의 구분이다. 이러한 기본 축에 기초하여 주장되었던 환경윤리적 관점들을 분류하여 보면 다양한 스펙트럼을 보여

---

9) *Ibid.*, p.77에서 재인용.
10) C. Stone, *The Gnat is Older than Man: Global Environment and Human Agenda* (1993).

주고 있다.

1. 인간중심적 공리주의

인간중심적 공리주의(anthropocentric utilitarianism)는 '인간의 복지가 극대화되는 것'이 환경보호와 관련한 윤리적 옳고 그름의 판단 기준이라고 주장하는 입장이다. 이 입장에 따르면 우연히 '자연' 자체와 같은 인간 아닌 존재를 보호할 수는 있지만 인간의 이해관계 또는 가치를 증진시키는 경우에만 선한 것으로 평가된다. 보호가 인정될 수 있는 가치는 '도구적(instrumental) 가치', '고유의 가치' 또는 '내재적 가치'로 분류될 수 있다. 도구적 가치는 식품, 섬유, 의약품과 같은 직접적 이용과 생물자원과 자연생태계가 주는 서비스와 같은 간접적 사용을 포함한다. 이용되는 것은 전체 종 또는 생태계라기보다는 개별 종 또는 유기체이기 때문에 개별종의 계속적인 사용을 가능하게 하기 위해 종(種) 전체의 보호와 보존을 요구한다. 인간중심적 접근에서는 이 도구적 가치만을 주로 고려한다. 고유한 가치는 미적·영적·문화적 또는 종교적 고려에서 나오는 비사용가치를 포함하는 것이다. 이러한 고려는 개별 종 또는 유기체뿐만 아니라 산림, 경관, 산, 강 또는 호수와 같은 특정 요소에도 적용된다. 도구적 가치와 고유의 가치는 외부적인 평가자 또는 수혜자의 존재를 전제로 한다. 내재적 가치는 윤리적 및 도덕적 고려에서 나온 것으로 경제적 또는 외부적으로 결정된 가치와 무관하게 존재하는 내재적 가치, 어떤 실체 자체의 가치를 지칭하는 것이다. 이러한 접근은 소위 심층생태이론(deep ecology)과 동물권리이론에 반영되어 있다.

초기 국제환경법 형성단계부터 지금까지 가장 많은 영향을 미친 것은 도구적 가치이다. 농업에 유용한 조류의 보호를 위한 협약11)이 초기 단계의 대표적 문서라면 식량 및 농업을 위한 식물유전자원을 보호하려는 국제식량농업식물유전자원조약12)은 최근의 예이다.

어떤 입장에서 환경 및 자연자원을 보호할 것인가는 중요하다. 예를 들어, 1902년에 체결된 농업에 유용한 조류의 보호를 위한 협약과 1900년의 아프리카에서의 야생동물, 조류 및 어류보존을 위한 협약13)은 사자, 표범과 같은 인간의 이해관계에 해로운

---

11) International Convention for the Protection of Birds Useful to Agriculture, 1902년 3월 19일 프랑스 파리에서 체결, 1908년 4월 20일 발효, 4 IPE 1615 24, 505.
12) International Treaty on Plant Genetic Resources for Food and Agriculture, 2001년 11월 3일 이탈리아 로마에서 체결, 2004년 6월 29일 발효, 한국에 대하여는 2009년 4월 20일 발효, 조약문은 <http://www.planttreaty.org/content/texts-treaty-official-versions>.

동물의 멸종을 요구하고 있는데 오늘날에는 이들 동물이 아주 중요한 보호대상이 되었다. 오늘날 완전히 인간중심적 접근에만 의존하는 주장은 받아들여지지 않고 있다.

2. 생태적 공리주의

일부 환경윤리학자들은 인간중심적 공리주의를 변형시켜 그 접근방법의 단점을 교정하여 보려고 시도해 왔다. 생태적 공리주의(ecological utilitarianism)로 부를 수 있는 이들은 시장경제의 한계뿐만 아니라 환경요소 상호간의 상호의존에 대한 지식, 비인간 세계의 이해를 위한 완전하지 못한 정보와 방법 및 불확실성에 대하여 일관성 있게 대응할 필요성이 있다는 점 등을 고려하여 환경보호에 소요되는 비용과 그로부터 받을 수 있는 이익을 측정하는 방법을 모색하였다. 즉, 소요비용과 경제적 이익의 형량에 있어 인간만 고려하지 않고 생태적 요소를 고려하려고 시도한 것이라는 점에서 인간중심적 공리주의와 구분된다.

3. 인간중심적 권리주의

인간중심적 권리주의(anthropocentric right-based ethics)는 환경보호문제를 접근함에 있어 인간의 권리존중에 기초하고 있는 견해이다. 인간중심적 공리주의와의 차이는 비용경제적인 가치를 강조하기보다는 인간의 권리적 측면을 강조한다는 것이다. 이 접근방법을 환경윤리를 위한 적절한 이론으로 보는 환경윤리학자는 적다. 그 이유는 철학으로부터 자연을 배제하려 하기 때문이다. 개념정의로 볼 때 이러한 유형의 환경윤리로는 자연세계를 인간문제에 통합하기가 어렵다. 하지만 많은 환경법규들이 이 윤리개념과 일치되는 부분이 있기 때문에 중요한 개념이다.

4. 생물체 중심주의

생물체 중심주의(biocentric ethics 또는 life-centric ethics)는 인간 아닌 생물체의 가치를 인정하고 그러한 생물체에게도 권리를 부여하려는 입장이다. 특별히 '전체적 생물체 중심주의'(holistic biocentric ethics)는 개별 생물체보다는 '종' 또는 '생태계'와 같은 '전체'

---

13) Convention destinée a assurer la conservation des diverses espèces vivant a l'état en Afrique qui sont utiles a l'homme ou inoffensives, 1900년 5월 19일 영국 런던에서 체결, 4 IPE 1607 479, 480.

를 우선하는 윤리관이다. 생물체 중심주의는 전통적인 인간중심적 윤리관과는 확연히 구분되는 가치와 정당성기준을 포괄한다. Aldo Leopold의 '토지윤리'(land ethics)가 가장 잘 알려진 대표적인 전체적 생물체 중심주의이다. 토지윤리는 인간과 토지공동체의 다른 요소 모두를 포괄하는 공동체 개념에 기초하고 있다. 이 윤리적 관점에 따르면 생물공동체(biotic community)의 통합성(integrity), 안정성(stability) 및 아름다움(beauty)을 보존하려는 경향을 가질 때 사물은 올바른 상태에 있다. 또한 이 윤리적 관점은 인간을 비인간세계의 정복자가 아니라 자연 생태계와 같은 토지공동체의 모든 다른 구성원과 함께 공동체 구성원의 하나로 본다. 생태적 공동체 윤리관이 유사한 것으로 언급될 수 있는데 이에 따르면 구성원의 행위를 지도하는 이해관계는 공동체이지 공동체의 개별 구성원의 권리가 아닌 것으로 본다.

반면에 '개별적 생물체 중심주의'는 곰, 사자, 나무 등과 같은 비인간생물체의 권리를 주장하고 옹호한다. 또한 '심층생태학'(deep ecology)이라고 부르는 환경윤리관은 서구산업화 사회에 대한 근본적인 비판을 반영하는 환경윤리로 인간을 환경의 불가분의 일부로 보려는 입장이다. 단순히 생물학의 한 분야로서 생태계를 보려는 것이 아니라 생태계의 일부로서 인간생활의 영향에 대하여 근본적인 질문을 가지고 접근한다는 의미에서 '심층적'(deep)이라는 입장이다.

생물체 중심적 접근을 반영하고 있는 대표적인 문서로는 1940년에 체결된 '서반구에 있어서의 자연보호 및 야생동물보존에 관한 협약'14)이 있는데, 이 협약은 비범한 경관과 미적 가치를 갖는 자연물체의 보호와 보존을 요구하고 있다. 또한 세계자연헌장15)은 서문에서 인간에 대한 가치와 무관하게 존중되어야 할 모든 생명형태의 독자성을 인정하고 있다. 이 밖에도 남극환경보호를 위한 마드리드의정서16)에서도 남극과 그 생태계의 내재적 가치를 인정하고 있다.

---

14) Convention on Nature Protection and Wildlife Preservation in the Western Hemisphere, 미국 워싱턴 D.C.에서 1940년 10월 12일 채택, 1942년 5월 1일 발효, 161 UNTS 193.

15) World Charter for Nature, UNGA Res.37/7, 28 Oct. 1982, 23 ILM 455 (1983).

16) Protocol on Environmental Protection to the Antarctic Treaty, 1991년 10월 4일 스페인 마드리드에서 채택, 1998년 1월 14일 발효, 동일자에 대한민국에 대하여도 발효, 30 ILM 1461 (1991).

5. 환경여성운동

환경여성운동(eco-feminism)은 인간과 자연의 관계를 남성의 여성에 대한 억압관계
와 연계하여 이론적 접근을 하려는 것이다. 이를 통해 자연과 인간의 관계를 새롭게 모
색하여 보려는 것이다. 예를 들어, 남성의 지배적 지위의 향유로 여성의 인권, 건강, 경
제적 지위 등에 있어 피폐하였던 것을 인간이 정복자로서 자연을 피폐하게 한 것과 대
비시키는 것이다.

IV. 소 결

스톡홀름선언[17) 원칙 23은 "국제사회에서 합의되는 기준 또는 국가에 의해 결정되
어야 하는 기준에 구애받지 않고 모든 경우에서 각 국가의 가치체계를 고려하는 것이
중요하다. 가장 진보한 선진국에게 타당한 기준이라도 개발도상국에 있어서는 부적당하
며 또한 부당한 사회적 비용을 초래하는 경우가 있고 이러한 기준의 적용한도에 대해서
도 고려하는 것이 타당하다"고 선언하고 있다. 또한 리우선언[18)의 원칙 3은 "개발의 권
리는 개발과 환경에 대한 현세대와 다음 세대의 요구를 공평하게 충족할 수 있도록 실
현되어야 한다"고 규정하고 있다. 아울러 동 선언의 원칙 6은 "개발도상국, 특히 최빈
개도국과 환경적으로 침해받기 쉬운 개도국의 특수상황과 환경보전 필요성은 특별히 우
선적 고려의 대상이 되어야 한다. 또한 환경과 개발 분야에 있어서의 국제적 활동은 모
든 나라의 이익과 요구를 반영하여야 한다"고 선언하고 있다. 이들 선언은 구속력 있는
규범은 아니지만 환경규제에 있어서의 윤리적 측면의 중요성과 영향력을 인정하고 있다
고 하겠다.

오늘날 국가정책시행에 있어서 일정한 국가사업이 환경에 미치는 영향을 평가하
듯이 동 사업에 대한 환경윤리적 평가도 이루어져야 한다는 의미에서 '환경윤리평가'
(environmental ethics assessment)라는 용어까지 등장하고 있다.

---

17) Stockholm Declaration of the United Nations Conference on the Human Environment, 1972년 6월
16일 스웨덴 스톡홀름에서 채택, 11 ILM 1416 (1972).
18) Rio Declaration on Environment and Development, 1992년 6월 13일 브라질 리우데자네이루에서 채
택, 31 ILM 874 (1992).

생각하기

1. 윤리적 측면이 인간의 행동에 얼마나 영향을 미치는가에 대한 의문을 제기하기도 한다. 예를 들어, 성윤리가 AIDS발생억제에 영향을 미치는가에 대한 회의적 시각에서 환경윤리도 인간의 환경보호 관련 행태에 미미한 영향을 미칠 뿐이라는 것이다. 이에 대하여 반론을 제기하여 보자.

2. 환경윤리적 관점에서 스톡홀름선언(1972), 세계자연헌장(1982), 리우선언(1992), 요하네스버그선언(2002)의 차이점을 생각하여 보자. 시대적 변화에 따라 이들 선언은 진전된 환경윤리적 관점을 반영하고 있는가?

3. 개발도상국의 경제발전을 위한 열대우림개발시도와 생물다양성의 보호 필요성에 의한 개발저지를 환경윤리적 관점에서 평가하여 보자.

4. 인간이 다른 자연세계의 구성원에게 부담한 의무는 무엇인가? 인간이 아닌 생명체가 환경의 구성원으로서 일정한 권리를 향유할 수 있는가? 있다면 권리행사는 어떻게 이루어질 수 있는가?

제3절 ● 국제환경법의 연원

Ⅰ. 서 언

국제환경법은 국제법의 한 분야로 볼 수 있기 때문에 국제환경법의 연원도 국제법의 연원과 큰 틀에서 보아 다를 것이 없다. 다만, 국제환경법은 발전역사가 짧다는 점, 규제내용과 범위 및 방법에 있어 과학기술적 측면이 강하다는 점, 전통적으로 한 국가의 주권적 재량하에 있던 문제를 국제법에 의해 규율하고 있다는 점, 환경보호의 필요성이 급박한 문제가 발생할 때는 긴급하게 대응할 필요가 있다는 점 등과 같은 국제환경법의 특징적 측면 때문에 전통적인 국제법 연원 중에서 '조약'과 같은 특정 형태의 규범이 차지하는 비중이나 역할이 특별히 크다거나, 다른 형태의 규범의 역할이 상대적으로 작다는 것을 언급할 수 있다. 여기서는 일반적으로 국제법 교과서에서 국제법 연원이라는 주제를 다루는 방법에 따라 국제사법재판소(ICJ) 규정 제38조에 열거된 조약, 관습, 법의 일반원칙, 학설, 판례, 형평과 선 등을 중심으로 논의를 진행하면서 국제법 연원과 관련하여 논의대상으로 거론되는 국제기구의 결의와 같은 최근 논의주제를 포함하여 국제환경법의 특징적 측면을 강조하고자 한다.

II. 조 약

조약(treaty)은 주로 문서에 의하여 작성되고 국가와 국제기구와 같은 국제법의 능동적 주체 간에 체결되어 국제법에 의하여 규율되는 국제적 합의를 일컫는다.19) 이러한 정의에 따를 때 어떤 문서가 조약인가의 여부는 1) 누가 체결하였는가, 2) 구속력이 있으며 국제법에 의해 규율되는가, 3) 국제적 합의인가 등이 핵심적인 판단기준이라고 하겠다. 이 기준에 따를 때, 기업 등 법인을 포함한 개인이 합의의 일방당사자가 된 문서는 조약이 될 수 없고, 구속력이 없는 신사협정(gentleman's agreement) 형태의 양해각서(memorandum of understanding: MOU), 구속력을 갖는 것으로 의도되지 않는 스톡홀름환경선언(1972)과 리우선언(1992)과 같은 국제회의에서 채택된 문서 또는 국제기구의 결의 등도 조약이 될 수 없다. 또한 국가 또는 국제기구의 진지한 선언이라 해도 그것이 일방적 의사표시인 경우 조약일 수 없다. 조약(treaty)이라는 집합개념에 포함되는 문서들을 지칭하는 여러 가지 명칭들이 사용되고 있는데 어떤 명칭을 사용하든 위 정의요소를 모두 포함하고 있는 문서는 조약이라고 할 수 있다. 즉, 어떤 문서의 명칭은 그 문서가 조약인가를 판단하는 결정적 요인이 될 수 없다. 조약이라는 명칭과 함께 협약(convention), 협정(agreement), 의정서(protocol) 등이 환경 분야 조약에 사용되는 대표적인 명칭들이다. 일반적으로 '조약'은 정치성이 강한 조약의 명칭으로, '협약'은 주로 기후변화협약 등과 같은 다자조약의 명칭으로, '협정'은 한 · 일환경협력협정과 같은 양자조약의 명칭으로, '의정서'는 오존층 보존을 위한 비엔나협약의 의무내용을 구체화한 몬트리올의정서와 같이 기존협약의 개정조약이나 보충조약의 명칭으로 사용되는 경우가 많다. 하지만 정

---

19) 조약법에 관한 비엔나협약(1969) 제2조 제1항 a에서는 "조약이라 함은 단일의 문서 또는 둘 또는 그 이상의 관련문서에 구현되고 있는가에 관계없이 또한 특정의 명칭에 관계없이, 서면형식으로 국가간에 체결되며 또한 국제법에 의하여 규율되는 국제적 합의를 의미한다"고 규정하고 있는데 조약체결 주체를 국가에 한정한 점, 구두조약 가능성을 배제한 점에서 보편적으로 인정되는 '조약'의 정의라고 할 수 없다. 물론 조약법협약 제3조는 위 정의에도 불구하고 구두로 합의한 조약, 국제기구가 일방 또는 쌍방 당사자가 된 조약의 법적 효력을 부인하지 않음을 명시하고 있다.

해진 규칙이 있는 것은 아니어서 국제식량농업유전자원조약은 정치성이 전혀 없는 다자 조약이지만 조약이라는 명칭을 사용하고 있다.

국제환경법은 여러 국제법 분야 중에서 조약의 역할과 비중이 가장 큰 분야 중 하나이다. 그렇게 된 것은 첫째로, 국제환경법이 1900년을 전후하여 태동하기 시작하였지만 주로 1972년 스톡홀름환경회의 전후로 발전하여 아직 그 발전역사가 짧아 관련 관습법규를 형성하기 어려웠다는 점, 둘째로 환경규제는 과학기술적인 내용이 포함되어야 하는 경우가 많은데 조약이라는 문서형태의 연원이 구체적 실체를 볼 수 없는 관습이라는 연원보다 그 규범내용을 담기에 더 적절하다는 점, 셋째로 개발도상국의 경우 자국의 경제발전을 추구하기 위해 국제적 환경규제에 있어 차별적 규제를 받기를 원하는데 이는 보편적 적용이 되어야 하는 관습보다는 조약에 그들 국가들이 원하는 바를 담기에 편리하다는 점 등이 지적될 수 있다.[20] 직접적으로 환경문제를 다루는 다자조약은 1950년까지 6개에 불과하였으나 이제 이 숫자는 거의 300개에 이르고 있다. 하지만 2005년 이후 증가속도는 완만하게 감소하고 있는데 이는 기존 조약 내에서의 당사국 결정에 의한 규범제정 증가와 기존 조약체제의 내실화와 공고화에 더 집중하고 있기 때문으로 분석된다.[21]

조약체결의 교섭, 조약문 채택, 서명, 비준, 발효, 유보, 적용범위, 계승적 조약의 효력, 해석, 개정, 무효, 종료 등 조약에 관한 다양한 문제들은 조약법에 관한 비엔나협약 (1969)[22]에 의해 주로 규율되고 있다. 하지만 조약법에 관한 비엔나협약은 국가 간에 체결된 조약만을 규제대상으로 한다는 점, 문서로 작성된 조약만 규제대상으로 한다는 점, 동협약이 발효된 시점, 즉 1980년 1월 27일 이후에 체결된 조약에만 적용된다는 점, 전쟁이 조약관계이 미치는 법적 효과, 국제승계가 조약관계에 미치는 효과 등 중요하지만 논란이 많은 쟁점에 대한 규정이 없다는 한계를 가지고 있다. 이에 따라 추후 조약의 국가승계에 관한 비엔나협약(1978)과 국제기구를 일방 또는 쌍방당사자로 하는 조약에 관한 비엔나협약(1986) 등이 체결되었고 이들 다자조약도 조약관계를 규율하는 조약으로 열거될 수 있다. 물론 조약법에 관한 비엔나협약에서도 그 전문에서 선언하고 있듯이 조약 관련 관습법규도 유효하게 적용된다.

---

20) Dupuy and Viñuales, *op.cit.*, pp.39~40.

21) P. Sands and J. Peel, *Principles of International Environmental Law*, 4th ed. (Cambridge University Press, 2018), p.105.

22) 이 조약과 함께 조약 문제를 규율하는 국제관습법규가 당연히 적용될 수 있고 조약법협약도 전문에서 국제관습법의 제 규칙은 이 협약의 제 규정에 의하여 규제되지 아니하는 제 문제를 계속 규율할 것임을 확인한다고 이를 분명히 하고 있다.

조약은 원칙적으로 당사국에 대하여만 구속력을 갖는다.[23] 조약 당사국이 합의하고 제3국이 서면으로 이에 동의하는 경우에만 예외적으로 제3국에도 조약상의 의무를 부과할 수 있다.[24] 또한 해당 조약이 국제관습화하는 경우 비당사국에게도 적용될 수 있다.[25] 그러나 조약의 효력범위에 관한 이러한 대원칙은 국제환경법 분야에서 예외적 상황이 발생하고 있다. 예를 들어, 오존층파괴물질에 관한 몬트리올의정서[26]는 당사국들에게 오존층 파괴물질을 사용하는 제품의 수입을 금지하도록 함으로써 간접적으로 비당사국에게 조약의 영향력이 미치도록 규정하고 있다.[27] 이는 환경 관련 조약들이 비당사국이 불리하도록 하여 해당 조약체제에 가입하도록 유도하기 위한 것인데 결과적으로 비당사국에게 조약상의 효력이 간접적으로 미치게 되는 것이다.

환경 관련 조약의 또 다른 특징은 분명하고 상세하게 특정적 의무를 규정하지 않고 일반적인 규정을 하는 경우가 많다는 것이다. 예를 들어, 기후변화협약[28]은 기후변화를 억제하기 위한 각국가의 구체적인 의무를 규정하지 않고 기후변화의 목적과 규제방향을 큰 틀에서 규정하고 있을 뿐이다. 또한 동협약은 기후변화 안정화를 위한 노력을 하면서 따라야 할 원칙을 규정하면서 법적 구속력있는 문서에서 사용하는 조동사 'shall' 대신 약한 'should'를 사용하고 있고, 당사국들이 목적 달성을 위해 수행할 행동을 규정한 조항의 제목에 '의무'(obligation)가 아닌 '공약'(commitment)이라는 단어를 사용하고 있다. 아울러 많은 조항에서 '각 국가가 처한 특수한 상황', 특별히 '개발도상국의 상황'을 고려하도록 하고 있어 법적 의무 성격이 약한 규정을 담고 있다. 이러한 경향이 발전하여 일정 환경문제에 대한 골격조약(framework treaty) 형태의 포괄적인 일반협약을 체결하고 상세한 규정이 필요한 분야에 대하여는 의정서 형태의 보완조약을 체결하거나 부속서를 채택하여 규정하는 경우가 많다는 것이다. 대표적인 예로는 1979년 원거리초국경대기오염에 관한 협약[29]과 1985년의 이산화황(SO2)의정서를 비롯한 8개 의정서,

23) 조약법협약 제34조.
24) 조약법협약 제36조.
25) 조약법협약 제38조.
26) Protocol on Substances that Deplete the Ozone Layer, 1987년 9월 16일 캐나다 몬트리올에서 채택, 1989년 1월 1일 발효, 대한민국에 대하여는 1992년 5월 27일 발효, 26 ILM 154 (1987).
27) 예를 들어, 의정서 제4조는 의정서당사국이 아닌 국가로부터의 규제물질수입을 금지하도록 요구하고 있는데 이는 간접적으로 비당사국에 대한 규제물질 생산과 수출을 규제하는 효과를 발휘할 수 있다.
28) United Nations Framework Convention on Climate Change, 1992년 5월 9일 미국 뉴욕에서 체결, 1994년 3월 24일 발효, 대한민국에 대하여도 같은 일자에 발효, 1771 UNTS 107.
29) Convention on Long-Range Transboundary Air Pollution, 1979년 11월 13일 스위스 제네바에서 체결, 1983년 3월 19일 발효, 18 ILM 1442.

1985년의 오존층보존을 위한 비엔나협약30)과 1987년의 몬트리올의정서, 1992년의 기후변화협약과 1997년의 교토의정서,31) 1992년의 생물다양성협약32)과 2000년 바이오안전성의정서33)와 2010년의 나고야의정서34) 등을 들 수 있다. 국제환경법 분야에서 이러한 조약체결 관행이 생겨난 것은 환경상황의 변화나 그것을 다루는 과학기술의 발전에 따라 규제기준을 변경하여야 하는데 기본조약에 규정하는 경우 개정이 어렵고 변화하는 추세에 대응하기 용이하지 않아 이를 해결하기 위한 방편이 필요했기 때문이다.35)

Ⅲ. 관 습

관습(custom)은 국가를 중심으로 한 국제법 주체들이 일정한 국제법 문제에 대하여 행하여 온 '관행'(practice)이 오랜 기간 준수되어 옴으로써 묵시적으로든 명시적으로든 구속력있는 의무로 인식되거나 인정된 국제적 관행을 말한다. 이렇게 관습을 정의하고 보면 '오랜 기간' 동안 '일정한 관행'이 준수되어야 한다는 객관적 요소와 그 관행이 의무이기 때문에 국제사회의 주체들이 준수하고 있다는 소위 '법적 확신'(opinio juris)이 주관적 요소로서 어떤 관행이 관습이 되기 위한 요건이라고 할 수 있다. 하지만 무엇이 '관행'인지, 어떤 경우에 '일정한' 관행이 있다고 할 수 있는지, 법적 확신은 무엇이고 어떤 경우에 법적 확신이 있다고 판단할 수 있는지 등에 대한 합의된 기준이 존재하지 않아 관습의 존재 여부, 그 내용 및 성립시기 등에 대하여 논란이 되는 경우가 많다. 시간적 요소로서의 '오랜 기간' 형성된 관행이라는 요소도 대륙붕 개념, 우주공간의 지위 등과 같이 소위 '속성관습'(instant custom)이라는 것이 발전하면서 국제사회의 필요에 따라서

---

30) Convention for the Protection of the Ozone Layer, 1985년 3월 22일 오스트리아 비엔나에서 체결, 1988년 9월 22일 발효, 대한민국에 대하여는 1992년 5월 27일 발효, 26 ILM 1529.

31) Protocol to the United Nations Framework Convention on Climate Change, 1997년 12월 11일 일본 교토에서 체결, 2005년 2월 16일 발효, 대한민국에 대하여도 같은 일자에 발효, 37 ILM 22 (1998).

32) Convention on Biological Diversity, 1992년 6월 5일 브라질 리우데자네이루에서 체결, 1993년 12월 29일 발효, 대한민국에 대하여는 1995년 1월 1일 발효, 31 ILM 822 (1992).

33) Cartagena Protocol on Biosafety to the Convention on Biological Diversity, 2000년 1월 29일 캐나다 몬트리올에서 채택, 2003년 9월 11일 발효, 대한민국에 대하여는 2008년 1월 1일 발효, 39 ILM 1027 (2000).

34) Protocol on Access to Genetic Resources and the Fair and Equitable Sharing of Benefits Arising from Their Utilization to the Convention on Biological Diversity, 2010년 10월 29일 일본 나고야에서 체결, 대한민국에 대하여는 2014년 10월 12일 발효. 조약문은 <http://www.cbd.int/abs/text/>.

35) Birnie et al., op.cit., p.18.

는 비교적 짧은 시간에도 관습이 형성될 수 있음을 보여주고 있다. 입법조약(law-making treaty)이 체결되고 조약에 규정된 주제에 대하여 국제사회에 영향력 있는 국가들이 적극적으로 참여하고 반대되는 관행이 출현하지 않는 경우 빠르게 관습으로 발전할 가능성이 높아진다고 하겠다.

상대적으로 국제환경법 분야는 연원으로서 관습의 역할과 비중이 크지 않다. 발전역사가 짧다는 것과 규제에 기술적인 부분이 많아 관습이라는 규범에 담기에 적절치 않다는 것이 원인으로 지적될 수 있다. 다른 하나는 국가의 주권적 재량에 속하던 문제를 규율하게 되면서 영향을 받는 국가들이 일정 관행이 관습으로 발전하는 데 반대하는 경우가 많다는 것이 지적될 수 있는데, 대표적으로 '사전주의원칙'(precautionary principle)에 대한 거부감을 표시하여 온 미국을 비롯한 일부 국가들의 태도에서 찾을 수 있다.

하지만 중요한 몇 가지 국제환경법 원칙들이 관습으로 발전되었거나 발전되고 있다고 인정되고 있는데, 환경손해를 야기하지 않을 책임원칙, 환경긴급상황에서 환경적 위험에 처하거나 영향을 받을 수 있는 국가에의 통지 및 협조원칙, 예방원칙, 환경영향평가의무 등이 그것이다. 또한 국제환경법 분야에서도 기존의 일반 국제법에서 발전되어 온 관습들이 필요에 따라 적용될 수 있는 것은 당연하다.

IV. 법의 일반원칙

'법의 일반원칙'(general principles of law)이란 각 국가의 법체계에서 공통적으로 채택하고 있는 법원칙을 말한다. 국제사법재판소 규정이 이 개념을 재판준칙의 하나로 열거한 것은 국제법발전역사가 짧다는 것을 고려하여 조약이나 관습만으로는 판단이 불가능할 때(non liquet)에 여러 법체계에서 공통적으로 인정하는 법의 일반원칙을 기준으로 재판할 수 있도록 하기 위한 것이었다.

하지만 상설국제사법재판소(PCIJ) 시절부터 국제사법재판소에 이르기까지 실제 재판에서 명백하게 이 개념을 적용하여 판결한 예는 거의 찾아볼 수 없다. 다만 Diversion of Water from the Meuse 사건에서 PCIJ는 '형평원칙'(equitable principles)이 문명국에 의해 인정된 법의 일반원칙으로부터 도출될 수 있다고 밝혔고,36) Chorzow Factory 사건에서는 원상회복 원칙을 포함한 국가책임과 배상에 관한 일반원칙을 언급하였다.37)

---

36) PCIJ Ser. A/B, no.70 (1937), p.76.

37) PCIJ Ser. A, no.9, p.21.

또한 Temple of Preah Vihear 사건에서 '금반언'(estoppel)이 언급된 적이 있다.[38]

국제환경법은 발전역사가 짧고 법규형성이 미진한 부분이 많아 선진국 국내 환경법 발전에 의한 영향을 받고 있는 것이 사실이다. 이러한 측면에서 국제환경법이 법의 일반원칙의 역할이 기대될 수 있는 분야로 지적되기도 하지만 국제환경문제를 다루는 조약이 급속도로 또한 대량으로 체결되고 있어 실제 역할과 비중은 제한적이라고 하겠다.

V. 학설과 판례

'학설'은 국제법학자들이 일정한 국제법 쟁점에 대하여 밝힌 학문적 견해를 말하고 '판례'란 재판소가 제소된 사건에서 제기된 국제법적 쟁점에 대하여 밝힌 법률적 판결과 그 판결이유를 말한다. 국제사법재판소 규정 제38조에서도 밝히고 있듯이 학설과 판례는 법규결정의 보조수단이지 그것 자체가 국제법이 될 수는 없다. 하지만 국제법 발전 초기단계에서 국제법학자들이 미친 영향은 매우 크고 현재도 국제법 쟁점에 대한 의견 제시와 발전방향 제시 등의 방법으로 영향을 미치고 있다. 국제법의 법전화작업에 기여하고 있는 국제법위원회(ILC)가 거의 국제법학자들로 구성되어 있고 위원회의 법전화를 위한 초안작업을 진행하는 특별보고자도 국제법학자들이 맡아 진행할 뿐만 아니라, 국제사법재판소 등 주요 국제재판소의 재판관이 주로 국제적으로 저명한 국제법학자 중에서 선출되고 있는 것도 중요한 의미를 갖는다.

판례는 국제법에서 '선례구속의 원칙'(stare decisis)이 적용되지 않기 때문에 구속력이 없지만 재판에서 제기된 국제법 쟁점에 대한 재판 당시의 국제법을 발견하고 선언하는 역할을 통하여 국제법 발전에 기여하여 왔다.

국제환경법 분야에서도 국제법협회(ILA)의 국제환경법분과와 같은 학회 활동, 세계자연보전연맹(International Union for the Conservation of Nature: IUCN)과 같은 국제조직에서의 학자들에 의한 국제적 환경규제 의견제시 및 조약 초안작업, 세계환경개발위원회(World Commission on Environment and Development: WCED) 등과 같은 임시 국제조직에서의 학자들의 활동 등이 국제환경법 형성과 발전에 기여하고 있다. 다만, 국제법위원회의 경우 새로운 분야의 국제법의 '점진적 발전'(progressive development)보다는 기존 분야의 확립된 국제법 발견과 '법전화'(codification)에 중점을 두면서 국제환경법 분야의 법전

---

38) ICJ Reports 1962, p.16.

화와 점진적 발전에는 제한적인 역할만 수행하였다는 평가를 받는다.39) 국제법위원회
의 작업으로 국제환경법과 관련될 수 있는 주제로는 국제수로의 비행행적 이용에 대한
규정초안(1994), 국가책임규정초안(2001), 국제법상 금지되지 않은 활동으로 인한 손해에
대한 책임문제에 대한 예방초안(2006)과 책임할당초안(2006) 등이 있다.

　판례도 국제환경법 발전 초기에는 Trail Smelter 사건과 같은 제한된 사례만 있었으
나 국제사법재판소(ICJ), 국제해양법재판소(ITLOS), 상설중재재판소(PCA), 세계무역기구
분쟁해결기구(WTO DSB) 등의 국제적 분쟁해결기구에서 환경 관련 판례들이 많이 나오
고 있다. ICJ의 경우를 보더라도 Gabčikovo-Nagymaros Project 사건과 Pulp Mills
사건, Whaling in the Antarctic 사건, San Juan강 국경지역에서의 도로건설 및 군대주
둔 사건 등의 판결이 국제환경법 발전에 기여하였다.

VI. 형평과 선

　'형평과 선'(ex aequo et bono)은 법의 이념으로서의 '정의', 형평성, 공평함 등으로
이해되는 개념이다. 이 개념은 국제중재에서 엄격한 국제법규에 따른 분쟁해결이 어렵
거나 엄격한 법적용에 따른 분쟁해결 결과가 분쟁당사자 간의 법률관계를 심하게 왜곡
하게 되거나 제기된 쟁점에 대한 법규가 존재하지 않은 상황에서 당사국들의 합의하에
재판준칙으로 중재재판부에 적용할 수 있도록 허용하였던 것이다. 국제사법재판소 규정
도 제38조 제2항에서 이를 허용하고 있는데 아직까지 이 조항의 적용에 따라 이 개념이
적용되어 분쟁이 해결된 사례는 없다. 다만 '형평'이라는 개념이 북해대륙붕 사건을 비
롯한 몇몇 사건에서 언급되었는데 해양경계획정과 관련한 중요한 법원칙이 되었다.

　이러한 형평 개념은 국제환경법에 있어서도 영향을 미치고 있는데 대표적으로 기후
변화협약은 당사국이 형평에 입각하여 기후체제를 보호하여야 한다고 밝히고 있다.40)
또한 지속가능한 발전원칙, 공동이지만 차별적인 책임원칙 등의 국제환경법원칙의 개념
에 형평 이념이 중요한 역할을 하고 있다.

---

39) Burnie et al., op.cit., p.31.
40) 협약 제3조 제1항.

VII. 국제기구의 결의

　　국제사회는 보편적이고 공식적인 국제법 제정기관을 가지고 있지 않다. 국제법은 국제법 주체들이 자신들의 명시적이거나 묵시적인 의사표시에 의한 국제법의 형성 또는 제정 과정에의 참여에 의해 형성되거나 만들어진다. 국제기구의 활동이 양적 및 질적으로 증가하고 그에 따라 국제법적 쟁점에 대한 국제기구의 의사표명이 결의의 형태로 이루어지는 경우가 많아지고 있다. 이들 결의문서가 국제법 발전에 많은 영향을 미치고 있으며, ICJ의 판결에서도 UN결의를 포함한 국제기구 결의들이 언급되고 있어 국제법의 연원과 관련하여 역할이 커지고 있다.

　　국제기구가 자신의 목적달성과 임무수행을 위해 채택된 의사결정 문서를 '국제기구 결의'라고 정의한다면 여러 가지 명칭을 가진 다양한 문서들이 이에 포함될 수 있다. 결의(resolution), 결정(decision), 권고(recommendation), 지침(guideline), 책무(undertaking), 규칙(rule), 규범(code), 선언(declaration) 등이 그것이다. 해당 국제기구 설립문서에 따라 다르지만 일반적으로 내부적 기관구성 등과 같은 문제를 결정하는 결의를 제외하고 이들 결의는 대부분 법적 구속력을 갖지 않는다. 하지만 국제법 문제를 다룬 결의의 경우, 추후 조약체결 내용을 협의하는 과정에서 반영되거나 국제관행의 형성에 영향을 미치거나 국가들의 일정 국제법 관행에 대한 법적 확신을 확인하는 수단이 되어 왔다. 어떤 국제기구 결의가 갖는 중요도를 평가함에 있어서는 참여국가의 수와 해당 국제법 문제에 대한 중요한 역할을 하는 주요 국가의 참여 여부, 결의 채택 시 반대국가 존재 여부와 반대 정도, 만장일치 또는 콘센서스에 의한 채택 여부 등이 기준이 될 수 있다.

　　국제환경법 분야의 특징적인 측면의 하나는 UNEP 등과 같은 환경 관련 국제기구 또는 오존층보존협약과 몬트리올의정서, 기후변화협약과 교토의정서, 생물다양성협약과 바이오안전성의정서 등과 같은 환경다변조약에 의하여 동조약의 운영기구로 설립된 조직의 결의 형태로 채택되는 문서가 환경규범의 연원으로서 상당히 중요한 역할을 수행한다는 점이다.[41] 이들 국제기구의 결의가 갖는 법적 효력은 그 기구의 설립조약 또는 해당 환경다변조약의 관련 규정 또는 그 기구의 특정 문제에 관한 결의에 따라 다르다.[42]

---

41) 이들 결의를 '이차 입법'(secondary legislation)으로 부르기도 한다. Sands and Peel, *op.cit.*, p.118.

42) Dupuy and Viñuales, *op.cit.*, pp.41~42. 예를 들어, 몬트리올의정서 제2조 제9항에 의하여 당사국총회는 오존층파괴물질을 조정(adjustment)하는 결의를 할 수 있는데 이 조정 결의는 반대국가를 포함한 모든 당사국에 구속력을 갖는다. 반면에 1972년 런던덤핑협약과 1996년 개정의정서의 당사국들은 부속서를 개정하는 결의를 채택할 수 있는데 개정 규정을 인정하지 않는 당사국에게는 구속력이 없다. 런던

이러한 결의의 예로는 국제포경협약에 의하여 설립된 국제포경위원회(International Whaling Commisssion)의 1982년 상업포경 전면금지결의, 멸종위기종의 국제거래규제협약(CITES)의 1989년 아프리카코끼리 관련 상품 국제무역 금지 결의 등을 들 수 있다. 이들 결의는 해당 조약의 이행을 위한 규칙을 마련하거나, 일종의 유권해석을 통하여 조약문언의 의미를 분명하게 해 주거나, 다른 국제기구와의 협력관계 또는 내부운영규칙을 수립하여 조약운용과 해당 분야 국제환경법 발전에 많은 역할을 하고 있다.

Ⅷ. 국제환경법과 소위 '소프트로'[43]

'소프트로'(soft law)를 최광의로 개념정의하는 경우 구속력 있는 조약문서에 담겨 있지만 조약 당사국에 일정한 의무를 부과하지 않고 프로그램적 선언을 하고 있는 조항까지 포함하기도 한다. 하지만 일반적으로 '소프트로'는 국제관계에서 사용되는 다양한 형태의 구속력 없는 국제법 문제를 다루고 있는 문서에 담긴 원칙을 총칭한다. 이렇게 볼 때 이 개념에 포함될 수 있는 것으로는 1992년 리우환경개발회의에서 채택된 리우선언과 같이 국제회의에서 채택된 문서, 국제기구의 결의, 기본조약의 당사국총회 등과 같은 결의체에 의하여 채택된 결의 형태의 문서에 담긴 원칙 등을 들 수 있다.

국제환경법에서 '소프트로'는 특별히 중요한 역할을 수행하면서 국제환경법의 발전에 기여하여 왔다. 우선, 전통적으로 한 국가의 주권적 재량권하에 있었던 국제적 환경규제에 저항이 강한 국가들에게 처음부터 구속력 있는 조약형태로 규제하는 데 어려움이 있었고 '소프트로' 형태의 규범이 완충작용을 할 수 있었다. 두 번째로는 국가들의 저항이 적은 공통의무를 내용으로 기본조약을 체결하고 '소프트로' 문서에 의해 의무이행지침을 만들어 운영하면서 이를 조약화하는 데 이용하기도 하였다. 세 번째는 과학적 증거가 아직 확정되지 못하거나 경제적 부담규모가 불확실하거나 너무 커 구체적 의무를 규정하기 어려운 상황이지만 일단 국제사회가 사전주의적으로 대응할 필요가 있는 경우 '소프트로' 형태의 규범에 의해 재량권을 가지고 규제할 수 있도록 하는 데 이용되었다. '소프트로'가 구속력이 없다고 해서 항상 아무런 법적 효과를 갖지 못하는 것은

협약 제15조 제2항, 의정서 제22조 제7항.

43) '연성법'으로 표현하기도 하나, 국내법상 연성법이라는 용어는 제·개정의 어려운 정도에 따라 '경성법'과 구분되는 개념으로 사용되고 있어 의미의 혼동을 피하기 위해 '소프트로'라는 용어를 그대로 사용하기로 한다.

아니다. 국가들은 자국의 국제적 행위에서 이를 고려하기도 하고 추후의 다른 조치들과 결합하여 법적 효과를 발생시킬 수도 있기 때문이다.

국제환경법 분야에서 '소프트로' 형태의 문서들이 추후 구체적 의무를 규정한 조약으로 발전하는 경우가 많았는데, 대표적인 예로는 핵사고의 조기통보에 관한 IAEA 지침이 1986년 핵사고 조기통보에 관한 협약[44]으로 조약화한 예, 환경영향평가에 관한 UNEP지침이 초국경상황에서의 환경영향평가에 관한 ECE 협약[45]으로 조약화한 예 등을 들 수 있다. UNEP이 가장 많은 환경 관련 '소프트로'를 작성하여 왔지만 IAEA, OECD 등 다양한 국제기구들이 이러한 성격의 문서를 채택하여 왔다.

'소프트로'는 국제환경법 분야에서 새로운 국제적 환경문제에 대응하는 데 도움을 주어 왔고, 이 과정에서 새로운 국제환경법규를 발전시키는 데 공헌하여 왔을 뿐만 아니라 국제적 환경규제기준을 마련하는 데도 기여하였다고 평가된다.[46]

생각하기

1. 국제법의 한 분야로서 국제환경법은 일반국제법과 다른 국제법 연원을 갖는가?

2. 국제환경법 분야의 다자조약들이 규제대상의 문제를 다루는 데 있어 갖는 특징적 요소들이 다른 국제법 분야에 미친 영향이 있는가?

3. 국제환경법 분야에서 국제관습법화한 규범이 다른 국제법 분야에서는 그러한 지위에 있지 못한 관습법규가 있는가?

---

44) Convention on Early Notification of a Nuclear Accident, 1986년 9월 26일 오스트리아 비엔나에서 체결, 1986년 10월 27일 발효, 한국에 대하여는 1990년 7월 9일 발효, 25 ILM 1370 (1986).

45) Convention on Environmental Impact Assessment in a Transboundary Context, 1991년 2월 25일 핀란드 Espoo에서 체결, 1997년 9월 10일 발효, 30 ILM 802 (1991).

46) Burnie *et al.*, *op.cit.*, p.37.

참고문헌

강재규, "자연의 권리", 「환경법연구」, 제30권 제3호, 2008. 11.

김일방, 「환경윤리의 쟁점」, 서광사, 2005.

김홍균, 「국제환경법」, 제2판, 홍문사, 2015.

박병도, "국제환경입법과정의 특징과 문제점", 「법대논총」, 제3집, 1994. 2.

_____, "환경보호에 대한 인권적 접근", 「국제법학회논총」, 제48권 제2호, 2003. 10.

_____, "NGO의 국제법주체성: 국제환경법을 중심으로", 「국제법평론」, 통권 제23호, 2006.

소병천, "Environmental Ethics in the USA and Korea", 「외법논집」, 제8권, 2000. 8.

_____, "자연의 법적 지위에 대한 환경법적 소고", 「환경법연구」, 제31권 제2호, 2009. 8.

이재곤, "국제환경법상 환경오염의 개념", 「국제법학회논총」, 제41권 제1호, 1996. 6.

_____, "국제환경법과 비정부간기구(NGO)", 「법학연구」(충남대학교), 제7권 제1호, 1996. 12.

_____, "국제환경법에 있어서의 '소프트로'(soft law)", 「법학연구」(충남대학교), 제8권 제1호, 1997. 12.

정서용, "시장질서원리와 국제환경법", 「서울국제법연구」, 제11권 제1호, 2004. 6.

최철영, "국제법규형성에 있어 INGOs의 역할연구", 「성균관법학」, 제19권 제1호, 2007.

Bodansky, D., "Customary(and Not So Much Customary) International Environmental Law", *Indiana Journal of Global Legal Studies*, vol.3, 1995.

Brownlie, I., "A Survey of International Customary Rules of Environmental Protection", *Natural Resources Journal*, vol.13, 1973.

Dupuy, P.-M., "Soft Law and the International Law of the Environment", *Michigan Journal of International Law*, vol.12, 1991.

Dupuy, P.-M. and J.E. Viñuales, *International Environmental Law*, 2nd ed., Cambridge University Press, 2018.

Flournoy, A.C., "In Search of an Environmental Ethic", *Columbia Journal of Environmental Law*, vol.28, 2003.

Hahn, R. and K.R. Richards, "The Internationalization of Environmental Regulation", *Harvard International Law Journal*, vol.30, 1989.

Jefferies, C., "The Ethical Obstacles of Environmental Law: Assessing the Need to Effectively Incorporate an Environmental Ethic into the Practice of Environmental Law", *Journal of Environmental Law and Practice*, vol.20, 2009.

Lang, W., "Diplomacy and International Environmental Law-Making: Some Observations", *Yearbook of International Environmental Law*, vol.3, 1992.

Palmer, G., "New Ways to Make International Environmental Law", *American Journal of International Law*, vol.86, 1992.

Pojman, L.P. and P. Pojman, *Environmental Ethics in Theory and Application*, 2007.

Robertson, H.G., "Seeking a Seat at the Table: Has Law Left Environmental Ethics behind as it Embraces Bioethics?", *William and Mary Environmental Law and Policy Review*, vol.32, 2008.

Sands, P., "The New Architecture of International Environmental Law", *Revue Belge de Droit International*, vol.30, 1997.

Stone, C.D., "Do Morals Matter? The Influence of Ethics on Courts and Congress in Shaping U.S. Environmental Policies", *U.C. Davis Law Review*, vol.37, 2003.

Tsosie, R., "Tribal Environmental Policy in an Era of Self-Determination: the Role of Ethics, Economics, and Traditional Ecological Knowledge", *Vermont Law Review*, vol.21, 1996.

제 2 장

국제환경법의
행위자

일반적으로 국제법의 권리·의무의 보유자로서 국제사회에서 활동을 하는 실체를 국제법의 주체라고 한다. 국제법의 주체, 즉 국제법상의 법인격성을 보유한 실체로는 일반적으로 국가, 국가로 인정받기 전의 특수 상태인 국가 유사 단체(반란단체, 교전단체, 민족해방기구 등), 국제기구, 그리고 국제법 수범자의 지위만을 보유한 개인 등이 있다. 국제환경법도 국제법의 한 분야인 이상 국제환경법의 주체 역시 이와 동일하다. 그러나 국제환경 분야는 전통적 국제 질서와는 달리 환경문제의 효율적 해결을 위해 국가 외에 여러 이해관계자의 적극적인 참여와 역할이 요구된다. 이러한 국제환경 거버넌스(governance)의 특성상 국제환경법은 전통적 주체들 외에 비국가행위자의 역할이 타 국제법보다 두드러진다는 점에서 일반국제법과 다른 특징이 있다.[1] 본 장에서는 국제환경법의 거버넌스를 고려하여 전통적 국제법 주체인 국가 및 국제기구 외에 비국가행위자인 NGO, 국제기구와 NGO의 혼합적 태양을 보이고 있는 세계자연보전연맹(International Union for the Conservation of Nature: IUCN)을 검토한다. 환경 NGO 그리고 IUCN이 전통적 국제법상의 주체가 아님에도 불구하고 국제환경법의 형성 및 이행에 관여하는 정도는 유의미하다. 그러나 이들이 국제법의 주체로 인정받은 것은 아니라는 점에서 본장의 제목을 국제환경법의 주체가 아닌 국제환경법의 행위자라고 하였다.

제1절 ● 전통적인 주체: 국가 그리고 국제기구

국제환경법 분야에 있어서도 국가는 국제법 규칙을 조약이나 국제관습법의 형태로 제정하고, 이를 국내외에서 집행하며, 국제기구를 설립하고 기타의 실체들에게 국제 규범의 여러 절차에 참여를 허용하는 등의 방법으로 제1의 국제법 주체로서 역할을 담당하고 있다.[2] 국가의 국내관할권 내에서의 환경보호는 일차적으로 해당 국가의 주권사

---

1) 이와 관련 자세한 논의는 정서용, "국제 환경 거버넌스, 비국가 행위자 그리고 국제법", 「서울국제법연구」, 제17권 제2호(2010. 12.), 19~33면; 사회과학적 입장에서의 논문으로는 변동건, "국제환경거버넌스의 한계: 유엔 환경기구들과 국제환경조약의 문제점", 「사회과학연구」(국민대학교), 제18집(2005), 53~81면 참조.
2) 국가 또는 국가 유사단체 관련 국제환경법에서 주목하는 것은 교전단체 등의 국제적 무력충돌에서 고의

항에 속한다. 그러나 환경문제는 초국경적 환경오염과 같이 국경의 의미가 절감되기 때문에 전통적인 영토주권에 한정되어서는 문제 해결이 어렵다. 이에 따라 환경 분야에서는 무엇보다 국제협력이 강조되며 국제협력의 원칙은 국제환경법의 원칙 중 하나이기도 하다. 그러나 환경보호를 위한 국제협력은 국가들의 이해관계 및 경제적 이해득실로 인해 그 달성이 쉽지 않은 경우가 종종 있으며 이는 주권의 독립성과 평등성 원칙이라는 장벽으로 합리화되기도 한다. 황사 또는 최근 문제되고 있는 중국발 미세먼지 등은 관련 조약의 부재 상태에서 초국경 환경피해에 대한 국제협력의 어려움을 보여주는 예라고 할 수 있다.

국제환경보호의 당위성과 권력 분산형태의 국제사회 현실로 인해 국가들의 이해 조정을 위한 국제기구 설립이 절실히 요구된다. 그러나 국제환경법 영역에서 세계무역기구(WTO), 국제통화기금(IMF), 세계은행(World Bank)과 같은 통합적인 국제기구는 존재하지 않는다. 1992년 환경과 개발회의(UNCED)의 준비과정에서 정책제정, 기능조정, 재정, 기술 및 행정 등 다섯 가지 기능으로 한정하는 국제환경기구가 제안된 바도 있으며 1992년 채택된 의제 21 제38장에서는 구체적으로 국제환경기구의 설립을 논의하였음에 불구하고 통합적 국제환경기구의 설립은 요원한 것으로 보인다.

그 이유는 1970년 이후 발전하여 온 국제환경법의 일천한 역사에도 기인하지만 국제환경법의 방대한 분야, 그리고 환경의 특성상 타 분야와의 관련성 등으로 인해 환경 분야의 단일한 국제기구를 설립하는 것 자체가 극도로 어려운 문제이기 때문이다. 예를 들어 환경문제는 농업, 해양, 기후 그리고 경제개발 및 무역과도 밀접한 연관이 되어 있어 이러한 업무를 통일하는 기구의 신설은 그야말로 국제사회에서 거대기구의 탄생을 의미하는 것이기 때문에 지난한 문제라고 할 수 있다. 이와 같은 현실적 어려움으로 인해 환경 각 분야별 다자간 환경협약체제를 중심으로 한 규율과 UNEP을 통한 이들의 조정이라는 현실적인 방안이 모색되고 있다.

특히, 다자간 환경협정(Multilateral Environmental Agreements: MEAs)체제는 최고의결기관인 당사국총회, 과학전문기관, 이행준수감시기관 및 재정지원지관 등의 보조기관, 그리고 사무국 등의 운영체제를 구비하여 실질적으로 국제기구의 역할을 담당하고 있다. 예컨대, 기후변화협약체제, 오존층파괴물질에 관한 몬트리올의정서체제 그리고 생물다양성협약체제 등 최근의 주요 국제환경협약은 이러한 모습을 두드러지게 보이고 있다. MEAs가 국제기구의 기능을 수행한다는 측면에서 그 최고의결기관인 당사국총회의 결정

적 환경파괴행위 문제이다. 교전단체 역시 국제전쟁법규의 수범자로 인정되나, 현실적으로 환경을 파괴하는 교전단체에게 이를 적용하기 어려운 측면이 있다.

의 법적 효력에 대해서도 단순한 국제기구의 결의가 아닌 제3의 새로운 국제환경법의 연원으로 검토하는 견해도 등장하고 있다. 많은 다자간 환경협정은 UN의 주도하에서 또는 UN과 함께 협약 운영에 공조하고 있다.

UN 내에서 환경을 담당하는 가장 대표적인 것은 유엔환경계획, UNEP(United Nations Environment Programme)이다. UNEP은 1972년 스톡홀름선언 후 유엔총회 결의 제2997호로 설립되었으며 케냐 나이로비에 소재하고 있다. UNEP은 유엔총회에서 선출된 58명으로 구성된 운영위원회(Governing Council)와 UNEP 사무국장(Executive Director)을 수반으로 하는 사무국(Environment Secretariat)으로 구성되어 있으며 경제사회이사회의 소속으로 되어 있다. UNEP은 전 세계의 국제환경협력 및 UN 내에서의 환경 관련 정책 및 계획의 조정, 관리의 역할을 담당하고 있다.

UNEP의 지위는 기관(body)이나 기구(agency)가 아니며 말 그대로 계획에 불과하여 이에 따라 예산 역시 충분하지 않아 많은 제한이 따라왔다. 그럼에도 불구하고 UNEP은 그동안 환경 관련 조약의 체결 및 소프트로(soft laws)를 통한 국제법규범의 성립에 지대한 역할을 하여 왔다. UNEP은 리우 환경개발회의 등 수많은 국제환경회의를 개최 또는 주선하여 환경조약 등을 체결하였다. UNEP이 주도하였던 주요 환경 조약으로는 오존층 보호를 위한 1985년 비엔나협약, 1987년 몬트리올의정서, 1989년 바젤협약, 1992년 기후변화협약 및 1997년 교토의정서 그리고 1992년 생물다양성협약과 2000년 바이오안전성의정서 및 2010년 나고야의정서 그리고 2015년 파리협정 등이 있다.

UNEP은 주거, 환경보건, 생태체계, 해양, 환경과 개발, 자연재앙 등 많은 분야에서 활동하고 보고서를 작성하여 유엔 경제사회이사회에 제출하고 있다. UNEP은 지구 환경에 관한 연구, 정보교환, 감시 및 자료 조사를 포함하는 지구감시체계(Earthwatch System)를 운영하고 있다. 국내 환경부서가 환경법을 집행하는 역할을 한다면 UNEP은 중앙집권적인 체제를 갖추지 못한 국제사회의 특성상 적극적 집행의 역할을 하는 데 비해 지원, 감시 및 보조의 역할을 하고 있다. 세계환경감시체계(Global Environment Monitoring System: GEMS), 국제문의처(International Referral Service), 국제유독화학물질목록(International Register of Potentially Toxic Chemicals), 국제환경정보체제(INFOTERRA)의 운영 등은 이러한 활동의 일부이다.

기타 UNEP의 프로그램으로는 30여 개의 환경조약과 수많은 지역 action plan 등을 포함하고 있는 지역해 프로그램(Regional Sea Programme), 기후온난화방지 프로그램, 산림원칙(Principle for a Global Consensus on the Management, Conservation and Sustainable

Development of All types of Forest) 그리고 사막화방지 프로그램(Desertification) 등이 있다.

이외에도 1992년 지구환경회의 결과 중 하나인 의제 21의 내용에 따라 유엔총회 결의 제47/191호에 의해 설립된 유엔지속가능발전위원회 또는 유엔지속개발지원회(UN Commission on Sustainable Development) 역시 UN 내 주요 환경 관련 위원회다. 경제사회이사회에서 53개국 대표로 구성되는 동 위원회는 지속가능한 발전에 관한 정부간 결정 조정, 권고 및 각 정부로부터 보고서를 접수하여 심의하는 역할을 담당하고 있다. 동 위원회는 매년 뉴욕에서 개최되며 유관 NGO의 요청과 의견을 수리하는 등 환경과 관련된 다양한 역할을 하고 있다. 이외에 환경과 관련된 업무를 수행하는 유엔의 전문기관으로는 UNESCO(자연과학과 사회과학의 연구협력, 교육 및 과학연구 훈련 분야), IMO(해양안전, 해양오염 선박에 의한 폐기물투기에 관한 협약, 선박에 의한 오염방지협약, 해상 핵물질 운송 분야의 책임에 관한 협약), WMO(날씨와 기상의 변화, 지구온난화, 기후변화협약), FAO(농업, 토양과 물의 관리 촉진 자연생태계 유기적 농업), WHO(보건 환경기준), ILO(노동자의 작업환경보호, 작업장에서의 화학물질과 관련한 환경기준), IAEA(방사능폐기물관리), IBRD, IMF, World Bank(개발도상국의 경제부흥, 개발계획 시 환경요소의 고려) 등이 있다.

지역적 국제기구로서 환경과 관련하여 특별히 언급할 기구로는 유럽연합(EU)이 있다. 1957년 서구 유럽지역 국가들을 중심으로 설립된 EU(당시 EEC)는 1972년 환경 실행계획(Environmental Action Plan)을 발표하는 등 일찍부터 환경 관련 활동을 하여 왔다. 특히, 집행위원회의 입법 제안시 환경문제를 고려하도록 제안하고 있으며, 단일유럽의정서 제130조는 "환경보호의 요구는 공동체의 다른 정책에 포함되어야 한다"고 환경조항을 포함하고 있다. 공동체의 주요 정책 중 하나로 환경보호를 중시하는 EU는 공동체 내에서뿐 아니라 국제사회에서도 기후변화협약 파리협정 체결 등에 있어서 선도적 역할을 하는 등 환경보호에 많은 공헌을 하고 있다.

우리나라와 관련된 지역기구는 없지만 동북아시아에 있어서 한·중·일을 중심으로 한 환경협력체제구축을 위한 노력이 꾸준히 진행되고 있다. 현재 동북아 환경문제 해결을 위한 일반적 그리고 특정 주제 중심의 협의가 양자간 또는 다자간 채널을 통해 진행되고 있으나 각국의 국내 상황 및 국제적 이해관계로 인해 프로그램 차원의 협력단계에 머무르고 있다.

현재 동북아시아 환경협력을 위한 포괄적인 협의체로는 한·중·일 환경장관회담 협의체인 TEMM(Tripartite Environmental Ministers Meeting),3) 동북아시아 6개국으로 구성된

---

3) 매년 개최되는 한·중·일 환경장관회담협의체 내에서 진행되는 프로그램으로는 Joint Environmental Training Project, Tripartite Environmental Education Network, Freshwater(Lake) Pollution Prevention

(한·중·일·북한·몽골·러시아) 동북아환경협력협의체 NEASPEC(North-east Asian Sub-regional Programme of Environmental Cooperation) 그리고 NEAC(Northeast Asian Conference on Environmental Cooperation) 등이 있다. 특정 이슈 관련 협의체로서는 대기오염 관련 EANET (Acid Deposition Monitoring Network in East Asia), 해양환경 관련 NOWPAP(Action Plan for the Protection, Management and Development of the Marine and Coastal Environment of the North east Pacific Region) 그리고 황사 관련 DSS-RETA(Regional Technical Assistance on Dust and Sandstorm) 등이 있다.

이러한 다자간 협의체 외에도 한·중·일은 각각의 양자 협의체 형식으로 여러 분야에서 환경협력을 논의하고 있다. 대표적으로 우리나라는 1993년 이후 중국 및 일본과 각각 양자간 환경협력공동위원회(Joint Committee on Environmental Cooperation)를 구성하여 정기적으로 협의를 하고 있다. 특히, 우리나라는 중국과 황사문제를 해결하기 위하여 2007년 1월 한·중·일 정상회담에서 의제로 제안한 이후 매년 이에 대한 협력논의를 진행하고 있으며, 2011년 후쿠시마 원전사태 발생 당시에 방사능오염수 방출행위에 대한 논의도 진행한 바 있다.

최근 미세먼지 문제 등에서 확인된 바와 같이 동북아시아의 대기문제를 다루는 지역환경협약체제의 필요성이 대두되고 있다. 현재 중국, 일본 및 우리나라 각각의 이해관계가 상충되는 관계로 지역환경협약의 체결은 쉽지 않아 보인다. 그러나 장기적으로는 동북아시아 지역의 경제, 안보 협력체의 필요성이 부각될수록 환경문제는 그 협력의 시발점이 될 수 있을 것이다. 따라서 현재의 환경협력체를 보다 강화하여 장기적으로 동북아시아의 환경협력기구를 창설하는 것을 적극적으로 고려하여야 한다.

제2절 ● 비정부기구

과거와 달리 현대의 국제관계에서 특히 환경 분야에 있어서는 국가들뿐 아니라 비정부기구 또는 국제적 민간기구(International Non-Governmental Organization: INGO 이하 NGO)를 중심으로 한 비국가행위자(non-state actors)들의 역할이 증대되고 있다. 국내뿐만 아

Project, Environmental Industry Cooperation, Ecological Conservation in North-west China 등이 있다.

니라 국경을 넘는 전 지구적 환경오염에 대한 국가 정부들의 소극적 태도 때문에 국내적으로는 자국에게 국제환경법 가입 및 준수를 촉구하고, 국제적으로는 국제환경법 집행의 감시자의 역할을 담당하는 비정부간 기구가 국제사회로 부상할 수 있는 여건이 되었다. 그러나 국제사회에서의 주체는 전통적으로 국가, 그리고 예외적으로 국제기구 또는 국가들에 의해 인정된 기타 실체들에 한하므로 NGO는 국제관계에서의 능동적인 역할과는 달리 국제법적으로는 법적인 주체성이 부정되고 있다. 그럼에도 불구하고 국제정치에서 국가나 국제기구들은 국제회의의 의제를 선정하는 것에서부터 국제법 입법과정 그리고 그 이행에 있어서 NGO의 역할을 인정하는 데 익숙해져 가고 있다. 이처럼 국제관계에서 NGO의 역할이 증대되면 될수록 국제법과의 괴리는 더 커져 가고 있는 셈이다. 국제무대에서의 NGO는 국제법적 실체에 대한 불명확성이 존재할 뿐 아니라 그 통제수단 역시 부족한 것이 사실이다. 또한 국내법에서는 민간단체의 설립근거 법률이나 설립기준 등이 존재하지만 국제법에는 없다는 법적인 사실 외에도 과연 국제관계에서 NGO가 대표성에 대한 정당성을 보유하고 있는지에 대해서도 의문이 제기되기도 한다. 이런 관점에서 국제법상 NGO가 국제법에 있어서 어떠한 지위를 차지하고 있는지는 연구 대상이다.

Ⅰ. NGO의 의의

NGO(비정부기구)의 법적인 개념에 대해 정의하고 있는 국제조약은 존재하지 않으며 일반국제법에서도 NGO의 명확한 개념을 찾아보기 힘들다.[4] NGO라는 용어를 최초로 규정한 국제연합헌장 제71조 역시 경제사회이사회가 NGO와의 협의를 위하여 적절한 약정(arrangement)을 체결할 수 있다는 것만을 규정하고 있을 뿐이다.[5] 국제연합은 제71조에서 NGO를 국제적 NGO와 국내적 NGO로 나누어 규정함으로써 구분을 두고 있으나 국제적 NGO가 무엇인지에 대해서도 정확한 개념을 설명해 놓고 있지 않다. 초기에

---

4) INGO의 용어로 국제적 민간기구 외에도 직역한 비정부간 기구 또는 비영리단체(Non-Profit Organization), 국제공익단체(International Public Interest Organization), 시민단체(Citizen Organization), 자발적 민간단체(Private Voluntary Organization), 국제협회(International Association) 등 여러 용어가 사용되고 있다.
5) 국제연합헌장 제71조: "경제사회이사회는 그 권한 내에 있는 사항과 관련이 있는 비정부간 기구(NGO)와의 협의를 위하여 적절한 약정을 체결할 수 있다. 그러한 약정은 국제기구와 체결할 수 있으며 적절한 경우에는 관련 국제연합회원국과의 협의 후 국내기구와도 체결할 수 있다."

국제연합은 국제성에 대한 기준을 제시하고 있지는 않고 단지 경제사회이사회 결의에서 약정체결의 목적하에서 NGO의 개념을 단순히 정부간 약정에 의해 설립되지 않은 국제기구라고 규정하고 있을 뿐이다.[6]

경제사회이사회는 1968년 결의 제1296호를 통해 국제성의 기준으로 구성에 있어서의 국제성을 강조하여 세계의 각기 다른 지역의 상당수 국가의 사람들을 포함하는 NGO를 국제적 NGO라고 하고 NGO와의 약정 업무를 주로 담당하고 있는 경제사회이사회의 보조기관인 NGO위원회(NGO Committee)의 관행을 통해 최소한 3개국 이상에서 회원을 보유할 것을 기준으로 하였다. 국제성의 기준으로 구성원의 국제적 분포도를 고려하는 것 역시 중요하나 이를 몇 개국 이상으로 정하는 것은 문제의 소지가 있었다.[7] 이에 경제사회이사회는 1996년 결의 제31호를 통해 NGO의 국제성의 기준으로 회원의 국제적 분포도와 관련된 객관적인 수보다는 단지 특정 분야에서 그 뛰어난 능력과 대표성을 보유할 것만을 요구하고 있다. 따라서 현재에는 UN헌장상 국제적 NGO와 국내적 NGO는 주관적인 국제적 적격성에서만 차이가 날 뿐이다.

NGO의 대표적인 활동 분야는 인권, 환경, 인도적 구호, 평화, 교육 등이나 인권과 환경에 가장 많은 NGO들이 활약하고 있다. 특히 환경 NGO의 증가세는 두드러져서 1953년 불과 2개이던 환경 NGO가 현재는 거의 전체의 15%를 차지하고 있어 수적인 면에서 인권 분야에 이어 2위를 차지하고 있다. 이처럼 많은 NGO들 가운데 국제적 조직망을 이루고 활동하는 단체는 그린피스 또는 국제그린피스(Greenpeace USA; Greenpeace International), 세계자연보호기금(World Wide Fund for Nature), 지구의 벗(Friends of Earth) 등 소수에 불과하다.

NGO들은 활동 분야뿐 아니라 주 활동 방식에 있어서도 많은 편차를 보이고 있다. 그린피스 같이 주로 캠페인과 같은 운동의 방식으로 활동하는 단체도 있으나 세계자원연구소(World Resources Institute), 월드와치 연구소(World Watch Institute)와 같이 일종의 씽크 탱크(think-tank)인 전략연구소의 역할을 담당하고 있는 단체들도 있으며 법률가와 과학자들로 구성되어 해당 분야의 전문성을 무기로 환경문제에 대처하는 단체들도 있다.

---

6) ECOSOC Res.288B(X), 334A (XI): "Any international organization which is not established by inter-governmental arrangement shall be considered as a non-governmental organization for the purpose of these arrangement."

7) 비정부간 기구의 법인격 승인에 관한 유럽협약은 제4조에서 국제적 NGO를 국제적 공리를 위한 비영리 목적으로 당사국의 국내법에 의하여 규율되는 문서에 의해 설립되어 최소 2개 이상의 국가에서 영향력 있는 활동을 수행하며 일국에 본부를 두고 타국에는 지부를 두어 통제력하에 운영을 하는 협회(association), 재단(foundation) 및 다른 사적 기관(private institution) 등을 의미한다고 규정하고 있다.

자연자원보호위원회(Natural Resources Defense Council: NRDC), 환경보호기금(Environmental Defense Fund: EDF) 등이 대표적인 전문가 단체라고 할 수 있다.

II. 국제사회에서 NGO의 활동

국제법 입법과정에서의 NGO는 국제여론의 형성을 통해 국제협약의 제정 필요성을 제기하고, 협약의 초안을 작성하기도 하며 또한 직접적으로 협의과정에 참여함으로써 국제법의 제정에 공헌을 하고 있다. 예컨대 IUCN은 멸종위기에 처한 야생 동·식물종의 국제거래에 관한 협약(Convention on the International trade in Endangered Species: CITES), 생물다양성협약(Convention on Biological Diversity) 및 람사협약 등의 초안을 작성하는 등 주도적 역할을 담당하였다.

NGO는 국제기구의 정책 결정을 포함하여 국제공동체의 정책 결정에도 직·간접적으로 영향을 미치고 있다. 국제기구의 정책에 영향을 미친 대표적인 예로서 세계은행의 재원지원에 환경영향평가제도를 도입시킨 것을 들 수 있다. 과거 세계은행과 같은 국제금융기관들은 개발도상국의 경제적 개발을 위해 융자를 하는 과정에서 해당 개발사업의 환경적·사회적 영향에 대한 고려를 하지 않아 NGO들에게 개발도상국 환경파괴의 주범이라는 비판을 들어왔다. NGO들은 국제금융기관에게 비난의 화살만을 던진 것이 아니라 개발도상국에게 재정적인 지원 시 환경영향평가제도의 시행이라는 구체적인 정책 대안을 제시하였다. NGO들의 비난과 정책대안 제시라는 전략 앞에 세계은행은 자체적으로 친환경적 정책을 고려하였고 1989년 환경영향평가에 관한 운영규칙(Operational Directive 4.01 on Environmental Assessment)을 채택하였다. 1991년 일부 개정된 본 운영규칙에 의하면 재정지원사업으로 영향을 받는 주민과 해당 국가 NGO들의 의견을 고려하여 시행사업을 수정하도록 하고 있는데 특히 NGO들과의 협의를 강조하여 이들 기구에게 사업의 목적 및 예상되는 악영향 등과 관련된 정보를 제공하고 그 영향을 최소화하기 위해 협의를 하도록 하고 있다.[8] 또한 해당 사업의 환경영향평가 업무 자체를 국제적으로 신인도 있는 환경연구소와 같은 NGO에게 위임하고 있다.[9]

---

8) Operational Directive 4.01 제19항.

9) 미국 워싱턴 D.C.에 소재하고 있는 국제환경법센터(Center for International Environmental Law: CIEL)는 1996~1997년 세계은행이 베트남 메콩강 유역의 경제개발을 위한 재정지원과 관련된 환경영향평가 업무를 위임받아 수행하는 등 많은 국제환경영향평가 업무를 수행하며 수익사업의 일환으로 삼고 있기도 하다.

NGO들이 국제기구의 정책에 영향을 미치는 것 외에 직접적으로 국제협약의 중요 정책을 국내적·국제적 여론형성과정을 통해 변경한 경우도 있다. 남극의 지위를 인류의 공동유산, 공공재에서 국제공원(International Park) 또는 국제보전지구(International Reserve)로 전환하여 놓은 것이 대표적인 예이다.10) 1970년대 말부터 80년대에는 남극의 광물자원 개발을 둘러싸고 남극조약 당사국들과 제3세계 국가군 간의 치열한 이해다툼이 있었다. 선진국을 중심으로 한 남극조약 당사국들은 남극의 광물자원에 관심을 갖고 자국에게 유리한 개발체제를 구축하고자 하였으며 말레이시아를 중심으로 한 제3세계 국가들은 남극의 폐쇄성을 극복하기 위해 인류의 공동유산(common heritage of mankind)이라는 관점에서 접근하였다. 그러나 서방선진국을 중심으로 당사국간 협상을 통해 1988년 6월 2일 뉴질랜드 웰링턴에서 인류의 공동유산이라는 개념을 배제한 남극광물자원활동규제협약(Convention on the Regulation of Antarctic Mineral Resource Activities: CRAMRA 또는 웰링턴협약)이 채택되었다.

환경 NGO들은 유엔해양법협약의 심해저와 관련하여 도입된 인류의 공동유산이라는 제도가 얼마나 강대국의 영향력하에서 무력화되었는지를 지켜봐왔기 때문에 남극에서의 광물개발에 인류의 공동유산이라는 개념보다는 개발자체를 금지하도록 하는 자연보전지구(Nature Reserve) 또는 국제생태공원(International Ecological Park)의 대안을 제시하였다.11) 이에 반해 남극의 광물자원에 지대한 관심을 가지고 있던 거대기업들, 예를 들어 엑슨(Exxon), 걸프(Gulf) 및 BP 등의 정유회사들은 이미 조약이 발효되기 이전에 석유시추를 위한 연구개발 등의 허가를 발급받은 상황이었기 때문에 이에 대해 극렬한 반대 입장을 표명하였다. 이처럼 남극광물자원의 개발을 둘러싼 국제공동체 내에서의 논란은 세계인들(globalist)과 자본주의가들(capitalist) 간의 줄다리기의 형태로 진행되었다.

이후 개발도상국과 프랑스, 호주 등 일부 선진국 그리고 환경 NGO 간의 상호연대체제는 웰링턴 협약체제를 붕괴시키는 데 성공하였고, 1991년 기존의 웰링턴 협약의 개발체제를 부인하는 환경보호에 관한 남극조약 의정서가 마드리드에서 채택되었다.12)

---

10) 보다 자세한 사항은 소병천, "NGO의 국제법적 주체성: 국제환경법을 중심으로", 「국제법평론」, 통권 제 23호(2006. 4.).

11) 자연보전지구 또는 국제생태공원은 일반적으로 국제환경법에서 생태적 보전가치가 큰 지역을 개발로부터 보호하기 위하여 제시되고 있는 개념으로 해당 지역의 주권국가의 동의하에 유네스코(UNESCO)와 같은 국제기구나 IUCN 등이 지정, 국제적으로 공인을 받는 지역이다. 국제공원에 대한 자세한 설명은 소병천, "A Study of Establishing an International Ecological Peace Park in Korean DMZ", *International Area Review*, vol.8, no.1, 2005, pp.66~67.

12) 본 의정서는 26개 협의당사국의 비준을 얻은 1998년 1월 14일 발효되었다.

본 의정서는 남극을 평화와 과학을 위해서만 이용될 수 있는 자연보전지구로 규정하고 남극지역에서 광물자원과 관련된 일체의 활동을 전면 금지하고 회원국간의 이를 위한 상호협력의무를 규정하여 놓았다.

NGO들이 국제협약을 위한 여론을 형성하며 많은 국제회의에 참여한다고 할지라도 이는 엄격하게 옵서버의 자격으로 참여하거나 또는 정부간 회의와는 별도의 NGO들 간의 회의를 통해서 별도의 결의안을 내놓는 정도의 수준이지 직접적으로 정부대표들과 같은 테이블에서 동등한 자격으로 조약안에 대해 토의하며 체결하는 경우는 없었다. 그러나 1998년 채택되고 2001년 발효된 알후스협약은 이와 달리 기존의 국제협약의 제정과정에서의 NGO의 지위를 격상시킨 국제협약이라고 할 수 있겠다.13)

유엔유럽경제위원회(United Nations Economic Commission for Europe: UNECE)는 "지속가능한 발전"을 위한 "유럽환경"(Environment for Europe)을 주창하였으며, 1991년부터 범유럽환경장관회의(Pan-European Conference of Environmental Minister)를 개최하였다. 1995년 소피아에서 개최된 제3차 회의에서 환경문제에 관한 결정과정에 있어서 공공참여(Public Participation)의 정형화된 기준(Guideline)에 대해 최초로 합의를 이루고 실무진(Working Group)들에게 제4차 회의에 제출할 목적으로 구속력 있는 조약의 초안을 작성하게 하였다. 실무진에는 각 국가의 정부 법률팀의 참여뿐 아니라 NGO들의 이름으로 법률가들의 직접적인 참여가 있었다.14)

1998년 6월 23일부터 25일까지 덴마크 알후스에서 3일간 개최된 제4차 회의에서는 실무진이 작성한 초안을 두고 55개 국가와 200여 개의 NGO들의 참여와 격론 끝에 협약이 도출되었는데 NGO들은 예비회의, 본회의 및 협약 최종안 작성 시에도 참여하였다. 각 지역의 NGO들은 해당 NGO에서 위촉한 법률전문가를 파견하는 방식으로 UNECE 사무총장을 도와 협약초안을 작성하는 데 도움을 주었다. 본 초안은 협약의 수정된 통합본이 나올 때까지 첫 네 차례의 회기 동안 토론의 바탕이 되었다. NGO들은 협약 문안작성 축조그룹과 평가권고그룹 등에 참여함으로써 초안의 작성에 깊숙이 참여

---

13) 정식명칭이 "환경문제에 관한 정보적 접근, 결정과정에의 참여, 사법적 접근에 관한 협약"(Convention on Access to Information, Public Participation in Decision-Making and Access to Justice in Environmental Matters: 알후스협약)인 본 협약은 조약명 그대로 환경문제에 시민들의 참여를 제도적으로 가장 현실적으로 구현한 국제협약으로 그 탄생도시인 덴마크 알후스의 이름을 따 알후스협약이라 지칭되고 있다. .

14) J. Jendroska, "UNECE Convention on Access to Information, Public Participation in Decision-Making and Access to Justice in Environmental Matters: Towards More Effective Public Involvement in Monitoring Compliance and Enforcement in Europe", *National Environmental Enforcement Journal*, vol.13, 1998, p.32.

하였으며 심지어 정부간 협상회의에도 참석하여 토론 과정에 거의 동등한 자격("more or less equal basis")으로 참여가 허용되었다. NGO들은 사전에 브뤼셀에서 열린 "범유럽 NGO회의"(Pan-European Conference of NGOs)에서 선출된 동유럽과 서유럽을 각각 대표하는 2명씩 모두 4명으로 구성된 "NGO 연대"(NGO Coalition)를 구성하여 참여하는 방식을 취하였다. "NGO연대"는 알후스협약에서 NGO들의 국제협약 제정과정에의 참여를 두고 스스로도 "전례 없는 일이며 향후의 협상의 모델로서 크게 공헌할 것이다"라고 평가하기도 하였다.15) 본 협약은 정부의 환경 관련 행정행위에 있어 투명성과 주민참여를 활성화하여 환경문제에 관한 의사결정의 민주화를 위한 진보적인 첫 발걸음이라고 평가되기도 하며 동시에 국제법의 입법과정에 주권국가뿐 아니라 전문가 그룹을 국가와 동등한 지위에서 참여시켜 협약 작성에 NGO들의 반발을 완화시키고 결과적으로 국제법에 있어서 의사결정의 민주화를 촉진하였다는 점에서 더 많은 평가를 받고 있다. 이처럼 NGO는 국제공동체의 정책 결정에 직간접적으로 많은 영향을 미치며 국제조약의 제정과정에도 과거와 달리 많은 참여의 양상을 보이고 있다.

국제법 집행이라는 개념이 원칙적으로 조약이 국가 내에서 이행된다는 점에서 국제법 집행주체는 국가라고 할 것이다. 국제협약의 사무국이나 지원기구 등은 실질적으로 해당 협약의 행정과 관련이 있으며 이러한 행정은 어느 정도 해당 협약의 집행과도 관련이 있다는 점에서 보면 일부 NGO의 경우는 국제법 집행의 기능을 수행하고 있다고 해도 과언이 아니다. 예를 들어 IUCN은 람사협약의 초기부터 당사국총회 결의를 통해 람사협약의 사무국의 임무를 수행하고 있으며, 람사협약 제8조 사무국 조항은 명시적으로 IUCN을 사무국으로 명기하고 있다.16) 뿐만 아니라 IUCN은 세계자연문화유산과 관련한 공식 기술지원기구로 세계자연유산과 관련한 평가 및 모니터링의 역할을 수행하고 있다. 특히, UNESCO 세계문화유산협약 제13조 제7항은 협약 내의 세계유적위원회(World Heritage Committee)가 IUCN과 협력하도록 규정하고 있다. 그리고 CITES에서도 제11조 제7항에서 총회의 옵서버로 참가할 수 있는 규정에 따라 IUCN은 책임과학자문기관(chief scientific advisor)으로 총회에 참여하고 있으며, 이와 유사하게 생물다양성협약의 총회에서도 동 협약 제23조 제5항에 근거하여 옵서버의 자격으로 참여하고 있다.

---

15) NGO Resolution on the Public Participation Convention, para.7(이하 NGO 결의). <http://www.participate.org/Aarhus/ngo-resolution.htm>.

16) 동 조항에 규정된 사무국의 임무 중 단순한 총회의 소집 및 지원 등 행정적인 역할도 있으나 주요 습지 목록 유지, 목록 내 습지 구역의 추가·확장·삭제·축소 관련 정보 및 습지의 생태학적 특성 변화와 관련된 정보의 접수 과정에서 국내 NGO와의 모니터링 등 협업을 통해, 특히 해당 NGO가 IUCN의 회원 NGO인 경우, 람사협약의 실질적 협약 이행 과정에 주요한 역할을 담당한다는 점은 주목할 만한 점이다.

유엔 글로벌 거버넌스 위원회의 보고서는 그 보고서의 명칭을 우리의 글로벌 이웃 (Our Global Neighbourhood)으로 선정하였다. 마치 1987년 환경과 개발에 관한 세계위원회가 유엔에 보고한 보고서 제목이 우리 공동의 미래(Our Common Future)이듯이, 환경 보호를 위해서는, 인권을 위해서는, 인류의 보편적 가치를 보호하기 위해서는, 보편적 상식에 기반을 둔 세계 시민(Global Citizens)이 한 이웃이라는 차원에서 각자의 역할을 다하는 협업이 필요하며, IUCN은 그러한 Forum으로서 국제사회의 새로운 기구로서 Global Organization의 비전(Vision)을 제시하고 있다. 국제관계에서의 능동적인 NGO 의 역할과는 달리 국제법적으로 NGO는 법적인 주체성이 부정되고 있다. 이로 인해 국 제관계에서 NGO의 현실과 규범체계로서 국제법은 괴리가 커져가고 있다. 그러나 국제 법은 국제관계의 현실을 국제법에 반영할 필요가 있다. IUCN은 이러한 필요성과 가능 성을 동시에 열고 있는 좋은 예일 것이다.[17]

생각하기

1. 정부는 미세먼지를 포함한 황사문제 등 동아시아 대기문제를 해결하기 위해 동아시아 환경 기구를 설립하고 그 본부를 우리나라에 설치하고자 한다. 당신은 본 정부사업을 주도하여야 하 는 실무대책팀의 팀장이다. 동아시아 환경기구 설립의 그 단계적 계획을 수립하여 보고하여야 한다면 그 내용은 무엇인가?

2. 국제기구의 새로운 모델을 보여주는 IUCN이 시사하는 국제사회의 미래상은 칸트(Immanuel Kant)가 국제체제의 발달에서 최종 단계로 언급한 '자유를 법적으로 보호하는 항구적 체제로서 의 세계적인 시민사회'와 관련성이 있는가?

3. 다자간 환경협약체제는 국제기구라고 할 수 있는가? 그리고 당사국총회의 결의는 새로운 국 제법의 연원이라 할 수 있는가?

4. UN이 주관하는 국제환경회의 참가자 명단은 국가, 국제기구, UN전문기구, 국제NGO 등으 로 구분되어 정리되는데 IUCN은 국제기구로 구분되어 기재되는 경우가 있다. 이런 경우 UN 회원국들이 IUCN을 국제기구로 인정하고 있다고 추정할 수 있는가?

---

17) 이러한 점에서 IUCN은 국제적십자위원회(International Committee of the Red Cross: ICRC)와 같은 독특한 국제기구의 성격을 갖고 있다고 할 수 있다. 소병천, "국제환경법에 있어서 IUCN의 지위와 역할", 「국제법평론」, 통권 제37호(2013. 4.).

참고문헌

김부찬, "국제기구의 법인격", 「국제법평론」, 통권 제25호, 2005. 4.

김성원, "국제법상 NGO의 활동에 관한 연구", 「한양법학」, 제11집, 2000. 12.

박병도, "글로벌 거버넌스와 비국가행위자: NGO를 중심으로", 「일감법학」, 통권 제17호, 2010.

소병천, "NGO의 국제법적 주체성", 「국제법평론」, 통권 제23호, 2004. 4.

_____, "국제환경법에 있어서 IUCN의 지위와 역할", 「국제법평론」, 통권 37호, 2013. 4.

이재곤, "국제환경법과 비정부간기구(NGO)", 「법학연구」(충남대학교), 제7권 제1호, 1996. 12.

장신, "국제사회에서의 NGO의 역할과 그 지위향상을 위한 제언", 「국제법동향과 실무」, 제4권 제
    3 · 4호, 2005.

정서용, "국제 환경 거버넌스, 비국가 행위자 그리고 국제법", 「서울국제법연구」, 제17권 제2호, 2010.
    12.

Amerasinghe, C.F., *Principles of the Institutional Law of International Organizations*, Cambridge
    University Press, 1996.

Commission on Global Governance, *Our Global Neighborhood*, Oxford University Press,
    1995.

Robinson, N.A., "IUCN as Catalyst for a Law of the Biosphere: Acting Globally and Locally",
    Environmental Law, vol.35, No.2, 2006.

Tarlock, A.D., "The Role of Non-Governmental Organizations in the Development of
    International Environmental Law", *Chicago-kent Law Review*, vol.68, 1992.

제 3 장

국제환경법의
역사

제1절 ● 서 론*

Carson의 유명한 저서 「침묵의 봄」[1]의 발행으로 미국 등 선진국을 중심으로 환경문제가 국내적으로 크게 부각되고 환경규제법규들이 제정되면서 환경문제의 인식이 커지기 시작하였다. 하지만 극히 제한적인 분야를 제외하고 개별 국가에 의한 환경보호 노력만으로는 인류생존을 위협하는 환경오염을 방지하고 생태계를 보존하는 것이 불가능하고 국제적인 협력과 처방이 필수적이라는 것이 인식되면서 환경보호의 국제적 접근이 활발하게 시도되었다. 그러한 발전에 큰 전기를 마련하게 된 것은 1972년의 스톡홀름환경회의이다. 이 회의 이후, 특별히 1980년 이후 국제환경법의 발전은 실로 눈부신 것이어서 환경문제를 다룬 조약 수만으로도 당시 약 30여 개에 불과하던 것이 이제 개정조약까지 포함하는 경우 다변조약 약 1,300개, 양변조약 약 2,200개, 기타 250개에 이르렀고[2] 순수하게 환경문제만을 다룬 조약도 300개가 넘는 것으로 추산된다. 더구나 그간의 국제환경법의 발전은 단순히 규율법규의 양적 증가에 그치지 않는다. 국제적 환경문제의 해결을 위하여 그동안 국가들이 국제관계에서 그토록 고집하던 주권 절대의 원칙을 수정하여 환경보호를 위한 국가권한의 제한 또는 국제적 의무부과를 용인하고 있다. 또한 선진국과 개발도상국의 환경보호를 위한 협력가능성이 증대되고 환경보호기준의 국제적 이행장치의 마련과 이행감시수단의 발전, 비정부기구(NGOs)와 같은 국가가 아닌 주체의 활동증가 및 그 역할 인정 등 그 질적 변화가 이루어지고 있는 것이 주목된다.

국제환경법의 발전단계는 구분기준에 따라 여러 가지로 이루어질 수 있겠지만 이하에서는 1) 태동기: 국제환경법의 태동부터 유엔창설(1945) 이전 시기, 2) 토대기: 유엔창설부터 스톡홀름환경회의(1972), 3) 발전기: 스톡홀름환경회의 이후 리우환경회의(1992)까지, 4) 성숙기: 리우환경회의 이후 현재까지의 네 단계로 나누어 개관하여 보겠다.[3]

---

* 이 장은 이재곤, "국제환경법의 역사적 전개", 「국제법학회논총」, 제44권 제2호(1999. 6.), 195~212면을 이 책의 목적에 맞게 변형하고 발표 이후의 발전사항을 반영하여 작성하였음.

1) R. Carson, *Silent Spring* (Houghton Mifflin Co., 1962).

2) International Environmental Agreements(IEA) Database Project, < https://iea.uoregon.edu/ >.

3) 이러한 시대구분은 Sands의 구분을 따르는 것이다. P. Sands and J. Peel, *Principles of International Environmental Law*, 4th ed. (Cambridge University Press, 2018), p.21. 다만, 시대별 명칭은 필자가 붙여 본 것이다.

제2절 ● 태동기

국제환경법이 어디서 그 기원을 찾을 것인가에 대하여는 의견이 갈린다. Teclaff는 '선린원칙'(principle of good neighborliness)이나 권리남용금지와 같은 기존 원칙들이 국제하천상의 환경문제해결에 적용되었던 것을 지적하여 19세기 초를 국제환경법의 기원으로 삼고 있다.4) 반면에 Kiss는 최초의 다자간 환경조약에 초점을 맞추어 1902년의 '농업에 유용한 조류의 보호를 위한 협약'5)을 국제환경법의 기원으로 언급하고 있다.6) 오늘날 국제환경법의 규율대상으로 보는 문제에 대한 조약적 규제를 포함하여 국제환경법의 태동을 이야기한다면 그 기원은 1860년대로 거슬러 올라갈 수 있다. 즉, 1867년에 프랑스와 영국 간의 어업에 관한 협약7)이 체결되었는데 이것이 오늘날 환경문제로 간주되는 문제를 다룬 국제적 문서의 최초의 예라고 할 수 있다.

이 시기는 앞서 언급한 프랑스와 영국 간의 어업협정과 같은 양자조약에 의하여 또한 환경 전반에 대한 규율이 아닌 특정 분야의 제한적인 환경문제에 대하여만 규율이 이루어지던 기간이다. 먼저 산업화를 시작했던 서구 국가들이 이 시기에 이르러서 산업화와 발전과정에서 일정한 자연자원의 이용이 제한되어야 한다는 것을 이해하기 시작하였고 그러한 제한을 위하여 적절한 조약들을 채택하였던 시기이다. 이 시기에 주로 규율대상이 된 것은 어업, 일부 조류 및 물개 등이었고 제한적으로 하천과 호수 및 해양을 보호하는 내용을 담고 있었다.8)

조류보호를 위한 것으로는 앞서 언급된 국제조류협회의 제안으로 채택된 '농업에

---

4) L.A. Teclaff, "The Impact of Environmental Concern on the Development of International Law", in L.A. Teclaff and A.E. Utton (eds.), *International Environmental Law* (Praeger, 1974), p.229; 유사한 입장은 노명준, 「신국제환경법」 (법문사, 2003), 7면.

5) International Convention for the Protection of Birds Useful to Agriculture, 1902년 3월 19일 프랑스 파리에서 체결, 1908년 4월 20일 발효, 4 IPE 1615 24, 505.

6) A. Kiss and D. Shelton, *International Environmental Law*, 3rd ed. (Transnational Publishers, Inc., 2004), p.39.

7) Convention between France and Great Britain Relative to Fisheries, 1867년 11월 11일 프랑스 파리에서 체결, 1868년 1월 18일 발효, 21 IPE 1 24, 25.

8) 어업에 대한 것으로는 1882년에 채택된 북해어업협정(North Sea Fisheries Convention)과 1902년의 다뉴브연안국간의 어업협정(Convention Concernant l'Exploitation et la Conservation des Pecheries dans la Partie-Frontière du Danube), 1931년의 포경업규제협정(Convention for the Regulation of Whaling) 등이 있다.

유용한 조류의 보호를 위한 협약'이 있다. 동 조약에서 규정되었던 일정한 조류의 절대적 보호, 일정한 조류의 도살, 조류의 둥지, 알 또는 새끼 양육 장소의 보호 등의 규율방법이 오늘날의 조류보호조약에서도 이용되고 있다. 또한 동 조약은 과학적 연구와 부화를 위한 예외를 인정하고 있는데 이러한 예외의 인정도 오늘날 1992년의 생물다양성협약 등과 같은 조약에서도 많이 이용되고 있다. 이 밖에도 1916년에는 철새보호에 관한 협약9)이 미국과 당시 영국 식민지였던 캐나다 간에 체결되었다.

하지만 이 당시의 조류보호조약은 그 명칭에서도 볼 수 있듯이 환경보호에 있어 인간중심적 공리주의(anthropocentric-utilitarianism) 사고가 뿌리 깊게 자리 잡고 있어서 오늘날 중요한 보호대상이 되고 있는 독수리 등과 같은 육식조류는 유용하지 않은 조류로 분류되어 보호대상에서 제외된 바 있다. 따라서 이 시대의 조류의 보호기준은 인간의 관점에서 단기적 유용성이나 효용가치가 있는가 하는 것이 주요 쟁점이었다고 할 수 있다. 이러한 경향은 1911년에 체결된 영·미간 모피물개 보존 및 보호에 관한 조약10)에서도 나타난다.

야생동물의 보호를 위한 협약으로는 1900년에 채택된 '인간에 유용하거나 비공격적인 아프리카 오지국가에 서식하는 다양한 동물의 보호를 위한 협약'11)과 이것을 대체한 1933년의 자연상태의 동물계 및 식물계의 보호를 위한 협약12)을 들 수 있다. 또한 1911년에는 물개보호 및 보존을 위한 협약이 체결되었다. 미주지역에서는 1940년에 자연보호와 야생동물의 보호를 위한 협약13)이 채택되었다.

1909년에 캐나다와 미국 간에 체결된 국경조약14)은 국제환경법의 태동기에 채택된 조약 중에서 특별히 중요한 의미를 갖는다. 왜냐하면 최초로 오염방지를 위한 의무를

---

9) Convention between the United States and Great Britain for the Protection of Migratory Birds in the United States and Great Canada, 1916년 8월 16일 미국 워싱턴 D.C.에서 체결, 4 IPE 1638 24, 505.
10) United States-Great Britain Treaty Relating to the Preservation and Protection of Fur Seals, 1911년 7월 7일 미국 워싱턴 D.C.에서 체결, 1911년 12월 15일 발효, 8 IPE 3682 26.
11) Convention destinée a assurer la conservation des diverses espèces vivant a l'état en Afrique qui sont utiles a l'homme ou inoffensives, 1900년 5월 19일 영국 런던에서 체결, 4 IPE 1607 479, 480.
12) Convention on the Preservation of Fauna and Flora in their Natural State, 1933년 11월 8일 영국 런던에서 체결, 1936년 1월 14일 발효, 172 LNTS 241.
13) Convention on Nature Protection and Wildlife Preservation in the Western Hemisphere, 1940년 10월 12일 미국 워싱턴 D.C.에서 체결, 1942년 5월 1일 발효, 161 UNTS 193.
14) Treaty between Canada and the United States of America Relating to Boundary Waters and Questions Arising along the Boundary between the United States and Canada, 1909년 1월 11일 미국 워싱턴 D.C.에서 체결, 1910년 5월 5일 발효, 10 IPE 5158.

부과하고 있고 국제공동위원회(International Joint Commission)라는 조약의무의 집행을 위한 제도적 장치를 가지고 있기 때문이다.

국제환경법 발전의 초기 단계이기는 하지만 이 기간 동안에 두 건의 중요한 환경 관련 분쟁이 국제중재에 의하여 해결되어 이후의 법발전에 지대한 영향을 미쳤다. 그 한 사건은 Pacific Fur Seals 중재 사건으로 미국이 영국의 국가관할권 이원 지역에서의 물개남획을 주장하여 발생한 사건이었다. 이 사건에서 중재재판부는 관할권 이원지역에서의 물개의 적절한 보호와 보존을 위한 규제체제를 세우고 그 보전을 보장하기 위한 자연자원에 대한 관할권을 주장할 권리가 있다는 미국 측의 주장을 거부하였다.

또 다른 한 사건은 유명한 Trail Smelter 중재 사건이다. 이 사건은 캐나다 측에 건설되어 가동 중인 제련소에서 배출된 배기가스로 인접국 미국 워싱턴주에 재산적·신체적 손해를 야기시킴으로써 발생한 분쟁이다. 이 사건에서 재판부는 "어떠한 국가도 매연으로 다른 국가영토 또는 그 영토 내의 사람과 재산에 대하여 손해를 야기시키는 방법으로 영토를 이용하거나 이용하도록 허용할 수 없다"고 밝혔는데[15] 이 판결내용은 환경손해를 야기하지 않을 책임원칙으로 발전하여 국제환경법의 중요한 기본 원칙이 되었다.[16]

이 기간은 아직 오염에 대한 구체적 규제가 이루어지지 못하였고, 생태계에 대한 이해가 이루어지지 못한 시기였다. 또한 체결된 조약들은 대부분 양자조약으로 환경문제에 대한 범국제적 접근이 제대로 이루어지지 못하였다. 이것은 당시 환경문제를 다룰 국제기구가 거의 존재하기 않았다는 것에서도 추론될 수 있다. 이 기간 동안에 환경문제를 다룰 국제기구를 조직하기 위한 노력은 간헐적으로 시도되었다. 예를 들어, 1909년 파리에서 열린 국제자연보호회의(International Congress for the Protection of Nature)에서 국제자연보호기구의 창설이 논의된 바 있다. 앞서 지적했듯이, 아직까지 이 시기에는 주로 인간중심의 관점에서 환경문제의 논의가 이루어지고 있었다는 것도 지적될 수 있다. 다만 예외적으로 앞서 언급되었던 자연상태의 동식물의 보호에 관한 런던협약이나 서반구에 있어서의 자연보호와 야생동물의 보존에 관한 협약 등에서 오늘날의 생태적 개념이 반영되기 시작하였다.

---

15) 3 UNRIAA 1938, 1965.

16) Sands and Peel, *op.cit.*, p.206; Kiss and Shelton, *op.cit.*, p.188; 김정건·장신·이재곤·박덕영, 「국제법」(박영사, 2010), 756면; 노명준, 「신국제환경법」(법문사, 2003), 73면 등 참조.

<h1 style="text-align:center">제3절 ● 토대기</h1>

제2차 세계대전의 종전과 함께 대표적 국제기구로서 세계질서 확립에 중심적 역할을 한 UN이 창설된 후 스톡홀름환경회의가 개최되기까지의 기간은 급속도로 증가한 국제기구들이 UN을 중심으로 환경문제를 다루기 시작하고, 오염에 대한 구체적 규제가 다변조약에 의하여 범국제적으로 이루어지기 시작한 기간이다. 또한 이 시기에는 환경문제의 인식이 이루어지기 시작하여 직접적으로 환경을 다루지 않는 남극조약[17])과 같은 문서에서도 환경문제를 언급하는 조항을 두기 시작하였던 시기이다.

주지하는 바와 같이 UN헌장에는 환경문제에 관한 규정이 없다. 그러나 경제적·사회적·문화적인 국제문제를 다루도록 규정하고 있는 헌장 조항[18])과 이 문제를 다루는 내부기관인 경제사회이사회의 활동으로 유엔이 환경문제의 국제적 접근에 주도적 역할을 할 수 있었다. 환경문제를 전담하는 국제기구 혹은 UN전문기관은 존재하지 않았지만 전문기관의 기능상 임무수행과정에서 환경문제를 다루는 기구들이 늘어나게 되었는데 FAO, UNESCO, WMO, IMCO,[19]) ICAO, GATT 등이 그러한 기구에 속한다. 한편 이 기간에 국가와 비정부기구(NGOs)가 함께 참여하는 독특한 환경국제기구가 조직되어 야생동물의 보호와 자연자원의 보호에 큰 역할을 수행하였는데 세계자연보전연맹(International Union for the Conservation of Nature: IUCN)이 그것이다.

환경문제를 다각적으로 검토하여 국제적 대응을 시도하는 국제회의가 처음 마련된 것도 이 시기이다. 즉, 자원의 보존과 이용에 관한 유엔회의(United Nations Conference on the Conservation and Utilisation of Resources)가 1949년 유엔 경제사회이사회 결의로 개최되었다. 이 회의를 통해 국제적으로 신속히 대응해야 할 문제를 제기하고 경제개발과 환경보호를 관련시켜 고려하기 시작한 것은 국제환경법 발전에 큰 기여를 한 것이다. 이 회의에서는 광물자원, 연료 및 에너지, 물, 산림, 토양, 야생동물 및 어류 등 여섯 가지 분야가 다루어졌는데 세계의 자연자원상태, 절박한 부족상태에 대한 세계적 재고, 자원의 상호의존, 자원의 이용과 보존, 응용기술에 의한 새로운 자원의 개발, 자원절약

---

17) Antarctic Treaty, 1959년 12월 1일 미국 워싱턴 D.C.에서 체결, 1961년 6월 23일 발효, 대한민국에 대하여는 1986년 11월 28일 발효, 402 UNTS 71.

18) 헌장 제1조 제3항.

19) 1982년에 International Maritime Organization(IMO)으로 개명됨.

의 교육, 저개발국을 위한 자원기술, 하천유역의 통합개발 등이 주요 토의주제로 다루
어졌다. 이러한 토의주제는 이후의 스톡홀름환경회의와 리우환경회의 등에서도 다루어
지고 있어 이 회의의 영향력을 알 수 있다.

이 기간 동안에 개최된 스톡홀름환경회의(1972)는 국제환경법 발전의 결정적 계기
제공, 국제환경상황에 대한 구체적 인식촉진 및 환경문제에의 대응을 위한 국제적 협력
촉진 등의 기여를 한 중요한 회의로 평가된다.20) 스톡홀름환경회의는 구속력있는 조약
형태의 문서를 채택하지는 않았지만 26개의 주요 국제환경법원칙을 담고 있는 스톡홀
름선언21)과 109개의 권고를 담고 있는 실천계획(Action Plan)을 채택하였다. 이 회의를
통해서 새롭게 혁신되었다고 할 수 있는 것은 국제적 환경보호에 있어서 무엇이 국제적
으로 문제인가에 대한 재인식, 국제적 협력을 위한 기초 마련, 국제적 책임문제에 대한
구체적 접근 등을 들 수 있다. 이 회의를 통하여 새로운 국제법규가 창설되지는 않았지
만 해양오염, 초국경 대기오염과 하천오염, 멸종위기동물의 보호에 관한 당시까지의 규
제경향이 스톡홀름에서 채택된 결의를 통하여 강화되었다.

법적인 측면에서 특별히 중요한 의미를 갖는 것은 새로운 국제기구를 창설하여 기
존 기구 간의 조정장치를 마련하는 권고를 채택하고, 국제사회가 취할 장래의 행동실천
계획을 수립한 점과 일반적인 지침적 원칙을 채택하고 있는 것이다.

기구적인 측면에서 제안된 것을 보면 환경계획을 위한 방향과 조정을 위한 정책지
침을 제공할 정부간 환경프로그램 집행위원회, 환경사무국, 재정적 책임을 수행할 환경
기금(Environment Fund) 및 유엔체제 내에 환경계획의 실행에 관련된 모든 기구간의 협
력과 조정을 보장할 환경조정위원회 등을 설치하도록 하였다.

109개의 권고가 담겨 있는 실천계획(Action Plan)은 6개의 주요 주제 분야별로 작성
되었는데 환경의 질을 위한 인간주거의 계획과 관리, 자연자원관리의 환경적 측면, 광
범위한 국제적 중요성을 가진 오염원과 공해를 밝히고 통제하는 일, 환경문제의 교육
적·정보적·사회적 및 문화적 측면의 개발과 환경실천계획의 국제기구적 의미 등이
그것이다. 실천계획은 또한 환경평가에 대한 제안을 포함하고 있는데 이것은 지구환경
감시체계(Global Environmental Monitoring System: GEMS)와 국제정보체계를 포함하는 지구
환경감시기구(Earthwatch)의 설립을 통하여 실행하는 것으로 되어 있다.

---

20) L. Sohn, "The Stockholm Declaration on the Human Environment", *Harvard International Law Journal*,
   vol.14, 1973, p.433.

21) Stockholm Declaration of the United Nations Conference on the Human Environment, 1972년 6월
   16일 스웨덴 스톡홀름에서 채택, 11 ILM 1416 (1972).

국제환경규제를 위한 26개 기본원칙을 담고 있는 스톡홀름선언은 "인간은 인간의
존엄을 지키고 복지가 허용될 수 있는 수준의 환경에서 자유와 평등과 적절한 생활조건
에 대한 기본권을 갖는다"고 선언하고,22) 아울러 현세대와 다음 세대를 위하여 환경을
보호하고 증진할 책임이 있다고 밝히고 있다. 이 규정은 직접적으로 개인에게 국제적
인권으로서 환경권을 부여하고 있는 것은 아니지만 국제적 환경보호가 국가적 관심과
이해관계를 넘어 개인 각자의 문제임을 인식시켰다.23)

스톡홀름선언은 국제환경법원칙의 성립에 중요한 규정들을 두고 있는데 "국가는
UN헌장과 국제법원칙에 따른 자국의 환경정책에 따라 자국의 자원을 이용할 주권적 권
한을 가지며 그 관할권 또는 통제하의 활동이 타국 또는 국가관할권의 한계 이원지역에
손해를 야기하지 않도록 보장할 책임이 있다"고 선언하여 자연자원이용에 대한 국가주
권의 원칙과 그에 대응한 책임으로서 Trail Smelter 사건에서 선언되었던 영토이용에
따른 환경손해를 야기하지 않을 책임을 부과하고 있다.24) 아울러 동 선언은 국가들이
국제환경법의 발전을 위하여 협력하도록 선언하고 있다.25)

이 기간 동안에 일부 환경법 분야에 있어서 활발하게 다자조약이 체결되어 국제법
적 규율이 이루어졌는데 해양오염과 핵오염에 대한 규제가 대표적인 분야이다. 해양오
염에 대하여는 1954년 유류에 의한 해양오염의 방지에 관한 협약26)이 체결되었다. 이
후 관련 조약으로서 1969년 유류오염손해에 대한 민사책임에 관한 협약,27) 유류오염손
해보상기금협약,28) 공해에서의 유류오염손해사고에 대한 간섭에 관한 협약29) 등이 체
결되었는데 범세계적인 환경규제가 이루어진 첫 번째 분야라고 할 수 있다. 유류오염
외에 전반적인 해양오염에 대한 일반적인 규정도 마련되었는데 1958년에 채택된 제1차

---

22) 원칙 1.
23) 이재곤, "국제법에 있어서의 환경권", 「현대사회와 법의 발달, 균재 양승두교수 화갑기념논문집」 (홍문
사, 1994), 305~306면.
24) 원칙 21.
25) 원칙 22.
26) International Convention for the Prevention of Pollution of the Sea by Oil, 1954년 5월 12일 영국
런던에서 체결, 1956년 8월 7일 발효, 대한민국에 대하여는 1978년 10월 31일 발효, 327 UNTS 3.
27) International Convention on Civil Liability for Oil Pollution Damage, 1969년 11월 29일 벨기에 브뤼
셀에서 채택, 1975년 6월 19일 발효, 대한민국에 대하여는 1979년 3월 18일 발효, 973 UNTS 3.
28) International Convention on the Establishment of an International Fund for Compensation for the
Oil Pollution Damage, 1971년 2월 11일 벨기에 브뤼셀에서 체결, 1978년 10월 16일 발효, 대한민국은
1993년 3월 6일 가입하였으나 1998년 5월 15일 탈퇴, 11 ILM 284.
29) International Convention Relating to Intervention on the High Seas in Cases of Oil Pollution
Damage, 1969년 11월 29일 체결, 1975년 5월 6일 발효, 9 ILM 25 (1970).

해양법협약 중 공해에 관한 협약이 그것이다. 그와 동시에 채택되었던 공해생물자원보존협약은 어족자원보존을 위한 규정들을 담고 있다.

　　국제환경법의 발전에 있어 대형 환경사고를 통하여 국제적인 문제인식이 이루어지고 대응 국제법규가 마련되는 경우가 있는데 해양에 있어서의 유류오염 문제도 그러한 분야의 하나이다. 이 기간 동안에 있었던 Torry Canyon호 사건은 유조선의 연안좌초로 발생한 프랑스 등 유럽대륙국가의 해안오염으로 긴급상황에서의 위험통지와 상호원조, 긴급조치의 필요성이 국제적으로 인식되는 계기를 마련해 주었다. 핵 분야의 경우 핵에너지 분야에 있어서의 제3자 책임에 관한 협약30)이 1960년에 체결된 후 핵추진선박 운영자의 책임에 관한 협약,31) 제3자 책임협약에 대한 보충협약,32) 핵오염손해에 대한 민사책임에 관한 비엔나협약,33) 부분적 핵실험금지조약,34) 핵확산금지조약35) 등이 체결되었다.

　　이 기간에 채택된 남극조약과 우주조약36)은 비록 환경문제의 규율에 초점을 맞춘 조약은 아니지만 위에 언급한 공해에 관한 협약과 함께 국가의 영토관할권 이원지역에 대한 오염규제를 하고 있다는 측면에서 중요성을 갖는다.

　　이 기간 동안에 있었던 환경 관련 주요 판례로는 Corfu Channel 사건과 Lanoux호 사건을 들 수 있다. 전자의 경우 직접 환경오염으로 야기된 사건은 아니었지만 자국의 영토를 이용함에 있어 타국에 손해가 야기되지 않도록 하여야 한다는 Trail Smelter 사건에서 선언된 국제환경법의 기본원칙이 다시 한번 국제사법재판소(ICJ)라는 국제법에서 중요한 의미를 갖는 기관에 의하여 선언되었다. 후자의 경우에는 국제하천의 이용에 있어 하천을 공유한 국가들 간에 상호 일정한 자제의 의무가 있음을 밝혔다.

30) Convention on Third Party Liability in the Field of Nuclear Energy, 1960년 7월 29일 파리에서 채택, 1968년 4월 1일 발효, 956 UNTS 251.
31) Convention on the Liability of Operators of Nuclear Ships, 1962년 5월 25일 벨기에 브뤼셀에서 채택, 미발효, 조약문은 *American Journal of International Law*, vol.57, 1963, pp.268~278.
32) Agreement Supplementary to the Paris Convention of 1960 on Third Party Liability in the Field of Nuclear Energy, 1963년 1월 31일 벨기에 브뤼셀에서 채택, 1974년 12월 4일 발효, 1041 UNTS 358.
33) Vienna Convention on Civil Liability for Nuclear Damage, 1963년 5월 29일 오스트리아 비엔나에서 체결, 1977년 11월 12일 발효, 1063 UNTS 265.
34) Treaty Banning Nuclear Weapon Tests in the Atmosphere, in Outer Space and Under Water, 1963년 8월 5일 구소련 모스크바에서 체결, 1963년 10월 10일 발효, 대한민국에 대하여는 1964년 7월 24일 발효, 480 UNTS 43.
35) Treaty on the Non-Proliferation of Nuclear Weapons, 1968년 7월 1일 런던, 모스크바, 워싱턴 D.C.에서 체결, 1970년 3월 5일 발효, 대한민국에 대하여는 1975년 4월 23일 발효, 729 UNTS 161.
36) Treaty on Principles Governing the Activities of States in the Exploration and Use of Outer Space, including the Moon and other Celestial Bodies, 1967년 1월 27일 런던, 모스크바, 워싱턴 D.C.에서 체결, 1967년 10월 10일 발효, 대한민국에 대하여는 1967년 10월 13일 발효, 619 UNTS 205.

이 기간 동안에 국제사회는 환경문제에 대하여 국제기구를 통한 다자적 접근에 성공하였다. 또한 1960년대는 영향력 있는 몇몇 국가의 테두리를 벗어나 서서히 환경문제의 대중적 인식이 이루어진 시기라고 할 수 있다. 이 시기에는 UN유럽경제위원회(UNECE)를 중심으로 유럽지역에서 대기오염통제선언(1968) 등과 같은 문서들이 체결되기도 하였지만, 경제적 격차가 큰 아프리카 국가들이 1968년 자연 및 자연자원에 관한 아프리카협약37)을 체결하기도 한 것에서도 그러한 경향을 읽을 수 있다. 그러나 아직 종합적인 접근을 조정할 단일 국제기구를 갖지 못하였고, 국제적 환경문제의 접근이 단편적이고 즉응적인 것이 현실이었다. 또한 법규의 준수와 집행을 보장할 체계를 갖지 못하였고 정보의 교환, 환경영향평가 등의 환경보호를 위한 절차적 규범들이 발전되지 못하고 있었다.

제4절 ● 발전기

스톡홀름환경회의가 열렸던 때부터 리우환경회의가 있었던 기간(1972~1992)은 국제환경법 발전이 본격적으로 이루어진 기간이다. Brown Weiss 교수는 진정한 의미의 국제환경법의 태동이 스톡홀름환경회의부터 이루어졌다고 밝히고 있다.38) 스톡홀름환경회의는 여러 가지 측면에서 국제환경법의 발전에 중요한 의미를 갖는데 단순히 많은 국가들이 참여하여 여러 문서가 채택되었다는 것 외에도 이때 진정한 의미의 범세계적이고 지구적인 환경문제의 접근이 이루어졌다는 것과 환경문제를 다루는 국제기구와 재정적인 문제를 감당할 기금 등의 제도적 장치가 마련되었다는 것을 들 수 있다.39)

국제연합환경계획(UNEP)이 스톡홀름환경회의에 의하여 탄생하여 국제환경법 발전에 큰 영향을 미쳤다. UNEP의 영향을 좀 더 구체적으로 보면, 첫째는 UNEP의 주관하에 많은 환경 관련 조약이 체결되었다는 것이다. 국제환경법 발전에 많은 영향을 준 조약을 중심으로 다음과 같은 몇 가지 조약들이 특별히 중요한 의미를 갖는다. 환경보호

---

37) African Convention on the Conservation of Nature and Natural Resources, 1968년 9월 15일 알제리의 Algiers에서 체결, 1969년 10월 9일 발효, 1001 UNTS 3.
38) E. Brown Weiss, "International Environmental Law: Contemporary Issues and the Emergence of a New World Order", *Georgetown Law Journal*, vol.81, 1993, p.678.
39) 범지구적 접근에 대한 지적은 Kiss and Shelton, *op.cit.*, p.48.

를 위하여 국제거래를 국제적으로 규제하는 선례가 된 멸종위기에 처한 야생동식물종의 국제거래에 관한 협약,40) 해양이 지구의 쓰레기장화되는 것을 방지하기 위하여 체결된 폐기물의 투기에 의한 해양오염방지를 위한 협약,41) 환경개념을 인간의 문화적 환경에까지 넓혀 주는 데 기여한 세계 문화유산 및 자연유산의 보호에 관한 협약,42) 핵사고 시 조기통보에 관한 협약,43) 절차적 측면의 법규발전에 있어 중요성을 가진 환경영향평가협약,44) 핵사고 또는 방사성 긴급사태시의 원조에 관한 협약,45) 유류오염의 예비 대응 및 협력에 관한 협약,46) 대기오염 규제의 선례로서 중요성을 가진 원거리초국경대기오염에 관한 협약47) 등이 있다. 오존층 보존을 위한 협약48)과 몬트리올의정서,49) 유해폐기물의 국가간 이동 및 그 처리의 통제에 관한 협약,50) 생물다양성협약51) 등도 그 범주에 속한다.

두 번째는 권고, 또는 실천계획 형식으로 채택되어 구속력은 없지만 일정한 분야에 있어서의 국제법 발전방향을 제시하고 국가관행을 주도하여 추후 국제법규 형성에 중요

---

40) Convention on International Trade in Endangered Species of Wild Fauna and Flora: CITES, 1973년 3월 3일 미국 워싱턴 D.C.에서 체결, 1975년 7월 1일 발효, 대한민국에 대하여는 1993년 10월 7일 발효, 993 UNTS 243.

41) Convention on the Prevention of Marine Pollution by Dumping of Wastes and Other Matter, 1972년 12월 29일 런던, 멕시코시티, 모스크바, 워싱턴 D.C.에서 작성, 1975년 8월 30일 발효, 대한민국에 대하여는 1994년 1월 20일 발효, 1046 UNTS 120.

42) Convention for the Protection of the World Cultural and Natural Heritage, 1972년 11월 16일 프랑스 파리에서 채택, 1975년 12월 7일 발효, 11 ILM 1358.

43) Convention on Early Notification of a Nuclear Accident, 1986년 9월 26일 오스트리아 비엔나에서 체결, 1986년 10월 27일 발효, 25 ILM 1370.

44) Convention on Environmental Impact Assessment in a Transboundary Context, 1991년 2월 25일 핀란드 Espoo에서 체결, 1997년 9월 10일 발효, 30 ILM 802 (1991).

45) Convention on Assistance in the Case of a Nuclear Accident or Radiological Emergency, 1986년 9월 26일 오스트리아 비엔나에서 체결, 1987년 2월 26일 발효, 25 ILM 1377.

46) International Convention on Oil Pollution Preparedness, Response and Cooperation, 1990년 11월 30일 런던에서 채택, 1995년 5월 13일 발효, 30 ILM 733 (1991).

47) Convention on Long-Range Transboundary Air Pollution, 1979년 11월 13일 제네바에서 채택, 1983년 3월 16일 발효, 18 ILM 1442 (1979).

48) Convention for the Protection of the Ozone Layer, 1982년 3월 22일 오스트리아 비엔나에서 체결, 1988년 9월 22일 발효, 대한민국에 대하여는 1992년 5월 27일 발효, 26 ILM 1529.

49) Protocol on Substances that Deplete the Ozone Layer, 1987년 9월 16일 캐나다 몬트리올에서 채택, 1989년 1월 1일 발효, 대한민국에 대하여는 1992년 5월 27일 발효, 26 ILM 154 (1987).

50) Convention on the Control of Transboundary Movement of Hazardous Wastes and their Disposal, 1989년 3월 22일 스위스 바젤에서 채택, 1992년 5월 5일 발효, 대한민국에 대하여는 1994년 5월 29일 발효, 28 ILM 657 (1989).

51) Convention on Biological Diversity, 1992년 6월 5일 브라질 리우데자네이루에서 체결, 1993년 12월 29일 발효, 대한민국에 대하여는 1995년 1월 1일 발효, 31 ILM 822 (1992).

한 역할을 수행하는 소위 '소프트로'(soft law)를 많이 개발하였다. 환경영향평가의 목표
와 원칙(1987) 등이 이 범주의 UNEP 활동에 속한다. 특별히 UNEP이 1978년에 작성한
'둘 또는 그 이상의 국가에 의하여 공유된 자연자원의 보존과 조화된 이용에 있어 국가
의 지침제공을 위한 환경 분야에 있어서의 행위원칙'52)은 많은 규정이 리우환경회의에
서 채택된 문서들에 그대로 반영되고 있어 추후 법발전에 큰 영향을 미친 것을 알 수
있다. 또한 1981년 UNEP 주관하에 몬테비데오에서 열린 환경법전문고위정부관료회의
에서 마련되어 1982년 집행이사회에 의하여 채택된 환경법의 발전과 정기적 재고를 위
한 실천계획은 1982~1992년에 걸쳐 UNEP의 활동에 영향을 주었고 추후 채택된 국제
조약과 지역적 조약 및 결의성 국제법규에 많은 영향을 미쳤다.

    세 번째는 지역적 환경협력을 도모하고 필요한 경우 지역적 환경협력을 위한 조약
체결을 권장하였다.

    환경문제를 전담하는 국제기구가 아닌 경우에도 내부에 환경문제를 다루는 기관을
설치하거나 기능수행과정에서 환경적 고려를 하는 경우도 증가하였다. 예를 들어, OECD
는 환경위원회(Environment Committee)를 설치하였고, GATT는 환경적 조치와 국제무역
에 관한 그룹(Group on Environmental Measure and International Trade)을 설치하였다. 한편
세계은행은 환경부(Department of Environment)를 두어 주요한 자금지원 프로젝트에 대한
환경영향평가를 하도록 하였다.53) 금융지원 프로그램에 대하여 환경적 고려가 이루어
지도록 권장하는 것은 여러 기구를 통하여 문서로 이루어지거나 실제 국제금융기구 정
관에 반영되었는데, 전자의 예로는 UNEP의 권고와 OECD의 권고를 들 수 있다. 한편
후자의 예로서는 유럽부흥개발은행을 들 수 있다. 1991년에는 세계은행과 UNEP 및
UNDP가 함께 세계생태계보호에 혜택을 주는 프로젝트에 재정적 지원을 하기 위한 지
구환경기금(Global Environmental Facility)이 설치되었다.

    스톡홀름환경회의 10주년이 되던 해인 1982년에 채택된 세계자연헌장54)도 이 기
간 동안에 채택된 중요한 문서의 하나이다. 이 헌장은 자연에 영향을 미치는 인간행위

---

52) Principles of Conduct in the Field of the Environment for the Guidance of States in the Conservation and Harmonious Utilization of Natural Resources Shared by Two or More States, 1978, 17 ILM 1097 (1978).
53) 세계은행이 환경문제에 관심을 가지게 된 것은 환경과 경제개발의 통합을 강조하는 추세와 과거 세계은행의 경제개발 지원사업에서 환경에 대한 고려 없이 지원이 이루어져 돌이킬 수 없는 결과를 야기시킨 경험 등이 작용하였다. I.F.I. Shihata, "The World Bank and the Environment: A Legal Perspective", *Maryland Journal of International Law and Trade*, vol.16, 1990, p.40.
54) World Charter for Nature, UNGA Res.37/7, 28 Oct. 1982, 23 ILM 455 (1983).

를 지도하고 판단할 보존원칙을 규정하고 있다. 이 문서가 갖는 가장 큰 의미는 지금까지의 환경조약이나 국제적 문서들이 환경보호 과정에서 인간의 이익만을 위한 자연의 보호를 규정하는 인간중심적 접근을 해 왔던 데 비하여 자연 그 자체의 보호가 강조되어 생물중심적 접근(biocentric approach)이 이루어지고 있다는 점이다. 즉, 동 선언은 서문에서 "인간은 자연의 일부이며 생명은 에너지와 양분의 공급을 보장하는 자연체계의 방해받지 않는 기능에 의존한다"고 밝히고 아울러 "모든 형태의 생명은 독자적 특징을 가지며 인간에게 그것이 어떤 가치를 갖는가에 관계없이 존중되어야 한다"고 선언하고 있다. 자연보존의 일반원칙을 선언하고 있는 헌장의 첫 번째 구성부분 외에 이들 원칙이 각 환경 분야에서 확고하게 기능하여 적용되도록 하는 기능적 측면과 각 국가가 이들 원칙을 국내법 등을 통하여 실행할 수 있도록 촉구하고 자연상태를 수시로 점검하는 원칙의 이행 측면도 선언되고 있다.

　　IUCN, UNEP, 세계야생동물기금(WWF), UNESCO, FAO가 공동으로 준비한 1980년의 세계보전전략은 자연보존과 개발의 상호의존성을 깊이 인식하여 이것을 반영한 소위 '지속가능발전'(sustainable development)이라는 용어를 탄생시킨 문서로서 중요한 의미를 갖는다. 이러한 목적을 위하여 이 문서는 본질적인 생태학적 과정과 생명유지체제는 유지되어야 하며, 종의 다양성은 보존되어야 하고, 종 또는 생태계의 어떠한 사용도 지속가능한 것이어야 한다는 세 가지 기본 목적을 강조하고 있다. 이 문서는 1991년 지속가능한 생존을 위한 지구보호전략이라는 문서에 의하여 강화되었다.

　　리우환경회의와 그 회의에서 채택된 문서의 촉매제 구실을 한 것으로 평가되는[55] Brundtland 보고서도 중요한 문서의 하나이다. 이것은 1983년 UN총회 결의로 지구의 환경상황을 진단하고 이에 대한 대응책을 마련하도록 노르웨이 수상이었던 Brundtland을 의장으로 한 세계환경개발위원회(WEDC)에 책임을 부과하여 "우리 공동의 미래"(Our Common Future)라는 제목으로 보고된 문서이다. 여기서는 여섯 가지 우선과제가 지적되고 있다. 1) 국가, 국제기구 등이 정책수립 및 집행 과정에서 지속가능발전 개념을 반영하고 실천하는 것, 2) UNEP의 강화를 포함하여 환경문제를 다루는 관리기관의 역할과 능력의 강화, 3) 환경문제의 인식능력강화, 이 과정에서 비정부기구, 과학단체 등의 협력강화, 4) 환경문제에 대한 인식 있는 대중, 비정부기구 및 과학단체의 정책계획결정 및 집행과정에서의 참여와 역할강화, 5) 생태계의 변화에 신속하게 대응하는 국제법 및 국내법의 변경, 6) 세계재정기구를 통한 오염통제를 위한 재정지원의 강화 등이다.

---

55) Sands and Peel, *op.cit.*, p.38.

Brundtland 보고서를 접수한 유엔총회는 1989년 유엔 환경개발회의의 개최를 결의하였다.56) 이 회의의 목적은 국내 및 국제적 노력을 강화함에 있어 환경침해의 효과를 중지 및 역전시키고 모든 국가에 있어서 지속가능하고 환경적으로 유익한 개발을 증진하기 위한 전략과 조치를 정교화하기 위한 것이었다.

리우환경회의는 1992년 6월 3일부터 12일까지 브라질 리우데자네이루에서 개최되었고 환경과 개발에 관한 리우선언, 산림원칙 및 의제 21(Agenda 21)과 같은 구속력 없는 문서와 생물다양성협약과 기후변화협약57)이 채택되어 서명을 위하여 개방되었다.

리우선언은 리우환경회의의 핵심적 정신을 담고 있다고 할 수 있다. 내용적으로는 경제적 개발과 환경보호의 필요성이라는 개발도상국과 선진국의 이해관계가 적절히 타협된 결과를 보여준다. 이 선언은 27개 기본원칙을 담고 있는데 이들 원칙들 중 일부는 기존의 국제관습법규를 담고 있고, 일부는 형성되고 있는 국제법규를 담고 있으며, 다른 일부 규정은 국제법의 발전방향을 제시하는 규정을 담고 있는 것으로 평가된다.

중요성이 있는 몇 가지 조항을 살펴보면, 첫째, 원칙 1은 세계자연헌장에서 도입되었던 '자연중심주의'가 후퇴하여 인간이 지속가능발전을 위한 개발의 중심에 있다고 하여 '인간중심주의적'인 선언을 하고 있다. 원칙 2는 국제관습법으로 확립되었다는 평가를 받는 스톡홀름선언 원칙 21을 거의 그대로58) 언급하고 있다. 원칙 3과 원칙 4는 개발도상국의 요구가 강하게 반영된 원칙으로 리우선언의 특징적 규정으로 간주된다. 즉, 원칙 3은 '개발권'(right to development)을 현세대 및 다음 세대의 발전 및 환경적 필요를 형평하게 충족시킬 수 있도록 수행되어야 한다고 규정하고 있고, 원칙 4는 지속가능한 발전을 성취하기 위하여 환경보호는 개발과정의 통합적 일부로 고려되어야 하고 개발과정으로부터 독립된 것이 아니라고 선언하고 있다. 따라서 모든 경제개발활동에 있어서 환경적인 고려가 필수적인 것으로 인정하고 있다. 원칙 7도 개발도상국에 대한 고려가 반영된 독특한 규정을 하고 있는데 선진국이 산업화 과정에서 지구의 환경침해에 공헌한 것을 고려하여 이에 대한 책임을 인식하도록 하여 선진국과 개발도상국 간에 공동으

---

56) UNGA Res.43/196 (1988).

57) United Nations Framework Convention on Climate Change, 1992년 5월 9일 미국 뉴욕에서 체결, 1994년 3월 24일 발효, 대한민국에 대하여도 같은 일자에 발효, 1771 UNTS 107.

58) 개발정책(developmental policies)이라는 두 단어가 스톡홀름선언 원칙 21에 첨가되었는데 이를 두고 개발도상국이 자연자원이용에 대한 주권과 환경보호책임간의 균형을 깨고 독자적 개발정책을 강조함으로써 환경보호를 위한 국제법발전의 일보 후퇴라는 평가를 하기도 한다. M. Pallemaerts, "International Environmental Law from Stockholm to Rio: Back to the Future?", *Review of European Community and International Environmental Law*, vol.1, 1992, p.256.

로 지구환경보호에 대한 책임을 지지만 차등의 책임을 부담하는 원칙을 선언하고 있다.

이 밖에도 리우선언은 지속가능발전의 일반국제법 원칙을 발전시켰고, 환경문제의 '사전주의적 접근'(precautionary approach), '오염자비용부담원칙'의 간접적 규정, 절차적 원칙으로서 정보교환, 사전통보 및 협의의 원칙, 환경영향평가, 환경관련 의사결정과정에서 관련 시민의 참여 보장, 여성·원주민·청소년 및 그들 공동체의 참여, 적절한 인구정책의 시행, 전쟁이 환경에 미치는 부정적 영향 및 환경침해의 금지 등 스톡홀름선언보다 진전된 규정들을 담고 있다.

리우선언과 함께 채택된 의제 21은 지구환경을 보호하기 위한 구체적 실천계획을 담고 있다. 연간 평균 약 6,000억 달러의 돈이 1993~2000년에 걸쳐 투자되는 방대한 계획이다. 이 실천계획의 실행은 각국 정부가 책임을 지며 주로 유엔과 기타 국제기구 및 지역기구, 일반대중과 비정부기구의 참여로 이루어지도록 되어 있어 지구적 총동원 체제를 계획하고 있다.

모두 40개의 장으로 구성된 의제 21은 크게 네 부분으로 구분할 수 있다. 제1장부터 제8장까지는 사회적·경제적 차원의 문제들을 다루고 있고, 제9장부터 제22장까지는 개발을 위한 자원의 보존과 관리를 규정하고 있는데 환경보호를 위한 대기, 토지보호, 산림보호, 사막화의 방지, 폐기물관리, 독성화학물질관리, 핵물질관리, 생물다양성, 해양오염, 물관리, 지속가능한 농업, 생명공학의 관리 등을 규정하고 있다. 또한 제23장부터 제32장까지는 지구환경보호를 위한 주요한 집단의 역할강화를 규정하고 있고, 마지막으로 제33장부터 제40장까지는 집행수단에 대한 규정이다.

이 의제 21이 국제환경법에 공헌한 것으로 다음과 같은 3가지 점이 지적될 수 있다. 1) '소프트로' 문서를 포함한 국제법문서의 발전과 적용을 위한 지구적 체제를 마련하고 있는 유일한 국제적 합의라는 점, 2) 의제 21의 제한된 부분은 신속하게 형성된 국제관습법을 반영하고 있는 것으로 볼 수 있다는 점, 3) 새로운 국제관습법규의 발전에 공헌할 수 있는 원칙, 관행 및 규칙을 반영할 수 있다는 점.

결론적으로 이 기간은 국제환경법의 기틀이 확고하게 잡힌 기간이라 할 수 있다. 이 기간 동안 많은 환경 관련 조약이 체결되었고 소위 '소프트로'라고 부르는 구속력은 없지만 상당한 영향력을 가진 문서들이 작성되었다. 단순한 조약 또는 국제문서의 양적 증가뿐만 아니라 그들 조약의 내용적 측면에서의 변화가 주목되는데, 첫째는 규제대상의 변화이고, 다른 하나는 규제영역의 확장이다. 즉, 특정한 동물의 보호 또는 어업권, 국경하천의 오염규제에 머물러 있던 것이 거의 모든 오염원에 대한 규제로 규제대상이 확장되었다. 규제영역의 확장은 두 가지 차원에서 이루어졌는데, 하나는 과거 하천 또는 특정한 동물을 보호하던 것이 하천유역 전체 또한 서식지의 보호를 포함하는 종합적인 규제로 확장된 것이고, 다른 하나는 국경하천 인접국가 간의 오염규제에 머무르던 것이 공해, 오존층과 같은 국가영역을 넘는 인류공유공간의 규제로 확장되었다.[59] 인류공동의 공간에 대한 환경규제에 있어서는 전체 국가의 참여가 조약의 실효성을 결정짓는 중요한 요소이기 때문에 개발도상국의 참여유도를 위하여 차별적 책임과 경제적 혜택을 규정한 것도 이 시기 일부 조약의 특징적 내용이다. 반면에 개발도상국들이 스톡홀름환경회의에서 보여주었던 것과 같은 환경보호가 자신들의 개발을 억제할 것이라는 강한 우려감이 조금씩 수그러지고 환경보호가 인류공동의 목표라는 인식이 커져간 것도 특징적 요소이다. 이 기간을 통하여 일부 국제관습법적 규범들도 형성되었다. 환경문제를 전담하는 국제기구가 생겨나고 기존의 국제기구들이 자신의 기능수행과정에서 활발하게 환경문제를 다루었다. 또한 절차적인 법규들과 분쟁해결 및 의무이행수단의 필요성이 강조되고 이를 위한 기초가 놓이기 시작하였다.

제5절 ● 성숙기

리우환경회의(1992) 이후 현재까지 이루어진 국제환경법 발전을 그 이전 시기와 구분짓는 특징적 요소로는 1) 국제사회의 모든 분야에서 환경적인 고려가 국제법 및 정책적 문제로서 통합되고 있다는 것, 2) 국제환경법이 단순히 규범적 행위기준을 세우는 데 국한되지 않고 국제사회의 대부분 구성원에게 실제적이고, 효과적이며, 형평하고, 받아들일 만한 집행기술을 다루고 있다는 것이 지적된다.[60] 이 기간부터는 국제환경법 발전에서 어떻게 국제환경법적 규제를 할 수 있을 것인가 하는 문제보다는 어떻게 이것을 집행하는 것이 효율적인가 하는 것이 더 큰 문제가 되어 가고 있다.

앞으로의 국제환경법의 발전방향을 짐작해 볼 수 있는 문서는 UNEP이 1993년에 개정한 몬테비데오실천계획이다. 이 프로그램에서 절차적 및 기구적인 문제로 열거하고 있는 것들로는 국제환경법의 실행과 발전에 있어 국가의 참여능력 제고, 국제법문서의

---

59) Brown Weiss, *op.cit.*, pp.679~680.
60) Sands and Peel, *op.cit.*, pp.50~51.

효과적 실행의 증진, 기존 국제법문서의 적절성평가, 분쟁의 방지와 해결을 용이하게 하는 체제의 발전, 오염 및 기타 환경손해의 방지와 구제를 위한 법적·행정적 체제의 개발, 환경영향평가의 광범위한 사용의 증진, 공중인식 및 교육, 정보제공 및 공중참여의 증진, 환경적 긴급상황에서의 국제적 협력의 성취 등이다.

동 프로그램은 또한 국제법의 형성과 발전에 적용될 수 있는 원칙과 개념을 찾아내어 국제환경법을 더욱 발전시킬 것을 제안하고 있다. 구체적으로 어떤 원칙들이 그러한 범주에 들어갈 것인가가 언급되고 있지는 않지만 사전주의원칙, 오염자비용부담원칙, 인류의 공동관심사, 세대간 형평의 원칙, 새롭고 형평한 세계적 파트너십, 공동이지만 차별적인 책임원칙, 공중참여 및 시장원리적 접근 등이 프로그램 작성과정에서 논의된 원칙들이다. 한편 특별히 관심을 가지고 접근할 문제로서 국가관할권 이원지역에 대한 환경보호, 지식재산권을 포함한 생명공학, 환경손해에 대한 책임 및 보상과 배상, 환경과 무역, 환경을 직접 다루지 않고 있는 조약의 환경에 대한 의미, 인간의 주거, 기술이전과 기술협력 등이 지적되고 있다.

스톡홀름환경회의 30주년, 리우환경회의 10주년의 해인 2002년에 요하네스버그 지속가능발전정상회의(World Summit for Sustainable Development: WSSD)가 열렸다. 하지만 구속력 있는 국제문서나 분명한 행동계획을 제시하는 문서를 채택하지는 못하였다. 이 회의에서 채택된 요하네스버그 지속가능발전선언과 이행계획(Plan of Implementation)은 지속가능발전을 강조하며 환경오염원인을 제공하고 환경보호정책 이행의 장애요인으로 지적되는 빈곤의 퇴치에 역점을 두고 있다. 예를 들어, 2015년까지 하루 1달러 미만의 수입을 가진 사람을 반으로 줄이는 것, 안전한 물에 접근하지 못하는 사람을 반으로 줄이는 것과 지속가능한 소비와 생산으로의 전환을 가속화하기 위한 10년 기본 프로그램을 작성하는 것 등이 적시되고 있다.

2012년 6월에는 브라질 리우데자네이루에서 Rio+20 정상회의가 개최되어 지속가능발전에 대한 정치적 공약을 새롭게 하고 기존의 환경정상회의에서 합의되었던 약속의 이행상황을 점검하였다. 하지만 이 회의에서는 새로운 국제문서가 채택되지 못하였고 '우리가 원하는 미래'(The Future We Want)라는 제목으로 채택된 결의문서도 실질적인 내용을 담고 있지 못하다.61) 각국 정부의 소극적 태도와는 달리 사적 당사자와 시민단체 등은 적극적으로 지속가능개발을 위한 자발적 약속과 파트너쉽에 합의한 점은 진전된 변화이다. 이 회의에서 이룬 다른 진전은 UNEP의 기능강화 결의와 지속가능발전목표

---

61) *Ibid.*, p.49.

(suatainable development goals: SDGs)를 개발하기로 한 것이다. 이에 따라 2015년 9월에 채택된 지속가능발전을 위한 2030 아젠다(2030 Agenda for Sustainable Development)에서 17개의 지속가능발전목표가 포함되었는데 환경문제를 환경오염문제를 넘어서 그것을 야기하거나 그로 인해 발생하는 문제들인 빈곤, 인간건강, 안전한 식수, 식량안전 등과 연계된 목표를 수립하고 있다는 점이 주목된다.

　　이 기간 동안에도 새로운 국제기구가 탄생하고 조약의 개정 또는 새로운 조약의 체결이 활발히 이루어지고 있다. 우선 새로 등장한 환경 관련 국제기구로는 지속가능발전 위원회(UNCSD)가 가장 중요하다. 이 기구는 리우환경회의 이후 설치되어 리우회의의 후속조치들을 점검하고 있다. 매년 4월에 뉴욕에서 열리는 정기회기 등을 통하여 의제 21의 이행상황 보고와 향후과제를 논의하여 왔다. 아직도 의제 21의 실천계획을 실행하려는 노력이 다각도로 이루어지고 있기는 하지만 현실적 진전은 크지 않다는 평가가 많다.

　　또한 리우환경회의 이후 중요한 환경 관련 다자조약들이 효력을 발생하여 당사국을 구속하게 되었다. 그러한 범주의 조약들로는 기후변화협약, 생물다양성협약, 해양법협약, 사막화방지협약62) 등이 있다. 이들 조약의 발효는 진정한 의미의 운명공동체로서의 인식으로 국제사회가 지구적 차원의 환경규제를 본격적으로 시작했다는 것을 의미한다. 더구나 이들 조약들은 조약이행과 감독 및 추가적인 법규제정을 위한 자체적인 당사국총회(Conference of Parties)와 같은 국제기구적·제도적 장치를 가지고 있다. 기구적 측면에서 주목되는 것은 시험적으로 운영되던 지구환경기금(GEF)이 개발도상국의 환경보존을 위한 사업이나 활동에 재정지원을 하는 영구적 체제로 발전하였다는 것이다.

　　새로운 환경 관련 조약이 체결되거나 기존 조약상의 의무를 구체화하는 문서들이 채택되어 환경의 국제법적 규제가 양적·질적 성장을 계속하고 있다. 프로그램적 또는 선언적 조항을 가지고 있었던 조약들이 의무를 구체화하는 의정서 형식의 문서를 채택하고 있는 것은 특히 주목되는 점이다. 새로이 채택된 조약들로는 앞서 이미 언급한 사막화방지협약,63) 국제하천의 비항행적 이용의 법에 관한 협약,64) 사용된 연료 및 방사성폐기물관리와 핵손해에 대한 보충적 배상에 관한 협약,65) 특정 유해화학

---

62) United Nations Convention to Combat Desertification in Those Countries Experiencing Serious Drought and/or Desertification, particularly in Africa, 1994년 6월 17일 프랑스 파리에서 채택, 1996년 12월 26일 발효, 대한민국에 대하여는 1999년 11월 15일 발효, 33 ILM 1328 (1994).

63) Convention on Nuclear Safety, 1994년 9월 20일 오스트리아 비엔나에서 체결, 1996년 10월 24일 발효, 33 ILM 1514.

64) Convention on the Law of the Non-Navigational Uses of International Watercourses, 1997년 5월 21일 미국 뉴욕에서 체결, 미발효, 36 ILM 700.

물질 및 농약의 국제교역을 위한 사전통보승인에 관한 협약,[66] 국제식량농업식물유전
자원조약[67] 등이 대표적인 것이다.

　기존 조약에 대한 대체조약이 체결된 것으로는 투기(dumping)가 인정되는 부속서 1
상의 예외적 물질을 제외한 해양상의 투기를 금지하고 해양에서의 폐기물 연소를 금지
한 런던 폐기물 및 기타 물질의 투기에 의한 해양오염방지협약의 개정의정서,[68] 핵오염
손해에 대한 민사책임에 관한 비엔나협약의 개정의정서[69]를 들 수 있다. 또한 유류오염
에 대한 민사책임에 관한 협약 및 기금협약, 원거리초국경대기오염에 관한 협약, 유해
폐기물의 국가간 이동 및 그 처리의 통제에 관한 협약 등이 의정서를[70] 채택하여 조약
내용을 강화하였다. 기후변화협약에 대한 교토의정서[71]가 채택되어 지구온난화 방지를
위한 의무를 구체화하였으며, 오존층 보존을 위한 몬트리올협약상의 의무를 강화하는 개
정의정서가 계속 채택되었다. 교토의정서의 1차 공약기간이 끝나가면서 온실가스 규제
의무를 부담하지 않았으나 발생량 면에서 중요 부분을 차지하는 중국, 인도, 브라질, 한국
등의 참여를 유도하고 선진국이면서도 의정서에 참여하지 않았던 미국을 포함하여 새로운
온실가스 규제기준을 세우려는 노력은 2009년 코펜하겐에서 열린 기후변화협약 당사국
총회에서 실패하고 말았다. 이후 2012년 도하에서 열린 제18차 당사국총회에서는 교토
의정서 2차 공약기간을 2020년까지 연장하였고, 2013년 바르샤바에서 열린 제19차 당
사국총회에서는 2015년까지의 신기후체제 형성 로드맵에 합의하였다. 이에 따라 2015년
12월에 기후변화에 관한 파리협정이[72] 체결되어 발효되었다. 이 협정은 모든 국가가

65) Joint Convention on the Safety of Spent Fuel Management and on the Safety of Radioactive Waste
　　Management, 1997년 9월 5일 오스트리아 비엔나에서 체결, 2001년 6월 18일 발효, 36 ILM 1431.

66) Convention on the Prior Informed Consent Procedure for Certain Hazardous Chemicals and
　　Pesticides in International Trade, 1998년 9월 11일 네덜란드 로테르담에서 체결, 2004년 2월 24일 발
　　효, 대한민국에 대하여는 2004년 2월 24일 발효, 38 ILM 1 (1999).

67) International Treaty on Plant Genetic Resources for Food and Agriculture, 2001년 11월 3일 이탈리
　　아 로마에서 체결, 2004년 6월 29일 발효, 대한민국에 대하여는 2009년 4월 20일 발효, 조약문은
　　<http://www.planttreaty.org/content/texts-treaty-official-versions>.

68) 1996 Protocol to the Convention on the Prevention of Marine Pollution by Dumping of Wastes and
　　other Matter, 1972, 1996년 11월 7일 영국 런던에서 체결, 2006년 3월 24일 발효, 대한민국에 대하여
　　는 2009년 2월 21일 발효, 36 ILM 1 (1997).

69) Protocol to Amend the Vienna Convention on Civil Liability for Nuclear Damage, 1997년 9월 12일
　　오스트리아 비엔나에서 체결, 2003년 10월 4일 발효, 36 ILM 1454.

70) 예를 들어, Protocol to the 1979 Convention on Long-Range Transboundary Air Pollution on Further
　　Reductions of Sulphur Emissions, 1985년 7월 8일 핀란드 헬싱키에서 채택, 1987년 9월 2일 발효, 27
　　ILM 1142.

71) Kyoto Protocol to the United Nations Framework Convention on Climate Change, 1997년 12월 11
　　일 교토에서 채택, 2005년 2월 16일 발효, 39 ILM 22 (1998).

온실가스 감축목표를 자발적으로 정하되 이의 이행에 대한 심사절차를 두어 투명성을 보장하도록 하였다. 기후변화 문제의 심각성을 인식하여 국제사회의 합의가 도출되었지만 지도적 역할을 해야하는 미국의 정치지형 변화로 성공 여부를 예측하기 어렵다. 또한 생물다양성협약을 구체화하기 위한 바이오안전성의정서와[73] 나고야의정서도[74] 채택되어 유전자변형체의 안전한 국제거래와 유전자원에의 접근과 이익공유문제를 규율하게 되었고, 바젤협약의 책임문제에 관한 의정서[75]도 채택되었다.

2001년에는 1949년 이래 국제법위원회(ILC)가 법전화 작업을 펼쳐 온 국가책임에 관한 규정초안이[76] 채택되어 국제의무위반행위에 대한 책임문제의 규율에 기초를 마련하였고, 분리하여 논의되었던 소위 '국제법상 금지되지 않은 행위'로 인한 국제책임(liability)문제를 다루는 두 개의 초안도[77] 마련되었다.

이 기간에 있었던 국제환경법 관련 판례로는 1993년 6월 체코슬로바키아가 헝가리의 다뉴브강 개발사업 이행거부에 대하여 국제사법재판소에 제소하여 1997년 말 판결이 이루어진 Gabčikovo-Nagymaros Project 사건, 핵무기사용의 국제환경법적 측면을 언급하고 있는 Legality of Nuclear Weapons 사건, 본안판결에 이르지는 못하였지만 환경문제가 제기되었던 나우루와 오스트레일리아 간의 Phosphate 사건, 우루과이강에 세운 우루과이 측의 펄프공장으로 인한 하천오염 문제를 다룬 아르헨티나와 우루과이 간의 Pulp Mills 사건, 일본의 계속되는 과학조사목적 고래잡이에 대하여 오스트레일리아가 제소하고 뉴질랜드가 소송참가하였던 Whaling in the Antarctic 사건, 니카라과와 코스타리카 간의 국경하천인 San Juan강 하류의 국경분쟁에 국제환경법 쟁점을

---

72) Paris Agreement, 2015년 12월 12일 프랑스 파리에서 개최된 제21차 기후변화협약 당사국총회에서 채택, 2016년 11월 4일 발효. 동일자에 대한민국에 대하여도 발효.

73) Cartagena Protocol on Biosafety to the Convention on Biological Diversity, 2000년 1월 29일 콜롬비아 카르타헤나에서 채택, 2003년 9월 11일 발효, 39 ILM 1027 (2000).

74) Protocol on Access to Genetic Resources and the Fair and Equitable Sharing of Benefits Arising from Their Utilization to the Convention on Biological Diversity, 2010년 10월 29일 일본 나고야에서 채택, 2014년 10월 12일 발효, 조약문은 <https://www.cbd.int/abs/text/default.shtml>.

75) Protocol on Liability and Compensation for Damage resulting from Transboundary Movements of Hazardous Wastes and their Disposal, 1999년 12월 10일 스위스 바젤에서 채택, 미발효, 조약문은, Doc. UNEP/CHW.1/WG/1/9/2; depositary notification C.N. 120.2005. TREATIES-12 of 23 Feb. 2005 참조.

76) Draft Articles on State Responsibility for Internationally Wrongful Acts, 2001년 ILC 제 53차 회기에서 채택, 본문은 <http://legal.un.org/ilc/texts/instruments/english/commentaries/9_6_2001.pdf>.

77) Draft Articles on Prevention of Transboundary Harm from Hazardous Activities, 2001; Draft Principles on the Allocation of Loss in the Case of Transboundary Harm Arising out of Hazardous Activities, 2001. 원문은 <http://legal.un.org/ilc/texts/instruments/er>.

가지고 있었던 San Juan강의 도로건설 및 군대주둔 사건 등을 들 수 있다. 이 중 Gabčikovo-Nagymaros Project 사건은 국제사법재판소의 환경문제심판부에서 다루어졌는데 1998년 판결에서 반대의견을 통하여 지속가능발전원칙을 국제환경법의 한 원칙으로 인정하고, 헝가리의 주장을 인용하는 것이기는 하지만 사전주의원칙을 언급하고 있다. 또한 다른 국가의 환경에 손해를 가하지 않아야 한다는 기존 국제환경법원칙도 확인하였다. Pulp Mills 사건에서는 환경영향평가가 일정한 상황에서 의무로 되었음을 밝히고 사전주의원칙, 지속가능발전원칙 등도 언급하여 이들 개념의 구체화에 기여하였다. 이 밖에도 국제해양법재판소(ITLOS)에서 다루어진 Southern Bluefin Tuna 사건이나 Mox Plant 사건, PCA가 다룬 Iron Rhine 사건도 지속가능한 발전원칙, 사전주의원칙, 환경손해를 야기하지 않을 책임원칙 등과 관련하여 중요성을 갖는 판결이고 중국과 필리핀 간의 South China Sea 중재 사건에서도 기본적으로는 영토분쟁이었지만 해양법협약상 환경규정과 관련하여 상당한 주의원칙, 환경영향평가, 협력의무 등의 중요한 국제환경법 쟁점이 다루어졌다.

이 기간 동안 새로 출범한 WTO는 분쟁해결제도를 통하여 환경보호와 무역 간의 긴장관계를 보여주는 Reformulated Gasoline 사건과 Shrimp and Shrimp Product 사건, Hormone Beef 사건, Asbestos 사건, Moratorium of Biotechnology Product 사건 등 몇 사건을 다루었다. 대체로 GATT 시절의 미국과 멕시코 간 Tuna-Dolphin 사건 I, II(1991, 1994)에서와 같이 자유무역을 환경보호에 우선하는 논지를 완전히 벗어나지는 못하고 있다. 하지만 Asbestos 사건에서 환경적 측면을 고려하고 무역규범의 해석에 관련 국제환경법규를 참고할 수 있음을 인정하기 시작한 것은 발전적 측면이다.

제6절 ● 국제환경법의 발전방향

이상의 논의를 통하여 국제환경법의 태동단계부터 성숙기에 이르기까지의 발전과정에서 나타난 특징적 발전방향을 다음과 같이 정리하여 볼 수 있다.

첫째는 환경윤리적인 면에서 철저한 인간중심적, 공리주의적 접근이 약화되고 생물중심적 접근이 가미되거나 고려되고 있다. 태동기에서 채택된 농업에 유용한 조류의 보호를 위한 협약의 경우와 같이 조약명칭에서부터 그러한 태도를 노골적으로 보인 경우가 대표적이지만 당시 보호대상을 정하는 기준이 인간의 관점에서 단기적 유용성이나 효용가치가 있는가였기 때문에 전반적으로 인간중심적 윤리가 지배적이었다고 하겠다. 이후 생명체 자체, 환경 자체의 가치에 주목하는 생물중심적 접근이 점차 영향을 미치기 시작하였고 구속력 있는 문서는 아니지만 인간은 자연의 일부이며 생명은 에너지와 양분의 공급을 방해받지 않는 기능에 의존한다고 그 서문에서 선언하고 있는 '세계자연헌장'에서 그 절정을 이루었다고 할 수 있다. 인간중심적 환경윤리의 영향이 절대적이던 상황이 변화한 것은 사실이지만 생물중심적 환경윤리를 지지하는 사람들의 입장에서 보면 아직 갈 길이 멀다. 리우선언에서 환경손해를 야기하지 않을 책임을 규정한 원칙 2는 리우선언보다 20년 전에 채택된 스톡홀름선언의 대응조항인 원칙 21보다 그들의 입장에서 보면 '환경'과 함께 '개발'(development)을 강조하여 인간중심적, 특별히 공리주의적 입장이 강화되었다고 보기 때문이다.

둘째는 개별생물체에 초점을 맞추는 단순한 특정적 접근(specific approach)에서 서식지, 생태계를 아우르는 포괄적 접근(holistic approach)이 이루어지고 있다. 국제환경법 발전초기에는 물개나 두루미와 같은 특정 생물에 대한 보호만을 목적으로 하는 규제가 이루어졌다. 하지만 이는 성공적인 규제가 될 수 없다는 것이 인식되기 시작하면서 자연상태의 동식물의 보호에 관한 런던협약과 같은 초기 단계의 생태적 인식이 반영된 조약에 체결되었다. 사실 물개를 보호하기 위해서는 물개가 서식하며 새끼를 번식하고 먹이를 구하고 자신의 생존을 위협하는 것들로부터 보호될 수 있어야 한다. 이를 위해서는 물개가 서식하는 공간의 오염을 방지하고 먹이사슬 구조를 파악하여 물개 서식지를 포함한 생태계 내에서 적절한 먹이사슬의 균형이 이루어지도록 규제해야 하는 것이다. 이러한 점을 반영하여 물새 서식지로서의 습지보호에 관한 람사협약과 같이 서식지 전체를 포괄적으로 접근하는 조약으로 진화하였다. 이와 관련된 다른 하나의 발전방향으로는 생물다양성협약과 같이 유전자원을 포함할 뿐만 아니라 야생상태의 소위 현지내 보존(in-situ conservation) 상태의 생물과 함께 현지외 보존(ex-situ conservation) 상태의 생물까지 아우르는 방향으로 규제대상의 범위가 포괄적으로 확대되었다는 것을 들 수 있다. 개별생물의 보호에 관한 조약이라 하더라도 그 생물개체수뿐만 아니라 규제대상 생물의 서식지, 먹이사슬, 관련 생태계를 종합적으로 규제하고 있다.

셋째는 환경오염이 발생한 결과에 대하여 대응하는 사후적 접근에서 예방적(preventive), 나아가 사전주의적(precautionary) 접근이 강화되는 방향으로 이루어지고 있다. 환경오염과 자연환경의 훼손이 이루어진 후에 누가 어떻게 책임을 부담하는가 하는 것이 초기 단계의 국제환경법에서 논의 중심주제 중의 하나였다면 점차 환경오염과 자연환경의 훼손이 일어나는 것을 미리 방지하는 데 중점을 두는 방향으로 발전하여 왔다. 이러한 과정에서 '예방원칙'이 국제환경법의 주요 원칙의 하나로 진화하였다. 더 나아가 국제환경법은 돌이킬 수 없는 피해를 야기할 수 있는 환경오염의 위험이 예상되는 경우 과학적으로 분명하게 입증되지 않았다 하더라도 그것을 규제할 수 있는 소위 '사전주의원칙'까지 반영되는 국제규범이 늘어가고 있다.

넷째는 규제기준을 제시하는 규범 제정 또는 형성에 머물던 규제가 제시된 규제기준의 이행과 집행이 강화되고 강조되고 있다. 국제환경법 발전 초기에는 여전히 국가의 절대적 주권개념이 강조되어 환경문제에 대한 국제적 규제에 대한 저항이 컸다. 하지만 환경오염과 자연훼손문제가 커져 인간 생존을 위협할 수 있다는 것이 인식되면서 국제적 규제에 대한 부정적 인식이 약화되고 이 문제에 있어서의 절대적 주권주장도 약화되고 있다. 절대주권이 강조되던 초기 발전단계에는 일정한 규제기준을 선언적으로 제시하거나 의무규정이라고 할 수 없는 형태의 규정들을 두는 경우가 많았다. 이 경우 조약 준수는 국가들의 자발적 의사에 의존할 수 밖에 없었다. 하지만 이행 및 집행 상황에 대한 보고의무의 부과, 모니터링제도의 도입, 비준수절차 등의 도입 등으로 단순히 규제기준 제시를 넘어 환경보호를 위한 실제적 이행과 집행이 강조되고 강화되는 방향으로 가고 있다. 물론 국제법 전반에 관한 문제라고 할 수도 있지만 여전히 국제환경법 자체의 분쟁해결수단이나 집행력을 가진 국제기구가 존재하지 않아 각 국가의 국제환경법규의 이행과 준수의지가 중요하다.

다섯째, 양변조약 또는 지역조약에 의한 지역적 문제해결에서 다변조약에 의한 전지구적 문제에까지 규제영역이 넓어졌다. 국제환경법의 태동은 특정 종류의 생물체 보호를 위한 양변조약으로 시작되었고 기껏해야 그러한 생물체의 서식범위에 속한 지역국가들 간의 조약으로 환경문제 해결을 시도한 것이었다. 물론 오늘날에도 여전히 양자적, 또는 지역적 환경협력에 의해 해결되어야 하는 문제가 상존하고 그러한 의미에서 양자적·지역적 접근은 유효한 국제환경법 규제수단이다. 하지만 오존층보존, 기후변화 문제의 대응, 생물다양성보호와 같은 문제들은 모든 국가들이 당면한 지구적 문제이고 양자적 또는 지역적 접근으로는 해결하기 어려운 문제들이다. 이러한 환경문제의 등장으로 국가들은 국제적 환경규제를 받아들이는 태도가 변화하였고 보편적 접근의 필요성을 인식하게 되었다. 더 나아가 오존층 파괴물질에 관한 몬트리올의정서에서 보듯이 비

당사국과의 무역을 금지하는 등의 규제를 통하여 비당사국들의 참여를 유도하는 데까지
이르렀다.

여섯째, 환경문제를 규제하는 법기술이 정교화되어 왔다. 생물다양성보호를 위한
수량적 규제방법 외에 서식지보호나 무역제한 등이 도입되는 것도 그러한 예로 볼 수
있다. 수량적 규제도 종에 대한 규제에서 유전자원의 규제까지 미치는 것과 무역규제도
멸종위기종의 국제거래 규제와 같은 이용규제와 함께 외래종규제를 도입하는 것도 정교
화의 한 예이다. 조직적인 면에서 국제기구 등을 통하여 행정적 지원을 받고 재정 및
기술 지원체제를 마련하여 규제기준을 준수하기 위한 능력배양을 강조하고 있는 것도
그 일면이다. UNEP가 설립되어 국제환경규범의 제정 및 형성, 국제환경문제의 제기,
준수 및 집행에서의 지원과 통제 등의 역할을 수행하고 있는 것에서 그 예를 볼 수 있
다. 특별히 주목할 것은 주요한 환경다변조약의 당사국총회가 당사국의 집행상황 모니
터링, 보고서 검토, 조약의 개정필요성 검토 및 결정 등을 통하여 국제환경법의 형성과
이행에 큰 역할을 하고 있는 것이다. 환경의무의 이행은 재정적 부담과 기술적 능력을
요구한다. 개발도상국의 경우에는 대개 이러한 재정 및 기술능력을 결여하고 있고 아무
런 재정 및 기술지원이 없는 경우 이들의 조약의무 이행 및 준수를 기대하기 어려운 경
우가 많다. 지구환경기금(GEF)과 같은 일반적 환경기금, 기후변화협약체제에서 설립된
녹색기후기금(Green Climate Fund: GCF)과 같이 특정 조약에 기반한 기금체제, IBRD와
같이 기존 국제금융기구가 환경문제에 대한 지원을 하는 기금 등 다양한 재정체제들이
이 문제해결을 위해 활동하고 있다. 아직은 필요에 비하여 공급할 수 있는 재원이 턱없
이 부족한 상황이지만 바른 방향의 발전이다.

제7절 ● 결 어

1800년대 후반부에 태동하여 1972년 이후 실질적 발전이 이루어진 국제환경법은
국제사회의 환경규제 필요성에 대응하여 비교적 짧은 기간 동안에 급속한 발전을 이루
어 왔다. 역사적 전개과정을 개관하면서 국제환경법규와 원칙이 발전된 동인을 분석하
여 보면, 1) Trail Smelter 사건과 같은 국제환경법적 쟁점을 가진 국제적 판결, 2) 국제

적 환경오염문제의 경각심을 높여준 Torry Canyon호 사건, Chernovyl 핵발전소 폭발
사건과 같은 사고, 3) 환경오염의 원인이 되기도 하지만 오염원의 발견, 규제가능성 및
회복가능성의 측정, 오염정도의 파악, 특별히 인류생존에의 위협정도의 경고 등을 가능
하게 하는 과학기술의 발전, 4) 비정부기구의 환경보호압력, 5) 집행을 도와줄 국제기
구 등 제도적 장치의 존재, 6) 법적 의무를 받아들일 각국 정부의 의지 등이 열거될 수
있다.

　여전히 존재하는 국가간의 입장 차이는 국제환경법의 형성과 효율적 집행에 큰 장
애가 되고 있다. 전통적인 선·후진국간의 입장 차이와 함께 도서국가와 비도서국가, 산
림보유국과 목재소비국, 화석연료 생산국과 소비국, 원자력발전소 보유국과 비보유국
등 다양한 이해관계의 대립이 나타나고 있다. 이들 간의 이해관계조정 지도원리로 '공동
이지만 차별적인 책임원칙'이 리우선언에서 언급되고 발전되어 가고 있지만, 주로 선·
후진국 간의 대립상황을 다루고 있고 원칙의 개념이 아직 확립되어 있지도 못하다.

　국제기구로서 지리적 범위에서 전 세계를 대상으로 하면서 국제적 환경문제를 다루
는 국제기구로는 UNEP이 유일한데 권한과 기능에 있어 한계를 보이고 있다. FAO,
UNESCO, IMO, IAEA 등 다양한 국제기구들이 자신의 기능수행과 관련하여 환경문제
를 다루고 있어 통합적인 규율이 어려운 경우도 있다. 예를 들어, 통합적 규율이 될 수
도 있는 위험물질의 국제적 이동에 대한 규제문제가 유해폐기물의 국제적 거래문제의
경우에는 UNEP이 주관해 온 반면에, 농약과 화학물질의 국제거래는 FAO가, 핵물질과
폐기물의 국제적 이동 등의 관리는 IAEA가 각각 주도하여 왔다. 효율적 규율을 위하여
는 복합적인 문제를 통합하여 다루면서 예산과 권한이 주어지는 새로운 국제기구의 창
설 또는 UNEP의 개편이 필요하다고 하겠다.

　아울러 법규 내용이나 그 집행에서 나타나는 국제환경법규의 '연성'(soft)을 제거하
여 규범력을 강화시킬 필요성이 있다. 국제환경법의 발전초기 단계에서는 국가들의 참
여유도나 법규형성적 측면에서 연성적 접근이 필요하였다. 하지만 이제는 법규발전이
어느 정도 이루어졌고 무엇보다도 국제환경보호의 필요성이 점증하고 있는 상황에서
인류의 생존문제와 직결되고 있다는 점을 고려할 때 실효성 있는 법규형성이 중요하다
고 하겠다.

　하지만 무엇보다도 중요한 것은 지금까지의 국제환경법 발전에서도 그랬듯이 국가
들의 환경보호에 대한 강한 의지라고 하겠다.

생각하기

1. 태동기, 토대기, 발전기, 성숙기 등의 시대구분은 타당한가? 참고로 Brown Weiss교수는 1) 1950년 이전, 2) 1950~1972년 스톡홀름회의시까지, 3) 1972년 이후로 구분하여 설명하고 있다.[78)

 1) 각 발전단계를 구분하여 주는 핵심적 특징은 무엇인가?

 2) 국제환경법의무의 준수와 준수보장가능성을 중심으로 시대적 발전을 구분하여 보자.

참고문헌

김태천, "국제환경법의 현재와 미래", 「형평과 정의」, 제8권, 1993. 12.

김홍균, "국제환경법의 발전과정과 추세", 「법학논총」(한양대학교), 제16권, 1999. 10.

노명준, 「신국제환경법」, 법문사, 2003.

_____, "국제환경법의 새로운 동향", 「환경법연구」, 제24권, 2002. 12.

소병천, "국제환경법의 최근 동향", 「국제법평론」, 통권 제30호, 2009. 10.

이상돈, "국제환경법의 발전", 「중앙대학교 사회과학논문집」, 제34권, 1991. 12.

이순복, "국제환경법의 생성과 발전에 관한 연구", 「경남법학」, 제9권, 1993. 12.

이재곤, "국제환경법의 역사적 전개", 「국제법학회논총」, 제44권 제2호, 1999. 12.

Brown Weiss, E., "International Environmental Law: Contemporary Issues and the Emergence of a New World Order", *Georgetown Law Journal*, vol.81, 1993.

Carson, R., *Silent Spring*, Houghton Mifflin Co., 1962.

Hardin, G., "The Tragedy of the Commons", *Science*, vol.162, 1968.

Kiss, A. and D. Shelton, *International Environmental Law*, 3rd ed., Transnational Publishers, Inc., 2004.

Sands, P., and J. Peel, *Principles of International Environmental Law*, 4th ed., Cambridge University Press, 2018.

Sohn, L.B., "The Stockholm Declaration on the Human Environment", *Harvard International Law Journal*, vol.14, 1973.

---

78) Brown Weiss *et al.*, *op.cit.*, pp.675~684.

제 4 장

국제환경법의 주요 원칙

제1절 ● 서 론

국제환경법은 그 역사가 짧아서 구체적으로 국제환경법의 주요 원칙이 무엇이냐에 대해서 여전히 논란이 존재한다. 국제환경법의 주요 원칙 중에는 국제관습법에서 유추하여 그 내용을 적용하고 있는 것이 있는가 하면(예를 들면, 다른 국가의 환경에 손해를 야기하지 않을 책임의 원칙), 새롭게 형성된 원칙(예, 지속가능한 발전원칙, 공동이지만 차별적인 책임원칙)도 있다. 국제환경법의 기본원칙은 애초에 국가영토 내에서의 발생한 손해에 초점을 맞추고 있었다. 이에 해당하는 원칙이 다른 국가에 환경손해를 야기하지 않을 책임 원칙이다, 그러나 이 원칙이 가지는 협소한 내용으로는 국경에 제한을 받지 않고 발생하는 다양한 전 지구적 환경문제를 다루기에는 한계가 많았다. 초국경적 환경피해의 방지 원칙만으로는 해결할 수 없는 전지구적 환경문제에 직면한 국제사회는 영토적 이해와 직접적으로 연결되어 있지 않은 공통의 환경적 관심사를 다룰 수 있는 새로운 법원칙을 발전시켰다. 예를 들면, 지속가능한 발전원칙, 공동이지만 차별적인 책임원칙, 세대간 형평 원칙 등이 새로운 국제환경법상의 원칙으로 등장하여 발전하고 있다.

국제환경법의 주요 원칙과 관련한 국제법적 차원의 논란은 이러한 주요 원칙들이 국제관습법으로 확립되어 법적 구속력이 있는지 여부에 관한 것이다. 현 단계에서 주요 원칙들이 국제관습법으로 확립되었다고 보기에는 아직 이르다. 국제환경법의 주요 원칙의 개념이 법규로서 구체성이 결여되어 있고 그 내용도 모호하고 광범위할 뿐만 아니라 국가들에 의해 일반적으로 수락되고 있다고 보기도 어렵기 때문이다. 하지만 이러한 원칙들이 상당히 빠르게 각국의 환경 관련 국내법에 반영되고 있을 뿐만 아니라 다자간 환경협정들에 포함되고 있는 등 국제환경법의 발전에 그 역할이 더 중대하고 있다.

국제환경법의 주요 원칙들은 1972년 스톡홀름선언(Stockholm Declaration), 1982년 세계자연헌장(World Charter for Nature), 1992년 리우선언(Rio Declaration) 및 수많은 국제환경협약들 그리고 각국의 환경 관련 국내법 속에 반영되어 적용되고 있다. 이러한 문서들을 종합해 보면, 국제환경법의 주요한 원칙으로는 환경손해를 야기하지 않을 책임의 원칙, 협력의 원칙, 사전주의의 원칙, 예방의 원칙, 공동이지만 차별적인 책임원칙, 지속가능한 발전의 원칙, 오염자부담의 원칙 등을 제시할 수 있다. 이러한 원칙들은 국제환경법의 중요한 내용을 구성하며 동 분야의 발전에 커다란 역할을 하고 있다.

제2절 ● 환경손해를 야기하지 않을 책임의 원칙

일반국제법에 의하면, 국가는 자국의 영토 또는 관할권 내의 활동으로 인해 국경을 넘어 다른 국가에게 중대한 피해를 야기해서는 안 된다. 이것은 국제환경법상 가장 기본적인 원칙인 이른바 월경피해 금지원칙, 즉 '환경손해를 야기하지 않을 책임원칙'(responsibility not to cause damage to the environment of the other states or to areas beyond national jurisdiction)[1]으로 발전되었다. 오래전부터 국제사회는 천연자원에 대한 국가주권원칙(principle of national sovereignty over natural resources)을 확립하고 있다.[2] 그래서 이원칙이 국제사회에서 지지를 받기까지는 두 가지 장애물, 즉 국가주권과 천연자원에 대한 영구주권이라는 개념을 극복해야 했다. 국가주권과 천연자원에 대한 영구주권 개념은 자국 내에서 수행된 행위에 대해 다른 국가에 책임을 진다는 법리가 인정되는 것에 친숙할 수 없다. 그럼에도 일찍이 Oppenheim이 지적했듯이, "어느 국가도 그 영토의 자연조건을 변경하여 인접국가 영토의 자연조건을 해하는 결과를 야기해서는 안 된다는 것이 국제법상의 원칙이다"[3]라는 점을 상기해 보면 국가주권과 천연자원에 대한 영구주권 개념이 결코 월경피해금지원칙을 배척하는 것은 아니라고 해석해야 할 것이다. 국가는 영토에 대한 배타적 영유권과 천연자원에 대한 주권을 향유하지만 자신의 영역을 이용할 때 다른 국가에 손해를 주지 않는 방법으로 사용해야 한다. 이는 로마법언(法諺)인 *sic utere tuo ut alienum non laedas*을[4] 반영하고 있는 것이다.[5] 이 법언이 오늘날에는 어떤 국가도 자기의 영역에서의 활동이 인접국가의 영토에 심각한 피해를 야기해서는 안 되고 그러한 행위를 허용해서도 안 된다는 내용으로 발전되고 있다. 이 격언은

---

1) 이를 간단하게 'no-harm principle'이라고도 한다(P.-M. Dupuy and J.E. Viñuales, *International Environmental Law*, 2nd ed. (Cambridge University Press, 2018), p.55; 김홍균 교수는 '월경피해 금지의 원칙'(김홍균, 「국제환경법」, 제2판 (홍문사, 2015), 61면)이라고 표현하고 있다).

2) 1962년 12월 14일 유엔총회에서 '자연자원에 대한 영구주권'(Permanent Sovereignty over Natural Resources) 선언이 채택되었다(UNGA Res.1803(XⅧ), 1962).

3) R. Jennings and A. Watts (eds.), *Oppenheim's International Law*, 9th ed. (Harlow, Longman, 1992), p.408.

4) *sic utere tuo ut alienum non laedas* 원칙은 '너의 것으로 말미암아 남의 것을 해하지 않도록 사용하라'라는 법언에서 유래한 것으로, 이 원칙은 "자기의 재산을 타인의 재산에 손해를 주지 않는 방법으로 사용하여야 한다"(Use your property in such a manner as not to injure that of another)는 것을 의미한다(Black's Law Dictionary, 6th ed. (West Publishing Co., 1990), p.1380).

5) 박병도, 「국제환경책임법론」(집문당, 2007), 95~96면.

그동안 환경문제와 관련 있는 사례들에서도 증명되고 확인되었다.6) 이 원칙은 한 국가의 관할권(jurisdiction)7) 또는 통제(control)하에 있는 활동으로 인하여 다른 국가 또는 국가관할권 범위 밖의 환경에 손해가 야기되지 않도록 보장하여야 하는 책임을 말한다. 가령 A국과 B국이 인접해 있는 상황에서 A국이 자국의 경제성장을 위해 산업을 발전시킬 수는 있지만 이로 인해 B국의 환경에 피해를 야기하지 않도록 해야 할 책임이 있다.

일반적으로 한 국가가 다른 국가에게 피해를 주지 아니할 의무에 대한 주장은 1928년 Palmas Island 사건8)에서 Max Huber 중재관이 모든 국가는 자국 영토 내에서 다른 국가 영토의 완전성을 보호할 의무가 있다고 판시한 이후 국제관계에서 인정되어 왔다. 초국경적 환경오염문제를 다룬 Trail Smelter 사건에서9) 중재재판소는 "국제법의 원칙들과 미국법에 따르면, 사건이 중대한 결과를 초래하고 피해가 명백하고 설득력 있는 증거에 의해 입증되는 경우, 어떠한 국가도 매연에 의하여 다른 국가 영토 또는 그 안에 있는 사람 또는 재산에 대하여 손해를 야기하는 방법으로 자국영토를 사용하거나 그 사용을 허락할 권리를 갖지 않는다"10)고 밝힌 바가 있다. 국제사법재판소(ICJ)도 1949년 Corfu 해협 사건11)에서 "자국의 영토가 타국의 권리에 위배되는 행위를 위하여

---

6) Lac Lanoux 사건, Corfu Channel 사건, Nuclear Tests 사건에서도 어떠한 국가도 자국 영토 또는 관할권 내의 활동으로 인해 다른 국가에게 환경손해를 야기하지 않아야 한다는 취지의 판결을 내렸다.

7) 여기서 '관할권'이라 함은 영토주권보다는 넓게 국가의 주권이 미치는 영토, 영해 및 영공 이외에 배타적경제수역, 군도수역, 접속수역, 대륙붕 등과 같이 국가의 권한이 미치는 지역에서의 활동도 일정한 주의의무를 다하여 환경에 영향을 미치지 않아야 한다는 것으로 해석된다. 또한 국가의 '통제'하에 있다는 의미는 국가관할권 범위 밖인 공해에서 선박의 등록국이나 기국이 그 선박에 대하여 일전한 권한을 행사할 수 있는 것과 같이 국가의 영토나 관할권 밖에 있는 항공기나 우주물체에 대하여 등록국이 그에 대한 일정한 권한을 행사할 수 있는 것을 말한다(A. Kiss and D. Shelton. *International Environmental Law*, 3rd ed. (Transnational Publishers, Inc., 2004) p.281).

8) "[t]erritorial sovereignty has a corollary duty: the obligation to protect within the territory the rights of other States, in particular their right to integrity and inviolability in peace and in war, together with the rights which each State may claim for its nationals in foreign territory." Island of Palmas case (Netherlands v. United States of America), 2 RIAA 839 (1928).

9) 이 사건은 캐나다 British Columbia 주에 있는 Trail시에 소재하고 있는 제련소(COMINCO)에서 방출된 유해가스가 미국의 워싱턴 주의 농토(농작물) 및 삼림에 피해가 발생하자 미국이 중재재판에 회부하여 진행된 사건이다(33 AJIL 182 (1939) and 35 AJIL 684 (1941)).

10) "under the principles of international law, as well as of the law of the United States, no State has the right to use or permit the use of its territory in such manner as to cause injury by fumes in or to the territory of another or the properties or persons theirin, when the case is of serious consequence and the injury is established by clear and convincing evidence." *Trail Smelter case (United States v Canada)*, 3 RIAA 1965 (1941).

11) *Corfu Channel case (U.K. v. Albania)*, ICJ Reports 1949, p.4. 이 사건은 1946년 알바니아 영해상에 있는 코르푸해협에서 수뢰(mines)에 충돌하여 침몰된 선박에 타고 있던 영국 선원들이 입은 피해에 대한 국가책임 문제를 다루었다. 국제사법재판소(ICJ)는 폭발의 원인이 된 수뢰의 설치(독일이 설치하였

사용되는 것을 알면서도 이를 허용해서는 안 될 모든 국가의 의무"[12]를 확인한 바 있다. 1973년 핵실험(Nuclear Test)사건[13]도 다른 국가 영토에 피해를 초래하는 핵실험을 진행해서는 안 된다는 취지의 판결을 내린 바가 있다.

　환경손해를 야기하지 않을 책임원칙은 1972년 스톡홀름선언 원칙 21에서도 "국가들은 UN헌장 및 국제법의 원칙들에 따라 자국의 자원을 그 환경정책에 의거하여 개발할 주권적 권리를 가지며, 또한 자국의 관할권이나 통제하의 활동이 다른 국가의 환경 또는 국가관할권 범위 밖의 지역의 환경에 손해를 가하지 않도록 조치할 책임을 진다"고 선언하고 있다. 이 원칙의 특징은 첫째, 영토 내로 국한하지 않고 국가관할권 범위 밖의 지역(areas beyond the limits of national jurisdiction)에 대해서까지 환경손해방지책임을 부과하고 있고, 둘째, 오염방지의 책임과 영토이용에 대한 주권적 권리를 대응시켜 주권행사에 대하여 제한을 부과하고 있다는 점이다.[14] 1992년 리우선언 제2원칙에서도 "국가들은 UN헌장과 국제법의 원칙들에 따라 그들 자신의 환경과 개발 정책에 의거하여 자국의 자원을 개발할 수 있는 주권적 권리를 갖으며, 자국의 관할권이나 통제 내에서의 활동이 다른 국가의 환경이나 국가관할권 범위 밖의 지역의 환경에 손해를 끼치지 않도록 보장할 책임을 갖고 있다"고 선언하고 있다.

　위와 같이 이 원칙은 국제관습법에서 유래한 것으로 현재 국제관행을 통해 폭넓게 지지되고 있어 국제관습법으로 확립되었다고 볼 수 있다.[15] 국제관행을 보면 월경피해금지원칙이 국제관습법으로 확립되었다고 볼 수 있다.[16] 국제판례뿐만 아니라 UN총회

음)가 알바니아 정부의 인식 없이는 이루어질 수 없다고 판단하고 이의 존재를 통고하지 않은 알바니아의 책임을 인정하였다. 그 근거로 모든 국가는 타국의 권리에 반하는 행위를 위하여 자국 영토가 사용되는 것을 허용해서는 안 된다는 논리를 제시하였다(ICJ Reports 1949, p.22). 덧붙어 재판소는 알바니아는 재난을 방지하기 위한 어떠한 조치도 취하지 않았으며, 이러한 중대한 부작위는 국제책임을 구성한다고 판시하였다. 이 사건은 환경피해 문제를 직접 다루지는 않았지만 ICJ가 제시한 논거는 '다른 국가의 환경에 손해를 야기하지 아니할 책임원칙'으로 유추적용할 수 있을 것이다.

12) "every State's obligation not to allow knowingly its territory to be used for acts contrary to the rights of other States." *Corfu Channel case (U.K. v. Albania)*, ICJ Reports 1949, p.22.

13) *Nuclear Tests (Austria v. France)*, ICJ Reports 1973, p.106; *Nuclear Tests (New Zealand v. France)*, ICJ Reports 1973, p.142.

14) 김정건·이재곤, "국제환경법원칙의 한국환경법규에의 수용에 관한 연구", 「국제법학회논총」, 제42권 제2호.(1997. 12.), 136~137면.

15) Kiss and Shelton, *op.cit.*, p.130; E. Brown Weiss, S.C. McCaffrey, D.B. Magraw, P.C, Szasz and R.E. Lutz, *International Environmental Law and Policy* (Aspen Publisher, Inc., 1998), p.317; D. Hunter, J. Salzman and D. Zaelke, *International Environmental Law and Policy*, 5th ed. (Foundation Press, 2015), p.473; 김홍균, 앞의 책, 63면.

16) 월경피해금지원칙이 국제관습법이라는 증거는 다자간 환경협정, 국제판례, 다양한 국제문서들 그리고 국가관행에서 찾을 수 있다는 주장은 박병도, 앞의 책, 95~107면 참조.

에서 채택된 문서,[17] 국제법위원회(ILC)의 작업의제,[18] 다자간 환경협정에도[19] 이 원칙이 포함되어 있다.[20] 국제사법재판소는 이의 국제관습법적인 성격에 대해 1996년 '핵무기의 위협 또는 사용의 합법성에 관한 권고적 의견'(Legality of the Treat or Use of Nuclear Weapons)에서 "국가가 자국의 관할권이나 통제 내에서의 활동이 타국의 환경 또는 자국 관할권 밖의 영역의 환경을 존중할 일반적 의무가 있음은 이제 환경과 관련한 국제법체계의 일부이다"[21]라고 밝힌 바가 있다. 1997년 Gabčikovo-Nagymaros 사건(Hungary/Slovakia)에서 1996년의 위의 권고적 의견을 재확인한 바가 있다.[22] 2010년 Pulp Mills 사건(Argentina v. Uruguay)[23]과 2013년 파키스탄과 인도 간의 Kishenganga 강 수력발전소 건설 프로젝트("KEHP프로젝트")에 대한 중재판결[24]에서도 이 원칙이 지지된 바가 있다. 특히 Pulp Mills 사건에서, 국제사법재판소는 "국가는 자국의 영토 내 또는 관할권하의 영역 내에서 발생하여 다른 국가의 환경에 심각한 피해를 입히는 활동을 피하기 위해 자신의 처분하에 있는 모든 수단을 사용할 의무가 있다"[25]라고 판시하였다.

이 원칙은 다자간 환경협정들에도 반영되어 있는데, 예를 들면, 생물다양성협약 제3조, 기후변화협약 전문(Preamble) 및 1992년 산림선언 제1조 (a)가 여기에 해당한다.

---

17) 1974년 국가의 경제적 권리의무헌장 제30조.

18) ILC에서 국제법상 금지되지 않은 행위로 인해 발생한 해로운 결과에 대한 국제책임이라는 주제로 논의되다가 2001년 '위험한 활동에서 야기되는 월경성 손해 예방에 관한 규정초안'(Draft Articles on Prevention of Transboundary Harm from Hazardous Activities, 이하 2001년 월경성 손해예방규정초안) 제6조에서 월경성 손해를 야기할 우려가 있는 활동에 대해 발원국(State of origin)은 사전허가제(prior authorization)을 적용하도록 요구하고 있다.

19) 예를 들면, 기후변화협정 전문, 생물다양성협약 제3조 등.

20) J. Peel, "Unpacking the Element of a State Responsibility Claim for Transboundary Pollution", in S. Jayakumar, T. Koh, R. Beckman and H.D. Phan (eds.), *Transboundary Pollution: Evolving Issues of International Law and Policy* (Edward Elgar, 2015), pp.62~63.

21) "The existence of the general obligation of States to ensure that activities within their jurisdiction and control respect the environment of other States or of areas beyond national control is now part of the corpus of international law relating to the environment." *Legality of the Treat or Use of Nuclear Weapons, Advisory Opinion of 8 July 1996*, ICJ Reports 1996, pp.241~242, para.29.

22) *Gabčikovo-Nagymaros Project case (Hungary/Slovakia)*, ICJ Reports 1997, p.41, para.53.

23) *Pulp Mills on the River Uruguay (Argentina v. Uruguay), Judgment*, ICJ Reports 2010, p.14.

24) *Indus Waters Kishenganga Arbitration (Pakistan v. India), Partial Award, 18 February 2013 and Final Award, 20 December 2013.*

25) "[a] State is obliged to use all the means at its disposal in order to avoid activities which take place in its territory, or in any area under its jurisdiction, causing significant damage to the environment of another State." *Pulp Mills case, op.cit.*, p.56, para.101.

UN해양법협약 제194조 제2항에도 "각국은 자국의 관할권이나 통제하의 활동이 다른 국가와 자국의 환경에 대하여 오염으로 인한 손해를 주지 않게 수행되도록 보장하고, 또한 자국의 관할권이나 통제하의 사고나 활동으로부터 발생하는 오염이 이 협약에 따라 자국이 주권적 권리를 행사하는 지역 밖으로 확산되지 아니하도록 보장하는 데 필요한 모든 조치를 취한다"고 규정하고 있다.

제3절 ● 협력의 원칙

전 지구적 환경문제에 효과적으로 대응하기 위해서는 국가를 비롯한 행위자들(actors)의 협력이 필요하다. 지구의 환경문제는 국제공동체 전체의 협력을 통해서 해결될 수 있는 사안이라는 점은 분명하다.[26] 협력원칙은 특히 위험한 활동 및 비상사태와 관련한 많은 국제조약과 판례, 문서들에 반영되었고, 국가들의 관행에 의해 지지되고 있다.[27] 국제사회의 일반적 협력의무가 환경의 국제적 보호를 위한 협력의무로 구체적으로 문서화된 것은 스톡홀름선언이다. 스톡홀름선언 원칙 24는 "환경의 보호와 개선에 관한 국제적인 문제는 국가의 대소를 불문하고 모든 국가가 평등한 입장에서 협력적인 정신으로(in a cooperative spirit) 다루어야 한다"고 천명하고 있다. 이러한 원칙은 1982년의 세계자연헌장[28]에 의하여 재확인되었으며, 리우선언도 원칙 7에서 "국가들은 지구생태계의 건강과 완전성(integrity)을 보존, 보호 및 회복시키기 위해 범지구적인 동반자의 정신으로(in a spirit of global partnership) 협력해야 한다"고 규정하고 있다. 또한 리우선언 원칙 27은 "각 국가와 사람들은 이 선언에 구현된 원칙을 준수하고 지속가능한 발전 분야에 있어서 관련 국제법을 더욱 발전시키기 위하여 성실하고 동반자의 정신으로 협력하여야 한다"라고 한층 더 명료하게 언급하고 있다.

환경협력의 원칙은 거의 모든 국제환경협정에 포함되어 있다. 예를 들면, 기후변화

---

26) Sands는 협력원칙이 유엔헌장 제74조에 규정된 선린원칙(good neighbourliness)의 전환된 것이라고 주장한다(P. Sands and J. Peel, *Principles of International Environmental Law*, 4th ed. (Cambridge University Press, 2018), p.213).

27) *Ibid*.

28) 특히 세계자연헌장 제30조에서 국가들은 정보교환 및 협의를 통한 활동으로 자연의 보존을 위하여 서로 협력하여야 한다고 선언하였다.

협약 전문 및 제3조 제1항~제2항, 생물다양성협약 제5조, UN해양법협약 제198조, 핵사고의 조기통고에 관한 비엔나협약(Convention on Early Notification of Nuclear Accident) 등에서 협력원칙이 중요하게 다루어지고 있다.

협력 원칙의 주요 내용은 구체적으로 국제환경법의 준수 및 새로운 국제환경법의 발전을 위한 협력의무, 긴급상황에서의 협력의무, 사전통보 및 협의의 의무, 환경에 영향을 미치는 사업계획(project)을 시행하는 경우 환경영향평가를 실시하고 이 정보를 관련 국가에게 제공할 의무 등을 그 주요 내용으로 하고 있다.[29] 협력의 의무의 핵심은 환경에 갑작스러운 해로운 효과를 야기할 가능성이 있는 긴급사태를 아는 경우 이를 즉각 다른 국가들에게 통고해 줄 의무이다.[30]

긴급상황에서 협력의 의무는 환경오염의 긴급한 상황이 발생하여 그 결과 국가에 심각한 영향을 미칠 가능성이 있는 경우, 영향을 받을 가능성이 있는 국가에 통고하여야 한다는 것이다. 리우선언 원칙 18은 "국가들은 다른 국가의 환경에 급작스런 해로운 영향을 초래할 가능성이 있는 자연재해나 기타 긴급사태를 다른 국가에게 즉시 통고해야 한다"고 선언하고 있다. UN해양법협약 제198조는 "해양환경오염에 의하여 피해를 입을 급박한 위험에 처하거나 피해를 입은 것을 알게 된 국가는 권한 있는 국제기구뿐만 아니라 그러한 피해에 의하여 영향을 받을 것으로 생각되는 다른 국가에 신속히 통보하여야 한다"고 규정하고 있다. 또한 1989년의 '유해폐기물의 국가간 이동 및 처리의 규제에 관한 바젤협약' 제13조는 "당사국은 다른 국가의 인간의 건강과 환경에 위험을 초래하는 것으로 보이는 유해폐기물 또는 기타 폐기물의 국가간 이동 또는 처리과정에서 사고가 발생한 경우 이를 알게 되는 즉시 그 다른 국가에게 통고하여야 한다"고 규정하고 있다. 이것은 이미 Corfu 해협 사건을 통하여, 자국 영토 내에 존재하는 위험사실을 인지한 경우 이에 영향을 받을 수 있는 국가에게 통고해야 한다는 내용으로 확인된 바가 있다.[31]

또한 국가들은 국경을 넘어서 환경에 중대한 영향을 주는 활동을 계획하고 있는 경우 이로 인해 피해를 받을 수 있는 국가에게 사전에 통고를 하고 협의를 할 의무가 있다. 리우선언 원칙 19는 "각국은 국경을 넘어서 환경에 심각한 악영향을 초래할 수 있는 사업계획과 관련하여 피해가 예상되는 국가에게 사전에 시기적절한 통고(timely notification)

---

29) 이재곤, "국제환경법의 제원칙: 그 진화와 과제", 「국제법평론」, 통권 제38호(2013. 10.), 6면.

30) 김대순, 「국제법론」 제20판 (삼영사, 2019), 1231면.

31) 이재곤·김정건, "국제환경법원칙의 한국환경법규에의 수용에 관한 연구", 「국제법학회논총」, 제42권 제2호(1997. 12.), 139면.

및 관련 정보를 제공하여야 하며, 이들 국가와 초기단계에서 성실하게 협의하여야 한다"고 선언하고 있다.

환경협력의무는 정보공유나 의사결정에의 참여 등과 같은 특별한 방식으로 변형되어 발전되는 내용도 있다. 정보교환, 통지, 기타 형태의 협력 등은 환경협력의무 이행의 사례들이다.

협력원칙은 단순한 윤리적·정치적 원칙이 아니라 법적 원칙이다. 분쟁을 예방하고, 초국경적 환경피해를 수반하는 활동을 어용하거나 수행하려는 계획을 적절한 시기에 알려주기 위한 중심 원칙이다. 그리고 환경분쟁의 공정하고 형평한 해결(fair and equitable solution)에 도달하기 위한 신의성실한 협의의 중심 원칙이기도 하다. 이와 같이 환경협력은 분쟁을 예방하고, 초국경적 환경피해를 수반하거나 수행하려는 계획을 적절한 시기에 통지하기 위한 중요한 원칙이다.

제4절 ● 예방의 원칙

환경피해로부터 벗어나는 최상의 방법은 예방이다. 예방(방지)의 원칙(Principle of Prevention)은 국가가 자국 내에서 환경에 대한 피해가 발생하기 전에 미리 환경보호를 위한 조치를 취하여야 한다는 원칙을 의미한다. 즉, 국가가 환경에 대한 피해를 방지, 감소, 제한 또는 통제하기 위하여 필요한 조치를 취할 의무가 있다는 것을 의미한다. 이원칙은 국가에게 자국 내에서 환경에 대한 피해 그 자체를 방지, 감소 및 통제하도록하는 데 그 목적이 있으며, 필요한 조치를 통하여 자국 관할권 내에서의 환경에 대한피해를 방지할 의무가 있음을 의미한다.[32] 스톡홀름선언은 예방의 원칙만을 독립적으로 규정하고 있지 않지만 원칙 6, 7, 15에서 간접적으로 언급하고 있다. 리우선언 원칙 11은 "각국은 효과적인 환경법규를 제정하여야 한다"고 선언하여 환경에 피해를 야기하는 활동을 하기 이전에 효과적인 환경법규를 제정하여 예방조치를 취하도록 하고있다.

오늘날 많은 국제환경협약에서 예방의 원칙을 규정하고 있는데, 예를 들어 1972년

---

32) 노명준, "국제환경법의 원칙", 「환경법연구」, 제24권 제1호(2002. 9.), 372~373면.

의 '폐기물과 기타 물질의 투기에 의한 해양오염방지협약'(London Convention for the Prevention of Marine Pollution By Dumping of Wastes and Other Matter), 1973년 '선박 기인 오염방지협약'(Convention for the Prevention of Pollution from Ship: MARPOL), 1985년 비엔나에서 채택된 '오존층보호를 위한 비엔나협약'(Convention for the Protection of the Ozone Layer) 등이 그렇다. 특히 UN해양법협약 제194조 제1항은 "모든 국가는 개별적으로 또는 적절한 경우 공동으로, 자국이 가지고 있는 실제적인 최선의 수단을 사용하여 또는 자국의 능력에 따라 모든 오염원으로부터 해양환경오염을 예방, 경감 및 통제하는 데 필요한 모든 조치를 취할 의무가 있다"고 규정하고 있다. 그리고 1991년 ECE '국제환경영향평가협약'(Convention on Environmental Impact Assessment in a Transboundary Context)33)도 "각 당사국은 개별적으로 또는 공동으로, 사업계획(project)으로부터 국경을 넘어선 환경에 대한 심각한 악영향을 예방, 경감 및 통제하기 위하여 모든 적절하고 실효적인 조치를 취하여야 한다"고 규정하여 예방원칙을 규정하고 있다. 1992년의 생물다양성협약은 생물다양성의 손실을 예방할 의무를, 기후변화협약은 기후체계에 대한 위험한 인위적 간섭을 예방할 의무를 규정하고 있다.

2010년 Pulp Mills 사건34)과 2013년 파키스탄과 인도 간의 Kishenganga강 수력발전소 건설 프로젝트("KEHP프로젝트")에 대한 중재판결,35) Costa Rica/Nicaragua 사건36)에서도 이 원칙이 지지된 바가 있다. 특히 Pulp Mills에서 ICJ는 예방원칙을 국제관습법으로서, 국가에게 요구되는 '상당한 주의 의무'에서 기원한다고 판결하였다.37)

---

33) 이 협약은 1991년 2월 25일 핀란드 Espoo에서 채택되었는데 이런 이유로 'Espoo협약'이라고도 한다.

34) *Case Concerning Pulp Mills on the River Uruguay (Argentina v. Uruguay), Judgment*, ICJ Reports 2010, p.56, para.104.

35) *Indus Waters Kishenganga Arbitration (Pakistan v. India), Partial Award, 18 February 2013 and Final Award, 20 December 2013*, para.45.

36) *Certain Activities Carried Out by Nicaragua in the Border Area (Costa Rica v. Nicaragua)* and *Construction of a Road in Costa Rica along the San Juan River (Nicaragua v. Costa Rica)*, ICJ Reports 2015, p.706, para.104. 또한 ICJ는 심각한 월경성 피해를 예방할 국가의 상당한 주의의무는 다른 국가의 환경에 악영향을 줄 가능성이 있는 활동을 개시하기 전에 심각한 월경성 피해 위험을 있는지 여부를 확인할 것을 요구한다고 하면서 그러한 경우 관련 국가는 환경영향평가를 실시해야 한다고 판결하였다. *ibid.*, p.720, para. 153.)

37) *Case Concerning Pulp Mills on the River Uruguay(Argentina v. Uruguay), Judgment*, ICJ Reports 2010, pp.55~56, para.101.

제5절 ● 사전주의의 원칙

초국경적 환경오염에 대해 책임을 져야 한다는 것은 Trail Smelter 사건 이후로 국제법원칙으로 당연히 인정되어 왔고, 그 후에는 수많은 국제조약 및 결의나 선언을 통하여 확인되어 왔다. 그러나 과학적 불확실성과 인과관계의 입증이 불가능할 경우에는 발생한 피해에 대해 오염원인국에게 책임을 물을 수가 없게 된다. 이러한 이유로 환경문제를 다루는 데 있어 보다 엄격한 조치를 취하도록 국가에 요구하는 효과적인 법구조가 필요하게 되었다.

사전주의의 원칙(Precautionary Principle)이란 일반적으로 국가가 환경에 악영향을 미칠 수 있는 활동과 관련하여 과학적 확실성이 결여되어 있는 경우라 할지라도 미리 환경훼손 방지조치를 취해야 한다는 원칙이다.[38] 사전주의는 국가들에게 어떤 물질이 유해하다라는 과학적 입증이 결여된 상태라도 중대한 또는 회복 불가능한 환경악화 위협에 대처하기 위해 먼저 행동에 나설 것을 요구한다는 점에서 예방(prevention)보다 일보 더 나아가고 있다.[39] 즉 사전주의원칙은 예방(방지)원칙을 확대시킨 것이다. 사전주의의 원칙은 예방의 원칙과 동일한 것으로 혼동될 수도 있으나 과학적 불확실성과 연계되어 있는 점에서 예방의 원칙과 다르다. 사전주의와 예방 및 환경영향평가의 관계에 대해서, 사전주의원칙은 이미 예방원칙과 환경영향평가에 포함되어 있으며 이들과 분리될 수 없다는 견해도 존재한다.[40]

사전주의의 개념은 독일 연방 임미시온방지법(Bundesimmissionsschutzgesetz) 제5조에서 규정하고 있는 'Vorsorgeprinzip'(사전배려의 원칙)에서 유래하였는데,[41] 이 용어는 독일에서 1960년대 중반 오염에 대한 관심이 증대됨으로써 제창된 것으로, 1970년대 초 독일의 국내입법에 도입된 것이다.[42] 이 원칙이 국제사회에 등장하기 시작한 것은

---

38) 이재곤·김정건, 앞의 논문, 142면.

39) 예방의 원칙은 1930년대부터 국제환경협약과 기타 관련문서에서 나타나기 시작하였으나 사전주의원칙은 1980년대 중반부터 국제환경법 관련문서에 나타나기 시작하였다(노명준, 앞의 논문, 375면).

40) ILC Report, Fifty-second session (2000), UN Doc. A/55/10, para.716.

41) 김홍균, 앞의 책, 86면.

42) J. Cameron, "The Precautionary Principle-Core Meaning, Constitutional Framework and Procedures for Implementation", *The Precautionary Principle Conference held by Institute of Environmental Studies* (September 1993), p.18; 성재호, "환경보호를 위한 사전주의원칙", 「국제법학논총」, 제43권 제2호(1998. 12.), 130~131면.

1980년대 중반부터로, 국제환경법 관련 문서에 나타나기 시작한 때부터였다.

1992년 리우선언은 원칙 15에서 사전주의원칙을 천명하고 있는데, "환경을 보호하기 위해서 각국의 능력에 따라 사전주의적 접근(precautionary approach)이 널리 실시되어야 한다. 중대하거나 회복 불가능한 피해의 위협이 있을 경우, 과학적 불확실성이 환경악화를 방지하기 위한 비용대비 효과적 조치를 지연시키는 구실(reason)로 이용되어서는 안 된다"고 선언하고 있다. 리우회의에서 채택된 의제 21은 사전주의를 천명하는데 그치지 않고, 사전주의 및 예방적 접근이 필요하다고 밝히고, 이를 위한 방법으로 사전주의적 조치, 환경영향평가, 청정생산기술, 재활용 등의 구체적 방법을 채택할 것을 제시하고 있다.[43]

사전주의원칙에 대한 본격적인 논의는 해양 관련 회의에서 비롯되었다. 예를 들면, 1984년 북해보호에 관한 국제회의(International Conference on the Protection of North Sea)에서 이루어진 장관선언은 국가는 해양환경에 대한 피해가 회복할 수 없거나 상당한 비용과 오랜 기간이 소용되어야만 치유될 수 있는 경우, 조치를 취하기 전에 침해효과의 증거를 기다리지 않아야 한다는 인식을 반영하고 있다.[44] 1987년의 북해보호에 관한 제2차 국제회의에서 채택된 선언에서 "위험한 물질의 피해로부터 북해를 보호하기 위하여 아주 명백한 과학적 증거에 의해 인과관계가 입증되기 전이라도 위험물질을 통제하는 행동이 요구되는 사전주의적 접근(precautionary approach)이 필요하다"고 밝혔다. 이어 '육상기인 해양오염방지를 위한 협약'(Convention for the Prevention of Marine Pollution from Land based Sources)에 의해 설립된 오슬로위원회 및 파리위원회는 사전주의원칙을 천명하는 데 그치지 않고 사전정당화절차(Prior Justification Procedure: PJP)를 통하여 이 원칙을 실제로 이행하도록 하였다.

1985년의 '오존층보호를 위한 비엔나협약'과 1987년의 '오존층 파괴물질에 관한 몬트리올의정서'도 사전주의원칙을 규정하고 있다. 특히 몬트리올의정서는 프레온가스 및 할론가스가 오존층을 파괴하는지의 인과관계가 불확실하더라도 이러한 물질의 생산과 소비를 규제하고 있다. 그 밖에 1992년에 생물다양성협약과 기후변화협약, 1995년 '경계성 왕래 어족 및 고도 회유성 어족의 보존과 관리에 관한 협약'(Agreement for the Implementation of the United Nations Convention on the Law of the Sea of 10 December 1982 relating to the Conservation and Management of Straddling Fish Stocks and Highly Migratory Fish Stocks), 1996년 런던협약 개정의정서(1996 Protocol to the Convention on the Prevention of

---

43) Chapter 17, para.17.21 of the Agenda 21.
44) 이재곤, 앞의 논문, 14~15면.

Marine Pollution by Dumping of Wastes and other Matter of 29 December 1972), 2000년 '생물다양성협약 바이오안정성에 관한 카르타헤나의정서'(Cartagena Protocol on Biosafety to Convention on Biological Diversity) 등 1990년대 이후 채택된 협약이 대부분 사전주의원칙을 도입하고 있다.45)

특히 기후변화협약 제3조 제3항은 "당사국은 기후변화의 원인을 예견, 예방(방지) 및 최소화하고 그 부정적인 효과를 완화하기 위한 사전주의적 조치를 취해야 한다. 중대하거나 회복 불가능한 피해의 위험이 있을 경우, 완전한 과학적 확실성이 없다는 이유로 이러한 조치를 지연하여서는 안 된다"고 규정하고 있다. 당사국의 행동을 이끄는 원칙들 중에서 사전주의 원칙은 유엔기후변화협약하에서 심각하거나 회복할 수 없는 손해의 위험이 있는 경우에 상당한 주의(due diligence)의 기준을 강화하는 역할을 한다.46) 리우선언 원칙 15를 반영하고 있는 기후변화협약 제3조 3항은 상당한 주의의 기준을 기후행동에서 보다 구체적으로 만드는지 아니면 희석시키는지에 관하여 논란이 제기되고 있다. 협약 당사국들은 "기후변화의 원인을 예측하거나 방지하거나 최소화하고, 그 부정적 영향(adverse effects)을 완화하기 위한 사전주의적 조치(precautionary measures)를 취해야 한다"라는 개념은 사전주의적 조치가 "환경을 보호하기 위하여" 취해져야 한다는 리우선언 원칙 15의 조건보다 강화하여 언급하고 있는 것으로 볼 수도 있다.47)

그러나 협약은 단지 당사국들이 이러한 조치를 취해야 할 것이라고('should') 규정하고 있을 뿐이고, 더 나아가 충분한 과학적 확실성의 결여가 이러한 조치를 지연하는 이유(근거, 구실, reason)로 이용되어서는 안 된다('should not')는 점을 시사하고 있다. 이러한 표현은 "사전주의적 접근이 널리 실시되어야 한다"(shall)는 점과 충분한 과학적 확실성의 결여가 관련 조치를 지연하는 이유로 이용되어서는 안 된다('shall not')라고 규정한 리우선언 원칙 15의 내용에 비해 상당히 약한 것이다.48)

생물다양성협약은 그 전문에서 "생물다양성이 현저히 감소 또는 소실될 위험이 있는 경우, 완전한 과학적 확실성의 결여가 이러한 위험을 피하거나 최소화하기 위한 조치를 연기하는 구실로 이용되어서는 안 된다"고 선언하고 있다.

사전주의원칙을 규정하고 있는 문서들은 과학적 불확실성이 있더라도 환경에 대한

---

45) 노명준, 앞의 논문, 377~379면.

46) D. Bodansky, J. Brunnée and L. Rajamani, *International Climate Change Law* (Oxford University Press, 2017), p.53.

47) *Ibid.*

48) *Ibid.*

피해가 개연성 있게 예측되는 경우에는 일정한 조치를 취해야 한다는 공통적인 취지를 담고 있다. 사전주의 원칙은 국가들에게 과학적으로 불명하지 않은 점이 있더라도 중대한 환경위험의 개연성이 있는 경우 먼저 행동에 나설 것을 요구한다는 점에서 사전주의는 예방(방지)보다 진일보한 원칙이다.

사전주의원칙을 국제관습법으로 인정할 것인가의 여부에 대해서는 학자들 간에 견해차가 있다. 국제관습법상의 원칙으로 확립되었다는 주장이 있는 반면, 아직은 국제관습법으로 확립되지 않은, 하나의 "접근방법"(approach)일 뿐이라는 견해도 있다.49)

제6절 ● 공동이지만 차별적인 책임원칙

공동이지만 차별적인 책임원칙(Principle of Common But Differentiated Responsibility: CBDR)이란 인류가 공유한 환경에 대한 보호책임을 인류가 공동으로 부담하지만 구체적인 책임의 정도는 환경의 상태 악화에 기여한 정도와 국가가 가지고 있는 능력을 고려하여 달리 정해질 수 있다는 것이다.50) 다시 말해서 지구환경문제에 대한 선진국과 개발도상국 간의 역사적 책임의 차이와 환경문제를 다룰 수 있는 경제적 · 기술적 능력의 차이를 인정하고,51) 국제환경법 규범의 발전과 적용 및 해석에 있어서 개발도상국의 특별한 요구가 반드시 고려되어야 한다는 것이다.52) 이 원칙은 비교적 새롭게 제기된 내용으로 형평의 원칙에서 유래된 것이다.

공동이지만 차별적인 책임원칙을 선언하고 있는 리우선언 원칙 7은 "지구환경의 악화에 대한 제각기 다른 기여를 고려하여(in view of the different contributions to global environmental degradation), 각국은 공동의 그러나 차별적인 책임을 갖는다"고 선언하고 있다. 계속해서 "선진국들은 그들이 지구환경에 끼친 영향과 그들이 운영하는 기술 및 재

49) 노명준, 앞의 논문, 376면.
50) T. Buss, "Legal Principles in International Environmental Relations", in R. Dolzer and J. Thesing (eds.), *Protecting our Environment* (Globe Book, 2000), p.320.
51) CISDL, "The Principle of Common but Different Responsibilities: Origins and Scope", A CISDL Legal Brief (for the World Summit on Sustain Development 2002), <http://www.cisdl.org/pdf/brief_common.pdf>.
52) Sands and Peel, *op.cit.*, p.244.

정적 자원을 고려하여 지속가능한 발전을 추구하기 위한 국제적 노력에 있어서 분담하여야 할 책임을 인식한다"고 밝히고 있다. 지구환경을 보호하기 위해서 모든 국가가 책임을 부담하여야 하지만 각국의 경제적 기술적 상황을 고려하여 차별화된 책임을 부과하여야 한다는 것이다.

이러한 원칙은 기후변화협약 제3조 제1항에서 "당사국은 형평(equity)에 입각하고 공동이지만 차별적인 책임 및 각자의 능력(common but differentiated responsibility and respect-ive capabilities; CBDRRC)에 따라 인류의 현재 및 미래세대의 이익을 위하여 기후체계를 보호해야 한다"고 규정하면서 "선진국인 당사국은 기후변화 및 그 부정적 효과에 대처하는 데 있어 선도적 역할을 해야 한다"(should take the lead)고 천명하여 의무부담에 있어서 선진국과 개발도상국 사이에 있어서 차별적 책임을 적용하였다.53) 2015년 파리협정 제4조 제3항도 당사국의 국가결정기여(NDC)가 '공동이지만 차별적인 책임 및 각자의 능력'을 반영하도록 규정하면서 이와 동일한 표현을 사용하고 있다. 오존층보호를 위한 비엔나협약도 전문에서 개발도상국의 사정과 특별한 요구사항을 고려한다는 점을 강조하고 있으며, 몬트리올의정서는 개발도상국에게 10년의 유예기간을 부여하였다. 생물다양성협약도 개발도상국의 특별한 이익과 필요를 고려해야 한다고 규정하고 있다.54)

공동이지만 차별적인 책임원칙은 '공동의 책임'과 '차별적 책임'의 두 가지 내용을 담고 있다.55) '공동의 책임'은 선진국이나 개발도상국을 막론하고 전 세계 모든 국가들이 지구의 환경과 인류의 공동유산을 보호하기 위하여 다 같이 노력하여야 한다는 것을 의미하며, '차별적 책임'은 개별국가가 가지고 있는 각기 상이한 경제발전의 정도와 경제개발의 수행능력, 지구환경파괴에 대한 상이한 역사적 책임을 고려하여 환경보호 및 보존에 대한 책임을 부담해야 한다는 것을 뜻한다.56) 즉, 공동이지만 차별적인 책임원칙은 환경파괴에 대한 역사적 책임이 더 많은 선진국이 개발도상국보다 더 많은 비용을 부담하여야 하며 아울러 재정지원 및 기술이전을 부담해야 한다는 것이다. 공동이지만 차별적인 책임원칙은 최근에 기후변화 대응과 관련하여 선진국과 개발도상국 간의 민감한 입장 차이를 보여주고 있다.

일부 견해에 의하면, CBDRRC의 개념은 개념적 측면에서 볼 때 인류의 공동관심사(common concern of humankind)의 이면(flipside)이라고 한다.57) 유엔기후변화협약은 CBDRRC

---

53) 서원상, 「국제환경법 상 차별적 공동책임에 관한 연구」(박사학위논문, 성균관대학교, 2006), 171~172면.
54) 생물다양성협약 제12조, 제17조.
55) 서원상, 앞의 논문, 8면; Sands and Peel, *op.cit.*, pp.245~246.
56) 노명준, 앞의 논문, 393면.

와 공동관심사 개념을 연결시키지 않고 있다. 그러나 협약의 전문은 "기후변화의 전 지구적 속성은 공동의 그러나 차별적인 책임 및 각자의 능력에 따라 또 그들의 사회적 경제적 여건에 따라 모든 국가의 가능한 한 가장 광범위한 협력과 그들의 효과적이고 적절한 국제적 대응에의 참여를 요구한다"는 점을 인정하고 있다. 파리협정은 전문에서 기후변화가 공동관심사 중의 하나임을 인정하면서 이것과 인권, 다양한 집단의 권리, 발전권 그리고 세대간 형평과 연결하고 있다.

CBDRRC 원칙은 관념상 평등한 주권을 가지 행위자들(주로 국가들)의 평등한 권리와 의무에 관한 국제법의 전제를 조율하고자 시도한다. 이것은 개발도상국과 선진국의 불평등을 인정하고 우선순위를 다르게 하는 것을 허용할 여지를 주고 있는 것이다. CBDRRC는 국제환경법상 주요하고 민감한 내용을 담고 있지만 현단계에서 동 원칙이 국제관습법으로서 인정될 정도로 발전되어 있다고 보기는 어렵다.[58] 그렇지만 CBDRRC 원칙은 기후체제 내에서 기후변화 완화 및 적응 행동에 관한 합의를 모색하는 과정에서 발생하는 까다로운 부담공유 문제를 해결하기 위한 토대가 되고 있다.[59]

제7절 ● 지속가능한 발전의 원칙

국제환경법은 국가들의 행위가 현재뿐만 아니라 미래에 대해서도 영향을 미칠 것이라는 사실을 반영하기 위해 진화하고 있다. 환경피해를 예방할 의무는 미래라는 관점을 가지고 있다. 사전주의원칙도 미래까지 확장된다. 사전주의원칙은 심각하거나 회복할 수 없는 손해의 위협이 있는 경우에 상당한 주의(due diligence)의 기준을 강화하는 데 중요하다. 국제환경법의 초점을 미래로까지 확장하기 위한 또 다른 원칙은 지속가능한 발전원칙이다. 이 개념은 환경과 발전이라는 가치 사이의 관계에 주목한다. 환경보호와 경제발전의 조화를 시도하는 개념으로 지속가능한 발전(sustainable development)이라는

57) P.W. Birnie, A. Boyle and C. Redgwell, *International Law and the Environment*, 3rd ed. (Oxford University Press, 2009), pp.132~136.

58) T. Deleui, "The Common But Differentiated Responsibilities Principle: Changes in Continuity after the Durban Conference of the Parties", *Review of European Comparative and International Environmental Law*, vol.21(3), 2012, p.271.

59) Bodansky, Brunnée and Rajamani, *op.cit.*, p.52.

용어가 아주 다양하게 사용되고 있으나 완전한 정의가 내려져 있지 않다. Fitzmaurice
는 지속가능한 발전을 파악하기 힘든 카테고리라고 언급했고,[60] Lowe는 법적 카테고
리로서 지속가능한 발전은 모호함과 혼란으로 점철되어 있다고 말했다.[61] 이와 같이 지
속가능한 발전이 도덕적 개념인지 또는 정치적 구호인지 아니면 법적 구속력이 있는 법
적 개념인지 가늠하기 어려운 측면이 농후하다.

　　지속가능한 발전원칙의 진화에서 첫 번째 이정표가 된 것은 1972년 스톡홀름선언
이다. 자연환경에 대한 인간의 특별한 책임을 명시하고 있는 스톡홀름선언 원칙 14에
의하면, 합리적인 계획을 통해 개발욕구와 자연환경의 보호 책임 간에 균형을 이루어야
한다.[62] 1980년 IUCN이 발표한 세계환경보존전략(World Conservation Strategy)에서 지속
가능한 발전이라는 용어가 처음 등장하였다.[63] 1982년 UN총회에서 채택된 세계자연헌
장(World Charter for Nature)에서는 자연보전과 발전(개발, development)이 밀접한 관계가
있음을 선언하고, 지속가능한 발전원칙의 주요 내용을 포함하였다.

　　1987년에 세계환경개발위원회, 이른바 Brundtland위원회는 '우리 공동의 미래'(Our
Common Future)라는 보고서에서 지속가능한 발전에 대한 가장 널리 인용되고 있는 정의
를 내렸다. 즉, 이 보고서에서 지속가능한 발전이란 "미래세대가 그들의 필요를 충족시
킬 능력을 손상시키지 않으면서 현재세대의 필요를 충족시키는 발전"이라고 정의하였
다. 이 정의는 지속가능한 발전의 개념을 정립하는 초석이 되고 있으며, 세대간의 책임
을 강조하고 있다.[64] 현재 세대는 경제발전을 위해 과도하게 자원을 사용해서는 안 되
며, 미래세대의 이해관계를 고려해야 한다는 것이다.

　　1992년 UN환경개발회의에서는 리우선언을 채택하여 인간 중심의 지속가능한 발전

---

60) M. Fitzmaurice, *Contemporary Isuues in International Environmental Law* (Edward Elgar, 2009),
　　p.67.
61) V. Lowe, "Sustainable Development and Unsustainable Practices", in A. Boyle and D. Freestone
　　(eds.), *International Law and Sustainable Development: Past Achievements and Future
　　Challenges* (Oxford University Press, 1999), p.23.
62) 한국법제연구원 옮김, 「지속가능성, 법 그리고 공공선택」(G. Bándi, M. Szabo and A. Szalai, *Sustainability,
　　Law and Public Choice*) (중앙경제, 2016), 15면.
63) 원래 '지속가능한 발전'이라는 용어는 경제학자인 Ward와 생태학자인 Dubos가 "환경보호"와 "발전" 간의
　　필연적인 상호연관관계를 표현하기 위하여 처음으로 사용하였다(S.L. Smith, "Ecologically Sustainable
　　Development: Integrating Economics, Ecology, and Law", *Willamette Law Review*, vol.31, 1995,
　　p.269).
64) A. Kiss, "The Right and Interests of Future Generations and the Precautionary Principle", in D.
　　Freestone and E Hey (eds.), *The Precautionary Principle and International Law* (Kluwer Law
　　International, 1996), p.23; 박병도, "지속가능한 발전개념의 통합적 구조에 관한 연구", 「국제법학회논
　　총」, 제43권 제2호(1998. 6.), 82면.

이 필요하다는 것과, 인간과 자연의 조화를 통해 건강하고 생산적인 생활을 할 권리가 있음을 확인하였다. 지속가능한 발전이라는 표현은 리우선언의 전체 27개 원칙 중에 12개 원칙에서 언급되고 있다. 그러나 이 원칙의 정확한 내용과 범위는 여전히 파악하기 어려운 상태이다. 물론 리우선언은 지속가능한 발전 개념을 정의해 주고 있는 것이 아니라 이 개념의 다양한 요소들을[65] 언급하고 있을 뿐이다.[66] 그럼에도 리우선언은 발전이 본질적(essential)이라고 하더라도 환경이 이를 감당할 수 있는 범위 내에 이루어져야 하며, 따라서 환경보호는 발전과정의 일부가 되어야 한다는 점을 명백히 언급하였다는 점을 유념할 필요가 있다.[67]

또한 1992년 UN환경개발회의에서는 지속가능한 발전의 이행을 위한 청사진 또는 계획을 담고 있는 의제 21을 채택하여 환경적으로 지속가능한 발전이라는 공동의 목표를 달성하기 위한 동반자가 되어야 한다고 뜻을 모았다.

또한 10년이 지난 2002년의 지속가능한 발전 정상회의에서 '지속가능한 요하네스버그선언'을 채택하여, 지속가능한 발전의 국제적 지지를 재확인하였다. 요하네스버그선언은 조약은 아니지만, 지속가능한 발전 원칙을 국제환경법의 주요 원칙으로 받아들이고 있다는 점에서 큰 의의가 있다.

이와 같이 지속가능한 발전의 원칙은 국제환경법의 중심개념으로 폭넓게 인정은 받고 있지만, 원칙적으로 무엇을 뜻하느냐에 관해서는 논란이 많다. 이 원칙에 대한 합의가 부족한 것이 아니라, 원칙의 개념과 범위가 너무 광범위하여 총체적인 단일 원칙으로서 모든 국가가 수락하는 것이 쉽지 않기 때문이다.[68]

지속가능한 발전의 원칙의 내용은 세대간 형평의 원칙, 자연자원의 지속가능한 이용의 원칙, 자연자원의 공평한 이용의 원칙, 환경과 발전의 통합의 원칙 등 네 가지 원칙으로 구분할 수 있다.

첫째, 세대간 형평의 원칙은 미래세대와 현재세대는 공동으로 지구의 자연 및 환경자원을 공유하고 있어, 현재세대는 환경을 이용 · 개발함에 있어 앞서 미래세대의 환경적 필요를 고려하여야 한다.[69]

---

65) 리우선언은 지속가능한 발전원칙의 실질적 요소(예, 환경과 발전의 통합, 자연자원의 지속가능한 이용, 세대내 형평, 세대간 형평 등) 및 절차적 요소(예, 협력, 환경의사결정에서 공공의 참여, 환경영향평가 등)를 규정하고 있다.

66) Birnie, Boyle and Redgwell, *op.cit.*, pp.116~123.

67) International Law Association (ILA), Legal Principles Relating to Climate Change, 2014, art.3(4-5) and Commentary 참조.

68) 서원상, 앞의 논문, 49면.

둘째, 자연자원의 지속가능한 이용의 원칙은 자연자원과 환경의 재생능력을 고려하여 그들의 적절한 양적·질적 상태를 유지하면서 자연자원을 이용해야 한다는 원칙을 말한다. 즉, 개발에 있어 자연자원의 재생능력을 초과해서는 안 된다는 원칙으로 자연자원 및 환경을 이용함에 있어서 그것들의 보존을 위한 일정한 제한을 가하고 있는 것이라고 하겠다.70)

셋째, 자연자원의 공평한 이용의 원칙은 일국의 자연자원의 사용은 타국의 사정을 고려한 형평성에 입각해야 한다는 원칙이다. 이 원칙은 자연자원의 보전을 위한 책임은 국가간 경제적 발달정도의 차이, 환경오염을 유발한 역사적 책임, 상이한 환경적·발달적 필요와 우선순위 등에 따라서 각국이 공평하게 부담하도록 해야 한다는 것이다.71)

넷째, 환경과 발전의 통합의 원칙은 각국이 환경적 고려를 경제 및 기타 개발계획과 연계시키고, 목표를 설정·적용·해석함에 있어 경제개발 그리고 그 밖의 사회개발의 필요성을 고려해야 한다는 것이다.72)

이와 같은 과정을 거치며 이제는 지속가능한 발전의 원칙이 국제환경법의 주요 원칙의 하나가 되어 가고 있으나, 현단계에서 국제관습법으로 인정하기에는 많은 비판이 있다. 아직도 지속가능한 발전이라는 개념에 대해 국제사회의 합의된 정의가 존재하지 않으며 그 내용과 적용범위가 모호하거나 명확하지 않다는 주장이 강하다. 그럼에도 국제환경법적 측면에서 보면, 환경협정들의 해석 및 적용에 있어서 중요한 역할을 한다는 견해도 존재한다.73) Gabcikovo-Nagymaros 사건에서, 국제사법재판소는 "새로운 과학적 통찰과 인류, 즉 현재 세대와 미래 세대에 대한 위험에 대한 높아진 인식으로 인해 새로운 규범들과 기준이 발전하였으며, 이런 점들이 고려되어야 한다"고 하면서, "경제적 발전을 환경보호와 조화시킬 필요성은 지속가능한 발전 개념 속에 적절히 표현되어 있다"고 언급하였다.74)

---

69) 김정건·이재곤, 앞의 논문, 85~86면.
70) 김정건·이재곤, 위의 논문, 87면.
71) 노명준, 앞의 논문, 389면.
72) 김정건·이재곤, 앞의 논문, 89면: Sands and Peel, *op.cit.*, p.227.
73) Lowe, *op.cit.*, p.31.
74) *Gabcikovo-Nagymaros Project case (Hungary/Slovakia)*, ICJ Reports 1997, p.78, para.140.

제8절 ● 오염자부담의 원칙

국제사회에서는 환경오염에 대한 책임 소재에 관한 원칙으로 환경 관리규범 체계의 근간을 구성하고 있는 오염자부담원칙(Polluter-Pays Principle: PPP)을 적용하고 있다. 이 원칙은 환경오염 비용과 그 결과비용을 오염을 야기한 원인자가 부담하여야 한다는 원칙이다.[75] 다시 말해서 오염유발 행위자가 오염을 방지하고 관리하기 위한 비용을 부담해야 한다는 원칙이 오염자부담원칙이다. 이 원칙은 1972년 스톡홀름선언, 1982년의 세계자연헌장 그리고 1992년의 리우선언 등을 비롯한 다양한 환경관련 국제문서들에서 나타나고 있다.

오염자부담원칙은 원래 법원칙이라기보다는 환경오염 및 그 방지의 비용을 분담하고 자원배분을 극대화하기 위한 경제정책상의 원칙으로 등장하였다.[76] 즉, 오염자부담원칙은 오염이 발생하였을 때 이에 대한 책임을 규명하여 배상하는 원칙이 아니라 오염통제비용의 배분을 위한 원칙이었다.[77] 따라서 원래 오염자부담원칙이 등장했던 초기에 이 원칙은 오염통제를 위한 비용에 관한 원칙이었지 환경오염이 발생한 경우 그에 대한 원인을 규명하여 책임자에게 배상하도록 하려는 원칙은 아니었다.[78] 이러한 오염자부담원칙은 행위의 편익(advantages)을 취한 자가 그와 관련한 불이익(disadvantages)을 부담하여야 한다(ubi emolumentum, ibi onus)는 법언(法諺)에 근거하고 있다.[79]

오염자부담원칙의 개념을 좀 더 구체적으로 살펴보면, 이 원칙은 오염발생에 책임이 있는 자가 그 원상회복을 위한 방지비용과 제거비용을 부담해야 한다는 원칙으로,[80] 보조금 없이 정부 당국이 만족할 정도로 환경상태를 유지하는 것을 보장할 수 있도록 조치를 취하는 데 필요한 비용을 부담해야 한다는 것을 의미한다. 이 원칙은 오염자가

---

75) Sands and Peel, *op.cit.*, pp.213, 240; Hunter, Salzman and Zaelke, *op.cit.*, p.485.

76) U. Kettlewell, "The Answer to Global Pollution? A Critical Examination of the Problems and Potential of Polluter-Pays Principle", *Colorado Journal of International Environmental Law and Policy*, vol.3(2), 1992, p.431.

77) S.E. Gaines, "The Polluter-Pays Principles: From Economic Equity to Environmental Ethos", *Texas International Law Journal*, vol.26, 1991, p.468.

78) 김홍균, 앞의 책, 102면.

79) T.H. Reis, *Compensation for Environmental Damages under International Law* (Kluwer Law International, 2011), p.164.

80) Kiss and Shelton, *op.cit.*, p.266; Sands and Peel, *op.cit.*, p.279.

자신의 부담으로 오염을 통제해야 하고 또한 그러한 목적을 달성하기 위한 조치를 취하는 데 필요한 비용을 부담해야 한다는 것이다.[81] 그러한 조치를 취하는 데 드는 비용에는 상품 및 용역과정에 드는 비용도 포함된다.[82] 물론 이때 부담해야 할 비용은 환경오염의 방지와 제거를 위한 비용을 포함한다. 이 원칙은 환경오염의 방지와 제거 및 오염으로 인한 피해의 구제에 대하여 누구에게 책임을 물을 것인가에 관한 기준으로, 오염원인의 제공자 또는 그 영향권 내에 있는 자의 행위나 물건으로 인해 환경오염이 발생한 경우 그러한 오염원인의 제공자가 당해 오염의 방지·제거에 대한 책임을 져야 함은 물론, 당해 오염의 방지·제거 및 피해구제에 필요한 비용도 부담해야 한다는 것이다.[83] 생각건대, 이 원칙은, 엄격한 의미로 말하면, 적절한 환경규제를 통하여 오염자에게 예방비용을 부담하게 하는 것이고, 넓은 의미로 말하면, 예방적 조치를 취하더라도 회피할 수 없는 환경오염세(pollution taxes) 및 보상의 지불을 확립하는 것이다.[84]

오염자부담원칙은 특정한 환경오염의 피해를 특정한 사람이나 단체에게 귀속시키고, 환경피해를 제거하고 감소시키는 비용을 누가 부담할 것인가를 결정하여 국가경제의 전체적인 효율성을 제고시키기 위해 적용되는 원칙이다. 오염자부담원칙은 제한적인 자연자원의 실용적이고 가장 효율적인 이용을 장려하기 위하여 환경적인 고려를 하는 데 가장 기본적인 도구이다. 또한 이 원칙은 생산과 소비과정에서 발생하는 오염과 관련된 비용을 시장가격에 포함시키는 역할을 하는데, 이는 모든 환경보호 프로그램에서 비용 배분을 위한 기준으로 오염자부담원칙이 적용되어야 한다는 점을 의미한다. 또한 오염자부담원칙에는 환경자원의 합리적인 이용과 배분을 권장하는 동시에 국제무역이나 투자의 부작용을 방지하기 위해 오염방지에 필요한 비용을 오염자가 부담해야 한다는 사고방식이 반영된 것이다.[85] 여기서 알 수 있듯이 오염자부담원칙은 오염방지 비용뿐만 아니라 오염의 피해복구에 소요되는 비용을 기본적으로 해당 환경오염의 원인을 제공한 자가 부담하여야 한다는 것이며,[86] 최근에는 더 나아가 환경의 복원, 피해자의 구제, 오염회피 비용까지도 오염원인자가 부담해야 한다는 견해가 대두되고 있다. 이와 같은

---

81) OECD Joint Working Party on Trade and Environment, "The Polluter-Pays Principle as it relates to International Trade", OECD Doc. COM/ENV/TD(2001)44/final, 2002, p.12.

82) P.W. Birnie and A. Boyle, *International Law and the Environment* (Clarendon Press, 1992), p.109; 노명준, 앞의 논문, 383면; 이재곤·김정건, 앞의 논문, 144면.

83) 홍준형, 「환경법」, 제2판 (박영사, 2005), 104면.

84) T.H. Reis, *op.cit.*, p.164.

85) 이와 같이 오염자부담원칙은 경제학에서 오래전부터 알려져 온 것으로, 시장경제의 기본적인 사고를 잘 반영하고 있다.

86) 이러한 맥락에서 오염자부담의 원칙을 '원인제공자원칙'이라고 말하기도 한다.

내용이 반영되어 최근에는 오염자부담원칙은 환경오염을 제거하기 위해 필요한 비용부담의 주체를 확인하고 부담의무를 부과한다는 의미의 비용부담에 관한 원칙으로 그 개념이 한정되지 않고, 환경보호에 대한 책임을 부담하게 하는 실질적인 원칙으로 이해되고 있다.87)88)

그리고 이 원칙을 더욱 정확히 이해하기 위해서는 첫째, 누가 오염자인가? 둘째, 이때 부담하여야 할 비용은 어느 정도인가?에 대한 문제를 분석할 필요가 있다.89) 먼저 오염자부담원칙을 시행하고자 하는 경우 반드시 누가 오염자인지를 결정해야 한다. 그래야 오염비용을 부담해야 할 자가 누구인가를 결정할 수 있기 때문이다. "누가 오염자인가?"라는 문제에 대하여 EC 이사회는 "직접 또는 간접으로 환경에 손해를 입힌 자" 또는 "그러한 손해를 야기하는 조건을 만드는 자" 혹은 "오염행위에 대한 책임이 있는 자로 오염물질의 방출을 초래하는 활동을 관리하는 자"로 정의하고 있다.90)91) 그리고 집단적 오염자의 경우 EC는 정부가 경제적 효율성 및 행정적 효율성을 고려하고, 비용을 자체 비용으로 수용할 능력을 고려하여 비용을 배분하도록 권고하고 있다.92) 그리고 오염자부담 의무의 범위와 관련하여 어떤 비용을 어느 정도 부담해야 하는가에 대해서는 좁은 범위로 오염의 예방 및 규제 비용에 한정한다는 견해와 이러한 비용뿐만 아니라 유발된 오염의 제거비용 및 적절한 환경수준을 유지하기 위한 오염규제 제도의 운영비용을 포함하여 오염피해에 대한 배상까지도 포함되어야 한다고 주장하는 견해가 있다.93) 오늘날 일반적으로 국제사회에서는 후자를 반영하고 있다.

국제사회에서 오염자부담원칙이 등장하여 발전한 것은 OECD와 EC를 통해서이다. 이 원칙의 개념이 구체적으로 의미하는 바가 무엇인지에 관해 논란이 계속되고 있으나, 1972년 이후 이 원칙에 대해서 국제적 차원에서 꾸준히 제기되어 오고 있다. 이 원칙이 처음으로 공식화된 것은 1972년과 1974년 OECD의 관련 문서에서이고,94) 여기서 밝힌

---

87) 박기갑, "환경보호에 관한 국제법상의 문제", 홍성방 외, 「환경 오염의 법적 구제와 개선책」 (소화, 1996), 130면.
88) 우리나라 환경정책기본법도 오염원인자의 책임원칙을 비용부담의 기준으로 선언하면서 또한 동법 제5조에서는 실질적인 책임의 원칙으로서 오염원인자의 책임원칙을 도출할 수 있는 근거를 제시하고 있다.
89) 김정건·장신·이재곤·박덕영, 「국제법」 (박영사, 2010), 770면.
90) Council Recommendation of 3 March 1975 Regarding Costs Allocation and Action by Public Authorities on Environmental Matters (75/436/Euratom, ECSC, EEC), p.1.
91) 그런데 오염규제비용은 오염자뿐만 아니라 그 오염자가 속해 있는 사회 또는 그 물질을 생산한 자 혹은 그 물질을 소비하는 자에게 부담하게 할 수 있다(Kiss and Shelton, op.cit., p.214).
92) 김정건·장신·이재곤·박덕영, 앞의 책, 770면.
93) C.S. Pearson, "Testing the System: GATT+PPP= ?", Cornell International Law Journal, vol.27(3), 1994, pp.553~576 참조.

오염자부담원칙에 대한 정의가 이후에 통상적으로 사용되고 있다.95) 즉, 오염자부담원칙을 최초로 언급한 것은 스톡홀름인간환경회의가 개최되었던 1972년에 경제협력개발기구(Organization for Economic Cooperation and Development: OECD) 각료이사회가 채택한 '환경정책의 국제경제적인 측면에 관한 지도원칙에 관한 권고'(Recommendation on Guiding Principles concerning International Economic Aspects of Environmental Policies)96)로, 이 권고에서97) 오염방지 및 제거 비용을 오염자가 부담하여야 한다는 원칙을 세우고, 이를 오염자부담원칙이라 정의하였다.98) 이 권고의 구체적인 내용을 보면, "오염방지와 부족한 환경자원의 합리적 이용과 국제무역과 투자에 있어서의 왜곡을 피하려는 목적으로 통제조치를 취하기 위한 비용의 배분원칙이 이른바 오염자비용부담원칙이다. 이 원칙은 오염자가 공공 당국이 환경을 받아들일 만한 상태로 유지되는 것을 보장하기 위하여 결정한 상기 조치를 수행하는 비용을 부담하여야 한다는 것을 의미한다. 환언하면 이들 조치의 비용이 생산 그리고/또는 소비과정에서 오염을 야기하는 상품 및 용역의 비용에 반영되어야 한다. 그러한 조치는 국제무역과 투자에 중대한 왜곡을 야기할 수 있는 보조금이 수반되지 않아야 한다"라고 밝히고 있다.99) 이어서 1974년에 채택한 '오염자부담원칙의 이행에 관한 권고'(Recommendation on the Implementation of Polluter Pays Principles)에서100) 오염자부담원칙을 확장하여 오염방지 및 제거 비용뿐만 아니라 잔여 오염물질로 인해 피해를 입은 자에 대해 오염자가 보상할 것을 국가가 명령한 경우에도 오염자부담원칙에 해당한다고 정의하였다. 또한 OECD는 오염자부담원칙이 오염예방과

---

94) Hunter, *op.cit.*, pp.485~486.

95) S.A. Atapattu, *Emerging Principles of International Law* (Transnational Publishers, Inc., 2006), p.439.

96) Recommendation of the Council on Guiding Principles concerning International Economic Aspects of the Environmental Policies, OECD Doc. C(72) 128 (May 26, 1972); 11 ILM 1172 (1972).

97) OECD의 주요한 규범은 결정(decision), 권고(recommendation) 및 기타 규범으로 구분된다. 결정은 회원국의 이행의무가 있는 규범이고, 권고는 회원국이 적절하다고 판단할 경우 회원국에 이행의 고려대상으로 제공되는 비구속적 규범이라 할 수 있다. 기타 규범에는 각종 지침(direction), 가이드라인(guideline) 등이 있다. 대체로 OECD 규범의 성격은 국제조약보다 법적 성격, 즉 강제성이 약하나 선언적 규범보다는 강한 중간적 성격이라 볼 수 있다. 그러나 OECD 회원국들은 이러한 규범들을 국내입법에 참고하여 반영하고 있다(박찬호, 「OECD의 최근 기후변화대응에 관한 규범분석」(한국법제연구원, 2010), 28~29면).

98) OECD 이사회의 권고의 법적 근거는 1960년의 OECD협약(Convention on the OECD) 제5조 제b항으로, OECD가 그 목적을 달성하기 위해 회원국에게 권고를 할 수 있다고 규정하고 있다.

99) 김정건·장신·이재곤·박덕영, 앞의 책, 769~770면.

100) OECD, Recommendation of the Council on the Implementation of the Polluter-Pays Principle, OECD Doc. C(74) 223 (November 14, 1974).

규제비용을 배분하기 위한 수단임을 재확인하는 내용의 1989년 '우발적 오염사고에 대한 오염자부담원칙의 적용에 관한 권고'(Recommendation on the Application of the Polluter Pays Principles to Accidental Pollution)에서101) 위험한 시설의 운영관리자가 당해 시설의 우발적인 사고의 방지와 감소를 위한 조치에 소요되는 비용을 부담하여야 한다고 권고하였다.102)

오염자부담의 원칙이 국제환경법상의 일반원칙으로 확립되었는지의 여부는 확정적으로 말할 수 없다. 아직 이 원칙이 경제학적 원칙에 불과하고, 내재적으로 (예를 들어 개발도상국과의 오염비용부담의 문제 등) 한계는 있지만, 국제환경법 관련 국제법 문서에서 그 내용이 규정되었다는 점에서 그 중요성을 인정할 수 있다.

생각하기

1. 국제환경법의 일반원칙은 법적 구속력이 있는가?

2. 본문에서 설명한 7가지 일반원칙 이외에 국제환경법의 기본원칙으로 새롭게 발전하고 있는 것이 있다면 그것은 무엇인가?

3. 국제환경법의 일반원칙을 모두 포함하는 하나의 국제조약이나 선언의 채택 필요성은 있는가? 있다면 그 가능성과 의미를 생각해 보자.

---

101) OECD, Recommendation of the Council concerning the Application of the Polluter-Pays Principle to Accidental Pollution, OECD Doc. C(89) 88/Final (July 7, 1989).

102) 오염자부담원칙의 역사적 발전과정, 법적 성질에 대해서는 박병도, "국제환경법상 오염자부담원칙의 우리나라 환경법에의 수용", 「환경법연구」, 제34권 제1호(2012. 4.), 337~345면 참조.

참고문헌

김대순, 「국제법론」, 제20판, 삼영사, 2019.

김대희, 「국제환경법상 환경정보공유제도에 관한 연구」, 박사학위논문, 아주대학교, 2013.

김정건·이재곤, "지속가능한 개발원칙과 한국환경법규", 「국제법학회논총」, 제42권 제1호, 1997. 6.

김홍균, 「국제환경법」 제2판, 홍문사, 2015.

노명준, "국제환경법의 원칙", 「환경법연구」, 제24권 제1호, 2002. 9.

박병도, "국제환경법상 오염자부담원칙의 우리나라 환경법에의 수용", 「환경법연구」, 제34권 제1 호, 2012. 4.

_____, "지속가능한 개발개념의 통합적 구조에 관한 연구", 「국제법학회논총」, 제43권 제2호, 1998. 12.

_____, 「국제환경책임법론」, 집문당, 2007.

서원상, 「국제환경법 상 차별적 공동책임에 관한 연구」, 박사학위논문, 성균관대학교, 2006.

성재호, "환경보호를 위한 사전주의원칙", 「국제법학회논총」, 제43권 제2호, 1998. 12.

이재곤, "국제환경법의 제원칙: 그 진화와 과제", 「국제법평론」, 통권 제38호, 2013. 10.

이재곤·김정건, "국제환경법원칙의 한국환경법규에의 수용에 관한 연구", 「국제법학회논총」, 제42 권 제2호, 1997. 12.

이재형·이천기, "Post-2020 기후변화체제의 '공동의 그러나 차별화된 책임'에 관한 연구", 「환경 법연구」, 제37권 제3호, 2015. 11.

Bodansky, D., J. Brunnée and E. Hey (eds.), *The Oxford Handbook of International Environmental Law*, Oxford University Press, 2010.

Brown Weiss, E., "Implementing intergenerational Equity", in M. Fitzmaurice, D.M. Ong and P. Merkouris (eds.), *Research Handbook on International Environmental Law* , Edward Elgar, 2010.

Brown Weiss, E., S.C. McCaffrey, D.B. Magraw, P.C, Szasz and R.E Lutz, *International Environmental Law and Policy*, Aspen Publisher, 1998.

Buss, T., "Legal Principles in International Environmental Relations", in R. Dolzer and J. Thesing (eds.), *Protecting our Envionment*, Globe Book, 2000.

Cullet, P., "Common but Different Responsibilities", in M. Fitzmaurice, D.M. Ong and P. Merkouris (eds.), *Research Handbook on International Environmental Law*, Edward Elgar, 2010.

Dupuy, P.-M. and J.E. Viñuales, *International Environmental Law*, 2nd ed., Cambridge University Press, 2018.

Hunter, D., J. Salzman and D. Zaelke, *International Environmental Law and Policy*, 5th ed., New York Foundation Press, 2015.

Kiss, A., "The Right and Interests of Future Generations and the Precautionary Principle", in D. Freestone and E. Hey (eds.), *The Precautionary Principle and International Law*, Kluwer Law International, 1996.

Kiss, A. and D. Shelton, *International Environmental Law*, 3rd ed., Transnational Publishers, Inc., 2004.

Sadeleer, N. de, "The Principle of Prevention and Precautionary in International Law: Two Heads of the Same Coin?" in M. Fitzmaurice, D.M. Ong and P. Merkouris (eds.), *Research Handbook on International Environmental Law*, Edward Elgar, 2010.

Sands, P. and J. Peel, *Principles of International Environmental Law*, 4th ed., Cambridge University Press, 2018.

Schwartz, P., "The Polluter-pays Principle," in M. Fitzmaurice, D.M. Ong and P. Merkouris (eds.), *Research Handbook on International Environmental Law*, Edward Elgar, 2010.

제 5 장

환경영향평가제도

제1절 ● 서 론*

환경문제는 다른 법영역에서와 같이 행위의 결과에 대하여 책임을 부과하는 것보다 그러한 오염행위가 발생하지 않도록 사전에 예방하는 것이 더 중요하다. 환경은 일단 훼손되면 원상회복이 불가능하거나 원상회복이 되기 위해서는 오랜 시간이 필요하다. 때문에 국제환경책임제도가 지구환경문제의 해결에 효과적이지 못하다는 지적을 받는다. 오늘날 환경법이 배상이나 보상 문제보다 예방이나 협력에 더 무게를 두고 있는 것도 이러한 인식을 바탕으로 하고 있는 것이다.

환경은 일단 한 번 파괴되면 그 원상회복이 거의 불가능하기 때문에 환경문제에 효율적으로 대처하기 위해서는 환경오염에 대한 사전예방이 매우 중요하다. 이러한 인식을 바탕으로 심각한 환경피해를 예방하고[1] 국가책임제도에 고유한 대립적 소송절차를 피하기 위한 노력[2] 속에서 국제법전문가들은 환경피해가 발생하기 전에 그 피해를 방지하기 위하여 고안된 국가행동원칙을 발전시켰다.[3][4] 즉, 초국경적 잠재적인 환경피해를 평가할 의무와 다른 국가에 위험한 활동을 통지할 의무를 포함하는 절차적 의무(procedural obligation)가 초국경적 환경오염에 대응하는 법적 수단으로 나타나고 있다.[5]

---

* 이 부분은 박병도, 「국제환경책임법론」 (집문당, 2007), 229~262면을 이 책의 목적에 맞게 수정·보완하여 작성하였음.

1) 전(前) UNEP 전문가이었던 Sand는 "책임을 기초로 하고 있는 전통적인 사법심사기능은 당해 사실의 발생 '후'에만 개입한다는 점과 너무 늦어 개선책을 취할 수 없는 단계에 이르기 전에 예방적인 환경규제가 필요함이 명백하다"고 주장하였다(P.H. Sand, "International Cooperation: The Environmental Experience", in J. Mathews (ed.), *Preserving the Global Environment* (1991), p.275).

2) Schneider는 "국제적인 노력의 중심적인 방향은 잠재적인 갈등이 적대적 대립으로 나타나기 전에 해결하는 방향이어야 한다"라고 주장하였다(J. Schneider, *World Public Order of the Environment: Toward on International Ecological Law and Organization* (University of Toronto Press, 1979), p.197).

3) P.H. Sand, *op.cit.*, p.274. Cooper교수는 "국가계획수립단계에서의 '치명적' 영향에 대한 자각과 고려는 확실히 건전한 계획을 수립할 수 있게 하며, 국제분쟁을 피할 수 있게 할 것이다"라고 주장하였다(C.A. Cooper, "The Management of International Environmental Disputes in the context of Canada-United States Relations: A Survey and Evaluation of Techniques and Mechanism", *Canadian Yearbook of International Law*, vol.24, 1986, p.296).

4) J. Brunnée는 이와 같은 움직임에 대하여 "국제환경법이 결과에 대한 반응이라는 접근방식에서 예방적 접근방식으로 이동했다"고 주장하고 있다(J. Brunnée, *A. Rain and O. Layer Depletion: International Law and Regulation* (Transnational Publishers, 1988), p.4).

5) X. Hanquin, *Transboundary Damage in International Law* (Cambridge University Press, 2003),

최근의 초국경적 잠재적인 환경위험을 평가하고, 잠재적으로 그러한 위험의 영향을 받는 국가에 통지할 의무를 국가에게 부과하고 있는 조약을 비롯한 구속적 문서의 확산은 소급적 해결방식에서 벗어나 절차적 요구라는 새로운 제도를 통한 예방적 해결방식을 향한 움직임을 보여주고 있는 것이다.6)

전통적인 국제법상 국가책임이론은 1차적 법규인 실체적 규범의 위반의 결과에 대하여 사후책임이라는 2차적 법규인 절차적 규범이 적용되는 것이다. 즉, 초국경적 환경손해가 발생한 경우, 그 결과에 대하여 국가책임이 적용되는 것으로 인식하였다. 그러나 이러한 전통적인 접근방식에 대하여 국제법전문가들은 이의를 제기하고 있다. 손해가 발생한 '후'에 그 결과에 대하여 국가책임을 적용하는 것은 국제적인 환경보호를 위하여 요구되는 국가의 행위를 유인하는 데 그치는, 제한적인 유용성만을 보이는 한계를 지니고 있다는 것이다.7) 심지어 전통적 국가책임이론은 효과적인 환경보호에 기여하지 못하고 '적대적 대립'(adversary confrontation)만을 조장한다는 비판을 받기도 하였다.8) 또 다른 학자는 국가책임을 통하여 지구의 환경오염문제에 대응하는 것은 2차적 또는 주변적 역할밖에 하지 못한다고 주장한다.9) 이러한 상황에서 등장한 현대적인 국가책임론은 초국경적 오염이 발생하기 '전'에 국가책임을 잠재적인 오염원인국에 귀착시킬 수 있는 국가행위의 1차적 규칙인 절차적 의무, 즉 사전평가의무, 통지의무, 정보제공의무 및 협의의무의 부과를 모색하고 있다. 다시 말해서, 국가의 관행에서도 어느 정도 반영되고 있기도 하는 것으로, 국제법전문가들 중에는 단지 환경오염이 발생한 후에야 제기되는 전통적인 책임과 보상 문제에 대한 관심에서 벗어나 환경오염이 발생하기 전에 국가책임을 인정할 수 있는 국가의무의 창설에 더욱 관심을 보이고 있다.10)

앞에서 살펴본 바와 같이 실행가능한 국가책임제도를 발전시키지 못하게 되자 국제환경법에서 국가책임의 역할을 무시하는 비판이 나오기도 하였다. 이러한 비판적인 학

---

pp.165~174; P.N. Okowa, "Procedural Obligation in International Environmental Regime", *British Yearbook of International Law*, vol.67, 1996, pp.277~278; Note, "Development in Law: International Environmental Law", *Harvard Law Review*, vol.104, 1991, p.1493.

6) J.H. Knox, "Assessing the Candidates for a Global Treaty on Transboundary Environmental Impact Assessment", *New York University Environmental Law Journal*, vol.12, 2003, pp.153~155.

7) A.L. Levin, *Protecting the Human Environment: Procedures and Principles for Preventing and Resolving International Controversies* (UNITAR, 1977), p.x.

8) Schneider, *op.cit.*, p.127.

9) L.F.E. Goldie, "Development of an International Environmental Law", in J.L. Hargrove (ed.), *Law, Institutions and Global Environment* (Oceana Publications, 1972), p.148.

10) Okowa, *op.cit.*, p.278.

자들은 특히 기존의 국가책임제도가 소급적(*ex post facto*)으로 작용하기 때문에 초국경적 환경오염방지에 부적합함이 국제판결에서도 나타나고 있음을 지적하였다. 또한 일반적인 국가책임제도를 통하여 조약상의 당사자들로 하여금 환경오염을 방지하도록 하기 위해서는 복잡한 재판절차를 거쳐야 하는 등 상당한 시간이 필요하다. Kiss에 따르면 현재의 환경문제들은 책임제도에 대한 우려가 너무 강하여 환경을 보호하지 못하는 상태에 머물고 있다고 비판한다. 그는 "책임제도는 환경보호를 보장하는 데 불충분하다. 환경에 가해진 손해는 종종 치명적이고 취소할 수도 없고 원상회복의 비용이 엄청나게 높다. 이 같은 이유 때문에 사후(*a posteriori*) 개입은 효과적인 구제책으로 간주될 수 없다"고 하였다.[11]

재판제도의 핵심적 특성인 '이미 발생한 분쟁에 대한 관련 법규를 적용시키기 위한 소급적 개입'이라는 측면에서 보면 이러한 특성은 국제관계에 갈등과 불화를 가져오는 영향을 미치기도 한다. 즉, 국가책임제도는 국제적인 환경보호를 해치는 "당사자의 적대적 대립"을 조장하는 측면이 있다.[12] 이러한 대립은 국제공동체를 지배하는 법이며 그리고 국가상호협력에 의존하는 법으로서 국제법에 역행하고 있는 것이다.[13]

국제환경법 분야에서 심각한 초국경적 환경피해를 예방하고 국가책임제도에 고유한 대립적 소송을 피하고 환경위해가 발생하기 전에 그 위해를 방지하기 위하여 국가의 행위규칙(rules of conduct)으로 절차적 의무를 발전시켜 나가고 있다. 즉, 초국경적 잠재적인 환경위해를 평가할 의무와 관련 국가에게 위험한 활동에 관한 정보를 제공하고 그러한 환경상태에 관하여 통지할 의무를 포함하는 절차적 의무가 초국경적 환경오염에 대응하는 원칙적 보루로 국제환경법 영역에서 자리를 잡아 가고 있다. 최근의 초국경적 잠재적인 환경위험을 평가하고, 피영향국에게 잠재적으로 위험한 활동에 관한 정보를 제공하며, 그러한 환경상태에 대하여 통지할 의무를 기원국가(state of origin)에게 부과하고 있는 조약과 헌장의 확산은 소급적 해결방식에서 벗어나 절차적 요구라는 새로운 제도를 향한 움직임을 보여주고 있는 것이다. 예를 들어, 1982년 UN해양법협약을 보면 각국은 그들이 계획하는 활동이 환경오염의 원인이 되거나 환경에 해로운 영향을 준다는 믿을 만한 증거가 있는 경우, 잠재적인 결과를 평가하고 그 실제적인 결과를 공표

---

11) A. Kiss, *Droit Internatioal de l'Environment, Revue Juridique de l'Environment* (Lyon, 1989), p.131.

12) Schneider, *op.cit.*, p.197.

13) I. Brownlie, *Principles of Public International Law*, 6th ed. (Oxford University Press, 2003), pp.449~454.

또는 관련 국제기구에 통지할 의무를 부과하고 있다.14) 1992년 리우선언 원칙 15에서
도 "환경을 보호하기 위하여 각국의 능력에 따라 예방적 조치가 널리 실시되어야 한다"
고 천명하고 있다. 또한 동 선언 원칙 17은 환경에 심각한 영향을 미칠 수 있는 활동계
획에 대해 환경영향평가를 실시할 것을 요구하고 있다. ILC가 원래 '국제법에 의하여
금지되지 않은 행위로 인한 위험한 결과에 대한 국제책임'(International Liability for
Injurious Consequences Arising out of Acts not Prohibited by International Law)이란 제목으로
다루었던 주제도 2001년에 "위험한 활동에서 야기되는 초국경적 손해의 방지에 관한 규
정초안"(Draft Articles on Prevention of Transboundary Harm From from Hazardous Activities)으
로 변경되었는데, 이는 쟁점이 많고 복잡한 책임(liability) 문제는 나중으로 미루고 먼저
예방(또는 방지(prevention)) 문제를 다루고 있는데, 이 초안에도 협력의무, 평가의무, 통지
및 정보제공의무, 예방조치에 관한 협의의무 등을 규정하고 있다.15)

제2절 ● 환경영향평가의 개념 및 특징

I. 환경영향평가의 도입

환경적으로 건강하고 양심적인 의사결정을 촉진하기 위하여 주창된 환경영향평가
는 국가에게 부과된 주요한 절차적 의무를 구성한다.16) 이러한 환경영향평가는 서구 선
진국의 입법화에 근거하고 있다. 1969년 미국의 국가환경정책법(National Environmental
Policy Act: NEPA)에 의해 최초로 소개된17) 이후 대다수 선진국의 국내법에는 1980년대

---

14) UN해양법협약 제204조, 제205조 및 제206조 참조.

15) 2001년 위험한 활동에서 야기되는 초국경적 손해의 방지에 관한 규정초안 제4조, 제7조, 제8조 및 제9조.

16) D.A. Wirth, "International Technology Transfer and Environmental Impact Assessment", in G. Handl
    and R. Lutz (eds.), *Transferring Hazardous Technologies and Substances: The International Legal
    Challenge* (Graham & Trotman, 1989), p.84.

17) National Environmental Policy Act of 1969 (NEPA) § 102(2)(C), 42 U.S.C. § 4332; A.Z. Cassar and
    C.E. Bruch, "Transboundary Environmental Impact Assessment in international Watercourse
    Management", *New York University Environmental Law Journal*, vol.12, 2003, p.173; K.R. Gray,
    "International Environmental Impact Assessment: Potential for a Multilateral Environmental

말부터 반영되었고, 현재 많은 국가의 국내법체계에 도입되고 있다.[18] 또한 국제적으로
는 1990년대 중반 이후 많은 국제협약과 지역적 또는 전 지구적 차원에서 채택된 비구
속적 문서들에서도 환경영향평가를 요구하고 있다.[19] 1990년대 이후 발생한 몇몇 국제
사례들에서도[20] 환경영향평가에 관한 문제가 다루어지기도 하였다.[21] 이러한 국제사례
들은 어떤 국가가 환경에 심각한 악영향을 줄 수 있는 활동을 하거나 그러한 활동을 허
용하기 전에 국제환경법상 환경영향평가를 요구하고 있음을 보여주는 것이다. 이렇듯
환경영향평가는 특정한 활동이 초국경적 심각한 환경피해를 야기할 잠재성이 있는지 여
부를 평가하기 위한 매우 유력한 관행이 되었다.[22]

II. 환경영향평가의 개념 및 특징

환경영향평가(Environmental Impact Assessment: EIA)란 사업계획(project)의 허가 및 실
시, 계획(plan)·프로그램·정책 또는 입법을 결정하기 전에 이러한 것들이 환경에 미치
는 위험요인을 평가하는 절차로 평가의 결과가 그러한 결정에 반영되는 것이라고 정의
할 수 있다.[23] 환경오염 사전예방제도로 각종사업계획을 수립하고 시행함에 있어서 당
해 사업계획의 경제성, 기술성뿐만 아니라 환경적 요인도 종합적으로 비교·검토하여

Agreement", *Colorado Journal of International Environmental Law and Policy*, vol.11, 2000,
p.83.

18) 전 세계적으로 70% 이상의 국가가 환경영향평가를 채택하고 있으나, 사회경제적 발전정도, 문화의 차이
및 정부 전통 등에 의해 다양하게 나타나고 있다(Gray, *op.cit.*, p.89).

19) O. Elias, "Environmental Impact Assessment", in M. Fitzmaurice, D.M. Ong and P. Merkouris
(eds.), *Research Handbook on International Environmental Law* (Edward Elgar, 2010), p.227.

20) 예를 들면, 1995년 ICJ에 프랑스의 지하핵실험 재개(resumption)와 관련한 1995년 뉴질랜드의 신청
(application), 1997년 Gabčikovo-Nagymaros Project 사건, 2001년 MOX plant와 관련한 아일랜드와
영국 간의 분쟁, 2003년 말레이시아와 싱가포르 간의 Johor해협 사건, 2010년 아르헨티나와 우루과이
간의 Pulp Mills 사건 등이다.

21) 환경영향평가의무와 관련한 선례로 자주 언급되는 Lanoux호 사건에서 중재법정은 국가의 관할권 또는
통제 아래에서의 활동이 원인이 된 영역외 손해를 평가해야 할 의무가 국가에 있음을 밝혔다. 즉, 중재
법정은 그 부수적 의견(*in dicta*)에서 "상류국은 관련된 또 다른 이익을 고려하고 그 자신과 다른 유역
국의 이익을 협상하는 데 성실하게 관심을 갖는다는 것을 보여줄 의무가 있다"라고 판결했다(*Lac
Lanoux case (Spain v. France)*, 12 RIAA 315 (1956)).

22) Report of ILC, Fifty-third session(2001), General Assembly, Official Records, Fifty-sixth session,
Supplement no.10, UN Doc. A/56/10, Commentary(3), p.403.

23) P. Birnie, A. Boyle and C. Redgewell, *International Law and the Environment*, 3rd ed. (Oxford
University Press, 2008), p.164.

환경적으로 건전하고 지속가능한 발전이 되도록 함으로써 쾌적한 환경을 유지하고 조성하는 것을 그 목적으로 한다.24) 즉, 환경에 심각한 영향을 미치게 될 개발계획 등 사업의 환경영향을 검토·분석하고 평가하여 그 부정적인 영향을 제거 또는 감소시킬 수 있는 방법을 모색하는 제도라고 할 수 있다.25) UNEP은 환경영향평가를 인간활동이 환경변화를 유발할 염려가 있는 경우, 이에 대하여 어떻게 하는 것이 좋은가를 평가하고 결정하기 위한 행동이라고 정의하고 있다.26)

일반적으로 환경영향평가는 단지 사업계획의 실행가능성뿐만 아니라 계획된 활동의 자국 환경 및 다른 국가 영토에 미치는 영향을 결정하는 것을 목적으로 하는 기초적인 조사방법이다. 환경영향평가는 의사결정자들에게 환경적으로 건전한 결정을 내리기 이전 단계에서 환경적 요소를 고려할 것을 보장하기 위하여 고안되었다.27) 그래서 이는 국가들에게 초국경적인 차원에서 환경에 대한 심각한 악영향(significant adverse impact)을 예방, 완화 및 감시하는 것을 지원한다.28)

환경영향평가는 현재 사회경제적 발전(socio-economic development)과 의사결정과정에서 환경적 고려를 조정하는 국제 및 국내법적 방법으로 정착되고 있다. 환경영향평가는 의사결정을 이끌어 내는 과정으로 설명할 수 있으며, 다음과 같은 역할을 한다. 첫째, 의사결정자들에게 어떤 계획된 활동 또는 정책이나 프로그램에 대한 환경적 영향에 관한 정보를 제공한다. 둘째, 환경영향평가는 그러한 정보에 의해 영향을 받을 수 있는 의사결정을 요구한다. 셋째, 환경영향평가는 의사결정과정에서 잠재적으로 영향을 받을 수 있는 사람들에게 의사결정과정에 참여를 보장하는 기술을 제공한다.29)

---

24) 우리나라의 '환경영향평가법' 제1조(목적)에도 유사하게 규정하고 있다.

25) 우리나라의 '환경영향평가서 작성에 관한 규정'에서는 환경영향평가란 환경보전에 영향을 미칠 수 있는 개발사업의 계획을 수립함에 있어 그 사업이 환경에 미칠 영향을 미리 예측·평가하여 환경에의 영향을 저감시킬 수 있는 방안을 강구하며, 목적달성을 위한 합리적인 모든 대안을 비교·검토하여 경제적·기술적 고려 이외에 환경보전의 관점에서 최선의 안을 선택하는 것이라고 정의하고 있다.

26) UNEP, Governing Council Decision: Goals and Principles of Environmental Impact Assessment, princ. 4, UNEP/GC.14/17 Annex III, UNEP/GC/DEC/14/25 (June 17, 1987), reprinted in UNEP, "Principles of Environmental Impact Assessment", *Environmental Policy and Law*, vol.17, 1987, p.36.

27) Okowa, *op.cit.*, p.279.

28) P.W. Birnie and A.E. Boyle, *International Law and The Environment* (Clarendon Press, 2002), pp.130~135.

29) P. Sands, *Principles of International Environmental Law*, 2nd ed. (Cambridge University Press, 2003), p.800.

제3절 ● 환경영향평가제도의 국제적 발전

Ⅰ. 1972년 스톡홀름선언

스톡홀름선언에는 개발도상국의 반대로 국제적 제도로서 환경영향평가를 명시하지 못했다. 그러나 환경영향평가의 기초가 되는 이론적 근거는 '합리적인 계획은 개발의 필요성과 환경보호의 필요성간의 모순을 조정할 필수적 수단이다'라고 선언하고 있는 원칙 14와 그러한 계획은 '환경에 미치는 악영향을 피하고, 모든 인간의 최대한의 사회적·경제적 및 환경상의 이익을 얻도록 입안되어야 한다'라고 선언하고 있는 원칙 13에서 나타나 있다고 생각된다.[30] 환경영향평가에 대한 지지는 스톡홀름선언 이후 다른 국제기구에서 채택된 국제적 문서들에서도 나타난다.[31]

Ⅱ. 1982년 세계자연헌장

국제적 차원에서 환경영향평가에 대하여 간접적으로 언급하고 있는 최초의 문서인 세계자연헌장(World Charter for Nature)은 자연에 대하여 회복 불가능한 손해를 초래할 우려가 있는 활동을 하지 않을 것을 천명하면서, 자연에 대한 중대한 위험을 초래할 우려가 있는 활동을 할 때에는 철저한 사전심사를 행하도록 하고 있으며, 잠재적인 악영향을 완전하게 파악할 수 없는 경우에는 활동을 실행하지 않을 것을 규정하고 있다.[32] 또

---

30) *Ibid.*, p.801.
31) 예를 들면, 1975년 유럽안보협력회의(CSCE)의 헬싱키선언은 제5장에서 여러 가지 환경오염수준의 영향 및 인간건강에 관한 환경악화의 평가를 위하여 협력할 것을 선언하고 있다. 이외에도 OECD Council Recommendation C(74)216, Analysis of the Environment Consequences of Significant Public and Private Projects, 14 November 1974; OECD Council Recommendation C(79) 116, Assessment of Projects with Significant Impact on the Environment, 8 May 1979; FAO, Comparative Legal Strategy on Environmental Impact Assessment and Agricultural Development, 1982, FAO Environmental Paper; OECD Council Recommendation C(85)104, Environmental Assessment of Development Assistance Projects and Programmes, 20 June 1985.
32) 세계자연헌장 제11조 제2항.

한 이 헌장은 자연을 혼란시킬 가능성이 있는 활동을 할 때에는 그 영향을 사전에 평가하도록 하고 있으며, 개발계획을 수립할 경우에는 충분한 환경영향평가를 사전에 행할 것을 선언하고 있다.33) WCED의 환경법전문가그룹(Experts Group on Environmental Law)에 의해 1986년 6월에 채택된 '환경보호와 지속가능한 발전을 위한 법원칙에 관한 환경법전문가그룹의 최종보고서'에서 국제법의 새로운 원칙으로서 환경영향평가를 규정하면서, 각국은 자연자원 또는 환경에 심각하게 영향을 미칠 수 있는 사업계획을 수행하거나 활동을 허가하는 경우에 그러한 사업계획이나 활동을 행하기 전에 이의 영향을 평가하도록 요구하고 있다.34) 1987년 UNEP은 '환경영향평가의 목적과 원칙'(Goals and Principles of Environmental Impact Assessment)에서35) 환경영향평가의무의 성질과 범위에 관한 지침을 마련하였다. 여기에는 계획된 활동이 환경적으로 건전하고 지속가능한 발전을 확보하는 데 있어서 관련된 세 가지 목적을 포함하고 있다. 첫째, 환경영향은 그러한 활동을 허가하는 것을 결정하기 전에 고려되어야 한다. 둘째, 국가의 환경영향평가 절차의 이행을 대비하여야 한다. 셋째, 초국경적 심각한 환경적 영향을 미칠 우려가 있는 활동에 대한 통지(notification), 정보교환(information exchange) 및 협의(consultation)를 위한 상호적인 절차를 권장하여야 한다. 이를 위하여 이 원칙은 양자간·지역적·다자간 협정을 제안하고 있는데, 이러한 목적은 이미 국가관행 및 구속적 국제문서들에 반영되고 있다.36)

Ⅲ. 1992년 리우선언

리우선언 원칙 17은 "환경에 심각한 악영향을 초래할 가능성이 있으며, 권한 있는 국가 당국의 의사결정을 필요로 하는 사업계획에 대하여 환경영향평가가 국가적 제도로서 시행되어야 한다"라고 선언하고 있다. 원칙 17의 이러한 의무적인 표현은 환경영향평가가 오늘날 일반국제법에 의해서, 특히 초국경적 결과를 초래하는 환경적으로 해로운 활동과 관련하여 요구된다는 견해와 일치한다. 그리고 국가는 그의 관할권 내 및 통

---

33) 세계자연헌장 제11조 제3항.

34) Experts Group on Environmental Law of WCED, *Environment Protection and Sustainable Development: Legal Principles and Recommendation* (Martinus Nijhoff, 1987), pp.58~62.

35) UNEP, Governing Council Decision: Goals and Principles of Environmental Impact Assessment, princ. 4, UNEP/GC.14/17 Annex III, UNEP/GC/DEC/14/25 (June 17, 1987).

36) Sands, *op.cit.*, p.802.

제 아래에서의 그러한 활동이 다른 국가의 환경 또는 국가관할권 밖의 지역에의 환경을 존중하는 것을 보장할 국가의 의무를 충족하는 경우에만 초국경적 환경영향에 대한 잠재적으로 해로운 활동에 대한 평가 없이 가능하다. 그러나 원칙 17의 표현은 일반적일 뿐 각국이 충족시킬 필요가 있는 최소한의 요건에 대해서는 구체적으로 규정하고 있지 않은 한계가 있다.

IV. 1992년 의제 21

1992년 UN환경개발회의(UNCED)에서 리우선언과 함께 채택된 의제 21(Agenda 21)에는 환경영향평가에 대한 언급이 자주 나오는데, 환경영향평가의 내용 및 대상 사업과 관련하여 실제로 많은 영향을 주고 있다.[37] 의제 21은 모든 국가에게 지속가능한 인간 거주 개발의 증진을 위하여 환경기반시설의 설치를 요구하고 있으며, 이를 위하여 "환경영향평가를 먼저 행한 후에 관련된 정책의 결정을 해야 하고 또한 생태학적인 결과의 비용도 고려해야 한다"[38]라는 원칙을 채택할 것을 요구하고 있으며, 모든 단계와 모든 정부부처에서의 의사결정이 경제적·사회적 환경을 통합해서 고려되어야 하며, 부문별로 경제사회적 환경문제의 통합성을 보장하기 위해 국내적으로 확고한 방법과 수단을 마련하고, 개발과정을 체계적으로 감독·평가하며, 경제 및 부문별 정책의 환경적 의미에 대한 명료성과 책임성을 보장하도록 요청하고 있다.[39] 또한 의제 21은 모든 단계의 계획과 집행에서 자료와 정보이용을 개선하도록 하면서, 결정사항의 영향에 대한 사전적·동시적 평가를 위한 (비용과 편익, 그리고 위험의 평가도 포함되어 있는) 포괄적인 분석절차 (comprehensive analytical procedures)의 채택을 요구하고 있다.[40] 그리고 각국 정부는 국가 및 국제기구의 지원을 받아 토지자원에의 통합적이며 지속가능한 접근을 촉진시킬 수 있는 기획 및 관리기법이 보다 광범위하게 적용될 수 있도록 하여야 하며, 이를 위해 특정 활동이 갖고 있는 환경적·사회경제적 영향과 위험도, 비용 및 이익 등을 평가할 수 있는 기술과 절차를 체계적으로 도입하도록 요구하고 있다.[41] 그리고 눈에 띄는

---

37) Cassar and Bruch, *op.cit.*, p.181.
38) 의제 21 제7장 제41호 (b).
39) 의제 21 제8장 제4호.
40) 의제 21 제8장 제5호 (b).
41) 의제 21 제10장 제8호 (b).

것은 의제 21은 분야별로 환경영향평가를 권장하고 있는 점이다.[42] 또한 의제 21은 지속가능한 발전의 선결요건 중 하나가 의사결정에 있어서 공공의 참여(public participation)임을 확인하면서 개인, 집단 및 조직의 환경영향평가 과정에 참여의 필요성을 언급하고 있다.[43] 2002년 지속가능발전 세계정상회의(WSSD)에서도[44] 이러한 의제 21에 나타나 있는 환경영향평가에 대한 요구를 확인하였다.[45]

V. 2001년 ILC 초안

ILC의 2001년 '위험한 활동에서 야기되는 초국경적 손해의 방지에 관한 규정초안'(Draft Articles on the Prevention of Transboundary Harm from Hazardous Activities) 제7조는 앞에서 소개한 내용의 의제 21과 특히 리우선언 원칙 17의 내용을 반영하고 있다.[46] 규정초안 제7조는 "본 규정들의 범위 내에 있는 활동을 허가하는 결정은, 특히 환경평가를 포함하여, 그러한 활동에 의해 야기되는 발생가능한 모든 초국경적 손해의 평가에 기초하여 이루어져야 한다"라고 규정하고 있다. 그러나 초안은 환경영향평가를 실시해야 할 활동의 목록 및 기준, 그리고 누가 이러한 평가를 수행해야 하는지의 문제를 미결로 남겨 놓고 있다.

---

42) 즉 대기보호(의제 21 제9장 제12호 (b)), 토지자원의 관리(제10장 제8호 (b)), 산림파괴 방지(제11장 제24호 (b)), 지속가능한 산지개발(제13장 제17호 (a)), 지속가능한 농업 및 농촌 개발의 촉진(제14장 제10호 (b)), 생물다양성 보호(제15장 제5호 (k)), 생명공학의 환경안전관리(제16장 제45호 (c)), 해양 및 해양생물자원의 보호(제17장 제5호 (d)), 담수자원의 질과 공급의 보호(제18장 제12호 (c)), 유해화학물질의 환경안전관리(제19장 제21호 (d)), 방사성폐기물의 환경안전관리(제22장 제4호 (d)) 분야 등에서 환경영향평가가 행해지도록 요구하고 있다.

43) 의제 21 제23장 제2호.

44) 2002년 8월 26일부터 9월 4일까지 남아프리카의 요한네스버그에서 '지속가능발전 세계정상회의'(World Summit on Sustainable Development: WSSD)가 개최되었다. WSSD는 1992년 리우에서 개최된 유엔환경개발회의(UNCED)에서 결의되고 합의된 사항들이 그동안 전 세계에서 어떻게 실현되어 왔는지를 평가한다는 의미에서 일명 "Rio+10"이라고도 불린다.

45) 예를 들면, WSSD에서 채택된 '이행계획'(Plan of Implementation), 제18조 (e), 제34조 (c), 제36조 (i) 참조. Cassar and Bruch, op.cit., p.184.

46) ILC Report (2001), p.402.

제4절 ● 국제환경협약상 환경영향평가의 발전

I. 의 의

수많은 조약 및 기타 구속력 있는 문서들은 특정 상황에서 환경영향평가의 실시를 요구하는 조항을 포함하고 있다.[47] 대표적인 것으로 1991년 국제환경영향평가협약(이하 Espoo협약)을[48] 들 수 있다. 이에 앞서서 나타난 1985년 환경영향평가에 관한 EC지침은[49] 환경영향평가의 성질 및 범위에 관한 국제적 지침을 제공하는 역할을 하였으며, 환경영향평가협약의 채택에 영향을 미쳤다. 그러나 개괄적으로 볼 때 이들이 환경평가를 지지하고 있는 최초의 문서는 아니다. 1974년 북유럽환경보호협약은[50] 한 당사국 영토 내의 활동이 다른 당사국의 영토에 영향을 미친 경우 그 영향의 평가를 요구하였다.[51] 즉, 환경상 해로운 활동을 인·허가할 수 있는지 여부를 심사할 권한이 있는 법원 또는 행정기관(심사기관)은 일반적인 환경상의 이익보호 역할을 위임시킬 특별기구(감독기관)의 요청에 따라, 환경적으로 해로운 활동이 이루어지고 있는 국가의 절차규칙과 양립하는 범위 내에서, 당해 활동의 인·허가 신청서에 대해 해당 심사기관이 다른 국가에서의 영향을 평가하는 데 필요하다고 간주하는 명세서, 설계도 및 기술도면의 제공을 요구할 수 있도록 규정하고 있다.

UNEP의 지역해(regional sea) 관련 많은 협약들에도 환경영향평가에 대한 일반적 규

---

47) Sands, *op.cit.*, pp.803~805; Okowa, *op.cit.*, p.279. fn.12; ILC Report (2001), pp.402~403.

48) 이 협약의 정식명칭은 Convention on Environmental Impact Assessment in a Transboundary Context 이다. Reprinted in 30 ILM 800. 이 협약은 1991년 2월 25일 핀란드 Espoo에서 채택되었는데 이런 이유로 'Espoo협약'이라고도 한다.

49) EC Council Directive 85/337/EEC, OJ 1985 L175/40, 5 July 1985, 40. 동 지침은 환경영향평가의 성질 및 범위, 실행 및 평가과정에의 참여권 등에 관하여 자세하게 규정하고 있는 최초의 국제문서로 이후에 채택된 관련 법적 문서의 모델이 되었다고 평가할 수 있다. 동 지침은 당시 EEC 10개 회원국의 만장일치에 의해 채택되었다. 이 지침은 회원국들에게 1988년 7월 3일까지 당해 지침에 응하기 위해 필요한 조치를 취할 것을 요구하고 있다. 동지침은 1997년 개정되었다. 또한 2001년 EU는 환경에 대한 일정한 계획의 영향평가에 관한 Directive 2001/42/EC를 채택하였다(Gray, *op.cit.*, pp.118~124).

50) 이 협약의 정식명칭은 Nordic Convention on the Protection of the Environment이다. Reprinted in 13 ILM 511.

51) 북유럽환경보호협약 제6조.

정을 두고 있다.[52] 그리고 1985년 자연 및 자연자원의 보전에 관한 ASEAN협정[53] 제
14조는 환경영향평가 의무의 범위에 관하여 규정하고 있다. 즉 "체약국은 자연환경에
심각한 영향을 미칠 수 있는 활동의 제안에 대해서는 가능한 한 그 제안이 채택되기 전
에 그 영향을 평가하기 위한 절차를 취하도록 약속하고, 정책결정 과정에서 그 평가결
과를 고려하여야 한다"라고 규정하고 있다.

이외에도 많은 협약들이 환경영향평가에 대한 일반적 의무를 명시적 또는 묵시적으
로 규정하고 있다. 예를 들면, 1980년 남극해양생물자원보존협약(CCAMLR)[54] 제15조 제
2항 (d), 1988년 남극광물자원개발활동의 규제에 관한 협약(CRAMRA)[55] 제2조 제1항
및 제4항, 1986년 ILO의 석면안전이용협약[56] 제1조 제2항, 1988년 산화질소(NOx)의정
서[57] 제6조, 1989년 바젤협약[58] 제4조 제2항 (f), 1992년 기후변화협약[59] 제4조 제1
항 (f), 1992년 국제수로협약[60] 제3조 제1항 및 제9조 제2항 (j), 1992년 산업사고의
초국경적 영향에 관한 협약[61] 제4조, 1994년 에너지헌장조약[62] 제19조, 1998년 알후

52) 예를 들면, 1978년 Kuwait Regional Convention for Co-operation on the Protection of the Marine
Environment from Pollution 제11조, 1981년 Convention for Co-operation in the Protection and
Development of the Marine and Coastal Environmental of the West and Central African Region
(1981 Abidjan Convention) 제13조, 1981년 Convention for the Protection of the Marine
Environment and Coastal Area of the South-East Pacific (1981 Lima Convention) 제8조, 1982년
Regional Convention for the Conservation of the Red and Gulf of Aden Environment (1982 Jeddah
Convention) 제11조, 1985년 Convention for the Protection, Management and Development of the
Marine and Coastal Environment of the East African Region (1985 Nairobi Convention) 제13조,
1986년 Convention for the Protection of the Natural Resources and Environment of the South
Pacific Region (1986 Noumea Convention) 제16조.
53) 이 협정의 정식명칭은 Association of South East Asian Nations Agreement on the Conservation of
Nature and Natural Resources이다. Reprinted in *Environmental Policy and Law*, vol.15, 1985,
p.64.
54) 이 협약의 정식명칭은 Convention on the Conservation of Antarctic Marine Living Resources이다.
Reprinted in 19 ILM 841.
55) 이 협약의 정식명칭은 Convention on the Regulation of Antarctic Mineral Resource Activities이다.
Reprinted in 27 ILM 868.
56) 이 협약의 정식명칭은 ILO Convention No. 162 Concerning Safety in the Use of Asbestos이다.
Reprinted in 2 SMTE 359.
57) 이 의정서의 정식명칭은 Protocol Concerning the Control of Emission of Nitrogen Oxides or Their
Transboundary Fluxes이다. Reprinted in 28 ILM 214.
58) 이 협약의 정식명칭은 Convention on the Control of the Transboundary Movement of Hazardous
Wastes and their Disposal이다. Reprinted in 28 ILM 657.
59) 이 협약의 정식명칭은 UN Framework Convention on Climate Change이다. Reprinted in 31 ILM 849.
60) 이 협약의 정식명칭은 Convention on the Protection and Use of Transboundary Watercourses and
International Lakes이다. Reprinted in 31 ILM 1312.

스협약63) 제6조 제2항 (e) 등이 환경영향평가에 관한 규정을 두고 있다. 그러나 1971년 람사협약64) 같이 1972년 이전에 채택된 조약들은 환경영향평가에 관한 규정을 두고 있지 않으며, 이후에 채택된 조약 중에도 1985년 오존층보호를 위한 비엔나협약과 1987년 몬트리올의정서는 금지된 오존층파괴물질의 대체기술의 개발은 환경영향평가 아래에서 이루어져야 한다는 점을 명백하게 요구하지 않고 있다. 환경영향평가를 규정하고 있는 주요한 조약들을 살펴보자.

Ⅱ. UN해양법협약

1982년의 UN해양법협약은 당사국에게 다른 국가 또는 자국 관할권을 넘어선 지역의 해양환경에 대한 활동의 영향을 사전에 평가하도록 요구하고 있다.65) 즉 각국은 자국의 관할권 또는 통제하에서 계획된 활동이 해양환경에 실질적인 오염 또는 중대하고 해로운 변화를 가져올 것이라고 믿을 만한 합리적인 근거가 있는 경우, 그 국가는 실행가능한 한 그 활동의 해양환경에 대한 잠재적인 영향을 평가하고, 그 평가결과에 관한 보고서를 적당한 간격을 두고 권한 있는 국제조직에 송부하여야 하고, 이를 모든 국가가 이용할 수 있도록 하여야 한다.66) 그러나 이러한 규정은 당사국에게 모호하고 약화된 의무를 부과하고 있을 뿐이라고 비판을 받는다.67)

---

61) 이 협약의 정식명칭은 UNECE Convention on the Transboundary Effects of Industrial Accidents이다. Reprinted in 31 ILM 1330.
62) 이 조약의 정식명칭은 Energy Charter Treaty and Energy Charter Protocol on Energy Efficiency and Related Environmental Aspects이다. Reprinted in 33 ILM 360.
63) 이 협약의 정식명칭은 Convention on Access to Information, Public Participation and Decision-Making and Access to Justice in Environment Matters이다. Reprinted in 38 ILM 517.
64) 이 협약의 정식명칭은 Ramsar Convention on Wetlands of International Importance especially as Waterfowl Habitat이다. Reprinted in 996 UNTS 2456.
65) Birnie and Boyle, *op.cit.*, p.96.
66) UN해양법협약 제205조 및 제206조.
67) A.L. Springer, *The International Law of Pollution* (Quorum Books, 1983), pp.145~146.

Ⅲ. Espoo협약

Espoo협약은 UN유럽경제위원회(UNECE)의 작품으로 1991년 채택되었는데,[68] 이는 1985년 '환경영향평가에 관한 EC지침'을 바탕으로 하고 있으나 몇 가지 측면에서 이 지침보다 의무부담이 더 큰 요건(onerous requirement)을 부과하고 있다.[69] 이 협약은 초국경적 환경영향을 미치는 사업계획에 대하여 예방·통지·평가·협의를 위한 모든 적절하고 실효적인 조치를 취할 것을 요구하고 있다. 1997년 9월 발효되기는 하였지만 현재 적용지역이 유럽으로 제한되어 있다. 그러나 앞으로 전 지구적 차원에서 환경영향평가를 다루는 단일의 국제조약을 마련하는 데 상당히 중요한 문서가 될 것이므로[70] 이 협약의 내용을 구체적으로 검토하겠다. 주요한 내용은 다음과 같다.[71]

당사자에게 계획된 활동(proposed activity)으로부터[72] 환경에 대한 초국경적 심각한 악영향(significant adverse transboundary environmental impact)을[73] 방지하고 감소시키고, 통제할 수 있는 모든 적절하고 효과적인 조치를 취할 의무를 부과하고 있다.[74] 또한 이 협약은 원인당사자(parties of origin)는 심각한 초국경적 악영향을 미칠 우려가 있는 계획된 활동을 피해당사자(affected parties)에게 통지할 것과[75] 관련 국가와 논의(discussion)할

---

68) 이후에도 UNECE는 이 협약의 이행문제를 다루기 위하여 2001년 이행위원회(Implementation Committee) 를 설립하였으며, 2003년 5월 21일 Kiev에서 전략적 환경평가에 관한 의정서를 채택하였다.

69) P. Sands and J. Peel, *Principles of International Environmental Law*, 4th ed. (Cambridge University Press, 2018), p.667; Gray, *op.cit.*, pp.100~104.

70) J.H. Knox, *op.cit.*, pp.162~167.

71) Espoo협약은 전문과 20개 조항 및 부속서 Ⅰ, Ⅱ, Ⅲ, Ⅳ, Ⅴ, Ⅵ, Ⅶ로 구성되어 있다. 부속서 Ⅰ은 '환경영향평가가 적용되어야 하는 활동(17개) 일람표'이고 부속서 Ⅱ는 '환경영향평가서의 내용'에 관한 것이고, 부속서 Ⅲ은 '부속서 Ⅰ에 명기되지 않은 활동의 환경에 대한 심각성을 결정할 때 협력하는 일반적 범위'에 관한 내용이다. 부속서 Ⅳ는 '심사절차', 부속서 Ⅴ는 '사업개시후의 분석', 부속서 Ⅵ은 '쌍무 및 다국간 협력의 요소', 부속서 Ⅶ은 '중재'에 관한 내용이다. 이 글의 환경영향평가협약 내용에 대한 분석은 Sands, *op.cit.*, pp.814~817을 바탕으로 작성하였다.

72) Espoo협약은 제1조 '용어정의'에서 계획된 활동(proposed activity)에 대하여 "국내절차에 따라 권한 있는 기관의 결정을 필요로 하는 모든 활동 또는 그러한 활동의 모든 주요한 변경"이라고 정의하고 있다(제1조 제5항).

73) Espoo협약은 제1조 '용어정의'에서 '초국경적 영향'(transboundary impact)에 대하여 "오로지 지구적 규모의 성질을 갖는 영향이 아니라 계획된 활동에 의해 발생할 수 있는 당사자 관할권 아래에 있는 지역 내의 영향으로, 그 물리적 기원이 다른 당사자의 관할권 아래에 있는 지역에서 그 전부 또는 일부가 일어나는 모든 영향"이라고 정의하고 있다(제1조 제8항).

74) Espoo협약 제2조 제1항.

75) Espoo협약 제2조 제4항.

것을76) 요구하고 있다. 또한 원인당사자에게 심각한 초국경적 악영향을 일으킬 우려가 있는 계획된 활동을 허가 또는 실시하기 전에 환경영향평가를 이 협약의 규정에 따라 실시하도록 요구하고 있다.77) 그리고 이러한 환경영향평가는 최소한 계획된 활동의 계획단계에서부터 실시하도록 요구하고 있다.78) 당사자는 환경영향평가서(Environmental Impact Statements: EIS)에 심각한 초국경적 악영향을 받을 우려가 있는 지역에 거주하는 공중(public)에게79) 환경영향평가서의 준비에 참여할 수 있는 기회를 주는 환경영향평가 절차를 마련하여야 한다.80) 원인당사자는 심각한 초국경적 악영향을 받을 우려가 있는 지역에 살고 있는 공중에게 계획된 활동에 관한 적절한 환경영향평가절차에 참여할 기회를 주어야 하고, 피해당사자의 공중에게 제공되는 이러한 기회가 원인당사자의 공중에게 제공된 것과 동등하도록 보장하여야 한다.81)

이 협약에 따르면, 환경영향평가 절차는 사업개시 전에 이루어지는 것이 전부가 아니라 사업개시 후에도 일정한 행위를 요구하고 있다. 즉, 관계당사자는, 이들 중의 어느 당사자든 그 요청에 의해, 이 협약에 따라 환경영향평가가 실시된 활동이 야기할 수 있는 초국경적 심각한 영향을 고려해야 하고, 사업개시 후의 분석이 실시되어야 하는지 여부 또한 만약 실시된다면 어느 정도 실시되어야 하는지를 결정하여야 한다.82) 사업개시 후의 분석은 특히 당해 활동의 감시(surveillance)와 초국경적 악영향의 확인(determination)을 포함한다. 이러한 감시와 확인은 부속서 Ⅴ에 규정하고 있는 목표83)를 달성할 목적으로 실시될 수 있다. 원인당사자 또는 피해당사자는 사업개시 후의 분석 결과, 초국경적 심각한 악영향이 존재하거나 그러한 영향을 야기할 요인이 발견되었다고 결론을 내린 것에 합리적인 이유가 있을 때에는 다른 일방의 당사자에게 즉시 통지하여야 한다. 이때 관계당사자는 당해 영향을 감소시키거나 제거하기 위한 필요한 조치에 관하여 협의하여야 한다.84)

---

76) Espoo협약 제2조 제5항.
77) Espoo협약 제2조 제3항.
78) Espoo협약 제2조 제7항.
79) 공중(public)은 하나 또는 그 이상의 자연인이나 법인을 말한다(Espoo환경영향평가협약 제1조 제10항).
80) Espoo협약 제2조 제3항.
81) Espoo협약 제2조 제6항.
82) Espoo협약 제7조 제1항.
83) Espoo협약 부속서 Ⅴ는 '사업개시 후의 분석'이란 제목 아래 세 가지 목표를 제시하고 있다. 1) 활동의 허가 또는 승인 및 완화조치의 유효성에 나타나고 있는 조건에 따른 감시, 2) 적절한 관리 및 불확실성에 대한 대처를 목적으로 한 영향의 재검토, 3) 동일한 형태의 장래 활동에서 경험을 전달하기 위한 과거의 예측 검증.

IV. 환경보호에 관한 남극조약의정서

1991년 환경보호에 관한 남극조약의정서는[85] 남극환경과 생태계 보호를 위하여 남극에서의 순수한 과학적 활동 이외에 어떠한 개발행위도 금지하고 있으며, 남극환경을 적극적으로 보호하기 위해 모든 남극활동에 대하여 환경영향평가를 의무화하고 있다. 동의정서 제8조는 1988년의 CRAMRA의 환경영향평가규정을 대신하고 있는데,[86] 남극의 환경 또는 생태계에 대한 활동의 영향을 사전에 평가할 것을 요구하고 있다. 즉, 각 당사국은 과학연구계획에 따라 남극조약지역에서 수행되는 활동, 관광 및 남극조약 제7조 제5항에 따라[87] 사전통고를 요하는 그 밖의 정부 및 비정부 활동(이와 연관된 보급지원 활동 포함)에 관한 결정에 도달하는 계획수립 과정에서 동의정서 부속서 I에[88] 규정된 평가절차가 적용되도록 보장하여야 한다.[89] 그리고 위에서 언급된 계획된 활동은 그 활동이 1) 사소하거나 일시적인 것에 못미치는 정도의 영향(less than a minor or transitory impact), 2) 사소하거나 일시적인 영향(a minor or transitory impact), 3) 사소하거나 일시적인 것을 초과하는 정도의 영향 중 어떠한 영향(more than a minor or transitory impact)을 미치는지에 관하여 사전에 평가하기 위하여 부속서 I에 규정된 환경영향평가 절차에 따라 수행하도록 하고 있다.[90] 이와 같이 동의정서상의 구체화된 의무는 1985년 EC지침 및 Espoo협약과는 다른 접근방법을 취하고 있다. 이러한 접근방법은 세계자연헌장(World

---

84) Espoo협약 제7조 제2항.

85) 이 의정서의 정식명칭은 Protocol on Environmental Protection to the Antarctic Treaty이다. Reprinted in 30 ILM 1461. 이 의정서는 남극환경 및 이에 종속되고 연관된 생태계의 포괄적 보호를 약속하고, 이에 따라 남극을 평화와 과학을 위한 자연보존구역으로 지정하고 있다. 주요 내용으로는 1) 과학적 연구를 제외한 일체의 광물자원 관련 활동의 금지, 2) 남극 관련 활동의 환경영향평가 실시, 3) 특정의 경우를 제외하고는 토착 포유생물의 포획과 비토착생물의 반입의 금지, 4) 남극지역의 활동으로 발생한 폐기물의 처리 등이다.

86) Gray, op.cit., pp.115~116.

87) 남극조약 제7조 제5항 "각 체약당사국은 이 조약이 자국에 대하여 발효할 때 다른 당사국에게 다음 사항을 통지하고 그 이후에도 사전에 통고한다. a) 자국의 선박 또는 국민이 참가하는 남극지역을 향한, 또는 남극지역 내에서의 모든 탐험대 및 자국 영역 내에서 조직되거나 또는 자국의 영역으로부터 출발하는 남극을 향한 모든 탐험대, b) 자국의 국민이 점거하는 남극지역에서의 모든 기지, c) 이 조약 제1조 제2항에 규정된 조건에 따라 남극지역에 들어가게 될 군요원 및 군장비."

88) 환경보호에 관한 남극조약의정서 부속서 I은 '환경영향평가'에 관한 내용으로, 예비단계(제1조), 초기환경평가(제2조), 포괄적 환경평가(제3조), 포괄적 환경평가에 기초한 결정(제4조), 감시(제5조), 정보의 회람(제6조), 긴급한 경우(제7조), 개정 및 수정(제8조)으로 구성되어 있다.

89) 환경보호에 관한 남극조약의정서 제8조 제2항.

90) 환경보호에 관한 남극조약의정서 제8조 제1항.

Charter for Nature) 제11조(paragraph 11)에서 권고된 내용과 유사하다.91)92)

V. 생물다양성협약

1992년의 생물다양성협약은93) 생물다양성의 보전과 지속가능한 이용에 심각한 악영향을 미치거나 미칠 우려가 있는 활동의 진행과정 및 범주를 확인하고, 이들 결과에 대한 표본조사 및 그 밖의 다른 기법을 통한 감시를 협약 당사국에게 이행할 것을 요구하고 있다.94) 또한 이 협약은 생물다양성에 심각한 악영향을 미칠 우려가 있는 계획된 사업에 대하여 이러한 악영향을 피하거나 최소화하고, 공중의 참여를 위한 환경영향평가에 필요한 절차를 도입할 것을 당사국에게 요구하고 있다.95) 또한 당사국은, 적절히 양자·지역 또는 다자간 약정의 체결을 장려함으로써, 상호주의 기초 위에서, 다른 나라 또는 자신의 국가관할권을 넘어선 지역의 생물다양성에 심각한 악영향을 미칠 가능성이 있는 자국의 관할권 또는 통제 아래 있는 활동에 관하여 통지(notification), 정보교환(exchange of information) 및 협의(consultation)를 촉진하여야 한다.96) 그리고 자국의 관할 또는 통제 아래 있는 지역에서 발생하는 위험 또는 피해로서 다른 나라의 관할지역 내 또는 자신의 국가관할권을 넘어선 지역의 생물다양성에 긴박하고 심각한 위험 또는 피해가 있는 경우, 그러한 영향을 받을 수 있는 국가에게 즉시 그러한 위험 또는 피해를 통고할 뿐만 아니라 이러한 위험 또는 피해를 방지하거나 최소화하기 위한 조치를 취해야 한다.97)

---

91) Sands, *op.cit.*, p.818.
92) 환경보호에 관한 남극조약의정서의 환경영향평가에 대한 더 자세한 내용은 박병도, "국제환경법상 환경영향평가에 관한 연구", 「환경법연구」, 제27권 제2호(2005. 9.), 174~177면 참조.
93) 이 협약의 정식명칭은 Convention on Biological Diversity이다. Reprinted in 31 ILM 822.
94) 생물다양성협약 제7조 (c).
95) 생물다양성협약 제14조 제1항 (a).
96) 생물다양성협약 제14조 제1항 (c).
97) 생물다양성협약 제14조 제1항 (d).

VI. 최근 판례

1. Gabčikovo-Nagymaros Project 사건

Gabčikovo-Nagymaros Project(Hungary/Slovakia) 사건에서[98] 헝가리는 Gabčikovo
-Nagymaros 댐체제의 건설 및 운영과 관련하여 당해 사업이 야기할 수 있는 환경위해
와 국제법에서 요구되고 있는 적절한 환경영향평가 절차를 통하여 그러한 위험의 성질
이 평가되지 않았다고 주장하였다. 그러나 국제사법재판소(ICJ)는 헝가리의 이와 같은
주장을 받아들이지 않았다. 이 사건은 ICJ에 국제적 규모의 환경영향평가에 대한 요구
를 명확하게 할 수 있는 적절한 선례가 될 수 있었으나, ICJ는 이러한 기회를 살리지 못
했다. 재판소의 다수의견은 환경적 관심사를 대수롭지 않게 여기고 직접적으로 환경영
향평가에 대해 한 번도 언급하지 않았다. 더구나 ICJ는 슬로바키아가 환경적 효과에 대
한 적절한 분석도 없이 Variant C를[99] 이행하는 것에 대해 질책을 하지 않았다. ICJ는
당사국들이 1977년 조약[100] 제15조와 제19조에 포함되어 있는 활동의 환경적 결과를
새롭게 보아야 한다는 요구를 무시하고 판단하였다. 그래서 이 판결은 체결 당시에 환
경감시를 명백하게 규정하고 있지 않은 조약들에 현재의 환경규범을 편입하는 것에 관
한 교훈을 거의 주지 못한다고 볼 수 있다. 이와 같이 ICJ는 대규모 사업을 진행하기 이
전에 실시하는 환경영향평가의 유용성을 명백하게 확립하지 못했기 때문에 이 사건은
장래에 개발의 환경적 영향과 관련한 분쟁에 있어서 적절한 선례가 되지 못하다고 평가
할 수 있다.[101]

---

98) Gabčikovo-Nagymaros Project 사건은 국제법 전문가에게 여러 가지 쟁점을 제기하고 있다. 국제사법
재판소가 다룬 이 사건에 대한 판결은 전통적인 주제인 조약법, 국가책임법, 국가승계법뿐만 아니라 새
로이 발전해 가고 있는 환경법 분야에서도 중요한 내용을 담고 있기 때문에 이 사건에 대한 완전한 이
해를 위해서는 판결문 전체에 대한 이해가 요구된다. 다만 이 글에서는 환경영향평가와 관련하여 논평
할 가치가 있다고 보여지는 부분만 소개하겠다. 이 사건의 판결에 관한 소개는 강병근, "ICJ의 1997년
Gabčikovo-Nagymaros Project 사건", 「한림법학 FORUM」, 제7권(1998), 233~283면 참조.
99) Gabčikovo-Nagymaros 사업의 환경문제에 대한 우려가 불거지면서, 이 문제와 관련하여 체코슬로바키
아와 헝가리가 협상을 진행하였는데, 협상이 진행되는 동안 체코슬로바키아가 대안을 모색하였다. 그
대안 중의 하나가 나중에 'Variant C'라고 알려진 것인데, 주요 내용은 체코슬로바키아가 자기 영토상에
서 Dunakiliti의 상류 10㎞ 지점의 다뉴브강의 흐름을 일방적으로 변경하려는 것이었다.
100) 1977년 체코슬로바키아와 헝가리가 체결한 양국간 조약을 말하며, 정확한 명칭은 'Gabčikovo와 Nagymaros
지역의 수문장치 건설 및 운영에 관한 조약'이다.
101) E.L. Preiss, "The International Obligation to Conduct an Environmental Impact Assessment: The

이러한 재판소의 판결과는 달리 개별의견을 낸 Weeramantry판사는 국제환경법의 문제들을 직접적으로 제기하면서 국제관습으로서 환경영향평가를 실시할 의무가 확립되어 있다고 주장하였다.[102] 환경적 측면에서 볼 때 Weeramantry판사의 견해는 재판소의 판결보다 더 의미가 있다. Weeramantry판사는 "환경영향평가원칙은 국제적인 수락(acceptance)을 모아 가고 있으며 재판소가 인식해야 할 정도로 일반적 승인(recognition) 차원에 도달하였다"고 언급하였다.[103] 또한 그는 환경에 중대한 악영향이 발생할 우려가 있는 경우에는 환경영향평가의 실시의무를 조약에 규정하여야 하며, 환경영향평가는 사전에 한하지 않고 사후에도 계속적인 효과를 가질 의무라고 하였다.[104] 새롭게 등장하고 있는 이러한 원칙을 인식하는 데 실패한 재판소에 대해 그는 국제환경법의 발전에 해로운 결과를 줄 수도 있다는 우려를 표명한 것이다.

2. 2001년 MOX Plant 사건과 관련한 아일랜드와 영국 간의 분쟁

아일랜드는 자국의 바다와 맞대고 있는 영국 해안에 MOX공장을 건설하는 것과 작업허가가 국제법을 위반하였다고 주장하면서 분쟁이 발생하였다. 아일랜드는 2001년에 '북동대서양 해양환경보호를 위한 협약'(OSPAR협약)에 근거한 중재절차에서 패소한 직후 UN해양법협약에 따른 중재절차에 사건을 회부하였다. 이 분쟁은 UN해양법협약 제206조와 관련이 있다. 2001년 10월 아일랜드는 UN해양법협약에 근거하여 영국을 상대로 혼합산화물(Mixed Oxide: MOX) 연료를 제조하기 위한 새로운 핵시설물의 인가와 관련하여, 특히 영국이 UN해양법협약 제206조에서 확립된 의무를 위반하였다고 주장하였다. MOX생산공장의 가동이 당해 시설로부터 운반될 수 있는 방사성 물질의 국제적 이동을 포함하여 아일랜드해(Irish Sea)의 해양환경에 미치는 잠재적 영향에 대한 평가를 하지 않은 1993년 환경영향평가서에 기초하여 시설물을 인가한 것은 해양법협약 제206조를 위반한 것이며, 1993년과 2001년 시설물 인가기간 중에 일어났던 법적 발전을 반영하고 있지 못하다고 주장하였다.[105] 2001년 12월 UN해양법재판소(ITLOS)는 소송상의 실

ICJ Case Concerning the Gabčikovo-Nagymaros Project", *New York University Environmental Law Journal*, vol.7, 1999, pp.351~352.

102) *Case Concerning the Gabčikovo-Nagymaros Project: Separate Opinion of Judge Weeramantry (Hungary v. Slovakia)*, ICJ Report 1997, p.20, <http://www.icj-cij.org/icjwww/idocket/ihs/ihsjudgement/ihs_judgment_970925_frame.htm>.

103) Separate Opinion of Judge Weeramantry, ICJ Reports 1997), pp.111~113.

104) *Ibid*.

체적 쟁점을 다룰 수 있는 중재법정(arbitral tribunal)을 설치하라는 잠정조치(provisional measures)를 내렸지만 아일랜드가 요구한 시설가동의 중지를 거부하였다. 2006년 EC재판소가 아일랜드의 소송제기를 EC조약 위반이라고 판결함으로써[106] 중재절차는 더 이상 진행되지 않게 되어 본안판결이 내려지지 않은 채 사실상 종료되었다. 이와 관련하여 잠정조치를 명령할 당시 중재절차에 참가하였던 Mensah판사는 '적절한 환경평가를 실시해야 할 의무에서 발생하는 절차적 의무의 어떠한 위반이 없는데도, 중재법정이 그러한 위반이 사실상 일어난 것으로 결론을 내린다면, 해양법협약 부속서 Ⅶ의 중재 결정에 의해 영국에 대하여 효과적으로 강제될 수 없다'라는 의견을 표명하였다.[107] 이는 해양법협약 제206조의 규정이 당사국에게 구체적이지 못한, 모호한 의무를 부과하고 있기 때문에 나온 결과라고 생각된다. 그러나 Szekely특별판사는 1993년 환경영향평가서의 부적절성은 환경영향평가가 예방적 국제법의 중심적 도구가 된 이후에 더 광범위하게 잠정조치를 정당화하는 효과가 있다는 소수의견을 내놓았다.[108]

3. 2003년 Johor해협 사건

싱가포르가 Johor해협 주변을 매립하는 사업계획을 실행하자 이에 말레이시아가 반발하며 그 위법성을 제기하면서 이 문제가 국제해양법재판소(ITLOS)의 중재절차에서 다루어지게 되었다. 말레이시아는 싱가포르의 매립사업이 해양환경에 심각한 손해를 야기할 위험이 있다고 지적하면서, 싱가포르가 UN해양법협약 제206조상의 환경영향평가의 실시의무를 위반하였다고 주장하였다.[109] 이 사건은 2003년 ITLOS가 잠정조치 명령을 내렸고, 이에 따라 양 당사국 간에 해당 사업에 대한 정보제공과 협의가 이루어져 분쟁이 해결됨에 따라 2005년 소송이 취하되었다.

---

105) ITLOS Order, 3 December 2001, 41 ILM 405, para.26.

106) 아일랜드는 EC법질서 밖의 법원에 분쟁을 제소함으로써 EC법의 해석·적용에 관한 유럽재판소의 배타적 관할권을 침해하였다는 이유로 EC로부터 제소를 당했다(C.P.R. Romano, "International Dispute Settlement", in D. Bodansky, J. Brunnee and E. Hey (eds.), *The Oxford Handbook of International Environmental Law* (Oxford University Press, 2007), pp.1047~1050).

107) Separate Opinion of Judge Mensah, para.7.

108) Separate Opinion of Judge Szekely, paras.12~17.

109) Request for Provisional Measures, in the dispute concerning land reclamation activities by Singapore impinging upon Malaysia's rights in and around the Strait of Johor inclusive of the areas around point 20 (Malaysia v. Singapore), 4 September 2003, para.5.

4. 2010년 우루과이강 Pulp Mills 사건

우루과이의 우루과이강 연안에 펄프공장 건설의 허가와 관련하여 아르헨티나가 양 국간에 체결한 1975년 우루과이강 조약에 근거해 우루과이가 사전통지의무 및 교섭 결렬 후의 사법적 절차 진행 중에 건설을 중단할 의무 등의 절차적 의무와 우루과이강의 가장 합리적인 이용의무와 오염방지 및 수질환경보존 의무라는 실체적 의무를 위반하였 다고 주장하면서 ICJ에 제소하였다. 아르헨티나는 우루과이가 환경영향평가를 실시하지 않았다고 주장하였다. 이에 대해 ICJ는, 1975년 우루과이강 조약 당사국은 초국경적 손 해를 야기할 우려가 있는 사업계획에 대하여 동 조약 제7조에 규정한 절차적 의무로서 환경영향평가를 상대방 국가에게 통지할 의무를 부담하고 있으며,110) 실체적 의무로서 각 당사국의 관할권 및 통제하에서 이루어지는 활동이 상당한 주의의무를 언급하면서 제41조상의 오염방지와 수질환경보존 의무를 부담하고 있다고 판결하였다.111) 다만 동 조약 및 일반국제법상에 환경영향평가의 범위와 내용에 대해서 규정하고 있지 않기 때 문에 이에 대해서는 관할국의 결정에 따르고, 관할국은 사업 착수 후 환경에 미치는 영 향을 지속적으로 감시할 의무를 부담한다고 판결하였다.112) 이 판결은 공유자원의 이용 에 대해 일반국제법상 환경영향평가의 실시의무를 인정하였다는 데 의의가 있다.

5. 2015년 Costa Rica/Nicaragua 사건113)

산후안강을 둘러싼 코스타리카와 니카라과의 사건에서 ICJ는 심각한 월경성 피해를 예방할 국가의 상당한 주의의무는 다른 국가의 환경에 악영향을 줄 가능성이 있는 활동 을 개시하기 전에 심각한 월경성 피해 위험을 있는지 여부를 확인할 것을 요구한다고 하면서 그러한 경우 관련 국가는 환경영향평가를 실시해야 한다고 판결하였다.114)

---

110) *Case Concerning Pulp Mills on the River Uruguay(Argentina v. Uruguay), Judgment*, ICJ Report 2010, pp.59~60, para.119.

111) *Ibid.*, pp.79~80, para.197.

112) *Ibid.*, pp.83~83, para.205.

113) *Certain Activities Carried Out by Nicaragua in the Border Area (Costa Rica v. Nicaragua)* and *Construction of a Road in Costa Rica along the San Juan River (Nicaragua v. Costa Rica), Judgment*, ICJ Reports 2015, p.665.

114) *Ibid.*, p.720, para.153.

제5절 ● 효과적인 환경영향평가를 위한 제언

지금까지 살펴본 바와 같이 환경에 피해를 줄 수 있는 사업계획을 개시하기 전에 환경영향평가를 실시할 의무가 국제적 차원에서 승인 및 수락되고 있음을 알 수 있다. 많은 조약들 속에 이러한 의무가 규정되고 또한 자국의 국내법에 환경영향평가를 채택하고 있는 국가가 증대하고 있는 사실은 환경영향평가가 국제환경법의 원칙으로 확립되어 가고 있음을 보여주는 것이다. 국제법의 현 단계에서도 환경영향평가 의무는 협의, 통지, 정보교환 의무 등과 함께 절차적 의무에 해당하는 것으로 어떤 국가가 실행한 '주의'(diligence) 정도를 평가하기 위한 기준으로서 보조역할(auxiliary role)을 한다고 볼 수 있다. 즉, 환경손해가 발생하였는데 그 원인국가가 환경영향평가를 실시하지 않았다면, 상당한 주의(due diligence) 의무를 다하지 않은 것으로 판단할 수 있을 것이다.115) 그러나 환경영향평가가 초국경적 환경오염을 예방하는 법적 수단으로 적용되는 데에는 많은 한계가 있다.

현 단계의 국제환경법에서 환경영향평가와 관련한 문제는 크게 두 가지 측면에서 제기될 수 있을 것이다. 하나는 법적 측면에서의 환경영향평가 의무에 대한 평가이고, 다른 하나는 환경영향평가를 규정하고 있는 전 지구적 차원의 국제조약의 부재로 인한 문제이다. 먼저, 지금까지 살펴본 바와 같이 환경에 심각한 악영향을 미칠 수 있는 활동을 개시하기 전에 환경영향평가를 실시할 것을 요구하는 국제적 의무가 절차적 의무로 확립되고 있다. 그런데 이것은 각국이 영역 외 환경영향을 평가할 의무를 평가절차를 통과하는 데에만 역량을 동원하여 형식적으로 이행하게 된다면, 환경영향평가가 오히려 환경적으로 위험한 행위를 허용해 주는 통로로 악용될 수 있는 오도된 원칙으로 변질될 위험을 안고 있다.116) 또한 환경영향평가 의무의 내용이 너무 일반적이고 추상적이라는 비판과 함께 환경위험평가는 행위의 어떤 과정이 국제법을 위반하게 될 것인가와 관련한 구체적 방향을 거의 제시하지 못한다는 비판을 받고 있다. 그래서 사전 환경영향평가 의무에 대한 지나친 집착은 초국경적 환경오염을 줄이지 못할 것이라는 우려가 나오고 있다. 환경영향평가 의무에 대한 편향된 집착은 사실상 환경적으로 위험한 행위를

---

115) Okowa, *op.cit.*, p.280.

116) J. Blumm, "The National Environmental Policy Act at Twenty", *Environmental Law*, vol.20, 1990, p.452.

합법화할 수 있다. 다시 말해서 환경영향 평가·통지의무와 같은 절차적 의무가 초국경적 심각한 환경오염을 방지할 실체적 규범을 대신한다면 각국은 평가와 통지보고의 제출만으로 그들의 국제의무를 다하게 되는 것이다. 이는 단적으로 보면 절차적 의무가 이행되는 한, 절차적 의무는 국가에게 초국경적 환경오염을 발생시켜도 무방하다고 할 수 있는 묵시적인 허가증(implied license)을 주는 것이라고 볼 수도 있다. 결국 절차적 의무에 명확한 내용을 부여하지 못함으로써 이런 새로운 제도는 국제법 전문가들이 환경오염에 대한 국가책임제도를 발전시키기 위한 시도 속에서 저질러졌던 과오와 혼합되어 나타나게 된다.117) 이런 측면을 고려해 보면 일련의 애매모호한 의무를 주장함으로써 이전의 환경오염에 대한 국가책임제도와 같은 단계에 머물게 하는 결과를 낳고 있다는 비판을 면할 수 없을 것이다.

환경영향평가 의무가 영역 외 손해(extraterritorial damage)를 미연에 방지하기 위하여 의도되었을지라도, 앞에서 소개한 사례들에서 본 바와 같이 그것은 각국에게 환경적으로 해로운 활동을 삼가게 하는 구체적 의무를 부과하지 못하고 있다. 각국은 계획된 활동의 초국경적 손해를 고려할 의무가 있으나, 명백한 평가기준의 부재는 해로운 활동을 선택한 국가의 정책결정에 대하여, 손해발생 전에 책임을 부과하는 것을 저해하고 있는 것이다. 그래서 환경영향평가의무는 행위를 결정한 실체적 정당성(substantive merits)과 영역 외 환경영향에 대한 어떤 국가의 평가의 절차적 적절성(procedural adequacy)에 대한 사법적 심사의 기회를 창출하지 못하는 순수한 절차적 의무에 머물고 있다고 평가받기도 한다.118) 국가의 환경영향평가가 절차적으로 충분한가에 대한 국제적인 사법심사의 희박성은 평가의무의 실질적인 효과를 희석하고 있는 것이다.

그럼에도 불구하고 Sand는 환경영향평가가 적어도 환경적으로 위험한 계획에 대한 정치적 반대의견을 모으는 건전한 효과가 있다고 주장한다.119) 그러나 이것 또한 문제가 있다. 환경영향평가가 계획된 활동에 대하여 실제로 국제적인 저항을 일으킨다면, 당해 원인국은 그러한 계획된 활동이 진실로 환경을 위협할 수도 있는 피해의 중대함과 위험을 환경영향평가서에 기재하는 것을 최소화할 것이다. 이렇게 되면 사전평가의 요구는 각국에 대하여 그들의 평가보고서에 환경위험요인을 감추거나 속이게 하고 당해 계획된

---

117) P.-M. Dupuy, "International Liability for Transfrontier Pollution", in M. Bothe (ed.), *Trends In Environmental Policy and Law* (Erlich Schmidt Verlag, 1980), pp.379~380.

118) E. Rich, "The Multilateral Development Banks, Environmental Policy and United States", *Ecology Law Quarterly*, vol.12, 1985, pp.688~703.

119) Sand, *op.cit.*, pp.273~275.

활동에 반대하는 정치적 캠페인을 좌절시키는 그릇된 동기를 만들어 낼 수도 있다.

이와 같은 환경영향평가의 문제점은 환경문제의 복잡성과 과학적 불확실성 때문에 어느 정도 불가피한 현상이라고 볼 수도 있겠지만 명백히 나타나고 있는 문제들은 해결 방안을 모색해야 할 것이다. 현재 환경영향평가제도는 발전인가 퇴보인가 하는 갈림길에 서 있지만 우세한 견해는 환경영향평가는 장래 더 주도적인 역할을 할 것이라는 견해이다. 환경영향평가제도가 자연자원의 훼손 및 환경오염의 사전적 예방수단으로 지금까지 개발된 정책도구 중 가장 이상적이라는 견해가 전 세계적으로 공감을 얻고 있다. 그러나 완성된 제도가 아니라 계속적인 보완과 발전을 필요로 하는 제도라는 인식도 동시에 존재한다. 이러한 인식을 토대로 환경영향평가에 대한 구체적인 국제적 기준을 설정하는 전 지구적 차원의 조약이 필요하고 이를 효과적으로 집행·감시할 국제기구를 기존의 국제기구 중에서 지정을 하든 새로운 국제기구를 창설하여 임무를 수행하도록 하든 하여야 할 것이다.

생각하기

1. 환경영향평가의무를 이행했음에도 환경피해가 발생한 경우에 국제법상 아무런 책임이 없는가?

2. 환경영향평가의 의무의 이행과 관련한 분쟁을 대립적 성격의 재판절차보다 개별적인 국제환경협약의 비준수절차에서 처리할 경우 그 가능성과 장점은 무엇인가?

3. 환경영향평가와 관련한 국내법의 현황을 파악해 보자.

참고문헌

강병근, "ICJ의 1997년 Gabčikovo-Nagymaros Project사건", 「한림법학 FORUM」, 제7권, 1998.
김대희, 「국제환경법상 환경정보공유제도에 관한 연구」, 박사학위논문, 아주대학교, 2013.
김홍균, 「국제환경법」, 제2판, 홍문사, 2015.
박병도, "국제환경법상 환경영향평가에 관한 연구", 「환경법연구」, 제27권 제2호, 2005. 9.
최재용, "남극보호를 위한 환경영향평가제도의 도입", 「환경포럼」, 제8권 제4호, 2004. 4.

Birnie, P., A. Boyle and C. Redgwell, *International Law and the Environment*, 3rd ed., Oxford University Press, 2009.

Bodansky, D., J. Brunnée and E. Hey (eds.), *The Oxford Handbook of International Environmental Law*, Oxford University Press, 2007.

Bodansky, D., J. Brunnée and L. Rajamani, *International Climate Change Law*, Oxford University Press, 2017.

Bruch, C.E., "Transboundary Environmental Impact Assessment in International Watercourse Management", *New York University Environmental Law Journal*, vol.12, 2003.

Cooper, C.A., "The Management of International Environmental Disputes in the Context of Canada-United States Relations: A Survey and Evaluation of Techniques and Mechanism", *Canadian Yearbook of International Law*, vol.24, 1986.

Dupuy, P.-M. and J.E. Viñuales, *International Environmental Law*, Cambridge University Press, 2015.

Elias, O., "Environmental Impact Assessment", in M. Fitzmaurice, D.M. Ong and P. Merkouris (eds.), *Research Handbook on International Environmental Law*, Edward Elgar, 2010.

Fitzmaurice, M. and D.M. Ong, and P. Merkouris (eds.), *Research Handbook on International Environmental Law*, Edward Elgar, 2010.

Gray, K.R., "International Environmental Impact Assessment: Potential for a Multilateral Environmental Agreement", *Colorado Journal of International Environmental Law and Policy*, vol.11, 2000.

Knox, J.H., "Assessing the Candidates for a Global Treaty on Transboundary Environmental Impact Assessment", *New York University Environmental Law Journal*, vol.12, 2003.

Levin, A.L., *Protecting the Human Environment: Procedures and Principles for Preventing and Resolving International Controversies*, UNITAR, 1977.

Okowa, P.N., "Procedural Obligation in International Environmental Regime", *British*

Yearbook of International Law, vol.67, 1996.

Preiss, E.L., "The International Obligation to Conduct an Environmental Impact Assessment: Tthe ICJ Case Concerning the Gabčikovo-Nagymaros Project", *New York University Environmental Law Journal*, vol.7, 1999.

Sand, P.H., "International Cooperation: The Environmental Experience", in J. Mathews (ed.), *Preserving the Global Environment*, 1991.

Sands, P., and J. Peel, *Principles of International Environmental Law*, 4th ed., Cambridge: Cambridge University Press, 2018.

UNEP, "Principles of Environmental Impact Assessment", *Environmental Policy and Law*, vol.17, 1987.

제 6 장

대기오염 등의 규제

제1절 ● 서 론

대기는 인간의 생존과 직결되는 주요 환경 요소로 중요성을 띠고 있으나 인간의 경제개발로 인해 21세기 그 보전이 가장 위협받고 있는 상태이다. 일반적으로 대기오염은 황사 또는 미세먼지와 같이 대기를 매체로 하여 일국에서의 오염물질이 국경을 넘어 타국에 피해를 야기하는 것으로 주로 인접국 간에 발생한다. 그러나 오존층 파괴, 지구온난화와 같이 특정 오염원인자라기보다는 공동의 행위로 발생하여 지구공동체 전체에 영향을 미치는 경우도 존재한다. 본서에서는 초국경대기오염에 대한 일반적 논의와 국제사회에서 가장 성공한 환경위기 대응이라고 평가받는 오존층 파괴규제 그리고 현 국제사회가 당면한 가장 큰 도전인 기후변화 관련 국제사회의 노력에 대해 살펴본다. 그리고 직접적으로 대기오염규제의 범주에는 포함되지 않지만, 성층권 밖에 해당하는 외기권에서의 활동, 즉 우주활동 관련 환경보호에 해당하는 국제법규범을 편의상 이번 장에서 함께 다루도록 한다.

본격적인 논의에 들어가기 전에 우선 '초국경'의 용어를 집고 넘어갈 필요가 있다. 'transboundary'라는 원어는 우리나라에서 '월경',[1] '국가간',[2] '국경을 횡단하는',[3] '초국경'[4] 등으로 해석 · 사용되고 있으나 실질적으로는 혼용 또는 특별한 구분 없이 사용되고 있다. 원래 trans라고 하는 접두사는 across, through, over 등의 '넘는' 또는 '횡단하는'의 의미를 담고 있어서 transboundary라는 단어는 사전적으로는 국경을 넘는, 횡단하는 의미를 갖는다. 본 용어가 우리나라에서 '월경'이라는 용어로 초기부터 사용된 것은 1979년 제네바에서 체결된 Convention on Long-range Transboundary Air Pollution의[5] 일본어 번역(長距離越境大気汚染条約)을 차용한 것으로 이해된다. 본 협

---

1) 김태천, "월경환경손해에 대한 국제책임", 「법학논총」(경북대학교), 제9집(1993), 83면.

2) 박기갑, "국제법상 국가 간 대기오염 방지와 그 규제동향", 「국제법평론」, 통권 제1호(1993. 12.), 45면 (그러나 박기갑 교수는 실제로 논문 내에서는 국경을 넘는 오염이라는 표현을 사용하고 있음); 정부 역시 우리나라가 가입하고 있는 Basel Convention on the Control of Transboundary Movements of Hazardous Wastes and Their Disposal을 공식적으로 "유해폐기물의 국가간 이동 및 그 처리의 통제에 관한 바젤협약"이라고 하여 '국가간'으로 해석하고 있다.

3) 노명준, "국제환경분쟁의 해결", 「국제법학회논총」, 제37권 제1호(1992. 6.), 100면.

4) 김석현, "초국경적 손해에 대한 국제책임의 특수성", 「국제법평론」, 통권 제3호(1994. 9.), 55면; 최승환, "초국경적 환경오염피해에 대한 방지의무", 「서울국제법연구」, 제2권 제2호(1995. 12.), 171면.

5) ECE Convention on Long-Range Transboundary Air Pollution(LRTAP), 18 1442 ILM (1979); 본 협

약은 제1조에서 long-range transboundary air pollution의 개념을 "그 물리적 원인의 전부 또는 일부가 한 국가의 관할하에 있는 지역에서 … 타국의 관할지역에 악영향을 초래하는 것"이라고 정의하여 본 협약의 목적상 transboundary는 국가간(transnational)의 의미로 한정하고 있다. 그러나 이는 본 협약상의 적용범위 자체가 일국에서 타국으로 횡단되어온 환경피해만을 규율하는 것일 뿐 본 협약의 적용범위 만으로 transboundary라는 개념 자체를 한정시킬 수 없다. 본 협약 외에 일반국제법에서는 일국에서 타국으로 횡단된 환경피해뿐 아니라 어느 나라의 관할권에도 속하지 않는 공해와 같은 소위 국제공역에 환경피해를 가져온 경우 역시 규제대상으로 하고 있기 때문에 transboundary의 개념은 일국에서 자국의 관할권 외의 모든 지역으로의 환경피해 문제로 확대되어야 한다.

본 문제에 대해 국제관습법 역시 "모든 국가는 자국의 관할권 또는 통제 내의 활동이 타국의 환경 또는 국가관할권의 범주를 벗어난 지역의 환경에 피해를 주지 않도록 보장할 책임이 있다"라고 하여 이를 뒷받침하고 있다.[6] 특히, 1987년 환경과 개발에 관한 세계위원회가 제출한 보고서인 우리 공동의 미래(Our Common Future)의 부록 1에 있는 "환경보호와 지속가능한 발전에 관한 법원칙 선언"은 개념정의를 통해 국제적 천연자원(international natural resources)을 물리적으로 국가관할권의 한계를 넘는 지역에 존재하는 천연자원으로 정의하여 당해 천연자원 이용을 저해하거나 영향을 미치는 행위를 규제하려는 의도를 명백히 하고 있다. 실제로 한 국가의 관할권 내에서의 환경사고가 바로 공해(公海)에 영향을 주는 경우도 있으며 심지어는 공해 내에서 환경피해를 직접적으로 야기하는 경우도 있다. 예를 들어 러시아의 경우 과거 오호츠크 및 캄챠카 해역의 공해 지역에 방사능물질을 투기하여 국제사회에 물의를 일으킨 경우가 있었으며 아직까지 많은 국가들이 공해상에서의 투기행위에 대한 유혹에서 벗어나지 못하고 있다. 환경의 중요성이 점차 증대해 나가는 현재 관할권이 없는 지역에의 환경피해는 향후 어떠한 국가에 의해서도 발생될 수 있다는 관점에서 transboundary는 단순히 국가간이라는 뉘앙스를 풍기는 월경이라는 용어보다는 보다 광범위한 개념인 초국경이라는 단어로 옮기는 것이 적합하다.

약은 일반적으로 장거리월경대기오염에 관한 협약이라고 지칭되고 있으나 노명준 교수는 국경을 횡단하는 장거리 대기오염에 관한 협약이라고 지칭하고 있다, 노명준, 앞의 논문, 100~101면.

6) 유엔인간환경선언(Declaration of the United Nations Conference on the Human Environment) 원칙 21, 환경과 개발에 관한 리우선언(Rio Declaration on Environment and Development) 원칙 2. UN Doc. A/CONF.151/26 (vol.I).

제2절 ● 초국경대기오염 규제

초국경대기오염에 관한 국제규범은 국제법상 자국 주권하에서의 활동으로 인해 타국 대기환경에 영향을 미치는 경우 그 주권은 제한될 수 있다는 전제에서 시작한다. 주권평등의 원칙에 의해서 자국 주권활동으로 타국의 주권을 침해함은 금지됨이 당연하다. 그러나 대부분의 초국경대기오염행위는 국가 자체가 아니라 대기오염배출시설 등 사인에 의해 발생하며 이러한 사인의 오염행위는 국가귀속성이 인정되지 않기 때문에 대기오염배출시설의 존재하는 국가의 의무보다는 오염행위자의 법적 책임을 묻는 것이 일반적이었다. 사인의 환경오염행위에 대해 국가의 책임을 다룬 최초의 사례는 1930년대 미국과 캐나다 사이의 Trail Smelter 사건이다.

본 사건은 캐나다 브리티쉬 콜롬비아(British Columbia)주, 트레일(Trail) 도시에 위치한 민간회사 트레일 제련소(Trail Smelter)가 아황산가스를 대기 중에 방출하여 미국 워싱턴(Washington)주 북부 지역 인근 농장들에 심각한 피해를 입한 사건이다. 캐나다는 미국의 책임소추에 대해 책임을 사실상 인정하고 양국은 배상논의를 위해 중재법원 설치에 합의하였다. 중재법원은 1931년 이전에 발생한 손해와 그 이후에 발생한 손해에 대해 나누어 두 번의 결정을 내렸다.[7] 중재법원은 캐나다에게 1931년 이전에 발생한 손해에 대해 \$350,000를, 그리고 1932년부터 1937년까지 발생한 손해에 대해서는 \$78,000를 미국에게 각각 배상하여야 한다고 결정하였다.[8] 중재법원은 양국이 판정을 요청한 쟁점인 트레일 제련소의 책임에 대해 트레일 제련소는 미국 환경에 피해를 야기하지 않을 의무가 있다고 판시한 후 양국이 요청한 쟁점은 아니였음에도 불구하고 "어떠한 국가도 국제법과 미국법의 원칙상 중대한 결과를 초래하고 손해가 명백하며 이러한 사실이 확실한 증거에 의하여 입증되었을 경우, 타국의 영토 또는 그 영토상의 재산이나 인명에 대하여 매연에 의한 손해를 발생시키는 방법으로 자신의 영토를 사용하거나 이를 허가할 권리를 갖지 아니한다"고 판단하여 트레일 제련소뿐 아니라 캐나다가 국제법상 트레일 제련소의 행위에 대하여 책임이 있다고 결정하였다.[9] 또한 동 법원은 1937년

---

7) 양국 간에는 오대호 등 국제수로의 공동 관리를 위해 설치된 국제공동위원회(*International Joint Commission*)가 있었는데, 양국은 동 위원회에 해당 문제의 검토를 요청하였고 위원회는 캐나다의 책임을 인정하고 중재법원에서 구체적 손해배상액을 다루도록 권고하였다.

8) *Trail Smelter case (United States v. Canada)*, 3 RIAA(1933, 1938). p.1905.

이후에도 피해가 발생할 수 있기 때문에 향후 피해 발생을 예방하기 위하여 캐나다는 트레일 제련소 운영에 대한 규제를 할 필요성을 제기하고 구체적으로 주오염원인 이산화황의 통제를 위해 필요한 장치, 굴뚝 높이, 배출허용총량 등 일련의 체제(regime)를 비교적 자세하게 제시하기도 하였다.10)

동 사건은 최초로 초국경오염 관련 국가의 책임에 대해 확인한 사례라는 점에서 의미가 있다. 특히 동 중재법원이 제시한 타국가의 환경에 피해를 야기하지 않을 책임은 향후 스톡홀름선언 원칙 21, 리우선언 원칙 2의 반석이 되었다. 그러나 동 사건을 모든 초국경 대기오염 분쟁사례에서 대기오염 원인국의 국가책임을 인정하는 선례로 주장하기에는 어려운 점이 있다. 첫째, 동 사건에서 가해국인 캐나다는 자국의 책임을 사실상 인정하고 단지 손해배상과 관련하여 중재재판을 열기로 합의한 것이다. 만일 일국이 자국의 책임을 부정할 경우 피해를 주장하는 국가는 원인행위와 피해 사이의 인과관계를 입증해야 하는데 모든 환경 사례에서 그러하듯이 인과관계 입증은 결코 손쉬운 일이 아니다. Trail Smelter 사건에서도 동 제련소가 미국 국경과 30km 정도의 상대적 근거리에 위치하였음에도 중재재판의 심리의 상당 부분은 어느 정도의 오염물질이 어떠한 경로를 통해 어떻게 이동했는지 여부를 확인하는 데 집중되었다는 점, 그리고 관련된 많은 현지조사를 통한 여러 증거가 필요했다는 사실을 상기할 필요가 있다.

초국경대기오염에 대한 국가책임은 당사국간 초국경대기오염을 규율하는 조약이 있는 경우에 가장 명확해진다. 트레일 제련소 사건 당사자였던 미국과 캐나다는 초국경 대기오염을 해결하기 위해 조약을 체결한 대표적 예이다. 1970년대 이후 미국 동북부와 캐나다 동부지역에 발생한 산성비의 피해 후 이에 대한 연구조사가 이루어졌다. 연구결과 일방의 책임이라기보다는 양국의 책임이 공존하지만(캐나다에 내리는 산성비의 약 50%는 미국에서 발생하였고, 미국에 내리는 산성비의 15%는 캐나다에서 기인하였음) 캐나다가 지질학상 산성비에 취약할 뿐 아니라 산림에 의존하는 경제적인 구조 때문에 미국에 대하여 강력한 대응조치를 촉구하였다. 이에 양국정부는 1991년 3월 산성비의 유발물질인 이산화황(SO_2) 등의 배출을 감축하는 대기질협정(Air Quality Agreement)을 체결하였다.

또 다른 지역대기오염협정은 유럽에서 체결되었다. 유럽 대부분 국가에는 산업화 이후 대기오염 문제가 발생하였다. 그런데 스웨덴이 1960년대 자국 호수의 산도(pH) 상승원인을 연구한 결과 상당한 부분이 자국이 아닌 외부국가로부터 유입된 이산화황이나 질소산화물이 포함된 산성비 때문인 것으로 밝혀졌다. 스웨덴은 산성비로 인한 자국의

9) *Ibid.*, pp.1965~1966.
10) *Ibid.*, pp.1974~1978.

피해는 자국의 노력만으로는 해결될 수 없기에 해당 지역국들의 공동조치를 촉구하였다. 스웨덴은 1972년 인간과 개발회의를 자국 스톡홀름에서 개최하는 등 지역 내에서 환경협력을 강조하였고 이후 초국경대기오염의 정보감시체계 구축을 바탕으로 1979년 제네바에서 원거리초국경대기오염에 관한 협약(Convention on Long-range Transboundary Air Pollution)이 체결되는 데 많은 역할을 하였다. 1979년 원거리초국경대기오염에 관한 협약은 비록 당시 유럽 내에서의 조약에 불과했지만 최초의 대기오염에 관한 조약으로 평가된다. 동 조약은 초국경 대기환경피해 발생시 그 책임소추보다는 이를 사전에 예방하기 위해 필요한 각국의 의무로서 예방조치에 중점을 두고 있다. 특히 조약 제8조는 당사국에게 초국경대기오염의 영향에 관련된 물리적 · 화학적 · 생물학적 자료와 이러한 자료가 보여주는 초국경대기오염에 기인한 피해의 정도에 관해 정보교환의 의무를 부과하면서, 각주에서 이 조약이 피해에 대한 국가책임에 관한 규칙을 포함하지 않는다고 특별히 언급하고 있다.11) 동 조약은 이후 1984년 모니터링과 평가 의정서, 1985년 황산 규제 의정서(1994년 개정), 1988년 이산화질소 규제 의정서, 1991년 휘발성물질 규제 의정서, 1998년 알후스 중금속 규제 의정서 등의 추가 의정서를 통해 여러 물질의 규제방식으로 대기오염을 방지하는 차원으로 발전되었다.

미주와 유럽은 합의를 통해 협약체결이라는 결실을 가져왔다. 그러나 국제사회에서 주권국가의 동의 없이 국제법규의 제정이나 국제분쟁의 평화적 해결은 불가하기 때문에 만일 합의가 이루어지지 않는 경우 유사한 환경피해만 반복적으로 발생할 뿐이다. 이처럼 국제적 합의의 부재의 예로는 동남아시아의 연무 분쟁이 있다. 인도네시아에서 매년 되풀이되는 대규모 열대림 산불로 인하여 발생하는 연무는 인근 동남아시아에 심각한 환경 및 건강문제를 야기해 왔다. 인도네시아의 산불은 자연발생적으로 발생하는 경우도 있지만 많은 경우 화전민에 의해 인위적으로 발생된다는 점에서 해당 국가의 주의의무 소홀에 의한 피해발생이라는 국제법적 책임추궁이 가능하다. 심각한 연무가 발생할 경우 인근 국가의 주민 수만 명이 호흡기 장애를 일으키는 등 건강피해가 발생하며 또한 시정(視程)이 급격히 떨어져 항공기운항이 취소되고 관광수입이 줄어드는 등 경제적 피해 또한 발생하고 있는 상황이다. 특히 1997~1998년 산불은 유례없이 동남아시아의 많은 지역에 피해를 야기하였는데 국제적인 피해액은 적게는 45억 달러에서 많게는 93억 달러로 추정된다.12) ASEAN 국가들은 2002년 ASEAN 연무협약을 체결하였고 싱가

---

11) ECE Convention on Long-Range Transboundary Air Pollution (LRTAP), 18 ILM 1442 (1979), 제8조
(f) 각주.
12) A.K.-J. Tan, "The ASEAN Agreement on Transboundary Haze Pollution: Prospects for Compliance

포르, 말레이시아, 미얀마, 브루나이, 베트남, 타일랜드, 캄보디아 그리고 라오스가 서명하고 비준하여 발효하였다. 그러나 이 지역에서 연무오염을 가장 많이 일으키는 인도네시아는 동 협약에 가입하지 않고 있어 문제의 해결이 쉽지 않은 상황이다.

중국발 황사 또는 최근 사회적 이슈로 제기되고 있는 미세먼지13) 역시 마찬가지이다. 미세먼지 문제는 중국 및 우리나라의 자동차, 공장, 가정에서 사용하는 화석연료 연소과정에서 발생하는 복합적 환경오염원적 성격을 가지고 있다.14) 미세먼지의 위해성과 날로 심각해지는 미세먼지 문제를 해결하기 위해 정부는 중국과 여러 채널을 통해 협력을 강구하고 있지만 중국이 자국의 책임을 명확히 인정하지 않음으로써 문제 해결이 쉽지 않은 상황이다. 양국간 대기오염규제 관련 협약이 존재하지 않는 이상 중국의 책임과 이에 따른 적극적 예방조치를 요구하기에는 어려운 점이 있다. 이를 위해 우리나라는 중국발 미세먼지와 관련하여 보다 적극적인 협의를 위해 중국발 미세먼지의 우리나라의 이동경로 및 그 양 그리고 중국발 미세먼지가 호흡기 질환 등 보건에 미치는 영향 등에 대한 과학적 자료확보가 시급하다. 특히 중국의 책임을 명확히 하기 위해 양국이 공동으로 해당 과학적 자료를 마련하는 것이 가장 바람직할 것이나 만일 중국 측의 적극적 협력을 기대하기 어려운 경우 관련 국제기구의 협력을 얻어 과학적 자료를 구축하는 것도 고려하여야 할 것이다. 그리고 해당 자료를 바탕으로 중국과의 협상의 쟁점을 사전에 분석하는 등의 준비가 필요하다.15)

미세먼지의 문제는 궁극적으로는 한·중 또는 한·중·일을 포함한 동북아 대기협

---

and Effectiveness in Post-Suharto Indonesia", *New York University Environmental Law Journal*, vol.13, 2005.

13) 일반적으로 황사는 입자의 지름이 10㎛인데 반해 미세먼지는 입자 지름 2.5㎛ 이하로 머리카락 40분의 1정도로 미세하여 황사보다 체내 침투가 용이하다.

14) 미세먼지는 알레르기성 비염, 후두염, 기관지염, 천식, 폐렴 등 호흡기질환 및 피부염 그리고 결막염 등의 원인이 된다. 미세먼지가 평소보다 4배 높으면 만성폐질환이나 천식으로 입원하는 환자가 20% 늘어난다는 연구결과도 있어, 2013년 세계보건기구(WHO)는 초미세먼지를 '충분한 증거가 뒷받침되는 발암물질'인 1급 발암물질로 지정하고 미세먼지의 허용수치를 $60\sim90(\mu g/m^3)$ 이하로 유지하도록 권고하고 있다. 2014년 2월 25일 서울시의 미세먼지 농도는 WHO권고기준의 3배가 넘는 $228(\mu g/m^3)$까지 상승하여 시민들의 보건상의 문제로 등장하였다.

15) 후술할 2001년 국제법위원회가 작성한 "위험한 활동에서 야기되는 초국경 피해예방에 대한 규정초안"은 예방조치 관련 협의과정에서 이익형량 고려사항으로 ① 피해를 예방하거나 위험을 최소화하기 위한 수단의 이용가능성, ② 활동의 중요성, ③ 원인국과 또는 적절한 경우 영향받을 가능성이 있는 국가가 방지비용에 기여 할 의사의 정도, ④ 예방비용을 생각하고, 또 다른 곳이나 수단에 의해 활동을 수행하거나 대안적 활동으로 대체할 수 있는 가능성을 고려할 때, 그 활동의 경제적 실행가능성, ⑤ 영향을 받을 가능성이 있는 국가가 동일하거나 유사한 활동에 적용하는 예방의 기준 그리고 유사한 지역 혹은 국제적 관행에서 적용되는 기준 등을 규정하고 있다. 따라서 이러한 고려사항을 양국간의 상황에 맞추어 분석하는 것이 필요하다.

약 체결이 바람직하나 중국의 소극적 태도 및 각국의 이해관계 상충으로 난항이 예상된
다. 이처럼 국가간의 합의에 의한 국제조약 체결이 불가한 경우 그 해결은 국제관습법
에 의존할 수밖에 없다. 전술한 바와 같이 초국경대기오염의 문제는 자국의 주권 내에
서의 활동으로 타국의 영토 주권을 제한해서는 안 된다는 주권평등원칙과 관련이 있다.
1928년 Palmas Island 사건에서 Max Huber중재관이 모든 국가는 자국의 관할권 내에
서 타국이나 타국민에게 권리침해가 가해지지 않게 할 국제법상의 의무가 있다고 판시
한 것과 1949년 국제사법재판소의 Corfu 해협 사건에서 어떠한 국가도 자국의 영토가
타국의 권리를 침해하는 방법으로 사용되지 않도록 할 의무가 존재한다고 확인한 것 모
두 이러한 주권평등의 원칙에 기초한다.16) 이는 국가가 전통적으로 국가주권과 연관되
어 사실상 무제한적으로 인정받았던 경제활동을 할 권리 역시 타국의 환경에 영향을 미
치는 경우에는 제한될 수 있다는 의미를 규정하고 있으며 이러한 주권평등의 원칙이 환
경문제에서 발현된 것이 전술한 트레일 스멜터 사건의 중재법원 결정이다. 그리고 이는
1972년 스톡홀름선언 원칙 21 "모든 국가는 국제연합 헌장 및 국제법의 원칙에 의해
자국의 자원을 그 환경정책에 따라 개발할 주권을 보유함과 동시에 자국의 관할권 내의
활동이나 규제가 타국의 환경이나 자국 관할권 외의 지역에 피해를 야기하지 않도록 할
책임이 있다"를 통해 다시 구현되었다. 또한 1992년 지구정상회의라고 불리는 유엔환경
개발회의(United Nations Conference on Environment and Development: UNCED)에서 채택된
"환경과 개발에 관한 리우데자네이루선언" 소위 리우선언의 두 번째 원칙에서도 재확인
되었다. 리우선언 역시 자국의 경제활동으로 인해 타국의 환경에 영향을 미치지 않도록
할 책임이 있음을 밝히고 있는데 많은 국제환경법 학자들은 이와 같은 초국경오염행위
금지의 원칙은 1972년 이래 국제사회에서 국제관습법의 하나로 인정되었다고 간주하고
있다. 또한 국제사법재판소(International Court of Justice) 역시 원칙 21의 국제관습법적인
성격에 대해 1996년 핵무기의 위협이나 사용의 합법성에 관한 권고적 의견에서 "국가
가 자국의 관할권과 통제 내에서의 행위가 타국의 또는 자국 영토 외의 환경을 존중
(respect)할 일반적 의무가 있음은 환경과 관련된 국제법의 내용 중 하나다"라고 하여 이
를 뒷받침하고 있다.17)

　　비록 스톡홀름선언 원칙 21 및 리우선언 원칙 2에서 반복되는 타국의 환경에 영향
을 미치는 행위, 즉 초국경환경피해행위를 금지하는 원칙은 국제환경법의 초석으로서
그 의미와 중요성은 인정되고 있지만 그 구체적인 내용은 명확하지 않았다. 즉, 일국이

---

16) *Corfu Channel, Merits, Judgment*, ICJ Reports 1949, p.22.
17) *Legality of the Treat or Use of Nuclear Weapons, Advisory Opinion*, ICJ Report 1996, pp.241~242.

자국의 경제활동으로 인해 타국의 환경에 피해를 주어서는 안 된다는 당위성은 확인하고 있지만 책임이라는 용어를 쓰면서 어떠한 경우 책임을 져야 하는지 그리고 그 책임의 내용은 무엇인지 나아가 그러한 책임을 회피하기 위하여, 즉 국가가 환경피해를 야기하지 않기 위해 무엇을 해야 하는지에 대해서는 명확히 밝히고 있지 않아 여러 해석이 가능하였다. 우선 책임의 내용에 대해 문구대로 해석한다면 다음 두 가지 책임 해석이 가능하다. 첫째, 국가는 자국의 행위가 자국 영토 외의 환경에 피해를 입히지 않을 책임이 있으며 따라서 자국 영토 외의 환경에 피해를 발생시킨 경우 그 피해에 대해 책임을 져야 한다는 해석이고, 둘째 자국의 경제활동으로 인해 자국영토 외의 환경에 피해가 발생하는 것을 방지할 책임, 즉 주의의무를 다할 책임이 있으며 이러한 주의의무를 다한 경우는 책임이 없다는 두 번째 해석이 가능하다.

두 가지 해석을 둘러싸고 첫 번째 해석에 따라 모든 초국경오염행위는 불법으로 책임이 수반된다고 주장하는 이들도 있지만[18] 리우선언의 원칙 2의 해석에 있어 유엔사무총장은 "리우선언 원칙 2의 범위와 적용대상 역시 명확하지는 않지만 모든 초국경오염행위가 금지되거나 불법이 아닌 것은 명백하다"라고 하여 첫 번째 해석을 취하고 있지 않음을 명백히 밝히고 있다.[19] 이는 모든 초국경오염행위가 불법이라는 해석은 현재 국제관행상 현실성이 부족하다는 관점에서 나온 것으로 법과 현실 또는 국제법과 국내법의 조화를 위해 그 책임의 범위를 줄이고자 하는 견해가 대부분이다. 예를 들어 원칙 21의 원 문구상 피해를 "심각한 또는 중대한 피해"(significant or substantial damage)로 제한하여 타국의 환경에 중대한 피해를 야기한 경우에만 책임이 있다고 해석하는 의견과 원칙 21의 의무가 결과에 대한 의무라기보다는 그 의무 수행상의 의무로 절차상의 적법한(due diligence) 주의의무를 수행하여야 하는 의무로 해석하는 의견이 있다.[20] 원칙 21을 위와 같이 이해한다고 해도 그 정확한 의미 전달에는 역시 어려운 점이 있는데 예컨데 어느 정도가 중대한 피해로 간주되어야 할지 그리고 절차상의 적법한 주의의무는 무엇이며 그 의무수행을 다했는지 여부는 무엇인지 등이다. 이러한 어려움 때문에 스톡홀름선언은 원칙 21 바로 다음 원칙 22에서 "모든 국가는 자국의 관할권 및 규제권이 미

---

18) S.E. Gaines, "Taking Responsibility for Transboundary Environmental Effects", *Hasting Journal of International and Comparative Law Review*, vol.14, 1991, pp.796~797.

19) UN Secretary-General, Rio Declaration on Environment and Development: Application and Implementation, UN Doc. E/CN.17, 1997, para.23.

20) Expert Group on Environmental Law of the World Commission Environment and Development, Environmental Protection and Sustainable Development: Legal Principles and Recommendations 1987, p.75

치는 범위 내에서의 활동이 자국 관할권 내의 지역에 미친 오염 기타 환경피해의 희생
자들에 대한 책임 및 보상에 관한 국제성을 보다 진전시키도록 협력해야 한다"고 규정
하여 상술한 국제법위원회의 해법 모색을 촉구하였다.

국제법위원회는 (1) 일반법리상 피해 경중을 떠나 발생한 모든 환경피해에 대한 책
임을 요구하는 것이 아닌 이상, 배상책임 역시 그 책임을 제한하기 위해 피해의 정도
및 규모 등 중대한 경우에만 배상책임이 있다는 논리와 (2) 해당 책임을 배상책임이 아
닌 피해방지를 위한 사전적 예방조치를 다할 책임으로 보고 예방조치를 취함에 있어서
주의의무를 다할 책임으로 보는 논리로 정리하였고,[21] 이를 바탕으로 국제법위원회는
초국경 환경 관련 국가책임에 대해 다음 두 가지의 문서, 첫째, "위험한 활동에서 야기
되는 초국경 피해예방에 대한 규정초안"과 "위험한 활동에서 야기되는 초국경 피해의
손실분배에 관한 원칙초안"을 채택하였다.[22] 2001년 위험한 활동에서 야기되는 초국경
피해예방에 대한 규정초안은 초국경환경피해 예방을 위해 국가가 취하여야 할 사전적
조치들을 규정하고 있는데 동 규정에 따르면 모든 국가는 중대한 초국경적 피해를 방지
하거나 그 위험을 최소화할 모든 적절한 조치를 취해야 하며, 관련국들은 신의성실로써
협력하고, 또한 필요한 경우 권한 있는 국제기구의 도움을 구해야 한다. 보다 구체적으
로 예방을 위한 조치로서 국가는 초국경적 피해를 야기할 가능성이 있는 활동 전 환경
영향평가를 하고 그 결과 타국의 환경에 피해를 야기할 가능성이 있는 경우 해당 피해
예상 국가에 해당 사실을 통지 후, 피해를 저감하기 위하여 관련 정보를 제공하며 신의
성실하게 협의할 것을 제시하고 있다.[23] 위험한 활동에서 야기되는 초국경피해 손실분
배에 관한 원칙초안은 평가, 통지 및 협의의무 등 관련 의무를 준수하였음에도 피해가
발생한 경우 배상 관련 원칙을 규정하고 있다. 동 원칙초안은 국가에게 배상책임을 부
여하는 대신 실질적으로 유해한 활동을 하여 피해를 야기한 대부분의 주체가 기업 등
개인이라는 점에서 배상의 주체는 이들로 한정하고 단지 국가에게는 해당 민간 가해자
들이 피해자에게 배상하는 데 있어서 신속하고 적절한 보상을 보장하기 위한 보험, 채
권, 기금 등 제도적 장치를 마련하는 것을 의무로 제시하고 있다.

요약컨대, 초국경대기오염 관련 국제관습법은 모든 국가에게 자국에서의 경제적 활

---

21) 김석현, "UN 국제법위원회 작업현황", 「국제법평론」, 통권 제9호(1997. 10.), pp.287~294
22) 2001년 "위험한 활동에서 야기되는 초국경적 손해의 방지에 관한 규정초안"(*Draft Articles on preven-
    tion of transboundary harm from hazardous activities*) 및 2006년 '위험한 활동에서 야기되는 초
    국경적 피해의 손실분배에 관한 원칙초안'(*Draft principles on the allocation of loss in the case of
    transboundary harm arising out of hazardous activities*)
23) 위험한 활동에서 야기되는 초국경 피해예방에 대한 규정초안 제7조~제9조.

동으로 타국의 환경에 영향을 미치지 않도록 사전예방적 조치를 취할 것을 요구하고 있다. 구체적으로는 모든 국가는 자국 내에서의 경제활동이 타국의 환경에 피해를 줄 가능성이 있을 것으로 예상되는 경우 환경영향평가를 수행하고 평가결과에 영향을 받을 수 있는 국가에게 통지하며 해당국가와 발생가능한 피해를 저감하기 위해 신의성실한 협의를 할 의무가 있다. 이를 소위 평가-통지-협의의무라고 한다. 이러한 평가-통지-협의 절차와 관련된 규범은 전술한 미국과 캐나다 간의 1991년 대기질협정(Air Quality Agreement) 및 1979년 원거리초국경대기오염에 관한 협약(Convention on Long-range Transboundary Air Pollution)을 포함하여 대부분의 초국경대기오염을 규율하는 국제협약의 핵심적 내용이기도 하다.

제3절 ● 오존층 파괴 규제

오존층 파괴문제는 1974년 Mario Molina교수와 Sherwood Rowland교수가 프레온 가스나 할론이 대기 중에 방출되어 성층권으로 이동하면서 자외선을 촉매로 화학작용을 일으켜 염소분자로 분열되고, 이 염소분자가 오존층을 파괴하는 화학 메커니즘을 공동발표하면서 시작되었다. 이를 반영하여 1977년 오존층 파괴 방지에 관한 논의를 위해 전문가회의가 소집되었고 1980년 3월 유럽집행이사회(European Commission) 환경각료회의에서는 프레온 가스(CFCs)의 생산 동결 및 사용량 감축 결의가 채택되면서 오존층 보호를 위한 국제협약의 제정이 촉진되었다.

UNEP이 세계기상기구와 공동으로 오존층에 관한 조정위원회(Coordinating Committee on the Ozone Layer)를 발족하고, 1981년 오존층 보호에 관한 국제협약을 체결하기 위한 실무작업반을 구성함으로써 협약체결을 위한 협상준비가 본격적으로 시작되었다. 특히 1980년대 중반, 남극 상공의 심각한 오존층 파괴현상에 대한 연구결과와 실측 자료를 토대로 오존층 보호를 위한 신속한 대응조치 필요성에 대한 국제사회의 공동 인식이 형성되고, 1986년 9월 미국과 유럽공동체 등 주요 국가와 프레온 가스 생산업계 대표들이 미국에서 회의를 갖고 오존층 보호를 위해 프레온 가스의 생산, 소비 및 배출을 제한하기 위한 구체적인 규제조치가 필요하다는 합의를 도출하였다. 이러한 국제사회의 노력은 오존층보호를 위한 비엔나협약으로 이어졌다. 인간의 활동으로부터 초래되거나 혹은 그러할 우려가 있는 악영향으로부터 인류의 건강과 환경을 보호하기 위하여 법적·행정적 조치를 포함하는 적절한 조치를 취할 것을 당사국들에게 촉구하는 내용의 오존층 보호를 위한 비엔나협약(Vienna Convention for the Protection of the Ozone Layer)이 1985년 3월 채택되어 UNEP을 중심으로 한 전 세계 122개국의 가입 비준이 이루어졌다.

동 협약은 오존층 보호를 위한 구체적인 부속 의정서 채택에 필요한 법적 근거를 마련하였고 이러한 기반을 바탕으로 2년 후인 1987년 몬트리올의정서가 채택되었다. 협약은 일반적인 개정절차와는 별도로 보다 간이한 조정절차도 두어 과학적 정보의 발전에 따라 기존 규제대상물질에 대한 규제조치를 강화하여 실행할 수 있도록 하고 있으며, 추가적으로 규제대상물질의 범위를 확대하고 기존 규제대상물질에 대한 규제조치를 강화하거나 감축일정을 단축하는 등의 조정도 지속적으로 추진하고 있다.

1986년과 1987년 동 협약 서명국들 간의 두 차례 실무회의를 통해 오존층 파괴물질에 대한 구체적 규제안이 입안되었으며, 규제대상물질의 범위, 생산과 소비의 규제 및 개도국의 우대 문제 등에 대해 합의를 토대로 1987년 9월 캐나다 몬트리올에서 개최된 국제회의에서 24개국과 유럽경제공동체(EEC) 간에 오존층 파괴물질에 관한 몬트리올의정서가 정식 국제협약으로 채택되었다. 1985년 3월에 채택된 오존층파괴물질의 배출을 억제하여 오존층을 보호함으로써 오존층파괴로 인한 지구생태계 및 동식물의 피해를 방지하기 위한 비엔나협약과 그 후속의정서인 몬트리올의정서는 1987년 9월 채택된 이후 현재까지 4차례의 개정이 있었다. 동 의정서는 염화불화탄소(CFCs), 할론(Halon) 등 96종의 오존층 파괴물질을 규제대상물질로 정하고 이 물질에 대해 생산량 및 소비량 전폐일정을 확정하였다.

동 의정서에 따르면 선진국의 경우 CFCs는 1996년부터, Halon은 1994년부터 생산 및 소비가 금지되었으며, 우리나라 및 개발도상국의 경우에는 1995년부터 1997년까지의 평균 생산 및 소비량 기준으로 2009년까지 이를 유예받았으나 2010년부터는 해당 물질의 생산 및 소비 금지의무를 부담하게 된다. 이와는 별도로 최근 EU는 오존층 파괴물질 수입자, 수출자 및 사용자에 대한 2003년도 지침을 마련하여 역내외 국가로의 수입 및 수출을 규제하고 협약 비당사국에 대한 수입과 수출을 금지토록 하였으며 중국은 Halon의 제조 및 사용을 2006년부터 금지키로 하고, 자동차와 가전업계에 대해 2002년 1월부터 CFCs 사용을 중지토록 하는 등 각 국가들이 오존층 파괴물질에 대한 규제를 강화해 나가고 있다.

몬트리올의정서는 오존층파괴물질 규제에 비교적 성공한 국제협약으로 간주된다. 그리고 그 성공의 요인으로는 인간의 경제적 행위로 인한 오존층 파괴라는 현실인식 및 국제사회의 경각심 제고라는 배경 외에도 구체적으로 선진국의 기술이전 및 무역규제라는 당근과 채찍이 의정서 내에 적절히 녹아 있었기 때문으로 평가된다. 오존층을 파괴시키는 CFCs나 Halon 배출의 동결 또는 감소라는 구체적인 목적을 위해 부속서 A에 나열된 규제대상 물질(1 그룹: CFC-11, CFC-12, CFC-113, CFC-114, CFC-115/ 2그룹: Halon-1211, Halon-1301, Halon-2402 등)의 회원국 내에서의 생산 금지의 시한을 정하여 놓고 동 협약에 가입하지 않는 국가에게는 해당 물질의 수출입을 금지하는 등 규제와 동 협약에 가입하는 경우 기술이전 및 재원적 지원을 약속하는 등의 유인책으로 인해 중국 등 대부분 개발도상국을 협약의 틀 내로 끌어들이는 성과를 가져왔다.

제4절 ● 기후변화 규제

Ⅰ. 지구온난화

전 지구적 기후변화와 이에 대한 국제사회의 우려는 단순한 기우를 벗어나 현실적으로 심각한 수준으로 확인된다. 제13차 기후변화협약 당사국총회에서 채택된 기후변화정부간패널(Intergovernmental Panel on Climate Change: 이하 IPCC) 보고서는 "기후변화의 상승은 명백하며, 온실가스 감축이 지연될수록 낮은 기후 안정화 수준을 달성할 기회를 제약할 것이며 나아가 보다 심각한 기후변화영향의 위험을 증가시킬 것"이라고 경고하고 있다. 동 보고서는 대기 및 해수 평균 온도 상승과 광범위한 빙하 융해, 해수면 상승의 관찰을 통해 판단하여 볼 때 기후변화는 명백한 사실이고 1950년대 이후 기온상승의 원인은 인간이 배출한 온실가스 증가임이 90% 이상 확실하다고 밝히고 있다.[24]

---

24) Working Group I, Intergovernmental Panel on Climate Change, IPCC Fourth Assessment Report, Summary for Policymakers, pp.6~7, available at <http://www.ipcc.ch/pdf/assessment-report/ar4/wg1/ar4-wg1-spm.pdf>.

지구온난화는 빙하의 해빙으로 인한 해수면 상승을 가져와 저지대 섬나라들을 위협하는 것뿐 아니라, 해수 온도의 상승에 따른 해류의 변화로 인한 초대형 태풍의 빈번한 출몰 및 극심한 가뭄 등 이상 기후의 원인으로 지목되고 있다. 지구온도 상승은 동토 지역에는 해빙으로 인한 지반 불균형을, 적도 지역에는 가뭄으로 인한 곡물량의 감소 및 심각한 물 부족을 초래하고 있다. 예를 들어 아프리카의 경우 2020년에는 7천 5백만에서 2억 5천만의 인구가 기근으로 인한 빈곤에 처할 것이라고 예측되고 있다. 사회적 기반이 구축되어 있는 서구 선진국보다는 사회적으로 낙후되어 있는 빈곤 국가들이 지구온난화에 더욱 취약한 모습을 보이고 있다. 이처럼 지구온난화는 선진국보다는 최빈개도국 또는 개발도상국에게 상대적으로 더 사회적·경제적 발전을 더디게 함으로 인해 경제성장과 환경보호의 형평에 맞는 발전을 추구하는 지속가능한 발전의 실현을 해당 지역에서 더욱 어렵게 하고 있다. 이러한 차원에서 기후변화에 대응하기 위해 세계 산업구조의 변화와 선·후진국 간 보다 진전된 국제협력이 요구된다.

Ⅱ. 기후변화 대응을 위한 국제사회의 논의

기후변화 문제는 1980년대의 과학적 논쟁 및 대중들의 관심증대에 따라 국제사회 의제로까지 발전되었다.[25] UN총회는 1988년 11월 기후변화정부간패널(IPCC)을 설립하여 기후변화협약 교섭협상 자료를 작성케 하였고, 1990년에는 기후변화골격협정 정부간협상위원회(Intergovernmental Negotiating Committee for a Framework Convention on Climate Change)를 구성하여 본격적인 논의를 시작하였다. 그러나 동 위원회에서의 기후변화 대응에 대한 논의에서는 선진국과 개도국 간의 상당한 입장차가 드러났다. 개도국의 경우, 기후변화 원인의 상당 부분은 선진국에 있음을 지적하며 소위 역사적 책임을 강조하였으며 책임의 일환으로 기술이전 및 기술개발을 위한 재정적 지원 등 선진국들의 역할을 요구하였다.[26] 또한 선진국에 의해 기후변화 문제의 해결책으로서 제시된 신기술 개발과 시장에 기반을 둔 방법론(market-based mechanism) 역시 개발도상국들의 반대에 부딪치게 되는 등 논의의 합의점을 찾기 힘들었다.

---

25) 기후변화에 대한 원인과 잠재적 영향력에 관한 과학적 논의와 합의의 단계에 대해서는 D. Bodansky, "The United Nations Framework Convention on Climate Change: A Commentary", *Yale Journal of International Law*, vol.18, 1993, pp.458~461.

26) J. Gupta, "International Law and Climate Change: The Challenges Facing Developing Countries", *Year Book of International Environmental Law*, vol.16, 2007, p.119.

1992년 브라질 리우데자네이루(Rio de Janeiro)에서 개최된 '환경과 개발에 관한 유엔회의'(United Nations Conference on Environment and Development)에서 유엔기후변화골격협약(United Nations Framework Convention on Climate Change: UNFCCC 또는 기후변화협약)이[27] 채택되어 기후변화라는 전 지구적 문제를 해결하기 위한 첫걸음을 내딛었으나 실질적으로는 종전의 논의에 접점을 찾지 못한 이유로 협약은 기술이전 및 재정적 차원에서의 선진국의 선도적 역할과 온실가스 배출감소의 개도국 의무를 동시에 강조하는 조심스러운 접근법만을 택하였다. 그 결과 기후변화협약에는 실제로 감소될 배출 목표량 설정이나 선진국이 어느 정도의 지원을 하여야 하는지에 대한 구체적이고 구속력 있는 내용은 삽입되지 못하였다. 기후변화협약의 구체적이고 구속력 있는 이행을 보완하기 위한 기후변화협약의 추가의정서(이하 교토의정서)가 1997년 교토에서 개최된 제3차 당사국총회에서 채택되었다.[28] 교토의정서는 기후변화협약의 부속서 I 국가가 상당수 포함된 부속서 B의 국가군에게 2008년부터 2012년까지 1990년 수준 대비 5퍼센트 감축이라는 온실가스 배출량 감축목표를 설정하였다.[29] 교토의정서는 기후변화에 대응하기 위한 구체적인 목표와 수단을 정하는 등의 성과가 있었으나 중국, 인도 등 주요 개도국에 온실가스 감축의무를 면제함으로서 의정서 성공 여부에 핵심적인 역할을 하는 미국의 불참이라는 결과를 가져왔다.[30]

1997년부터 2001년까지 3차례 이상의 당사국총회에서 개도국의 의무이행과 방법에 대한 논의에 대해 마라케쉬 합의(Marrakech Accord)를 통해 어느 정도 의견이 수렴되었다. 마라케쉬 합의는 메커니즘 참여 자격의 완화,[31] 동 메커니즘의 부속서 B 국가군 국내배출감소에 있어서 보완적 역할 확인, 기술이전에 대한 기본 틀 및 재정지원 확대를 위해 지구환경금융(Global Environment Facility: GEF)의 기금증액 외 특별기후변화기금

---

27) United Nations Framework Convention on Climate Change, May 9, 1992, 31 ILM 849, available at <http://unfccc.int/resource/docs/convkp/conveng.pdf>. 동 협약은 1994년 3월 21일 발효하였다.

28) Kyoto Protocol to the United Nations Framework Convention on Climate Change, Dec. 11, 1997, 3; L.M. 32, available at <http://unfccc.int/resource/docs/convkp/kpeng.pdf>. 교토의정서는 미국 등 대규모 온실가스 배출국의 불참으로 미발효 상태에서 2004년 11월 8일 러시아의 가입으로 2005년 2월 16일 발효되었으며 2014년 5월 현재 192개국이 비준하고 있다.

29) 교토의정서 제3조.

30) 미국 상원은 교토의정서가 채택되기 직전인 1997년 교토의정서의 의무이행에 있어 주요 개도국의 실질적 참여 없이는 의정서의 의미가 퇴색될 수 있다는 점과 교토의정서의 참여는 미국 경제에 중대한 영향을 미칠 수 있다는 점을 근거로 교토의정서에의 불참을 선언하는 소위 'Byrd-Hagel 결의안'을 만장일치로 채택하였다; S. Res. 98, 105th Cong. (1997).

31) 기존에 CDM 사업은 선진국간만이 가능하였으나 JI와 같이 선진국과 개도국간의 사업도 가능하도록 함으로써 조건을 완화하였다.

(Special Climate Change Fund), 최빈개도국기금(Least Developed Countries Fund), 적응기금 (Adaptation Fund) 등 세 가지 추가 기금을 설립하는 등 선진국과 개도국의 양쪽의 입장을 조율하는 등의 성과를 가져와 결과적으로 교토의정서의 발효에 크게 기여하였다. 55 개국 당사국의 비준 및 비준한 국가들이 배출하는 온실가스가 전체 온실가스 배출량의 55%를 차지하여야 하는 발효 요건이 2004년 12월 러시아의 비준으로 충족됨으로 인해 교토의정서는 2005년 2월 16일 발효되었다. 교토의정서 체제의 만료가 다가옴에 따라 교토체제 이후의 협력체제 논의가 진행되었고 기존과 달리 개발도상국까지 망라하는 전 국제사회의 대응체제로서 파리협정이 2015년 채택되었다.

Ⅲ. 기후변화협약

기후변화협약은 전문과 26개 조항 및 2개의 부속서(부속서 I, 부속서 II)로 구성되어 있다. 기후변화협약의 궁극적 목적은 기후체계가 위험한 인위적 간섭을 받지 않는 수준으로, 생태계가 자연적으로 기후변화에 적응하고 식량생산이 위협받지 않으며 경제개발이 지속가능한 방식으로 진행될 수 있는 충분한 기간 내에, 대기중 온실가스 농도의 안정화를 달성하는 것이다.[32] 동 협약상 온실가스라 함은 적외선을 흡수하여 재방출하는 천연 및 인공의 기체성 대기구성물을 의미하나 규제대상이 되는 온실가스는 인위적으로 배출되는, 즉 인간활동에 의해 배출되는 것으로 자연적으로 발생하는 온실가스는 규제대상에서 제외된다.[33] 동 협약은 목적달성을 위해 구체적인 온실가스 배출제한은 추가 의정서를 통해 규정하기로 합의하였다.[34] 동 협약은 1994년 3월 21일 발효되었다.

협약은 제3조에서 동 협약의 이행 및 해석에 있어서 적용되는 일반원칙을 규정하고 있는데, 이들 원칙들은 1) 경제발전이 기후변화에 대응하는 조치를 취하는 데 있어서 필수적이라는 차원에서 기후변화체계를 보호하기 위한 정책과 조치는 각 당사자의 특수한 상황에 맞추어 국가경제개발계획과 통합적으로 고려되어야 한다는 '지속가능한 발전'의 원칙,[35] 2) 기후변화의 원인을 예견, 방지 및 최소화하고 부정적 효과를 완화하

---

32) 기후변화협약 제2조.
33) 동 협약 제1조 및 제4조 참조.
34) 구체적인 온실가스감소 목표와 시한 그리고 감축의무가 적용되는 국가군은 1997년 교토의정서에 의해 규정되어 있다. 교토의정서 제3조.
35) 동 협약 제3조 제4항.

기 위해 사전적 조치를 취하여야 한다는 '예방원칙' 및 예방조치를 하는 데 있어서 충분한 과학적인 확실성이 없다 할지라도 그 피해가 심각하거나 회복하기 어려운 경우에는 예방적 조치를 취하여야 한다는 '사전주의원칙',[36] 3) 기후변화에 대응하는 조치가 국제무역에 자의적이고 또는 정당화할 수 없는 차별수단이나 위장된 제한수단이 되어서는 안 된다는 '국제무역 왜곡금지 의무원칙',[37] 그리고 마지막으로 가장 논란의 대상인 4) 기후변화에 대응하기 위해서는 국가별 상황을 고려하여 형평에 맞는 대응과 특히 그 책임에 있어서는 공통적이면서 차별화되어 있는 책임에 따라 대처하여야 한다는 '공동이지만 차별적인 책임원칙' 등이다.[38]

동 협약은 제4조 공약(commitments) 조항에서 구체적인 협약 의무이행을 규정하고 있다. 그런데 동 협약은 협약상의 의무를 모든 회원국이 부담하는 일반의무와 특정 국가만이 부담하는 특별의무로 구분하고 있는데 이를 소위 부속서 I에 규정된 국가와 부속서 II에 규정된 국가로 구분한다.[39] 회원국의 의무로 모든 회원국이 부담하는 일반의무로는 온실가스 배출목록의 작성, 온실가스 배출저감 계획의 작성, 기술이전의 증진, 온실가스 흡수원의 관리, 적응노력 및 국제협력 증진이 있는데 이들 의무는 대부분 실질적 구속력이 없는 내용으로 구성되어 있다.[40] 특별의무로 부속서 I 국가군이 지는 의무는 1) 온실가스 배출저감을 위한 정책과 조치를 채택할 의무, 2) 2000년까지 온실가스 배출량을 1990년 수준으로 동결할 것을 지향하기 위해 협약 발효일 후 6개월 이내에 국가보고서를 제출할 의무, 3) 제1차 당사국총회에서 이러한 공약의 적정성을 검토하고 제2차 검토는 1998년 말까지 수행하며 그 이후 협약 목적달성 시까지 주기적으로 검토를 시행할 의무가 있다.[41] 그리고 부속서 II 국가군은 상기의 의무 외에 개도국 및

---

36) 동 협약 제3조 제3항.
37) 동 협약 제3조 제5항.
38) 동 협약 제3조 제1항~제2항.
39) 동 협약은 부속서 I과 부속서 II에서 국가명을 적시함으로써 특정 국가를 규정하고 있다. 부속서 I에는 1992년도 이전에 OECD에 가입한 24개국과 유럽공동체 그리고 시장경제체제로 전환하고 있는 국가 11개국 등 총 36개의 국제법적 주체가 나열되어 있으며 부속서 II에는 부속서 I에서 시장경제체제로 전환하고 있는 국가 11개국을 제외한 25개 주체가 나열되어 있다. 따라서 기후변화협약의 회원국은 결과적으로 1) 부속서 I 국가군, 2) 부속서 II 국가군 그리고 3) 부속서 I에 규정되어 있지 않은 국가군으로 구분된다. 부속서 II에 있는 국가들은 모두 부속서 I에도 포함되므로 실제로는 회원국의 지위를 구분할 때 부속서 I 국가와 비부속서 I 국가로 구분하기도 한다.
40) 예를 들어 기후변화로 인한 영향에 적응하기 위한 공동노력 등의 추상적 표현이나 개발도상국에 대한 재정적 및 기술적 지원을 포함한 온실가스 배출 및 온실가스로 인한 영향을 최소화하기 위한 국가전략 수립 등의 의무일 뿐이다.
41) 협약 제4조 제2항.

경제전환국이 일반의무를 이행하는 데 필요한 비용을 지원하고 이를 위한 재정체제 설치에 추가적 재원을 지원할 의무 및 이들 국가에 대한 기술이전 의무를 부담한다.[42] 기후변화협약은 협약 자체가 보유하고 있는 국가별 상황을 고려하고 국제협상에서 법적으로 애매모호한 형평의 개념을 유지하고 있어 문제점을 내포하고 있었다.

Ⅳ. 교토의정서

1997년 제3차 당사국총회에서 채택되어 2005년 발효된 교토의정서는 총 28개 조항, 2개의 부속서로 구성되어 있다. 본문은 목적, 의무, 이행사항, 온실가스 감축기간 및 감축량, 실행방안 등이, 부속서 A에는 감축대상인 6종의 온실가스가, 부속서 B에는 온실가스 감축의무국가 목록과 해당국가의 1990년도 대비 온실가스 배출량 감축비율이 규정되어 있다. 교토의정서의 기구로서는 기후변화협약의 기구와 사실상 중복되는데 당사국총회는 기후변화협약의 당사국총회와 함께 진행되며 기타 사무국, 기타 보조기구는 같은 기구가 중복적 역할을 수행한다.[43] 교토의정서만의 부속기구로는 CDM 집행위원회(CDM Executive Board), JI 이행관리위원회(Joint Implementation Supervisory Committee) 등이 있다. 교토의정서는 55개 국가 이상 및 1990년대 온실가스배출량의 55% 이상을 차지하는 부속서 Ⅰ 국가들이 참여할 경우 발효한다.[44]

기후변화협약의 목적달성을 구체화하기 위해 제정된 교토의정서는 당사국이 인위적으로 배출하는 온실가스를 2008년부터 2012년까지 1990년도 배출량에서 5% 이상 감축하기 위해 자국이 공약한 수준으로 감축하도록 한다. 예컨대 부속서상 유럽공동체나 일본 등 주요 선진국의 경우 1990년 대비 8% 감축을 공약한 바 있다. 교토의정서는 또한 온실가스를 보다 구체화하여 이산화탄소(CO_2), 메탄($CH4$), 이산화질소(N_2O), 수소불화탄소(HFCs), 과불화탄소(PFCs), 육불화황(SF_6) 등 6개로 한정하되 이들 온실가스의 총 인위적 배출량을 이산화탄소 기준으로 환산한 양을 감축대상량으로 하는 소위 바스켓(basket) 방식을 취하고 있다. 그리고 온실가스 감축의무가 부과되는 국가는 기후변화협약체제와 동일하게 모든 국가가 아닌 일부 특정 국가로서 부속서 B에 기재된 국가들이며 부속서 B에는 이들 국가가 공약한 감축량이 2005년 기준으로 구체적인 비율로 기재

---

42) 협약 제4조 제3항~제5항.
43) 기후변화협약의 당사국이지만 교토의정서에 비준하지 않은 국가는 회의에 참관인 자격으로 참가한다.
44) 우리나라는 1998년 9월 25일 의정서에 서명하고 2002년 11월 8일 비준하였다.

되어 있다.45)

교토의정서는 온실가스를 감축하기 위한 수단과 방법으로 부속서 B의 국가군이 교토의정서의 목적을 이행하기 위해 에너지 효율화정책, 온실가스 흡수원인 저수지의 보호, 지속가능한 산림 및 농업정책, 재생에너지의 연구 및 이용 증진, 운송수단의 변화 등 여러 수단을 제시하고 있다.46) 나아가 교토의정서는 이외에 새로운 정책적 수단인 3가지의 유연 메커니즘(flexibility mechanism)으로 국제배출거래제(International Emission Trading System), 공동이행제도(Joint Implementation), 청정개발체제(Clean Develop Mechanism: CDM)를 제시하고 있다.

국제배출거래제(International Emission Trading System) 또는 배출권거래제(Emission Trading: ET)는 온실가스 감축의무국 상호간 의무를 이행하고도 여유 있는 배출량 의무를 이행하지 못한 국가에게 상품이나 권리증서와 같이 매매할 수 있도록 하는 제도이다.47) 즉, 온실가스의 국가별 총배출한도를 설정한 후 동 한도 내에서 배출권을 부여하고 온실가스 감축의무 국가가 의무감축량을 초과하여 달성하였을 경우, 이 초과분을 다른 온실가스 감축의무국가와 거래할 수 있도록 하는 제도이다.48) 이때 거래되는 단위를 '국가별배출허용량'(Assigned Amount Units: AAUs)이라 한다.49) 국제배출거래제는 특정 환경목표를 달성하는 데 소요되는 비용을 최소화할 수 있다는 장점과 시장에서 배출권이 수요공급의 원칙에 의해 거래되므로 배출권의 희소성에 따라 가격이 상승하여 결과적으로 자발적인 온실가스 감축을 유도할 수 있다는 장점도 부각되고 있다.

공동이행(Joint Implementation: JI)제도는 협약 부속서 I 국가 상호간 온실가스 감축사업을 공동으로 수행하는 것을 인정하는 것으로 한 국가가 다른 국가에 투자하여 감축한 온실가스 감축량의 일부분을 투자국의 감축실적으로 인정하는 제도이다. 이러한 공동사업을 통해 감축된 수치를 배출저감량(Emission Reduction Units: ERUs)이라 한다.50) 동 제도는 부속서 I상의 국가 중 자본과 기술력을 보유한 OECD 국가들이 동구권 국가 등

---

45) 부속서 B 국가군은 협약 부속서 I 국가군과 거의 유사하나 부속서 I 국가 중 벨라루스, 터키는 제외되었으며 새로이 크로아티아, 리히텐슈타인, 모나코, 슬로베니아 등이 추가되었다.

46) 교토의정서 제2조 제1항 (a).

47) 배출권거래제도는 의정서 제17조에 언급이 되어 있으나 제7차 당사국총회에서 결정된 마라케쉬 결정문 제18장에 세부적인 형태, 규정 및 지침이 기술되어 있다.

48) 배출권거래를 실행하는 부속서 I 국가는 대상 사업장의 배출권거래제 참여승인을 하고 교토의정서에 근거한 온실가스 감축목표를 고려하여 참여 사업장별로 허용 총배출량을 할당한다.

49) 의정서 제6조. 이외에도 토지이용, 토지이용변경 및 조림활동(Land Use & Land Use Change and Forestry: LULUCF)에 근거한 온실가스흡수량인 RMUs(Removal Units)가 있다.

50) 의정서 제6조.

부속서 B 국가들(터키와 벨라루스를 제외한 부속서 I 국가)과의 공동사업을 통해 발생하는 온실가스 감축분을 사업자 상호간 합의와 당사국의 승인을 통해 이전시키는 제도이다.[51] 따라서 투자국은 저비용으로 온실가스 저감실적을 쌓을 수 있으며, 유치국에서는 자본 및 기술 유입 그리고 결과적으로는 자국내 온실가스 감소로 환경적인 편익을 얻을 수 있다는 장점이 있다.

청정개발체제(Clean Development Mechanism: CDM)는 부속서 I 국가 사이의 공동사업이라는 공동이행제도와는 달리 부속서 I 국가와 부속서 I에 기재되지 않은 국가들 상호간의 공동사업을 통해 온실가스 배출저감을 도모하는 제도이다. 즉, 부속서 I에 기재된 국가가 비부속서 I 국가에서 온실가스 감축사업을 수행하여 달성한 실적을 부속서 I 국가의 감축목표 달성에 활용할 수 있도록 하고 있으며, 이를 통해 발생되는 감축분을 '저감인증권'(Certified Emission Reductions: CERs)이라 한다.[52] CDM 사업은 부속서 I 국가에게는 저비용의 투자로 온실가스 감축목표 달성을, 비부속서 I 국가에게는 투자유발 및 환경친화적 기술이전 촉진의 효과를 가져온다. CDM 사업은 관련된 투자국 및 유치국 정부의 국가승인기구(Designated National Authority)로부터 승인을 획득하여야 하는데 해당 사업을 승인할 시에는 CDM 사업으로 인해 해당 사업이 없었을 때와 비교하여 추가적인 온실가스 감축효과가 발생하는 경우 승인하여야 한다. 이를 '추가성'(Additionality)원칙이라 한다.[53] CDM 사업은 CDM 집행위원회의 관리·감독하에 실행된다.

교토의정서가 규정한 시장 메커니즘에 의해 거래되는 배출권 또는 크레딧(AAUs, CERs, ERUs, RMUs)은 모두 등가로 거래되어 호환(fungibility)이 가능하다. 다만 이러한 시장 메커니즘의 남용으로 인한 폐해를 막기 위해 의정서는 교토 메커니즘의 활용이 온실가스 감축을 위한 주된 수단이 아니라 국내조치의 보조적 수단이 되어야 한다는 '보조성'(supplementarity) 원칙을 규정하고 있다.[54] 특히 CDM 사업으로부터 발생한 CERs가 지나치게 많아져서 시장 자체가 교란되는 일이 없도록 하기 위해 마라케쉬 합의문은 비교적 구체적으로 요건을 명시하고 있으며, 합의문에 의해 설립된 CDM 집행위원회가

---

51) 이와 유사한 제도로서 소위 국가 사이에 공통적인 목표를 설정하는 '버블'(bubble) 제도가 있는데, EU 국가들은 개별적으로 온실가스 감축목표를 달성하지 않고 EU 역내 국가들의 총량으로 달성할 수 있도록 교토의정서는 규정하고 있다. 의정서 제4조.

52) 의정서 제12조, 마라케쉬 결정문 제17장에 세부적인 형태·규정 및 지침 참조.

53) 마라케쉬 결정문 제17장 지침 참조.

54) 이 원칙은 마라케쉬 합의문에서도 다시 인용되고 있지만, 합의문은 교토 메커니즘의 활용과 관련한 수량적 상한선을 제시하지 않았다. 일각에서는 교토 메커니즘의 무제한적인 활용을 용인한 것과 다름없다는 비판이 있기도 하지만, 실질적으로 리스크와 비용 때문에 교토 메커니즘의 활용은 현재까지는 제한적이어서 아직은 우려할 단계는 아니라는 평가이다.

계속적인 논의를 거쳐 규칙을 제정·감독하고 있다.

상기의 세 가지 온실가스감축의 수단들, 소위 교토 메커니즘은 시장기반적 접근방법(market-based approaches)으로 온실가스배출감소와 경제성장이라는 상관관계를 고려하여 기존의 규제적 접근방법과는 달리 시장의 기능을 통해 온실가스를 감축하고자하는 기능적 방법을 취하고 있다. 이는 온실가스감축은 경제적 관점에서 감축비용이가장 저렴한 곳에서 발생할 수밖에 없으므로 이를 보장하는 차원에서 비용효율적 관점의 접근방법에서 시작되었으며 나아가 감축분을 거래하도록 하여 시장의 수요공급원칙에 의해 감축분의 가격이 상승함으로 인해 자발적 감축을 유인하는 제도라 할 수있다.55)

현재 교토 메커니즘을 구현하기 위한 배출권거래제도는 유럽을 중심으로 시행되고있으며 미국과 호주 등 일부 국가는 교토의정서와는 별개의 배출권거래제도를 시행하고있다. 유럽의 경우 2003년 채택된 배출권거래제도에 관한 지침(Directive 2003/87/EC)을토대로 유럽탄소배출시장(EU-ETS, Emission trade system)을 2005년 1월 1일부터 시행하고 있는데 이는 다국간 또는 광범위한 지역을 대상으로 하는 최초의 지역 배출권 거래시장이자 현재 시행되고 있는 것 중 가장 규모가 큰 시장이기도 하다. 미국의 경우2009년 6월 26일 연방 차원의 배출권거래제 도입을 목적으로 배출권 할당 등을 주요내용으로 포괄적인 에너지 및 기후변화 관련 법안으로 평가되었던 청정에너지 및 안전법(American Clean energy and Security Act)이56) 하원을 통과하였으나 상원에서 폐기된 상태이다. 그러나 기존의 청정대기법(Clean Air Act)에서도 배출권거래제도를 규정하고 있으며 일부 주에서는 이미 배출권거래제도를 시행하고 있고 마찬가지로 호주에서도 주정부 차원에서 배출권거래제도가 시행되고 있는데 New South Wales주의 경우 2003년부터 시행하고 있다. 우리나라는 2012년 온실가스할당 및 거래에 관한 법률이 통과되어,2015년부터 탄소배출거래 시장이 운영되고 있다.

55) H. Van Asselt and J. Gupta, "Stretching Too Far? Developing Countries and the Role of Flexibility Mechanisms Beyond Kyoto", *Stanford Environmental Law Journal*, vol.28, 2009, p. 311.
56) H.R.2454. 일명 Waxman-Markey 법안.

V. 파리협정

1. 성립과정

2011년 남아프리카 공화국 더반에서 더반 합의문에 따라 출범된 ADP(Ad hoc Working Group on the Durban Platform for Enhanced Action)를 중심으로 신기후체제를 위한 협상이 개시되었으며, 당사국총회는 2015년까지는 새로운 국제문서를 도출해야 한다는 데 동의하였다. ADP는 특히 적응, 재정, 기술개발 및 이전, 역량배양, 투명성 문제에 대해서도 논의했는데, 이는 그만큼 파리협정이 다루게 되는 영역이 늘어나고 그 규율내용이 구체화되는 계기가 되었다. 그 사이 ADP를 통한 협상회의가 파리 당사국총회가 개최되기까지 15차례 개최되었다. 2015년 2월 제네바에서 개최된 ADP 협상회의에서 제네바 텍스트(Geneva Text)를 마련한 후 약 10개월간 집중적인 협상을 거쳤다. 결국 2015년 11월 30일부터 12월 12일까지 프랑스 파리에서 개최된 기후변화협약 제21차 당사국총회는 EU 및 195개국이 모두 함께 참여하여 파리협정이라는 역사적인 결과물을 채택하였다. 이는 개도국과 선진국 모두가 국가별 기여방안(Nationally Determined Contribution: NDC)의 제출을 통해 자발적으로 감축목표를 설정하고 정기적으로 이행점검을 받는 국제법적 기반을 마련하는 것이다.

파리협정은 기후변화협약 제17조에서 예정하고 있는 협약의 의정서로 채택되지는 않았다. 다만, 파리협정 전문 첫 번째에서 세 번째 문장 및 제2조 제2항에서 기후변화협약을 줄곧 언급함으로써 협정이 기후변화협약을 토대로 발전한 국제적 합의라는 점을 잘 나타내고 있다. 이에 반해 파리협정은 여전히 발효 중인 교토의정서에 대해서는 아무런 언급을 하지 않고 있는데, 이로써 파리협정은 교토의정서와는 완전히 다른 신기후체제라는 점을 드러내고 있다. 즉, 교토의정서와 파리협정은 대체관계에 있는 조약이 아니라, 기후변화협약하의 별개의 조약인 것이다.

기후변화협약 제21차 당사국총회에서는 개도국의 입장을 대변하는 중국과 G77 국가들로 구성된 개도국 그룹, 선진국의 입장을 대변하는 EU 및 Umbrella 그룹, 개도국과 선진국의 중간적인 입장에 있었던 대한민국, 스위스, 멕시코, 리히텐슈타인, 모나코로 구성된 환경건전성그룹(Environmental Integrity Group: EIG) 등 다양한 협상그룹들이 파리협정 채택을 위한 협상에 임하였으며, 다양한 협상그룹의 이해를 반영하다 보니 파리협정이 교토의정서와는 달리 다소 약한 의무만을 규정하고 있다는 평가도 받는다. 즉, 파리협정에서 가장 중요한 감축의무는 각국이 개별적으로 제출한 NDC에 의하는데, NDC는 당사국 스스로가 결정해 제출하는 것이라는 점에서 이는 상향식 방식(bottom-up approach)라고 할 수 있다. 또 당사국총회에서 논쟁거리가 되었던 기후변화로 인한 손실과 피해에 대해서도 결국 별개의 규정이 마련되었다. 결과적으로 주요 선진국들과 개도국들의 타협과 절충의 산물이 바로 파리협정인 것이다.

파리협정은 2015년 12월 12일 성립하였는데, 채택일로부터 1년도 되지 않은 2016년 11월 4일 발효하였으며, 2020년 3월 현재 우리나라를 포함하여 189개국이 당사국으로 되어 있다. 애초 동 체제가 정식으로 출범하기까지 약 5년의 시간이 필요할 것으로 예견된 바 있다. 이에 따라 "Post-2020"이라는 표현이 자주 사용되었으며, 체제가 공식적으로 출범하기 전까지 협정을 더욱 구체화할 계획이었다. 하지만 2016년 11월 미국의 대선을 앞두고 당시 공화당 대통령후보였던 도널드 트럼프가 선거운동 과정에서 파리협정 불참을 공언하자 전 세계는 상호협력에 기초하여 파리협정의 조기 비준과 발효로 화답하였다. 아이러니하게도 트럼프의 불참 선언이 파리협정의 발효를 앞당기게 된 것이다.

2. 기본원칙

파리협정에서는 기후변화협약의 기본원칙들을 전문(Preamble)에서 재확인하면서 기존 교토의정서의 부속서 I 국가들과 함께 온실가스 배출감축에 동참하게 되는 개도국들의 이익을 대변하는 원칙들과 개념들을 명시하였다. 대표적으로 온실가스 감축에 있어서 기후변화협약 제3조에서 명시하고 있는 "공동이지만 차별적인 책임원칙"(common but differentiated responsibilities)과 함께 당사국들의 개별 역량(respective capabilities) 및 국가별 상황(national circumstances)을 함께 고려해야 한다는 점을 전문에 포함시켰다.

개도국의 입장을 반영하는 새로운 개념들도 전문에 함께 명시되었다. 해양을 포함한 전 생태계의 건전성과 생물다양성의 보호에 중점을 두고 형성된 개념인 어머니 지구(Mother Earth)와 기후변화 대응을 위한 조치를 취하는 데 있어서 고려해야 할 기후정의(climate justice)라는 개념을 직접 전문에서 언급하였다.

3. 장기목표

교토의정서에서와는 달리 파리협정은 온도목표를 제시하고 있다. 애초에 온실가스의 감축을 정량 내지 비율로써 정하거나, 온실가스의 배출의 정점에 이르는 시기를 정하는 방식 등도 고려되었지만, 코펜하겐 합의에서 이미 등장한 바 있는 온도목표가 파리협정의 장기목표가 되었다.

파리협정은 제2조에서 협정의 장기목표를 명시적으로 제시하였다. 기본적으로 기후변화의 위협에 대한 세계적 대응의 강화를 목표로 하면서 산업화 이전수준 대비 지구의 기온상승을 $2°C$보다 훨씬 아래로(well below) 제한하고, 상승폭을 $1.5°C$ 이하로 제한하기 위해 노력할 것을 장기목표로 설정하였다. 선진국이 주장한 $2°C$ 이내 제한과 도서국가 및 기후변화 대응에 취약한 개도국들이 제안한 $1.5°C$ 이내 제한을 타협하여 양측의 주장이 모두 녹아 들어 있는 표현을 사용한 것이다. 이러한 장기목표를 제시하면서 형평성(equity)과 공동이지만 차별적인 책임원칙을 반영하여 목표를 이행할 것을 재차 확인한 점은 개도국들의 입장을 충분히 고려한 것으로 판단된다.

파리협정은 제2조에서뿐만 아니라, 제4조 제1항에서도 목표를 제시하고 있는데, 여기서는 온도목표가 아닌 온실가스 배출의 정점과 관련된 기준을 제시하였다. 즉, 당사국들은 21세기 중반까지는 온실가스 배출의 정점에 이르러야 하며, 21세기 후반부에는 생성되는 온실가스와 온실가스의 흡수가 균형을 이루어 지구상 온실가스가 일정하게 유지되는 상태에 이르러야 한다는 것이다.

4. 행동의무와 지원의무

파리협정 제3조에서 제8조까지는 당사국의 행동의무에 대해 규정하고 있다. 파리협정 제3조부터 제6조까지는 국가별 기여방안, 즉 NDC의 제출에 따른 온실가스 감축목표와 감축방식에 관한 내용을 기술하고 있고, 제7조는 적응, 제8조는 손실과 피해에 대해 다루고 있다.

제3조에서 규정하고 있는 NDC는 기본적으로 감축, 적응, 재정, 기술개발 및 이전, 역량배양, 투명성 등 6개 요소를 포함하여야 하는데, 개도국에 대해서는 지원이 필요함을 확인하였는데, 이에 따라 일부 개도국은 자신의 감축목표와 선진국의 지원을 적극적으로 연계할 것임을 표명하기도 하였다. 이를 통해 당사국들은 온실가스 배출 정점에

최대한 빠른 시기에 도달하고 그 후에는 배출을 급속도로 감소시키는 것을 목표로 하면서, 개도국의 경우에는 배출 정점의 도달이 지연될 수 있음을 함께 확인하였다.

각 당사국들은 제4조에 따라 주기적으로 감축목표를 제출하고 이 목표를 달성하기 위해 노력할 의무, 더 나아가 목표를 도전적으로 설정하고 목표를 지속적으로 높일 의무를 갖는다고 할 수 있다. 하지만 NDC에 따른 감축의무는 해당국이 다른 당사국에 대하여 행한 대세적 약속으로 볼 수 있으며, 이렇게 볼 경우 NDC에서 정한 감축목표는 국제법상 구속력 있는 국가의 의무로도 평가될 수 있다. 다만 이는 목표를 달성할 결과 의무가 아니라, 목표달성을 위해 노력할 과정상의 의무에 지나지 않는다. NDC와 관련해서도 공동이지만 차별적인 책임원칙이 적용되며, 제4조는 개발도상국에 대한 배려와 지원에 대한 내용도 포함하고 있다. 제출된 NDC는 교토의정서의 부속서 체계에서와는 달리 조약의 부속서가 아니라, 기후변화협약 사무국이 운영하는 등록부(registry)에 기재된다. 제5조에서는 산림 등 온실가스 흡수원을 통한 배출량의 흡수에 대해 규정하고 있다.

기본적으로 당사국들은 NDC 달성을 위해 자국 내에서의 감축에 힘써야 하겠지만, 파리협정 제6조는 교토의정서의 시장 메커니즘과 마찬가지로 해외감축을 통하여 자국의 목표달성에 보탬이 될 수 있도록 하는 제도를 마련하고 있다. 새로이 국제적으로 이전되는 감축결과(Internationally Transferred Mitigation Outcomes: ITMO)라는 개념을 도입하여 그 구체적인 실시방안에 대한 협상을 진행하고 있다. 제4항에 따라 교토의정서상의 CDM이나 JI와 마찬가지로 국제적인 시장 메커니즘을 활용할 수 있으며, 더 나아가 이른바 협력적 접근법이나 비시장 접근법을 통해서도 목표를 달성할 수 있다. 아직 이 체계들이 어떻게 운영될 것인지에 대한 구체적인 방안은 나오지 않고 있으나, APA(Ad hoc Working Group on Paris Agreement)를 통한 논의에서 보다 구체적인 운영방안이 도출될 것으로 기대된다.

파리협정은 온실가스 감축목표에 관한 내용과 함께 제7조에서 기후변화에 대한 적응방안에 대해서도 규정하고 있다. 기후변화에 대한 적응은 인류, 생활터전 및 생태계를 보호하기 위한 장기적인 대응방안으로 중요한 역할을 수행하며, 이를 위해서는 개도국들에 대한 지원과 국제협력이 동반되어야 한다는 점이 함께 명시되어 있다. 특히 미약한 형태이기는 하지만, 협정 제7조 제4항에 따라 개도국의 적응조치는 선진국의 감축의무 및 지원의무 이행과 연결되어 있는데, 개도국의 적응 문제에 있어 선진국의 역할이 중요하다는 점이 다시 한번 확인된 것이라고 할 수 있다.

파리협정 제8조에 따라 기후변화로 인해 발생하는 손실과 피해 문제가 당사국들의 행동의무에 편입되었는데, 이는 개도국이 줄곧 주장해온 바가 어느 정도 관철된 결과이다. 선진국들은 적응을 위한 자발적 지원은 가능하다고 보았지만, 이것이 기후변화에 대한 자신들의 책임과 결부되는 것을 꺼렸다. 이에 따라 동 조항이 배상책임(liability)이나 보상(compensation)의 근거가 될 수 없다는 점을 제21차 파리 당사국총회 결정문에서 확인하였는데, 이는 선진국들이 개도국을 지원할 용의는 있지만, 법적 책임을 지는 것은 아니라는 점을 분명히 한 것이다. 비록 협정 제8조가 선진국의 책임까지 인정한 것은 아니지만, 적어도 적응과는 별개의 범주로 확인했다는 점에서, 그리고 별개의 조문을 통해 강조되었다는 점에서는 의의가 있다고 평가되고 있다.

　　파리협정 제9조, 제10조, 제11조와 제12조는 지원체계에 대해 규정하고 있다. 제9조는 재정적 지원에 대해 규정하고 있는데, 재정지원은 주로 선진국의 의무이지만, 여타의 당사국들도 이에 참여하도록 장려된다는 점에 주목할 필요가 있다. 제21차 당사국총회 결정문에서는 2020년부터 일단 2025년까지 매년 최소 1,000억 달러 상당의 재원을 조성할 것을 강력하게 권고하고 있다. 향후 이의 달성 여부를 둘러싸고, 선진국과 개도국들이 대립할 가능성이 매우 커 보인다. 제10조는 기후변화에 대응하기 위한 선진국의 협력, 특히 기술개발과 기술이전에 대한 당사국의 의무를 규정하고 있다. '기술이전'이라는 기존의 용어에서 '기술의 개발과 이전'이라는 용어로 변경하여 기후변화 관련 기술개발의 중요성을 강조한 부분에 유의할 필요가 있다. 제11조는 당사국에게 기후변화 대응에 필요한 역량을 갖추는 것의 중요성과 이를 위해 당사국간 협력이 갖는 중요성에 대해 규정하였다. 제12조는 기후변화에 대한 공공인식 제고 노력에 대한 국제적 협력을 규정하고 있다.

5. 감독체계 주요 내용

　　파리협정은 기후변화에 대한 비교적 느슨한 의무체계를 갖고 있다는 평가를 받는데, 이를 해소하기 위한 방안이 다소 고안되어 있다. 우선 협정 제13조는 기후변화협약 및 교토의정서, 이후의 당사국총회 결정을 통해 도출된 각종 보고의무를 종합하고 강화하여 이를 하나의 투명성 체계(transparency mechanism)에 집약시켰다. 동 체계는 원칙적으로 선진국은 물론이고 개도국에 대해서도 적용되며, 보고의 대상 역시 행동의무에 대한 것뿐만 아니라, 지원의무에 대한 것까지를 포괄한다. 여기에는 각종 보고와 정보제공이 포함된다. 보고는 원칙적으로 격년으로 이루어져야 하며, 전문가그룹 검토를 받도록 되어 있다.

투명성 체계가 단기적 목표의 이행과 그 점검을 위한 것이라면, 전 지구적 이행점검은 장기적 목표에 대한 이행 정도와 향후의 발전방향을 위한 것이라고 할 수 있다. 협정 제14조는 각국의 감축노력을 평가하기 위하여 2023년부터 전 지구적 이행점검(global stocktake)을 실시할 것을 규정하고 있다. 이행점검은 2023년부터 5년마다 실시되어야 하고, NDC 제출의 주기 역시 5년으로 새로운 NDC 제출시 이행점검의 결과를 반영해야 한다. 2023년부터 실시되는 이행점검의 결과를 각국이 어떻게 자국의 NDC에 반영하고, 지구가 감내할 수 있는 온실가스 감축을 달성할 수 있을 것인가에 파리협정의 성패가 달려 있다고 볼 수 있다. 전 지구적 이행점검의 실시방법, 이에 따른 강화된 감축방안의 도출방안 등 향후 협상을 통해 해결해야 할 많은 사안들이 아직은 미해결 과제로 남아 있다.

파리협정 제15조는 이행과 비준수 대응 메커니즘에 대해 다루고 있다. 이행준수를 위한 메커니즘은 단일 위원회 형태로 설치하되 강제적이거나 징벌적인 성격이 아니라 촉진적인(facilitative) 성격을 지녀야 한다는 점을 명시하고 있다. 이미 교토의정서에서 제재적 이행강제가 국가들에게 환영받지 못하고, 실효성도 떨어진다는 점을 확인한 당사국들은 보다 촉진적이고 보조적인 준수체계를 마련하였다. 이에 따라 동 체계는 협정 비준수에 대한 비난보다는 준수방안을 제시하고, 기술적 지원을 제공하는 등 그 역할이 훨씬 순화되었다고 할 수 있다. 그러나 향후 당사국총회의 세부 협상결과에 따라 구체적 업무·역할이 정해질 것이다.

마지막으로 제21조에서는 파리협정의 발효에 관한 내용을 규정하고 있다. 파리협정은 최소 55개 당사국이 비준하고, 비준한 국가들의 온실가스 총 배출량이 세계 배출량의 55% 이상일 경우에 발효하는 것으로 규정되어 있는데, 발효 요건에 따라 2016년 11월 4일에 발효하였다.

6. 파리협정 이후의 당사국총회

파리협정 성립 당시부터 예고된 바와 같이 파리협정은 여전히 골격만 갖추었을 뿐, 이를 구체화하는 작업을 필요로 하였다. 이는 유엔기후체제의 하나의 특징이기도 하지만, 파리협정이 가지고 있는 특수한 상황도 반영된 결과이다. 교토의정서에서부터 우선 규범을 출범시킨 후 구체적인 내용을 협상하는 방식이 시도됨에 따라 점진적이고 소프트한(경성이 아닌 연성의) 규범형성의 과정은 유엔기후체제에 있어 전형적인 것이 되었다. 게다가 파리협정의 철회(withdrawal) 내지 취소(cancellation)를 줄곧 천명한 바 있던 도널드 트럼프의 영향으로 파리협정은 출범(발효)이 예정되었던 2020년보다 훨씬 빠른 2016년 발효를 위한 요건을 구비하게 되었다. 그 결과 파리협정 당사국회의의 회차는 협정이 어느 정도 구체화될 때까지 본래 차수에 일련번호를 추가로 부여하여 제1-1차, 제1-2차, 제1-3차 등의 차수로 진행되고 있다.

2016년 마라케시에서 개최된 제22차 기후변화협약 당사국총회(제12차 교토의정서 당사국회의 및 제1-1차 파리협정 당사국회의)는 파리협정을 구체화하기 위한 여러 작업 프로그램 협상을 보다 신속하고 집중적으로 진행할 것을 결의하면서 2018년, 즉 제24차 당사국총회(제1-3차 파리협정 당사국회의)에서는 그 결과물이 채택될 수 있도록 해야 한다는 데 의견이 모아졌다. 이는 파리협정이 채택될 당시 파리협정과 함께 채택된 결정문(Decision 1/CP.21)에 포함되었던 것으로 이를 두고 파리협정 작업프로그램(Paris Agreement Work Program: PAWP)이라고 일컫고 있다. 이 프로그램에 따라 파리협정을 위한 임시작업반인 APA에 가장 많은 업무가 위임되었으며, 기후변화협약의 부속기구인 SBI 및 SBSTA 등에도 파리협정 구체화와 이행을 위한 여러 사안들이 위임된 바 있다.

2017년 피지를 의장국으로 하지만, 실제로는 본에서 열린 제24차 기후변화 당사국총회(제14차 교토의정서 당사국회의 및 제1-2차 파리협정 당사국회의)는 마라케시에서 확인된 작업일정을 재확인하면서 프로그램 진행을 서두를 것을 촉구한 바 있다. 2017년 제23차 당사국총회를 기점으로 현재까지 정리된 성과는 그렇게 가시적인 것은 아니다. 다만, 많은 국가들이 제안서를 제출했고, 관련된 중간회의 및 워크숍이 개최되었으며, 각 당사국의 비공식적인 의견교환과 논의과정에 대한 비공개적 기록이 축적되고 있는 상황이다. 이러한 기록의 축적은 비단 정책적 방향설정에 관한 것에 머물지 않고, 기술적이고 실무적인 것까지를 포괄한다. 이러한 자료들을 근거로 여러 옵션들을 포함한 협상안을 준비하여 최종협상에 임할 것으로 예상되었다.

2018년 12월 폴란드 카토비체에서 열린 제24차 당사국총회에서 파리협정 임시작업반, 협약의 보조기관인 SBI, SBSTA 등을 통하여 파리협정의 이행을 구체화하기 위한 세부 규정 마련을 위한 협상이 진행된 바 있다. 지난 3년간의 협상의 결과는 200여 페이지에 이르는 마라케시 합의문과 마찬가지로 방대한 형태의 구체적 이행규정(rule book)으로 정리될 예정이었는데, 결과적으로 130여 페이지에 이르는 결정문이 나오게 되었다. 룰북 협상이라고도 불리는 일련의 협상의 결과는 2018년 대부분 타결되었으나,

아직 협정 제6조의 시장 메커니즘에 관한 세부 이행규칙이 마련되지 않는 등 미해결 과제들이 남아 있는 실정이다. 향후의 당사국총회 결정을 통하여, 카토비체에서 여전히 합의를 이루지 못한 사항에 대해서는 늦어도 2020년까지는 룰북이 마련될 것으로 보인다.

생각하기

1. 우리나라의 중국발 미세먼지(PM-2.5) 해결을 위한 국제법적 대응방안은 무엇인가?

2. 오존층 파괴물질 규제를 위한 몬트리올의정서는 환경보호와 무역규제라는 새로운 시도로 성공을 거두었다. 기후변화협약은 기존의 규제 방식이 아닌 시장 메커니즘을 이용한 새로운 시도를 하고 있다. 양자의 공통점과 차이점을 논의해 보자.

3. 기후변화협약 논의에서 중국을 비롯한 개도국들의 주장인 선진국들의 역사적 책임에 기인한 공동이지만 차별적인 책임은 형평 논의에 부합하는가? 여기서의 형평은 북해대륙붕 사건에서의 분배적 정의의 형평과 동일한 것인가?

4. 2013년 폴란드 바르샤바에서 열린 제19차 기후변화협약 당사국총회에서는 온실가스로 인한 손해 및 손실에 대한 책임을 논의하는 소위 Loss & Damages Warsaw Mechanism 설립 합의가 있었다. 지구온난화로 해수면이 상승하여 국토가 가라앉고 있는 투발루나 2013년 초대형 태풍 하이얀으로 피해를 입은 필리핀은 온실가스 주요 배출국에게 국가책임을 주장할 수 있는가?

5. 교토의정서상의 온실가스 감축방식과 파리협정상의 온실가스 감축방식은 어떻게 다른가?

제5절 ● 우주활동과 환경보호

I. 서 언

일정한 영역에서 인간의 활동이 증가하면 필연적으로 자연상태의 훼손이 발생한다. 그 훼손이 자연의 자정능력 범위를 벗어나면 환경파괴가 발생하고 오염문제가 발생한다. 우주공간은 1957년 구소련의 Sputnik 1호 발사 이후 인간의 활동영역으로 들어오게 되었고 거의 50개국에 달하는 국가가 다양한 형태의 우주활동을 하고 있어 그로 인한 환경침해가 실제로 발생하거나 그 가능성이 예측된다.

우주활동은 두 가지 측면에서 환경보호라는 중요한 문제와 연결되어 있다. 하나는 우주환경보호의 특징적 요소의 하나로 급격한 기술발전에 의한 위험에의 노출이 지적되고 있는 것에서 볼 수 있듯이, 우주활동에 고도의 기술이 사용되고 이들 기술이 원자력 기술 등과 같이 상당한 환경에의 위험을 고유하게 내포하고 있다는 것이다. 다른 하나는 천체를 포함한 우주공간은 극히 일부를 제외하고 아직 인간의 손이 미치지 않은 처녀지로 인간의 활동으로 인한 영향이 다른 공간에 비하여 크고 미치는 영향의 내용과 정도를 정확하게 파악하기 어렵다는 것이다.[57]

우주활동에 의한 환경문제 제기 가능성을 극명하게 보여주었던 사례는 1978년 구소련의 코스모스 954호 핵추진 인공위성이 캐나다 영토에 추락하여 상당한 면적의 토지에 방사선오염을 야기시켰던 사건이다.[58] 이 사건은 국제법원에 의하여 법적인 해결을 보지 않아서 핵심 쟁점에 대한 법규범을 밝혀낼 기회는 없었지만 정치적 타결이 이루어지는 과정에서 법적 함의를 가질 수 있는 상황이 있었기 때문에 여전히 의미가 있는 사건으로 평가된다.

---

57) 이재곤,「우주활동과 국제환경법」(충남대학교 출판부, 2009), 19~20면; 동지, L.I. Tennen, "Evolution of the Planetary Protection Policy: Conflict of Science and Jurisprudence?", *Proceedings of the 45th IISL Colloquium*(2002), p.466.

58) 구소련(러시아)의 핵추진위성 COSMOS 954 추락에 의한 손해에 대한 구소련과 캐나다간 분쟁(1978년), Canada: Claim against the Union of Soviet Socialist Republics for Damage Caused by Soviet Cosmos 954, 18 ILM 899 (1979); Canada-Union of Soviet Socialist Republics: Protocol on Settlement of Canada's Claim for Damages Caused by "Cosmos 954", 20 ILM 689 (1981). 4.5톤의 구소련 해양감시위성이었던 Cosmos 954가 1978년 1월 4일 약 50kg의 우라늄으로 추진되어 운행하던 중 일부는 대기 중에서 연소되고 분해되어 북캐나다 Great Slave Lake지역에 추락하였다. Cosmos 954의 연소되지 않고 추락한 잔해들은 캐나다의 Alberta주와 Saskartchewan주에 걸쳐서 발견되었다. 잔해들 중 두 조각을 제외한 잔류물은 방사능을 방출하였고 그중 대부분은 치사량의 방사선을 방출하고 있었다. 회복작업을 위해 1,400만 캐나다달러가 소요되었고 1978년 10월 15일에 작업이 종료되었다. 캐나다는 1979년 1월 23일 당시 소련을 상대로 600만 달러의 손해배상을 요구하였고 1981년 4월 2일 양국은 300만 캐나다달러의 배상에 합의하였다. 캐나다는 자국의 배상요구근거로 책임협약을 언급하였지만 정치적으로 해결되면서 책임의 법적 근거에 대한 직접적인 언급이 이루어지지 못하였다. 이 사건에서 우주잔류물(space debris)이 책임협약상의 우주물체에 해당하는가에 대한 해석이 이루어질 수 있었던 점, 책임협약이 우주잔류물에 의한 손해에 대하여 적용될 수 있는지, 손해발생의 결과로서 책임을 부담하는 절대책임원칙의 적용가능성 등에 대한 해석이 이루어질 수 있었던 기회였으나 법적인 해결이 이루어지지 못하여 아쉬움이 남는 사건이다.

Ⅱ. 우주활동으로 인한 오염유형

우주활동으로 인한 오염유형은 우주잔류물(space debris)에[59] 의한 오염, 화학방출물에 의한 오염, 생물학적 오염, 방사선오염 등으로 대별할 수 있다. 기술의 발전으로 우주자원개발이 현실화되는 경우 이에 따른 우주환경오염 또는 훼손의 문제가 야기될 수 있지만 현재 상황으로는 현실화되기까지 많은 시간이 흘러야 할 것으로 보인다. 현 제기된 문제 중 우주잔류물에 의한 오염이 가장 심각하고 그만큼 국제적인 대응이 이루어지고 있는 유형이다. 우주잔류물에 의한 환경오염은 주로 우주공간 이용에 방해를 주는 형태로 이루어지지만 우주잔류물이 지구상으로 추락하여 환경오염문제를 야기하는 경우도 있다. 우주활동이 증가하면서 화학방출물에 의한 오염과 생물학적 오염의 문제도 가까운 시일 내에 대응이 필요한 상황이 될 수 있다.

화학방출물의 배출요인은 크게 두 가지로 구분할 수 있다. 하나는 우주물체의 발사와 활동동력을 얻기 위한 연료의 연소과정에서 발생하는 화학물질의 배출이고, 다른 하나는 우주공간에서의 과학실험 수행을 위한 화학물질의 방출이다. 전자의 경우에는 우주물체의 발사가 빈번해지면서 카자흐스탄의 발사장 주변지역에서 대기 등의 오염에 대한 우려가 제기되고 있다. 하지만 후자의 경우에는 아직 우려할 수준은 아닌 것으로 평가된다.

생물학적 오염은 지구의 미생물이나 박테리아가 우주공간에 유입되는 지구생물체에 의한 우주공간오염(forward contamination)과 우주의 미생물 또는 기타 생명체가 지구환경으로 이전되어 문제를 야기하는 우주생물체에 의한 지구의 오염(backward contamination)의 두 가지 형태로 일어날 수 있다.

방사선 오염은 전자파 또는 방사능물질의 방출로 발생하는 것이다. 이 중 전자파는 지구나 우주공간에 있는 강력한 전파송출기로부터 나오는 것으로 위성통신과 전자 천체관측을 방해할 수 있는 광범위한 지역의 전기 및 전자장을 만들어 낸다. 방사능물질은 핵추진연료를 사용하는 위성이 궤도상에서 감마선을 방출하여 천체관측에 영향을 주거나 궤도상에 있다가 파괴되어 방사선을 방출하여 우주환경 또는 우주활동에 위험을 야기할 수 있다.

---

59) 'space debris'를 번역하여 우주폐기물, 우주잔해, 우주파편 등의 용어도 사용되고 있는데 이 책에서는 우주잔류물이라고 표현한다.

Ⅲ. 국제법적 규제

1. 우주조약[60]

우주환경보호와 관련하여 우주조약상 가장 중요한 조항은 제9조인데 다음과 같이 규정하고 있다.

달과 기타 천체를 포함한 외기권의 탐색과 이용에 있어서 본 조약의 당사국은 협조와 상호원조의 원칙에 따라야 하며, 본 조약의 다른 당사국의 상응한 이익을 충분히 고려하면서 달과 기타 천체를 포함한 외기권에 있어서의 그들의 활동을 수행하여야 한다. 본 조약의 당사국은 유해한 오염을 회피하고 또한 지구대기권외적 물질의 도입으로부터 야기되는 지구 주변에 불리한 변화를 가져오는 것을 회피하는 방법으로 달과 천체를 포함한 외기권의 연구를 수행하고, 이들의 탐색을 행하며 필요한 경우에는 이 목적을 위하여 적절한 조치를 채택하여야 한다. 만약, 달과 기타 천체를 포함한 외기권에서 국가 또는 그 국민이 계획한 활동 또는 실험이 달과 기타 천체를 포함한 외기권의 평화적 탐색과 이용에 있어서 다른 당사국의 활동에 잠재적으로 유해한 방해를 가져올 것이라고 믿을 만한 이유를 가지고 있는 본 조약의 당사국은 이러한 활동과 실험을 행하기 전에 적절한 국제적 협의를 가져야 한다. 달과 기타 천체를 포함한 외기권에서 다른 당사국이 계획한 활동 또는 실험이 달과 기타 천체를 포함한 외기권의 평화적 탐색과 이용에 잠재적으로 유해한 방해를 가져올 것이라고 믿을 만한 이유를 가지고 있는 본 조약의 당사국은 동 활동 또는 실험에 관하여 협의를 요청할 수 있다.

이 조항은 1) 다른 국가의 이해관계에 합치되게 우주활동을 수행할 의무, 2) 해로운 오염 및 불리한 변화를 회피하도록 우주공간을 연구 및 탐사하고 필요한 경우 이를 위한 적절한 조치를 채택할 의무, 3) 타국의 우주활동에 해로운 간섭을 잠재적으로 야

---

60) 정식명칭은 달과 기타 천체를 포함한 외기권의 탐색과 이용에 있어서의 국가 활동을 규율하는 원칙에 관한 조약(Treaty on Principles Governing the Activities of States in the Exploration and Use of Outer Space, including the Moon and Other Celestial Bodies), 1967년 1월 27일 체결, 한국에 대하여는 1967년 10월 13일 발효, 619 UNTS 205.

기할 수 있는 경우 협의할 의무 등 세 가지 의무를 담고 있다. 하지만 이러한 의무의 강제성에 대하여 의문이 제기되는데 '해로운 오염', '불리한 변화' 등의 조문상의 문구가 너무 일반적이라는 점, 특정한 행위를 명확하게 명시하여 협의하라고 지정하지 않고 주관적으로 협의상황을 결정하도록 하였고 거부가 가능하게 한 점을 근거로 든다.

우주환경의 보호와 직접적인 관련 조항은 제9조 외에도 다른 국가의 우주활동을 방해할 수 있는 방법으로 우주환경을 변화시킬 수 없다는 것을 간접적으로 선언하는 효과를 갖는 제1조, 우주활동을 UN헌장을 포함한 국제법에 따라 국제평화와 안전의 유지를 위하여 그리고 국제적 협조와 이해를 증진하기 위하여 수행하도록 하여 우주공간의 오염에 의한 국제적 협력저해가 일어나지 않도록 간접적인 영향을 미칠 수 있는 제3조, 군사 활동을 금지하여 관련활동으로 인한 우주환경파괴를 막는 효과를 가진 제4조, 천체를 포함한 외기권에서 발견한 우주인의 생명과 건강에 위험을 조성할 수 있는 모든 현상에 대한 보고의무를 규정하여 간접적인 관련을 갖는 제5조, 우주활동으로 인한 당사국 또는 그 법인 및 자연인에게 미친 손해를 배상하도록 규정하여 오염으로 인한 책임문제를 다루는 기본원칙을 제공하고 있는 제7조, 우주물체의 등록의무를 규정하여 우주활동으로 인한 오염의 책임귀속문제에 중요한 의미를 갖는 제8조 등이 열거될 수 있다.

2. 달조약[61)

달조약 중 환경보호에 관한 핵심조항은 제7조인데 다음과 같이 규정하고 있다.

1. 달을 탐사하고 이용함에 있어, 당사국은 달 환경에 불리한 변화를 줌으로써 또는 외계환경물질 또는 기타의 유입을 통한 해로운 오염에 의하여든, 달 환경의 기존 균형을 깨지 않도록 조치를 취하여야 한다. 당사국은 또한 외계환경물질 또는 기타의 유입을 통한 지구환경에의 해로운 영향을 피하기 위한 필요한 조치를 취하여야 한다.

2. 당사국은 이 조항 제1항에 따라 자국이 채택하고 있는 조치를 UN사무총장에게 통보하여야 하며, 가능한 최대한의 범위에서 달에 핵물질을 배치한 사실과 그 배치

61) 정식명칭은 달 및 기타 천체에서의 국가 활동에 관한 협정(Agreement Governing the Activities of States on the Moon and other Celestial Bodies), 1979년 12월 18일 체결, 1984년 7월 11일 발효, 한국은 아직 가입하지 않음, 1363 UNTS 3.

목적을 사전에 UN 사무총장에게 통보하여야 한다.

3. 당사국은 타당사국과 사무총장에게 타국의 권리를 침해함이 없이 UN의 권한 있는 기관과 협의하여 그에 대해 특별한 보호조치가 마련될 국제과학보존지구와 같은 지역을 지정할 것인가를 고려하기 위하여 특별한 과학적 이해관계를 가진 달 지역에 관하여 보고하여야 한다.

이 조항은 우주조약에 비하여 진전된 내용을 담고 있는 것으로 평가되는데 달 및 기타 천체의 기존 균형을 파괴하는 것을 금지하는 것을 주요 의무로 규정하고 있고 불리한 변화와 해로운 오염 및 기타 행태의 방해를 회피하여야 한다고 의무내용을 특정하고 있다는 점이 대표적으로 진전된 내용이다. 또한 '지구물질에 의한 달의 오염'(forward contamination)과 '우주물질에 의한 지구환경의 오염'(backward contamination) 및 기타 행태의 오염을 회피하도록 규정하고 있는 점도 지적된다. 하지만 여전히 모호한 용어를 사용하고 있는 점, 아직 당사국수가 18개국으로 극히 제한적인 국가에만 적용되고 특히 주요 우주활동국인 미국, 러시아, 중국, 인도 등이 참여하지 않고 있다는 점이 한계이다.

이 밖에도 평화적 목적이용을 규정한 제3조, 달과 그 자원을 '인류공동유산'(common heritage of mankind)으로 규정한 제11조 등이 환경 관련 조항이다.

3. 책임협약[62]

우주조약 제7조의 우주물체에 의하여 야기된 손해에 대한 책임문제를 구체적으로 규정하기 위해 유엔평화적우주이용위원회(UNCOPUOS)가 1962년부터 1971년까지 활동하여 1972년에 최종 채택된 조약이 책임협약이다. 책임협약은 특별히 우주활동으로 야기된 손해에 대한 책임문제를 다루고 있기 때문에 우주공간의 오염문제에 적용될 수 있는가에 대하여 논란이 된다. 책임협약에서 규정하고 있는 손해개념에는 우주공간의 환경조건에 미친 우주활동의 불리한 영향을 포함시키지 못하였기 때문이다. 이로 인해 책임협약이 우주공간환경에 야기된 손해에 대한 배상에는 사실상 적용가능성이 적다고 주장하기도 한다. 하지만 우주활동으로 인한 지표면에 대한 환경적 손해 등에는 분명히

---

[62] 정식명칭은 우주물체에 의하여 발생한 손해에 대한 국가책임에 관한 협약(Convention on International Liability for Damage Caused by Space Objects), 1972년 3월 29일 체결, 한국은 1980년 1월 14일 가입, 961 UNTS 187.

적용가능성이 존재하고 우주활동으로 인한 환경보호에 의미 있는 조약이다.

협약은 '비행 중인 항공기'와 '지표면'에 우주물체에 의하여 야기된 모든 손해에 대하여 발사국이 '절대책임'을 진다고 규정하고 있다.[63] 우주공간에서의 충돌 등과 같은 그 이외의 손해에 대하여는 '과실책임'을 부과하고 있다.[64]

하지만 책임협약은 환경오염과 관련된 행위기준의 부존재, 환경손해의 명시적 규정의 부존재, 인과관계문제에 대한 침묵, 오늘날 증가하고 있는 사적 활동주체에 의하여 발사된 우주물체에 의한 손해에 대한 침묵 등 우주활동으로 인한 환경책임 문제의 규율에 많은 문제를 안고 있다.

4. 구조협정[65]

구조협정은 재난을 입은 우주비행사를 지원하고 추락한 우주비행체의 반환을 용이하게 하기 위한 조약으로 직접적으로 환경보호 문제를 다루려는 조약은 아니다. 다른 국가가 발사한 우주비행체 또는 그 조각에 의하여 위험을 느끼는 당사국이 일방적으로 그러한 물체를 회수할 수 있도록 허용하고 있는 협정 제5조 제4항은 우주잔류물에 의한 손해문제와 관련하여 의미가 있는 조항으로 지적된다.

5. 등록협약[66]

등록협약은 우주물체가 지구궤도 또는 그 이원으로 발사되는 경우 발사국은 자국의 등록부에 등록하여야 한다고 규정하여[67] 우주활동으로 인해 발생한 손해에 대한 책임주체를 정함에 있어 중요한 의미를 갖는다. 하지만 현재 우주활동으로 인한 환경문제로 가장 시급한 문제인 우주잔류물 문제와 관련하여 "우주물체"(우주물체라 함은 우주물체의 복합부품과 동 발사 운반체 및 그 부품을 포함한다[68]) 등의 등록협약상의 용어정의가 모호하여 우

---

63) 협약 제2조.
64) 협약 제3조.
65) 정식명칭은 우주항공사의 구조, 우주항공사의 귀환 및 외기권에 발사된 물체의 회수에 관한 협정 (Agreement on the Rescue of Astronauts and the Return of Objects Launched into Outer Space), 1968년 4월 22일 체결, 대한민국에 대하여는 1969년 4월 4일 발효, 672 UNTS 119.
66) 정식명칭은 외기권에 발사된 물체의 등록에 관한 협약(Convention on Registration of Objects Launched into Outer space), 1975년 1월 14일 체결, 한국은 1981년 10월 15일 가입, 1023 UNTS 15.
67) 협정 제2조.
68) 협정 제1조 (b).

주잔류물이 이 우주물체에 포함될 수 있는가 등의 문제해결에 어려움을 주고 있다.

6. 일반 국제환경법규

우주조약체제가 우주활동규율의 기본 규범이지만 우주조약은 외기권의 탐색과 이용에 있어서의 활동이 UN헌장을 포함한 국제법에 따라야 함을 규정하고 있어(제3조) 환경 관련 조약과 관습법규로 형성된 국제환경법규들이 상황에 따라 적용될 수 있을 것이다.

이러한 조약들로는 부분적 핵실험금지조약, 환경기술변화의 군사적 및 기타 적대적 사용금지협약, 국제통신협약, 오존층보존협약과 동 협약의 몬트리올의정서, 기후변화협약과 동 협약의 교토의정서 및 파리협정 등이 포함될 수 있다. 한편 환경손해를 야기하지 않을 책임, 오염자비용부담원칙, 사전주의원칙 등의 국제환경법원칙들도 적용될 수 있을 것이다.[69]

IV. 소 결

우주활동의 증가는 필연적으로 우주공간과 지구상에 많은 환경적 문제를 제기하고 있음을 알 수 있다. 현재는 우주잔류물 문제가 가장 시급하게 해결되어야 할 문제로 제기되고 있지만 앞으로는 화학물질과 핵물질에 의한 오염문제와 생물학적 오염문제도 제기될 가능성이 높아지고 있다. 하지만 우주조약체제는 환경문제에 대한 심각한 고려 없이 체결되어 왔고 규제에 많은 한계를 노출하고 있다. 국제사회는 우주잔류물 문제해결을 위해 UNCOPUOS와 IADC의 규제지침(Guidelines)을 마련하고 국제법협회(ILA)는 우주잔류물규제조약초안을 마련하는 등의 대응을 하고 있지만 이들 문서는 구속력이 없거나 문제해결의 모든 측면을 다루고 있지 못하다. 따라서 개별 우주활동국가들의 자체적인 예방노력이 중요한 의미를 갖는다.

---

69) 상세한 면은 이재곤, 앞의 책, 137~196면.

생각하기

1. 우주공간에서 생명체가 발견될 경우 생물다양성협약이 적용될 수 있는가?

2. 우주공간이라는 공간에서는 지구상에서의 환경기준은 변형되어 적용되어야 하는가?

3. UNCOPUOS의 국제기구적 성격강화가 우주공간의 환경적 규제에 바람직한 방향인가? UNEP의 활동영역이 이 분야에까지 확장되는 것이 바람직한가?

4. 우주공간에서 광물자원이 발견되고 개발의 경제성이 있어 개발이 이루어지는 경우 현 우주조약체제에 의한 환경적 규제가능성은?

5. 우주조약체제(우주조약, 책임협약, 등록협약, 구조협정)는 우주활동의 환경적 규제에 적절한 법체제인가?

참고문헌

김한택, 「항공 · 우주법」, 지인북스, 2007.

박덕영 편, 「기후변화 국제조약집」, 박영사, 2017.

박덕영 · 최승필 · 고문현, 「기후변화에 대한 법적 대응: 유엔기후체제, 국내법 및 통상법의 관점에서」, 박영사, 2019.

박병도, 「국제환경책임법론」, 집문당, 2007.

박헌목, "우주물체에 따른 손해배상책임에 관한 연구", 「항공우주법학회지」, 제12권, 2000. 2.

소병천, "국외발생 미세먼지 관련 국제법적 분석 및 대응방안", 「환경법연구」, 제39권 2호, 2017. 8.

_____, "미세먼지 문제에 대한 환경법 정책적 소고", 「환경법연구」, 제39권 2호, 2018. 12.

이재곤, 「우주활동과 국제환경법」, 충남대학교 출판부, 2009.

이재협, "국제환경법상 형평성의 원칙", 「국제법학회논총」, 제49권 제1호, 2004. 4.

한국탄소금융(주), 녹색성장위원회 보고자료, 「기후변화협약과 탄소시장」.

Adams, T.B., "Is There a Legal Future for Sustainable Development in Global Warming? Justice, Economics, and Protecting the Environment", *Georgetown International Environmental law Review*, vol.16, 2003.

Almar, I., "Protection of the Lifeless Environment in the Solar System", *Proceedings of the 45th IISL Colloquium*, 2002.

Baker, H.A., "Protection of the Outer Space Environment: History and Analysis of Article IX of the Outer Space Treaty", *Annals of Air and Space Law*, vol.12, 1987.

Christol, C.Q., "Environmental Aspects of Activities in Outer Space-Suggestions for Legal Measures and Instruments for Dealing with Debris", in C. Christol, (ed.), *Space Law: Past, Present and Future*, Kluwer Law and Taxation Publishers, 1991.

Dembling, P.G., "Cosmos 954 and the Space Treaties", *Journal of Space Law*, vol.6, 1978.

Diederiks-Verschoor, I., "Legal Aspects of Environmental Protection in Outer Space Regarding Debris", *Proceedings of the 30th IISL Colloquim*, 1987.

Franks, T., *Fairness in International Law and Institute*, Clarendos Press, 1995.

Frowein, J.A., "Customary International Law and General Principles Concerning Environmental Protection in Outer Space", K.-H. in Bockstiegal, (ed.), *Environmental Aspects of Activities in Outer Space*, Carl Heymanns Verlag, 1990.

Junker, K.W., "Ethical Emissions Trading and the Law", *Baltimore Journal of Environmental Law*, vol.13, 2006.

Lyall, F., "Protection of the Space Environment and Law", *Proceedings of the 42nd IISL Colloquium*, 1999.

Matte, N.M., "Environmental Implications and Responsibilities in the Use of Outer Space", *Annals of Air and Space Law*, vol.14, 1989.

Okolie, C.C., "International Law Principles for the Protection of Outer Space Environment", *Proceedings of the 32nd IISL Colloquium*, 1989.

Qizhi, H., "Environmental Impact of Space Activities and Measures for International Protection", *Journal of Space Law*, vol.16, 1988.

Reiskind, J., "Towards A Responsible Use of Nuclear Power in Outer Space-The Canadian Initiative in the United Nations", *Annals Air and Space Law*, vol.6, 1981.

Smith, D., "The Technical, Legal and Business Risk of Orbital Debris", *New York University Environmental Law Review*, vol.6, 1997.

Vikarii, L.E., *The Environmental Element in Space Law*, Matinus Nijhoff, 2008.

제 7 장

국제하천 등의 규제

일반적으로 환경오염행위규제를 분류할 때 오염매체인 물, 공기, 토양 등으로 구분한다. 국내법에서도 대기환경보전, 물환경보전, 토양환경보전 등의 법률체계를 갖고 있다. 마찬가지로 국제환경법 역시 대기와 물에 관한 국제환경규범으로 구분이 가능하다. 대기 분야에서 초국경적 대기오염이 존재하듯이 물 분야 역시 초국경적 오염이 존재하는데 대표적인 것이 2개 이상의 국가를 걸쳐 흐르거나 접하고 있는 하천(국제하천) 및 호수(국제호수) 등에 대한 오염이다. 또한 지표 위 물 외에 지하수 역시 국경을 넘어 존재할 수 있어 이에 대한 환경규제 역시 국제사회에서 논의되고 있다. 또한 얼음 상태의 물인 빙하 역시 육지에 존재하거나(고산빙하 또는 남극) 바다에 존재(북극)하더라도 녹는 경우 하천이나 해양에 유입된다는 측면에서 이에 대한 오염행위 역시 규제가 필요하다. 동 장에서는 물과 관련된 국제하천, 지하수, 빙하에 대한 국제환경규범에 대해 살펴본다.

제1절 ● 국제하천의 의의

I. 국제하천의 의의 및 국제하천에 관한 국제규범 형성

국제하천 또는 국제수로(international river 또는 international watercourse)는 둘 이상의 국가가 공유하는 하천으로 형태에 따라 수개의 국가를 관통하거나 또는 국경선을 형성하는 경우를 의미한다.[1] 원칙적으로 영토주권의 원칙상 자국 내의 하천은 자국 주권하에 속하며 그 하천의 이용은 전적으로 해당 국가의 재량하에 있다. 그러나 하천의 타 국가와 연결되거나 접하는 경우 해당 하천의 이용이 타 국가의 주권에 영향을 미칠 수 있기 때문에 일정한 제한이 뒤따를 수밖에 없다. 따라서 국제사회에서는 국제하천에 대한 규범이 발전되어 왔다.

---

1) 후술하는 1997년 국제수로의 비항행적 이용의 법에 관한 협약은 국제하천을 "2개 국가 이상에 위치하고 통상적으로 공통된 종착지점으로 흐르는 하천으로 물리적 연관성에 의해 하나를 이루는 지표수와 지하수 체계"로 정의하고 있다. 동 협약 이전에 채택된 국제하천에 관한 헬싱키규칙은 국제하천의 개념을 하천계, 즉 하천 주류뿐 아니라 하천의 지류, 운하 및 호수 등 포괄적 수(水) 체계를 포함하는 국제하천유역 또는 국제배수유역의 개념으로 정의하고 있다. 따라서 1997년 협약의 국제하천 개념이 헬싱키규칙의 국제하천유역보다는 다소 제한된 의미를 갖는다.

국제하천은 항행의 통로로서 역할을 함과 동시에 수자원이기도 하다. 유럽국가 중 바다에 접하지 않은 국가들이 바다로 나갈 수 있는 유일한 통로는 국제하천이었다. 또한 국가 간 물류의 이동에도 국제하천은 중요한 수단이기 때문에 초기 국제하천에 관한 국제규범은 대부분 항행의 수단으로서 국제하천의 이용에 대한 사항이나 또는 국경을 이루는 국제하천의 경우 가항항로의 중간선을 기준으로 국경을 정한다는 탈베그(Thalweg)의 원칙처럼 국경선 설정에 관한 규범들이 대부분이다. 국제하천의 항행적 사용에 대해서는 수많은 양자조약과 지역협정 그리고 1921년 바르셀로나에서 채택된 "국제하천의 가항수로체제에 관한 협약"(Convention on the Regime of Navigable Waterways of International Rivers)이 있다.

그러나 항행 외의 사용에 대해서는 조약도 많지 않았으며 뚜렷한 국제관습법도 확인되지 않아 법의 일반원칙에 의존하고 있었다.2) 국제하천의 비항행적 사용에 관한 법규범 형성의 노력으로는 국제법협회(International Law Association)가 1966년 국제하천수의 사용에 관한 법규칙이라는 이른바 헬싱키규칙을 채택한 것이 있었을 뿐이다. 이에 국제연합은 1970년 12월 8일 유엔총회 결의를 통해 1971년 제23차 회기부터 "국제수로의 비항행적 사용에 관한 법"이라는 주제를 다루기 시작하였다.3)

국제법위원회는 상기의 주제를 다루기 위해 1974년 특별분과위원회를 구성하여 20여 년 동안 다섯 명의 특별보고자를 임명, 성문화에 노력하였다. 특별분과위원회는 1991년 제43차 회기에서 전체 규정초안을 작성하였으며 1993년부터는 회원국들의 초안에 대한 의견을 검토하여 2차 작업에 들어갔다.4) 국제법위원회는 "국제수로의 비항행적 사용에 관한 법초안"을 채택, 1994년 제49차 UN총회에 상기의 법초안을 제출하였으며 동시에 동 초안을 토대로 하여 총회 또는 전권대표 회의를 통해 '국제수로의 비항행적 사용'에 관한 협약을 채택할 것과 동 초안을 국제사회에서 양자간 또는 다자간 국제하천에 관한 협약 준비에 있어 활용하도록 권고하였고 17년이 지난 2014년 8월 17일 발효되었다.5)

전문과 7부 총 37조 및 부속서로 구성되어 있는 동 협약은 국제하천의 사용, 개발 및 보호에 관한 기본 원칙들을 포함하고 있다. 제1부에서는 협약의 범위 및 용어의 사

---

2) 바르셀로나협약은 평등에 기초하여 서로의 국제하천에서 체약국 상선의 항행의 자유를 보장하고 있다.
3) 박기갑, "국제법위원회작업", 「국제법평론」, 통권 제3호(1994), 197면.
4) 김석현, "UN국제법위원회 작업현황", 「국제법평론」, 통권 제5호(1995), 284면.
5) Report of the International Law Commission on the Work of Its Forty-Sixth Session, U.N. Doc. A/49/10(1994), 이하 ILC Report 1994.

용 등 일반적 내용을, 제2부에서는 "형평하고 합리적 사용"의 원칙, "중대한 손해를 야기하지 않을 의무" 원칙, "자료와 정보의 정기교환을 포함한 협력의 의무" 등의 원칙을 규정하고 있다. 제3부에서는 계획된 조치에 관한 통고 및 회답 등 협의에 관한 절차적 규정을 담고 있으며, 제4부에서는 생태계보존 및 오염의 방지 등 환경 보호의 내용을 규정하고 있다. 제5부에서는 해로운 조건 및 긴급상황에 대한 규정을 그리고 제6부는 보칙규정 그리고 제7부는 종결조항으로 구성되어 있다. 그리고 별도의 부속서는 동 협약의 해석 및 적용상의 분쟁발생 시에 중재재판을 사용하는 분쟁해결절차를 규정하고 있다.

동 협약은 국제하천의 비항행적 사용과 관련된 실체적·절차적인 법규범을 규정하고 있는 "골격 문서"이다.6) 동 협약이 제공하고 있는 실체적인 규범으로서 가장 두드러지는 것은 제5조의 형평하고 합리적인 사용 원칙과 제7조의 중대한 피해예방의무 원칙이다. 그리고 비상시의 긴급한 상황이 발생한 경우 즉각적인 통고의무 등을 규정하는 등 실체적 규범을 보완하기 위한 통고절차 등의 절차적인 규범이 있다. 환경보호와 보존을 위한 내용은 제4부에 규정되어 있는데 그 내용은 주로 하천생태계를 보호할 의무와 국제하천오염의 방지, 감소 및 통제에 대해 규정하고 있다. 특히, 국제하천 연안국들은 타 하천 연안국의 청구가 있으면, 1) 공동의 수질목표 및 기준 설정, 2) 고정오염원과 비고정오염원으로부터의 오염규제기술 및 관행 확립, 3) 국제하천에 유입이 금지, 제한 또는 감시되어야 할 물질의 목록 작성 등을 포함하여 국제하천 오염방지를 위한 협의를 하여야 한다. 또한 외래 또는 새로운 종의 유입을 방지하는 데 필요한 모든 조치를 취하고 그 관리를 위해 공동관리체제 설치를 권고하고 있다.7)

최근에는 하천 자체뿐 아니라 생태학적 관점에서 하천 유역을 포괄적으로 연구대상으로 하고 있으며, 하천 관리 역시 하천에 영향을 미치는 지역까지 포함하고 있다. 이러한 관점에서 하천 유역의 자연자원을 모두 아우르는 국제수자원체제(international water resource system) 또는 공유천연자원(shared natural resource)이라는 개념도 사용되고 있다. 국제하천을 하천 자체뿐 아니라 하천 유역을 포함하는 포괄적 개념으로 사용한다면 하천의 지속가능한 관리라는 차원에서 주변 지역을 형평하고 합리적인 사용의 관점에서 규제하는 수자원 개발계획 역시 동 협약안에 근거하여 협의하기에 용이할

---

6) P. Wouters, "The Legal Response to International Water Scarcity and Water Conflicts", 1999, p.28. available at <http://www.dundee.ac.uk/water/Documents/Publications/GYIL.pdf>.

7) 동 협약 제4부. 이외 국제하천 오염문제에 대해서는 노명준, "국제수로의 수질오염문제", 「국제법학회논총」, 제33권 제2호(1988. 9.).

것이다.

II. 국제하천의 법적 지위

기존 국제하천에 대한 이론적 논의의 시작은 국제하천 사용에 관한 인접국 또는 상류국과 하류국의 주권 충돌 및 상호간 권리 의무 조화를 설명하는 주권이론이다. 이에 대해서는 자국 영역 내 하천 이용에는 어떠한 국제법적 제한이 없다는 "절대영역주권이론", 이와 반대로 국제하천의 상류국은 하류국의 하천 이용에 제한을 가할 수 없다는 "절대적 영역통일성 보전이론", 그리고 양자의 조화를 도모하여 상류국과 하류국간 주권의 상대성을 근거로, 상류국은 자국 영역을 지나는 하천은 자유로이 사용할 수 있으나 그 사용으로 인하여 하류국의 중대한 이익을 침해할 수 없다는 "제한적 영역주권이론"이 있으며, 제한적 영역주권이론이 통설인 듯하다.8)

제한적 영역주권이론이 과거 절대적 주권 개념에서 상대적 주권 개념으로의 변천 과정에서 나온 것이든 또는 국제하천의 사용에 관한 협상에서 절대영역주권이론과 절대적 영역통일성 보전이론, 양 주장의 타협의 결과물이든지, 핵심은 자국의 주권행사로 인해 타국의 중대한 이익을 침해할 수 없다는 내용이다. 그러나 동 이론은 상류국의 권리를 제한할 수 있는 근거가 정확하게 무엇인지 설명해 주고 있지 않다. 단지 주권이라는 것이 절대적인 것이 아니라 그 행사에 있어서 신의성실, 권리남용금지 등 법의 일반원칙에 따라 제한된다는 것일 뿐이다.9) 이러한 관점에서 국제하천에 있어서 상류국과 하류국 간의 권리의무를 상호제한하는 이론적 근거를 주권의 상대성에서 찾는 것보다는 하천을 둘러싼 관련국의 하천공유라는 이익공동체의 형성과 이익공동체의 존속이라는 명제에 주목할 필요가 있다.

소위 이익공동체설(theory of community interest)은 일반적인 순수 국내 관할권 내의 영토와는 달리 하천, 호수, 산맥 등 국경을 이루는 천연자원의 경우 그 이용에 있어

---

8) S.C. MaCaffrey, *The Law of International Watercourses* (Oxford University Press, 2007), pp.131~132; 노명준, "국제수로의 수질오염문제", 「국제법학회논총」, 제33권 제2호(1988. 6.), 265면. 노명준 교수께서는 이를 각각 "절대적 영토주권이론", "절대적 영토불가침이론", "제한적 영토주권이론"이라 소개하고 있다. 영토라는 용어보다 영역이라는 용어가 더 포괄적이라는 차원에서 본고에서는 영역이라는 용어를 사용하고자 한다.

9) 주권이 상대적 개념이라면 왜 상대적인지에 대한 논의는 주권 담론과 관련된 큰 주제이다. 단순히 실질적으로 과거 웨스트팔리아 체제 이후에 많은 국가들간의 관계 속에서 주권의 개념이 상대적으로 변화하여 왔다는 주장은 현실일 뿐, 이론적 논의와는 별개일 것이다.

일국의 일방적 행위가 해당 천연자원에 영향을 미치는 등 타국에게도 영향을 미치는 "관계"가 형성되므로 상호간의 협력이 요청된다는 전제를 갖고 있다. 그리고 협력이 요청되는 근거는 해당 자연자원이 하나의 생태계로서 관할권을 넘어 연결되어 있기 때문에 관할권이라는 획일적 개념을 적용하는 대신 해당 생태계를 국제공원의 핵심지역, 완충지역, 전이지역의 개념과 유사하게 구분하여 핵심지역의 경우 공동지역으로 관리하는 것이 해당 자연자원을 효율적으로 이용하는, 즉 최적의 지속적 이용방법이기 때문이다.

국제하천 관련 주권의 제한 근거로서 해당 국제하천을 둘러싼 이익공동체의 개념을 활용하는 것은 국제하천의 법적 지위를 공유천연자원(shared natural resource)으로 규정하는 것과 밀접한 관련이 있다. 공유천연자원은 둘 이상의 국가 관할권 내에 존재하며 하나의 생태권으로 구성되는 천연자원을 의미한다.[10] 공유천연자원은 한 국가의 절대적 관할권 내에 속하지도 또는 인류의 공동유산에도 포함되지 않는 지역으로, 해당 지역 내의 천연자원은 지리적·생태적 연장선 내의 국가들로 구성되는 이익공동체에 의해 이용·관리된다.[11] 유엔환경계획(UNEP)은 공유천연자원으로 국제하천, 폐쇄해, 반폐쇄해, 지역 대기, 산맥, 숲, 보전지구 및 이동성 조류 및 어류 등을 나열하고 있다.[12] 이들의 특징은 해당 생태계의 개발 및 보전 등의 행위가 인접국의 같은 행위에 영향을 주는 소위 '환경영향' 범위 내에 있다는 것이다.

국제사회는 공유천연자원의 개념과 이에 적용될 국제법규범에 대해 유엔을 중심으로 논의하였다. 1973년 유엔총회는 결의안 3129 XXVIII를 통해 공유천연자원의 보전 및 조화로운 개발에 있어 효과적 협력보장을 위해 적절한 국제적 기준(adequate international standards) 수립이 요청됨을 인식하고, 효과적인 협력으로서 정보교환 및 사전협의 등을 제시하였다.[13] 1974년 "국가들의 경제적 권리와 의무 헌장"(Charter of Economic Rights and Duties of States) 역시 공유천연자원에 대한 규정을 두고 있는데 제3조의 규정에 따르면 "둘 이상의 국가들에 의해 공유되는 천연자원개발에 있어서, 해당 개별국들은 타국의 적법한 이익을 해하지 않고 해당 자원의 최적 이용을 도모하기 위해 정보체제 및 사

---

10) E. Benvenisti, *Sharing Transboundary Resources: International and Optimal Resource Use* (Cambridge University Press, 2009), pp.2~3.

11) P. Birnie, A. Boyle and C. Redgwell, *International Law and the Environment* (Oxford University Press, 2009), p.139.

12) UN Doc. UNEP/GC/44, 1975, para.86.

13) United Nations GA, Res.3129 (XXVIII) on Co-operation in the field of the Environment concerning Natural Resources Shared by Two or More States, New York, 13 December 1973.

전협의 등 협력을 하여야 한다"고 하여 통지 및 협의의무를 공유천연자원 관련 이익공동체 구성원들이 준수하여야 할 의무로 제시하고 있다.[14]

국제하천의 일부분을 공유천연자원으로 이해하여야 할 필요성은 현대 국제사회가 요청하는 협력의 국제법 시대에도 부합한다. 현대사회의 가장 큰 문제 중 하나인 환경문제는 최근 들어 개별 국가의 문제인 경우보다 지역적 나아가 전 지구적 문제인 경우가 많다. 초국경환경피해, 생물다양성 문제, 나아가 지구온난화로 인한 기후변화 등은 이러한 예이다. 이러한 환경문제에 대한 대응은 개별 국가 차원이 아닌 지역체제 등 공동체 차원에서 접근되어야 효율적이다. 이는 과거 환경문제가 국지적이어서 개별 국가의 관할권 행사로 그 해결이 가능하였지만, 현대 과학기술 등의 발전으로 환경영향 및 피해가 국경을 넘어, 국가 단독으로 접근하는 것이 아닌 국가간·다자간 협력의 접근이 요청되는 현실변화를 의미한다. 따라서 국제법 역시 전통적인 규범에서 탈피하여 이와 관련된 적극적 대응규범이 절실한 상황이다. 비록 전통 국제법이 개별국의 주권을 기반으로 성립하였고 주권국가의 상호공존을 도모하여 왔다 할지라도 현대 국제법은 국가주권의 절대성보다는 국제공동의 안정과 번영이라는 큰 방향성을 도모하는 차원에서 국가간 협력 및 연대를 강조하고 있다.

소위 협력의 국제시대에서 전통 규범의 발전 및 변화는 시대적인 과제이다. 국제환경 문제가 국제협력을 요하는 대표적인 분야라는 점에서 단순히 항행의 수단으로서의 국제하천 관련 법규보다 환경보호를 목적으로 하는 국제하천법규에서 상대적으로 공동체적 접근방법이 요구된다. 이처럼 현대 국제법이 종전 공존의 법체계에서 협력의 법체계로 발전되고 있음을 고려, 국제하천의 환경보전을 위한 공동체적 접근방법의 이론적 근거로 이익공동체 개념을 활용할 필요가 있다. 이러한 견해는 국제하천의 이익공동체를 통해 이해관계국의 경제개발과 환경보호를 동시에 고려하는 지속가능한 발전의 개념에도 부합할 것이다.[15]

공유천연자원이라는 개념이 아무리 국제협력시대의 이념에 부합하는 개념이라 할지라도, 아직 국제법적으로 확립된 개념이 아니라는 점에서 여전히 조심스러운 접근이 요망되는 것도 사실이다. 특히, 자국 영토 내의 하천개발에 이해관계국으로 구성된 국제위원회의 틀 내에서 협의가 이루어져야 한다는 사실은 주권국가에게 큰 부담이라 아니할 수 없다. 이와 같은 이유로 국제하천의 모든 영역이 공유천연자원이 되는 것이 아

---

14) Charter of Economic Rights and Duties of States 제3조; A/RES/29/3281.
15) 소병천, "환경법상 지속가능한 발전과 시민소송제도에 대한 담론", 「환경법연구」, 제27권 제1호(2005. 6.), 133면.

니라, 이해관계국들의 하천에 대한 과학적인 공동조사를 통해 수리적으로 인접국에게 영향을 미칠 수 있는 범위를 설정하여 국경선에 인접한 지역 등 핵심적인 지역만을 공동지역으로 관리하는 것을 고려할 필요가 있다. 요약컨대, 국제하천을 획일적인 국경선 경계로 일방적인 환경보전정책을 취하는 것보다 일정 범위 내에서 인접국간 협력체를 통한 공동 환경관리 정책을 취하는 것이 협력의 국제법을 추구하는 시대적 요청이라는 점에서 이익공동체설은 현대 국제법의 환경보전 및 개발의 이론적 기초로서 역할을 할 수 있을 것이다.

제2절 ● 국제하천에 관한 국제법 규범

I. 형평하고 합리적 사용 원칙

형평하고 합리적 사용에 대한 1997년 협약의 규정 내용은 다음과 같다.

제5조(형평하고 합리적 사용과 참여)
1. 수로국들은 그들 각자의 영역 내에 있는 국제수로를 형평하고 합리적 방법으로 사용하여야 한다. 특히, 국제수로는 수로의 적절한 보호에의 부합성 및 관련 수로국들의 이익을 고려하면서, 하천의 지속가능한 사용과 하천으로부터 최적의 이익을 성취하기 위한 관점에서 수로국들에 의하여 사용·개발되어야 한다.
2. 수로국들은 형평하고 합리적인 방법으로 국제수로의 사용·개발 및 보호에 참여하여야 한다. 그러한 참여는 수로를 사용할 권리와 본 협약에 규정된 바와 같이, 그것의 보호와 개발에 협력할 의무 모두를 포함한다.

국제하천의 연안국 간 형평하고 합리적 사용이라는 개념은 국제하천에 관한 기본원칙으로 간주된다. 실제로 국가들의 관행이나 국제재판소의 입장에 비추어 볼 때도 동 원칙은 분쟁해결에 있어서 기본원칙으로 인정되고 있다. 예컨대, 국제사법재판소는 체코슬로바키아와 헝가리 사이의 Gabčikovo-Nagymaros Project 사건에서 "체코슬로바키아의 일방적인 공유자원인 다뉴브강의 통제와 그것으로 인해 헝가리의 다뉴브강 자연자원의 형평하고 합리적인 공유에 대한 권리가 박탈되었음을 고려할 때 국제법상 요구되는 비례성(proportionality)이 훼손되었다"[16]라고 하여 국제하천 사용의 형평하고 합리적인 공유에 대한 권리(right to an equitable and reasonable share of the beneficial uses of an international watercourse)의 근본적인 성질에 동의하였다. 나아가 사건의 처리를 위한 방법 역시 형평하고 합리적인 방법으로 이행되어야 한다고 판시하여 국제하천의 형평하고 합리적인 사용의 기본적 규범성을 인정하고 있다. 또한 많은 국가들도 국내법원의 판결을 통해 동 원칙을 적용함으로써 이에 대한 국가들의 법적 확신을 추론할 수 있는 관행을 보여주고 있다.[17]

형평에 부합하며 합리적인 사용의 개념을 정하는 데 있어서, 형평(equity)이 소위 분배적 정의 형태로서 아리스토텔레스가 지적한 바와 같이 모든 사람이 같은 기준에서 배분받는 것이 아닌 각자가 가장 적합하게 배분받아야 하는 것에 기초한 적절한 분배로서 의미를 갖는다. 반면 합리적이라는 용어는 적절성이라는 합리성의 도출이 필요하다.[18] 즉, 국제하천의 형평하고 합리적인 사용에 있어서 형평이라는 분배적 정의 차원의 원리를 해석하고 적용하는 데 있어서는 단순히 정의적 차원의 공정성(fairness)에만 중점을 두어서는 안 되고 이를 구체적으로 실현하기 위한 합리성의 차원에서 효율성(efficiency)도 함께 논의되어야 한다.[19]

동 원칙은 형평하고 합리적 사용에 있어서 하천 연안국들이 추구하여야 할 목적에 대해서 "하천의 최적의 그리고 지속가능한 사용과 하천으로부터 이익의 성취"로 규정하고 있다.[20] 여기서 최적(optimal)의 의미는 최대한(maximal)의 사용이 아닌 장기적인 관점에서 기술적으로 가장 효율적(efficient)이고 재산적으로 가장 가치 있는(valuable) 결과

---

16) *Gabčikovo-Nagymaros Project (Hung. v. Slovk.)*, ICJ Reports 1997, p.92.
17) 예를 들어 스위스 최고법원은 Aargau주와 Zürich주 사이 하천 분쟁에서 상류에 위치한 주가 주권평등에 의해 하류 주의 토지소유자들의 이익을 침해함으로서 해당 주의 주권을 침해하는 그러한 방법으로 상류 주가 주권을 행사할 수는 없으며 본질적으로 "이익의 형평한 배분의 원칙"(principle of equitable apportionment of benefits)에 기초하여야 한다고 판시한 바 있다. W.L. Griffin, "The Use of Water of International Drainage Basins Under Customary International Law", *American Journal of International Law*, vol.53, 1959, p.66.
18) 허성욱, "지속가능한 발전의 원칙에 대한 법경제학적 고찰: 효율성과 형평성을 함께 고려하는 환경법의 일반원리로서의 가능성에 관하여", 「환경법연구」, 제27권 제4호.(2005. 12.), 39면.
19) D.A. Farber, "What(if anything) Can Economics Say about Equity", *Michigan Law Review*, vol.101, 2003, p.1791.
20) Commentary of the Law of the Non-navigational Uses of International Watercourses, p.97.

를 가져오는 방식을 의미한다. 따라서 합리성이라고 하는 부분은 하천의 효율적 사용을 의미한다. 그러나 이는 단순한 분배 후 맹목적인 개발을 의미하는 것은 아니며 지속가능한 사용에 부합하여야 한다.21) 따라서 형평하고 합리적인 사용은 단순한 경제적 합리성 외에 국제법위원회가 지적하였듯이, 환경적 보호의 관점하에서 최대 가능한 이익 및 최대 가능한 만족을 성취하는 것을 의미한다.22)

이집트와 수단간 나일강의 종레이(Jonglei) 운하건설은 국제하천의 지속가능한 발전의 달성차원에서 고찰할 필요가 있다. 1959년 양국은 동 운하건설에 대한 재정투입 및 잉여이익을 절반씩 나누기로 하는 나일강 협정을 체결하고 공사를 시작하였다. 그러나 운하 공사는 배수시설 건설을 통해 상습적 범람을 막으려는 당초 예상과는 달리 토양의 건조화 및 습지지역의 수산업에도 영향을 미쳤으며 결과적으로 경제적 합리성을 추구한 사업은 천혜의 생태계를 자랑하던 나일강을 인공적인 관계수로로 전락시켜 버렸다. 이처럼 인간중심적인 또는 경제적 관점에서의 이용은 인간이 보유한 지적 능력의 한계로 인해 지속가능한 성장에 저해될 수 있다는 점을 고려하여야 한다.23)

Ⅱ. 중대한 피해를 야기하지 아니할 의무 원칙

1. 중대한 피해를 야기하지 아니할 의무의 실체적 내용

중대한 피해를 주지 않을 의무에 대한 1997년 협약의 규정 내용은 다음과 같다.

---

21) *Ibid.*; M.S. Hela, "Sharing Blue Gold: The 1997 UN Convention on the Law of the Non-Navigational Uses of International Watercourse 10 Years on", *Colorado Journal of International Environmental Law and Policy*, vol.18, 2007, p.335.

22) ILC Report 1994, p.219.

23) 서원상, "지속적 개발의 '지속성' 개념에 관한 법학적 접근", 「환경정책연구」, 통권 제5호(2004. 12.), 71~72면. 이외에도 아스완댐 역시 지속가능한 발전에 부합하지 않은 사업의 대표적인 예이다. 아스완댐은 이집트 나일강 유역에 1975년 완공된 댐으로 4계절 관개농업과 식량공급, 전력산업발전, 고용증대 등 다목적 댐으로 국민생활수준 향상의 차원에서 건설되었으나 예상과는 달리 과거 자연범람 후 나일강 상류의 비옥한 토지의 유입이 차단됨으로 인해 비료에 의존한 농업으로 생산성이 악화되었으며 나일강의 유량이 감소하여 이에 따라 염분농도도 증가하여 수산업에도 영향을 미쳤으며 주혈흡충병(Snail Fever)이 창궐하여 국민보건에도 영향을 미쳤다.

제7조(중대한 피해를 야기하지 아니할 의무)

1. 수로국은 자국 영역 내의 국제수로를 사용하는 데 있어서 타 국제수로국에게 중대한 피해의 야기를 방지하기 위한 모든 적절한 조치를 취하여야 한다.

2. 그럼에도 불구하고 중대한 피해가 타국에게 야기된 경우, 피해를 야기한 국가는 그러한 사용에 합의가 없는 경우 손해를 제거 또는 완화시키거나 적절한 경우 보상의 문제를 논의하기 위해 관련국과 협의를 하는 데 있어서 제5조 및 제6조의 조항을 적절히 고려하여 모든 적절한 조치를 취하여야 한다.

"중대한 피해를 야기하지 아니할 원칙"은 국제하천법규에 있어 "형평하고 합리적인 사용의 원칙"과 함께 두 개의 축을 구성하고 있는 주요 원칙이다.[24] 국제법위원회는 동 원칙의 근거로서 역시 주권평등의 원칙을 언급하며 하천 연안국들은 하천을 사용하고 하천으로부터 이익을 취할 동등하고 상호적인 권리가 있으며 각 국가의 국제하천의 사용은 타국의 상호적 권리에 의해 제한을 받는다고 하여 이것이 제한적 영역주권이론에 기반을 두고 있음을 반영하고 있다.

"타인의 재산권을 침해하지 않는 범위 내에서 자신의 재산권을 행사하라"(*sic utere tuo ut alienum non laedas*)는 법언에서 알 수 있듯이 타국에게 중대할 피해를 야기하지 아니할 의무는 일반적으로 법원칙으로 인정되어 왔다. 국제법에서도 1928년 Palmas Island 사건에서 Max Huber중재관이 모든 국가는 자국의 관할권 내에서 타국이나 타 국민에게 권리침해가 가해지지 않게 할 국제법적 의무가 있다고 판시한 이래 인정되어 왔으며 국제사법재판소 역시 1949년 Corfu 해협 사건에서도 "여하한의 국가도 자국의 영토가 타국의 권리를 침해하는 방법으로 사용되지 아니할 의무가 있다"고 확인한 바 있다.[25] 특히, 동 사건에서 국제사법재판소는 동 의무가 전시 적용법인 1907년 헤이그 협약에 근거한 것이 아니라 특정한 일반적인 승인된 원칙으로서 인정되고 있음을 언급하고 있다. UN사무총장도 1949년에 국가는 국제법에 반하는 방법으로 다른 국가의 이익에 피해를 줄 목적으로 그것의 영역의 사용을 허용해서는 안 되는 규칙의 일반적인 승인이 있다고 하였다.

국제환경피해에 관해서도 1972년 스톡홀름선언 원칙 21 및 리우선언 원칙 2에서

---

24) 이와 달리 헬싱키규칙은 주변국에게 심각한 오염피해를 야기하지 아니할 의무만을 규정하여 수량과 관련한 피해에 대해서는 명백한 규정을 두고 있지 아니하며 단지 수량과 관련한 피해는 형평하고 합리적인 사용을 판단하는 데 있어 관련 요소 중 하나로 두고 있을 뿐이다. 헬싱키규칙 제5조.

25) *Corfu Channel, Merits, Judgment*, ICJ Reports 1949, p.22.

언급하고 있는 자국의 관할권 내의 활동이나 규제가 타국의 환경이나 자국 관할권 외의 지역에 피해를 야기하지 않도록 할 책임 역시 국제관습법으로 인정되었다고 간주되고 있다.26) 또한 국제사법재판소(International Court of Justice) 역시 원칙 21의 국제관습법적 인 성격에 대해 1996년 핵무기의 위협이나 사용의 합법성에 관한 권고적 의견에서 "국 가가 자국의 관할권과 통제 내에서의 행위가 타국의 또는 자국 영토 외의 환경을 존중 (respect)할 일반적 의무가 있음은 환경과 관련된 국제법의 내용 중 하나다"라고 하여 이 를 뒷받침하고 있다.27)

동 원칙의 국제하천법에의 적용에 있어서 "타인의 재산권을 침해하지 않는 범위 내 에서 자신의 재산권을 행사하라"는 법언이 사법상 권리남용과 관련 용수권이라는 측면 에서 국제하천법에 가장 잘 부합한다고 주장하는 의견도 있으며 국가들의 관행에 비추 어 볼 때도 동 원칙은 많은 국제하천협약에 포함되어 있다. 예컨대 1993년 이집트와 에 티오피아 간의 나일강과 관련된 협약에서도 "각 당사국은 나일강과 관련하여 타국의 이 익에 심각한 피해를 야기하는 어떠한 활동도 자제할 의무가 있다"고 규정하고 있으며, 1905년 스웨덴과 노르웨이 간의 공동호수와 하천에 관한 협약에서도 "국제법의 일반원 칙에 따라 제1조(분수(分水) 및 수위의 고저활동)에서 언급된 작업들은 타국에 영향을 미치 거나, 목재를 띄우는 등의 하천의 사용을 저해하거나 주요 지점에서의 하천에 심각한 변경을 초래하는 모든 작업의 경우 타국의 동의 없이 일국에서만 수행되어서는 안 된 다"고 규정되어 있다.28)

비록 중대한 피해를 주지 않을 원칙이 국제관습법상 또는 법의 일반원칙으로서 지 위를 획득하였다고 할지라도 그 구체적 내용과 효과에 대해서는 명확하지 않다는 지적 이 있어 왔다. 이러한 논의를 좀 더 구체화하기 위해 국제법위원회에서 동 원칙을 다루 어 온 과정을 살펴볼 필요가 있다. 두 번째 특별보고자인 Schwebel이 작성한 제3차 보 고서에서는 헬싱키규칙과 유사하게 타국에게 피해를 주지 않을 것을 형평하고 합리적인 사용을 판단하는 데 있어 관련 요소 중 하나로 두고 있었다. 즉, 동 원칙은 국제하천의

---

26) A. Kiss and D. Shelton, *International Environmental Law*, 3rd ed. (Transnational Publishers, Inc., 2004), p.317; D. Hunter, J. Salzman and D. Zaelke, *International Environmental Law and Policy* (West Publishing Company, 1998), p.321; E. Brown Weiss, S.C. McCaffrey, D. Barstow Magraw, P.C., Szasz and R.E. Lutz, *International Environmental Law and Policy* (Aspen Publisher, Inc., 1998), p.317

27) *Legality of the Treat or Use of Nuclear Weapons*, Advisory Opinion, ICJ Reports 1996, pp.241~242.

28) Framework for General Cooperation Between the Arab Republic of Egypt and Ethiopia, July 1, 1993, available at <http:// www.fao.org/docrep/W7414B/w7414b0p.htm>.

사용이 타국의 형평하고 합리적인 사용권을 침해하는 경우에만 작동하는 것으로 설계되어 상대적으로 형평하고 합리적인 사용에 중점이 주어져 있었다. 그러나 이후의 두 명의 특별보고자들은 양자를 동위에 두고 원칙 조항에 이를 규정함으로써 중대한 피해를 주지 않을 의무를 협약의 기본원칙으로 설정하였다. 그러나 이러한 시도는 많은 국가들의 비판에 직면하여 다섯 번째 보고자였던 Rosenstock은 양 원칙의 관계에 대한 검토에 들어갔으며 동 원칙상의 의무는 국제하천의 사용에 있어 타 하천 연안국에게 중대한 피해를 야기하지 않도록 적절한 주의(due diligence)의무를 행사할 의무로 수정되었다. 이러한 변경은 제7조를 강조하는 하류국들(적절한 주의를 다했을 경우 의무위반은 없게 된다는 주장)과 제5조를 강조하는 상류국들의 입장(의무의 불명확성 등)의 계속적 충돌을 가져왔으며 최종적으로는 "모든 적절한 조치를 취하여야 할 의무"로 정리되었다.

따라서 현재 1997년 협약상 중대한 피해를 주지 않을 의무는 중대한 피해를 주어서는 안 될 의무가 아닌 중대한 피해를 야기하지 않도록 모든 조치를 취할 의무로 한정되었다. 최종 보고서에 따르면 동 원칙상의 의무는 고의 또는 과실로 중대한 피해를 야기한 경우에만 피해의 발생 자체가 적절한 조치를 취할 의무를 위반한 것으로 간주되는데 이에는 제한되거나 방지되었어야 할 행위를 고의 또는 과실로 하였거나 또는 자국 내에서 타인이 그러한 행위를 하는 것들을 예방하지 않은 경우 모두 책임이 있는 것으로 간주된다. 따라서 동 협약에서 요구하는 필요한 조치를 시행하기 위한 적절한 입법조치를 취하지 않았거나, 법률을 집행하지 않은 경우, 불법행위를 예방하거나 중지시키지 않은 경우 그리고 그러한 행위에 책임이 있는 자를 처벌하지 않는 경우에는 제7조상의 의무를 위반한 것으로 간주된다.

2. 중대한 피해를 야기하지 아니할 의무의 절차적 내용

중대한 피해를 야기하지 아니할 의무 원칙의 실체적 의미가 결과적으로 형평하고 합리적인 사용을 하였으며 그 사용이 적절한 주의의무를 다한 경우에는 중대한 피해가 발생한다고 하여도 협약상 제7조의 원칙을 위반하지 않게 되는 결과로 인해 하류국을 중심으로 많은 논란이 있었던 것이 사실이다. 그러나 이러한 논의는 "모든 국가는 국제연합 헌장 및 국제법의 원칙에 의해 자국의 자원을 그 환경정책에 따라 개발할 주권을 보유함과 동시에 자국의 관할권 내의 활동이나 규제가 타국의 환경이나 자국 관할권 외의 지역에 피해를 야기하지 않도록 할 책임이 있다"라는 내용의 스톡홀름선언 원칙 21

또는 리우선언 원칙 2의 책임논란에도 동일하게 발생하였다.

국가책임법에 있어서는 국제법위원회의 2001년 작업에서도 나타났듯이 타국에 피해를 야기하지 않을 의무를 국제협력의 의무, 구체적으로 1) 국경을 넘어갈 수 있는 잠재적 행위의 위험을 평가하고, 2) 잠재적으로 영향을 받을 국가에게 이를 통지하며, 3) 예상되는 위해에 대해 무엇을 해야 할지에 대해 그 해당국가와 협의를 해야 할 세 가지 의무로 해석할 수 있을 것이다. 이 세 가지 의무를 종합하면 초국경환경영향평가를 해야 하는 것으로 이해되어진다.[29] 왜냐하면 우선 환경영향평가를 하지 않는다면 당해 추진 사업이 타국에 영향을 미칠지 여부에 대해서 알 수가 없으므로 그 통지나 협의 자체가 불가능하기 때문이다. 따라서 가장 우선적인 것은 추진사업이 타국의 환경에 위해한 결과를 가져올지 여부에 대한 정확한 평가라고 할 수 있다.

이러한 관점에서 동 협약은 제8조에서 일반적 협력의무 규정을 두고 제9조에서 하천에 관한 정기적인 정보를 교환하고 국제하천에 부정적인 영향을 미칠 수 있는 사업을 시행하기 전에 해당 국가에 사전 통고하고 통고받은 국가가 계획된 사업이 자국 영역을 지나는 하천에 미치는 영향을 평가할 수 있도록 만일 통지국이 환경영향평가를 시행하였다면 해당 자료를 포함한 모든 정보를 제공할 의무를 부과하고 있는 것은 다름 아닌 초국경적 환경영향평가를 시행할 의무를 부과하고 있는 것으로 간주하여야 할 것이다. 중대한 피해를 야기하지 아니할 의무는 중대한 피해가 야기되지 않도록 모든 주의의무를 다한 예방조치를 할 것을 의미하는데 현대 환경법상 예방의무의 기초를 이루는 것은 환경영향평가를 시행하는 것이기 때문이다. 나아가 통고를 받은 국가가 모든 자료를 검토한 후 이러한 사업이 동 협약 제5조 또는 제7조에 부합하지 않는다고 판단할 경우 형평에 부합하는 결과를 얻을 수 있도록 협의를 진행할 것을 요구하고 있는데 이는 환경영향평가 시행 후 결과반영을 위해 이해관계자 또는 이해관계국과 협의하도록 하는 환경영향평가제도의 기본적인 내용 중 하나이다.[30]

동 협약에 따르면 만일 특정 하천 연안국이 자국에게 중대한 부정적인 영향을 미칠 수 있는 조치를 계획하고 있다고 믿을 만한 합리적인 근거를 가지고 있는 경우 그 국가는 해당 국가에 대해 근거를 서면으로 설명하고 제12조 규정에 따라 통고해 줄 것을 요청할 수 있다. 그러나 문제의 조치를 계획 중에 있는 국가가 제12조상의 통고의무를 갖

---

29) G. Handl, "The Environment: International Rights and Responsibility", *American Journal of International Law*, vol.74, 1980, p.224.

30) 특히 동 협약은 통고에 회답할 기간을 6개월로 명시하고 재연장하는 규정 및 회답기간인 6개월 내에는 관련국의 동의 없이 해당 조치를 시행하지 못하도록 하는 등 환경영향평가제도상의 핵심적 내용인 절차 규정을 통해 관련국의 협력을 구체화하고 있다.

지 않는다고 판단하는 경우, 통고를 요청하는 국가에 대해 그러한 심사결과에 대하여 서면상의 설명과 함께 이를 통지하여야 한다. 이러한 심사결과가 다른 국가에게 만족스럽지 않은 경우, 두 국가들은, 그 다른 국가의 요청이 있는 경우, 즉시 협의와 교섭을 하여야 하며 협의와 교섭의 과정 동안, 문제의 조치를 계획하고 있는 국가는, 다른 국가가 협의와 교섭의 시작을 요청할 때에 다른 국가의 요청이 있다면, 별도의 합의가 없는 한 6개월의 기간 동안 그러한 조치를 이행하거나 그 이행을 허가하지 못하도록 하고 있다.31)

그리고 계획된 조치가 공중보건, 공공안전 또는 다른 기타 중요한 이익을 보호하기 위하여 극도로 긴급한 이행이 요구되는 경우, 그 조치를 계획한 국가는 형평하고 합리적인 사용원칙과 중대한 피해를 야기하지 않을 조치를 취할 의무를 이행한다는 전제하에 조치를 이행할 수 있다. 그러나 그러한 경우에도 조치의 긴급성과 관련된 자료 및 기본적인 정보들이 관련 하천 연안국에 지체없이 통보되어야 하며 통보받은 국가의 요청이 있는 경우 그 국가와 즉시 협의 및 교섭하여야 한다.32)

마지막으로 동 협약은 국제하천에서 하천의 범람, 빙산의 파열, 산사태 또는 지진과 같은 자연현상과 산업사고와 같은, 인간행동으로부터 돌발적으로 기인한 상황 등이 발생하여 타 하천 연안국에게 중대한 피해를 야기하거나, 또는 그러한 급박한 위협이 있는 경우에 지체 없이 그리고 가능한 가장 신속한 방법을 동원하여, 그 영역 내에서 발생한 긴급사태를 잠재적으로 영향받는 다른 국가들과 관련 국제기구들에게 통보하도록 규정하고 있다. 긴급사태가 일어난 영역 내의 하천 연안국은, 잠재적으로 영향받는 국가들과 적절한 경우에 관련 국제기구들과 협력하여, 즉시 긴급사태의 해로운 결과를 방지하고, 억제하고 제거하기 위하여 주어진 상황이 요구하는 모든 실행가능한 조치를 취하여야 한다.33)

---

31) 동 협약 제18조.
32) 동 협약 제19조.
33) 동 협약 제28조.

제3절 ● 수질오염규범

국제하천의 수질오염규제를 직접적으로 규제대상으로 하는 일반적 국제조약은 체결되어 있지 않다. 이는 관련 국제 컨센서스가 이루어지지 않은 이유도 있으나 자국 관련 국제하천의 수문적 특성에 따른 이해관계가 상이하기 때문에 일반적인 의무부담 대신 지역협정 또는 양자협정을 통해 해결하려는 현실적인 이유에 기인한다. 조약상에 나타난 국제하천 수질오염 관련 규범을 확인하기 위해서는 양자협약 및 지역협약을 검토하여야 한다. 2020년 현재 연구자가 확인한 전 세계 국제하천 관련 지역 및 양자 협약은 총 113여 개로, 대륙별로 아프리카 8개 유역 22개 협약, 아시아 12개 유역 29개 협약, 유럽 6개 유역 20개 협약, 북미 6개 유역 27개 협약, 남미 5개 유역 15개 협약 등이다.[34]

상기의 국제하천관리협약 현황상 특징을 살펴보면 시간적으로 초기 항행의 자유를 보장하는 협약에서 수량관리에 관한 협약 그리고 수질관리 협약으로 발전되는 흐름을 보이고 있다. 그리고 지역조약보다는 양자조약이 많고, 한 유역에 둘 이상의 조약이 체결되어 있는 지역이 대부분이다. 이는 여러 이유가 병존한다. 우선 해당 유역의 관리 등에 있어서 처음부터 포괄적인 협약을 체결하는 대신 역사적 과정을 통해 단계별, 분야별로 체결되었기 때문이다.[35] 그리고 국제하천이 관통하는 국가들 전체가 조약을 체결하는 것보다 국경을 접하는 국가들이 양자조약을 체결한 경우가 많은 것도 한 이유인데 예를 들어 유프라테스강의 경우 시리아와 이라크간의 양자조약과 이라크와 터키간의 양자조약이 각각 체결되어 있다.[36]

양자조약이나 지역협약 모두 해당 하천의 최적의 이용 및 환경보전을 위한 제도를 두고 있는데 공통적인 것은 1980년 이후 체결된 조약의 대부분은 지속가능한 이용을 목

---

34) 이상은 수량 및 수질 등 국제하천의 관리를 위한 협약이며, 영토조약, 즉 국경선으로 국제하천을 정하는 조약 및 순수한 항행을 위한 조약은 제외하였다.

35) 예를 들어 나일강의 경우 총 7개의 협약 및 양해각서가 체결되어 있는데 대부분의 협약 및 양해각서는 이집트, 에티오피아, 수단, 영국, 이탈리아 등 이해관계국이 식민지배 과정에서 중첩적으로 양해각서가 체결되었고, 같은 주제를 두고 같은 당사국이 시차를 두고 다른 양해각서를 체결하였으며, 그리고 수량과 수질 문제를 별개의 협약으로 체결하였다.

36) Treaty of Friendship and Neighbourly Relations Between Iraq and Turkey and the Attached Protocol No.1 Relative to the Regulation of the Waters of the Tigris and Euphrates and of Their Tributaries (1946); Syrian-Iraqi Agreement on the Utilization of the Euphrates Waters (1990).

적으로 그리고 이를 구현하기 위한 제도로 비록 간단하고 추상적이나마 상호협력의무, 구체적으로 과학적 조사를 통한 정보교환, 긴급통지의무, 사전 정보통지 및 협의 등을 규정하고 있다. 아시아, 아프리카 그리고 남미의 상당수의 국제하천 관리협약 역시 이러한 규정들이 있으나 조약 내용의 선진성 및 실질적 이행 여부를 떠나 수질환경과 관련하여서는 환경보호의 일반노력 및 정보교환 등 추상적인 면에 그치는 경우가 많다.[37]

따라서 본 절에서는 국제하천 관련 규제에 관해 가장 오랜 경험을 지니고 있는 유럽을 중심으로 구체적인 환경보호의 규범을 살펴보고자 한다. 유럽에서 국제하천 관련 조약은 1990년 엘베강(Elbe River) 보호를 위한 독일과 체코슬로바키아 간의 국제위원회 설립조약, 뮤즈 및 쉘트강 보호를 위한 국제위원회 조약, 1961년 오염으로부터 모젤강 보호를 위한 국제위원회 설립에 관한 의정서, 1964년 오데르강 보호를 위한 국제위원회 조약 및 라인강 보호를 위한 국제위원회에 관한 협약 등이 있다. 이들 조약은 대부분 공동관리를 위한 위원회 구성을 위한 협약으로 내용적으로도 대동소이한 면이 있다. 라인강의 경우 상기의 1963년 국제위원회 설치에 관한 협약 외에도 추가협약 및 오염물질에 따른 별도의 협약도 체결되는 등 활발히 운영되고 있다.[38] 그러나 라인강의 경우 1990년대 이전에 체결되어 최근의 국제법규범 동향이 반영되어 있지 않고 나아가 이미 국내학술지에 소개된 바 있어,[39] 동 절에서는 다뉴브강 관련 협약을 중점으로 분석하고자 한다.

다뉴브강의 경우 16개국이라는 가장 많은 국가가 유역국가인 유럽의 대표적 국제하천 중 하나이다.[40] "다뉴브강의 보호 및 지속적 이용 관련 협력을 위한 협약"(Convention

---

[37] 메콩강, 아마존강 등의 관리협약은 이해 관계국의 상당수가 협약에 참여하였으나, 메콩강의 경우 실질적으로 상류국인 중국은 참여를 하지 않아 실효성이 떨어지며, 아마존강 협약의 경우 대부분의 이해관계국이 참여하였으나 협약 내용이 협력과 우호 그리고 선린을 선언하는 프로그램적 성격이며 국제하천협약의 핵심적인 조항인 공동위원회(Amazon Cooperation Treaty Organization)의 구성이 이루어지지 않는 등 이행적인 면에서 문제가 있다. 정보교환과 관련하여서는 제15조에 규정이 되어 있는데 내용은 "체약당사국은 항구적인 정보교환과 상호간 그리고 동 조약에 의해 적용받는 영역에서 라틴아메리카 기구와 협력을 유지를 추구하여야 한다"고만 규정되어 있다. Agreement on the Cooperation for the Sustainable Development of the Mekong River Basin (1995); Treaty for Amazonian Co-operation (1978).

[38] 독일, 프랑스, 룩셈부르크, 네덜란드, 스위스 등 5개국 사이에 "오염으로부터 라인강 보호를 위한 국제위원회에 관한 협약"을 체결한 이후 1976년 12월 3일 동 협약의 추가협약, 염화물질로 인한 라인강 오염방지를 위한 협약, 화학물질로 인한 라인강 오염방지를 위한 협약 등 3개 조약이 동시에 체결되었고 이후 1998년 1월 22일 EU를 포함한 5개국이 라인강 보호를 위한 협약을 체결하였다. 이외에도 기존의 라인강의 항행을 위한 협약의 제1차 및 제2차 추가의정서 역시 라인강 보전에 대한 규정을 두고 있다.

[39] 노명준, 앞의 논문, 266~267면.

[40] 다뉴브 유역 관련 체결된 협약은 총 10개인데 1948년 다뉴브강의 항행 체제에 관한 협약, 1952년 다뉴

on Cooperation for the Protection and Sustainable Use of the Danube River)은 1994년 6월 29일 소피아에서 체결된 다뉴브강 환경보호를 위한 협약이다. 동 협약은 3부 31개 조항으로 구성되어 있으며 제1부는 일반조항, 제2부는 다자협력, 제3부는 협약상의 기구인 국제위원회 관련 사항을 규정하고 있다. 동 협약은 전문에서 다뉴브강의 지속적 이용을 위한 수질보전이 본 조약의 주 관심사항임을 천명한 후 제2조(목적과 협력의 원칙)을 통해 다뉴브강의 지표수 및 가능한 범위 내에서 지하수 보전 및 합리적 사용을 포함한 지속 가능하고 형평한 수자원관리 달성을 추구하고 있다. 나아가 체약 당사국은 유해물질 관련 사고로 다뉴브강의 오염사태를 막기 위해 유해물질을 규제하고, 자국 영역 오염원으로부터 오염물질 배출을 줄이고, 홍수 등 자연재해를 방지하는 등 모든 노력을 경주하도록 규정하고 있다.[41)]

동 협약은 제2부 다자협력 편에서 구체적 다자협력제도를 규정하고 있는데 핵심적 협력 형태는 국제위원회(international commission) 틀 내에서의 협의(consultation)와 공동활동(joint activities)이다.[42)] 오염 예방, 규제 및 감소를 위해 수질목표 기준 및 배출제한을 규정하고 구체적인 수자원 보호조치를 체약당사국의 의무로 하되 지속적인 모니터링과 보고의무를 통해 이행을 확인하고 있다.[43)] 제11조에서는 협의의무를 규정하고 있는데 제12조 사전 정보교환에 따라 타국에 피해를 야기할 수 있는 계획행위를 통지하고 이에 대한 협의를 하도록 규정하고 있다. 그리고 협의결과가 나오기 전까지 해당 계획에 대한 결정을 유보하도록 하고 있는데,[44)] 이는 형식적 협의 후 사업을 강행하는 국가의 관행을 예방하여 협의제도의 목적인 상호협의를 통한 국제하천 환경보전을 달성하기 위한 취지로 이해된다. 또한 협의 형식이 국제위원회의 틀 속에서 이루어져야 하므로 국제위원회가 아닌 별도의 채널, 예를 들어 외교부장관 상호간의 논의 등은 협약상의 협의로 인정하는 해석은 제한적으로 이루어져야 할 것이다.

개발사업을 계획하고 시행하는 과정에서 협의 외에 이해관계국의 동의까지 요하는 것인가의 문제에 대해서 동 협약은 명확한 규정을 두고 있지 않다. 그러나 협의에서 논

브강 발전소 관련 협약, 1958년 어업 관련 협약, 1978년 헝가리와 체코슬로바키아 간의 가브치코보-나지마로스 댐 건설 및 운영에 관한 협약 그리고 1994년 다뉴브강의 보호 및 지속적 이용 관련 협력을 위한 협약 등이다. 1994년 협약의 당사국은 Austria, Bosnia and Herzegovina, Bulgaria, Croatia, Czech Republic, Germany, Hungary, Moldova, Montenegro, Romania, Serbia, Slovakia, Slovenia, Ukraine 등이다.

41) 이외에도 오염자부담원칙과 사전주의원칙을 포함하고 있다. 동 협약 제2조 제4항.

42) 동 협약 제4조.

43) 제2부 다자협력 참조.

44) 제11조 제2항.

의되는 핵심이 양국의 형평에 맞는 이익을 도모하는 것이며 해당 이익형량을 위해 협의 과정에서 고려하여야 할 요소들이 1) 해당 계획으로 인해 야기되는 피해 위험정도, 2) 해당 계획으로 인한 사회적·경제적·기술적 성격의 전반적 이익 및 그 중요성뿐 아니라 3) 해당 피해를 예방, 최소화 또는 교정하기 위한 대체 수단의 이용가능성, 4) 대체 수단 등 방지비용에 협의 국가들의 기여할 의사 정도 등도 포함되어 있다고 보는 것이 상당하기 때문에,45) 가능한 한 상호간의 협의를 통해 대안을 찾도록 하는 것이 바람직하며, 반드시 동의를 요하도록 하는 것이 이익공동체의 취지에도 부합하는가에 대해서는 논란이 있어 왔다.

이외에도 동 협약은 다뉴브강의 관리를 위한 국제위원회를 설치하여 다자간 협력체로서 기능하도록 하고 있다. 이러한 다자간 관리기구의 설립은 천연공유자원 가원칙에도 언급된 바와 같이 국제하천의 관리에 가장 핵심적인 내용이다. 수질보호의 문제는 지속적이고 독립적인 관리감독이 요망되는 사항이기 때문에 상설적 협력기구를 통해 협약상의 목적달성을 위한 의무준수 등을 관리·감독하도록 하는 것이 바람직하다.46) 다른 주요 사항으로는 분쟁해결에 대한 절차이다. 동 협약은 제24조에서 분쟁해결규정을 두고 있는데 협약 부속서 V에 의해 설치·운영되는 중재재판과 국제사법재판소의 선택적 이용을 제공하고 있다. 요약컨대 동 협약에 제공하는 국제하천의 지속적 이용을 위한 협력수단은 국제위원회를 구성하고 이를 통해 정보를 교환하고 협의하는 제도이다. 동 통지 및 협의제도는 다뉴브강 협약에 보다 구체적으로 규정되어 있지만, 상기의 대부분의 협약에서 간단한 규정으로나마 언급되어 있다.

상기의 조약에서 검토한 바와 같이 대부분의 국제하천 환경보호를 규정하는 조약은 정보의 통지 및 협의의무를 협력의 의무로 규정하고 있다. 이는 통지 및 협의의무가 국가들의 관행으로 자리잡고 있음을 확인시켜 준다. 비록 국제환경법상 통지 및 협의의무의 국제관습법상의 지위에 대한 기존의 판례가 존재하지는 않지만 대부분의 국제하천보전의 의무를 규정하는 양자 및 지역협정은 국가들의 관행이 법적 확신 속에서 구속력 있는 조약의 채택에 이르렀다고 볼 수 있다. 나아가 국제법위원회의 2006년도 초국경피해 예방규정초안의 작성과정에서의 국제사회의 태도 역시 최소한 통지 및 협의의무가 국제환경법상 연성법(soft law)으로서 국제사회의 관습법으로 진행하는 과정으로 이해할

---

45) 초국경피해예방규정초안 제10조.
46) 이와 같은 이유로 근래에 체결된 협약은 공동관리위원회를 두고 있으며 전 세계적으로 31개 국제하천 공동관리기구가 존재한다. 현재 그 운영에 대해서 공식적으로 확인하지는 못하였으나 북한과 중국 사이에도 두만강의 공동관리위원회가 1960년대에 구성된 바 있다.

수 있을 것이다.

이외에도 1997년 국제하천의 비항행적 이용의 법에 관한 협약의 중요 원칙 중 하나인 중대한 손해를 야기하지 아니할 의무 역시 수질오염과도 관련이 있다. 나아가 동 협약이 요구하는 당사국간 정보교환, 협의 등의 협력의 의무가 환경영향평가 의무라는 점에서 수질오염 관련 동 협약의 의의는 더욱 크다. 그러나 특정 사업에 대해 하류국이 상류국에게 환경영향평가를 요청한다고 할지라도 상류국은 자국의 환경영향평가법에 의거하여 사업을 평가하고 그 평가에 있어 절차상의 하자만 없다면 상류국은 피해방지를 위한 모든 적절한 조치를 취한 것으로 간주될 것이다. 이는 중대한 피해방지원칙에 있어서 본질적인 의무가 적법한 절차상의 주의의무이기 때문이다. 즉, 환경영향평가에 있어 절차상의 하자가 있다든지 또는 적법한 주의의무를 해태한 경우에만 의무위반이 발생하는 것이다. 국제사법재판소는 Pulp Mills 사건에 대한 판결을 통해 초국경환경영향평가에 대한 국제법적 지위를 확인한 바 있다. 또한 대부분 국가에서도 환경영향평가법은 실체법이 아닌 절차법으로 자리매김되어 있다. 따라서 이를 극복하기 위해서는 국제하천의 관리를 위한 국제위원회의 설립을 추진하고 하천에 대한 과학적인 공동조사를 통해 수리적으로 인접국에게 영향을 미칠 수 있는 범위를 설정하여 국경선에 인접한 지역 등 핵심적인 지역만을 공동지역으로 설정하고 해당 지역 내에 영향을 미치는 사업의 경우 개별국이 아니라 국제위원회를 통해 환경영향평가를 하도록 하는 내용을 국제하천 관리협약에 포함하는 것이 한 해결책이 될 수 있을 것이다. 그리고 환경영향평가 업무 자체를 국제공동관리위원회에서 담당하여 평가가 중립적인 입장에서 수행될 수 있도록 하는 등의 평가주체에 대한 새로운 고려가 필요할 것이다. 형평하고 합리적인 사용이라는 개념 자체는 실질적으로 환경보존과 경제성장을 동시에 추구하는 지속가능한 발전의 이념과 동위의 것이며 이를 절차적으로 구체화하는 것이 환경영향평가이므로 환경영향평가를 실체적인 입장에서 수행하여 양국의 형평하고 합리적인 사용을 도모하는 것이 타당할 것이다.

제4절 ● 국제하천 관련 국제판례

I. 기존의 판례: 라누호(Lanoux湖) 사건

앞서 언급한 바와 같이 국제하천 관련 국제사례는 많지 않으며 특히 수질문제를 직접적으로 다룬 사건은 전무하다.[47] 그나마 라누호 사건이 동 연구에서 집중하고자 하는 통지 및 협의의무를 다루고 있다. 1957년 라누호 사건은 상류국인 프랑스와 하류국인 스페인 간의 국제하천을 둘러싼 분쟁이다. 라누호는 프랑스 남부의 스페인 국경 인근에 위치한 호수이다. 호수에서 흘러나온 물은 캐롤강과 만나 스페인으로 흘러간다. 1950년대 프랑스는 라누호의 물을 1,789미터 아래로 떨어뜨려 에너지를 얻는 수력발전소 건설 계획을 수립하였다. 비록 프랑스가 계획상 수력발전에 사용된 물은 다시 캐롤강에 회류할 것을 약속하였지만, 스페인은 해당 계획 자체가 자국의 권리를 침해한다는 주장을 하였다.[48] 스페인의 주장에 따르면 1866년 양국간에 체결된 Bayonne조약과 추가의정서(Additional Act)에 기초, 댐건설과 하천수의 통제 등 인위적인 개입 등이 관개와 관련하여 스페인의 이익을 위태롭게 할 가능성이 있다고 주장하였고 특히 위 조약에 기초, 동 사업은 스페인의 사전 동의 없이 진행할 수 없다고 주장하였다.

1956년 설치된 중재법원은 원칙적으로 프랑스는 자국 내에서의 국제하천에 관해 개발을 할 수 있는 정당한 권리가 있고 동시에 스페인은 자신의 이익이 존중될 것을 요구할 수 있는 권리가 있으며 프랑스는 그 이익을 고려하여야 한다고 판시하였다.[49] 중재법정은 프랑스가 스페인에게 피해를 주거나 스페인의 비용을 증가시키면서 자국의 이익을 일방적으로 추구할 수 없기 때문에 영향을 받는 다른 국가와 협의(consultation) · 교섭(negotiation)할 의무가 있으며, 그 협의와 교섭은 순수(genuine)하고 신의성실(good faith)

---

47) 국제사회에서 국제하천의 이용과 관련 사건으로 중재재판에서 다루어진 최초의 사건은 1872년 아프가니스탄과 이란 사이의 헬만드(Helmand)강 사건이며, 이후 1929년 오데르(Oder)강 국제위원회의 체코, 덴마크, 프랑스 독일 및 폴란드 간 영토적 관할권에 관한 사건이 있었다. 이외에도 1937년 벨기에와 네덜란드 간 수로개발을 둘러싼 뮤즈(Meuse)강 사건이 있다. *Diversion of Water from the Meuse Case (Netherlands v. Belgium)*, PCIJ Ser. A/B no.70 (1937).

48) *Lake Lanoux Arbitration (Spain v. France)*, 24 ILR 101 (1957).

49) *Ibid.*, para.140.

에 기초하여야 한다고 판단하였다.[50] 그러나 1957년 중재재판소는 프랑스 계획은 캐롤
강을 통해 스페인으로 유입되는 수량을 변경하지 않아 스페인에게 예상되는 피해가 없
음을 이유로 스페인의 주장을 기각하였다. 조약의 해석상 하류국의 동의가 상류국의 결
정에 필수적 요건이라는 사실은 국제관습법이나 스페인이 주장의 주된 기초로 하고 있
는 조약 어디에도 그 근거를 찾을 수 없다고 하면서 결과적으로 프랑스의 주장을 받아
들였다.[51]

　　이 사건은 비록 이익침해를 주장하는 스페인의 주장을 배척하였지만, 결정과정에서
국가는 자국의 행위로 환경피해를 입을 가능성이 있는 다른 국가의 사전동의까지는 아
니더라도 다른 국가와 신의성실에 기초하여 협의·교섭하고, 타국의 이익을 고려할 의
무가 있다는 것을 밝힌 것은 중요한 의미가 있다. 그리고 동 법정은 스페인의 권리나
이익이 침해된 것이 없다고 밝혔지만 동시에 만일 "스페인이 프랑스가 진행하려는 사업
이 궁극적으로 캐롤강의 수질오염을 야기할 수 있고, 되돌아오는 물이 스페인의 이익을
해칠 수 있는 화학적 성분, 기온 또는 다른 성격을 가지고 있을 수 있다고 주장하였더
라면 결과는 달라질 수 있었을 것"이라고 지적하여 수량적 변화가 없어 국가책임은 발
생하지 않았으나 수질이 악화되는 등의 사실이 있는 경우 국가책임이 발생할 수 있음을
시사하고 있다.[52]

Ⅱ. Pulp Mills 사건

1. 사건개요

　　동 사건은 우루과이와 아르헨티나 간 국경선을 구성하는 국제하천인 우루과이강 강
변에 위치한 산업단지 개발 관련 우루과이 정부의 허가처분에 대한 분쟁이다. 양국간에
는 1975년 체결된 우루과이강 규정(Statute of the River Uruguay; 이하 1975년 규정)이 체결되
어 동 규정에 따라 우루과이강 행정위원회(Administrative Commission of the River Uruguay:
ACRU)가 하천의 공동관리기구로 활동하고 있었다. 2005년 핀란드 회사에 의해 설립된
2개의 우루과이 회사는 2005년 섬유소 펄프(cellulose pulp) 생산공장의 건설을 발표하였

---

50) *Ibid.*, paras.119, 130.

51) *Ibid.*, paras.128~138.

52) *Ibid.*, para.123.

고, 스페인계 다국적 회사도 해당 프로젝트에 참여하였다. 동 투자개발 프로젝트는 우루과이 역사상 가장 큰 총 17억 달러의 해외 투자에 해당하여 우루과이 측에게는 해당 사업은 사회적·경제적·기술적 성격 등 국가적으로 전반적 이익이 있는 등 중요도가 높은 사업이었다.

그러나 하천 양측의 주민들은 개발로부터의 수혜와는 별도로 제지공장에서 배출될 가능성이 있는 다이옥신(dioxin), 퓨란(furan) 등 오염물질이 해당 하천 생태계 및 어류, 조류, 꿀벌 및 과일 생산에 피해를 야기할 가능성에 대해 우려하기 시작하였다. 특히, 우루과이 측 주민은 해당 사업으로 인한 경제적 수혜자였으나 아르헨티나 측 주민의 경우 별다른 경제적 수혜 없이 농업, 어업 및 관광업에 대한 피해만이 우려되는 상황이었다. 이와 같은 배경 속에 아르헨티나 주민들은 제지소 건설에 격렬한 반대시위를 하였고 동 문제는 양 국가간 정치적 분쟁으로까지 비화되었다. 사업을 둘러싼 갈등이 심화되자 스페인계 회사는 개발사업을 포기하였고 핀란드계 회사만의 사업으로 축소되었다. 우루과이강 행정위원회는 자체적 분쟁해결을 시도하였으나 결국 2006년 5월 아르헨티나가 국제사법재판소에 잠정조치를 요구함과 동시에 동 사건은 ICJ에 의뢰되었고 ICJ는 재판관할권을 인정하였다.

2. 쟁점 및 양측의 주장

동 사건의 쟁점은 다음과 같다.

첫째, 우선 잠정조치와 관련하여 아르헨티나는 제지공장 건설금지 가처분을 요구하였으며, 우루과이는 아르헨티나 주민들이 우루과이강의 다리를 막고 시위하는 것을 아르헨티나 정부가 해산하여 줄 것을 요청하였는데 이에 대한 ICJ의 잠정조치 인정 여부이며, 둘째, 본안과 관련 우루과이 영토 내의 개발계획이 하천의 최적의 합리적 이용에 부합하는지에 대한 실체적 문제, 셋째, 우루과이가 동 개발계획 관련 1975년 규정의 통지의무를 위반하였는지 등 절차적 문제이다.

아르헨티나가 주장한 우루과이의 1975년 규정 의무위반은 다음과 같다.[53]
- 하천의 최적의 합리적 이용을 위해 모든 필요한 조치를 취할 의무
- ACRU 및 아르헨티나에 대한 통지의무

---

53) *Ibid*., para.22.

- 1975년 규정 제2장에 규정되어있는 절차 준수의무(하천체제 또는 하천의 수질에 영향을 미치는 작업에 관한 규정)
- 전면적이고 객관적인 환경영향연구(environmental impact study) 등을 포함한 환경을 보전하고 오염을 예방하며 생물다양성을 보호하기 위한 모든 필요한 조치를 취할 의무
- 오염방지 및 환경과 어류계 보호에 협력할 의무

아르헨티나는 상기 쟁점에 대한 우루과이 측 위반에 따라, ICJ에게 우루과이 측의 불법적 행위중지, 의무준수, 의무위반으로 인한 피해배상 및 기존 법체제로의 복귀 등을 요청하였다.

이에 대해 우루과이는 하천의 지속가능한 이용을 위해 허가과정에서 국내법에 따라 환경영향평가를 하였으며, 직접 ACRU에 대해 통지를 하지는 않았지만 타 외교채널을 통해 아르헨티나에게 해당 사실을 통지하는 등 협의절차를 거쳤다고 주장하였다. 나아가 아르헨티나는 그 주장하는 위반으로 인해 하천에 어떠한 피해가 발생하였다는 입증을 하지 못하였으며, 설령 피해가 발생하였다고 할지라도 제지공장 건설을 중지하고 해체할 만큼의 피해는 아니라고 항변하였다. 우루과이는 ICJ에게 해당 제지공장 건설 중지가 우루과이에 중대한 경제적 피해를 야기함을 강조하는 등 해당 사업의 공공성을 강조하면서 만일 ICJ가 우루과이의 해당 규정 의무위반으로 판단할 경우라 할지라도 피해배상이나 추가적인 환경보호조치 등에 대해 제한적으로 판결을 내려줄 것을 호소하였다.

3. 판 결

2010년 4월 20일 ICJ는 아르헨티나와 우루과이 사이에 4년에 걸친 소송을 마무리하는 판결을 하였다. ICJ는 아르헨티나가 신청한 제지공장 허가 및 건설 중지 잠정조치 신청에 대해 허가과정의 절차적 하자를 찾을 수 없으며 해당 제지공장 건설이 추후 회복할 수 없는 피해를 야기한다는 확증이 없다는 이유로 기각하였다.[54] ICJ는 동시에 우루과이가 신청한 우루과이 다리를 가로막고 시위를 하는 시위대를 아르헨티나 정부로 하여금 해산시킬 것을 요청하는 잠정조치 역시 우루과이의 권리를 현저히 해하는 임박

---

54) *Ibid.*, paras.71~78.

한 위험이 없다는 이유로 기각하였다.[55]

(1) 실체적 쟁점

우루과이의 실체적 의무와 관련하여 재판부는 1975년 규정과 오염예방원칙 및 협력의 원칙을 적용하는 데 있어 기존의 가브치코보(Gabčikovo)댐 사건과 핵무기 관련 권고적 의견에서의 지속가능한 발전의 개념을 인용하였다. 하천의 지속가능한 이용을 고려하는 데 있어 재판소는 1975년 규정 목적인 "하천의 최적의 그리고 합리적 이용을 달성하는 데 있다"[56]는 내용에서 양국의 직접적이고 구체적인 권리 의무가 창설되지는 않는다고 하였다. 아르헨티나의 경우 제1조 목적조항 및 제27조 형평하고 합리적인 이용의 원칙에 따라 여가 및 관광 등 기존의 합법적인 하천의 이용을 고려하여야 한다고 주장한 데 반해 우루과이는 그러한 기존의 이용은 제지공장과 같이 새로운 사용이 등장한 경우 상호균형이 맞도록 이해되어져야 한다고 주장하였다. ICJ는 양당사국의 주장중 하나를 인정하는 대신, 양당사국은 제27조에 규정되어 있는 협의 및 협력 의무, 즉 절차적 의무로 되돌아갈 것을 요구하였다. 따라서 해당 협의를 통해 지속가능한 발전의 핵심인 경제개발과 환경보호 양자간의 균형 그리고 공유자원의 합리적 이용과 형평에 맞는 이용 간 균형이 모두 고려되어야 한다는 판시를 하였다.

하천수질피해 저감의무 이행방법과 관련, 아르헨티나는 우루과이가 1975년 규정 제41조 이행에 하천환경의 보호, 보전 및 오염방지를 위해 적절한 규칙을 제정하고 적용가능한 국제협정이 있거나 또는 관련 있는 국제기술기구의 지침 또는 권고에 부합하는 조치를 포함한 모든 필요한 조치를 취하여야 할 의무를 위반하였다고 주장하였다. 그러나 우루과이는 공장은 관련 국내 법령에 부합하게 건설되었고 "최적가용기법"(Best-Available-Technology: BAT) 기준에 부합한다고 주장하였다. ICJ는 국제환경법의 기본원칙 중 하나인 "자국의 관리구역 또한 통제범위 내에서의 활동이 다른 국가나 관할범위 외부지역의 환경에 피해를 끼치지 않도록 할 책임"을 상기시킨 후, 1975년 규정 제41조에 따라 양 당사국은 국제적 기준에 부합하는 국내 오염방지규정 및 조치를 채택하도록 할 의무가 있다고 하였다.[57] 그리고 재판소는 우루과이 측의 오염방지의무 위반에 대한 가능성에 대해 이는 양국이 채택한 규정과 규칙에 따라 ACRU를 통해 아

---

55) *Ibid.*, para.8.

56) 1975년 규정 제1조.

57) *Ibid.*, para.193. 동 원칙은 스톡홀름선언 및 리우선언 등 소프트로(soft law)를 통해 국제관습법화되었으며 국제사법재판소 역시 핵무기에 관한 권고적 의견을 통해 국제관습법으로 인정한 바 있다.

르헨티나와의 협의의 대상이라고 하였다.58) ICJ는 Botnia 제지소에서 사용하고 있는 생산기술을 평가함에 있어서도 오염방지의무 및 하천 환경보호의무는 1975년 규정 제41조 (a)에 규정되어 있는 "국제기술기구의 지침과 권고"에 의해 수립된 수준이어야 한다고 판시하고, 양측이 제시한 여러 증거자료를 판단한 후 우루과이가 사용한 기술은 해당 수준을 충족한다고 하였다.59) 구체적으로, 재판부는 해당 기준을 유럽집행위원회(European Commission)의 기준과 비교한 후, 사용된 기술이나 배출관련 해당 기준을 초과한다는 증거가 없다고 판시하였다.60)

재판부는 "동 쟁점을 확인하기 위해 재판부는 환경영향평가의 관행이 수많은 국가들 사이에서 수용되어 왔으며 이는 공유자원과 같이 중대한 초국경적 부정적인 영향을 미칠 수 있는 산업활동을 준비하는 과정에서는 환경영향평가를 수행하는 것이 일반국제법상 요구된다"라고 하여 초국경환경피해가 예상되는 경우의 환경영향평가의무를 국제법상의 원칙으로 채택하였다.61) 비록 1975년 규정이 환경영향평가를 규정하고 있지는 않지만, 우루과이는 자국법에 따라 환경영향평가를 시행하였다. 비록 양국이 모두 국제법상 환경영향평가가 요구된다는 것은 인정하였지만, 아르헨티나 측은 우루과이의 환경영향평가의 범위가 국제기준에 부합하지 않는다고 주장하였다. 특히 공장부지의 대안에 대한 평가와 주민들의 의사참여 등에 있어서의 문제를 지적하였지만 재판부는 두 가지 사안에 대해 모두 우루과이의 환경영향평가가 적절하였다고 판단하여 환경영향평가 제도의 절차적 의의를 강조하였다.

제지공장에서 배출되는 오염물질이 하천오염에 미치는 영향 평가에 있어 재판부는 수종의 구체적 오염물질에 대한 공장운영 전과 후의 막대한 양의 과학적 분석자료를 비교하였는데, 양측이 제시한 상반된 자료를 비교·분석하는 대신, 해당 자료를 신중히 평가하였다. 재판부 측에 제시된 모든 정보를 검토한 후, 우루과이가 요구되는 적절한 주의의무를 해태하였거나 해당 제지공장으로부터의 오염물질이 하천의 수질과 생태적 균형에 위해한 영향을 미친다는 확정적인 증거를 자료에서 찾아볼 수 없었다고 하였다.62)

결론적으로 ICJ는 우루과이의 일방적인 제지공장의 허가 및 건설 착공은 1975년 규정에서 정하고 있는 아르헨티나에 대한 통지와 협의의무를 위반하였다고 판시하였다. 그

---

58) *Ibid.*, para.200.
59) *Ibid.*, para.223.
60) *Ibid.*, para.225.
61) *Ibid.*, para.204.
62) *Ibid.*, para.265.

러나 ICJ는 우루과이 측이 절차적으로 위반하였다는 선언 자체가 추후의 배상을 요구하지 않는 적절한 만족(satisfaction)에 해당한다고 판시하였다. ICJ는 우루과이가 ACRU를 통해 아르헨티나와 협력하고 적절한 감시를 통해 하천 및 하천 유역의 오염을 방지할 조약상의 실체적 의무를 위반하였다는 아르헨티나 측의 주장은 받아들이지 않았다. ICJ는 재발방지보장을 요청하는 아르헨티나에 대해서도 "국가는 신의성실의 원칙에 따라 행동할 것이라고 추정하여야 하므로 일국이 ICJ가 이미 불법이라고 선언한 행동을 향후 재개할 것이라고 가정할 이유가 없다는 것이 일반적인 원칙"이라고 하여 이를 기각하였다.[63]

(2) 절차적 쟁점

절차적 위반 관련 아르헨티나 측의 주장은 우루과이가 두 개의 제지공장의 계획에 있어서 사전통지 및 협의의무를 준수하지 않아 결과적으로 1975년 규정상의 의무를 위반하였다는 것이다. 이에 반해 우루과이는 효과적 통지나 협의가 2005년에서 2006년 사이에 개최된 양국 외무부 장관회담 및 고위급기술그룹(High-Level Technology Group) 회의에서 이미 실질적으로 충분히 이루어졌기 때문에 협의 자체는 이루어졌으며 이에 따라 협의의무는 준수되었다고 주장하였다.[64] 재판소는 이에 대해 우루과이는 제지공장 건축허가 발급과정에서 ACRU를 통해 통지를 했어야 했으나 그러하지 않음으로 인해 1975년 규정의 통지 및 협의의무를 위반하였다고 판시하였다. 따라서 사실상의 통지가 아닌 해당 규정에 따른 절차 및 기구를 통한 정식의 통지가 요구된다는 것이다.[65] 이는 상당한 의미를 갖는데 기존의 통지 내지 합의가 비공식적인 절차 또는 루트를 통해 이루어지더라도 사실상 통지가 이루어졌거나 합의가 이루어진 경우 인정하였던 것에 비해 그 법적 절차를 강조하는 것으로 볼 수 있다, 이는 해당 통지 및 협의의무가 실체상의 권리이기도 하지만 절차상의 권리라는 점에서 그 의무이행에 있어서 적법절차를 강조한 것으로 이해할 수 있다.

재판소는 협의의무를 신의성실원칙의 대상으로서 형식적 협의가 아닌 의미 있는 수준의 협의를 할 정도의 의무라고 판시하여 절차상의 협의의무를 충족하기 위한 형식적 수준, 즉 단순히 협의를 위한 협의는 해당 협의의무를 이행한 것이라고 간주하지 않았다. 이를 위해 우루과이가 협상과정 중에는 제지공장 건설허가를 발부하여서는 안 되었다고 판시하였다.[66] 특히 스코트니코프(Skotnikov)재판관은 1975년 규정 제7조에서 제

---

63) *Ibid.*, para.278.
64) *Ibid.*, para.40.
65) *Ibid.*, para.158

12조는 명백히 규정에 반하는 일방적 행위를 허용하고 있지 않다는 점에서 우루과이는 해당 프로젝트를 포기하거나 또는 재판소에 해당 문제를 회부했어야 하며, 건설을 추진할 권리가 없다는 것이다.

이러한 견해는 1957년 스페인과 프랑스 사이의 라누호 관련 중재재판의 견해와는 명백한 차이점이 있다. 라누호 사건에서의 중재재판은 프랑스 영토 내에서의 하천의 이용과 관련 스페인에게 영향을 미칠 수 있는 경우 해당 이용에 대해 스페인에게 통지할 의무와 협의를 하여야 할 의무는 있지만 양자간의 조약이나 일반국제법상 스페인의 동의를 반드시 요구하지는 않는다고 하였다. 그러나 동 사건에서 재판부는 통지 및 협의의 의무는 일방적인 조치가 아닌 신의성실원칙에 부합하여야 하며 나아가 피해국의 동의를 얻어야 한다는 것이다. 그러나 이러한 결론은 양당사국의 협약의 해석에 따른 것이므로 일반적으로 사전동의가 필수적이라고는 보기 어렵다.

(3) 기타 사항

ICJ는 아르헨티나가 판단을 요청한 제지공장으로 인한 대기, 소음, 진동 등에 대한 피해 관련 판단은 재판소의 관할권은 1975년 규정의 해석 및 적용에 한정된다는 이유로 판단에서 제외하였다. 그 이유는 1975년 규정은 주로 항행, 하천체제 그리고 하천 수질에 대한 것만을 규율하고 있으므로, 소음 및 진동은 해당 사항이 없으며 대기오염의 경우 하천의 수질에 영향을 미치는 대기오염만이 해당 규정에서 부여한 관할권 내에 포함된다는 것이다.[66] 재판부는 사전주의원칙(precautionary principle or approach)과 관련 아르헨티나 측이 주장한 입증책임의 전환문제에 대해서는 양자의 상호 법적 연관성을 부정하였다. 아르헨티나는 동 원칙에 의거 우루과이는 산업개발이 환경에 중대한 영향을 미치지 아니한다는 것을 입증하여야 한다고 주장하였으나, 사전주의원칙이 1975년 규정의 해석과 적용에 관련이 있다 할지라도 입증책임의 전환에는 관련이 없다고 하였다.[68] 재판부의 판결은 당사국의 전문인 사용에 대한 비난 역시 포함하였는데, 증인으로 소환될 때, ICJ 규정 및 규칙에 의거하여 전문인은 당사국 및 법원에 의해 신문되어야 하나,[69] 동 사건에서는 양측이 모두 자국의 전문인을 변호사로 임명하여 상대국이나 법원의 신문대상에서 배제시킨 것을 지적하면서 재판부는 과학적이고 기술적인 증거를

---

66) *Ibid.*, paras.144~148.
67) *Ibid.*, paras.52, 264.
68) *Ibid.*, paras.162~164.
69) ICJ규정 제51조와 규칙 제58조 및 제63조~제65조.

제시하는 사람이 전문증인으로 출석하는 것이 바람직하다고 지적하였다.[70]

4. 시사점

동 판결은 라누호 사건에서 중재재판이 제시하였던 국제하천의 이용과 관련된 당사국들은 자국의 개발행위로 영향을 받는 다른 국가와 협의(consultation)·교섭(negotiation)할 의무가 있으며, 그 협의와 교섭은 순수(genuine)하고 신의성실(good faith)에 기초하여야 한다는 것을 확인하였다. 그리고 나아가 프랑스와 스페인이 체결한 관련 조약의 해석상 하류국의 동의가 상류국의 결정에 필수적 요건이라는 사실은 국제관습법이나 스페인이 주장의 주된 기초로 하고 있는 조약 어디에도 그 근거를 찾을 수 없다고 한 것에 반해 우루과이와 아르헨티나 간에 체결한 규정상 동의를 요한다는 다른 의견을 제시하였다. 물론 판단 근거가 당사국들이 체결한 조약의 해석에 근거한 것이라 할지라도 당사국간 협의의무를 신의성실에 근거한 절차상의 의무로 한정하지 않고 협의를 통해 양 당사국이 인정할 수 있는 결론의 도출 역시 요구하였다는 점에서 당사국들의 주권을 훼손하게 되는 결론으로 비추어질 수도 있고 또는 국제하천의 수질보호를 위해서는 발전적이라고 간주될 수도 있을 것이다. 사적인 의견으로는 이러한 국제사법재판소의 입장은 해당 국제하천 중 아르헨티나와 우루과이가 직접적으로 상호영향을 미치는 핵심적인 지역은 양국이 사실상 공동관리하는 국제하천이라는 점에서 양국의 동의하에 개발을 요구한 것이며 이는 이익공동체설에 부합하는 것이라고 생각한다.

국제사법재판소는 "환경영향평가의 관행이 수많은 국가들 사이에서 수용되어 왔으며 이는 공유자원과 같이 중대한 초국경적 부정적인 영향을 미칠 수 있는 산업활동을 준비하는 과정에서는 환경영향평가를 수행하는 것이 일반국제법상 요구된다"고 하여 최초로 초국경환경피해가 예상되는 경우의 환경영향평가의무를 국제법상의 원칙으로 채택하였다는 점에서 큰 의의가 있다.[71] 특히 아르헨티나와 우루과이 간의 1975년 규정에는 환경영향평가 의무가 규정되지 않았음에도 불구하고, 우루과이는 자국법에 따라 환경영향평가를 시행하였으며 아르헨티나 역시 환경영향평가 수행행위 자체를 당연히 받아들였다는 점에서 양국이 환경영향평가제도 자체에 법적 확신을 부여한 것으로 간주하여 환경영향평가제도 자체를 국제관습법으로 인정하였다. 나아가 이러한 환경영향평가 제도가 기존에 논란이 되었던 스톡홀름선언 원칙 21 및 리우선언 원칙 2의 "모든 국가는 자국의 관할권 또는 통제 내

---

70) *Ibid.*, para.167.

71) *Ibid.*, para.204.

의 활동이 타국의 환경 또는 국가관할권의 범주를 벗어난 지역의 환경에 피해를 주지 않도록 보장할 책임이 있다"는 국제관습법상의 의무를 보다 구체화하였다는 점 역시 의미가 있다.

제5절 ● 지하수와 빙하의 규제

I. 서 언

하천수는 지구 담수의 3%에 불과하고 나머지는 빙하와 지하수 등이 차지하고 있다. 이 중 남극과 그린란드 등 극지역 빙하와 히말라야, 안데스 등의 고산 빙하가 그 많은 부분(약 77%)을 차지한다.72) 현재 지구는 일인당 물사용량의 증가,73) 지표수의 오염과 사막화진행 등으로 물부족상태에 이른 지역이 40%를 넘고 있다.74) 이러한 상황에서 둘 이상의 국가에 걸쳐 있는 초국경 지하수(transboundary groundwater)에 대한 국가간 분쟁이 발생하고 있고 히말라야와 같은 고산지대의 빙하수나 남극 또는 그린란드의 담수 빙하가 국가간의 논의 쟁점 또는 분쟁의 원인이 될 가능성도 커지고 있다.

국제지하수평가센터(International Groundwater Resources Assesment Center)에 의하면 2015년 현재 592개의 초국경대수대(transboundary aquifer)가 밝혀져 있다.75) 초국경 지하수와 관련된 국가간 분쟁은 과도한 이용으로 인한 지하수 고갈, 염수화 및 지반침하, 지하수와 그 연계생태계의 오염문제에 대한 것이다. 지하수의 국제적 보호와 규제와 관련하여 스톡홀름환경회의 결과 채택된 행동계획에도 지하수 보호문제가 언급되는 등 국제사회에서 UNDP, WHO, UNEP, UNESCO, IHP, FAO 등 관련 국제기구와 ILA와 같

72) E.J. Thorson, "Sharing Himalayan Glacial Meltwater: The Role of Territorial Sovereignty", *Duke Journal of Comparative & International Law*, vol.19, 2009, p.487.
73) 2008년 기준 이전 30년간 35배 물사용량이 증가하였고 매년 4~8%씩 증가하고 있다. N.R. Pincus, "Groundwater and International Law: The Need for Specific Solution", *University of Denver Water Law Review*, vol.11, 2008, p.314.
74) P. Sands and J. Peel, *Principles of International Environmental Law*, 3rd ed. (Cambridge University Press, 2014), p.304.
75) IGRAC. Transboundary Aquifers of the World. Edition 2015. 1:50 000000. Delft: IGRAC, 2015. <http://www.un-igrac.org/sites/default/files/resources/files/TBAmap_2015.pdf>.

은 국제법학술단체를 중심으로 국제법적 규제 문제가 논의되어 왔다. 하지만 지하수는
항행에 이용되거나, 국경을 이루거나, 어업에 이용되거나, 에너지 생산에 이용되는 것과
같은 국가간의 첨예한 이해관계가 걸린 문제는 아니어서 국제적 규제노력이 만족스럽게
이루어지지는 못하였다.[76]

1992년의 초국경하천과 국제호수의 보호와 사용에 관한 협약이나[77] 1997년의 국
제하천의 비항행적 이용의 법에 관한 협약은[78] 그 규제대상에 제한적으로 지하수를 포
함하고는 있지만 형식적 규정으로 국가들의 관련 행위에 미치는 실제 영향은 미미한 것
으로 평가된다. 지하수에 대하여 분쟁이 있는 주로 라틴아메리카, 북아프리카 및 중동
지역 국가들 간에 체결된 양자 또는 지역협정의 예는 다음과 같다.[79]

1) 프랑스-스위스 간 Geneva Aquifer협정[80]; 2) 말리, 니제르, 나이지리아 간 Iullemeden
Aquifer System에 관한 Bamaco장관선언[81]; 3) 아르헨티나, 브라질, 파라과이, 우루
과이 간 Guarani Auifer에 관한 협정[82]; 4) 알제리, 리비아, 튀니지 간 Northwestern
Sahara Aquifer System에 관한 선언[83]; 5) 차드, 이집트, 리비아, 수단 간 Nubian
Aquifer System에 관한 지역전략행동 프로그램[84]; 6) 사우디아라비아와 요르단
간의 Ai-Sag/Al-Disi Aquifer의 지하수 관리 및 이용에 관한 협정[85]

76) P.C. Villar, "International Cooperation on Transboundary aquifers in South America and the
Guarani Aquifer", *Revista Brasieira do Politica International*, vol.59(1), e007 2016, <http://www.
scielo.br/pdf/rbpi/v59n1/0034-7329-rbpi-59-01-00007.pdf>, p.6.
77) Convention on the Protection and Use of Transboundary Watercourses and International Lakes,
제1조.
78) 협약 제2조.
79) Villar, *op.cit.*, p.5.
80) Convention on the Protection, Utilization, Recharge and Monitoring of the Franco-Swiss Genevese
Aquifer, 프랑스의 Community of the Annemassienne Region, the Community of the Genevois
Rural Districts, and the Rural District of Viry 스위스의 Republic and Canton of Geneva 간의 협약,
2007.12.18 서명, 2008.1.1 발효.
81) Bamako Declaration of the Ministers in Charge of Water Resources of the Countries Sharing the
Iullemeden Aquifer System, 2009.6.20. 서명(미발효).
82) Agreement on the Guarani Aquifer, 2010.8.2 서명(미발효).
83) Declaration Signed by Algeria, Libya and Tunisia for the Establishment of a Consultation Mechanism
for the Northwestern Sahara Aquifer System (2002.12.19.-20), Declaration for the Permanent
Consultation Mechanism for the North-Western Sahara Aquifer System (2006), 2008년 7월 발효.
84) Regional Strategic Action Program for the Nubian Aquifer System, 2013.9.18. 서명.
85) Agreement for the Management and Utilization of the Groundwater in the Ai-Sag/Al-Disi Aquifer,
2015.4.30 발효.

지하수 문제를 규율하는 구속력 있는 보편적 조약은 아직 없다. 다만 국제법위원회 (ILC)는 미국과 같은 연방국가내에서의 주간 지하수 분쟁해결 법리, 국가관행과 기존 관련 조약을 반영하여 2008년 초국경대수대에 관한 초안규정을86) 채택하였다. 아래에서는 지하수에 대하여 이 문서를 중심으로 논의하고자 한다.

빙하의 경우에는 아직까지는 이 문제만을 다루는 국제문서는 조약이든 소프트로든 존재하지 않고 남극빙하의 경우 남극조약체제에 의하여 일부 규율될 수 있을 뿐이다.

II. 지하수

초국경대수대(aquifer)87)법에 관한 규정초안을 마련하기 위한 국제법위원회(ILC) 작업은 원래 국제하천의 비항행적 이용의 법에 관한 초안규정을 보충하기 위한 의도로 시작되었다.88) 국제하천의 비항행적 이용의 법에 관한 협약은 국제하천뿐만 아니라 하천과 연계된 지하수도 그 규제대상으로 한다. 국제법위원회는 국제하천의 비항행적 이용의 법에 관한 초안규정을 채택하면서 이 초안에서 국제하천과 함께 그와 연계된 지하수를 포함하여 규제대상으로89) 하고 있으므로 초안규정에 규제대상에서 제외된 지하수, 즉 '고립지하수'(confined groundwater)90)에 대한 작업을 진행할 것을 결의하였다. 하지만

---

86) Draft Articles on the Law of Transboundary Aquifer, in the Report of the International Law Commission on the Work of Its Sixtieth Session, UN GAOR, 62d Sess., Supp. No. 10, at 19, UN Doc. A/63/10 (2008), <http://legal.un.org/ilc/texts/instruments/english/draft_articles/8_5_2008.pdf>.

87) 초안규정은 지하수대를 다음과 같이 정의하고 있다. 즉, "'지하수대'는 침수포화지역에 담긴 물과 침수력이 약한 지층 위해 침수가능한 물을 함유한 지형을 의미한다"('aquifer' means a permeable water-bearing geological formation underlain by a less permeable layer and the water contained in the saturated zone of the formation) (제2조 a). 이 정의에 따라 규제대상에 지하수보다 강조되는 것은 지하수를 담고 있는 지층이다. ILC가 하천의 비항행적 이용에 관한 협약의 초안작업을 할 때 지하수에 관한 작업필요성을 선언한 결의는 고립지하수에 관한 결의(1994 Resolution on Confined Transboundary Groundwater)로 제목에서부터 지하수라는 용어를 사용하였으나 이에 따른 초안작업 결과로 나온 대수층에 관한 초안규정은 지하수(groundwater)라는 용어를 사용하지 않고 있다. 이것은 국제법협회(ILA)가 1986년 지하수에 대한 결의로 서울총회에서 채택했던 국제지하수에 관한 서울규칙 (Seoul Rules on International Groundwaters)이 지하수, 즉 물을 규제대상으로 했던 것과 대비된다. S.C. McCaffrey, "The International Law Commission Adopts Draft Articles on Transboundary Aquifer", American Journal of International Law, vol.103, 2009, p.283.

88) Ibid., p.272.

89) 지표수를 그 지하수의 주 수원으로 하고 지표로 지하수를 방출하여 지표수와 연계된 지하수를 말한다.

90) 석탄 또는 석유층에 존재하는 지하수와 같이 지표수와 전혀 연계되지 않은 지하수를 말함. 중동지역 및 북아프리카 지역의 경우 화석수(fossil water)라는 표현을 사용한다.

ILC초안책임을 맡았던 보고자 Chusei Yamada는 '하천과 연계된 지하수'와 '고립지하수'를 구분하지 않고 작업을 진행하였다. 다만 초안규정은 지하수(groundwater)라는 용어 대신 지하수를 담고 있는 지하 대수대(aquifer)를 규제대상으로 하고 있다.

초안은 규제대상으로 초국경대수대 또는 대수대체제의 이용, 초국경대수대 또는 대수대체계에 영향을 미칠 수 있는 이용 이외의 활동, 대수대 또는 대수대체계의 보호·보존 및 관리를 위한 조치를 열거하고 있다.[91]

초안은 초국경대수대를 공유하는 각 당사국이 자국영토 내에 대수대과 대수대체계 부분에 대한 주권을 갖는다고 규정하고 있다.[92] 해당 조항 후반부에 국제법과 초안규정에 따라 주권을 행사하여야 한다는 제한을 두고 있기는 하지만, 형평성과 합리성이 요구되는 공유자원의 이용과 관리에 있어 주권을 명시적으로 인정하고 있어 주권인정 조항이 없는 관련 조약인 국제하천의 비항행적 이용의 법에 관한 협약과 대조되어 비판을 받고 있다.[93]

전체 19개 조문 중 핵심조항이라고 할 수 있는 제4조부터 제15조는 대부분 하천의 비항행적 이용에 관한 협약이 지하수 규제상황에 맞게 변형된 내용을 담고 있다. 초안규정은 초국경대수대의 이용의 핵심원칙이 국제하천 이용의 일반원칙과 같이 '형평하고 합리적인 이용'임을 천명하고 있다.[94] 형평하고 합리적인 이용의 관련 요소로는 대수대 또는 대수대체계에 의존하는 인구, 관련 대수대국가의 현재 및 장래의 사회적·경제적 및 기타 필요, 자연적 특성, 대수대 또는 대수대체계의 형성과 재충전에의 기여, 기존의 이용과 잠재적 이용, 이용의 실제적 및 잠재적 효과, 특정의 기존 및 계획된 이용에 대한 대안가능성, 개발·보호 및 보전과 그에 따른 비용 등이 열거되고 있다.[95] 이 조항은 예시조항으로 열거된 사항 이외에도 관련된 사항을 고려할 수 있을 것으로 본다. 이 밖에도 중대한 침해를 야기하지 않을 의무, 협력의무, 정보 및 데이터교환과 같은 국제환경법상의 제 원칙들이 규정되어 있다.[96]

또한 초안규정에 따르면 대수대국가는 대수대와 대수대체계 내에 있거나 그에 의존하는 생태계를 보호 및 보전하기 위한 모든 적절한 조치를 취해야 한다.[97] 대수대와 대

---

91) 초안규정 제1조.
92) 초안규정 제3조.
93) McCarthy, *op.cit.*, pp.285~292.
94) 초안규정 제4조.
95) 초안규정 제5조.
96) 초안규정 제6~8조.
97) 초안규정 제10조.

수대체계에 지하수를 공급하고 배출하는 구역을 밝혀내고 이에 해로운 영향을 방지하거나 최소화하기 위한 조치를 취해야 한다.[98] 대수대국가들은 오염을 방지, 저감 및 통제하기 위한 적절한 조치를 취해야 한다. 또한 대수대국가들은 대수대 및 대수대체계를 감시하여야 하고,[99] 적절한 관리를 위한 계획을 수립하고 이행하여야 한다.[100] 또한 계획된 활동이 대수대 및 대수대체계에 해로운 영향을 미칠 수 있다고 믿을 만한 합리적 근거가 있는 경우 그 영향을 평가하여야 한다.[101]

앞서 살펴보았듯이 대수대에 관한 규정초안은 비록 많은 부분 하천의 비항행적 이용에 관한 협약의 내용을 상황에 맞게 변형한 규정들을 담고 있지만 지하수와 관련된 국제법의 발전은 물론이고 이 분야에 법발전이 미약한 국내법에도 영향을 미칠 것으로 평가된다.[102] 반면에 하천의 비항행적 이용에 관한 협약의 규제대상에 포함된 하천수와 연계된 지하수도 규제대상에 포함하여 이 초안이 조약화하는 경우 충돌 또는 혼선을 야기할 수 있다는 점도 문제점으로 지적될 수 있다. 또한 초국경대수대의 영토국이 자국 영토 내에서 주권을 갖는다는 규정은 공유된 대수대의 사용보호 및 관리를 규율하는 규범에 적절하지 않은 규정이라고 하겠다.

III. 빙 하

빙하의 대부분을 차지하는 남극의 빙하 문제만을 다루는 조약은 없다. 다만 간접적으로 남극조약과 동조약의 남극환경보호를 위한 마드리드의정서에 의하여 규제되고 보호될 수 있다. 남극과 그린란드를 중심으로 한 극지역의 빙하는 기후변화와 함께 급속도로 녹아내리고 있어[103] 해수면 상승과 해수염도 변화를 초래하여 지구 생태계와 기후 등에 많은 영향을 미치고 있다. 이것을 규제하는 것은 기후변화협약과 교토의정서 및 최근 채택된 파리협정에 의하여 기후변화 추세를 약화시키는 국제적 노력에 달려 있다.

인간 거주지역에서 멀리 떨어져 있어 접근이 어려운 극지역의 빙하와 달리 히말라야, 안데스, 알프스 등 고산지대에 형성된 빙하의 경우 주변국의 중요한 식수원을 포함

---

98) 초안규정 제12조.
99) 초안규정 제13조.
100) 초안규정 제14조.
101) 초안규정 제15조.
102) McCarthy, *op.cit.*, p.292.
103) 북극은 담수가 아닌 해수의 결빙으로 이루어져 여기서는 논의대상에서 제외한다.

한 수자원의 근원이고 접근가능한 곳에 위치하여 직접적 이해관계가 충돌하여 왔다. 더구나 기후변화의 영향으로 빙하의 해빙속도가 빨라지면서 홍수, 완전 해빙으로 인한 수자원 고갈가능성 등 많은 문제와 우려를 낳고 있다. 대표적인 사례로 히말라야지역의 경우, 빙하의 많은 부분이 중국에 위치하지만 빙하의 해빙수를 주요한 수원으로 하는 Ganges-Brahmaputra강은 네팔, 인도, 중국, 부탄, 방글라데시를 유역국가로 하고 있어 분쟁이 계속되는 경우이다.104)

고산빙하를 규율하는 별도의 국제규범은 존재하지 않고 해빙수가 하천으로 흐르게 되므로 결국은 하천에 관한 국제규범으로 규율될 수밖에 없다. 더구나 하천의 비항해적 이용에 관한 협약의 하천수계체제(watercourse system)에 빙하도 포함되는 것으로 넓게 그 개념이 해석되고 있다.105) 따라서 동 협약 당사국간에는 빙하와 관련하여서도 이 협약이 적용될 수 있을 것이다. 문제는 아직 협약의 이러한 해석이 대부분 협약의 당사국이 아닌 국가를 구속할 수 없고 관습법규가 되었는지도 불분명한 상황이라는 것이다. 더구나 히말라야 빙하와 관련된 국가들은 빙하에 대한 주권을 강조하면서 국제하천규범은 빙하와 관련하여서는 적용될 수 없다는 관행을 보여주고 있다. 즉, 자국의 이익에 합치되도록 빙하에 접근하고 이용할 수 있다고 주장한다. 결국 관련 국가들간의 지역 또는 양자협정에 의하여 조정될 수밖에 없을 것이다. 이때 환경손해를 야기하지 않을 책임원칙 등 관습법으로 확립된 국제환경법 원칙이 기초가 될 수 있을 것이다. 설사 수량과 수질에 대한 규제는 하천에 관한 국제법에 의한 규제를 받는다 하더라도 빙하의 지속가능한 이용을 위한 해빙의 진전속도 통제 등 특징적으로 나타나는 문제에 대한 규제 필요성에는 응하지 못하는 문제가 있다. 기후변화협약체제가 보편적인 규범으로 적용될 수 있겠지만 너무 포괄적인 규범으로 한정적인 지역의 빙하라는 특수문제를 선택적으로 접근하기에는 실효성이 없다.

---

104) Ganges-Brahmaputra강에 한정하지 않고 히말라야 빙하를 수원으로 하는 유역국가를 모두 포함하는 경우 아프가니스탄, 캄보디아, 라오스, 미얀마, 베트남 등이 추가되어 16개국에 이른다. E. Rose, "The ABCs of Governing the Himalayas in Response to Glacial Melt: Atmospheric Brown Clouds, Black Carbon, and Cooperation", *Sustainable Development Law & Policy*, vol.12, 2012, p.33.

105) Thorson, *op.cit.*, p.508.

제6절 ● 소 결

국제하천은 과거 항행의 수단 외에 수자원으로서 역할이 증대하고 있으며 이에 대해 국제사회도 국제하천을 형평하고 합리적으로 사용하기 위한 법규범 도출에 노력하고 있다. 국제하천의 비항행적 사용에 대한 국제법규범은 1997년 협약이 기본적인 틀을 제공하고 있다. 현재 국제하천을 규율하거나 공동관리하는 대부분의 지역협약의 경우 1997년 협약의 형평하고 합리적 사용원칙과 중대한 피해방지원칙을 모두 기본적인 내용으로 담고 있다. 또한 라누호 사건 등 국제사회에서 국제하천을 둘러싼 분쟁 역시 동 원칙들이 적용되고 있다. 그리고 최근 국제사회에 있어 국제하천에 대한 접근은 분배의 차원에서 공유의 차원으로 진화하고 있다. 즉, 과거 국제하천의 분배 문제를 주권국가의 영토고권에서 다루기보다는 공동 관리위원회를 구성하여 다루는 것이 일반적인 관행이다. 국제사회에서 논의되고 있는 첨예한 문제인 형평하고 합리적 사용원칙 및 동 원칙과 중대한 피해방지의무원칙의 관계 역시 공동의 대처라는 입장에서 접근할 필요가 있다.

1997년 협약은 당사국간 정보교환, 협의 등의 협력의 의무로서 환경영향평가 의무를 요청하고 있다. 그러나 특정 사업에 대해 하류국이 상류국에게 환경영향평가를 요청한다고 할지라도 상류국은 자국의 환경영향평가법에 의거하여 사업을 평가하고 그 평가에 있어 절차상의 하자만 없다면 상류국은 피해방지를 위한 모든 적절한 조치를 취한 것으로 간주될 것이다. 이는 중대한 피해방지원칙에 있어서 본질적인 의무가 적법한 절차상의 주의의무이기 때문이다. 즉, 환경영향평가에 있어 절차상의 하자가 있다든지 또는 적법한 주의의무를 해태한 경우에만 의무위반이 발생하는 것이다. 국제사법재판소는 Pulp Mills 사건에 대한 판결을 통해 초국경 환경영향평가에 대한 국제법적 지위를 확인한 바 있다. 또한 대부분 국가에서도 환경영향평가법은 실체법이 아닌 절차법으로 자리매김되어 있다. 따라서 이를 극복하기 위해서는 국제하천의 관리를 위한 국제위원회의 설립을 추진하고 하천에 대한 과학적인 공동조사를 통해 수리적으로 인접국에게 영향을 미칠 수 있는 범위를 설정하여 국경선에 인접한 지역 등 핵심적인 지역만을 공동지역으로 설정하고 해당 지역 내에 영향을 미치는 사업의 경우 개별국이 아니라 국제위원회를 통해 환경영향평가를 하도록 하는 내용을 국제하천 관리 협약에 포함하는 것이 한 해결책이 될 수 있을 것이다. 그리고 환경영향평가 업무 자체를 국제공동관리위원회에서 담당하여 평가가 중립적인 입장에서 수행될 수 있도록 하는 등의 평가주체에 대한 새로운 고려가 필요할 것이다. 형평하고 합리적인 사용이라는 개념 자체는 실질적으로 환경보존과 경제성장을 동시에 추구하는 지속가능한 발전의 이념과 동위의 것이며 이를 절차적으로 구체화하는 것이 환경영향평가이므로 환경영향평가를 실체적인 입장에서 수행하여 양국의 형평하고 합리적인 사용을 도모하는 것이 타당할 것이다.

생각하기

1. 국제하천의 양대 원칙인 "형평하고 합리적 사용 원칙"과 "중대한 피해방지의무 원칙"은 충돌하는가? 또는 조화로운 형태로 존재하는가?

2. 남북을 가로지르는 임진강은 국제하천이라고 할 수 있는가? 만일 임진강을 둘러싼 남북의 분쟁 발생을 미연에 방지하기 위해 합의서를 체결한다면 그 주요 내용은 무엇이 되어야 하는가?

3. 당신이 위의 임진강 공동관리를 위한 정책 입안자라면 임진강 공동관리의 이론적 근거로 무엇을 제기할 것인가?

참고문헌

김석현, "UN국제법위원회 작업현황", 「국제법평론」, 통권 제5호, 1995.

노명준, "국제수로의 수질오염문제", 「국제법학회논총」, 제33권 제2호, 1988. 9.

박기갑, "국제법위원회작업", 「국제법평론」, 통권 제3호, 1994.

＿＿＿, "국제법위원회 작업현황: 2008년 60차 회기", 「국제법평론」, 통권 제29호, 2009. 4.

서원상, "지속적 개발의 '지속성' 개념에 관한 법학적 접근", 「환경정책연구」, 통권 제5호, 2004. 12.

소병천, "국제하천의 비항행적 사용에 관한 국제법적 소고", 「대한국제법학회논총」, 제54권 제3호, 2009. 12.

＿＿＿, "초국경환경피해에 대한 국제법적 고찰", 「환경법연구」, 제29권 제1호, 2007. 4.

Brown Weiss, E., S.C. McCaffrey, D.B. Magraw, P.C. Szasz, and R.E. Lutz, *International*

Environmental Law and Policy, Aspen Publisher, Inc., 1998.

Fuentes, X., "The Criteria for the Equitable Utilization of International Rivers", *British Year Book of International Law*, vol.76, 1996.

Gaines, S.E., "Taking Responsibility for Transboundary Environmental Effects", *Hasting Journal of International and Comparative Law Review*, vol.14, 1991.

Joiner, C.C., "Ice-Covered Regions in International Law", *Natural Resources Journal*, vol.31, 1991.

MaCaffrey, S.C., *The Law of International Watercourses*, Oxford University Press, 2007.

McCaffrey, S.C., "The International Law Commission Adopts Draft Articles on Transboundary Aquifer", *American Journal of International Law*, vol.103, 2009.

Pincus, N.R., "Groundwater and International Law: The Need for Specific Solution", *University of Denver Water Law Review*, vol.11, 2008.

Rose, E., "The ABCs of Governing the Himalayas in Response to Glacial Melt: Atmospheric Brown Clouds, Black Carbon, and Cooperation", *Sustainable Development Law & Policy*, vol.1, 2012.

Tecclaff, L.A., "Fiat or Custom: The Checkered Development of International Water Law", *Journal of Natural Resources*, vol.31, 1991.

Thomas, F., *Fairness in International Law and Institute*, Clarendos Press, 1995.

Thorson, E.J., "Sharing Himalayan Glacial Meltwater: The Role of Territorial Sovereignty", *Duke Journal of Comparative and International Law*, vol.19, 2009.

Villar, P.C., "International Cooperation on Transboundary aquifers in South America and the Guarani Aquifer", *Revista Brasieira do Politica International*, vol.59(1): e007, 2016, <http://www.scielo.br/pdf/rbpi/v59n1/0034-7329-rbpi-59-01-00007.pdf>.

제 8 장

해양환경의
보호와 보전

제1절 ● 서 론

오늘날 환경의 보호와 보존의 문제는 인류의 지상과제가 아닐 수 없다. 여기에서 말하는 환경에는 해양환경도 당연히 포함된다. 그런데 연안의 이용 및 개발로 인한 오염, 선박 또는 육지에서 기인한 오염, 해양생물 서식지의 파괴 및 기타 위협으로 인해 세계의 연안 해역과 해양이 악화되고 있다. 또한 폐기물 및 기타 물질의 해상투기로 인하여 해양환경이 날로 심각하게 오염되고 있다. 이와 같은 오염을 방지하기 위하여 과거에 몇 개의 일반적 또는 지역적 협약이 존재했으나[1] 1982년 유엔해양법협약에서는 해양환경의 보호 및 보존과 해양오염규제를 위한 광범위하고 포괄적인 규정들을 두고 있다.[2] 유엔해양법협약상의 이들 규정은 기존의 법제도가 해양환경을 보호하기에 부적절하기 때문에 모든 해양오염을 규제하는 보다 포괄적인 접근방법이 필요하다는 국제사회의 요구가 반영된 것이다. 모든 국가의 주권을 적절히 고려하면서도 해양생물자원의 보존 그리고 해양환경의 연구, 보호 및 보전을 촉진하기 위하여 해양에 관한 법질서를 확립하는 것이 바람직하다는 인식을 공유했다는 점을 밝히고 있는 전문에서도 알 수 있듯이 해양환경보호문제는 유엔해양법협약에서 중요한 부분을 차지하고 있다. 그런데 유엔해양법협약에서는 해양환경 보호에 관하여 일반적이고도 포괄적인 방침을 규정하고 있을 뿐이고 구체적인 세부사항은 개별적 국제협약과 국내입법에 위임하고 있다. 여기에서는 유엔해양법협약을 중심으로 해양환경보호제도의 주요 내용을 살펴본다.

---

1) 1982년 유엔해양법협약이 채택되기 전에도 해양환경오염 문제를 다룬 조약이 체결되었다. 예를 들면, 1972년의 '폐기물과 기타 물질의 투기에 의한 해양오염방지협약'(London Convention for the Prevention of Marine Pollution By Dumping of Wastes and Other Matter), 1973년 '선박 기인 오염방지협약'(MARPOL), 1976년 '지중해보호를 위한 바르셀로나협약' 등이 해양오염 문제를 다루기 위하여 체결되었다.

2) 유엔해양법협약 제12부 '해양환경의 보호와 보존' 제192조~제237조. 이외에도 제1부 총칙, 제5부 배타적 경제수역, 제7부 공해, 제11부 심해저 등을 규율하고 있는 개별조항에도 해양환경과 관련 있는 사항이 포함되어 있다. 이와 같이 유엔해양법협약은 전반에 걸쳐서 해양환경과 관련된 사항을 규정하고 있는데, 이는 해양환경의 보호와 보존을 해양의 평화적이고 효과적인 이용과 보전의 기반으로 인식하고 있는 것으로 이해할 수 있다(박수진, "해양환경보호제도", 한국해양수산개발원 편, 「대한민국의 해양법 실행: 유엔해양법협약의 국내적 이행과 과제」(일조각, 2017), 367면).

제2절 ● 해양환경보호를 위한 일반적 의무

유엔해양법협약은 당사국에게 해양환경보호를 위한 일반적 의무(general obligation)를 부과하고 있다. 즉, 동 협약 제192조는 "각국은 해양환경을 보호하고 보전할 의무를 진다"고 규정하고 있다. 또한 각국은 모든 오염원으로부터 해양환경오염3)을 방지(prevent), 경감(reduce) 및 통제(control)하는 데 필요한 모든 조치를 취할 의무가 있다.4) 즉, 모든 협약 당사국은 가장 적절한 수단을 이용하여 모든 오염원으로부터 해양환경을 보호하고 보존할 의무가 있다. 뿐만 아니라 동 협약은 국제협력, 해양환경 감시, 환경영향평가, 관련 국내법의 제정 등의 의무를 부과하고 있다. 이는 1972년 스톡홀름선언의 원칙들이 국제협약 차원에서 최초로 구체화된 것이다.5)

I. 천연자원에 대한 주권적 권리와 해양환경보호의무의 조화

모든 국가는 자국의 환경정책과 해양환경의 보호·보존에 관한 의무에 따라 천연자원을 개발할 주권적 권리를 갖는다.6) 이는 각국은 천연자원에 대한 개발권을 가지고 있으나 해양환경 보호 및 보존 의무와 조화를 이루어야 함을 요구하는 것이다. 국가는 자국의 환경정책에 따라 천연자원을 개발할 주권적 권리를 향유하지만, 자국의 관할 또는 통제하에서 행한 행위로 인하여 타국의 환경에 오염피해를 야기하지 않도록 하여야 하고 오염이 자국이 주권적 권리를 행사하는 지역 밖으로 확산되지 않도록 필요한 모든

---

3) 유엔해양법협약 제1조 제1항 제4호의 규정에 의하면, "해양환경오염"이라 함은 생물자원과 해양생물에 대한 손상, 인간의 건강에 대한 위험, 어업과 그 밖의 적법한 해양이용을 포함한 해양활동에 대한 장애, 해수이용에 의한 수질악화 및 쾌적도 감소 등과 같은 해로운 결과를 가져오거나 가져올 가능성이 있는 물질이나 에너지를 인간이 직접적으로 또는 간접적으로 강어귀를 포함한 해양환경에 들여오는 것을 말한다("pollution of the marine environment" means the introduction by man, directly or indirectly, of substances or energy into the marine environment, including estuaries, which results or is likely to result in such deleterious effects as harm to living resources and marine life, hazard to human health, hindrance to marine activities, including fishing and other legitimate uses of the sea, impairment of use of sea water and reduction of amenities).

4) 유엔해양법협약 제194조 제1항.

5) 박찬호·김한택, 「국제해양법」, 제2판 (서울경제경영, 2011), 175면.

6) 유엔해양법협약 제193조 제1항.

조치를 취하여야 한다.7)

Ⅱ. 오염피해의 전가금지 및 오염형태의 변형금지

각국은 해양환경 오염을 방지, 경감 및 통제하기 위한 조치를 취함에 있어서 직접 또는 간접적으로 피해나 위험을 어느 한 지역에서 다른 지역에 전가시키거나 어떤 형태의 오염을 다른 형태의 오염으로 변형시키지 아니하도록 행동하여야 한다.8) 또한 각국은 해양환경에 중대하고도 해로운 변화를 초래할 우려가 있는 자국의 관할권이나 통제하에 있는 기술의 사용으로부터 또는 해양환경의 특정한 부분에 대한 외래의 종이나 새로운 종의 고의적·우발적인 도입으로부터 발생하는 해양환경오염을 방지, 경감 및 통제하기 위하여 필요한 조치를 취해야 한다.9)

Ⅲ. 각종 오염원에 의한 해양오염의 규제

모든 국가는 육지로부터의 오염, 관할수역 내의 해저활동으로부터의 오염, 대기로부터의 오염, 폐기물투기로부터의 오염, 선박으로부터의 오염의 방지, 감소 및 통제를 위해 국내법령 및 국제법규를 입법해야 한다.10) 그리고 국적국, 항만국 및 연안국은 이와 같은 법령의 이행을 위해 적절한 조치를 취하여야 하며,11) 앞의 법령을 위반하는 선박에 대하여는 제소 및 벌금을 부과할 수 있다.12)

---

7) 유엔해양법협약 제194조 제2항.
8) 유엔해양법협약 제195조.
9) 유엔해양법협약 제196조.
10) 유엔해양법협약 제207조~제212조.
11) 유엔해양법협약 제213조~제222조.
12) 유엔해양법협약 제228조, 제230조.

제3절 ● 해양환경보호를 위한 국제적 협력

I. 국제적 및 지역적 협력

해양오염은 그 성질상 오염발생 국가의 관할 해역뿐만 아니라 다른 국가에도 영향을 미치는 경우가 많다. 따라서 해양환경오염에 효과적으로 대처하기 위해서는 한 국가의 노력만으로는 부족하고 세계적 및 지역적 차원에서의 노력이 필요하다. 모든 국가는 전 지구적 차원에서 또는 지역적 차원에서 해양환경을 보호하고 보존하기 위하여 유엔 해양법협약에 합치하는 국제법규, 기준, 권고적 관행 및 절차를 형성하고 발전하는 데 직접 또는 권한 있는 국제기구를 통하여 상호협력하여야 한다.13)

II. 오염피해의 통고와 오염확산의 방지

어느 국가가 해양환경의 오염에 의하여 피해를 입을 급박한 위험에 처하거나 피해를 입은 것을 알게 된 경우, 그 국가는 그러한 피해에 의하여 영향을 받을 것으로 생각되는 타국 및 권한 있는 국제기구에 신속히 통고하여야 한다.14) 또한 피해를 입은 국가는 자국의 능력에 따라서 권한 있는 국제기구와 함께 가능한 한 오염의 영향을 제거하고 피해를 방지하거나 최소화하는 데 협력하여야 하며, 이 목적을 위하여 모든 국가는 오염사고에 대처하기 위한 비상계획을 공동으로 개발하고 촉진하여야 한다.15)

III. 과학조사연구 및 정보·자료 교환

모든 국가는 과학조사연구를 촉진하고 과학조사계획을 실시하며, 또한 해양환경오염에 관하여 획득한 정보 및 자료의 교환을 장려하기 위하여 직접 또는 권한 있는 국제

---

13) 유엔해양법협약 제197조.
14) 유엔해양법협약 제198조.
15) 유엔해양법협약 제199조.

기구(competent international organizations)를 통하여 상호협력하여야 한다. 각국은 오염의 성격과 범위의 평가, 오염에의 노출, 그 경로, 위험 및 구제조치에 관한 지식을 얻기 위하여 지역적·세계적 계획에 적극적으로 참여하도록 노력해야 한다.16)

Ⅳ. 규칙제정을 위한 과학적 기준설정

위 제200조에 따라 획득한 정보나 자료를 고려하여 모든 국가는 직접 또는 권한 있는 국제기구를 통하여 해양환경오염의 방지, 경감 및 통제에 관한 규칙(rules), 기준(standards), 권고적 관행(recommended practices) 및 절차(procedures)를 수립하고 발전시키기 위한 적절한 과학적 기준을 설정하는 데 협력하여야 한다.17)

Ⅴ. 과학 및 기술의 지원

각국은 해양오염의 방지, 경감 및 통제를 위해 개발도상국에 대한 과학적·교육적·기술적 지원 및 기타 지원계획을 촉진시킨다. 이러한 지원에는 ① 개발도상국에 대한 과학·기술인력의 훈련, ② 관련 국제프로그램에 개발도상국 인력의 참여를 용이하게 할 것, ③ 개발도상국에 대한 필요한 장비 및 시설의 제공, ④ 그 장비 생산에 대한 개발도상국의 능력제고, ⑤ 연구, 감시, 교육 및 기타 계획을 위한 시설의 개발 및 조언 등이 포함된다.18) 특히 각국은 직접 또는 권한 있는 국제기구를 통하여 해양환경에 심각한 오염을 가져올 수 있는 사고의 영향을 최소화하기 위하여 개발도상국에 적절한 지원을 제공하여야 한다. 그리고 국제기구는 해양오염의 방지, 경감 및 통제 또는 그 영향의 최소화를 위해 자금 및 기술원조의 할당, 국제기구의 전문적 용역의 이용에 있어서 개발도상국에게 우선권을 부여하여야 한다.19)

---

16) 유엔해양법협약 제200조.
17) 유엔해양법협약 제201조.
18) 유엔해양법협약 제202조.
19) 유엔해양법협약 제203조.

제4절 ● 감시 및 환경평가

I. 오염의 위험 또는 영향의 감시

각국은 타국의 권리와 양립하는 범위 내에서 직접 또는 권한 있는 국제기구를 통하여 해양환경의 위험 또는 영향을 과학적 방법에 의하여 관찰, 측정, 평가 및 분석하도록 실행가능한 한 협력하여야 한다. 특히 국가는 자국이 허가하거나 참여하고 있는 어떠한 활동이 해양환경을 오염시킬 가능성이 있는지 여부를 결정하기 위하여 그 활동의 영향을 계속 감시하여야 한다.[20]

II. 보고서의 발간

각국은 위의 관찰, 측정, 평가 및 분석을 통해 획득한 감시결과 보고서를 발간하거나 또는 그 보고서를 적당한 시간 간격을 두고 권한 있는 국제기구에 제출하여야 하며, 그 국제기구는 이를 모든 국가가 이용할 수 있도록 하여야 한다.[21]

III. 활동의 잠재적 영향평가

각국은 자국의 관할권 또는 통제하에서 계획된 활동이 해양환경에 실질적인 오염 또는 중대하고 해로운 변화를 가져올 것이라고 믿을 만한 합리적인 근거가 있는 경우, 해양환경에 대한 이러한 활동의 잠재적 영향을 실행가능한 한 평가하고, 제205조가 규정한 방식에 따라 그 평가결과 보고서를 모든 국가와 권한 있는 국제기구에 제공하여야 한다.[22]

---

20) 유엔해양법협약 제204조.
21) 유엔해양법협약 제205조.
22) 유엔해양법협약 제206조.

제5절 ● 해양오염원에 따른 규제

유엔해양법협약은 모두 6가지 해양환경오염원(sources of marine pollution)에 관하여 개별 규정을 두고 있다. 각국은 해양 환경오염의 방지, 경감 및 통제를 위한 국제규칙 및 국내입법을 제정하여야 한다.

Ⅰ. 육상오염원에 의한 오염

각국은 국제적으로 합의된 규칙, 기준, 권고적 관행 및 절차를 고려하여 하천, 하구, 관선, 배출시설물을 포함한 육상오염원에 의한 해양환경오염을 방지, 경감 및 통제하기 위하여 국내법령을 제정하여야 하며, 또한 필요한 그 밖의 조치를 취해야 한다. 그리고 개발도상국의 지역적 특성, 경제적 능력과 경제개발의 필요성을 고려하여 권한 있는 국제기구나 외교회의를 통하여 육상오염원에 의한 해양환경오염의 방지 · 경감 및 통제하기 위한 세계적 · 지역적 규칙, 기준, 권고적 관행 및 절차를 확립하기 위하여 노력하여야 하며 이러한 규칙, 기준, 권고적 관행 및 절차는 필요에 따라 수시로 재검토되어야 한다.[23]

Ⅱ. 국가관할수역 내의 해저활동에 의한 오염

연안국은 관할수역 내의 해저활동으로부터 발생하는 해양환경오염의 방지 · 경감 및 통제하기 위한 국내법령을 제정하고, 또한 이를 위하여 필요한 그 밖의 조치를 취해야 한다. 이러한 국내법령 및 조치는 국제규칙, 기준, 권고적 관행 및 절차와 동등한 효과를 갖도록 한다. 또한 이와 관련하여 각국은 지역적 차원에서 각국의 정책을 조화시키도록 노력해야 하며, 각국은 자국의 관할수역 내의 해저활동으로 인한 해양환경오염을 방지 · 경감 및 통제하기 위한 세계적 · 지역적 규칙, 기준, 권고적 관행 및 절차를 확립

---

23) 유엔해양법협약 제207조.

해야 하며 이것들을 필요에 따라 수시로 재검토하여야 한다.[24]

III. 심해저활동에 의한 오염

심해저활동에 의한 해양환경오염을 방지, 경감 및 통제하기 위하여 국제심해저기구
(International Sea-bed Authority)에 의해 국제규칙, 규정(regulations) 및 절차를 수립한다.
또한 각국은 자국선박, 시설, 구조물 및 그 밖의 장비에 의해 수행되는 심해저활동으로
부터의 해양환경오염의 방지·경감·통제를 위한 국내법령을 제정하여야 하며, 당해 법
령의 요건은 관련 국제규칙, 규정 및 절차와 동등한 효력을 가져야 한다.[25]

IV. 투기에 의한 오염

국가는 관할국가의 허가 없이는 투기(dumping)[26]가 이루어지지 않도록 보장하여야
하며, 투기에 의한 해양오염의 규제를 위한 국내법령을 제정하여야 하고, 또한 필요한
그 밖의 조치를 취해야 한다. 당해 법령과 조치는 적어도 세계적 규칙 및 기준과 동등
한 효력을 가져야 한다. 각국은 특히 권한 있는 국제기구나 외교회의를 통하여 이러한
오염을 방지, 경감 및 통제하기 위한 세계적·지역적 규칙, 기준 및 권고적 관행 및 절
차를 확립하는 데 노력하여야 한다. 타국의 영해 및 배타적 경제수역 또는 대륙붕에 대
한 투기는 연안국의 명시적인 사전승인 없이는 행할 수 없으며, 연안국은 지리적 여건
으로 인하여 불리한 영향을 받을 다른 국가와 함께 그 문제를 적절히 검토한 후 이러한
투기를 허용, 규제 및 통제할 권리를 가진다.[27]

---

24) 유엔해양법협약 제208조.
25) 유엔해양법협약 제209조.
26) 유엔해양법협약 규정에 의하면 "투기"라 함은 (i) 선박·항공기·플랫폼 또는 그 밖의 인공해양구조물로
    부터 폐기물이나 그 밖의 물질을 고의로 버리는 행위, (ii) 선박·항공기·플랫폼 또는 그 밖의 인공해양
    구조물을 고의로 버리는 행위 등을 말한다("dumping" means: (i) any deliberate disposal of wastes
    or other matter from vessels, aircraft, platforms or other man-made structures at sea; (ii) any
    deliberate disposal of vessels, aircraft, platforms or other man-made structures at sea)(협약 제1조
    제1항 제5호).
27) 유엔해양법협약 제210조.

V. 선박에 의한 오염

연안국은 자국영해에서 주권을 행사함에 있어 외국선박에 의한 해양오염의 규제를 위한 국내법령을 제정할 수 있다. 각국은 권한 있는 국제기구나 일반외교회의를 통하여 선박으로 인한 해양환경오염을 방지, 경감 및 통제하기 위한 국제규칙과 기준을 수립하여야 하며, 해양오염사고의 위협 및 오염피해를 최소화하기 위하여 필요한 수역에서는 항로제도(routing system)의 채택을 촉진하여야 한다.

각국은 자국기를 게양하고 있거나 자국에 등록된 선박으로부터의 해양환경오염을 방지, 경감 및 통제하기 위하여 법령을 제정하여야 하며, 이러한 법령은 권한 있는 국제기구나 일반외교회의를 통하여 수립되어 일반적으로 수락된 국제규칙 및 기준과 적어도 동등한 효력을 가져야 한다. 또한 해양환경오염의 방지, 경감 및 통제를 위하여 외국 선박의 자국의 항구나 내수나 연안정박시설에 입항에 대해 특별한 요건을 부과하는 국가는 그 사실을 적절히 공표(publicity)하고 권한 있는 국제기구에 통지하여야 한다. 2개 이상의 연안국간에 동일한 요건을 부과하고 있는 경우에는 공표와 더불어 이러한 협력약정(cooperative arrangements)에 참여하고 있는 국가를 명시하여 통지하여야 한다. 선적국은 이러한 요건을 부과한 국가의 영해를 항행하는 자국선박의 선장에게 입항요건을 준수하도록 지시하여야 한다. 연안국은 자국의 배타적 경제수역에서의 해양오염의 규제를 위한 국내법령을 제정할 수 있으나 이 경우 국제규칙 및 기준에 합치되어야 한다. 그러나 특별상황 때문에 국제규칙 및 기준이 적절치 않은 경우에는 권한 있는 국제기구와 협의하여 특정 수역에 대하여 해양오염의 규제를 위한 특별조치를 채택, 적용할 수 있으며 당해 조치는 권한 있는 국제기구에 대한 통고일로부터 15개월 후 외국선박에 시행할 수 있다. 연안국은 특정 수역의 범위를 공표하여야 한다. 연안국이 특정 수역의 해양환경오염의 규제를 위하여 추가로 국내법령을 채택하려는 경우에는 권한 있는 국제기구에 통지하여야 하며 권한 있는 국제기구의 동의를 얻어 통고일로부터 15개월 후 시행할 수 있다. 여기서 언급된 국제규칙 및 기준은 특히 배출 또는 배출가능성이 있는 해난을 비롯한 사고에 의하여 연안 또는 관련이익이 영향을 받을 수 있는 연안국들에게 신속히 통지하여야 한다.28)

---

28) 유엔해양법협약 제211조.

VI. 대기로 인한 오염

각국은 대기로부터(from) 또는 대기를 통한(through) 해양환경오염을 방지, 경감 및 통제하기 위하여 국제적으로 합의된 규칙, 기준, 권고적 관행 및 절차와 비행안전을 고려하여 자국의 주권 아래에 있는 영공과 자국기를 게양하고 있는 선박 또는 자국에 등록된 선박과 항공기에 적용되는 국내법령을 채택하여야 하며, 해양환경오염규제에 필요한 그 밖의 조치를 취해야 한다. 특히 각국은 권한 있는 국제기구나 외교회의를 통하여 이러한 오염의 방지, 경감 및 통제를 위하여 세계적·지역적 규칙, 기준, 권고적 관행 및 절차를 확립하기 위하여 노력하여야 한다.29)

제6절 ● 해양오염규제법령의 집행

I. 오염원별 규제법령의 집행

1. 육상오염원에 의한 오염 관련 법령 집행

각국은 육상오염원에 의한 해양환경오염 규제를 위해 제정된 자국의 법령을 집행하고 육상오염원으로부터의 해양환경오염을 방지, 경감 및 통제하기 위하여 권한 있는 국제기구 또는 외교회의를 통하여 확립된 적용가능한 국제규칙과 기준을 시행하는 데 필요한 법령을 제정하고 그 밖의 조치를 취하여야 한다.30)

2. 해저활동에 의한 오염 관련 법령 집행

각국은 해저활동에 의한 오염을 규제하기 위하여 제정된 법령을 집행하고 자국 관

---

29) 유엔해양법협약 제212조.
30) 유엔해양법협약 제213조.

할권하의 해저활동으로부터 또는 그와 관련하여 발생하는 해양환경오염 및 자국의 관할
권하에 있는 인공섬, 시설 및 구조물로부터 발생하는 해양환경오염을 방지, 경감 및 통
제하기 위하여 권한 있는 국제기구 또는 외교회의를 통하여 확립된 적용가능한 국제규
칙 및 기준을 시행하는 데 필요한 법령을 제정하고 기타 조치를 취하여야 한다.[31]

3. 심해저활동에 의한 오염 관련 법령 집행

심해저활동으로 인한 해양환경오염을 방지, 경감 및 통제하기 위하여 심해저제도에
관한 규정(제11부)에 따라 확립된 국제규칙, 규정 및 절차의 집행은 심해저제도에 관한
규정(제11부)에 의하여 규율된다.[32]

4. 투기에 의한 오염 관련 법령 집행

투기에 의한 해양환경오염을 방지, 경감 및 통제하기 위하여 이 협약에 따라 제정
된 법령 및 권한 있는 국제기구 및 외교회의를 통하여 확립된 적용가능한 국제규칙과
기준은 다음에 의하여 집행된다. ① 영해, 배타적 경제수역 내 또는 대륙붕상의 투기에
관하여는 연안국이 집행하며 ② 자국의 국기를 게양하고 있는 선박 또는 자국에 등록된
선박과 항공기에 관하여는 기국이 집행하고, 그리고 ③ 자국의 영토 내 또는 그 연안정
박시설에서 발생하는 폐기물 또는 그 밖의 물질을 싣는 행위에 관하여는 그 국가가 집
행한다. 다른 국가가 위의 내용에 의거하여 이미 소송을 제기한 경우에는 위에 근거하
여 소송을 제기할 의무를 지지 아니한다.[33]

II. 집행주체별 규제법령의 집행

1. 기국에 의한 법령 집행

각국은 자국의 국기를 게양하고 있거나 자국에 등록된 선박이 선박으로부터의 해양

---

31) 유엔해양법협약 제214조.
32) 유엔해양법협약 제215조.
33) 유엔해양법협약 제216조.

환경오염의 방지, 경감 및 통제를 위하여 권한 있는 국제기구 또는 일반외교회의를 통하여 확립된 적용가능한 국제규칙과 기준 및 이 협약에 따라 제정된 자국의 법령을 준수하도록 보장하여야 하며, 그 시행에 필요한 법령을 제정하고 그 밖의 조치를 취하여야 한다. 기국은 위반의 발생장소에 관계없이 이러한 규칙, 기준 및 법령을 실효적으로 집행하여야 한다. 각국은 특히 자국의 국기를 게양하고 있거나 자국에 등록된 선박이 선박의 설계 구조, 장비 및 인원배치에 관한 요건을 비롯한 관련 있는 국제규칙과 기준의 요건을 준수하며 항행할 수 있을 때까지 항행이 금지되도록 보장하기 위하여 적절한 조치를 취하여야 한다. 각국은 자국의 국기를 게양하고 있거나 자국에 등록된 선박이 관련 있는 국제규칙 및 기준에 따라 요구되며 이에 따라 발급된 증명서를 선상에 비치하도록 하여야 한다. 각국은 이러한 증명서가 실제 상태에 부합하는지 여부를 확인하기 위하여 자국의 국기를 게양한 선박에 대하여 정기적으로 검사하여야 한다. 다른 국가는 선박의 상태가 증명서의 기재사항과 실질적으로 부합되지 아니한다고 믿을 만한 명백한 근거가 있지 아니하는 한 이러한 증명서를 선박의 상태에 관한 증거로 인정하고 그 증명서가 자국이 발급한 증명서와 동일한 효력을 갖는 것으로 보아야 한다. 자국의 선박이 권한 있는 국제기구나 일반외교회의를 통하여 확립된 규칙과 기준을 위반한 경우 기국은 위반이 발생한 장소 또는 그 위반으로 인한 오염이 발생하거나 발견된 장소에 관계없이 주장된 위반에 관하여 신속히 조사하고 필요한 경우에는 소송을 제기하여야 한다. 위반을 조사하는 기국은 그 사건의 상황을 명백히 하는 데에 타국의 협력이 유용한 경우에는 어떠한 국가에라도 조력을 요청할 수 있으며, 해당 국가는 기국의 적절한 요청에 응하도록 노력하여야 한다. 기국은 타국의 서면요청이 있을 경우, 자국의 국기를 게양한 선박이 범하였다고 주장되는 위반을 조사하여야 한다. 기국은 충분한 증거가 있다고 판단되는 경우에 지체 없이 자국의 법률에 따라 그 소송절차를 개시하여야 한다. 기국은 취하여진 조치와 그 결과를 요청한 국가 및 권한 있는 국제기구에 신속히 통지하여야 한다. 이러한 정보는 모든 국가가 이용할 수 있도록 하여야 한다. 기국의 선박에 대하여 법령에 의하여 규정된 형벌은 위반이 발생한 장소에 관계없이 그 위반의 재발을 억제하기에 충분할 만큼 엄중하여야 한다.34)

---

34) 유엔해양법협약 제217조.

2. 기항국에 의한 법령 집행

외국의 선박이 일국의 항구 또는 연안정박시설에 자발적으로 들어온 경우 그 국가는 권한 있는 국제기구나 일반외교회의를 통하여 확립된 적용가능한 국제규칙과 기준에 위반하여 자국의 내수, 영해 또는 배타적 경제수역 밖에서 행하여진 그 선박으로부터의 배출에 관하여 조사를 행하고 증거가 허용하는 경우에는 소송을 제기할 수 있다. 위반장소의 관할국, 위반선박의 국적국 또는 위반사실로 인한 피해국이나 피해우려국의 요청이 없거나 소송절차 개시국의 관할수역이 위반사실로 인하여 오염되었거나 오염될 우려가 없는 한 당해국가는 소송절차를 개시할 수 없다. 외국선박이 입항한 기항국은 위반장소의 관할국이나 위반선박의 국적국의 요청에 의해 조사를 개시할 수 있다. 기항국이 수행한 조사결과는 국적국 또는 연안국의 요청에 의해 이관되며 기항국에 의해 제기된 소송절차는 연안국의 내수, 영해 또는 배타적 경제수역에서 발생한 위반인 경우 연안국의 요청에 의해 중지되며 동사건의 기록 및 증거는 보석금(bond)이나 그 밖의 재정적 담보(financial security)와 함께 연안국으로 이관된다.[35] 기항국은 자국 항구에 입항한 선박이 항해적합성(seaworthiness) 검사를 한 결과 국제규칙과 및 기준에 위반되고 해양오염의 위험이 있다고 판정되면 당해 항해를 금지하는 행정조치를 취할 수 있다.[36]

3. 연안국에 의한 법령 집행

연안국은 외국의 선박이 자국의 항구 또는 항만시설에 스스로 입항한 경우 영해 또는 배타적 경제수역에서 해양오염규제를 위한 유엔해양법협약이나 적용가능한 국제규칙 또는 기준에 따라 제정된 자국 국내법령을 위반했을 때에는 이에 대하여 소송을 제기할 수 있다. 일국의 영해를 항행하는 선박이 통항 중에 선박으로부터의 오염을 방지, 경감 및 통제하기 위하여 유엔해양법협약 또는 적용가능한 국제규칙 또는 기준에 따라 제정된 국내법령을 위반하였다고 믿을 명백한 근거가 있는 경우에 선박의 억류를 포함한 소송을 개시할 수 있다. 배타적 경제수역 또는 영해를 항행 중인 선박이 배타적 경제수역에서 선박으로부터의 오염의 방지, 경감 및 통제를 위하여 적용가능한 국제규칙과 기준 또는 국내법령을 위반하였다고 믿을 만한 명백한 증거가 있는 경우에는 연안국은 당해 선박의 선명 및 등록항, 직전 및 다음의 기항지에 관한 정보와 위반발생 여부

---

35) 유엔해양법협약 제218조.
36) 유엔해양법협약 제219조.

를 확인하는 데 필요한 그 밖의 관련 정보를 요구할 수 있다. 배타적 경제수역을 항행 중인 선박이 중대한 해양오염을 야기하였거나 야기할 위험이 있다고 믿을 만한 명백한 증거가 있는 경우 정보제공을 거절하거나 허위정보를 제공하거나 또는 검사를 행할 필요가 있으면 연안국은 당해 선박을 검사하고 위반사실이 입증되면 억류를 포함하는 소송절차를 개시할 수 있다.[37] 연안국은 해난사고로부터 발생하는 어업자원의 피해를 최소화하고 해양환경의 오염을 규제하기 위하여 그 피해에 상응하는 조치를 영해 밖까지 취하고 집행할 권리가 있다.[38]

제7절 ● 해양오염 관련 소송

Ⅰ. 소송을 쉽게 하기 위한 조치

각국은 제기된 소송에서 증인심문 및 다른 국가의 당국 또는 권한 있는 국제기구가 제출한 증거의 채택을 용이하게 하기 위하여 권한 있는 국제기구, 기국 및 오염피해국의 공식대표가 그 소송에 용이하게 출석할 수 있도록 한다. 이러한 소송에 출석하는 공식대표는 국내법령 또는 국제법에서 정한 권리 및 의무를 가진다.[39]

Ⅱ. 피해자 개인의 민사소송의 제기

피해자는 유엔해양법협약의 규정에 구애받지 않고 해양환경오염으로 인한 손실 또는 피해에 대한 청구를 위한 민사소송을 제기할 수 있다.[40]

---

37) 유엔해양법협약 제220조.
38) 유엔해양법협약 제221조.
39) 유엔해양법협약 제223조.
40) 유엔해양법협약 제229조.

III. 벌금 및 형사피고인의 승인된 권리보호

외국선박이 영해 밖에서 행한 해양환경오염의 방지, 경감 및 통제를 위한 국내법령 또는 적용가능한 국제규칙과 기준의 위반에 대하여는 벌금(monetary penalties)만 부과할 수 있다. 영해 내에서의 고의적으로 중대한 오염행위를 한 경우에는 그러하지 아니하다. 외국선박에 형벌을 부과하는 소송은 위반발생일로부터 3년이 지난 후에는 제기될 수 없다. 외국선박이 형벌의 부과를 초래할 수 있는 위반을 한 데 대한 소송의 진행에 있어서 형사피고인에게 인정된 권리는 존중되어야 한다.[41]

제8절 ● 국가책임과 주권면제

I. 배상책임

각국은 해양환경의 보호 및 보존에 관한 국제적 의무를 이행할 의무를 부담한다. 각국은 국제법에 따라 배상책임을 부담하여야 한다. 즉, 해양환경보호 및 보존의무를 이행하지 않은 경우에 국가책임을 지는 것은 국제법의 일반원칙이다. 다만 유엔해양법협약에는 국가책임에 관한 자세하고 구체적인 규정은 없다.

II. 신속하고 적절한 배상

각국은 자국 관할권 아래에 있는 자연인 또는 법인에 의해 발생된 해양환경오염으로 인한 손해에 관하여 자국의 법제도에 따라 신속하고 적절한 배상(compensation)이나 그 밖의 구제를 위한 수단이 이용될 수 있도록 보장하여야 한다. 이 경우에는 국가간

---

41) 유엔해양법협약 제230조.

소송방식이 적절하지 못하기 때문에 피해자가 가해자의 국내법과 국내법원을 통해 직접 배상을 청구하는 것이 가능하도록 해야 한다.

Ⅲ. 관련 국제법규 발전을 위한 협력

각국은 해양환경오염으로 인한 모든 손해에 관하여 신속하고 적절한 보상을 보장할 목적으로 손해평가와 손해배상 및 분쟁해결을 위한 책임과 관련한 현행 국제법을 이행하고 관련 국제법의 점진적 발전을 위해 협력하여야 한다. 적절한 경우에는 강제보험 또는 배상기금과 같은 적절한 배상의 지급을 위한 기준과 절차의 발전에도 협력하여야 한다.42)

Ⅳ. 주권면제

해양환경의 보호 및 보존에 관한 유엔해양법협약의 규정은 군함, 해군보조함, 비상업용 정부선박, 항공기에는 적용되지 아니한다. 즉, 군함, 해군보조함, 비상업용 정부선박, 항공기에 대해서는 '주권면제'가 인정된다. 다만 각국은 자국이 소유하거나 운영하고 있는 이러한 선박이나 항공기의 운항 또는 운항능력에 손상을 주지 아니하는 적절한 조치를 함으로써 이러한 선박 또는 항공기가 합리적이고 실행 가능한 범위 내에서 유엔해양법협약에 합치하는 방식으로 행동하도록 보장해야 한다.43)

---

42) 유엔해양법협약 제235조.
43) 유엔해양법협약 제236조.

생각하기

1. 오늘날 해양오염이 날로 심각해지고 있는데, 이를 효율적으로 규제할 수 있는 가능한 방안들에 대해 생각해 보자.

2. 유엔해양법협약체제는 해양오염규제에 어느 정도 효과가 있다고 평가할 수 있는가? 또한 협약의 개선방안은 무엇인가?

3. 해양환경보호와 관련한 우리나라 법제도를 살펴보고, 이를 유엔해양법협약에 비추어 평가해 보자.

4. 최근 들어 해양 쓰레기, 특히 플라스틱 쓰레기는 국제문제로 대두되고 있다. 플라스틱은 모든 해양 쓰레기의 60~80%를 차지하는 것으로 추정된다. 2025년에 해양 물고기의 3톤에 1톤의 플라스틱을 포함할 것이라는 예측도 존재한다. 전 세계 해양 쓰레기의 80%는 육지에서 비롯되며, 나머지 20%는 바다를 기반으로 한 낚시 장비와 같은 해양 공급원에서 발생한다. 이러한 해양 플라스틱 쓰레기의 해결방안을 생각해 보자.

참고문헌

김기순, "해양오염규제에 관한 국가관할권의 고찰", 「해사법연구」, 제20권 제1호, 2008. 3.

박수진, "해양환경보호제도", 한국해양수산개발원 편, 「대한민국의 해양법 실행: 유엔해양법협약의 국내적 이행과 과제」, 일조각, 2017.

박찬호·김한택, 「국제해양법」 제2판, 서울경제경영, 2011.

박찬호, "해양오염규제와 국제해사기구의 역할", 「국제법학회논총」, 제44권 제2호, 1999. 12.

Beckman, R., "State Responsibility and Transboundary Marine Pollution", in S. Jayakumar, T. Koh, R. Beckman and H.D. Phan (eds.), *Transboundary Pollution: Evolving Issues of International Law and Policy*, Edward Elgar, 2015.

Carpenter, A., "International Protection of the Marine Environment", in A.D. Nemeth (ed.), *The Marine Environment: Ecology, Management and Conservation*, Nova Science Publishers, 2011.

Churchill, R.R. and A.V. Lowe, *The Law of Sea*, 2nd ed., Manchester University Press, 1988.

Dzidzornu, D.M., "Four Principles in Marine Environment Protection: A Comparative Analysis", *Ocean Development & International Law*, vol.29(2), 1998.

Nordquist, M.H. (ed.), *United Nations Convention on the Law of the Sea 1982: A Commentary*, Vol.Ⅳ, Martinus Nijhoff Publishers, 1991.

Ong, D.M., "The 1982 UN Convention on the Law of the Sea and Marine Environmental Protection", in M. Fitzmaurice, D.M. Ong and P. Merkouris (eds.), *Research Handbook on International Environmental Law*, Edward Elgar, 2010.

제 9 장

위험물질의
규제

국 / 제 / 환 / 경 / 법

제1절 ● 서 론

산업이 고도화되고 복잡해짐에 따라 산업활동에 이용되는 유해물질과 폐기물의 종류도 다양해졌다. 또한, 유해성이 입증되지 않은 폐기물, 처리가 어려운 악성폐기물 등이 산업활동에 수반하여 다량으로 발생되고 있다. 선진국들의 경우 환경법의 제정 및 집행으로 인해 유해물질을 다루는 산업체의 해외이전이 잇달았다. 이는 개발도상국의 경우, 선진국과 같은 환경법이 없거나 있다 할지라도 그 집행이 미비한 점을 이용하고자 하는 것도 한 이유가 되었다. 일부 기업체들은 유해폐기물을 자국의 엄격한 폐기물 규제를 피하여 아프리카 후진국, 동구권 등 개도국에 불법투기 · 매립함으로써 이들 국가와의 분쟁을 야기하였다.[1]

1984년 인도 보팔시에서 발생한 메틸이소시안염 유출 사건, 소위 보팔 사건은 국제사회에 유해물질의 이동을 규제하고자 하는 단초가 되었다. 보팔 사건의 개요는 다음과 같다. 1984년 12월 3일 인도 보팔시에 있는 유니언 카바이드사의 비료공장에서 다량의 메틸이소시안염(Methyl isocyanate: M.I.C)이 누출되었는데 그 양은 40여 톤에 달하였으며 누출된 메틸이소시안염은 순식간에 보팔시 전체로 퍼져 나갔다. 이로 인해 많은 인명피해가 발생하였는데 하룻밤 사이에 약 2천 명의 주민이 사망하였고, 60만 명의 부상자가 발생하였는데 그중 5만 명은 영구적인 장애인이 되었다. 당시 보팔시의 전체 인구가 75만 명이었음을 감안한다면 보팔시 주민 대부분이 피해를 입은 것으로 국제사회에서 가장 큰 화학물질로 인한 참사로 기록되었다.

무색 · 무취의 독성물질인 메틸이소시안염은 인체에 치명적인 가스로서 미량으로도 사람의 폐와 눈에 심각한 장애를 일으키고 중추신경계와 면역체계를 일시에 파괴하는 독극물이다. 누출사고의 원인은 저장탱크 속의 압력이 높아지면서 밸브가 파열된 것으로 밝혀졌다. 다국적 기업인 유니언 카바이드사는 이 사고에 대한 보고서에서 운전원의 실수로 인한 사고로 추정하였다. 그러나 밸브 파열에 대비한 안전장치가 되어 있지 않았고, 안전관리가 소홀하였던 것도 주된 사고원인 중 하나로 알려지고 있다. 더욱이 조기경보체제가 작동하지 않아 더 큰 사고를 초래하였다.

---

1) 이상돈, "유해폐기물의 국가간 이동 및 처리의 규제에 관한 바젤 협약", 「사법행정」, 제33권 제12호 (1992), 28면.

인도 보팔시의 참사는 다국적 기업이 운영하는 위험산업 내지 공해산업의 해외진출에서 비롯된 것으로 이해된다. 유니언 카바이드사는 원래 미국 웨스트 버지니아주 앤무어라는 곳에 위치하였는데 마을 주민의 격렬한 공해방지운동과 이를 받아들인 EPA의 "즉각적인 오염물질 배출행위중지"와 같은 엄격한 법집행으로 인해 환경감독이 허술한 인도로 이전했다. 당시 미국은 1970년대 이후 환경적으로 유해한 위험산업에 대한 법적 규제, 즉 엄격한 안전관리시설과 공해방지시설을 요구하게 되었고, 다국적 기업들은 이러한 규제를 피해서 아시아, 아프리카 등지로 진출하게 되었다. 미국계 다국적 회사가 인도 보팔시에 비료공장을 세운 것은 이런 배경에서 연유한다.

이 사고로 피해를 입은 보팔시민들은 유니언 카바이드사를 상대로 30억 달러의 민사소송을 1985년 4월 미국의 맨해튼 연방 지방재판소에 제기하였으나 미국법원은 제소된 법정이 소송을 수행하기에 적합하지 않다는 소위 불편의 법정(Forum Non Conveniens)을 이유로 관할권을 행사하지 않고 1986년 5월, 동 지방재판소는 인도의 재판소에 관할권이 있다는 판결을 내렸다.[2] 원고 측 변호사는 동 사건이 미국법원에서 다루어져야 한다고 주장한 이유는 인도 현지 유니언 카바이드사의 지분 중 정부 지분이 많아 사실상 반 국영기업이기에 판결이 편향적으로 이루어질 수 있으며, 부패방지와 적법절차(due process of law) 및 증거법상의 차이로 인해 피해자에게 유리한 점 그리고 징벌적 손해배상(Punitive Damages)의 가능성을 들었다. 결국 인도법원에서 이루어진 소송에서 유니언 카바이드사는 1989년, 4억 7천만 달러의 보상금을 지불하는 조건으로 합의를 하였으나 끝내 형사책임을 부인하였다.[3]

재판상의 이슈로 유해물질 사고의 무과실 책임 및 운전상의 과실 등이 있었다. 항상 높은 압력과 저온 상태가 유지되어야 하는 이 유독가스 저장탱크는 온도가 올라갈 경우 폭발할 위험이 있기 때문에 철저한 안전수칙이 지켜져야 하는 곳이었으나 보팔의 저장탱크에서는 안전수칙이 제대로 지켜지지 않았으며 조기경보체계도 작동되지 않아 발생한 사고였다는 점에서 첫째, 미국 원 공장에 시행하도록 되어 있던 모든 조치들이 인도에서도 이루어졌는가, 둘째, 미국 내의 공장의 내규가 인도로의 이전과 함께 완화되었는가, 셋째, 완화된 요건들이 사고의 직접적인 원인이 되었는가, 그리고 완화된 요건이 사고를 일으킬 수 있었다는 사실을 본사에서 알거나 알 수 있었던 충분한 사유가

<hr>

2) *Forum Non Conveniens*란 소송심리에 있어서 당사자들의 편의 및 정의의 목적에 더욱 잘 부합할 수 있다는 이유하에서 수소법원이 직권으로 관할권행사를 거절하는 결정으로 증거제출 및 증인 등의 법원 출석의 용이성을 제공하는 것이 일차적 목적이다.

3) 1989년 말 수립된 V.P정권이 이 판결은 무효임을 선언하고 재차 보상금 교섭에 들어가 50만 명의 피해자에 대해 36억 루피의 구제금을 방출하였다.

있었는가 하는 것이었다. 특히 세계를 놀라게 한 것은 이 유독가스 저장탱크가 인구가
밀집된 도시 한가운데에 자리 잡고 있었다는 것과 주민들은 위험을 모르는 채 살고 있
었다는 것이다.[4]

보팔참사가 일어난 때로부터 14년 후인 1998년 9월 11일에 유해 화학물질과 농약의 교
역을 규제하는 협약인 로테르담협약(Rotterdam Convention on hazardous Chemicals & Pesticides)
이 체결되었다. 이 협약은 특히 개발도상국에서 독성물질의 오용과 사고에 의한 누출로
부터 사용자들의 건강과 환경을 보호하기 위해 체결된 협약으로 국내적인 차원에서 화
학물질의 안전한 이용을 증진시키고 유해 화학물질과 살충제의 수입을 규제하도록 규정
하고 있다. 적어도 2개 국가 내에서 판매 금지 또는 제한되는 유해 화학물질과 살충제
는 수입국가의 명시적인 승인이 없는 한 수출할 수 없도록 되어 있으며, 국내생산도 중
지된다. 이 협약은 50개국 이상이 비준하여야 발효되며 발효될 때까지는 각 국가가 자
발적으로 이행하도록 되어 있지만, FAO와 UNEP의 잠정적인 연합하에 사전통보승인
(Prior Informed Consent: PIC) 리스트에 오른 여러 종목의 화학물질과 살충제등 농약을 수
출금지 또는 제한 물질로 규제하고 있다.[5]

이하 바젤협약, 스톡홀름협약, 로테르담협약 그리고 핵물질과 관련된 국제적 규제
를 살펴본다.

제2절 ● 유해폐기물의 규제 — 바젤협약

I. 협약의 개요

폐기물의 국제이동은 과거 선진국 사이에서 주로 이루어졌으나 1980년대 이후에는
주로 아시아, 아프리카의 개도국들로의 유해폐기물의 수출이 대부분을 이루었다. 선진
국들로부터 후진국들로의 유해폐기물의 사실상 투기행위는 법상식적으로도 오염자부담
의 원칙 또는 사용자부담의 원칙에도 부합하지도 않으며 경제적 형평의 원칙에도 반하

---

4) 이세훈, "보팔사건 그 이후", 「산업보건」, 제6권(1987), 35면.
5) 이세훈, 위의 논문.

는 처사였다. 이에 따라 국가간 유해폐기물의 이동 통제 및 처리감시체계를 구축할 필요성을 절감한 국제사회는 UNEP을 중심으로 1987년 6월, 유해폐기물 안전관리를 위한 카이로지침과 원칙을 마련하여 협약의 토대를 마련하고 1989년 3월 22일, 바젤협약을 공식적으로 채택하였으며 동 협약은 1992년 발효하였다. 우리나라는 1994년 2월 28일 가입하여 동년 5월 29일부터 효력을 발생하였다.

공식명칭 유해폐기물의 국가간 이동 및 그 처리의 통제에 관한 바젤협약(Basel Convention on the Control of Transboundary Movements of Hazardous Wastes and Their Disposal)은 전문(Preamble), 본문 29개 조항, 9개의 부속서(협약의 채택 당시는 6개, 이후 3개가 추가됨)로 구성되어 있다. 동 협약은 기본적으로 규제대상인 유해폐기물의 종류, 협약 당사국의 권리, 의무 및 협약 당사국간 협조사항 등에 관한 내용을 규정하고 있다.

동 협약은 모든 국가의 자국 내에서 타국의 유해폐기물 및 기타 폐기물의 반입 또는 처리를 금지할 주권이 있음을 천명하고 협약 당사국에게 유해폐기물을 비당사국에게 수출하거나 비당사국으로부터 수입하는 것을 금지하고 있으며 특히 OECD국가로부터 비OECD국가로의 수출을 금지하고 있다. 동 협약의 적용대상인 유해폐기물은 협약의 부속서에 등재되어 있거나 국내법에 의해 규정되어 협약사무국에 통보된 유해폐기물에 한하며, 핵폐기물이나 선박의 통상적인 운용으로부터 발생하는 폐기물로서, 다른 협정이 규율하고 있는 폐기물은 적용대상에서 제외된다. 이처럼 동 협약은 처리되거나, 처리가 의도되거나 또는 처리가 요구되는 유해폐기물을 적용대상으로 하고 있으므로 처리에 대해서도 넓게 정의되어 매립, 수로·해양·해저로의 투기, 육상 및 해상에서의 소각, 영구저장, 재활용 등이 처리의 범주에 포함된다.

바젤협약의 가장 기본적인 골격은 유해폐기물의 국제적 이동 시 사전통보와 승인제도에 기반하고 있다. 동 협약은 유해폐기물의 국제적 이동·거래를 규제하기 위하여 사전통보승인원칙에 입각하여 당사국간에 국경을 넘는 유해폐기물의 이동에 관한 세부적인 요건들을 규정하고 있다. 수출국은 자국의 주무관청을 통하여 수입국과 경유국의 주무관청에게 유해폐기물 또는 그 밖의 폐기물의 모든 국가간 이동계획을 서면으로 통지하여야 하며 수입국은 조건부 또는 무조건부로 이동에 동의하거나, 이동의 허가를 금하거나, 추가 정보를 요구할 수 있다. 통보할 내용에는 수출의 이유, 수출자, 생산자, 문제의 폐기물 발생장소 및 과정, 폐기물의 성질과 포장, 국가간 이동경로, 처리장소, 처리자, 처리방법을 포함하여 수입국과 경유국의 주무관청이 문제의 이동의 성질과 위험을 평가할 수 있을 정도의 상세한 내용을 포함하고 있어야 한다. 또한 동 협약의 부속

서에는 협약상 규제대상에 포함되는 폐기물의 종류와 처리행위, 교환될 정보 등에 관한
구체적인 내용이 규정되어 있다.

II. 협약의 주요 내용

1. 유해폐기물의 정의

바젤협약은 폐기물을 '처리되어야 할 물질'로 정의하고 있는데 이는 OECD의 1985
년 유해폐기물에 관한 협약의 내용을 그대로 반영한 것이다. 처리되어야 할 물질은 국
내법에 따라 처리되거나, 처리가 의도되거나, 처리가 요구되는 물질을 의미하며 처리의
의미는 동 협약 부속서 4의 제2조에서 열거하고 있는 활동으로 매립, 매몰, 해양투기,
소각, 생물학적 처리, 물리학적 처리 등 15종의 최종처리방법, 연료로 재활용, 용제류 세
정제·무기화학물질·촉매화학물질의 재회수 등의 13종의 재생처리방법을 포함한다.

유해폐기물은 부속서 I에 규정된 폐기물(45종)로서 부속서 III에 규정된 유해 특성을 가
진 것, 이에 속하지 않더라도 수출·수입·경유국가의 국내법이 유해폐기물로 규정한 폐기
물 그리고 그 밖의 폐기물(Other Wastes)로 가정폐기물 등 부속서 II에 규정된 폐기물이다.
단, 방사성 폐기물과 선박의 정상 항해 중에 발생된 폐기물은 제외하고 있다. 그러나 1997
년 9월 국제원자력기구(IAEA)의 방사성 폐기물의 관리에 관한 사용후연료처리안전 및 방사
능폐기물안전관리에 관한 공동협정초안(Draft Joint-Convention on the Safety of Spent Fuel
Management and on the Safety of Radioactive Waste Management)이 채택됨에 따라 동 협약의
적용을 받지 않는 저준위 및 자연발생 방사성 폐기물은 바젤협약의 적용을 받게 되었다.[6]

2. 일반적 의무

바젤협약은 협약 당사국의 의무 사항을 제3조와 제4조에서 명시하고 있다. 우선 동
협약은 회원국들에게 유해폐기물의 생산 및 유해폐기물의 국가간 이동을 최소화할 것을
요청하고 있다. 비록 프로그램적인 차원의 의무이기는 하지만 유해폐기물의 생산 및 유
해폐기물의 국가간 이동을 최소화하는 것이 가장 근본적인 문제해결이라는 점은 부정
할 수는 없을 것이다. 그러나 회원국들의 사회적·기술적 그리고 경제적인 측면을 고려

6) 노명준, "유해폐기물의 처리,이동 통제에 관한 바젤협약의 적용 및 운용 현황", 「환경법연구」, 통권 제
22호(2000), 162면.

할 때 이러한 의무는 절대적인 것은 아니며 가능한 한 유해폐기물을 자국 내에서 처리하고, 만일 자국 내에 해당 폐기물을 환경적으로 건전하거나 효율적인 방법으로 처리하기 위한 기술과 필요한 시설이 없거나 해당 폐기물이 수입국에서 재활용 또는 재생산업의 원료로 사용되는 경우에 한하도록 요구하는 것이다.[7]

동 협약 당사국은 수출될 유해폐기물이 수입국이나 기타 지역에 환경적으로 건전한 방법으로 관리되도록 할 의무가 있다. 협약은 이러한 의무를 수입국·수출국뿐 아니라 경유국에게까지 모두 부과하고 있다. 만일 해당 폐기물이 환경적으로 건전한 방법으로 관리되지 않을 것이라는 합리적인 의구심이 드는 경우 당사국은 이러한 폐기물의 수출입을 금지하여야 한다. 이러한 의무는 개발도상국이라고 하여 면제되는 것은 아니며 만일 개도국이 이러한 의무를 이행할 능력이 없는 경우 협약 규정에 따라 국제적 협력을 구하거나 유해폐기물의 수입을 금지하여야 한다.[8]

바젤협약에서의 환경적으로 건전한 방법이라 함은 유해폐기물 또는 그 밖의 폐기물이 이러한 폐기물로 인해 발생할 수 있는 부정적인 효과로부터 인간의 건강과 환경을 보호하는 방식으로 관리되도록 하기 위하여 모든 실행가능한 조치를 취하는 것이다.[9] 그러나 구체적으로 어떠한 수준이 환경적으로 건전한 관리인지에 대해서는 규정하고 있지 않아 이는 회원국의 국내법에 위임하고 있다. 또한 협약은 회원국에게 환경적으로 건전한 관리를 위한 기술적 지침과 관행 및 규정을 제정하는 데 상호협력하도록 요구하고 있다.

협약 당사국은 유해폐기물을 취급하는 자에게 인·허가를 받도록 하고 유해폐기물의 운반 시 운반 장소부터 처리지점까지 부속서 5B에 기재되어 있는 정보를 포함하는 이동서류를 휴대하도록 하고 있다. 당사국은 국제적인 규정과 표준에 따라 유해폐기물이 포장, 표시 그리고 운송되도록 하여야 할 의무가 있다.

제4조에 규정되어 있는 가장 주요한 협약국의 일반적 의무사항으로는 유해폐기물 수입 금지를 선언한 나라에 대해서는 수출을 해서는 안 되며, 수입 금지를 선언하지 않았다고 하더라도 유해폐기물 수출 시 수입국으로부터 서면동의를 얻어야 하고, 유해폐기물 처리기술이 부족하다고 판단되는 나라에 대해서는 자발적으로 수출을 금지해야 한다. 그리고 협약 당사국과 협약 비당사국간 유해폐기물의 수출·수입은 금지된다.[10]

바젤협약에서 정하고 있는 유해폐기물의 국가간 이동 절차규정으로는 우선 제6조

---

7) 동 협약 전문.
8) 동 협약 제3조, 제4조.
9) 동 협약 제2조 제6항.
10) 동 협약 제4조 제5항.

에서 유해폐기물의 국가간 이동 요건을 다음 세 가지로 한정하고 있다.

　　– 수출국이 처리기술, 장소 등을 갖추지 못한 때
　　– 수입국이 재이용 또는 재생 산업의 원재료로 사용할 때
　　– 수입국의 기후 등 조건이 수출국에서의 처리보다 환경상 유리하다고 판단될 때

　　이 경우 수출국은 이동에 관련되는 국가(수입국·경유국)의 주무기관에 문서로써 통지하고, 서면동의(60일 이내)를 받은 후 이동을 시작하여야 한다. 동의 없는 이동 시에는 재수입하여야 한다. 불법 교역 폐기물은 수출국가가 주관이 되어 자국으로 회수하거나, 통보받은 날로부터 이 협약에서 정한 방법대로 적정 처리하여야 한다. 불법 교역자는 당해 국내법의 절차에 따라 처벌 등 조치하고 관련 당사국은 상호협조하여야 한다.[11] 또한 본 협약 부속서 외의 폐기물에 대한 결정사항 및 변동사항을 협약 사무국에 통보하여야 한다.[12]

　　동 협약은 협약의 목적에 상치되지 않는 범위 내에서 협약 당사국간 또는 협약 당사국과 비당사국간에 폐기물의 이동에 관한 협정을 체결할 수 있다고 하여 유해폐기물 이동에 관한 양자, 다자 및 지역 협정 체결을 허용하고 있다.[13] 그리고 동 협약은 일체의 유보와 예외를 인정하지 않고 있다.[14]

제3절 ● 유해화학물질과 농약의 국제적 규제

I. 서 언

　　인간이 생활하는 환경에는 거의 2,600만 종의 화학물질이 존재하고 하루에도 약 4,000종류의 새로운 물질이 밝혀지고 있다.[15] 1970년대에는 1,710억 달러 상당의 화학

---

11) 동 협약 제9조.
12) 동 협약 제3조.
13) 동 협약 제11조.
14) 동 협약 제26조.

물질이 생산되었는데 2010년에는 4조 1,200억 달러 상당의 화학물질이 생산되고 있다.[16] 오늘날 약 248,000종의 화학물질이 유통되는데 이 중 약 80종 정도가 스톡홀름협약과 로테르담협약의 규제대상에 포함되어 있고 약 60종의 유해폐기물이 바젤협약에서 규제 대상으로 규정되어 있다. 위험한 화학물질에 대한 국제적 규제는 1992년 리우환경회의 의 중요한 논의주제 중의 하나였다. 동회의에서 채택된 의제 21(Agenda 21)은 제19장에 서 화학물질의 환경적으로 건전한 관리를 위한 6개 우선과제를 언급하고 있는데, 화학적 위험의 국제적 평가를 확대하고 가속하는 것, 화학물질의 분류와 라벨링을 조화하는 것, 독성화학물질과 화학적 위험에 대한 정보교환, 위험저감 프로그램 수립, 화학물질관리를 위한 국가의 능력강화, 독성 또는 위험생산품의 불법적 국제거래의 금지 등이다.[17]

국제사회는 화학물질의 종합적 안전규제를 위한 노력을 기울여 왔다. 우선 스톡홀름 선언(1972) 원칙 6, 리우선언(1992) 원칙 14, 지속가능개발목표(SDGs) 목표 12 등이 인간 건강과 환경에 영향을 미치는 물질의 규제 필요성을 언급하고 있다. 또한 화학안전국제 포럼(International Forum on Chemical Safety: IFCS)의 활동, 화학물질의 건전한 관리를 위한 국제기구간 프로그램(Inter-Organization Programme for the Sound Management of Chemicals: IOMC)의 구성, 화학안전에 관한 바히아선언(Bahia Declaration on Chemical Safety, 2002), 국제 화학관리에 대한 전략적 접근(Strategic Approach to International Chemicals Management), 세계 화학물질 통일 분류 및 라벨링체제(Globally Harmonized System of Classification and Labelling of Chemicals: GHS) 등의 채택 및 화학물질관리에 관한 국제회의(International Conference on Chemical Management)의 개최 등도 국제사회의 노력을 보여주는 예이다.

하지만 모든 종류의 위험물질과 화학물질을 포괄적으로 규제하는 국제규범을 마련 하지 못하였고 특정 화학물질을 규제하거나, 국제적인 이동 또는 규제를 규제하거나, 관련 정보제공을 통한 안전관리를 지원하기 위한 조약들이 체결되어 운영되고 있다. 이 들 조약으로는, 특정 종류의 유해화학물질인 잔류성유기오염물질(POP)을 규제하기 위한 스톡홀름협약, 특정 위험화학물질과 농약의 국제거래 시 정보제공 및 사전통보승인 의 무를 규정하고 있는 로테르담협약, 유해화학물질로서 수은을 규제하기 위한 소위 미나 마타협약을 들 수 있다. 화학물질 등 위험물질의 규제는 그 물질이 생산되어 이용되고

---

15) D. Wirth, "Hazardous Substances and Activities", in Daniel Bodansky, Jutta Brinnee and Ellen Hey (eds.), *The Oxford Handbook of International Environmental Law* (Oxford University Press, 2007), p.395.

16) D.-P. Dupuy & J.E. Viñuales, *International Environmental Law*, 2nd ed. (Cambridge University Press, 2018), p.253.

17) Report of the United Nations Conference on Environment and Development, UN Doc. A/CONF. 151/26/Rev.1(vol.1), 13 June 1992, Res, Annex 2: Agenda 21, para.19.4.

생산지 이외의 국가에서의 사용 또는 폐기를 위해 이동되고 최종적으로 폐기되는 그 화학물질의 모든 생애주기(entire life-cycle)에 대하여 이루어져야 하는데 앞서 언급한 조약들은 이러한 측면에서는 진전된 규정들을 두고 있다.

이하에서는 현재 운용되고 있는 이 분야의 중요한 조약상의 규제내용을 중심으로 논의를 진행하고자 한다.

Ⅱ. 잔류성유기오염물질에 관한 협약(일명 스톡홀름협약 또는 POP협약)18)

1. 서 언

잔류성유기오염물질(persistent organic pollutants: POP)은 지속적이고 독성이 있는 화학물질로 지방층에 축적되어 원거리 환경적 이동이 이루어지는 경향이 있는 물질을 말한다.19) 이 물질은 지속성, 원거리 이동, 생체축적 등의 특성을 가지고 있어 인체에 축적되는 경우 내분비체제교란, 암유발, 생식기능이상, 장애아출산, 면역체제이상 등의 문제를 야기한다.20) 이들 물질은 또한 높은 온도에서 기화하였다가 낮은 온도에서 응결하는데 기체 상태에서 바람을 타고 원거리 이동을 할 수 있고 이동 후 다시 응결할 때 지면 또는 수면으로 떨어져 유수를 따라 이동한다. 이러한 이동성 때문에 기온에 따라 오르내리는 소위 메뚜기효과를 통하여 전 지구적으로 순환되고 축적된다. 이러한 특징은 또한 추운 기후에서 심하게 일어난다. 이로 인해 에스키모와 같은 추운 지역의 토착민들이 POP축적에 의한 가장 큰 피해자가 될 위험이 크다. 피해가 전 세계적으로 발생할 수 있고 그러한 물질생성에 아무런 관련이 없는 자에게 피해를 발생시킬 수 있으며 야생동물에게도 영향을 미친다.21)

문제접근에 어려움을 주는 것은 아직 많은 것이 불확실하다는 것이다. 예를 들어,

---

18) Stockholm Convention on Persistent Organic Pollutants, 2001년 5월 스톡홀름에서 채택되었고 2004년 5월 17일에 발효하였다. 40 ILM 532 (2001), 2019년 2월 현재 당사국은 182개국이다. 대한민국에 대하여는 2007년 4월 25일 발효하였다. 현재까지 4개의 개정조약이 채택되어(2009년 5월 4일, 2013년 5월 10일, 2011년 4월 29일, 2015년 5월 15일) 발효하였고 대한민국도 개정조약의 당사국이다.

19) P.L. Lallas, "The Stockholm Convention on Persistent Organic Pollutants", *American Journal of International Law*, vol.95, 2001, p.692.

20) *Ibid.*, pp.693~694.

21) *Ibid.*, p.694.

독성정도, 지속성정도, 생체축적정도 등 기본적인 것도 명확하지 않고 그들의 이동경로, 유용성과 혜택, 대체물질의 개발가능성 등도 그러하다. 나아가 그러한 물질의 생성이 의도적으로 이루어진 것도 있고 그렇지 않은 것도 있다는 것이 규제에 어려움을 준다.

앞서 보았듯이, 이미 1992년 리우환경회의에서 채택된 의제 21은 제19장에서 화학물질에 대한 과제를 정하였고 1994년 민관전문가 및 대표로 구성된 IFCS를 설립하였다. 이 포럼은 위험한 화학물질의 과학적 측면, 사회경제적 측면, 대체물질, 잠재적 대응 등에 대하여 결정하여 UNEP 집행이사회(Governing Council)에 권고하였다. 이 권고에 근거하여 1997년 UNEP 운영위원회는 POP에 관한 조약을 협상할 것을 결정하면서 POP만을 규제대상으로 하고 그중에도 12개 물질만[22] 우선 규제대상으로 하여 추후 추가할 수 있는 절차를 포함하도록 규정하게 하였다. 조약 협상 및 채택과정에서는 POP의 영향이 큰, 추운 지역 국가들이 선도적 역할을 수행하였다. 한편 개발도상국들은 POP물질의 이동에 따른 문제들이 갖는 형평성 문제, 그들의 생성과 관련 없는 토착민에 미치는 영향 등에 대한 문제의식을 가지고 있다. 또한 DDT와 같은 개발도상국에 민감한 지역적 문제를 포함하고 있어 협상과정 전체를 보면 이들도 적극적으로 협약의 협상에 참여하였다.[23]

2. 협약의 주요 내용

협약이 채택될 당시 규제대상이 되는 POP물질은 소위 dirty dozen으로 DDT, PCBs, Aldrine, Chlodane, Diedrin, Endrin, Heptachlor, Hexaclorobenzene, Mirex, Toxaphene 등 12개 화학물질이었다. 하지만 이후 다섯 차례에 걸쳐 협약상의 추가절차에 따른 당사국간 합의로 21개 물질이 추가되었다. 이 협약은 POP물질의 제거 또는 제한에 초점을 맞춘 것은 사실이지만 이들 물질의 거래, 부산물 통제 및 폐기물 관리에 관한 규정을 두고 있어 규제물질의 전 생애주기를 규율하고 있다.[24] 협약은 목적, 규제방향, 기본의무, 기본의무이행체제, 재정 및 기술지원체제, 정보교환, 대중인지 및 교육, 연구와 모니터링, 제도적 장치, 신규규제대상물질 추가절차를 포함하는 개정절차 및 잡칙규정으로 구성되어 있다.

22) 소위 dirty dozen이라고 불리는 물질로 이들 12개 물질은 이미 많은 국가에서 규제대상이고 대체물질이 개발되어 와 콘센서스를 얻기 용이하다는 점이 고려되었다.
23) Lallas, op.cit., pp.696~697.
24) Dupuy & Viñuales, op.cit., p.211.

협약은 POP의 특성에 따른 위험성과 특별히 개발도상국에 미치는 영향을 우려하면서[25] 협약의 목적이 POP로부터 인간건강과 환경을 보호하기 위한 것임을 천명하고 있다.[26] 사전주의원칙을 도입하여 아직 과학적 불확실성이 있지만 POP물질의 제거를 향한 규제를 규정하고 있고 새로운 규제물질의 추가에도 사전주의원칙을 고려할 것을 요구하고 있다.[27] 아울러 무역과 환경 분야에서 동협정이 '상호지원적'(mutually supportive)이라고 선언하고 있다.[28]

협정은 의도적으로 생산된 POP물질과 의도하지 않고 다른 물질의 부산물 등으로 생성된 것을 구분하여 규제하고 있다. 우선 의도적으로 생산된 물질로 규제대상인 물질로는 현재 27개 물질이 부속서 A와 부속서 B에 규정되어 있다. 이들은 알드린과 같은 농약과 HCB와 같은 산업화학물로 나눌 수 있다. 협약은 예외적으로 허용된 "인정사용"(recognized uses)을 제외하고 이들 물질의 생산과 사용의 금지를 목표로 하고 있다. 이러한 규제방법은 오존층보존을 위한 몬트리올의정서와 유사한 규제기조를 갖는 것으로 평가된다.[29] 구체적인 내용을 보면 부속서 A에 열거된 24개 의도적 생산물질은 한정된 기간의 특별예외를 제외하고는 생산과 이용을 금지하여 이들 물질을 제거할 의무를 부과하고 있다. 부속서 B에 규정된 3개 물질은 잠정적으로 제한된 목적을 위한 생산과 사용을 허용하지만 엄격히 제한하도록 하고 있다. 협정채택시 유일하게 부속서 B에 포함되던 의도적 생산물질인 DDT의 경우는 일부 개발도상국에서 말라리아 등 해충퇴치의 목적에 이용되어야 하는 측면을 고려하여 국가별 예외와 특정 물질의 예외적 목적을 위한 사용 예외를 인정하였다.

협약은 위에 언급된 협정상의 의무가 적용되지 않는 예외를 규정하고 있는데 사용 중인 PCB에 대한 예외와 함께 국가별·물질별·사용목적별 예외를 허용하고 있다. 예외로 인정된 경우에는 일정한 심사와 종료절차에[30] 따르도록 하고 있다. 동 절차에 따르면 등록부(Register)를 만들어 사무국이 이를 유지·관리하는데 예외의 유형·물질·예외인정국가 등이 포함된다. 심사절차는 당사국총회(COP)에 의하여 결정되고 당사국총회 결정에 의한 연장이나 자발적 철회가 없는 한 협약의 발효후 5년 후 종료된다. 당사국이

---

25) 협약 서문.
26) 협약 제1조.
27) 협약 서문과 제1조.
28) 협약 서문.
29) Lallas, op.cit., p.698. 원거리초국경대기오염에 관한 협약의 POPs의정서도 유사한 접근(국가별예외, 기술 및 재정지원 등은 의정서에는 없음).
30) 협약 제4조.

된 후에도 예외를 인정받을 수 있지만 이미 부속서 A, B에 포함된 물질에 대하여 5년의
종료기한을 두고 등록할 수 있도록 허용하고 있다. 기타 연구개발목적의 소량사용이나
타물질의 중간생산물은 예외가 인정된다.

한편 협정은 PCB와 DDT에 대한 특별규정을 두고 있다. PCB의 경우 아직 세계적으
로 여러 목적상 사용되고 있는 점을 고려하여 점차적인 제거를 규정하였다. 또한 DDT의
경우 말라리아퇴치를 위한 사용예외를 인정하고 별도의 등록부를 운영하도록 하였다.
또한 사무국에 생산 및 사용 의도를 통보하여야 하고 WHO지침에 합당한 사용이고 대
체물질이 없다는 조건에 합치되어야 한다.[31]

POP물질의 무역에 대하여는 무역제한 특별예외가 아닌 물질은 환경적으로 건전한
폐기를 위한 것을 제외하고 당사국이든 비당사국에든 수출이 허용되지 않는 것으로 규
정하고 있다.[32] 특별예외에 해당하는 물질은 특별한 조건에서 수출이 허용될 수 있다.
특별한 조건이란 환경적으로 건전하게 폐기할 목적이고 두 부속서 중 하나에 든 물질의
사용을 허용하는 타당사국에 수출하는 경우이고, 물질의 배출을 최소화하거나 방지하는
데 필요한 조치를 취하고 협약의 특정 조항을 준수하기 위한 필요조치를 취했다는 것을
입증하는 문서와 함께 연차 확인서를 제공하는 비당사국에의 수출이라는 것이다. 이것
은 당사국에서는 제한적으로 사용이 허용되면서 비당사국은 사용이 불가능한 상황을 피
하기 위한 것이라는 견해가 있다.[33] 협약은 또한 규제물질의 생산·수입·수출에 관한 자
료를 보고하도록 요구하고 있다.[34]

의도하지 않은 부산물로 형성된 POP물질에 대하여는 그 물질의 방출을 엄격히 통
제할 의무를 부과하고 있다.[35] 이러한 물질로 규제대상으로 규정된 것은 부속서 C에 7
개 물질이 규정되어 있다.[36]

협약은 규제대상물질의 완전제거를 목표로 하고 있으나 제거가 불가능하다는 주장
때문에 타협적 규정을 두었다. 부산물로 형성된 POP물질에 관한 조항에 따르면 당사국
은 실천계획을 개발하여 배출량평가, 의무이행을 위한 전략, 이행일정표를 작성하여야
한다. 또한 방지조치로서 의도하지 않은 POP의 형성 및 방출을 막기 위해 대체물질 또

---

31) Part II of Annex B.
32) 협약 제3조.
33) Lallas, *op.cit.*, p.701.
34) 협약 제15조.
35) 협약 제5조.
36) 부속서 A, B, C에 총 34개 물질이 열거되어 있지만 4개 물질은 세 개 부속서에 중복 규정되어 있어 실
    제로는 총 30개 물질이다.

는 변형물질, 생산 및 공정을 사용하여야 한다. 방지조치를 취함에 있어 최선의 사용가능한 기술과 최선의 환경관행을 따라야 하는데 부속서 C의 지침과 COP가 개발할 최고가용기술(Best Available Technique)과 최고환경관행(Best Environmental Practice) 관련 지침을 고려하도록 요구하고 있다. 하지만 감축목표와 의무감축 시간계획을 규정하지는 않고 있다.

다음으로 POP 관련 비축물과 폐기물에 대한 규율로 비축물과 폐기물에서 나온 규제물질을 저감 또는 제거하기 위한 의무규정이다. 협약 채택과정에서 폐기물의 경우 파괴만 허용하는가 아니면 환경적으로 건전한 방법으로 폐기도 허용하는가의 논쟁이 있었는데 파괴를 원칙으로 하고 파괴 또는 회복 불가능한 변형이 불가능하거나 POP함유 정도가 낮은 경우에만 환경적으로 건전한 방법의 폐기를 허용하는 것으로 규정하였다.[37]

협약은 협약준수를 유도하기 위하여 당사국이 동국가에 대하여 협약이 발효된 후 2년 내에 자국의 의무이행계획을 COP에 제출하도록 한다.[38]

협약은 또한 새로운 POPs를 추가하기 위한 절차와 기준을 규정하고 있다. 즉, 신규물질의 추가 또는 개정절차를 정하고 있다. 이에 따르면 당사국이 부속서 D에 특정된 정보에 기초하여 POP심사위원회(POP Review Committee)[39] 심의를 위해 신규물질을 지명하고 심사위원회가 지속성, 생체축적, 원거리이동잠재성 등 부속서 D의 검토기준에 합치되는지 여부를 결정한다. 심사위원회는 검토기준에 합치되는 것으로 결정되는 경우 사무국을 통해 부속서 E에 규정된 위험고려사항에 관한 당사국과 옵서버의 정보를 요청한다. 이어서 제출된 정보를 고려하여 부속서 E에 따라 위해성개요(risk profile)초안을 작성하여 당사국과 옵서버의 의견을 듣고 최종 위해성개요를 작성한다. 위원회가 원거리 환경이동으로 그 물질이 인간과 환경에 악영향을 미치는지 결정하고 위원회가 사무국을 통하여 부속서 F에 규정된 사회·경제적 고려사항에 관한 당사국과 옵서버로부터의 의견을 청취하고 위험관리평가를 준비한다. 위원회는 COP에 신규물질 등록을 권고하고 COP는 등록 여부와 통제조치를 특정할 것인지 결정한다.[40] 당사국, 심사위원회, COP의 역할분담을 통해 제도적 균형을 도모하고 있는 것으로 평가된다.[41]

협정은 이러한 결정과정에서 사전주의원칙을 적용하도록 하고 있다.[42] 개정이 이루

---

37) 협약 제6조.
38) 협약 제7조.
39) 31개국 대표로 구성되고 지역적 배분은 아프리카 8개국, 아시아 8개국, 동유럽 3개국, 라틴아메리카 5개국, 서유럽 및 기타국가 7개국이다.
40) 협약 제8조.
41) Lallas, op.cit., p.705.
42) 협약 제8조 제7항 a, 제8조 제9항.

어지는 경우 원칙적으로 개별 당사국이 명시적으로 적용받지 않는다고 통지하지 않는 한 개정목록을 적용받을 의무를 부담하지만 당사국이 될 때 명시적으로 개정목록을 수용한다는 문서를 제출하지 않는 한 적용받지 않는다고 선언할 수 있도록 허용하고 있다.43)

환경조약의 중요 요소의 하나인 재정 및 기술지원 조항을 두어 개발도상국의 능력배양과 조약의무이행을 지원하도록 하고 있는데 독립적인 재정체제 수립 시까지 지구환경기금(GEF)이 임시 책임기관역할을 수행한다. 독립적인 재정체계 구성을 위해 UNEP와 GEF가 능력지원네트워크(Capacity Assistance Network) 구성 당사국이 재정체제의 구성과 운영에 중요한 역할을 수행하도록 요구하고 있다.44)

3. 평 가

최초 합의된 12개 POP물질과 추가된 물질을 더하더라도 아직 규제대상이 극히 제한적이라는 점, 많은 예외를 인정하여 궁극적 목표인 유해물질의 완전한 제거에 도달하기 너무 어려운 규제내용을 담고 있다는 점, 재정지원 및 기술지원을 통한 개발도상국의 관리능력제고가 미약하다는 점 등은 이 협약이 안고 있는 문제점이자 한계라고 하겠다. 하지만 중요한 위해물질의 제거와 강력한 규제를 포함하고 있다는 점, 중요한 국제적 환경문제의 해결에 일정한 방법을 제시하였다는 점, 국제적 환경문제에 대한 국제사회의 합의가능성을 보여주었다는 점은 긍정적 측면으로 지적된다.45)

III. 특정 유해화학물질 및 농약의 국제거래에서의 사전통보승인에 관한 협약(일명 Rotterdam협약 또는 PIC협약)46)

1. 서 설

세계적으로 연간 약 1,000만 건 이상의 농약 관련 사고가 발생하여 20,000명 이상

---

43) 이는 사막화방지협약과 같은 규정방법이다.
44) 협약 제13조.
45) Lallas, op.cit., p.708.
46) Rotterdam Convention on the Prior Informed Consent Procedure for Certain Hazardous Chemicals and Pesticides in International Trade, 1998년 9월 10일 로테르담에서 체결, 2004년 2월 24일 발효, 38 ILM 1 (1999), 대한민국에 대하여도 동일자에 발효.

의 인명사고가 발생하는 것으로 알려져 있다.[47] 농약이 대표적이지만 농약 이외의 화학
물질 중에도 인간건강과 환경에 많은 위험을 주는 물질이 많다. 이와 같은 물질들을 총
칭하여 '유해화학물질'(hazardous chemicals)이라는 용어를 사용하는데 이는 적은 양으로
도 환경 또는 인간건강에 중대한 위해를 야기할 수 있는 산업화학물질과 농약 등이 포
함된다.[48] 선진국은 비교적 이들 물질을 잘 관리하고 있지만 개발도상국은 이들의 위험
을 파악하고 그 위험에 대처할 능력이 없거나 부족하다. 이들 물질을 잘 관리하고 있는
선진국이라 하더라도 개발도상국에서 수입된 식품 등을 통하여 자국에서 금지된 물질에
노출될 위험을 안고 있어[49] 선진국과 후진국 모두가 참여하는 관리 및 규제체제를 마련
하는 것이 중요하다.

국제사회는 이 문제에 대응하여 1976년 UNEP 국제유해화학물질등록소(International
Register for the Potentially Toxic Chemicals: IRPTC)를 설립하고 1977년 UNEP운영이사회가
수입국 당국의 인지와 허가 없이 수출되지 못하게 하여야 한다고 선언하였다. 1978년에
UNEP운영이사회가 IRPTC에 수출국에서 입법된 제한 금지 및 규제에 관한 정보를 배
포하도록 요구하였다. 또한 1979년 이후 UN총회도 매년 결의안을 채택하여 선진국에
서 금지되거나 엄격히 규제되는 물질의 제한 및 정보교환을 호소하였고 1982년에는 관
련 결의안을 채택하였다.[50]

여러 국제기구들도 이와 관련된 소프트로 문서를 채택하였는데 OECD가 채택한 수
출이 금지되거나 엄격히 규제되는 화학물질에 관련된 정보교환에 관한 권고,[51] UN식량
농업기구(FAO)가 주로 농약을 규제하기 위하여 채택한 농약의 배포와 이용에 관한 국제행
동규칙과[52] UNEP이 농약과 산업화학물질을 규제하기 위하여 채택한 UNEP 지침과[53]

---

47) P. Barrios, "Rotterdam Convention on Hazardous Chemicals: A Meaningful Step Toward Environmental
Protection?", *Georgetown International Environmental Law Review*, vol.16, 2004, p.681. 전 세계
적으로 80% 농약이 선진국에서 사용되지만 99% 중독사고는 개발도상국에서 발생하여 개발도상국의 관
리능력문제가 제기된다.

48) *Ibid*., p.683. 이들 물질은 화상, 신경계통파괴, 내분비혼선, 생식능력침해 등의 급성효과를 발생시킬 뿐
만 아니라 다양한 만성효과를 야기한다.

49) 소위, 독성물질의 순환(circle of poison)이 이루어지는데 개발도상국에서 수입된 채소과일 등 농산물의
잔류농약으로 인한 선진국의 피해가 그 예이다. 미국의 경우 14,943개 샘플 중 5.6%가 법기준을 초과하
는 잔류량을 함유하고 수입농산물의 7.4%에서 초과잔류가 감지되었는데 그나마도 선진국인 미국의 경
우라도 미국 식약청(FDA)의 검사대상이 되는 것은 1%뿐이라고 하니 실제로는 나타난 것보다 비율이
높을 것으로 본다.

50) Resolution on Protection Against Products Harmful to Health and the Environment, ECOSOC
Res.2008/13, at 41st Plenary Meeting, 23 July 2008.

51) Recommendation Concerning Information Exchange Related to the Export of Banned or Severely
Restricted Chemicals, C(84)37/FINAL, 4 April 1984.

화학물질의 국제거래에서의 정보교환에 관한 런던지침54) 등이 그것이다. 1989년에는 개발도상국과 NGO들의 꾸준한 요구로 FAO행동규칙과 UNEP런던지침에 위험화학물질 수출국이 수입국에게 동물질에 대한 필요정보를 첨부하여 수입허가의 여부를 묻고 수입국의 수입승인하에 수출되게 하는 소위 사전통보승인(prior informed consent: PIC)절차를 규정하였다.55)

하지만 이들 소프트로 체제는 약점이 많아 목적달성이 어렵다고 평가되었다.56) 즉, 이들 자발적 사전통보승인체제는 PIC가 성공하기 위해 필수적으로 요구되는 규정이 결여되어 있는데, 정보만으로 개발도상국이 위험한 화학물질관리 이행능력을 향상시킬 수 있을 것이라 생각한 것이 잘못이라는 것이다. 즉, 이들 국가들에게 필요한 것은 화학물질에 대한 정보보다는 화학자료 분석능력, 화학물질 검사능력, 독극물사고 문서화와 보고능력, 유해화학물질의 안전한 관리능력 제고 등이다. 이에 따라 개발도상국과 일부 유럽국가 공익단체들이 구속력 있는 문서의 필요성을 주장하기 시작하였고 네덜란드 등 유럽국가의 국내법으로 PIC를 규정하고 유럽공동체 내에서 규정필요성을 주장하였다. 독일, 프랑스, 영국 등 화학물질 주요 수출국은 구속력 있는 규범화에 반대하였지만 유럽공동체 이사회가 관련 규칙을 제정하였고57) 리우환경회의 이후 UNEP, FAO 등 관련 국제기구의 분위기도 구속력 있는 규범화 쪽으로 방향이 잡히기 시작하였다. 1995년 UNEP과 FAO 이사회에서 채택된 공동 조약화작업결의에 근거하여 마련된 1996년 조약화 공동프로그램을 통해 협상이 시작되고 1998년 협약문이 완성되어 95개국의 참여 하에 협약문이 채택되기에 이르렀다.

2. 협약의 주요 내용

(1) 목적 및 규제범위

협약은 그 목적으로 특정 유해화학물질의 특성에 대한 정보교환의 촉진, 이들의 수

52) International Code of Conduct on the Distribution and Use of Pesticides, 1985.
53) UNEP Guidelines, 1982.
54) London Guidelines for the Exchange of Information on Chemicals in International Trade, 1987.
55) 화학물질생산자협회(GIFAP)는 PIC도입에 반대하였으나 수출전면금지와 같은 더 강력한 조치가 채택될 우려로 결국 동의하였다.
56) Barrios, op.cit., p.682.
57) Council Regulation No.1734/88. 동규칙은 London Guidelines을 따르고 전문에서 1990년 6월 전에 'prior informed choice'를 규정하도록 언급하였고 Council Regulation 2455/92로 규범화되었다. 이후 모든 유럽국가가 조약화를 주장하였다.

출입에 관한 의사결정과정의 제공, 의사결정사항을 당사국들에게 전달하여 잠재적 유해요인으로부터 인체의 건강과 환경을 보호하고 규제물질을 환경을 고려하여 건전하게 사용하도록 하기 위하여 특정 유해물질의 국제무역에서 당사국간의 협력과 공동책임의 증진 등을 규정하고 있다.[58]

협약 규제대상은 금지되거나 엄격히 규제된 화학물질과[59] 고유해성농약 및 농약제재이다.[60] 마약 및 향정신성물질, 방사성물질, 폐기물, 화학무기, 수의약품을 포함한 의약품, 식품첨가물로 쓰이는 화학물질, 식품, 연구나 분석목적 및 개인적 사용목적으로 수입되는 화학물질로 인체건강이나 환경에 영향을 미치지 않을 정도는 그 적용대상이 아니다.[61]

(2) 사전통보승인(PIC)와 정보제공

사전통보승인은 로테르담협약의 핵심 내용으로 로테르담협약을 PIC협약이라고도 부르는 것에서도 그 중요성을 알 수 있다. 사전통보승인의 기본개념은 유해한 화학물질의 수출국이 수입국에서 해당 화학물질에 대한 위험도 등의 정보를 제공하면서 수입승인 여부를 질의하여 수입국의 승인이 있는 경우에만 수출이 이루어질 수 있도록 하는 것이다. 기본적으로 로테르담협약의 핵심 내용은 기존의 UNEP런던지침과 FAO행동규칙의 내용을 담은 것으로 평가된다.[62]

로테르담협약은 금지되거나 엄격히 규제된 화학물질과 고유해성 농약 및 농약제재 중에 PIC대상이 되는 물질을 부속서 III에 목록으로 열거하고 있다. 2017년 6월 현재 47개 물질이 동부속서에 열거되고 있는데[63] 이들 중에 30개 물질은 농약, 3개는 극도로 위험한 농약제재, 14개는 산업화학물이다.

각당사국은 자국이 채택한 화학물질에 관한 금지 또는 엄격한 규제를 서면으로 사무국에 통지하여야 한다. 당사국은 국내적으로 금지 또는 엄격한 규제를 받는 화학물질을 수출하는 경우 수입당사국에 첫 수출에 대하여 동화학물질의 선적 전에 통지하여야 하고[64] 이후에는 매년 통지한다. 이들 화학물질이 부속서 III에 포함되는 경우에는 통지

---

58) 협약 제1조.
59) 협약 제3조 제1항 a, 그 의미는 제2조 b, c 참조.
60) 협약 제3조 제1항 b, 그 의미는 제2조 d 참조.
61) 협약 제3조 제2항.
62) Barrios, op.cit., p.725.
63) FAO와 UNEP에 의한 자발적 PIC체제에서는 대상물질이 27개였으나 비나파크릴, 에틸렌 디클로라이드, 에틸렌 옥사이드, 모토크로토포스, 톡사펜 등 5개 농약이 협약채택 시 추가되었다.

의무가 중단되고 PIC절차가 적용된다. 또한 규제조치에 중요한 변화가 있는 경우 이를 통지하여야 한다.

어떤 물질이 부속서 III에 포함되는 것으로 결정되는 경우 사무국은 모든 당사국에 그 물질에 관한 관련 정보와 함께 장래 그 물질의 수입 여부를 결정할 수 있도록 결정지침문서(Decision Guidance Document: DGD)를 송부하여야 한다. 당사국은 DGD수신 후 9개월 내에 장래 수입 여부를 사무국에 통보한다. 이에 대한 당사국의 반응은 동의, 부동의, 조건부동의 또는 잠정적 대응 등 네 가지 유형으로 이루어질 수 있다. 이때 당사국은 내국민대우원칙과 최혜국대우원칙을 적용하여야 한다. 즉, 특정 국가에서의 수입만 동의하지 않는다거나 자국산 화학물질과 차별적인 조치를 취할 수 없다. 수출국은 자국 관할권 내의 수출자가 PIC결정과 관련하여 수입국의 결정을 준수하도록 보장하는 적절한 입법적 또는 행정적 조치를 취하여야 한다. 수출국은 수입국의 반응이 없는 경우 해당 화학물질이 수출되지 않도록 보장하여야 한다.[65] 일부 예외가 인정되고 있는데, 그 화학물질이 수입국에 등록된 경우, 수입당사국에서 사용되어 왔거나 수입되어 왔고 그 사용을 금지하는 어떠한 규정도 입법되지 않은 증거가 있는 경우와 수출자가 수입국의 관계당국으로부터 명시적 동의를 받은 경우에는 적용되지 않을 수 있다.

(3) 정보교환

당사국은 독물학적·생태독물학적 정보 및 안전정보를 포함하여 협약의 규제대상 화학물질에 관한 과학적·기술적·경제적 및 법적 정보의 교환, 협약의 목적과 관련된 국내규제조치에 관하여 공개적으로 이용할 수 있는 정보의 제공 및 화학물질의 사용을 실질적으로 제한하는 국내규제조치에 대한 정보를 다른 당사국에게 직접 또는 사무국을 통하여 제공하여야 한다.[66]

---

64) 통지에 포함되어야 하는 정보는 부속서 5에 규정되어 있는데, 수출당사국 및 수입당사국의 관련 국가지정기관명칭 및 주소, 수입당사국으로의 예상 수출일, 금지되거나 엄격히 제한된 화학물질의 명칭 및 제5조에 따라 사무국에 제공하여야 하는 부속서 1에 규정된 정보의 요약, 알려진 경우, 해당 화학물질이 속할 예상되는 사용범주와 수입당사국에서 해당 범주 내에서의 해당 화학물질의 예상되는 사용을 보여주는 문서, 해당 화학물질에 대한 노출과 그 배출을 감소시킬 예비조치에 관한 정보, 제제나 혼합물의 경우, 금지되거나 엄격히 제한된 화학물질 또는 문제가 된 화학물질의 농도, 수입업자명 및 주소, 수입당사국의 국가지정기관에 도움이 될 만한 정보로서 수출당사국의 관련 국가지정기관이 쉽게 이용할 수 있는 추가정보 등이다.

65) 협약 제11조 제2항.

66) 협약 제14조.

(4) 기 타

협약은 라벨링(labeling)요건을 규정하여 PIC절차가 적용되는 화학물질 또는 금지 또는 엄격하게 제한되는 화학물질에 대하여 수출 시 그 사실을 표시하도록 요구하고 있다.[67] 하지만 라벨링 대상이 포괄적이지 못하여 수출국이 자율적으로 규제하여야 하는데 개발도상국과 같이 관리능력에 문제가 있는 상황을 고려할 때 실효적인 규제에 어려움을 줄 수 있다.[68]

당사국은 협약이행을 위하여 협약이 요구하는 행정기능을 수행할 국가기관을 지정하여야 하고,[69] 효과적인 협약의 이행을 위하여 자국의 국가적 기반과 기관의 설립강화에 필요한 조치를 취하여야 한다.[70] 하지만 협약의 불이행에 대한 조치규정을 가지고 있지 않다고 당사국총회가 협약 발효 후 협약에 대한 규정위반을 결정하고 위반한 당사국의 처리를 위한 절차와 제도적 체제를 개발·승인하도록 요구하고 있을 뿐이다.[71] 이에 따라 다른 환경협약에서도 지적되는 것이지만 협약의 이행과 준수보장이 허약하다고 평가된다.

3. 평 가

협약의 규정내용에 대하여 몇 가지 비판적 의견이 제시되고 있다. 첫째는 효율적 규제를 통하여 인간건강과 환경을 보호하기 위해서는 대상물질의 수출뿐만 아니라 생산도 규제해야 하는데 그렇지 못하다는 것이다. 둘째는 수출에 대한 규제에 있어서도 정보교환과 PIC만 규정하여 수입국의 의사결정에 맡기고 있는데 개발도상국과 같이 제공된 정보에 기초하여 위험성을 정확하게 파악하여 결정할 수 있는 능력을 가지지 못한 경우 규제내용이 의미가 없을 수 있다는 비판이 가해진다. 셋째는 PIC절차요건은 수입국이 기술적 능력을 가지고 합당한 결정을 할 수 있어야 하고 국제무역규범을 잘 인식하여 WTO분쟁해결기구와 같은 국제법정에서 자국의 수입금지조치가 제소당하지 않을 것인지를 판단할 수 있다는 전제가 되어 있는데 현실은 그렇지 못하다는 것이다.[72] 넷째는 비당사국으로부터의 수입금지가 규정되지 않은 것도 문제점으로 지적된다. 이로

---

67) 협약 제13조 제2항.
68) Barrios, *op.cit.*, p.733~734.
69) 협약 제4조.
70) 협약 제15조.
71) 협약 제17조.
72) Barrios, *op.cit.*, p.727.

인해 비당사국으로부터의 수입이 가능해져 비당사국을 협약에 가입하도록 유인할 수 없다는 것이다.[73] 다섯째는 개발도상국에 대한 재정적 지원체제를 규정하지 않았고 형식적인 기술지원규정만 두고 있어 개발도상국의 능력배양이 이루어질 수 없고 이는 규제대상물질로 인한 위험이 그대로 유지될 수 있는 문제가 있다는 비판이다. 여섯째는 광범위한 예외가 인정되고 있는 것에 대하여도 비판이 가하여진다.

IV. 결 어

위험물질과 폐기물의 국제적 규제는 몇가지 점에서 아쉬운 면을 보여주고 있다. 우선, 이들 물질이 인간에 미치는 영향이나 관리 면에서 상호연계되어 있음에도 불구하고 포괄적인 규제가 이루어지지 못하고 단편적인 규제만 이루어지고 있다. 둘째는 법규마련과 이행에 많은 역할을 수행하는 UNEP, FAO, ICAO, IMO 등의 관련 국제기구들도 상호유기적 관계 속에서 대처하지 못하고 있다.

제4절 ● 핵물질의 국제적 규제

I. 서 언

인간이 다루는 물질 중 가장 인간건강과 환경에 중대한 영향을 미치는 물질 중의 하나는 핵물질[74]이다. 핵물질은 인간건강과 환경에 치명적인 손상을 입힐 수 있을 뿐만

---

73) 미국이 바젤협약에 가입하지 않은 이유의 하나이다.

74) 핵물질의 물리적 방호에 관한 협약은 '핵물질'(nuclear material)을 다음과 같이 정의하고 있다. "nuclear material" means plotonium except that with isotopic concentration exceeding 80% in plotonium-239, uranium-233, uranium enriched in the isotopes 235 or 233, uranium containing the mixture of isotopes as occurring in nature other than in the form of ore or ore-residus, any material containing one of more of the forgoing. 한편, 원자력시설 등의 방호 및 방사능 방재대책법에 의하면 '핵물질'은 우라늄, 토륨 등 원자력을 발생시킬 수 있는 물질과 우라늄광, 토륨광, 그 밖의 핵연료물질의 원료가 되는 물질 중 대통령령으로 정하는 것을 말한다(제2조 제1항 제1호). 대통령령인

아니라 핵무기제조에 사용될 경우 지구 전체를 파괴시킬 수 있는 위력을 가진다. 또한 그 제거 또는 폐기 및 소멸에 많은 시간이 소요되거나 엄청난 비용을 요한다. 문제는 핵물질이 위와 같은 문제점에도 불구하고 평화적인 목적에 사용될 경우 전력 등 에너지 생산, 질병치료 등 다양한 분야에서 인간에 큰 혜택을 줄 수 있어 이 물질의 사용을 완전히 금지하거나 제거할 수 없다는 것이다. 오늘날에도 독일과 오스트리아와 같이 원자력발전을 포기하는 국가들도 있지만 여전히 선진국 전력생산의 20% 이상을 담당하고 있고 30개국 이상에서 원자력으로 생산된 전력을 이용하고 있다.[75] 더구나 기후변화 문제가 국제사회의 큰 과제로 등장하면서 온실가스 배출이 거의 없는 원자력발전에 대한 관심이 다시 커지고 있다.[76] 아울러 에너지생산에 있어서 다른 국가의 자연자원에 의존해야 하는 입장에 있는 국가들에게는 에너지생산의 외부의존성을 줄일 수 있다는 것도 원자력에 의한 에너지 생산에 계속 의존하게 하는 요인의 하나이다.[77] 국제사회는 초기에는 핵무기제조와 같은 핵물질의 비평화적 목적의 사용을 금지하거나 억제하면서, 평화적 목적의 사용 시 발생하는 안전문제를 잘 관리하여 인간과 환경에 악영향을 최소화하는 방향으로 규제하여 왔다.

유해한 화학물질과 구분되는 핵물질의 특징적 측면 때문에 핵물질의 국제적 규제가 별도의 국제적 규제체제에서 이루어지고 있다. 1956년에 설립된 국제원자력기구(IAEA)가[78] 주도하고 있는 핵물질의 국제적 규제체제는 핵무기확산을 방지하기 위한 규제체제와[79] 핵물질의 안전과 오염방지와 같은 핵물질 및 시설 안전규제체제 및 핵물질에 의한

동법 시행령에서는 핵물질로 우라늄 233 및 그 화합물, 우라늄 235 및 그 화합물, 토륨 및 그 화합물, 플로토늄(플로토늄 238의 농축농도가 80% 초과한 것을 제외한 플로토늄을 말함) 및 그 화합물, 위 네 가지 물질 중 하나 이상 함유된 물질, 우라늄 및 그 화합물 또는 그 화합물이 함유된 물질로서 위 다섯 가지 물질외의 물질을 열거하고 있다(제3조).

75) K. McMillan, "Strengthening the International Legal Framework for Nuclear Energy", *Georgetown International Environmental Law Review*, vol.13, 2001, p.986.
76) P. Sands and J. Peel, *Principles of International Environmental Law*, 3rd ed. (Oxford University Press, 2013), p.537.
77) McMillan, *op.cit.*, pp.986~987
78) 지역기구로는 European Atomic Energy Agency(Euratom), Nuclear Energy Agency(NEA) 등이 1957년에 설립되었고 이어서 Agency for the Prohibition of Nuclear Weapons in Latin America, Inter-American Nuclear Commission, Arab Atomic Energy Agency, Brazilian-Argentine Agency for Accounting and Control of Nuclear Materials, World Association of Nuclear Operators(WANO), G-24 Nuclear Safety Coordination(NUSAC) 등이 설립되어 활동 중이다.
79) 부분적 핵실험금지조약(PTBT, 1963), 핵확산금지조약(NPT, 1968)과 동협정에 따른 개별당사국의 핵안전협정(Safeguard Agreement), 포괄적 핵실험금지조약(CTBT, 1996, 미발효) 등은 직접적으로 핵무기를 규제하는 것이고 남극조약, 우주조약, 라틴아메리카에서의 핵무기 금지에 관한 조약 등은 핵무기배치를 금지하고 있는 조약들이다. 이 밖에도 핵무기와 관련된 물자를 수출통제하기 위한 Zangger Committee(Nuclear

사고 또는 오염으로 발생한 손해에 대한 배상을 규제하기 위한 책임규제체제와 같은 복
잡한 구조로 이루어져 있다. 여기서는 IAEA가 주도하는 핵안전문제와 관련된 국제규제
체제에 초점을 맞추어 논의를 진행하고자 한다.

Ⅱ. 핵물질의 평화적 이용이 인간과 환경에 미치는 영향의 규제

핵물질 이용의 초기단계에는 핵무기와 같은 군사적 이용이 주는 위험을 인식하여
이를 규제하는 데 집중하였지만 핵물질의 평화적 이용도 인간과 환경에 심각한 영향을
줄 수 있다는 것을 인식하고 미국의 쓰리마일 원자력발전소 사고와 구소련의 체르노빌
원자로 폭발사고를 경험하면서 이러한 측면에 대한 규제체제가 마련되고 강화되었다.[80]
이들 국제적 규제체제는 원자력 안전관련 네 가지 쟁점 분야인 원자력시설의 안전, 방
사선보호와 방사선 방출원의 안전, 방사선 폐기물의 안전한 관리, 방사선 물질의 안전
한 운송 등의 문제를 다루고 있다.

현재 IAEA의 주도로 채택되고 그 운용과정에서 IAEA가 중요한 역할을 수행하고 있는
국제조약은 다음과 같은 5개 조약이 열거될 수 있다. 1) 핵사고의 조기통보에 관한 협약,[81]
2) 핵사고 또는 방사능 긴급사태시 지원에 관한 협약,[82] 3) 핵안전협약,[83] 4) 사용후 핵
연료 관리의 안전과 방사성폐기물관리의 안전에 관한 공동협약,[84] 5) 핵물질의 물리적
방호에 관한 협약,[85] 이들 주요 조약과 함께 IAEA가 마련하고 있는 안전기준들이[86] 국

Exporters Committee). 등이 이에 속한다.

80) E. Molodstova, "Nuclear Energy and Environmental Protection: Responses of International Law",
   Pace Environmental Law Review, vol.12, 1994, p.185.
81) Convention on Early Notification of a Nuclear Accident, 1986년 9월 26일 비엔나에서 체결, 1986년
   10월 27일 발효, 25 ILM 1370 (1986), 1996년 10월 24일 한국에 대하여 발효.
82) Convention on Assistance in the Case of Nuclear Accident or Radiological Emergency, 1986년 9월
   26일 비엔나에서 체결, 1987년 2월 26일 발효, 25 ILM 1377(1986), 1990년 7월 9일 한국에 대하여 발효.
83) Convention on Nuclear Safety, 1994년 9월 20일 비엔나에서 체결, 1996년 10월 24일 발효. 33 ILM
   1514 (1994), 동일자에 한국에 대하여 발효.
84) Joint Convention on the Safety of Spent Fuel Management and on the Safety of Radioactive Waste
   Management, 1997년 9월 5일 비엔나에서 체결, 2001년 6월 18일 발효, 36 ILM 1431 (1997). 한국에
   대하여는 2002년 12월 15일 발효.
85) Convention on the Physical Protection of Nuclear Material, 1980년 3월 3일 비엔나와 뉴욕에서 체결
   1987년 2월 8일 발효. 18 ILM 1419 (1979), 2005년 7월 8일 개정조약이 체결되고 동 개정조약은 2016
   년 5월 8일 발효. 한국에 대하여도 동일자에 발효.
86) IAEA, IAEA Safety Standards. 이들 기준에는 Basic Safety Standards, Regulations for Safe Transport

가들의 국내 기준 마련과 집행에 많은 영향을 미치고 있다.

우선 핵사고시 조기경보협약은 사고가 발생하여 다른 국가에 중대한 영향을 미칠 수 있는 방사능 유출이 야기될 수 있는 경우 IAEA 당사국과 인접국가에 즉각 통보하도록 요구하고 있다.[87] 통보시 담아야 하는 정보는 사고위치, 방출된 방사선양, 사고시간 등이다. 통보는 사고국이 직접 관련 국가에 할 수도 있고 IAEA가 통보하여 동기구로 하여금 관련 국가에 정보를 배포하도록 할 수도 있다. 비록 이 협약이 직접 핵사고를 방지할 수는 없지만 사고에 적절하게 대응하여 잠재적 피해를 최소화하는 역할을 할 수 있다는 점을 평가할 수 있다. 이 협약은 러시아의 Sosnovy Bor의 원자력발전소 사고시 국제사회에 즉각 핵물질 방출을 알려 협정의 효과를 입증한 사례가 있다.[88]

두 번째로 핵사고시 지원에 관한 협약은 한 국가가 핵사고 또는 방사능 비상상황으로 지원이 필요한 경우 그 사고 또는 비상상황이 그 영토 내에서 발생한 것인가에 관계 없이 IAEA로부터 지원을 요구할 수 있다고 규정하고 있다.[89] 협약은 또한 당사국은 IAEA에 자국의 가용한 전문가와 지원장비에 대한 정보를 제공하도록 요구하고 IAEA가 이들 장비·서비스 잠재적 지원요청자 및 제공자를 조정하기 위해 당사국이 제공한 정보를 이용한다고 규정하였다. 하지만 이 협약은 어떤 국가에게도 지원을 제공하거나 받아들이도록 요구하지 않았다. 제공자로부터 서비스가 제공되면 IAEA가 필요한 것에 비례하여 지원을 보장하기 위해 기부자 또는 제공자를 위한 보상을 표준화한다. 지원협약도 직접적으로 사고를 방지하고 있는 것은 아니지만 사고로부터 야기되는 환경손해가능성을 저감하여 전체적인 핵안전을 증진시킬 수 있는 것으로 평가된다. 이 협약이 적용되어 위기상황에 대처한 사례가 비교적 많다. 예를 들어 1999년의 경우만 하더라도 페루, 가나, 터키, 조지아, 태국 등에서 발생한 비상상황에 이 협약이 인용된 사례가 있다.[90]

핵안전협약은 그 명칭에서 나타나듯이 원자력안전관리에 있어 가장 중요한 조약이다. 협약에 따라 당사국에게는 원자력시설의 안전을 규율하기 위한 국가의 입법 및 규제체제를 수립할 것이 요구된다.[91] 협약은 또한 당사국이 원자력발전시설의 부지를 선정하고, 설계·건설·운용하는 데 있어 적절한 절차를 수립하고 이행할 것을 보장하는

---

of Radioactive Material, Radioactive Waste Safety Standards, General Safety Requirements Governing Radiological Emergency 등이 포함된다. Sands and Peel, *op.cit.*, p.595.

87) 협약 제2조.

88) McMillan, *op.cit.*, p.991.

89) 협약 제2조.

90) McMillan, *op.cit.*, p.992.

91) 협약 제4조.

적절한 단계를 밟도록 요구하고 있다.92) 아울러 협약은 당사국들이 스스로 만든 협약준수 보고서를 제출하여 당사국총회에서 다른 당사국에 의한 심사를 받도록 규정하여93) 협약이행을 보장하기 위한 수단을 마련하고 있다.

이 협약은 다른 협약에 비하여 안전관리에 관한 직접적 규정이 많고 미약하게나마 이행보장을 위한 일부 규정을 두고 있지만 실효적인 관리를 위해서는 부족한 면이 있다. 우선 통일된 최소 안전기준이 요구되지 않고 있다는 점이다. 다음으로는 위반 또는 불이행에 대한 제재수단이 없다는 것이다. 또한 많은 환경 관련 조약에서 나타나는 문제이기는 하지만 협약에서 사용되고 있는 용어들이 모호하거나 광범위하여 해석상 다양한 의미를 가질 수 있어 일정 상황에서 국가들이 의무를 회피하고 그것을 변명할 수 있는 여지가 크다는 것이다. 그러한 예로 들 수 있는 것은 많은 조문에서 당사국에게 '적절한 조치'(appropriate steps)를 취하도록 요구하고 있는데94) 그 적절한 조치의 정의나 기준이 제시되지 않고 있다는 것이다. 이 밖에도 각당사국이 타당사국이 제출한 보고서를 논의하기 위한 '합리적 기회'(reasonable opportunity)를 가져야 한다고 규정하고 있는데95) 이 또한 그 의미가 모호한 용어 중의 하나다. 또한 원자력시설을 운영하고 있으면서도 당사국이 되지 않고 협약 울타리 밖에 있는 국가들이 있다는 것이다.

사용후 핵연료와 방사성폐기물의 안전관리에 관한 공동협약은 협약 명칭에서 알 수 있듯이 사용후 핵연료와 방사성폐기물의 안전관리를 위한 것이다. 이 협약은 민간 원자로의 운영과정에서 생성된 사용후핵연료와 핵폐기물에 적용되고 군사용이나 재처리시설에서 나온 것들에는 적용되지 않는다. 이 협약은 일반 안전규정에 있어서는 1986년의 핵안전협약과 유사한 규정을 두고 있어 당사국이 입법 및 규제골격을 채택하도록 요구하고 여기에는 규제기관, 원자력시설을 허가받은 자의 책임, 인적 및 재정적 자원과 관련한 요건, 비상상황대비 및 시설정지 등의 절차를 포함하고 있다.96) 핵안전협약보다 진전된 것은 무엇보다도 국제적인 기준을 언급하고 있다는 것이다. 예를 들어 피폭보호와 관련하여 각당사국이 정상적인 상황에서 누구도 국제적으로 보장된 피폭보호기준을 적정하게 고려한 국가 피폭기준을 초과하는 방사선에 노출되지 않게 보장하도록 요구하고 있다.97) 아울러 협약은 당사국이 규제대상물질이 국경을 넘어 이동할 때 그러한 이

---

92) 협약 제7조, 제17~제19조.
93) 협약 제5조, 제21조.
94) 예를 들어, 협약 제6조, 제10조~제19조 등.
95) 협약 제20조 제3항
96) 협약 제18~제26조.
97) 협약 제24조.

동이 협약규정과 관련 국제문서의 규정에 합치되는 방법으로 이루어지도록 보장하도록 적절한 조치를 취하도록 요구하고 사전통보 및 승인체제를 수립하도록 규정하고 있다.[98]

핵물질 및 원자력시설의 물리적 방호에 관한 협약은 원래 1980년에 핵물질의 물리적 방호협약으로 채택되었던 것을 원자력시설에 대한 테러위험 등이 높아지면서 2005년 원자력시설의 물리적 방호를 포함하고 운영원리 등 강화된 방호규정을 포함하도록 개정되어 명칭이 변경된 것이다. 원조약은 평화적 목적에 사용되는 핵물질로 국제적인 수송 중에 있는 것을 주 규제대상으로 하였는데[99] 개정조약은 원자력시설을 포함하여 규제대상을 확대하였고 방사선 노출 또는 방사능물질의 누출에 의하여 사람의 건강과 안전, 환경에 직간접적으로 위해를 가할 수 있는 고의적 행위로서 '사보타주'(sabotage)를 포함시켰다. 당사국은 국가 내에서의 물리적 방호체제를 수립·이행하고 유지할 책임을 부담한다.[100] 당사국은 또한 국제적으로 수송 중인 평화적 목적을 위한 핵물질을 부속서 1에 규정된 기준에 합치되게 보호될 수 있도록 보장하여야 하고 모든 당사국은 부속서 1 수준의 물리적 방호를 보장받지 못하면 어떠한 핵물질도 수출·수입·경유를 허락하지 않아야 한다.[101] 이 협약의 특징적인 점은 분쟁해결조항에서 국제사법재판소의 강제관할권을 인정하고 있다는 점이다.[102]

마지막으로 한 국가가 원자력발전소 등과 같은 원자력 관련 위험시설을 국경지역에 건설하려는 경우 시설 건설국과 이로 인해 영향을 받을 수 있는 국가들 간의 국제법적 문제에 대하여 언급할 필요가 있다. 1980년에 스페인과 포르투갈 간에 체결된 국경지역에서의 원자력시설의 안전에 영향을 미치는 문제에 있어서의 협력에 관한 협정과 같이 당사자간의 협정으로 해결될 수 있으면 가장 이상적이겠지만 모든 상황에서 이것이 가능한 것은 아니다. 핵안전협정과 사용후 핵연료 및 핵폐기물의 관리에 관한 공동협정은 시설 건설국이 영향받은 국가와 협의하도록 요구하고 있다. 타국에 영향을 미치는 활동 시 영향받을 국가에 통보하고 협의하도록 요구하는 국제환경법상의 절차적 원칙이 일반

98) 협약 제27조.
99) 여기서는 IAEA가 주도하는 규범을 중심으로 논의하고 있어 제외되었지만 핵물질의 국제적 수송에 있어 중요한 문서는 국제해사기구(IMO)가 채택한 Code for the Safe Carriage of Irradiated Nuclear Fuel, Plutonium and High Level Radioactive Wastes in Flasks On Board Ships(INF Code)로 비록 자발적 준수규범으로 채택되었지만 2001년 1월 1일부터 구속력을 갖게 되어 군함과 정부용선박을 제외한 모든 선박에 적용되고 있다. Sands, op.cit., p.541.
100) 협약 제2조 제2항.
101) 협약 제3조, 제4조.
102) 협약 제17조.

원칙으로 발전하고 있고 Mox Plant 사건이나 Pulp Mills 사건에서도 인정되고 있다. 따라서 현 국제환경법 상황에서 국경 인근에서의 원자력관련 활동은 그 미치는 영향이 큰 만큼 적절한 통보와 협의가 요구된다고 하겠다.103)

III. 현 규제상황의 문제점

위와 같은 규제노력에도 불구하고 일본 후쿠시마원전사고는 비록 지진과 그로 인한 쓰나미가 원인이었지만 핵물질의 국제적 규제가 인간과 환경에 미칠 수 있는 위험을 안전하게 규제하기에 미흡하다는 것을 보여주었고 이에 대한 개선주장이 높아지고 있다.104) 핵심적인 문제로는 현규제체제가 원자력발전의 안전규제에 집중되어 있고 환경적 안전에 초점이 맞추어지지 못한 점, 범세계적으로 적용될 수 있는 포괄적 안전기준이 마련되어 있지 못한 점, 비준수체제(non-compliance mechanism), 정기적 검증 및 조사절차가 마련되어 있지 않는 등 규제기준의 이행 및 준수에 대한 감시체제가 실효적이지 못한 점, 규제의 중심이 되어야 할 IAEA의 권한과 재정이 충분하지 못하다는 점 등이 지적될 수 있다.

후쿠시마원전사고 후 2015년 핵안전협정 당사국들은 핵안전에 관한 비엔나선언을105) 채택하여 원자력발전소의 설계, 위치선정, 안전평가 등에 관한 기준을 세우고 국내입법으로 IAEA안전기준을 고려하도록 요구하였지만 구속력 없는 문서로 실효성과 영향력은 미약할 수밖에 없다.

생각하기

1. 유해물질 및 유해폐기물의 국제적 이동은 소위 환경정의(environmental justice)에 반한다는 주장이 있음과 동시에 폐기물 역시 국제적 교역의 대상인 상품(goods)이므로 이를 규제하는 것은 자유무역의 흐름을 방해한다는 주장이 있다. 이에 대한 국제경제법상 반론은 가능한 것인가?

---

103) 동지, Sands and Peel, *op.cit.*, p.599.
104) 예를 들어, E. Benz, "Lessons from Fukushima: Strengthening the International Regulation of Nuclear Energy", *William and Mary Environmental Law and Policy*, vol.37, 2013, pp.868~883; McMillan, *op.cit.*, pp.984~985.
105) CNS/DC/2015/2/Rev/1 (9 February 2015).

2. 2010년 3월 인천 경찰은 수출허가 등을 받지 않고 수은, 납 등 인간의 건강과 환경에 피해를 주고 있는 특정 유해물질이 포함된 폐기물을 수집하여 불법으로 인천항을 통해 중국으로 수출한 A기업 등 4개 업체와, 폐기물 수출신고를 하지 않고 인쇄회로기판 등 폐전기·전자류를 수출한 B산업 등 5개 업체, 폐기물을 불법으로 유통시킨 C업체 등 2개 업체를 입건하여 검찰에 불구속 송치하였다. 이는 국내법상 어떠한 법률을 위반한 것인가?

3. 당신이 법률고문으로 있는 모 대기업은 카세트테이프에 사용된 폐 마그네틱을 아프리카 모 국가의 기업에 수출하기로 계약을 맺고 국내법상 적법한 절차를 통해 인천항을 통해 수출하였다. 그러나 현지국 수입업체의 부도로 인해 수출된 폐 마그네틱은 현지국 항구에 방치되어 있다. 그런데 폐 마그네틱이 관리가 되지 않아 빗물과 함께 유해물질이 항구 인근에 유출되어 인근 주민들의 원성을 사 해당 정부는 우리 정부에게 이 문제의 처리를 요청하였다. 우리 정부는 수출한 기업에게 이를 회수 처리할 것을 요청하고 있다. 이에 대한 당신의 법적 의견은 무엇인가?

4. 전체 화학물질이 거의 25만 종에 달하는데 국제적 규제대상의 유해화학물질의 수는 극히 제한적이다. 선진국과 후진국은 각기 다른 이유로 규제대상 유해화학물질의 확대에 적극적이지 않다. 그 입장차이의 근거는 무엇인가?

5. 화학적 위험물질의 규제가 바젤협약, 로테르담협약, 스톡홀름협약, 미나마타협약 등 파현화되어 있다. 이로 인한 문제는 무엇이고 극복할 수 있는 방법이 있는가?

6. 핵물질과 원자력시설에 대한 국제적 규제체제가 적용대상으로 포괄하고 있지 않은 회색지대가 있는가? 이러한 규제의 공백은 어떤 문제를 야기하며 해결방안은 무엇인가?

참고문헌

김대희, "국제법상 화학물질규제동향과 시사점", 「국제법동향과 실무」, 제14권 제3호, 2015. 9.

노명준, "유해폐기물의 처리, 이동 통제에 관한 바젤협약의 적용 및 운용 현황", 「환경법연구」, 통권 제22호, 2000.

이상돈, "유해폐기물의 국가간 이동 및 처리의 규제에 관한 바젤 협약", 「사법행정」, 제33권 제12호, 1992. 12.

이세훈, "보팔사건 그 이후", 「산업보건」, 제6권, 1987.

이용호, "현대국제군축법의 구조와 한계", 「국제법학회논총」, 제60권 2호, 2015. 6.

Barrios, P., "Rotterdam Convention on Hazardous Chemicals: A Meaningful Step Toward Environmental Protection?", *Georgetown International Environmental Law Review*, vol.16, 2004.

Benz, E., "Lessons from Fukushima: Strengthening the International Regulation of Nuclear Energy", *William and Mary Environmental Law and Policy*, vol.37, 2013.

Dupuy, D.-P. & J.E. Viñuales, *International Environmental Law*, 2nd ed., Cambridge University Press, 2018.

Lallas, P.L., "The Stockholm Convention on Persistent Organic Pollutants", *American Journal of International Law*, vol.95, 2001.

McMillan, K., "Strengthening the International Legal Framework for Nuclear Energy", *Georgetown International Environmental Law Review*, vol.13, 2001.

Molodstova, E., "Nuclear Energy and Environmental Protection: Responses of International Law", *Pace Environmental Law Review*, vol.12, 1994.

Sands, P. and J. Peel, *Principles of International Environmental Law*, 3rd ed., Oxford University Press, 2013.

Wirth, D., "Hazardous Substances and Activities", in D. Bodansky, J. Brinnee and E. Hey (eds.), *The Oxford Handbook of International Environmental Law*, Oxford University Press, 2007.

제 **10** 장

생물다양성의
보호

제1절 ● 서 론

I. 생물다양성 상황과 보호근거

지구의 생물자원은 아직 정확하게 파악되어 있지 못하다. 500만 내지 3,000만 종이 존재한다는 주장이 있는 반면에, 해양생물자원 특히 심해생물자원은 50만에서 1억 종이 생존하고 있다는 주장 등 다양한 수치가 제시된다.[1] 현재 약 190만 종 정도의 존재가 파악되어 있고 그중 3% 미만만이 정확한 보존상태가 확인되고 있다. 세계자연보전연맹 (IUCN)은 주요 생물종 중에서 12%의 조류, 23%의 바다포유류 및 40%의 양서류가 멸종 위기에 있는 것으로 평가하고 있다. 34~86%의 식물도 유사한 멸종위협을 받고 있는 것으로 보인다. 인간소비를 위해 경작되는 생물종 중에서 식량농업기구(FAO)는 농작물 에서 발견되는 유전적 다양성의 약 75%가 지난 세기 동안에 상실되어 왔고 6,300여 가 축 중에 1,350여 종이 멸종위기에 있거나 멸종되었다고 보고 있다. 아울러 FAO는 75% 이상의 어류가 과다 이용되고 있거나 지속가능한 한계를 넘어 어획되고 있고 이에 따라 최소한 10%의 어족자원이 즉각적인 멸종위기에 있다고 본다. 이러한 추세로 갈 때 2050년까지는 모든 종의 25% 이상이 사라질 것이라고 추정되기도 한다. 지속가능발전 을 위한 요하네스버그선언(2002)에서도 인류가 직면한 도전의 하나로 지구환경이 지속 적으로 고통을 경험하고 있고 생물다양성의 손실이 지속되고 있으며, 어족은 계속 고갈 되고 있다고 선언하고 있다.[2]

이러한 생물다양성의 파괴는 자연현상에 의한 것도 있겠지만 인간활동에 의한 것이 주 원인으로 지적되는데 오염을 발생시키는 산업활동, 비료 및 농약에 의존하게 된 농 업활동으로 인한 서식지의 상실과 환경변화, 국제관계의 긴밀화로 인한 외래종의 유입 등이 가장 심각한 위협원인으로 지적된다. 식품, 의복, 원자재, 심지어는 애완동물 등의 과다한 소비가 원인으로 지목되기도 한다. 이 밖에도 사냥 · 수집에 의한 과다 이용, 식 량 · 의약품을 위한 학대, 애완동물거래, 질병, 오염 및 사막화, 산림파괴를 포함한 토양

---

1) R. Rayfuse, "Biological Resources", in D. Bodansky, J. Brunee and E. Hey (eds.), *The Oxford Handbook of International Environmental Law* (Oxford University Press, 2007), p.363.

2) Johannesburg Declaration on Sustainable Development, para.13, UN Doc. A/CONF. 199/20.

파괴, 유전자변형물질의 등장 등도 원인으로 꼽힌다. 오늘날은 기후변화도 중대한 생물다양성의 파괴원인으로 논의되고 있다. 한편 Sands는 생물다양성의 위협요인으로 열대우림의 파괴, 산림·습지 및 산호초의 파괴, 사냥·수집 등과 같은 인간활동으로 인한 직접적 원인과 서식지 파괴, 농업에서 공업중심으로의 산업구조 변화와 같은 간접적 원인을 지적하고 생물다양성 파괴의 근본 원인으로는 인구증가와 자원소비증가, 종과 생태계에 대한 무지, 잘못 인식된 정책, 세계무역체제의 영향, 자원분배의 부적절 및 생물다양성의 가치에 대한 고려실패 등을 들고 있다.3)

왜 생물다양성이 보존되어야 하는가에 대하여는 생물다양성이 생물자원의 실제적 및 잠재적 원천이 되고, 인간과 타 생명체를 지원하는 조건에서 생물계의 유지에 공헌한다는 것이 근거로 제시되고 있다. 또한 윤리적 및 미적 측면 등과 같은 비과학적 근거가 제시되기도 한다.4)

Ⅱ. 생물다양성의 의미

생물다양성(biodiversity)의 의미는 생물다양성협약에서5) 정의되고 있는데 "육상, 해양 및 그 밖의 수중 생태계와 이들 생태계가 부분을 이루는 복합생태계 등 모든 분야의 변이성(variability)을 말하고 이는 '종내'의 다양성, '종간'의 다양성 및 '생태계'의 다양성을 포함한다."6) 생물자원의 보호는 원래 조류, 물개 등과 같은 개별 동식물 보호로 시작되었지만 서식지로서 중요성을 갖는 습지보호 등과 같이 부분적인 통합접근이 이루어졌었다. 이후 세계자연헌장(World Charter for Nature)을 통하여 지구생태계의 상호의존성과 상호연계성의 인식을 보여주었고 생물다양성협약을 통하여 종합적인 접근이 이루어졌다.

생물다양성과 유기체의 변이성을 보호하기 위해서는 유기체 자체를 보호하는 것이 필수적이다. 하지만 보호대상이 되는 것은 단순히 개별 동식물만을 말하는 것이 아니라 생물다양성협약이 정의하고 있는 생물자원을 말하는 것으로 인류를 위하여 실질적 또는

3) Sands and Peel, op.cit., p.385.

4) Ibid.

5) Convention on Biological Diversity, 1992년 6월 5일 브라질 리우데자네이루에서 체결, 1993년 12월 29일 발효, 대한민국에 대하여는 1995년 1월 1일 발효. 31 ILM 822(1992).

6) 협약 제2조 제1항.

잠재적으로 사용되거나 가치가 있는 유전자원, 생물체 또는 그 부분 개체군 또는 생태계의 그 밖의 생물적 구성요소를 포함하는 것으로 확대되었다.7) 생물자원의 장기적 유지관리를 위해서는 생물다양성의 보호가 필수적이다. 생물자원은 생물다양성이 없이도 단종 생물자원 상태로 존재할 수 있지만 생물다양성은 자연적으로 생성되는 풍요함 속에서 존재하는 생물자원이 없이는 존재할 수 없다.

Ⅲ. 자연자원보존의 이론적 및 철학적 배경

어느 정도 생물자원을 이용하거나 보존하여야 하는가는 어떤 철학적 또는 이론적 입장에 서는가에 따라 다르다. 앞서 국제환경법의 역사에서 보았듯이8) 1882년의 북해 과어획협정과9) 1885년 라인강 유역에서의 연어어업의 규제에 관한 협약10) 등과 같은 초기 국제조약은 주로 인간중심적 입장에서 접근하여 특별히 국가관할권 밖의 지역에서 자원의 공동 보존 노력보다는 서로 다른 이해관계국간의 자원의 배분에 초점을 맞추었다. 이러한 접근태도는 어업과 야생생명체에 관한 협약에 남아 있다. 계속된 일부 생물자원의 남용으로 문제가 제기되면서 지속가능한 수준의 이용을 보장할 필요성을 인식하기 시작하였다. 어떻게 지속가능한 이용수준을 달성할 것인가에 대한 적절한 과학적 지식이 없고 정치적 합의가 없는 상태에서 많은 생물종들이 멸종위기까지 이르게 되면서 고래잡이나 공해상에서의 저인망그물과 같은 것을 전면적으로 금지하는 조치들이 필요하게 되었다.

생물자원의 관리와 관련하여 보호(protection), 보존(preservation), 보전(conservation) 및 지속가능한 이용(sustainable use) 등 네 가지 개념이 사용되어 왔다. 이들 개념은 상호 관련이 있고 명확하게 구분되지 않고 혼용되기도 하는 개념이지만 생물자원관리에 관한 접근태도를 담고 있다. 우선 '보호' 개념은 1902년의 농업에 유용한 조류의 보호를 위한 협약,11) 1972년의 세계 문화 및 자연유산보호에 관한 협약12) 등의 조약에서 찾아볼 수

---

7) 협약 제2조 제2항.

8) 본서 제3장 국제환경법의 역사 참조.

9) Treaty for the Regulation of the Police of the North Sea Fisheries(North Sea Overfishing Convention), S. EX. Doc. 106, 50 Congress, 2 Sess. 97, 24.

10) Convention Concerning the Regulation of Salmon Fishery in the Rhine Basin, <http://www.admin.ch/ch/f/rs/i9/0.923.414.fr.pdf>.

11) International Convention for the Protection of Birds Useful to Agriculture, 1902년 3월 19일 프랑스

있는데 가장 오래되고 흔히 사용되는 개념으로 어떤 시간계획 또는 특정한 정책적 접근을 강제하지는 않지만 어떤 위협에 대한 대응을 요구하는 개념이다.

'보존' 개념은 외부적 위협에 대하여 방어함으로써 보존되어야 할 대상에 대한 손실 또는 손해에 대하여 견딜만한 보장을 위한 필요성을 지칭하는 개념으로 소멸의 방지와 직접적으로 연결되는 경우가 가장 많다. 1982년 국제포경위원회(IWC)에서 채택된 상업적 포경의 전면적 금지를 뒷받침하기 위하여 사용된 개념이다.

'보전' 개념은 인간의 입장에서 유용성 있는 가치를 지칭하는 도구적 가치와도 연결되지만 자연자원 자체의 내재적 가치와 더 밀접하게 결합된 개념이다.

'보전' 개념을 논하는 데 있어서는 그 개념에 어느 정도 '이용'(use)이라는 개념이 포함되는지와 '관리'(management)와의 관계문제가 제기된다. 어느 정도 이용이라는 개념이 보전 개념에 포함되는가에 대하여는 포경규제협약(1946)은[13] 이용을 포함하지 않고 있다. 반면에 1971년의 람사협약은[14] '보전'에 현명한 '이용'을 포함하는 것으로 정의한다. 여전히 보존이 이용을 포함하는 개념인가 또한 동 개념이 이용을 배제한 절대적인 보호를 요구하는 것인가에 대한 논란이 있다.

'이용'이 '보전'의 요소인가 또는 추가적인 요건인가의 여부에 관계없이 효과적인 생물자원의 보전은 생물다양성에 대한 개별 생물자원의 가치뿐만이 아니라 다른 가치를 위하여 그 생물자원이 의존하는 서식지 및 관련 환경의 생물 및 비생물요소, 더 나아가 육상 및 해상식물, 동물 및 미생물의 지속가능한 기초에 근거한 보전을 요구한다. 따라서 보전을 달성하려는 적절한 관리전략과 목표를 밝혀내는 것이 필요하다.

국제환경법 발전초기의 생물다양성 관리전략은 어업조약에서 채택되었던 것으로 특정한 목표 생물종의 '최대지속가능어획량'(maximum sustainable yield)을 달성하는 것이었다. 최대지속가능어획량이란 어종의 평균규모 또는 어획노력의 변화 없이 매년 자체적으로 재생산되는 종으로부터 어획될 수 있는 생물체의 최대량을 말한다. 최대지속가능어획량은 단순히 어획량과 자연적 증식정도의 균형만을 고려한 것으로 어획의 경제적

파리에서 체결, 1908년 4월 20일 발효, 4 IPE 1615 24, 505.

12) Convention for the Protection of the World Cultural and Natural Heritage, 1972년 11월 16일 프랑스 파리에서 채택, 1975년 12월 7일 발효, 11 ILM 1358.

13) International Convention for the Regulation of Whaling, 1946년 12월 2일 미국 워싱턴 D.C.에서 채택, 1948년 11월 10일 발효, 대한민국에 대하여는 1978년 12월 29일 발효, 338 UNTS 336.

14) Ramsar Convention on Wetlands of International Importance especially as Waterfowl Habitat, 1971년 이란 Ramsar에서 채택, 1975년 12월 21일 발효, 대한민국에 대하여는 1997년 7월 28일 발효, 996 UNTS 245.

가치, 어획비용, 일부 종의 자연적 불안정성 등의 요소들을 고려하지 않는다. 또한 목표가 된 어종과 타어종과의 관계뿐만 아니라 기후변화, 오염, 토지이용 관리, 생물다양성의 보호 필요성 등도 고려하지 않는다. 람사협약의 '현명한 이용'(wise use), 멸종위기동식물의 국제거래에 관한 협약(CITES)의 직접적 이용의 규제가 아닌 무역규제에 의한 지속가능한 이용의 증진 등의 전략이 동원되어 왔지만 무엇이 최적의 보존을 위한 전략인가에 대한 정답은 없다.

제2절 ● 생물자원 보존방법

I. 자연자원이용의 규제

1. 종(種)의 이용 규제

생물자원보존의 가장 직접적 위협요인은 수확·수렵 또는 채집과 무역이다. 자연자원 이용량을 규제하는 협정을 통해 특정 종 또는 종의 집단의 수집, 포획 또는 어업 등을 규제하거나 필요한 경우 금지하려는 시도를 해 왔다. 위협요인에 대하여 어떤 조치를 취할 것인가는 주로 해당 종의 보존 상태에 따라 다르다. 당장 멸종위기에 처해 있다면 전면적 수렵이나 채취금지가 이루어질 것이다. 수렵이나 채취가 허용되는 경우에는 '금지기간'(closed season) 또는 '금지구역'(closed areas)을 두어 규제할 수 있다. 예를 들어, 산란기간 동안의 어획을 금지하는 것은 전자의 예이고 산란 또는 계절적 이동로를 금지구역으로 설정하는 것은 후자의 예에 속한다. 다음으로는 양적 규제방법이다. 이 방법을 채택하는 경우 개인별 쿼터를 둘 수도 있고 지역별 또는 국가별 쿼터를 배정할 수도 있다. 다음으로는 수렵방법의 규제이다. 그물크기의 규제, 덫 사용의 규제 등이 그러한 예에 속할 것이다. 북극곰협정은 비행기나 거대한 자동차를 사용하는 수렵을 금지하고 있다. 무역규제도 한 가지 방법이고 환경마크체제도 한 수단이 될 수 있다. 하지만 이 방법은 WTO 규범과의 충돌가능성이 있다.

　자연자원 이용량을 규제하는 조약들은 수집·포획 또는 어업을 통한 종의 직접적 이용에 초점을 맞추고 있다. 각 국가는 자국관할권 내의 생물자원에 대하여 주권을 가지고 있기 때문에 이들 조약은 '국경간 이동하는 종'(migratory species)이나 지구적 공동지역을 규율한다. 이들 조약은 두 가지 목적을 갖는데 하나는 멸종위기종의 보호이고, 다른 하나는 멸종위기에 있지 않은 종의 인간이용을 위한 수확량의 할당이다. 북극곰협약,15) 포경협약(Whaling Convention)은 멸종위기종 보호의 예이고, 서부 및 중앙태평양어업협약과16) 같은 해양종 관련 협정은 이용할당의 예이다. 이 경우 특정 종만을 규율하는 것은 비현실적이어서 일련의 보호종 목록을 두고 일정지역 내의 보호대상 생물을 보호한다.

　자연자원 이용량을 규제하는 방식은 규제대상 생물종의 멸종위험을 막지 못한 경우가 많아 실패한 것으로 평가된다. 더구나 대부분의 경우 규제가 이루어지는 것은 이미 과도한 이용으로 자원이 고갈되기 시작한 시점이라는 점도 고려되어야 한다. 당사국수가 비교적 제한적이고 단일 종에 대하여 규제하였을 뿐만 아니라 아직 종의 생존적 안정성이 있었던 북극곰협정의 경우는 성공적인 것으로 평가되나 이미 종의 개체수가 감소되어 있었던 남방다랑어를 규제하려 했던 1993년의 남방다랑어협정은17) 실패한 것으로 평가된다. 남방다랑어협정의 실패 경험을 통하여 전면적이고 집행가능한 어획금지 없이 탐욕스럽게 경제적 이익만 추구하는 경우 멸종위기를 막기 어렵다는 것을 알 수 있게 되었다. 남인도양어업협정의18) 경험을 통하여서는 특정한 보호어종을 규정하는 경우 목록에 규정되지 못한 어종들이 보호대상에서 제외되어 남획을 당하게 되고 또한 일단 보호대상목록이 작성되는 경우 그것을 개정하는 것이 상당히 어렵다는 것을 알 수 있다.

　이용량 규제협정들은 국내법적 감시나 이행수준에 따라 의무이행에 예외를 인정하여 남용가능성이 있다. 예를 들어, 북극곰협정은 과학조사목적, 보존목적, 전통생활방식을 이용하는 지역민 등에 대하여 예외적으로 포획을 허용하고 있고, 포경협약도 과학조

---

15) The Agreement on the Conservation of Polar Bears, 1973년 11월 15일, 노르웨이 오슬로에서 채택, 1976년 5월 26일 발효, 13 ILM 13 (1974).

16) Western and Central Pacific Fisheries Convention, 2000년 9월 5일 채택, 2004년 6월 19일 발효, 조약본문은 <http://www.wcpfc.int/convention-text>.

17) Convention for the Conservation of Southern Bluefin Tuna, 1993년 호주 캔버라에서 채택, 1994년 5월 20일 발효. 대한민국에 대하여는 2001년 10월 17일 발효, 조약본문은 <http://www.ccsbt.org/site/basic_documents.php>.

18) South Indian Ocean Fisheries Agreement, 2006년 6월 12일 이탈리아 로마에서 채택, 2012년 6월 21일 발효, 조약본문은 <http://www.fao.org/fileadmin/user_upload/legal/docs/035t-e.pdf>.

사목적과 '토착민'(indigenous people)의 이용을 위한 포획을 허용하고 있는데 일본은 이를 악용하여 과학조사목적이라고 하면서 사실상 상업적 포경을 계속했었다. 수확규제협정의 이행상 어려움은 이행의 감시·집행수단이 없거나 허약하다는 것이다. 일부 협정준수보장을 위한 준수위원회의 설립을 규정하고 있지만 완전하지 못하다.

이용량 규제협정이 실패하게 된 또 다른 요소들은 비당사국과 규정상의 규제의무의 예외를 인정받고 있는 당사국이 미치는 효과를 제대로 평가하지 못하였다는 것, 돌고래와 참치, 새우와 거북과의 관계에서 보듯이 규제대상종과 비대상종의 관계에 대한 이해가 부족하였다는 것, 생태여행이나 기후변화 등과 같이 수확과 관련되지 않은 활동으로부터 서식지의 파괴에 의하여 야기된 종에 대한 기타 위협요인에 대한 이해가 부족하였다는 것 등이다.

2. 유전자원 이용의 규제

유전자원 취득활동의 규제문제도 어려운 문제 중의 하나이다. 전통적으로 유전자원은 '인류의 공동유산'의 일부로 간주되어 왔다. 이로 인해 모든 유전자원에 대한 접근이 개방되었다고 보아 과도한 이용의 원인이 되었다. 예를 들어, 항암성분을 보유한 것으로 알려진 *Maytenus buchananii*는 미국 국립암연구소의 후원을 받은 채집팀에 의해 멸종에 이르기까지 채집되었다. 대부분의 중요 유전자원을 보유한 개발도상국은 이들 유전자원의 경제적 중요성을 인식하여 유전자원에 대한 주권적 권리와 자원으로부터 파생된 기술의 이전과 기술로 발생한 이익의 공유를 보장하는 법체제를 만들 것을 요구하였고, 이에 따라 체결된 것이 생물다양성협약이다.

생물다양성협약은 유전자원에 대한 주권을 유전자원 소재지국에 부여하고 유전자원제공국의 '사전통보승인'(prior informed consent)에 기초하여 상호합의된 조건에 따라 유전자원에 접근하도록 규정하고 있다. 통상 상호합의된 조건은 유전자원의 이용으로부터 나온 이익의 공정하고 형평한 배분을 규정하는 것이다. 반면에 인류를 위한 유전자원의 유용성을 보장하기 위해 유전자원제공국에게는 생물다양성협약의 목적에 반하는 제한을 부과하지 않도록 하고 접근의 편의를 제공하도록 규정하였다. 이를 좀 더 구체화한 것이 나고야의정서이다.

국제식량농업식물유전자원조약19)은 명칭에서 나타나듯이 식량 및 농업을 위한 식

---

19) International Treaty on Plant Genetic Resources for Food and Agriculture, 2001년 11월 3일 이탈리아 로마에서 체결, 2004년 6월 29일 발효, 한국에 대하여는 2009년 4월 20일 발효, 조약문은 <http://www.planttreaty.

물유전자원에 적용되는데 생물다양성협약과 마찬가지로 수확 자체를 직접 규제하기보다는 유전자원에 대한 접근과 이익공유(access and benefit-sharing: ABS)체제를 수립하고 이를 위한 능력배양, 기술이전 및 정보교환 등을 요구하고 있다. 이들 조약은 직접적인 보존활동에 초점이 맞추어져 있지 않고 이용에 초점이 맞추어져 있다는 비판을 받는다. 하지만 제한적이기는 하지만 이익공유체제를 수립함으로써 유전자원제공국에게는 계속적 이익추구를 위한 보전에 관심을 갖도록 유도하고, 이용국에게도 장래의 이용과 접근을 보장하는 체제를 수립하도록 하는 효과를 거둘 수 있을 것으로 평가된다.

II. 서식지 등 공간의 보호

오늘날 생물다양성 위협요인으로서 수확량 규제는 점차 중요성이 감소하고 '서식지'(habitat) 파괴, 오염 및 기타 산업, 농업 및 임업활동으로 인한 황폐화와 변경, 인구밀도 증가로 인한 서식지 파편화 및 의도된 것이든 사고로 인한 것이든 외래종의 유입 등이 생물종의 생존에 큰 위협요인으로 지적된다. 이로 인해 육상생물종에 관한 보호협정들은 대부분 서식지보호문제를 다루고 있고 많은 조약이 해상에서의 서식지 보호를 다루고 있다. 다만 국가관할권 밖의 공해나 심해저 등의 서식지 문제는 최근에야 해양법협약체제하에서 규제체제가 마련되고 있다.

세계자연헌장은 '서식지'를 "한 생물종이 생존하는 장소와 함께 그것이 요구하는 생태학적 조건"(the place where a species lives, as well as the ecological conditions which it requires)을 의미하는 것으로 정의하고 있다. 서식지의 정의와 관련하여 우선 문제가 되는 것은 '서식지보호'는 반드시 '종의 보호'와 연계된 것인가 하는 것이다. 조약들은 서로 다른 규정을 두고 있다. 예를 들어, 1940년의 자연보호 및 야생동물보존에 관한 서반구협약과[20] 1968년의 아프리카자연자원보존협약은[21] '서식지보호'와 '종의 보호'를 연계하여 규정하고 있는 반면, 람사협약과 세계유산협약 등은 서식지 자체의 가치를 인정하고 서식지의 보호만을 규정하고 있다. 남극환경보존을 위한 마드리드의정서는[22]

---

org/content/texts-treaty-official-versions>.

20) Convention on Nature Protection and Wildlife Preservation in the Western Hemisphere, 미국 워싱턴 D.C.에서 1940년 10월 12일 채택, 1942년 5월 1일 발효, 161 UNTS 193.

21) African Convention on the Conservation of Nature and Natural Resources, 1968년 9월 15일 알제리의 Algiers에서 체결, 1969년 10월 9일 발효, 1001 UNTS 3.

22) Protocol on Environmental Protection to the Antarctic Treaty, 1991년 스페인 마드리드에서 채택, 1998년

남극환경 전체를 과학과 평화를 위한 보존지역으로 지정하고 있다. 이는 서식지의 보호가 종의 보호 외에 다른 목적도 있음을 보여준다.

용어정의에 있어 제기되는 두 번째 문제는 '서식지'와 '생태계'(ecosystem)와의 관계이다. 생태계는 '함께하는 식물과 동물을 포함하고 그들이 영향력을 갖는 환경부분을 포함하는 생태의 단위를 말하는 것'으로 정의되는데 이에 따를 경우 서식지는 생태계의 일부일 뿐이다. 많은 조약들이 이러한 입장에서 접근하고 있다. 예를 들어, 남극생물자원보존협약이나[23] 세계자연헌장이 대표적인 경우이다. 따라서 생태계의 보호는 단순한 지리적 서식지의 보호를 넘어 전체 생물학적 안정성의 보호를 요구한다. 따라서 서식지의 보호는 생물다양성협약의 목표인 생태계와 생물다양성의 보호에 미치지는 못한다.

서식지보호를 위한 접근방법으로는 우선 공원, 자연보호지역, 해양보호수역 등과 같은 보호구역을 설정하여 서식지에서 해로운 활동을 금지하거나 엄격하게 규제하는 것이다. 남극환경보호를 위한 마드리드의정서가 대표적인데 남극 전체를 '자연보호구역'(natural reserve)으로 규정하고 있다. 당사국에게 일정한 지역을 습지보호지역으로 지정하여 보호하도록 하고 있는 람사협약이나 문화적 또는 자연유산으로 가치가 있는 지역 또는 사물을 목록화하여 보호하도록 하고 있는 세계유산협약도 그러한 부류에 속한다. 이 방법은 당사국에게 보호구역 선정과 지정에 재량권을 광범위하게 인정하여 보호에 한계를 가지고 있다는 비판을 받는다. 대표적으로 서반구에 있어서의 자연보호 및 야생동물보존에 관한 협약은 단순히 지정가능성을 조사하도록 요구하고 있을 뿐이다. 따라서 당사국들은 충분한 지역을 지정하기를 꺼리게 되기 때문에 효율적인 규제를 어렵게 한다. 철새보호 문제를 다룸에 있어 이러한 문제가 많이 제기된다.

더 큰 문제는 중요한 서식지 또는 생물다양성의 중심지가 어떠한 국제조약에 의해서도 규제되지 않아서 인구밀도 증가, 토지개발 등의 활동이 계속되어 파괴위험에 처해 있다는 것이다. 규제의 공백문제는 특별히 공해해양보호구역이 가장 심각한데 생물다양성협약이나 해양법협약 간의 관계설정이 이루어지지 않았고 이 문제를 다루는 새로운 협약에 대한 논의도 진전이 더디기 때문이다.

사막화방지협약은[24] 새로운 접근방법을 도입하였다. 즉, 지정된 특별구역의 보호방

1월 14일 발효, 대한민국에 대하여도 같은 일자에 발효, 조약본문은 <http://www.ats.aq/e/ats_keydocs.htm>.

23) Convention on the Conservation of Antarctic Marine Living Resources, 1980년 5월 20일 호주 캔버라에서 채택, 1982년 4월 7일 발효, 대한민국에 대하여는 1985년 4월 28일 발효, 조약본문은 <http://www.ats.aq/e/ats_keydocs.htm>.

24) United Nations Convention to Combat Desertification in Those Countries Experiencing Serious

법이 아니라 개별 당사국 내에서의 활동에 적용되는 방법을 택하였다. 또한 보호구역설정방법의 경우는 정부가 지정하여 보호하는 '상향식'이었던 것과는 달리 지역민과 공동체에게 일정한 행동양식으로 관리하도록 유도하는 '하향식' 방법을 택하고 있다.

Ⅲ. 무역의 규제

생물자원의 보존을 위한 무역규제의 역할은 생물자원 수출입의 통제와 외래종의 규제이다.

1. 수출입의 통제

생물자원의 수출입통제의 가장 전형적인 사례는 멸종위기동식물의 국제거래에 관한 협약(CITES)이다.[25] 이 협약은 세 가지 부류로 동식물을 구분하여 허가제도에 의하여 국제무역을 규제한다. 부속서 1에 포함된 생물종은 멸종위기 종으로 특별한 상황과 수출입국의 사전허가가 있는 경우를 제외하고 무역이 금지된다. 부속서 2에 포함된 생물종은 잠재적으로 위협받고 있는 생물종으로 수출국의 적절한 문서발행을 조건으로만 거래가 허가되고 엄격하게 규제되는 종이다. 부속서 3에 포함된 생물종은 한 당사국 내에서 발견된 종으로 동 당사국이 무역규제에 국제적 협력이 필수적이라고 결정한 생물종이다.

CITES는 효율적인 사무국의 지원, 당사국의 협약이행과 야생동물의 국제거래를 감시하는 비정부기구의 체계적 지원 등으로 성공적인 조약으로 평가되기도 하지만 몇 가지 점은 비판받고 있다. 우선은 당사국에 의한 이행과 집행이 적절하게 이루어지지 못하고 있다는 문제이다. 두 번째는 협약상의 규제목록이 이미 시대상황을 반영하지 못하고 있는데도 불구하고 규제대상 생물종으로 목록에 새롭게 포함시키거나 일정 생물종을 제외시키는 과정이 정치화되어 있어 보존문제에 효율적으로 대응하지 못하고 있다는 것이다. 개발도상국의 보존노력을 반영하고 추가적인 보존을 자극하기 위해서는 규제대상

Drought and/or Desertification, particularly in Africa, 1994년 6월 17일 프랑스 파리에서 채택, 1996년 12월 26일 발효, 대한민국에 대하여는 1999년 11월 15일 발효. 33 ILM 1328 (1994).

25) Convention on International Trade in Endangered Species of Wild Fauna and Flora: CITES, 1973년 3월 3일 미국 워싱턴 D.C.에서 체결, 1975년 7월 1일 발효, 대한민국에 대하여는 1993년 10월 7일 발효, 993 UNTS 243.

및 규제정도를 변경하여야 하는데 서구중심적인 보전주의적 사고와 제국주의적 사고로 이를 반영하지 못하고 있다는 것이다. 아프리카 코끼리를 대표적인 예로 들 수 있다. 남획으로 인한 멸종위기로 1989년 부속서 1에 등재된 후 보호조치로 개체수가 증가하자 멸종위기 종에서 빼려는 시도가 이루어졌고 이후 다시 남획이 이루어져 개체수가 적어지는 문제가 발생하자 이번에는 다시 멸종위기 종으로 상향시키려는 시도가 이루어졌다.

2. 외래종의 규제

멸종위기종의 무역을 규제한다는 것은 생물자원의 보존에 중요한 의미를 갖지만, 또 다른 중요한 측면은 무역으로 인해 '외래종'이 유입되어 '토착종'의 생존을 위협할 수 있다는 것이다. 오늘날 외래종 유입은 서식지 파괴 다음으로 생물다양성을 파괴하는 위협요인으로 파악되고 있다. 이로 인해 생물다양성협약은 외래종의 유입을 금지하고 생태계, 서식지 또는 종을 위협하는 외래종을 통제하거나 제거하도록 규정하고 있다. 이러한 목적을 위해 체결된 조약으로는 1951년의 국제식물보호협약과[26] 1959년의 식물의 검역과 해충 및 질병으로부터의 식물보호에 관한 협정,[27] 평형수(ballast water)협약[28] 등이 있다.

무역규제를 통한 외래종유입의 통제는 불확실성으로 인해 한계를 갖는다. 우선 많은 외래종의 유입이 무역활동을 통하여 이루어지지만 우연히 이루어지는 유입을 밝혀내기 어렵다는 것이 지적된다. 아울러 많은 세월이 지나서야 외래종의 유입과 그 영향이 인지된다는 것도 문제이다. 더구나 외래종 유입의 방지를 위한 무역규제가 WTO규범과의 충돌을 야기할 가능성도 배제할 수 없다.[29]

무역규제를 통한 식물해충의 확산방지는 식물유전자원의 다양성보호와 연구목적을 위한 식물유전자원다양성의 유용성 보장 필요성과 충돌할 수도 있다. 국제식량농업식물유전자원조약은 이러한 점을 인식하여 연구목적의 유전자원접근을 허용하면서 상용목

---

26) FAO International Plant Protection Convention, 1951년 12월 6일 이탈리아 로마에서 체결, 1952년 4월 3일 발효, 대한민국에 대하여는 1953년 12월 8일 발효, 150 UNTS 67.

27) Agreement Concerning Cooperation in the Quarantine of Plants and Their Protection against Pests and Diseases, 1959년 12월 14일 불가리아 소피아에서 체결, 1960년 10월 19일 발효, 1 SMTE 153.

28) International Convention for the Control and Management of Ships' Ballast Water and Sediments, 2004년 2월 13일 영국 런던에서 체결, 미발효. 조약본문은 <http://www.imo.org/About/Conventions/ListOfConventions/Pages/Default.aspx>.

29) 이재곤, "환경다변조약상 무역제한조치의 국제법적 문제점 검토", 「국제법학회논총」, 제45권 제2호 (2000. 12.), 177면.

적의 의약품개발은 금지하고 식량농업을 위한 연구, 교육 및 훈련을 위한 이용 및 보존 목적에만 이용하도록 하고 있다.

우량종의 계속적인 선별에 의한 품종개량을 지속하여 왔던 인류는 생명공학의 발전으로 새로운 종의 탄생을 가능하게 만들었다. 하지만 이러한 새로운 유전자변형생물체의 유입으로 생태계의 교란, 인간 및 자연환경에의 악영향 등이 우려되고 있다. 이로 인하여 생물다양성협약에서는 이의 규제를 시도하였고 상세한 규제를 위하여 바이오안전성의정서가 채택되었다.

제3절 ● 규율법규

I. 개 관

생물다양성을 보존하기 위한 국제규범은 국제환경법 초기 발전단계부터 조약 형태로 작성되거나 소프트로 형태로 채택되어 왔다. 이에 따라 이 분야에 속하는 국제법 문서들은 그 수에 있어서 그 어느 국제환경법 분야보다도 많다. 또 생태계라는 것이 상호의존적이므로 다른 환경영역의 환경문제를 다루는 조약들도 정도의 차이는 있지만, 직접 또는 간접적으로 생물다양성의 보존문제와 관련되어 있다. 하지만 아직 생물다양성 보호에 중요한 역할을 수행하는 산림에 대한 포괄적 규제를 담은 조약에 체결되지 못하였다.

생물다양성 문제 규율이 직접적인 목적인 조약들은 크게 세 가지 부류로 나눌 수 있다. 즉 1) 모든 생물을 범세계적으로 보호하기 위한 조약, 2) 일정한 지역 내의 모든 생물을 보호하기 위한 지역적 협정, 3) 개별 생물종 또는 생태계를 보호하기 위한 협정 등이다. 망라된 목록은 아니지만 중요한 것을 열거하여 보면 다음과 같다.30)

1) 모든 생물을 범세계적으로 보호하기 위한 조약
 — 멸종위기 동식물의 국제거래에 관한 협약(CITES, 1973), 생물다양성협약(CBD,

---

30) 김정건, 「국제법」 신판 (박영사, 2004), 966~968면 참조.

1992), 바이오안전성의정서(2001), 나고야의정서(2010), 나고야-쿠알라룸푸르 책임의정서(2010).

2) 일정한 지역 내의 모든 생물을 보호하기 위한 지역적 협정
- 아프리카의 야생동물, 조류, 어류의 보존를 위한 협약(1900), 자연 및 자연자원 보존에 관한 아프리카협약(1968), 동아프리카 지역의 보호지역 및 야생동식물에 관한 의정서(1986), 서반구에 있어서의 자연보호 및 야생동물보존에 관한 협약(1940), 아마존 협력협약(1978), 특별보호지역 및 야생생물에 관한 킹스턴의정서(1990), 남태평양에서의 자연보존에 관한 협약(1976), 유럽 야생동물 및 그 자연 서식지의 보존에 관한 베른협약(1979), 자연보존 및 자연자원에 관한 베네룩스(Benelux)협약(1982), 자연 및 자연자원의 보존에 관한 ASEAN협정(1985), 알프스 보호에 관한 협약(1991), 자연서식지 및 야생동식물의 보존에 관한 유럽공동체 명령(1992).

3) 개별 생물종 또는 서식지 보호를 위한 협약
   1. 습지대 보호
   - 특별히 수중동물의 서식지로서 국제적 중요성을 갖는 습지에 관한 협약(일명, 람사협약, 1971).
   2. 산림
   - 국제열대목재협정(2006), 식량농업기구(FAO) 열대산림실천계획(1985), 산림원칙선언(1992).
   3. 식물
   - 유럽 및 지중해 식물보호기구설립을 위한 국제협약(1951), 국제식물보호협약(1951), 사하라 남부아프리카를 위한 식물위생협약(1954), 동남아시아와 태평양 지역을 위한 식물보호협정(1956), 병균과 질병으로부터의 식물의 보호와 거래중지에 있어서의 협력에 관한 협정(1959), 식물유전자원에 대한 국제지침(1983), 식량농업기구의 식물보호를 위한 합의해석(1989), 식량 및 농업을 위한 식물유전자원에 관한 국제조약(2001).
   4. 토지 및 토양의 보존
   - FAO 세계토양헌장(1981), UNEP 세계토양정책(1983), 사막화방지에 관한 협약(1994).

5. 해양생물

- 국제포경협약(1946), 미주 내 열대참치 위원회 설립조약(1949), 대서양참치보
  존을 위한 국제협약(1966), 동태평양 참치 기구설립협약(1989) 등의 참치 관
  련 지역수산협정, 공해 어업 및 보존에 관한 협약(1958), 제3차 해양법협약
  (1982), 남태평양에서의 저인망어업금지를 위한 협약(1989), 발틱해 및 북해에
  서의 소고래보존에 관한 협정(1992), 북대서양 해양포유류 보존기구 설립협정
  (1992), 공해에서의 선박에 의한 국제보존 및 관리조치의 준수 등에 관한 협약
  (1993), 회귀성어종 및 고도이동성어종의 보존 및 관리에 관한 협정(1995),
  지중해의 해양포유동물보호지역설정에 관한 협정(1999), 남태평양공해상의 해
  양생물자원보존에 관한 기본협정(2000), 서부 및 중앙 태평양의 고도이동성
  어족의 보존 및 관리에 관한 협약(2000), 동남대서양 어족자원보존 및 관리에
  관한 협약(2001), 엘바트로스 및 바다제비 보존협약(2001), 불법, 비보고 및 비
  규제 어업(IUU)의 방지, 억제 및 제거를 위한 항구국 조치에 관한 협약(2009).

6. 조류
- 조류보호를 위한 국제협약(1950), 유럽공동체야생조류명령(1979).

7. 이동성동물
- 이동성야생동물의 보존에 관한 협약(1979), 아프리카유라시아 이동성물새보
  존협정(1995).

8. 극지역생물
- 북극곰 보존에 관한 협정(1973), 남극물개보존협약(1972), 남극해양생물보존
  협약(1980), 남극환경보호의정서(1991).

9. 문화 및 자연유산보존
- 세계문화 및 자연유산의 보호에 관한 협약(1972), 고고학적 유산의 보호에
  관한 유럽협약(1969), 유럽문화협약(1954), 미주국가의 고고학적·역사적·예
  술적 유산의 보호에 관한 협약(1976), 예술적 및 과학적 제도와 역사적 기념
  물의 보호에 관한 협약(1935).

이 밖에도 구속력 있는 문서는 아니지만 스톡홀름선언, 세계자연헌장, 리우선언 등
의 문서들도 이 문제를 다루고 있다. 우선, 스톡홀름선언(1972)은 "선조로부터 이어받은
야생생물과 그 서식지는 오늘날 각종 유해한 요인에 의해 중대한 위기에 처해 있으며

인간은 이것을 보호하고 현명하게 관리할 특별한 책임을 진다. 야생생물을 포함한 자연 보호는 경제개발의 계획 안에서 중시되어야 한다"고 밝히고 있다.[31]

둘째로 세계자연헌장(1982)은 "지구상의 유전적 생동성은 타협될 수 없다. 모든 형태의 생명체의 개체수는 최소한 그들의 생존에 충분한 것이어야 하고 이 목적을 위해 필요한 서식지는 독특한 지역, 모든 다른 유형의 생태계의 대표적 표본 및 희소 또는 멸종위기종의 서식지에 특별한 보호가 부여되어야 한다"고 선언하고 있다.

셋째로 리우선언(1992)은 각 국가는 지구생태계의 건강과 완전성을 보존·보호하고 회복시키기 위하여 범세계적 동반자의 정신으로 협력하여야 한다고 선언하고 있다.[32]

넷째로 IUCN 적색목록(Red List)은 식물과 동물종의 지구적 보존상태의 포괄적 목록으로 생물다양성 보존전략 수립과 규제규범 제정에 중요한 역할을 수행한다.

다섯째로 지속가능발전목표(SDGs, 2015)는 지상 생태계의 지속가능한 사용, 지속가능한 산림관리, 사막화방지, 토양악화의 중지 및 개선 및 생물다양성 상실의 중지 등을 17가지 지속가능발전 목표 중 하나로 언급하고 있다.[33]

현재 해양법협약(1982)체제하에서 국가관할권 이원수역에서의 생물다양성보호에 대한 논의가 이루어지고 있는데 최종적 합의에 이르는 경우 해양생물자원보호에 중요한 의미가 있는 발전이 될 수 있을 것이다.

아래에서는 '범세계적인 규율범위'를 가지고 '모든 생물종'을 비교적 포괄적으로 다루고 있는 생물다양성 관련 조약을 중심으로 살펴보기로 한다.

II. 멸종위기에 처한 야생 동식물종의 국제거래의 규제에 관한 협약(CITES)[34]

1. 조 직

멸종위기종의 국제거래규제협약은 1960년대 들어 IUCN의 독려로 시작된 멸종위기종에 대한 국제적 규제노력이 1973년에 결실을 본 조약이다. 2019년 3월 현재 183개 당

---

31) 선언 원칙 4.
32) 선언 원칙 7.
33) SDG, 15.
34) 공식명칭은 멸종위기에 처한 야생동·식물종의 국제거래에 관한 협약(Convention on International Trade in Endangered Species of Wild Fauna and Flora)이다. 각주 25 참조.

사국(2016년 10월 20일 Tonga가입 후 당사국 증가 없음)을 가진 조약으로 스위스 로잔(Lausanne)에 조약 당사국의 사무국이 소재하며 궁극적으로는 개별 당사국이 이행책임을 부담한다. 최소 2년에 한 번 당사국총회가 개최되고 비정부기구도 옵서버(observer)로 참여할 수 있다. 현재 대략 5,600종의 동물과 30,000종의 식물이 이 협약의 보호하에 있다.

2. 규제내용

(1) 보호대상 및 분류

협약은 전문에서 "아름답고 다양한 형태의 야생동식물이 현세대 및 다음 세대를 위하여 보호받아야 하는 지구자연계의 대체할 수 없는 부분"임을 선언하고 있다. 협약에서 '종'(species)이라는 용어는 종, 아종 또는 지리적으로 격리된 개체군을 말한다. 또한 협약에서 '표본'(specimen)은 1) 살아 있거나 죽은 동물과 식물, 2) ① 동물의 경우, 부속서 I과 부속서 II에 포함된 종에 대하여는 쉽게 식별할 수 있는 부분 또는 그 파생물, 부속서 III에 포함된 종에 대하여는 종과 관련하여 부속서 III에 규정된 쉽게 식별할 수 있는 부분 또는 그 파생물, ② 식물의 경우, 부속서 I에 포함된 종에 대하여는 쉽게 식별할 수 있는 부분 또는 그 파생물, 부속서 II와 부속서 III에 포함된 종에 대하여는 종과 관련하여 부속서 II 및 III에 규정된 쉽게 식별할 수 있는 부분 또는 그 파생물을 말한다.[35]

협약은 규제대상을 다음과 같이 세 가지 종류로 구분하여 규율한다.[36] 첫째, 부속서 I은 거래로 영향을 받거나 받을 수 있는 멸종위기에 처한 모든 종을 포함한다. 현재 여기 포함된 종은 식물 약 300종, 동물 약 600종이다. 이러한 종의 표본의 거래는 생존이 더 이상 위협을 받지 아니하도록 특별히 엄격한 규제를 받아야 하며 예외적인 상황에서만 거래가 허가되어야 한다.

둘째, 부속서 II는 1) 현재 반드시 멸종위기에 처해 있지는 않으나 생존을 위협하는 이용을 회피할 목적으로 표본의 거래를 엄격하게 규제하지 않으면 멸종위기에 처할 수 있는 종과 2) 위 1)에 규정된 일부 종의 표본의 거래를 효과적으로 통제하기 위하여 규제를 하여야 하는 그 밖의 종을 포함한다. 현재 여기에 포함된 종은 식물 약 30,000종, 동물 약 4,800종이다.

셋째, 부속서 III은 당사국이 이용을 방지 또는 제한할 목적으로 자국의 관할권 안에서 규제를 받아야 하는 종으로 확인하고 또한 거래통제를 위하여 다른 당사국의 협력

---

35) 협약 제1조.
36) 협약 제2조.

이 필요한 것으로 확인한 종을 포함한다. 현재 여기에 포함된 종은 식물 12종, 동물 135종이다.

(2) 거래규제

당사국은 협약의 규정에 따른 경우를 제외하고 부속서 I, II 및 III에 포함된 종의 표본의 거래를 허용하지 않는다.

① 부속서 I에 포함된 종의 표본의 거래에 대한 규제[37]

부속서 I에 포함된 종의 표본을 수출하기 위해서는 수출허가서를 사전에 발급받아 제출하여야 한다. 수출허가서는 1) 수출국의 과학당국에서 표본의 수출이 종의 생존에 해롭지 않다는 의견을 제시한 경우, 2) 수출국의 관리당국에서 표본이 동식물 보호에 관한 수출국의 법을 위반하지 않고 획득되었다고 인정한 경우, 3) 수출국의 관리당국에서 살아있는 표본이 상해·건강에 대한 피해 또는 학대의 위험이 최소화하도록 준비되어 선적될 것으로 인정한 경우, 4) 수출국의 관리당국에서 표본에 대한 수입허가서가 발급되었다고 인정한 경우에만 발급된다.

부속서 I에 포함된 종의 표본을 수입하기 위해서는 수입허가서와 수출허가서 또는 수입허가서와 재수출증명서를 사전에 발급받아 제출하여야 한다. 수입허가서는 1) 수입국의 과학당국에서 표본의 수입이 관련 종의 생존에 해롭지 않은 목적을 위한 것이라는 의견을 제시한 경우, 2) 수입국의 과학당국에서 살아 있는 표본의 수령 예정자가 표본을 수용하고 보호할 적절한 시설을 갖추고 있다고 인정한 경우, 3) 수입국의 관리당국에서 표본이 주로 상업적인 목적으로 이용되지 않을 것이라고 인정한 경우에만 발급된다.

부속서 I에 포함된 종의 표본을 재수출하기 위해서는 재수출증명서를 사전에 발급받아 제출하여야 한다. 재수출증명서는 1) 재수출국의 관리당국에서 표본이 이 협약의 규정에 따라 재수출국으로 수입되었다고 인정한 경우, 2) 재수출국의 관리당국에서 살아 있는 표본이 상해·건강에 대한 피해 또는 학대의 위험이 최소화되도록 준비되어 선적될 것으로 인정한 경우, 3) 재수출국의 관리당국에서 수입허가서가 살아 있는 표본에 대하여 발급되었다고 인정한 경우에만 발급된다.

부속서 I에 포함된 종의 표본을 해상으로부터 반입하기 위해서는 반입국의 관리당국으로부터 증명서를 사전에 발급받아야 한다. 증명서는 1) 반입국의 과학당국에서 반

---

37) 협약 제3조.

입이 종의 생존에 해롭지 않다는 의견을 제시한 경우, 2) 반입국의 관리당국에서 살아 있는 표본의 수령 예정자가 표본을 수용하고 보호할 적절한 시설을 갖추고 있다고 인정한 경우, 3) 반입국의 관리당국에서 표본이 주로 상업적인 목적으로 이용되지 않을 것이라고 인정한 경우에만 발급된다.

② 부속서 II에 포함된 종의 표본의 거래에 대한 규제[38]
부속서 II에 포함된 종의 표본을 수출하기 위해서는 수출허가서를 사전에 발급받아 제출하여야 한다. 수출허가서는 1) 수출국의 과학당국에서 표본의 수출이 종의 생존에 해롭지 않다는 의견을 제시한 경우, 2) 수출국의 관리당국에서 표본이 동식물 보호에 관한 수출국의 법을 위반하지 않고 획득되었다고 인정한 경우, 3) 수출국의 관리당국에서 살아 있는 표본이 상해·건강에 대한 피해 또는 학대의 위험이 최소화되도록 준비되어 선적될 것으로 인정한 경우에만 발급된다.

당사국의 과학당국은 부속서 II에 포함된 종의 표본에 대하여 자국이 발급한 수출허가서와 표본의 실제 수출을 감시한다. 이러한 종이 분포지역의 생태계 안에서 역할에 부합하는 수준으로 또한 부속서 I에 포함되는 수준 이상으로 유지되도록 하기 위하여 종의 표본의 수출을 제한해야 한다고 과학당국에서 결정하는 경우에는, 과학당국은 언제든지 종의 표본에 대한 수출허가서 발급을 제한하기 위하여 취해야 할 적절한 조치를 적절한 관리당국에 조언한다.

부속서 II에 포함된 종의 표본을 수입하기 위해서는 수출허가서 또는 재수출증명서를 사전에 제출해야 한다. 또한 부속서 II에 포함된 종의 표본을 재수출하기 위해서는 재수출증명서를 사전에 발급받아 제출하여야 한다. 재수출증명서는 1) 재수출국의 관리당국에서 표본이 이 협약의 규정에 따라 재수출국으로 수입되었다고 인정한 경우, 2) 재수출국의 관리당국에서 살아 있는 표본이 상해·건강에 대해 피해 또는 학대의 위험이 최소화되도록 준비되어 선적될 것으로 인정한 경우에만 발급된다.

부속서 II에 포함된 종의 표본을 해상으로부터 반입하기 위해서는 반입국의 관리당국으로부터 증명서를 사전에 발급받아야 한다. 증명서는 1) 반입국의 과학당국에서 반입이 종의 생존에 해롭지 않다는 의견을 제시한 경우, 2) 반입국의 관리당국에서 살아 있는 표본이 상해·건강에 대한 피해 또는 학대의 위험이 최소화되도록 취급될 것으로 인정한 경우에만 발급된다.

---

38) 협약 제4조.

③ 부속서 III에 포함된 종의 표본의 거래에 대한 규제[39]

부속서 III에 포함된 종의 표본을 부속서 III에 포함시킨 국가에서 수출하기 위해서는 수출허가서를 사전에 발급받아 제출해야 한다. 수출허가서는 1) 수출국의 관리당국에서 표본이 동식물 보호에 관한 수출국의 법을 위반하지 않고 획득되었다고 인정한 경우, 2) 수출국의 관리당국에서 살아 있는 표본이 상해·건강에 대한 피해 또는 학대의 위험이 최소화되도록 준비되어 선적될 것으로 인정한 경우에만 발급된다.

부속서 III에 포함된 종의 표본을 수입하기 위해서는 원산지증명서를 사전에 제출해야 하며, 종을 부속서 III에 포함시킨 국가로부터 수입하는 경우에는 수출허가서를 사전에 제출해야 한다.

재수출의 경우, 재수출국에서 가공되었거나 재수출되는 것이라고 재수출국의 관리당국에서 증명서를 발급하면 수입국은 이를 해당 표본에 관하여 이 협약의 규정이 준수되었다는 증거로 인정한다.

④ 허가서 및 증명서[40]

수출허가서는 부속서 IV의 양식에 명시된 사항을 포함하며, 발급된 날부터 6개월 안에 수출되는 경우에만 사용할 수 있다. 허가서 또는 증명서에는 이 협약의 명칭, 이러한 서류를 발급하는 관리당국의 명칭·날인 및 관리당국이 부여하는 통제번호가 포함된다. 관리당국이 발급하는 허가서 또는 증명서의 사본에는 사본임을 명시하고, 이 사본을 원본을 대신하여 사용하려는 경우에는 사본에 정해진 범위로 한정한다. 표본의 각 탁송화물에 대하여는 별도의 허가서 또는 증명서를 발급받아야 한다. 표본 수입국의 관리당국은 표본의 수입을 위하여 제출된 수출허가서 또는 재수출증명서와 이에 상응하는 수입허가서를 실효시킨 후 보관한다. 적절하고 가능한 경우, 관리당국은 표본을 용이하게 식별하기 위하여 표본에 표지를 부착할 수 있다. 이러한 목적을 위하여 '표지'라 함은 권한이 없는 자가 모방할 수 없도록 고안된 지워지지 아니하는 압인·날인 또는 표본을 확인하기 위한 그 밖의 적절한 수단을 말한다.

⑤ 거래 관련 면제 및 그 밖의 특별 규제[41]

표본이 세관의 관할을 받으면서 당사국의 영토를 통과하거나 영토 안에서 경유 또

---

39) 협약 제5조.
40) 협약 제6조.
41) 협약 제7조.

는 환적될 경우, 1) 수출국 또는 재수출국의 관리당국에서 협약의 규정이 표본에 대하여 적용되기 전에 표본이 획득되었음을 인정하고 이러한 취지의 증명서를 발급하는 경우, 2) 개인 소지품이거나 가재도구인 표본에는 적용되지 않는다. 이러한 면제는 관리당국에서 이 협약의 규정이 표본에 적용되기 전에 표본이 획득되었다고 인정하지 않는한 1) 부속서 I에 포함된 종의 표본이 소유자의 상주국 밖에서 획득되어 상주국으로 수입된 경우, 2) 부속서 II에 포함된 종의 표본의 경우에 ① 소유자가 상주국 밖의 국가에서 야생상태로부터 분리된 표본을 획득한 경우, ② 표본이 소유자의 상주국으로 수입된 경우, 3) 야생상태에서 표본이 분리된 국가에서 표본 수출에 앞서 수출허가서의 사전발급을 요구하는 경우에는 면제되지 않는다.

부속서 I에 포함된 동물종의 표본으로서 상업적 목적으로 사육되어 번식된 표본 또는 부속서 I에 포함된 식물종의 표본으로서 상업적 목적으로 인공번식된 표본은 부속서 II에 포함된 종의 표본으로 간주한다.

수출국의 관리당국에서 동물종의 표본이 사육·번식되었거나 또는 식물종의 표본이 인공번식되었거나 또는 이러한 동·식물의 부분 또는 파생물이라고 인정하는 경우, 관리당국이 이와 같은 취지로 발급하는 증명서는 관련 조항의 규정에 따라 요구되는 허가서나 증명서에 갈음하여 수락된다.

석엽표본, 보존·건조 또는 포매된 그 밖의 박물관용 표본 및 관리당국이 발급·승인한 표지를 부착한 살아 있는 식물이 관리당국에 등록된 과학자 또는 과학기관 사이에 비상업적으로 대여·증여 또는 교환되는 경우에는 적용되지 않는다.

관리당국은 수출·수입업자가 표본의 상세를 관리당국에 등록하는 경우, 표본이 제2항 또는 제5항에 명시된 범주에 속하는 경우, 관리당국에서 살아 있는 표본이 상해·건강에 대한 피해 또는 학대의 위험이 최소화되도록 수송되고 보호될 것임을 인정한 경우 등에는 관련 조항에 규정된 요건을 면제하고 허가서나 증명서 없이 이동동물원·곡예단·유랑동물원·식물전시회 또는 그 밖의 이동전시회를 구성하는 표본의 이동을 허가할 수 있다.

⑥ 당사국의 조치[42]

당사국은 협약의 규정을 시행하고 이를 위반하는 표본의 거래를 금지하기 위하여 적절한 조치를 취하여야 한다. 이러한 조치에는 1) 표본의 거래 또는 소지에 대한 처벌

---

42) 협약 제8조.

또는 양자 모두에 대한 처벌, 2) 표본의 몰수 또는 수출국으로 반송 규정이 포함된다. 당사국은 필요하다고 판단하는 경우 협약 규정의 적용조치를 위반하고 거래된 표본의 몰수 때문에 발생한 비용의 국내적 변상방법을 규정할 수 있다. 당사국은 표본의 거래에 필요한 절차가 가능한 한 신속히 이루어지도록 보장한다. 당사국은 신속한 절차를 촉진하기 위하여 표본이 통관되는 출·입국항을 지정할 수 있다. 또한 당사국은 살아 있는 표본이 통과·보관 또는 선적 기간 중에 상해·건강에 대한 피해 또는 학대의 위험이 최소화되도록 적절히 보호될 것임을 보장한다. 살아 있는 표본이 제1항에 규정된 조치에 따라 몰수될 경우 1) 표본은 몰수국의 관리당국에 인도된다. 2) 관리당국은 수출국과 협의한 후 표본을 수출국의 부담으로 수출국에 반송하거나, 보호센터 또는 관리당국이 협약의 목적과 부합하며 적절하다고 인정하는 그 밖의 장소로 반송한다. 3) 관리당국은 보호센터 또는 그 밖의 장소 선택을 포함하여 규정에 따른 결정을 촉진하기 위하여, 과학당국의 자문을 구하거나 또는 바람직하다고 인정하는 경우에는 언제든지 사무국과 협의할 수 있다.

당사국은 부속서 I, II 및 III에 포함된 종의 표본의 무역과 관련하여 1) 수출·수입업자의 성명 및 주소, 2) 발급된 허가서와 증명서의 숫자 및 종류, 거래상대국, 표본의 숫자 또는 양과 종류, 부속서 I, II 및 III에 포함된 종의 명칭, 가능한 경우 해당 표본의 크기 및 성별 등의 기록을 유지한다.

당사국은 협약의 이행에 관하여 1) 제6항 나호에 명시된 자료의 개요를 포함하는 연례보고서, 2) 협약의 규정을 시행하기 위하여 취한 입법·규제·행정조치에 관한 격년보고서를 작성하여 사무국에 제출한다. 이들 보고서는 관련 당사국의 국내법과 저촉되지 않는 한 공개된다.

⑦ 협약 비당사국과의 거래43)

협약 비당사국과 수출, 재수출 또는 수입이 이루어지는 경우 비당사국의 권한 있는 당국이 협약상의 허가서 및 증명서의 요건과 일치하도록 발급한 문서는 당사국 협약상 합당한 문서로 인정할 수 있다.

⑧ 부속서 I, II, III의 개정

CITES 당사국총회는 규제대상 종의 목록인 부속서를 개정하여 멸종위기에 처한 새

---

43) 협약 제10조.

로운 종을 추가하거나 멸종위기를 넘긴 종을 삭제할 수 있다. 부속서 I과 II의 경우,[44] 당사국총회에서 개정하고자 할 때는 개회 150일 전까지 개정안을 제출하여 이를 사무국이 다른 당사국 및 관련 단체와 협의한 후 개회 30일 전까지 모든 당사국에 회신결과를 통보하고 총회에 출석하여 투표하는 당사국의 3분의 2의 동의로 채택된다. 당사국총회의 회기와 회기 사이에 부속서 I, II를 개정하고자 할 때는 우편절차에 따라 개정안을 접수하고 사무국이 이를 모두 통보한 후 타당사국과 관련 단체의 의견을 접수하여 당사국에 통보하고 개정안을 통보받은 후 60일 이내에 당사국의 의견을 집계하여 최소 과반수 국가의 의견이 접수되고 이 중 3분의 2이상이 찬성인 경우 개정안이 통과된다. 과반수 이하의 의견만 접수되는 경우 개정안은 다음 회기의 당사국총회에 회부된다.

부속서 III의 개정의 경우에는 당사국이 개정목록을 사무국에 제출함으로써 개정할 수 있다. 사무국은 개정안 접수 후 가능한 한 신속하게 당사국에 통보한다.[45]

3. 평가

이 협약은 생물다양성 보호에 있어 가장 중요한 조약의 하나로 평가된다. 이러한 평가를 받게 된 것은 수십억 달러에 달하는 생물종 거래를 다루고 있고, 규제대상 생물종을 목록화하여 부속서에 기재하는 규제기술을 도입하였으며, 이들 목록을 개정하여 생물종의 보존상태 변화 또는 생물종 상태에 대한 지식의 발전에 대응할 수 있었고 허가제에 의한 거래규제를 효율적으로 할 수 있었다는 점 등에 기인한다. 또한 무엇보다도 아프리카 코끼리 등 사례에서 볼 수 있듯이 이 협약이 설정하였던 멸종위기종의 국제거래규제를 통한 멸종위기생물종의 복원 또는 보호라는 목표 달성에 어느 정도 효과적으로 기여하였다는 점이 반영된 것이다.[46] 하지만 이 협약은 서식지 파괴 등과 같은 야생동물의 생존을 위협하는 다른 요소를 포괄적으로 다루지 못하고 국제거래에만 초점을 맞추고 있다는 한계가 있다.

---

44) 협약 제15조.
45) 협약 제16조.
46) Dupuy and Viñuales, *op.cit.*, pp.213, 217~219.

III. 생물다양성협약과 그 의정서

1. 서 설

생물다양성협약은 생물다양성 보존에 대한 가장 보편적이고 포괄적인 조약으로 평가된다.[47] 조약채택과 내용의 배경이 된 기초문서로는 세계보전전략(World Conservation Strategy, 1980), 생물다양성에 관한 UNEP 임시 전문가작업반에 제안된 협약에 관한 법규초안,[48] UNEP 운영이사회 결정(UNEP Governing Council Decision) 등이 열거될 수 있다. 생물다양성협약은 생물다양성 보존과 함께 유전자원의 지속가능한 이용 및 생명공학의 이용에 대한 규정을 담으면서 개발도상국의 입장을 많이 반영하였고, 미국은 이에 반발하여 아직도 당사국으로 참여하지 않고 있다.

생물다양성협약은 그 목적으로 i) 유전기술에 대한 유전자원과 모든 권리를 고려한 유전자원에 대한 적절한 접근, ii) 관련 기술의 적절한 이전 및 적절한 재원제공 등을 통한 생물다양성 보전, iii) 생물다양성 구성요소의 지속가능한 이용과 유전자원의 이용으로부터 발생되는 이익의 공정하고 형평한 공유 등 세 가지를 규정하고 있다.[49]

생물다양성협약은 기본 운영원칙으로 UN헌장과 국제법원칙에 따른 자국의 환경정책에 따라 자국의 자원을 개발할 수 있는 주권적 권리와 자국의 관할 또는 통제지역 안에서의 활동으로 다른 국가의 환경 또는 자신의 관할권 이원지역의 환경에 피해가 발생하지 않도록 보장할 책임을 규정하고 있다.[50] 자원에 대한 주권적 권리는 협약 채택 이전에 유전자원이 '인류의 공동유산'이라고 주장하던 선진국의 입장을 거부한 것이다. 또한 '환경손해를 야기하지 않을 책임원칙'은 Trail Smelter사건 이래 확립된 국제환경법 원칙을 선언하고 있는 것이다. 협약원칙 조항과 별도의 규정에서 언급하고 있지만 생물다양성 보존과 지속가능한 이용을 위한 협력을 규정하고 있는 조항과 국제환경법상의 '협력원칙'을 선언하고 있는 것으로 볼 수 있다.[51]

생물다양성협약이 적용되는 범위는 생물다양성 구성요소의 경우에는 자신의 국가

---

47) Sands and Peel, *op.cit.*, p.461.
48) Draft Legal Articles on a Proposed Convention to a UNEP Ad Hoc Working Group of Experts on Biological Diversity, 1983.
49) 협약 제1조.
50) 협약 제3조.
51) 협약 제5조.

관할권 안의 지역이고, 국가의 관할권 또는 통제하에서 이루어진 과정 및 활동의 경우
에는 그 효과가 미치는 장소에 관계없이 그 국가의 관할지역 안 또는 관할권 이원지역
이다.

협약 자체에는 이행체제에 관하여 당사국총회 등의 조직적 측면 외에는 거의 규정하
고 있지 않고 있다. 이를 보완하기 위하여 2002년 이행심의에 관한 실무작업반(Working
Group on the Review of Implementation)을 설치하는 등 이행모니터링체제 개발 시도가 이루
어졌다. 이후 2016년 당사국총회에서 생물다양성협약과 2011−2020 전략계획(Strategic
Plan)의 진전상황을 심의하기 위한 이행보조기구(Subsidiary Body on Implementation) 설립을
결의하였다.52)

2. 주요 규제내용

생물다양성협약상 생물다양성 보존을 위하여 당사국이 부담하는 의무의 주요 내용
은 다음과 같이 정리해 볼 수 있다.

우선, 당사국은 생물다양성보존과 지속가능한 이용을 위해 국가전략 및 프로그램을
개발하고 생물다양성의 보전과 지속가능한 이용을 관련 개별 분야별 또는 분야간별 계
획 프로그램 및 정책에 통합해야 한다.53)

당사국은 또한 생물다양성 구성요소의 확인, 확인된 구성요소의 표본조사 및 그 밖
의 기법을 통한 감시, 생물다양성의 보전과 지속가능한 이용에 중대한 부정적 영향을
미치거나 미칠 우려가 있는 활동의 진행과정 및 범주를 확인하고 그 효과를 표본조사
및 그 밖의 기법을 통하여 감시, 확인 및 감시활동을 통해 취득한 정보의 체계적 유지
정리해야 한다.54) 아울러 당사국은 생물다양성을 보전하기 위해 '보호지역' 제도 또는
'특별조치필요지역' 제도를 수립하는 등의 현지 내 보전(in situ)과55) 현지 내 보전조치
를 보완하기 위한 현지 외 보전(ex situ)조치를56) 취해야 한다.

생물다양성 구성요소의 지속가능한 이용을 위한 생물자원의 보전과 지속가능한 이
용에 대한 고려를 국가정책결정에 통합하고 생물다양성에 미치는 부정적인 영향을 피하

---

52) Dupuy and Viñuales, *op.cit.*, p.237.
53) 협약 제6조.
54) 협약 제7조.
55) 협약 제8조.
56) 협약 제9조.

거나 최소화하기 위해 생물자원의 이용에 관련된 조치를 취하는 등의 조치가 요구된 다.57) 아울러 생물다양성의 구성요소의 보전 및 지속가능한 이용을 위한 유인요소로 작 용할 경제적·사회적으로 건전한 조치와58) 생물다양성과 그 구성요소의 확인 보전 및 지속가능한 이용을 위한 조치에 관한 과학·기술교육계획 및 훈련계획을 수립·유지하 며 개발도상국의 특별한 필요를 위하여 이러한 교육 및 훈련을 위한 지원제공조치 등의 연구훈련 관련한 의무도 부담한다.59) 또한 당사국은 생물다양성의 보전 및 이를 위하여 필요한 조치의 중요성에 대한 이해를 촉진·증진시키며 언론매체를 통하여 이러한 이해 를 전파시키고 이러한 주제사항들을 교육과정에 포함시키는 공공교육 및 홍보 관련 조 치와60) 생물다양성에 대한 영향을 피하거나 최소화하기 위하여 생물다양성에 중대한 부정적인 효과를 미칠 수 있는 제안된 사업에 대한 환경영향평가를 요구하는 적절한 절 차를 도입하는 등의 영향평가 및 부정적 영향의 최소화를 위한 조치를61) 취할 것이 요 구된다.

이밖에도 유전자원에 대한 접근 허용과 규제입법 마련,62) 유전자원을 이용하는 기 술로서 환경에 심각한 피해를 끼치지 않는 기술에 대한 다른 체약당사자의 접근 및 이 들에 대한 기술이전을 제공하는 조치,63) 생물다양성의 보전 및 지속가능한 이용과 관련 하여 공개적으로 이용가능한 모든 정보의 교환을 촉진64) 및 적절한 국제기관 및 국내기 관을 통하여 생물다양성의 보전과 지속가능한 이용 분야에서 국제적인 기술·과학협력 증진 등의 의무도 부담한다.65) 또한 당사국은 생명공학의 연구활동을 위해 유전자원을 제공하는 당사자 특히 개발도상국인 당사자가 그러한 연구활동에 효과적으로 참여하 고 가능한 경우 유전자원 제공국 안에서 참여할 수 있도록 적절한 입법적·행정적 조치 와66) 협약의 목적달성을 위한 국내활동에 대하여 '능력에 따라' 재정적 지원 및 유인조 치를 제공해야 하고 선진국인 당사국은 개발도상국에 대한 의무이행보조를 위한 추가적 재원부담 등의 재원관련 조치67) 등도 취해야 한다.

---

57) 협약 제10조.
58) 협약 제11조.
59) 협약 제12조.
60) 협약 제13조.
61) 협약 제14조.
62) 협약 제15조.
63) 협약 제16조.
64) 협약 제17조.
65) 협약 제18조.
66) 협약 제19조.

이들 규정들은 그 규정내에 '당사국의 특수한 상황 및 능력에 따라'(in accordance with the parties' particular conditions and capabilities), '가능한 한 그리고 적절히'(as far as possible and as appropriate), '특수한 필요를 고려하여', '필요한 경우 적절한', '자신의 국가계획 우선순위 및 사업계획에 따라', '자신의 능력에 따라' 등의 문구를 삽입하여 엄격한 법적 의무를 부담시킨 것으로 보기 어려운 내용을 담고 있다. 이러한 점 때문에 생물다양성협약이 골격협약의 성격을 띠고 있는 것으로 평가되고 카르테헤나바이오안정성의정서, 책임과 구제를 위한 나고야-쿠알라룸푸르 보충의정서, 나고야의정서 등에 의하여 의무내용이 구체화되고 있는 것이다.

3. 유전자원에 대한 접근과 이익 공유

생물다양성보존이 개체별 생물체에서 유전자원에까지 넓혀진 생물다양성협약에서 특별히 중요성을 갖는 조항은 유전자원에 대한 접근을 규정하고 있는 제15조와 생명공학의 관리 및 그 이익의 배분을 규정하고 있는 제19조이다.

유전자원을 '인류공동유산'(common heritage of mankind)으로 보았던 시대에는 개발도상국, 특히 열대우림지역의 유전자원에 대한 접근이 자유롭게 이루어졌다. 하지만 유전자원의 경제적 가치가 인식되고 개발도상국의 자국영토 내 천연자원에 대한 주권의식이 커지면서 이에 대한 규제가 주장되었다. 생물다양성협약은 유전자원에 대한 주권적 권리를 인정하면서 원칙적으로 체약당사국의 '사전통보승인'(prior informed consent)하에서만 접근이 이루어지도록 하고 있다. 하지만 협약은 필요에 따른 접근을 허용하고 촉진하도록 타협적인 규정을 하면서 접근에 대한 법적 규제는 당사국의 국내입법에 위임하고 있다. 생물다양성협약이 규제대상으로 삼는 유전자원은 그 자원의 원산국인 체약당사자 또는 이 협약에 따라 유전자원을 획득한 당사자가 제공한 것만을 의미하는 것으로 하고 있다. 아울러 당사국은 연구개발의 결과와 유전자원의 상업적 및 그 밖의 이용으로 발생하는 이익을 그 자원을 제공하는 국가와 공정하고 형평하게 공유하기 위하여 적절히 그리고 협약상의 관련 규정에 따라 설치된 재정체계를 통하여 입법적·행정적 또는 정책적 조치를 취하고 이러한 공유는 상호합의된 조건에 따르도록 하고 있다.

아울러 당사국이 생명공학의 연구활동을 위하여 유전자원을 제공하는 당사자, 특히 개발도상국인 당사자가 그러한 연구활동에 효과적으로 참여하고 가능한 경우 유전자원

---

67) 협약 제20조.

제공국 안에서 참여할 수 있도록 적절한 입법적·행정적 조치를 취하도록 요구하고 있으며, 다른 체약국이 제공한 유전자원을 기반으로 발생한 생명공학 연구결과 및 이익에 대하여 공정하고 형평한 기초 위에서 그러한 당사자의 우선적인 접근을 증진하고 촉진하기 위하여 모든 실행가능한 조치를 취하고 상호합의된 조건에 따라 이러한 조건이 이루어지도록 하고 있다.

유전자원에의 접근과 이익공유에 관한 구체적 규범을 제정하기 위한 노력이 계속되어 2010년 10월 29일 나고야의정서가 채택되었다.

4. 나고야의정서

유전자원에의 접근과 유전자원이용으로 발생하는 이익의 공정하고 형평한 배분에 관한 나고야의정서는[68] 2010년 일본 나고야에서 채택되었다. 의정서의 목적은 제목에서 나타나듯이 유전자원에의 적절한 접근, 관련 기술의 적절한 이전 및 적절한 재원제공에 의하여 유전자원의 이용으로 발생하는 이익을 공정하고 형평하게 이전하여 생물다양성의 보존과 지속가능한 이용 및 생물다양성 구성요소의 지속가능한 이용에 기여하려는 것이다.[69]

의정서의 적용대상은 생물다양성협약 제15조 범위 내의 '유전자원'과 그러한 자원과 결합된 '전통지식'(traditional knowledge)이다. 유전자원의 이용과 상업화로부터 발생하는 이익은 상호합의된 조건으로 유전자원의 '원산국'(countries of origin) 또는 협약에 따라 그러한 자원을 획득한 당사국들과 공유하여야 한다. 이익공유 약속은 유전자원을 보유한 토착 및 지역공동체와도 이루어져야 한다. 유전자원과 결합된 전통지식의 사용으로 발생하는 이익은 그러한 전통지식을 보유한 토착민 지역공동체와 공유하여야 한다.[70] 공유되는 이익은 금전적 이익뿐만 아니라 비금전적 이익도 포함한다. 당사국들은 또한 유전자원의 이용으로 발생하는 이익이 생물다양성을 보존하고 그 구성요소를 지속

---

68) Protocol on Access to Genetic Resources and the Fair and Equitable Sharing of Benefits Arising from Their Utilization to the Convention on Biological Diversity, 2010년 10월 29일 일본 나고야에서 체결, 2014년 10월 12일 발효. 대한민국은 2017년 5월 19일 비준하였고 2017년 8월 27일 발효, 조약문은 <http://www.cbd.int/abs/text/>. 우리나라는 나고야의정서의 국내이행을 위하여 유전자원의 접근·이익 및 이익공유에 관한 법률을 제정하여 2018년 8월 18일 발효하였다.

69) 의정서 제1조. 식량안보와 관련하여 중요한 의미를 갖는 식량농업유전자원은 2001년 이탈리아 로마에서 채택된 국제식량농업유전자원조약(International Treaty on Plant Genetic Resources for Food and Agriculture)에 의하여 접근 및 이익공유 문제가 규율된다.

70) 의정서 제2조.

가능하게 이용하는 방향으로 사용되도록 권장하여야 한다.71)

'사전통보승인' 절차에 대하여 의정서는 동 절차를 요구하는 당사국은 승인신청절차에 대한 정보를 제공하는 조치를 취하여야 하고 승인과 상호합의된 조건을 나타내는 결정의 증거로서 허가장 또는 그와 동등한 문서를 제공하여야 한다. 이와 같이 부여된 허가서는 관련 국내법에 따라 접근된 유전자원임을 증명하는 증거로 국제적인 인정을 받게 된다. 또한 의정서는 자국영토에 있는 유전자원에 타당사국이 접근한 경우 영토국은 자원의 이용을 감시하고 사전통보승인절차가 준수되고 있는지를 감독하여야 한다고 규정하고 있다.72)

5. 바이오안전성의정서

(1) 서 언

유전자변형체가 잠재적 위험을 가지고 있다는 것은 생물다양성협약 채택 당시부터 이미 밝혀졌다. 이러한 우려 때문에 생물다양성협약은 제8조 (g)와 제19조에서 이 문제를 다루었다. 생물다양성협약은 특별히 협약 채택과정에서 논란이 많았던 제19조 제3항에서 생물다양성의 보전과 지속가능한 이용에 부정적인 효과를 미칠 수 있는 생명공학에 기인한 변형된 생물체의 안전한 이전·취급 및 사용의 분야에서 특히 '사전통보승인' 등을 포함한 적절한 절차를 명시하는 의정서의 필요성과 양식을 검토한다고 규정하였다. 이에 따라 미국, 캐나다, 호주, 아르헨티나를 비롯한 소위 'Miami Group'이라고 부르는 유전자변형농산물 수출국과 유럽연합을 중심으로한 농산물수입국의 첨예한 대립 속에서도 바이오안전성의정서가 2000년 1월 29일 채택되었다. 하지만 당사국이 171개국에 이르렀음에도 위 네 개 주요 수출국이 참여하지 않고 있어 의정서 채택의미가 반감되고 있다.

유전자변형생물체로 인하여 손해가 발생하는 경우 이에 대한 책임문제에 대하여 바이오안전성의정서는 구체적 규정을 두지 못하고 추후 협의하도록 규정하였는데(제27조), 2010년 나고야당사총회에서 The Nagoya-Kuala Lumpur Supplementary Protocol on Liability and Redress to the Cartagana Protocol on Biosafety가 채택되었다. 이 의정서 제18조에 의하면 40번째 비준서 또는 가입서가 기탁된 후 90일 후에 발효하는데 이 조항에 따라 2018년 3월 5일 발효하였다. 현재 43개국이 당사국으로 참여하고

---

71) 의정서 제9조.
72) 의정서 제15조.

있지만 우리나라는 아직 서명도 하지 않았다.

(2) 내용 개관

우선, 협정의 적용대상이 되는 것은 생물다양성의 보존과 지속가능한 이용에 부정적 영향을 미칠 수 있는 모든 유전자변형생물체의 국제적 이동, 경유, 취급 및 이용 등의 활동이다. 다른 국제협정이나 국제기구에 의해 다루어지는 인간을 위한 의약품으로 사용되는 유전자변형체의 국제적 이동에는 적용되지 않는다. 의정서의 주요 통제수단인 '사전통보승인'제도는 '경유하는'(transit) 유전자변형체에 적용되지 않으며 외부환경에 대한 접촉과 영향을 효과적으로 제한하는 특별한 조치로 통제되는 유전자변형생물체를 포함하는 시설 또는 물리적 구조 내에서 이루어지는 운영을 의미하는 '밀폐사용'(contained use)에 대하여도 적용되지 않는다.

의정서는 또한 경작을 위한 종자나 사육을 위한 동물처럼 환경에 방출시키려는 것 (intentional introduction into the environment)과 식량, 사료 또는 가공(food, feed or processing)을 위한 것을 구분하여 전자에 대하여는 사전통보승인 등 엄격한 규제적 의무를 부과하는 반면 후자에 대하여는 상대적으로 느슨한 의무를 부과하고 있다.

(3) 사전통보승인절차

의정서의 가장 핵심적인 내용은 수입국의 환경에 유출시키려는 의도로 수입되는 유전자변형생물체의 국제적 이동에 대한 '사전통보승인'(advanced informed agreement: AIA) 절차이다.73) 이 절차는 수입당사국의 환경으로의 의도적 방출이 이루어지는 유전자변형체의 최초의 의도적 국가간 이동에 적용된다.74) 앞서 보았듯이 '밀폐사용'이나 '경유중'인 유전자변형체에는 적용되지 않고 식품, 사료 및 가공용으로 사용될 유전자변형체에는 약식절차가 적용된다. 아울러 인간건강에의 위험을 고려하여 생물다양성의 보존과 지속가능한 사용에 악영향을 미치지 않는 것으로 운영기구가 '사전통보승인'절차 면제를 결정한 유전자변형체에는 적용되지 않는다.

'사전통보승인'절차에 따라 수출당사국은 유전자변형생물체의 의도적 국가간 이동 전에 수입당사국의 국가책임기관에 서면통보하거나 수출자에게 반드시 서면으로 통보

---

73) Sands and Peel, op.cit., p.467. 의정서는 일반적으로 통용되는 'prior informed consent' 대신 'advanced informed agreement'를 사용하고 있는데 내용상 유사하기 때문에 '사전통보승인'이라고 동일한 용어로 번역하여 사용한다.

74) 의정서 제7조 제1항.

하도록 요구하고, 수출당사국은 수출자가 제공한 정보의 정확성을 법적으로 요구하도록 보장하여야 한다. 수입당사국은 통보문 접수 후 90일 이내에 통보자에게 그 접수사실을 서면으로 확인하여 준다. 이 확인에는 통보문 접수일과 통보문에 제8조에서 언급된 정보가 명백히 포함되었는지 여부 및 수입당사국의 국내규제체제에 따라 이후의 절차를 진행할 것인지 또는 제10조에 명시된 절차에 따라 진행할 것인지 여부를 기재한다. 수입당사국이 통보문 접수사실을 확인하지 않았다고 해도 그것이 의도적 국가간 이동에 대한 동의를 의미하지는 않는다.

수입당사국은 승인 여부를 유전자변형체에 대한 위험성평가에 따라 결정한다. 수입당사국은 수입당사국이 서면승인을 한 후 아니면 추후의 서면승인이 없더라도 90일 이상 경과한 이후에 의도적 국가간 이동 절차를 진행할 것인지에 대하여 90일 내에 통보자에게 서면으로 알려준다. 수입당사국은 또한 통보문 접수일부터 270일 이내에 통보자 및 바이오안전성정보센터에 1) 동일 유전자변형생물체가 추후에 수입될 경우에 당해 결정을 어떻게 적용할 것인지를 포함하는 조건부 또는 무조건부 수입승인 또는 2) 수입금지, 또는 3) 국내규제체제 또는 부속서 I에 따른 추가적인 관련정보의 요청(수입당사국의 응답기간을 계산함에 있어서 추가적인 관련 정보를 기다려야 하는 날짜는 포함되지 않음) 또는 4) 규정된 기간이 적시한 기간만큼 연장됨을 통보자에게 고지 중 하나의 결정을 통보하여야 한다. 무조건부 수입승인의 경우를 제외하고는 네 가지 결정에는 그 근거가 제시되어야 한다. 수입당사국이 통보 접수일로부터 270일 이내에 결정의 고지를 하지 않았다고 하더라도 의도적 국가간 이동에 대한 동의를 의미하지는 않는다.

의정서는 또한 '사전주의적 접근'(precautionary approach)을 도입하고 있다. 이에 따라 "유전자변형생물체가 인체건강에 미치는 위해도 감안하여 생물다양성의 보전과 지속가능한 이용에 미칠 수 있는 잠재적인 부정적 영향의 정도에 관한 과학적 정보와 지식이 불충분하여 과학적 확실성이 결여되었다고 하더라도, 수입당사국이 그러한 잠재적인 부정적 영향을 피하거나 최소화하기 위하여 위 제3항에 따른 절차에 의하여 해당 유전자변형생물체의 수입에 대하여 적절한 결정을 내리는 것을 막지 못한다"고 규정하고 있다.[75]

한편, 식품, 사료 및 가공을 목적으로 하는 유전자변형생물체에 대하여는 별도의 규정을 두고 있는데, 국가간에 이동할 가능성이 있는 그 같은 용도의 유전자변형생물체의 시장출시를 포함한 국내 이용에 대하여 최종적인 결정을 내리는 당사국은 최종 결정

---

75) 의정서 제10조 제8항.

이후 15일 이내에 바이오안전성정보센터(Biosafety Clearing House)를 통하여 당사국들에게 관련 정보를 알려주어야 하며, 이 정보에는 최소한 부속서 II에 명시된 정보가 포함된다. 그 당사국은 바이오안전성정보센터를 이용할 수 없음을 미리 사무국에 통보한 각 당사국의 국가연락기관에 서면으로 부속서 II에 명시된 정보의 사본을 제공한다. 당사국은 신청자에 의하여 제공된 정보의 정확성에 관한 법률상 의무가 있다는 것을 보장하여야 한다. 모든 당사국은 부속서 II의 나항에 명시된 기관에게 추가적인 정보를 요청할 수 있다. 당사국은 의정서의 목적에 합치하는 자국의 규제체제에 따라 식품·사료로 직접 이용되거나 가공을 목적으로 하는 유전자변형생물체의 수입에 관한 결정을 내릴 수 있다. 당사국은 또한 식품·사료로 직접 이용되거나 가공을 목적으로 하는 유전자변형생물체의 수입에 적용될 수 있는 모든 국내 법령·규정 및 지침의 사본을, 가능한 경우 바이오안전성정보센터에 제공한다. 이러한 유형의 유전자변형체는 국제적 이전에도 '사전주의적 접근'이 적용되어 유전자변형생물체가 인체건강에 미치는 위해도 감안하여, 물론 생물다양성의 보전 및 지속가능한 이용에 대하여 미칠 수 있는 잠재적인 부정적 영향의 정도에 관한 과학적 정보와 지식이 불충분하여 과학적 확실성이 결여되었다고 하더라도, 수입당사국이 그러한 잠재적인 부정적 영향을 피하거나 최소화하기 위하여 식품·사료로 직접 이용하거나 가공을 목적으로 하는 유전자변형생물체의 수입에 대하여 적절한 결정을 내리는 것을 막지 못한다.76)

IV. 유엔해양법협약(1982)

해양생물자원의 보존과 생물다양성 보호는 국제환경법 발전 초기단계부터 제기되어 온 문제이다. 예를 들어, 영국과 미국 간에 물개보존과 관련하여 발생하였던 Pacific Fur Seals 사건이 1893년에 중재판정으로 해결되었고 제도적으로는 식량농업기구(FAO)가 1945년에 창설되어 어업문제를 다루었다. 네 개의 제1차 해양법협약(1958) 중 제4협약은 '공해생물자원의 보존'에 관한 것이었고 국제사법재판소는 Fisheries Jurisdiction 사건을 통하여 해양생물자원보존을 위한 어업수역설정의 정당성 문제를 다루었다.

해양생물자원의 보존과 해양생물다양성 보호와 관련하여서는 유엔해양법협약(1982)이 중요한 의미를 갖는다. 협약 협상 당시 자국 연안 해양생물자원에 대한 해양관할권

---

76) 의정서 제11조 제8항.

을 확대하려는 연안국들과 어업활동의 확대를 도모하려는 원양어업국 간의 대립이 있었
는데 배타적경제수역(EEZ) 인정으로 연안국의 의사가 더 반영되어 규정되었다. 물론, 해
양생물자원보존과 생물다양성보호는 배타적경제수역에 한정된 문제는 아니고 영해, 군
도수역, 대륙붕, 배타적경제수역 등 연안국의 권한이 미치는 수역과 공해와 같은 자유
수역 등에서 다양한 내용의 규정을 두고 있다. 협약은 또한 수역별 규제 외에도 해양포
유동물, 고도회유성어종, 소하성어종 등 해양동물의 종별 규제도 병행하고 있다.

'영해'에서의 해양생물자원과 관련하여 연안국은 자국의 국제법적 의무에 합치되도
록 생물자원의 보존과 지속가능한 이용을 위한 법을 제정할 수 있다.[77] 또한 연안국은
무해통항과 관련한 법을 제정하면서 해양생물자원의 보존, 어업법규의 위반방지 등에
대한 것을 규정할 수 있다.[78] 대륙붕에서는 연안국은 자연자원을 탐사하고 이용할 주권
적 권리를 행사할 수 있다.[79]

한편 '배타적경제수역'에서 연안국은 첫째로, 생물자원의 허용어획량을 결정하여야
하고 가능한 과학적 증거를 고려하여 과다한 개발로 인하여 배타적경제수역에서의 생물
자원의 유지가 위태롭지 않도록 적당한 보존 및 관리조치를 통하여 보장하여야 한다.[80]
둘째로, 위 보장의무를 준수하면서 생물자원의 최적이용목적을 촉진시켜야 한다. 만약
허용어획량 전체를 자국이 어획할 능력이 없는 경우 잉여분에 대한 타국의 입어를 허용
하여야 한다.[81] 셋째로, 2개국 이상의 연안국의 배타적경제수역에 걸쳐 출현하거나 배
타적경제수역과 그 바깥의 인접수역에 출현하는 어족의 경우에는 관련 연안국은 언급된
어족의 보존 및 개발을 상호조정하고 확보하는 데 필요한 조치를 직접 또는 적절한 소
지역 또는 지역조직을 통하여 합의하도록 노력하여야 한다.[82] 넷째로, 연안국에 대하여
고도회유성어족에 대한 상호협력의무, 해양포유동물보존을 위한 상호협력, 소하성어족
모천국의 소하성어족의 보존을 위한 규제조치 확립의무, 강하성어족이 그 생활환(生活
環)의 대부분을 보내는 수역의 연안국이 그 어족을 관리하고 회유어의 출입을 보증할
책임 등을 부과하고 있다. 국제해양법재판소(ITLOS)도 해양법협약의 배타적경제수역에
관한 규정들에 근거하여 배타적 경제수역에서 연안국이 최고의 과학적 증거에 근거하여

---

77) 협약 제2조. 이 조항에서 직접적인 이 문구가 있지 않지만 연안국의 주권이 미치는 공간에서 당연한 권
      한행사라고 할 수 있다.
78) 협약 제21조 제1항.
79) 협약 제77조 제1항.
80) 협약 제61조.
81) 협약 제62조.
82) 협약 제63조.

그러한 증거가 없는 경우 사전주의원칙에 근거하여 보존조치를 취하고 협력할 상당한 주의 성격의 의무를 부담한다는 권고적 의견을 부여하였다.[83] 나아가 동재판소는 연안국이 배타적 경제수역에서의 생물다양성 보존에 대한 일차적 책임을 부담하지만 기국을 비롯한 다른 국가들이 책임을 면하는 것은 아니라고 보았다.[84]

'공해'에서는 자국민에 대하여 공해생물자원의 보존에 필요한 조치를 취하거나 취함에 있어 다른 국가와 상호협력해야 할 의무, 공해의 수역에서 생물자원의 관리 및 보존을 함에 있어서 상호협력할 의무, 공해상의 생물자원의 허용허획량을 규정하고 기타 보존조치를 해야 할 의무, 포유동물보존을 위한 협력 등을 규정하고 있다.[85]

해양법협약과 함께 해양생물자원보존과 생물다양성보호에 중요한 의미를 가지며 추후 체결되는 어업 관련 조약에 많은 영향을 미치고 있는 조약은 1995년의 공해상 경계왕래 및 고도회유성 어종 관리 및 보호협정이다.[86] 이 협정은 해양법협약의 경계왕래어종과 고도회유성어종의 보존과 관련된 규정의 효율적 이행을 통해 관련 어종을 보존하기 위한 것이다. 이 협정은 원칙적으로 국가관할권 이원의 경계왕래어종과 고도회유성어종에 적용되는데 핵심적인 연안국의 의무는 다음과 같다. 1) 경계왕래어족 및 고도회유성어족의 장기적 지속가능성을 보장하고 이러한 어족의 최적이용 목적을 증진할 수 있는 조치의 채택, 2) 위 1)의 조치는 이용가능한 최선의 과학적 근거에 기초해야 하며 최대의 지속가능한 생산을 가능하게 하는 수준으로 어족을 유지하거나 회복하도록 계획(취하는 조치는 개발도상국의 특별한 요구를 포함한 환경적·경제적 요인에 의하여 제약될 수 있음. 어로 방식, 어족간의 상호의존성 및 소지역적·지역적 또는 지구적 기준 등 어느 기준에서 보나 일반적으로 권고된 국제적 최소기준을 고려), 3) 사전주의적 접근(precautionary approach) 적용, 4) 조업, 기타 인간활동 및 환경적 요소들이 목표 어족 및 동일 생태계에 속하는 어종 혹은 목표 어족에 연관되거나 종속되는 어종에 미치는 영향을 평가, 5) 필요한 경우, 목표 어족과 동일 생태계에 속하는 어종, 혹은 목표 어족에 연관되거나 종속되는 어종에 대해 그 어종의 재생산이 중대하게 위태롭게 되지 아니할 수준 이상으로 자원량을 유지·회복하기

---

83) Request for an Advisory Opinion Submitted by the Sub-Regional Fisheries Commission (SRFC), Advisory Opinion of 2 April 2015, ITLOS Case No.21. paras.207~210.

84) *Ibid.*, 108.

85) 협약 제116~120조.

86) The UN Agreement for the Implementation of the Provisions of the United Nations Convention on the Law of the Sea of 10 December 1982 Relating to the Conservation and Management of Straddling Fish Stocks and Highly Migratory Fish Stocks, 대한민국에 대하여는 2008년 3월 2일 발효, 33 ILM 1309 (1994).

위하여 보존 및 관리조치를 필요에 따라 채택, 6) 해양환경에 있어서의 생물다양성 보호, 7) 효과적인 감시, 통제 및 감독을 통한 보존 및 관리조치 이행 등.[87] 다른 하나 이 협정의 중요한 의미는 배타적경제수역이원의 어업에 관하여 해양법협약체제와 지역수산기구 간에 협정의 이행 등과 관련하여 특별한 연계를 수립하였다는 것이다.[88]

한편 국가관할권 이원수역에서의 생물다양성 보호문제가 2004년에 UN 해양과 해양법에 관한 총회의 작업과제로 포함된 이래 이 문제를 다루기 위한 비공식임시실무작업반(Ad Hoc Open-ended Informal Working Group)이 설립되어 규제틀과 내용을 논의하여 왔다. UN총회는 최근 국가관할권 이원수역의 해양생물다양성(marine biodiversity of areas beyond national jurisdiction: BBNJ)의 보존과 지속가능한 이용에 관한 법적으로 구속력있는 조약을 해양법협약하에 체결하기 위한 회의를 소집하도록 결의하였다.[89] 이에 따라 조약협상을 위한 제1차 정부간회의가 2018년 9월에 개최되었고 2020년까지 4번의 회의가 개최될 예정이다. 제1차 회의에서는 능력배양과 해양기술이전, 해양보호수역을 포함한 수역기반관리방법, 환경영향평가, 이익공유 문제를 포함한 해양유전자원 등의 문제가 논의되었다.[90]

제4절 ● 국제적 규제의 실패원인

그동안 생물다양성 보존을 위한 국제적 규제가 다양한 동식물의 소멸을 막지 못했다는 평가를 받았다. 그 원인으로는 1) 포괄적 규제가 부족하고 주로 지엽적 규제가 이루어진 점, 2) 조약 등의 국제의무 준수보장장치의 부족, 3) 원인규명과 대응을 위한 과학적 지식의 부족, 4) 규제규범이 강행규정이라기보다는 권고적 규정이었다는 점, 5) 과학기술에 의해 문제를 해결할 수 있을 것이라는 막연한 믿음으로 사전주의원칙을 거추장스러운 것으로 간주해온 점 등이 지적된다. 이 문제의 궁극적 해결을 위해서는 인간의 탐욕억제와 인간의 생존이 타생명체에 의존한다는 의식이 확산되어야 한다. 또한

---

87) 협정 제5조.
88) 협정 제8조 제3항, 상세한 면은 Dupuy and Viñuales, *op.cit.*, p.210.
89) UN GA Res.72/249 of 24 December 2017.
90) UN GA/COF.232/2018/7, <http://undocs.org/en/A/CONF.232/2018/7>.

기후변화가 생물다양성에 미치는 영향과 같이 다른 환경 분야와 연계되어 있기 때문에 이들 관련 분야와의 연계적 접근이 이루어지는 것이 필요하다.

제5절 ● 생물다양성 관련 분쟁해결 사례

Ⅰ. Pacific Fur Seal 중재사건(또는 Behring Sea Arbitration)[91]

1867년 미국이 러시아로부터 알래스카를 구매하여 영토로 편입한 후 베링해 Pribilif 섬의 풍부한 물개모피산업도 인계받게 되었고 물개의 보전책임도 부담하게 되었다. 1868년 미국은 영해를 포함하는 알래스카 내의 물개보전을 위한 법령을 제정하였다. 보전조치의 강화를 위해 3해리 영해를 넘는 해역에까지 보전수역을 확장하는 조치를 취하였다. 이로 인해 공해수역인 보전수역에서 물개잡이를 하던 많은 영국선박이 나포되어 양국간에 분쟁이 발생하였고 외교적 해결노력에도 불구하고 해결이 되지 않아 중재재판에 부탁하게 된 사건이다. 미국은 영해이원의 보전조치를 이미 러시아도 시행하였고 이를 다른 국가들이 묵인하여 왔다고 주장한 반면에 영국은 이에 반대하면서 공해상의 물개는 일종의 무주물로 어느 한 국가의 배타적 관할권하에 둘 수 없다고 주장하였다.

중재재판소는 공해상에서의 물개잡이가 정당하다고 판정하여 미국의 3해리 영해이원의 관할권을 부인하였다. 아울러 중재부탁협정에 따라 중재재판소는 추후의 물개보전을 위한 규칙을 제정하였는데 Pribilif섬 주변의 60해리 해역의 보전수역설정, 물개잡이 금지기간의 설정, 수렵방법의 규제 등이 핵심 내용이었다.

이 사건은 오래되었지만 전적으로 또는 부분적으로 한 국가관할권 이원에 속한 자연자원의 보전이 얼마나 어려운 것인가를 보여주고 있다는 점, 공유천연자원을 위한

---

91) *Moore's International Arbitration Awards*, vol.1, p.755; Award of the Tribunal of Arbitration Constituted under the Treaty Concluded at Washington, the 29th of February, 1892, *American Journal of International Law*, Vol. 6, 1912, pp.233~241. 상세한 면은 이재곤, "베링해 물개 중재사건과 생물자원보존을 위한 국제환경법 발전", 「법학연구」, 전북대학교 법학연구소, 통권 44집(2015), pp.351-378.

초기 국제법 규제기술을 제시하고 있다는 점, 분쟁해결과 국제법의 점진적 발전에 대한 국제재판소의 역할을 보여주고 있다는 점에서 오늘날에도 의미를 갖는 것으로 평가된다.

Ⅱ. Fisheries Jurisdiction 사건[92)]

어업이 주요 산업인 아이슬랜드는 1952년에 직선기선 설정과 함께 4해리 배타적어업수역을 설정하였고 1958년에 12해리로 확장하는 조치를 취하였다. 이 해역에서 어업활동을 해 왔던 영국과 독일(당시, 서독)이 아이슬란드의 조치에 강력하게 이의를 제기하자 1961년 양국과의 협상을 통한 협정으로 12해리 어업수역에 반대하지 않되 추가적인 확대로 인한 분쟁발생 시 일방의 제소에 의하여 국제사법재판소에서 해결하기로 하였다. 아이슬랜드는 다시 1972년에 50해리로 어업수역을 확장하는 조치를 취하였고 이를 인정하지 않은 영국과 독일이 국제사법재판소에 제소한 사건이다.

국제사법재판소는 아이슬랜드가 일방적으로 어업수역을 50해리까지 확대하여 다른 국가의 어업활동을 배제할 수 없다고 판결하면서도 아이슬랜드가 어업에 국가경제를 크게 의존하는 어업국가로서 영해이원의 일정 해역에서 우선적인 어업권을 인정받을 수 있다고 보았다. 아울러 영해이원의 해역에서의 어업의 자유는 절대적인 것이 아니고 일정한 보존조치에 따른 의무를 상호간에 부담한다고 밝혔다. 국제사법재판소 판결의 해당부분은 다음과 같다.

the states concerned had an obligation to take full account of each other's rights and of any fishery conservation measures the necessity of which is shown to exist in those waters. It is one of the advances in maritime international law, resulting from the intensification of fishing, that the former laissez-faire treatment of the living resources of the sea has been replaced by a recognition of a duty to have due regard to the rights of other states and the needs of conservation for the benefits of all. Consequently, both parties have the obligation to keep under review the fishery resources in

---

92) *United Kingdom v. Iceland, Merits, Judgement,* ICJ Reports 1974, pp.3~173; *Federal Republic of Germany v. Iceland, Merits, Judgement,* ICJ Reports 1974, pp.175~251.

the disputed waters and to examine together, in the light of the scientific and other available information, the measures required for the conservation and development, and equitable exploitation, of those resources, taking into account any international agreement in force between them, such as the North East Atlantic Fisheries Convention of 24 January 1959, as well as such other agreements as may be reached in the matter in the course further negotiation.

Ⅲ. Southern Bluefin Tuna 사건[93]

1999년 7월 15일 뉴질랜드와 오스트레일리아는 일본을 상대로 해양법협약(1982) 제15부와 부속서 Ⅶ상의 중재재판에 회부하였다. 두 국가는 일본이 일방적인 실험어업프로그램(experimental fishing programme)을 시행하여 남방다랑어 어족의 보존 및 관리와 관련하여 해양법협약 제64조와 제116조 내지 제119조를 위반하였다고 주장하였다. 세 국가는 적절한 관리를 통하여, 남방다랑어의 보존 및 최적이용을 보장하기 위하여 체결된 남방다랑어보존협약(1993)의 당사국이었다. 협약에 따라 남방다랑어보존위원회(Commission for the Conservation of Southern Bluefin Tuna: CCSBT)가 설립되었고 이 위원회는 남방다랑어의 총허용어획량(total available catch: TAC)을 결정하고 그것을 당사국간에 할당할 권한을 가지고 있었다. 일본은 총허용어획량을 증가시키려 하였고 다른 두 당사국은 아직 증가시킬 만큼 어족자원이 회복되지 못하였다고 주장하여 협상이 결렬되었다. 일본은 일방적으로 소위 실험어업프로그램을 실시하면서 동 프로그램은 단지 남방다랑어의 현 어족상황에 대한 과학적 데이터를 얻기 위한 것이라고 주장하였지만 타 두 당사국은 일본의 실험어업프로그램이 할당량 이상으로 어획하기 위한 것에 불과하다고 주장하여 분쟁이 발생하였다.

제소 2주 후 오스트레일리아와 뉴질랜드는 일본의 실험어업실시를 막기 위한 잠정조치(provisional measure)를 요구하였다.

우선 중재재판소 관할권 여부에 대하여 일본은 중재재판소의 관할권에 대한 선결적 항변을 제기하여 사건이 미성숙(mootness)되어 재판소는 관할권이 없고 청구가 각하되어야 한다고 주장하였다. 반면에 호주와 뉴질랜드는 일본의 실험어업프로그램과 관련행위

---

93) *New Zealand v. Japan; Australia v. Japan, Provisional Measures*, 38 ILM 1624 (1999).

가 해양법협약에 의해 규율된다는 점, 해양법협약 제15부의 의미 내에서 해양법협약의 해석·적용에 대하여 분쟁이 있다는 점, 관할권 요건이 합치되었다는 점을 주장하여 일본 주장을 반박하였다. 사건의 성숙성 여부에 대하여 일본은 분쟁의 핵심은 자국의 일방적 실험어업프로그램 수행이고 쟁점은 어획량인데 당사자간의 의견교환과정에서 1,500톤으로 제한할 것을 호주가 제안하였고 일본이 그렇게 할 태세가 되어 있으므로 쟁점이 없어졌고 다툴 것이 없어 미성숙이라고 주장하였으나, 호주와 뉴질랜드는 1,500톤의 인정은 협상과정에서 제안된 것이고 협상대상은 단순히 양(quantity)적 제한만이 아니라 프로그램의 입안 및 집행동기 등과 같은 많은 문제를 안고 있는 프로그램의 질(quality) 문제를 포함하고 있고 총가능어획량을 1,500톤으로 정하는 것만이 쟁점이 아니라고 주장하였다. 오스트레일리아와 뉴질랜드는 일본의 제안을 거부하였고 그것을 수락한다고 해도 분쟁을 종료하기에 충분하지 않으며 분쟁이 실험어업프로그램의 양(量) 문제뿐만 아니라 질(質) 문제와 함께 최종적으로 합의된 총가능어획량 한계를 넘을 권리문제 등 다른 문제들도 관련되어 미성숙한 사건이 아니라고 주장하였다.

또한 양당사자간의 문제가 1993년 협약만의 문제인가 해양법협약의 문제를 포함하는가 아니면 양자 모두를 포함하는가에 대하여 호주와 뉴질랜드는 분쟁이 해양법협약의 해석적용을 포함한다는 것이 중재재판소가 관할권을 갖는 해양법협약의 해석에 관한 분쟁이 된다고 할 수 있다고 주장하였다. 국제사법재판소는 유사한 상황에서 문제에 답하기 위해서는 일방 당사자는 분쟁이 있다고 하고 타당사자는 이를 부인하는 것을 인정하는 것에 한정하지 않고 주장된 조약의 위반이 조약규정 내의 것이고 그 결과 분쟁이 재판소의 물적 관할 내의 것인가를 확실히 하여야 한다고 밝히고 있고, 이 사건에서 재판소는 당사자간의 분쟁이 위반이 주장된 조약상의 의무와 합리적으로 관계되었는지 여부를 결정해야 한다고 판단하였다. 양당사자간의 분쟁의 핵심요소는 총허용어획량의 개정에 대하여 합의에 이를 수 없는 것과 일본의 일방적 실험어업프로그램과 관련된 조치로 CCSBT의 임무범위 내의 것이다. 주요한 분쟁요소가 CCSBT 내에서 다루어졌고 분쟁에 대한 양당사자의 주장도 남방다랑어보존협약의 의무이행과 관련되었다. 분쟁이 남방다랑어보존협약과 관련된다는 것은 당사자간에 다툼이 없고 해양법협약이 관련되는가가 문제인데 호주와 뉴질랜드는 일본이 일방적 실험어업프로그램으로 해양법협약 제64조 및 제116조 내지 제119조를 위반하였고 분쟁발생 후 자국의 외교문서 등에서 이를 언급하여 왔다고 주장하였고, 일본은 그러한 언급이 이미 늦었고 국제해양법재판소에 잠정조치를 요구하기 위한 것으로 호주 등이 언급한 해양법협약의 관련 조항들은 일반조항으로 당사자간의 특정 분쟁을 규율하지 않는다고 주장하면서 분쟁이 오로지 남방다랑어보존협약 규정 내의 것이라고 주장하였다.

재판소는 특별법우선의 원칙이 국내법과 국제법에서 적용되고 있다는 것을 인정하면서도 국가의 한 행위가 여러 조약을 위반할 수 있다는 것도 인정하였다. 이행협약의 체결이 반드시 골격(framework)조약상의 의무를 제하여 버리는 것은 아니고(예를 들어, 인권보호에 관한 UN헌장 제1조, 제55조, 제56조 규정과 국제인권규약의 구체적 조항), 남방다랑어보존협약 당사국간의 관계에서는 해양법협약의 관련 조항이 효력이 없고 비당사국과의 관계에서는 효력이 있다는 것은 불합리하다고 보았다. 결론적으로 분쟁이 남방다랑어보존협약에 주로 관련되지만 해양법협약상의 문제도 있다고 보았다.

재판소는 잠정조치를 허용하면서 세 국가가 할당된 연간 허용어획량을 초과하지 않아야 하고 다른 국가의 합의가 있거나 실험어획량을 할당어획량에 포함시키지 않는 한 실험어획을 자제하여야 한다고 밝혔다.

이 사건은 몇 가지 점에서 중요한 의미를 갖는데 우선 잠정조치의 기준을 제시하였다는 점이다. 제시된 잠정조치가 취해질 조건을 정리하면, 1) 재판소에 일응 관할권이 있을 것, 2) 분쟁당사자의 이익보전 또는 해양환경에 대한 중대한 손상을 방지하기 위한 것일 것, 3) 상황이 긴급할 것 등이다. 하지만 재판소의 잠정조치 명령은 이러한 조건, 특히 상황의 긴급성에 대한 기준합치근거를 제시하지 못하였고 초기 판결로서 좀 더 확실한 판결로 기여하지 못하였다는 점에서 비판되기도 한다.

두 번째는 해양법 관련 분쟁해결기관 간(해양법재판소, 중재재판소, 지역적 협약의 분쟁해결수단, 국제사법재판소 등)의 관계정립의 필요성이 제기되었다는 점이다. 하지만 해결방안보다는 문제제기에 그쳤다는 점에서 아쉬움이 있다.

세 번째는 사전주의원칙(precautionary principle)의 확인 및 적용기준이 제시되었다는 점인데 이에 대하여 반대되는 평가도 존재한다. 해양법재판소는 해당 판결 부분에서 "당사국은 남방다랑어족에 대한 심각한 위해를 방지하기 위한 효과적인 조치를 보장하기 위하여 '신중함과 주의'를 기울여 행동하여야 한다"(the parties should act 'with prudence and caution' to ensure that effective conservation measures are taken to prevent serious harm to the stock of southern bluefin tuna)라고 밝히고 있다. 이 부분을 두고 재판소가 직접적으로 사전주의원칙을 인정한 것은 아니고 판결문의 여러 단락을 종합하여 사전주의원칙을 인정하고 기준을 제시하였다는 평가가 가능하다고 보고 있다. 제시된 것을 정리하면 1) 남방다랑어의 심각한 감소(역사상 최소수준), 심각한 생물학적 관심사화, 2) 과학적 불확실성의 존재-당사국과 그들을 위한 전문가의 상반된 의견, 3) 불확실성에도 불구하고 신중하고 주의 깊은 조치필요성의 인정 등이다.

사전주의원칙 개념의 발전에 기여한 측면으로는 위험평가(risk assessment), 환경손해의 정의(definition of environmental damage), 입증책임의 전환 등 사전주의원칙 이행에 필요한 개념들의 발전이 있었다고 본다. 환경손해방지와 사전주의원칙 이행을 위한 경제적·사회적 비용의 균형과 불확실성하에서의 운영의 어려움을 드러내기도 한다. 일반적으로 위험이 클수록 과학적 불확실성의 인용가능성은 커지고 사전주의원칙에 의한 조치비용이 클수록 과학적 불확실성 인용정도는 적어진다고 하겠다. 과학적 불확실성이 있었지만 더 이상의 피해를 막기 위해 잠정조치가 허용되었다. 사전주의원칙의 적용에 있어 낮은 기준이 적용된 것이다. 손해위험의 정도에 대하여는 '회복불가능성'(irreparability)보다는 낮은 수준을 인정하였다. 즉, 어종의 '멸종'이 아닌 '멸종에 이를 수 있는 누적적 효과'를 언급하였다. 마지막으로 입증책임의 전환문제에 대하여 실험어획프로그램이 어족자원감소에 영향을 미치지 않는다는 것을 일본이 의심의 여지없이 입증하는 것이 어렵다는 것을 알면서도 일본의 실험어업프로그램을 중단시키는 잠정조치를 허용함으로써 실질적으로 입증책임의 전환효과를 내게 하였다.

IV. Estai 사건[94]

이 분쟁은 스페인과 캐나다 간에 발생한 공해상에 있는 그린란드넙치(Greenland halibut) 어업에 관한 분쟁이다. 1994년 5월 12일 캐나다는 북대서양어업기구(North Atlantic Fisheries Organization: NAFO) 규율해역의 어족의 보전 및 관리에 관한 법률을 채택하였는데 여기에는 캐나다의 200해리 배타적경제수역 이원지역이 포함되었다. 이 법률이행을 위한 시행령이 1994년 5월 25일 채택되었고 동 시행령은 회유성어종의 보전에 가장 즉각적인 위협을 주는 선박의 종류를 특정하였다. 이러한 선박에는 개방등록제(open registries)를 채택한 국가가 기국인 선박과 무국적선이 포함되었다. 동 시행령은 또한 그린란드넙치와 같은 특정 어종을 회유성어종으로 캐나다의 보전 및 관리조치에 따라야 하는 것으로 규정하였다. 캐나다 정부에 따르면 동 법률과 시행령은 캐나다 정부로 하여금 Newfoundland의 Grand Banks의 회유성어종의 더 이상의 감소를 방지하고 어종의

복원을 이루기 위한 필수적인 긴급조치를 취하려는 것이었다.

추후 캐나다는 자국 관할권 내 해역에 대하여 그린랜드넙치 어업을 엄격하게 감소시켰다. 1994년 9월 캐나다는 NAFO가 그린랜드넙치 어종을 관리하여야 한다고 제안하였다. NAFO는 1993년에 스페인이 어획하였던 것보다 8,000톤이 적은 27,000톤을 1995년 총허용어획량(total available catch: TAC)으로 정하기로 합의하였다. 이 총허용어획량은 200해리의 캐나다 배타적경제수역 내를 포함한 일정한 NAFO규제해역에서의 전 어종에 대한 것이었다. NAFO위원회는 그린랜드넙치의 어획량을 캐나다에 16,300톤, EU에 3,400톤, 나머지는 러시아와 일본에 할당하였다. 1995년 3월 3일 EU는 NAFO의 쿼터배정에 반대하여 NAFO가 EU에 배정한 쿼터를 초과하는 총허용어획량을 일방적으로 정하였다. 캐나다 연안어업보호법(Coastal Fisheries Protection Act) 위반으로 1995년 3월 9일 스페인 어선 Estai호가 임검과 수색을 당하였다. 위반혐의에는 캐나다의 200해리 배타적경제수역 이원에서의 그린랜드넙치의 과도한 어획도 포함되었다. 1995년 3월 28일 스페인은 국제사법재판소(ICJ)에 제소하면서 공해상에서 외국선박에 대하여 관할권을 행사하려는 캐나다 법률은 스페인에 대하여 정당성을 주장할 수 없다는 것, 관할권행사 시도를 다시 하지 않고 해당 법률을 적절히 개정할 것, 공해상에 스페인 선박을 임검하고 강제조치를 취하고 선박과 그 선장에 대하여 관할권을 행사한 것은 국제법위반이라는 것을 선언하여 주도록 요청하였다.

하지만 국제사법재판소는 이 사건에 대하여 관할권을 행사하지 않았는데 그 근거는 캐나다가 국제사법재판소 규정 제36조 제2항 소위 '선택조항'을 수락하면서 NAFO규제해역에서 어업활동을 하는 선박에 대하여 캐나다가 취한 보전 및 관리조치에 기인한 분쟁 또는 그에 관한 분쟁은 대상에 포함하지 않았다는 것이었다. 국제사법재판소는 동 재판소의 관할권 존재를 주장하기 위해 캐나다의 조치가 보전 및 관리조치가 아니라는 스페인의 주장은 받아들이지 않았다.

국제법의 다른 많은 사례들과 마찬가지로 이 사건도 본안판결에 이르렀다면 해양생물자원보존과 관련한 많은 쟁점을 다룰 수 있었지만 관할권 단계에서 종료되어 많은 아쉬움을 준다.

V. Swordfish 사건[95]

이 사건은 칠레와 EU 간에 남태평양(South Pacific)에서의 황새치(swordfish) 어종의 보존에 관한 분쟁이다. 1991년 칠레정부는 어족상태를 우려하여 자국의 배타적경제수역 내에서 여러 보전조치를 취하였고 자국민에 대하여는 배타적경제수역에 인접한 공해상에도 보전조치를 취하였다. 이후 칠레는 자국관할권 이원의 해양에서 어획한 황새치를 자국 항구에 하역하는 것을 금지하였다. 이러한 일방적 보전조치로 인해 분쟁이 발생하였고 2000년 4월 EU는 WTO 분쟁해결기구에 제소하여 칠레의 금지조치가 GATT 1994 제5조의 체약국영토를 통한 상품의 자유로운 통과의무와 제11조의 수량제한금지의무를 위반하였다고 주장하였다. 반면에 칠레는 자국의 보존조치가 GATT 1994 제20조 제g항의 유한천연자원의 보존을 위한 조치로 정당화될 수 있다고 주장하였다.

이후 칠레는 2000년 9월에 EU를 상대로 해양법협약(1982) 부속서 7상의 중재재판에 제소하여 해양법협약상의 여러 보존의무를 위반하였다고 주장하였다. 이 사건은 5명으로 구성된 해양법재판소 특별재판부에 맡기기로 합의하였다. 칠레는 EU가 칠레의 배타적경제수역 인접 공해수역에서 회원국 소속 어선의 어업활동에 있어서 황새치 보존을 위하여 해양법협약상의 보전의무(특히 제116조~제119조)를 준수하였는지 여부, 해양법협약 제64조상의 협력의무를 준수하였는지 여부, 황새치의 보존을 위한 비차별적 칠레의 조치에 도전하였는지 여부와 이러한 행위가 협약에 부합하는지의 여부 및 협약 제300조와 제297조 제1항 (b)의 의무를 이행하였는지 여부 등을 판결하여 줄 것을 요구하였다.

반면에 EU는 칠레의 공해상에서의 일방적인 보전조치가 해양법협약 제87조, 제89조 및 제116조 내지 제119조를 위반하였는지 여부, 2000년 8월에 체결된 Galapagos협정이 해양법협약과 일치되게 협상되었는지와 협정의 실체규정이 해양법협약 제64조와 제116조 내지 제119조에 합치되는지 여부, 황새치 보존에 관한 칠레의 조치가 해양법협약 제300조에 합치되는지와 해양법협약 제64조상 협력에 관한 협정을 협상할 의무가 칠레와 EU에게 있는지 여부를 판결하여 주도록 요구하였다.

양 분쟁당사자는 2001년 1월에 WTO와 국제해양법재판소에서의 절차를 중지하기로(suspend) 합의하고 잠정협정에 합의하였다. 잠정협정에는 남동태평양에서의 황새치에

---

95) *"Chile-Measures Affecting the Transit and Importation of Swordfish"*, WTO Press Release, 12 December 2000, Case DS193; *Case Concerning the Conservation and Sustainable Exploitation of Swordfish Stocks in the South Pacific Ocean*, 40 ILM 475 (2001).

관한 양자과학기술위원회 체제 내에서의 협의재개, 제한된 척수의 EU어선의 칠레 항구 입항 허용, 남동태평양에서의 황새치보존 및 관리를 위한 다자체제에 관한 합의약속 등 이 포함되었다.

VI. Whaling in the Antarctic 사건[96]

이 사건은 2010년 5월 31일 오스트레일리아가 국제사법재판소에 남극해(Southern Ocean)에서 이행 중인 일본의 JARPA II라 불리는 대규모 포경프로그램이 포경규제협약 과 기타 해양포유류 및 해양환경의 보존을 위한 국제적 의무를 위반하고 있다고 제소하 면서 1) JARPA II의 이행중지, 2) 포경활동을 허락하는 인가·허가 또는 면허 등의 취 소, 3) 재발방지보장 등을 요구한 사건이다. 뉴질랜드는 2012년 11월 20일 소송참가를 신청하여 2013년 2월 6일 이를 허락받아 참가하였다.

1946년 체결된 포경협약은 협약의 이행기구로 국제포경위원회를 설치하고 포경활동 과 고래에 대한 연구와 조사 등으로 위원회를 보조하는 과학위원회(Scientific Committee) 를 두고 있다. 과학위원회는 과학조사목적허가 제안심사지침(Guidelines for the Review of Scientific Permit Proposals)에 따라 개별 국가의 과학목적의 예외인정 허가 여부를 심사한 다. 오스트레일리아는 일본이 상업적 목적으로는 어떠한 종의 고래도 살상하지 못하도 록 한 의무, 남극해보존지역에서 참고래의 상업적 포경을 하지 않을 의무, 밍크고래를 제외하고 고래의 획득·살상 및 취급(treating)에 대한 모라토리움을 준수할 의무를 위반 하였다고 주장하였다. 이에 대하여 일본은 오스트레일리아가 주장하는 의무위반은 포경 협약 제8조가 허용하고 있는 예외에 해당하는 과학조사 목적을 위한 프로그램이기 때문 에 어떠한 의무도 위반하지 않았다고 주장하였다. 따라서 이 사건의 핵심적인 쟁점은 일본의 JARPA II에 의한 대규모 포경프로그램이 포경협약 제8조상의 '과학조사목적을 위한 것'(program for purposes of scientific research)인가 하는 것이었다. 협약 제8조 제1항 은 다음과 같이 규정하고 있다:

본 협약 내의 여하한 규정에도 불구하고 체약국정부는 수량제한 및 동 정부가 적 절하다고 인정하는 기타 조건에 따라 과학조사를 목적으로 자국민에게 고래의 살

---

96) *Whaling in the Antarctic (Australia v. Japan)*, 판결문은 <http://www.icj-cij.org/docket/files/148/18136.pdf>.

상·포획·처리를 인가하는 특별허가를 부여할 수 있으며, 본조의 규정에 따른 고래의 살상·포획·처리는 본 협약의 적용으로부터 제외된다. 각 체약국정부는 동 정부가 부여한 모든 인가를 즉시 위원회에 보고하여야 한다. 각 체약국정부는 동 정부가 부여한 특별허가를 언제든지 철회할 수 있다.

일본은 포경협약 제8조 제1항이 협약의 다른 조항과 독립적으로 해석되어야 한다고 주장하다가 이를 수정하여 다른 조항과 합치되게 해석되어야 한다고 하면서도 이 조항이 협약상 예외를 정하고 있는 것으로 관습국제법에서 인정되었던 자유로운 포경의 문맥에서 과학조사목적의 고래잡이 권한을 준 것이라고 주장하였다. 반면에 오스트레일리아는 동조항이 다른 조항들의 문맥에서 해석되어야 하고 엄격하게 허용되어야 하는 극히 제한적인 예외를 규정하고 있는 것이라고 보았다. 재판소는 포경협약의 전문과 관련 조항을 볼 때 협약 제8조에 대한 엄격한 해석과 확대된 해석 모두 정당화될 수 없다고 하면서 과학조사목적의 프로그램은 과학지식을 증진하여야 하고 고래의 지속가능한 보존 또는 이용 이외의 목적을 추구할 수 있다고 보았다.

오스트레일리아는 일본의 과학조사를 위한 특별 포경허가가 포경협약과 동협약하에서 취해진 결정에 합치되는가 여부를 결정하는 것이 재판소의 임무라고 주장한 반면 일본은 재판소가 당사국의 조치가 포경협약에 합치되는지의 여부를 심사할 수는 있지만 자의적인 조치인지 명백히 불합리한 것인지 또는 '악의로'(in bad faith) 취한 것인지 여부를 결정하는 것에 한정하여야 하고 결정 자체를 심사할 수는 없다고 주장하다가 심리 말미에 가서야 국가의 조치가 객관적으로 합리적인지 또는 일관성 있는 근거와 믿을 만한 과학적 증거로 지지를 받을 수 있는지, 즉 객관적으로 정당화될 수 있는지 등이 판단기준이 된다는 것에 동의하였다.

'과학조사'(scientific research)의 의미에 대하여 오스트레일리아는 전문가의견을 인용하여 1) 종의 보존과 관리에 중요한 지식에 공헌하려는 한정되고 달성가능한 목적, 2) 다른 수단으로는 조사목적을 달성할 수 없는 경우에만 살상방법을 사용하는 것을 포함하는 적절한 방법(appropriate methods), 3) 전문가심사(peer review), 4) 종에 대한 해로운 영향의 회피 등의 요소를 필수적 특징으로 보았다. 일본은 대안을 내지는 않은 채 전문가의 견해가 조약해석을 결정할 수는 없다고 지적하였다. 재판소는 포경협약 제8조상의 과학조사가 오스트레일리아가 주장하듯이 네 가지 성격을 만족시켜야 하는 것은 아니라고 밝히고 아울러 다른 기준을 제시하거나 일반적 정의를 내릴 필요도 없다고 보았다. 재판소는 또한 국가는 특정한 정책을 추구할 때 한 가지 이상의 목표를 달성하려 하고 어떤 프로그램이 과학조사목적을 위한 것인가의 여부의 객관적 기준은 개별 정부 관료의 의도에 따른 것이 아니라 프로그램의 기획과 이행이 언급된 조사목적의 달성과 관련하여 합리적인가에 따른 것이라고 보았다.

　재판소는 일본의 과학조사프로그램인 JARPA II도 그 이전 과학조사프로그램인 JARPA가 상업적 포경에 대한 모라토리움이 발효된 후 첫 해에 중단 없이 고래잡이를 시행할 목적으로 서둘러 마련되었듯이 엄격한 과학적 고려에 의해 시작시점과 표본수를 정하여 시행된 것이 아니라고 보았다. 또한 재판소는 일본이 JARPA II의 시행에 고래를 살상하지 않는 대체방법을 제대로 고려하지 않았으며, JARPA에 비해 살상 고래표본수를 밍크고래의 경우 400마리에서 850마리로 확대하고 살상방법이 사용되지 않았던 참고래와 혹고래(각각 50마리)도 포함시킴에 있어 포경위원회의 결의, 지침 및 과학적 목적에 필수적인 정도로만 살상방법을 사용하겠다는 자국의 선언을 적절히 고려할 의무를 다하지 않았다고 보았다. JARPA II의 시행기간 중 밍크고래의 경우 목표개체수 850마리보다 적은 505마리(2006~2007), 551마리(2007~2008)가 실제 살상되고, 참고래 등 다른 고래의 살상 개체수가 목표수보다 적은 것도 일본이 목표치가 과학적인 근거 없이 설정된 것이라는 오스트레일리아의 주장을 뒷받침해 준다고 보았다. 또한 재판소는 JARPA II가 종료일을 정하지 않은 것은 상업적 포경 모라토리움이 종료될 때까지 고래잡이를 계속하려는 속셈을 보여준 것이고, 조사목적 달성 여부의 의미 있는 평가를 어렵게 하고 샘플수결정절차 등을 왜곡한다는 오스트레일리아의 주장을 받아들였다. 또한 일본이 JARPA II를 2005년부터 시행하면서 3,600마리의 밍크고래를 살상하였는데 그 과학조사결과는 미미한 것이었다는 점도 지적하였다.

　재판소는 결론적으로 JARPA II가 '과학조사'라고 할 수 있는 활동을 포함하고 있지만 제시된 목적달성과 관련하여 합리적으로 기획되고 이행되지 못하였고 따라서 JARPA II에 따라 일본이 부여한 포경특별허가는 포경협약 제8조 제1항에 따른 '과학조사목적을 위한' 것이라고 할 수 없다고 판결하였다.

생각하기

1. 생물다양성협약은 생물다양성보존을 위하여 충분한 역할을 수행하고 있는가?

2. 다양한 차원에서 다양한 종과 생태계에 대하여 규제하는 현 국제법체제의 장점과 문제점은 무엇인가? 열대우림에 존재하는 종과 생태계의 규율과 온대 또는 한대지역에 존재하는 종과 생태계를 같은 조약체제 내에서 규제하는 문제점을 생각해 보자. 고래보존을 위한 협약에서 고래의 먹이사슬에 속한 생물종 및 서식지에 대한 규제조항이 없다면 고래보존이 효과적으로 이루어질 수 있는가?

3. 유전자원에 대한 접근과 이익공유에 대한 우리나라의 입장을 논의해 보자.

4. 생물다양성보존과 지식재산권 보호문제의 관련성은 무엇인가?

5. 토착민을 위한 생물종 채취 또는 수렵의 예외와 특정 생물종보존방법 모색을 위한 소위 실험용포획 또는 어업에 대한 예외를 비교해 보자. 어떠한 경우에 어떤 기준에 의하여 인정될 수 있는가? 토착민에 대한 예외는 제한이 없는가?

참고문헌

박원석, "나고야의정서의 국내 이행 필요사항 분석", 「고려법학」, 제68호, 2013. 3.
심영규, "국제법상 생명공학기술의 지적재산권보호와 지속가능한 개발", 「국제법학회논총」, 제48권 제2호, 2003. 10.
오선영, "식물유전자원의 ABS체제 -나고야의정서와 ITPGRFA조약의 관계를 중심으로-", 「환경법연구」, 제36권 2호, 2014. 6.
오윤석, "식량농업유전자원에 대한 국제조약분석", 「국제법학회논총」, 제53권 제2호, 2008. 6.
_____, " 유전자원에 대한 접근 및 이익공유에 관한 나고야의정서이행법의 제정방향", 「지식재산연구」, 제8권 제1호, 2013. 3.
유예리, "생물유전자원의 접근 및 이익의 공평한 공유(ABS)국제레짐에 대응한 중국의 법제와 정책", 「국제법학회논총」, 제56권 제3호, 2011. 9.
이상돈, "멸종위기에 처한 야생동식물의 국제거래에 관한 협약에 관한 연구", 「환경법연구」, 제12권, 1991.

_____, "야생동식물보호법에 대한 고찰", 「법학논문집」, 제32권 제2호, 2008. 12.

이석용, "해양생물자원보호를 위한 국제어업법 변화 연구", 「과학기술법연구」, 제22집 제1호, 2016. 2.

이재곤, "자생식물유전자원의 국내적 보호와 국제법", 「국제법학회논총」, 제46권 제3호, 2001. 12.

_____, "식량농업유전자원에 대한 국제적 규제", 「국제법학회논총」, 제52권 제2호, 2007. 6.

장호민·조선희·김원희, "바이오안전성의정서의 의미와 주요 내용", 「경희법학」, 제43권 제1호, 2008. 6.

정서용, "생물다양성협약상 ABS 국제레짐 형성논의와 우리의 대응", 「환경정책연구」, 제8권 제4호, 2009. 12.

Austen, M. and T. Richards (eds.), *International Animal Welfare Law*, 2000.

Birnie, P., "Are Twentieth Century Marine Conservation Conventions Adaptable to Twenty First Century Goals and Principles", *International Journal of Maritime and Commercial Law*, vol.12, 1997.

Bowman, M., "International Treaties and the Global Protection of Bird", *Journal of Environmental Law*, vol.11, 1999.

Boyle, A., "The Southern Bluefin Tuna Arbitration", *International and Comparative Law Quarterly*, vol.50, 2001.

Burke, W.T., M. Freeburg, and E. Miles, "UN Resolutions on Driftnet Fishing: An Unsustainable Precedent for High Seas and Coastal Fisheries Management", *Ocean Development and International Law*, vol.25, 1994.

Chandler, M., "The Biodiversity Convention: Selected Issues of Interest to the International Lawyer", *Colorado Journal of International Environmental Law and Policy*, vol.4, 1993.

Farrier, D. and L. Tucker, "Wise Use of Wetlands under the Ramsar Convention: A Challenge for Meaningful Implementation of International Law", *Journal of Environmental Law*, vol.12, 2000.

Favre, D.S., *International Trade in Endangered Species*, Martinus Nijoff Publishers, 1989.

Heijnsbergen, P. van, *International Legal Protection of Wild Fauna and Flora*, Ios Publishing, 1997.

IUCN and J. Untermaier, (eds), *Legal Aspects of the Conservation of Wetlands*, Island Press, 1991.

Lone, E.D., "Improving the Management of the Atlantic Tuna: The Duty to Strengthen the ICCAT in Light of the 1995 Straddling Stocks Agreement", *New York University Environmental Law Review*, vol.6, 1998.

Lyster, S., "The Convention on the Conservation of Migratory Species of Wild Animals", *Natural Resources Journal*, vol.29, 1989.

Margulies, R.L., "Protecting Biodiversity: Recogniging Intellectual Property Rights in Plant Genetic Resources", *Michigan Journal of International Law*, vol.14, 1993.

Sagemuller, I., "Forest Sinks under the United Nations Framework Convention on Climate Change and the Kyoto Protocol: Opportunity or Risk for Biodiversity", *Columbia Journal of Environmental Law*, vol.31, 2006.

Sands, P., "Whither CITES?: The Evolution of a Treaty Regime on the Borderland of Trade and Environment", *Journal of Environmental Law*, vol.8, 1997.

Secretariat of the CBD, *Handbook of the Convention on Biological Diversity*, 2001.

Szekely, A., "Yellow Fin Tuna: A Transboundary Resource of the Eastern Pacific", *Natural Resources Journal*, vol.29, 1989.

제 11 장

환경오염에 대한 국가책임

제1절 ● 국제법상 국가책임*

I. 의 의

국제법상 국가책임(state responsibility)이란 국제법상 기본원칙으로 국가의 위법행위에 대한 국제법상의 책임을 말한다.[1] 국제법은 그 주체에게 권리와 의무를 부여함으로써 국제사회에서 그 기능을 한다. 특히 국제법의 주체가 이러한 의무를 위반하는 경우에는 일정한 법적 책임이 발생한다. 국제법의 주체가 의무를 위반해도 책임을 지지 않는다면 국제사회의 질서는 유지되기 어려울 것이다. 국제법의 주체에는 국가 외에도 다른 실체들이 있기 때문에 국가 외의 국제법의 주체들인 국제기구나 개인이 국제법을 위반함으로써 부담하여야 하는 책임 역시 존재한다. 그러나 국제환경법에 있어서 국가 이외의 주체의 책임은 극히 제한된다. 예를 들면, 다국적 기업이나 개인 등이 운영하는 공장에서 국제법에서 금지하고 있는 행위를 함으로 인해 대규모의 환경피해를 야기한 경우, 이런 행위가 국제법상 국적국가에게 귀속되는 경우에는 국적국가가 피해국가에게 국가책임을 지고 이차적으로 국내법에 의거하여 그러한 원인을 제공한 기업이나 개인에게 구상권을 포함한 민·형사상의 책임을 묻게 된다. 그러나 여기서 개인이 부담하는 책임은 국제법적 책임이 아니라 국내법적 책임에 불과하며 개인의 행위가 국가귀속성이 부정되는 경우에는 피해자는 가해자 개인을 상대로 가해자 국적국의 법정에서 국제법 위반 이유가 아닌 국제법을 수용한 가해자 국적국의 국내법 위반을 이유로 소송을 제기하게 되어 이 역시 국제법적 책임이 아닌 국내법적 책임으로 전환되게 된다. 개인이 야기한 초국경적 환경피해의 경우는 민사적인 책임으로 전환되어 국내법정에서 다루어진

---

* 본 장은 박병도, 「국제환경책임법론」(집문당, 2007), 35~73면을 이 책의 목적에 맞게 수정·보완하여 작성하였음.

1) C. Eagleton, *The Responsibility of State in International Law* (New York University Press, 1928), p.22; W.W. Bishop, *International Law: Cases and Materials* (Prentice-Hall, Inc., 1953), p.463; G. v. Glahn, *Law among Nations*, 5th ed. (Macmillan Publishing Co., Inc., 1986), p.227; J.G. Starke, *Introduction to International Law*, 10th ed. (Butterworths, 1989), p.293; R. Jennings and A. Watts (eds.), *Oppenheim's International Law*, 9th ed. (Longman, 1992), pp.500~501; M.N. Shaw, *International Law*, 4th ed. (Cambridge University Press, 1997), p.541; I. Brownlie, *Principles of Public International Law*, 6th ed. (Oxford University Press, 2003), pp.420~421.

다는 점과 비록 위반법규가 국제법이기는 하지만 동시에 이미 국내법으로 전환된 법규를 위반한 것으로 되어 실질적으로는 국내법상의 책임을 추궁받는 것에 불과하다는 점에서 여기에서는 직접적으로 다루지 아니하고 국가의 국제책임인 국가책임만을 다룬다.

　전통적으로 국제법은 그 오랜 역사 속에서 국가의 국제위법행위에 대하여 국내사법(國內私法)상의 불법행위의 법리를 원용하여 국제책임을 인정하였다. 그런데 유엔체제의 등장과 함께 ILC의 국제법 성문화작업과 국제법의 점진적 발전의 결과로 국제위법행위를 국제불법행위(international delict)와 국제범죄(international crime)로 나누어 논의하기에 이르렀다. 그러나 국가의 국제범죄는 비교적 최근에 논의되고 있는 내용으로 국가들 사이에 많은 논란이 제기되고 있는 상태로서 이에 관한 확립된 국제법규가 없는 상태이다. 그리고 이러한 위법행위에 대한 국가책임과는 별도로, 최근에는 비록 국제법상 적법행위라 할지라도 그로 인하여 발생하는 손해의 결과에 대한 책임, 즉 해로운 결과에 대한 국제책임이 인정되고 있다. 특히 오늘날 고도로 위험한 활동영역에 있어서 국제법상 금지된 행위는 아니지만 그와 같은 활동의 결과로 다른 국가에 손해를 야기한 경우에는 그에 대하여 행위국은 국제의무위반 여부와 관계없이 책임을 져야 하는 경우가 인정되고 있다. 즉, 현행 국제법상 국가책임은 크게 위법한 행위에 대한 국가책임과 위법하지 않은 행위에 따른 책임(해로운 결과책임)으로 나누어진다. 요컨대, 현재 국제법상 국가책임은 국제법상 금지된 행위를 함으로 인해 지게 되는 책임과 국제법상 금지되지 않는 행위라 할지라도 그로 인해 발생한 결과 때문에 부담하여야 하는 책임이 있다.

　전통적인 국가책임은 국제위법행위로 인하여 발생하는 책임을 말하고, 통상적으로 'state responsibility'라는 용어도 이를 의미하는 것으로 사용되고 있으며,2) 국제범죄를 포함하고 있지 않다. 따라서 특별한 언급이 없는 경우에 국가책임이라 함은 좁은 의미로 국제위법행위에 대한 국가의 국제책임을 말한다. 본장에서도 역시 별도의 언급이 없는 한 이러한 좁은 의미의 국가책임으로 한정하여 용어를 사용한다.

---

2) 일반적으로 국제법 의무위반에 따른 결과에 따른 책임을 'responsibility'로, 국제법에서 허용된 행위 또는 국제법적으로 금지되지 않은 행위로 발생한 피해에 대한 책임을 'liability'로 구분하여 사용하고 있다. Responsibility가 의무위반에 대한 피해의 배상의 문제라면 liability는 위해의 할당 또는 피해의 보상 문제라고 할 수 있다(A. Kiss and D. Shelton, *International Environmental Law*, 3rd ed. (Transnational Publishers, Inc., 2004), p.317). responsibility가 국가의 위법행위 또는 주의의무 위반 등 과실에 기초하여 책임을 묻는 데 반해, liability는 국가에게 위법성 및 과실의 유무를 불문하고 법으로 금지되지 않은 행위로 발생한 위험한 결과에 대한 엄격책임(strict liability)을 묻는 것이다. 그러나 이러한 개념의 구별이 엄격히 유지되고 있는 것은 아니다. 예컨대, 유엔해양법협약(제139조)과 1972년 우주물체에 의한 손해에 대한 국제책임에 관한 협약(Convention on International Liability for Damage Caused by Space Objects)(제1조, 제12조)은 이러한 전형적인 개념구별과 달리 liability를 국가책임(responsibility)을 이행하지 아니한 결과로서의 책임(liability)으로 이해하고 있다.

Ⅱ. 국가책임 기본원칙

1. 민사책임의 원칙

전통적인 국제법상의 국가책임은 민사책임과 유사하다. 국제법상의 위법행위는 국제불법행위와 국제범죄로 구분할 수 있으나 일반적으로 국내사법상의 불법행위와 유사한 것으로 취급되고 있으며, 그 법적 효과도 주로 손해배상책임에 의한다.

2. 국내법상 민사책임과의 차이점

국제사회의 국내사회와의 차이점으로 인하여 국제법상 불법행위는 국내법상 불법행위에 비하여 다음과 같은 특수한 성질이 있다. 첫째, 국제법상 불법행위는 그 성립과 책임범위에 관한 객관적 판단이 곤란하다. 국제불법행위의 존재 여부를 객관적으로 판단할 수 있는 국제재판소가 있기는 하나 그 구성과 기능에 한계가 있기 때문이다. 둘째, 국제법상 불법행위로 인한 책임을 객관적인 입장에서 강제집행을 할 중앙집권적인 권력기관이 없다. 따라서 국제불법행위의 효과는 국가의 실력에 의해 처리되는 경향이 강하다.

3. 민사책임과 형사책임의 분화 경향

전통적인 국제법상 국가책임은 국내사법상의 민사책임과 유사하였으나, 국제사회의 발달과 조직화에 따라 제한적인 범위 내에서 민사책임과 형사책임이 분화되어 가고 있다. 즉, 오늘날 국가책임은 이와 같은 불법행위에 대한 책임과는 별도로 국제범죄라는 개념을 인정하여 이에 대한 제재의 가능성을 인정하려는 움직임도 뚜렷하게 나타나고 있다.[3] 제1차 세계대전 이후 전쟁에 대한 위법성의 실정법화 경향이 나타났고, 개인의 일정한 범죄, 즉 집단살해, 반인도적 범죄, 전쟁범죄, 침략행위를 국제범죄로 처벌하게 되었다.[4] 그러나 아직도 국가의 국제범죄에 대한 일반적 합의는 이루어지지 않고 있다

---

3) 김석현, "환경오염에 대한 국가책임", 「국제법평론」, 통권 제4호(1995. 3.), 102면.
4) 전통적인 국제법은 개인의 불법행위에 대한 형사책임을 규정하고 있지 않았다. 국제법률 실증주의의 고전적 패러다임에 의하면 오직 국가만이 국제법의 주체이며 개인은 국제법의 객체에 불과하다고 간주한다. 따라서 국가만이 국제법상의 권리를 주장하고 의무를 부담할 수 있으며, 개인은 국제법상 권리를 주장하고 의무를 부담하지 않는다고 보았다. 그러나 개인의 불법행위에 대한 책임을 묻는 것이 필요하다

고 보아야 한다.5)

제2절 ● 초국경적 환경오염에 대한 국가책임 — 불법행위책임

I. 초국경적 환경오염과 손해의 의미

초국경적 환경오염(transboundary pollution)에 대한 국가책임문제를 다루기 위해서는 우선적으로 관련된 개념을 정의할 필요가 있다. 먼저 'transboundary' 또는 'transfrontier'

는 인식이 국제사회에 증대하기 시작하였다. 19세기 후반 이후 개인의 특정한 작위와 부작위에 대해서도 국제법상의 보호법익을 침해하는 것으로 간주하여 국제법상 처벌을 받아야 할 범죄로 보는 경향이 강화되기 시작하여, 제2차 세계대전 이후 국제공동체는 국제평화와 안전을 파괴하거나, 인권 및 인도적 가치를 대규모적이고 중대하게 침해한 개인을 형사처벌하고자 하는 노력이 행해졌다. 그 결과 국제위법행위에 대한 국가책임 및 국가의 국제범죄와는 별도로 개인의 국제형사책임의 인정과 함께 해적행위, 노예매매, 전쟁범죄, 집단살해죄, 인도에 반하는 범죄, 침략범죄 등이 국제법에 의해 '개인의 국제범죄'(international crimes)로 성립하게 되었다. 그리고 2002년 7월 1일 상설기구로 정식 출범한 국제형사재판소(International Criminal Court: ICC)는 개인의 국제범죄에 대하여 관할권을 행사한다.

5) 2001년 국가책임에 관한 규정초안이 채택되기 이전에 논의되었던 잠정초안은 제19조에 국제범죄에 대하여 규정하고 있었다(Yearbook of ILC 1976, vol. II (Part 2), pp.95~122). 즉, 국제법상 국제범죄라는 개념은 1980년에 ILC에 의해 채택되고 UN총회 제6위원회에서 전폭적인 지지를 받아 승인된 '국가책임에 관한 규정초안'에서 나타났다(ILC 잠정초안에 나타났던 국제위법행위의 두 가지 유형에 관해서는 김대순, 「국제법론」 제6판 (삼영사, 2001), 367~370면 참조). 잠정초안 제1부는 국가책임의 성립요건을 다루면서 제19조에서 국제위법행위를 국제불법행위(international delict)와 국제범죄(international crime)로 구분하고 있었다. 그 주요한 내용을 보면, 국제범죄란 국제사회의 기본적 이익의 보호에 불가결한 의무위반으로 발생하고 그 의무위반이 국제사회에 의하여 범죄로 인정되는 국제위법행위를 말하며(제19조 제2항), 기타 국제행위는 국제위법행위로 규정하고 있다(제19조 제4항). 이는 국제위법행위 중에는 통상의 국제불법행위와 국제범죄가 있다는 것이다. 그리고 위의 기본적 이익보호에 불가결한 네 가지 국제의무가 제시되고 당해 의무의 '중대한 위반'을 국제범죄라고 규정하였다(제19조 제3항). 여기서 언급한 네 가지 의무는 침략의 금지, 힘에 의한 식민지지배의 확립 또는 유지 금지, 노예제도금지, 집단살해 및 인종차별정책의 금지, 대기나 해양의 대량오염 금지 등이다. 이것은 각각 국제평화와 안전의 유지, 민족자결보호, 인권보호 및 인간환경의 보호와 안전에 있어 필요불가결한 의무라고 볼 수 있다 (Yearbook of ILC 1980, vol. II (Part 2), p.30). 그런데 초안 작업과정 중에 국제위법행위를 국제불법행위와 국제범죄로 구분하려던 ILC의 원래의 구상은 많은 국가들의 반대로 폐기되었다. 즉 국가의 국제범죄에 대한 합의가 이루어지지 않아 국제범죄에 관한 규정은 삭제되었다. 그러나 그동안 ILC에서 국제범죄에 대한 논의는 국제범죄의 개념 형성에 커다란 영향을 주었다(J. Crawford, "Revising the Draft Articles on State Responsibility", *European Journal of International Law*, vol.10, 1999, p.443).

라는 용어는 우리나라에서 '월경', '국가간', '국경을 횡단하는', '국경을 넘는' 등으로 해석되고 있으나 실질적으로는 혼용 또는 특별한 구분 없이 사용되고 있다.6) 여기서는 우리말로 더 정확하게 전달한다는 측면에서 '초국경적'으로 표현하고자 한다. 그리고 '환경오염행위'란 인간에 의하여 직접적 또는 간접적으로 생물자원에 유해하며, 인간의 건강에 위험하고, 인간의 활동을 방해하는 결과를 초래하는 물질 또는 에너지가 환경에 투입되는 행위를 의미한다. 종합해 보면, '초국경적 환경오염'(transboundary pollution)이란 어떤 국가에서 유발된 오염원(pollutants)이 공유자연자원(shared natural resource)을 통하여 그 국경을 넘어 이동되어 다른 국가 또는 지역에 영향을 주는 것을 말한다.7) 이러한 '초국경적 환경오염'은 한 나라 안에서 유발하여 다른 나라의 환경에 해를 끼치는 단일 사건으로부터 발생하거나8) 또는 다른 나라의 환경에 해로운 영향을 미치는 물질의 계속적인 방출로부터 발생할 수 있다.9)

　　환경손해(environmental damage)는 환경에 대한 오염행위로 인한 피해, 즉 오염이라

---

6) transboundary or transfrontier or transnational pollution을 번역함에 있어서 국내의 국제법 학자들간에 통일되어 있지 않다. 노명준교수는 '월경오염'(「신국제환경법」(법문사, 2003), 163, 165, 184면), 홍성화교수도 '월경오염'("환경의 국제적 보호", 「전환기의 국제관계법: 동석김찬규박사화갑기념논문집」(법문사, 1992), 475~492면)이라 하고, 또한 이병조·이중범교수도 '월경오염'(「국제법신강」, 제8개정판(일조각, 2000), 682~734면), 이재곤교수는 '초국가적 환경오염'("국제법에 있어서 환경권", 「현대사회와 법, 발달: 균제양승두교수화갑기념논문집」, 제2권 (홍문사, 1994), 289면), 최승환교수는 '초국경적 환경오염'("초국경적 환경오염피해에 대한 방지의무", 「서울국제법연구」, 제2권 제2호(1995. 12.), 172면) 등 다양하게 번역되고 있다. 그런데 '월경'이란 일본학자들이 만들어낸 용어로 한글로 표현했을 때 어감이 좋지 않고, trans-를 '초'(超)로 번역하는 것이 단어조합에 자연스럽고 의미 전달에 적합하다는 이유로 대부분 이렇게 표현하는 관행이 있다. 김대순교수는 '국경간 손해'(transboundary harm)(「국제법론」, 제17판 (삼영사, 2013), 785~800면), 박기갑교수는 '국경을 넘는 오염'("국제법상의 국가간 대기오염방지와 그 규제동향", 「국제법평론」, 창간호(1993), 40~80면), 성재호교수도 '국경을 넘는 오염'("인접국 오염원에 의한 환경피해의 국제법적 구제", 「국제법학회논총」, 제46권 제2호(2001. 12.), 97~11면), 그리고 장신교수도 '국경을 넘는 오염'("국경을 넘는 오염에 관한 국제법상의 방지의무", 「국제법학회논총」, 제42권 제1호(1997. 6.), 181~187면), 박병도교수도 '국경을 넘는 오염'(「국제환경책임법론」 (집문당, 2007))이라고 표현한 바가 있다.

7) S.C. McCaffrey, "Pollution of Shared Natural Resource", *Proceeding of ASIL*, vol.71, 1977, p.56; A.L. Springer, *The International Law of Pollution* (Quorum Books, 1983), p.13.

8) 예를 들면, 1984년 인도 Bhopal에 있는 Union Carbide회사의 자회사 공장에서 가스(methylisocyanate gas)가 새어 나와 2천여 명이 사망하고 20만여 명이 심각한 신체적 손상을 입은 사고, 1986년 4월 구소련의 우크라이나 체르노빌 원자로 폭발사고(이 사고로 방사능 물질이 미국까지 흘러들어 갔다), 같은 해 11월 스위스의 산도즈(Sandoz)화재사고(이 사고에서 화염을 잡기 위해 소방호스를 사용하였는데, 그 결과 30톤의 화학물질이 라인강 근처로 유입되어 부근 여러 국가에 심각한 환경문제를 불러 일으켰다) 등이 이러한 경우에 해당하는 대표적인 환경오염사고이다.

9) 예를 들면, 기후변화, 지구온난화, 산성비와 오존층파괴 그리고 중국에서 불어오는 황사 등이 이러한 경우에 해당한다.

는 과정을 통해 인간의 환경에 피해를 미치는 것이라 정의할 수 있다. 오염행위로 인한 환경손해에 대해 OECD는 "인간이 물질 또는 에너지를 직접적으로나 간접적으로 환경 속에 투입한 결과로서 인류건강을 위협하고, 생물체와 생태계에 해로우며, 환경의 쾌적함과 적법한 이용을 저해하고 가로막는 일체의 유해한 결과"라고 정의하고 있다.[10] 환경손해가 인간의 오염행위를 통한 피해이기 때문에 자연현상, 즉 화산폭발, 지진 등에 기인한 오염은 제외되나 황사현상과 같이 자연현상이라 할지라도 자연적으로 발생하여 날아오는 분진 외에 오염물질이 포함되어 피해를 야기하는 경우는 당연히 초국경적 환경오염손해로 간주되어야 한다.

그리고 인간의 오염행위로 말미암아 환경에 영향을 미친다 할지라도 이것이 손해라는 개념으로 전환되기 위해서는 법적 평가가 요청된다. 즉, 무해한 정도를 초과하는 양이나 농도의 유독 및 기타 물질의 배출과 열의 방출로 생태계에 심각하고 돌이킬 수 없는 피해가 가해지는 것이라거나[11] 인간의 쾌적함을 저해하거나 방해하는 수준[12] 등 일정한 정도 이상의 손해만이 법적인 책임을 야기한다고 할 것이다. 국제적인 관행 역시 중대한(serious),[13] 중대한 것보다는 낮은 수준인 심각한(significant)[14] 또는 매우 심각한 (substantial)[15] 수준의 피해만을 국제법의 규율대상으로 하고 있다. 그러나 구체적으로

---

10) OECD Principles concerning Transfrontier Pollution, Council Recommendation C(74)224, 1974년 11월 14일. 장신, 앞의 논문, 184~185면.
11) 박기갑, "환경오염으로 인한 손해의 국제법적 구제방안",「환경법연구」, 제23권 제1호(2001. 9.), 170면.
12) 장신, 앞의 논문, 184~185면.
13) 미국과 캐나다 사이의 대기오염사례인 Trail Smelter 사건(*Trail Smelter case (United States v. Canada)*, (1941) 3 RIAA 1938, pp.1965~1966); 1992년 산업재해의 국제적 영향에 관한 협약 제1조 (Convention on the Transboundary Effects of Industrial Accidents, 21 International Environment Reports (BNA) 5301).
14) 1982년 세계자연헌장(World Charter for Nature) 제11조(22 ILM. 455 (1983)); 1991년 국제환경영향평가에 관한 협약(Espoo협약)(Convention on Environmental Impact Assessment in Transboundary Context(Espoo Convention) 제2조 제1항, 30 ILM 800 (1991); 1997년 국제수로의 비항행적 이용에 관한 법을 위한 협약(Convention on the Law of the Non-Navigational Uses of International Watercourses)제7조 제1항, 제21조 36 ILM 700 (1997); 미국 대외관계법(Restatement (Third) of the Foreign Relations Law of the United States 1987) 제601조 제1항 (b).
15) 1966년 국제법협회의 헬싱키규칙(The Helsinki Rules on the Uses of the Waters of International Rivers, 제10조 1 Basic Documents of International Environmental Law 227 (H. Hohmann (ed.), 1992)); 1982년 국제법협회의 몬트리올규칙 제3조(ILA Montreal Rules of International Law Applicable to Transfrontier Pollution, 1 Basic Documents of International Environmental Law 245 (H. Hohmann (ed.), 1992)); 환경과 개발에 관한 세계위원회(WCED) 법원칙선언 제11조 제1항 등. 이외에도, 1993년 환경에 해로운 활동으로 인한 손해에 대한 민사책임협약(Lugano협약)은 '수인할 수 있는 수준'(tolerable level)을 책임 발동의 한계로 정하고 있다. Convention on Civil Liability for Damage Resulting from Activities Dangerous to the Environment, 32 ILM 1230 (1993), 제8조 (d).

어느 정도의 피해가 국가책임을 야기하는 중대한 또는 심각한 피해인지 여부는 사실인 정의 문제이기 때문에 판단주체에게 폭넓은 재량이 주어지고 있다.16)

II. 환경오염에 대한 국가책임의 성립요건

초국경적 환경오염이 발생한 경우 어떤 요건 아래에 국가책임이 성립하는가? 이를 전통적인 국가책임이론, 즉 국제위법행위에 대한 국가책임의 성립요건을 바탕으로 검토해 보자. 국가는 자기의 위법한 행위에 대하여 국제법상 책임이 있다. 이는 전통적 국제법에 뿌리를 두고 있다.17) 과거에는 국가책임이 주로 외국인에 대한 위법한 취급에 제한되어 있었으나 오늘날은 국가책임이 국제법 주체의 모든 국제적 권리침해의 결과에 의해 발생한다는 점이 일반적으로 승인되고 있다.18) 따라서 환경오염 문제와 관련하여 한 국가가 자국의 관할권 내에서 또는 통제 아래에서의 행위로 환경을 오염시켜 다른 국가에게 피해를 끼쳤을 경우에도 국제법상 국가책임이 성립한다. 여기서 이와 같은 초국경적 환경오염의 경우에 환경피해에 대한 오염원인국의 국가책임의 성립요건을 전통적이고 일반적인 국가책임이론에 근거하여 분석해 보자.

일반적으로 국가의 모든 국제위법행위(internationally wrongful acts)는 그 국가의 국제책임(international responsibility)을 발생시킨다.19) 그리고 국가의 특정 행위에 국가책임을 귀착시키기 위한 요건은 당해 행위가 국가에 귀속되어야 하고(주관적 요소), 그 행위가 국제법상 국가의무를 위반한 것이어야 한다(객관적 요소).20) 이러한 기본적인 이분법(dichotomy)은 일찍이 Dickson Car Wheel Co. 사건에서 국가책임의 성질에 관한 멕시코-미국일반청구위원회(Mexico-U.S. General Claims Commission)의 중재판정에서 반영되었다.

---

16) UN국제법위원회(ILC)의 2006년 '위험한 활동에서 야기되는 초국경적 피해의 손실분배에 관한 원칙 초안'(Draft principles on the allocation of loss in the case of transboundary harm arising out of hazardous activities) 제2원칙 (a)는 "피해"를 사람, 재산 또는 환경에 가해진 심각한 피해라고 정의하고 다음의 것을 포함한다고 규정하고 있다. (ⅰ) 생명의 손실 또는 신체적 피해, (ⅱ) 문화적 유산의 일부를 구성하는 재산을 포함한 재산의 손실 또는 피해, (ⅲ) 환경의 악화로 인한 손실이나 피해, (ⅳ) 천연자원을 포함한 환경이나 재산의 회복을 위한 합리적인 조치의 비용, (ⅴ) 합리적인 대응조치의 비용.

17) K. Zemanek, "State Responsibility and Liability", in W. Lang, H. Neuhold and K. Zemanek (eds.), *Environment Protection and International Law* (Graham & Trotman, 1991), p.191.

18) *Ibid*.

19) 2001년 국가책임에 관한 규정초안 제1조: ILC Report (2001), pp.63~68.

20) 2001년 국가책임에 관한 규정초안 제2조: ILC Report (2001), pp.68~74.

"모든 협약의 내용과 무관하게 국제법상 국가에 책임이 발생하기 위해서는 국제위법행위가 그 국가에 귀속되어야 하고 국제적인 법률상의 기준에 의해 부과된 의무의 위반이 존재하여야 함이 필요하다."[21]

따라서 환경오염피해국이 초국경적 오염에 대하여 국가책임을 주장하기 위해서는 그 원인되는 행위가 피고국가에 귀속되어야 하고, 그와 같은 피고국가의 행위가 국제의무를 위반하는 것이어야 한다. 책임은 국제의무위반에 따르는 의무국의 법적 지위를 말한다. 사실 국가책임 자체의 조건은 의무의 하나이다. 즉, 국가책임은 국제의무위반에 대하여 적절한 조치로 결과를 변경(amends)을 해야 하는 국가의 의무이다.[22] 다시 말해서 국가책임은 국가의 국제의무 불이행의 결과와 그에 대한 제재(sanction)를 의미한다.[23] 현재 국가책임의 성립요건에 대해서 대체로 합의가 되고 있으나 아직도 쟁점이 되는 요소가 있기 때문에 우선 논란의 여지가 적은 요건, 즉 행위의 국가 귀속성과 행위의 국제의무위반에 대해서 분석해 보고, 차례로 논란이 되고 있는 국가책임 성립요건으로서 과실의 존재 여부와 손해의 발생에 대해서 검토해 보자.

1. 환경오염행위의 국가 귀속

어떤 환경오염행위가 국제법상 국가가 책임져야 할 행위인가? 이는 어느 행위자의 행위가 국가의 귀책사유를 발생하는가의 문제이다. 이에 관한 문제를 ILC의 국가책임에 관한 규정초안을 중심으로 분석해 보자. 전통적으로 국가는 국가기관의 행위에 대해서만 책임을 진다고 여겨왔으나,[24] 오늘날은 국가기관뿐만 아니라 실제로 국가기능을 유효하게 행사하는 법인 및 사인(私人)의 행위에 대하여 국가책임을 인정하려는 경향을 보이고 있다.[25][26]

---

21) *Dickson Car Wheel Co. case, U.S. v. Mexico*, 4 RIAA 678 (1931).

22) B.D. Smith, *State Responsibility and Marine Environment* (Clarendon Press, 1988), p.5.

23) *Ibid.*, p.6.

24) R. Jennings and A. Watts (eds.), *Oppenheim's International Law*, 9th ed. (Longman, 1992), pp.539~548.

25) 김대순, 「국제법론」, 제11판 (삼영사, 2006), 482~486면; 이병조, "국가책임협약 잠정초안에 관한 연구", 「법학논문집」(중앙대학교), 제17집(1992), 20~21면.

26) 사인(私人)의 행위가 직접 국가책임을 발생시킨다는 것을 인정하고 있는 조약으로는 1967년의 우주공간의 개발 및 이용에 관한 협약 제6조, 1968년 핵무기비확산조약 제1조 및 제2조, 1982년 UN해양법협약 제139조 및 부속서 Ⅲ 제4조 제3항 등을 들 수 있고, UN총회의 1982년 인공위성에 의한 직접 TV방

(1) 국가기관의 환경오염행위

국제법학은 국제의무위반이 국가조직 구성원의 행위, 즉 국가의 기관(organ) 또는
대리인(agent)에 의해 수행되는 행위는 국가에 귀속된다는 점을 확립하고 있다. 즉, 정부
조직 내에 있는 국가기관은 그 지위의 상하에 관계없이, 즉 헌법상의 기관(constituent),
입법부(legislative), 행정부(executive), 사법부(judicial) 또는 기타 권력에 속하든 국가조직
상의 상하위를 불문하고 그 기관 구성원의 행위는 국가에 귀속된다.27) 종래에는 주로
한 국가가 다른 국가에게 국제법상 책임을 지게 되는 행위가 행위국가의 행정기관에 의
해서 이루어진 것만을 상정하였으나, 오늘날은 모든 국가기관의 행위에 대하여 국가책
임이 성립한다는 원칙이 확립되어 있다. 국제의무를 담고 있는 국제법은 행정부뿐만 아
니라 입법부나 사법부에 의해서도 적용될 수 있기 때문이다. 따라서 행정기관의 행위뿐
만 아니라 다른 국가기관의 행위에 의해서도 국가책임은 성립한다. 예를 들면, 행정기
관이 국경지역에 환경오염을 유발하는 공장 건설을 허가하고 그에 대한 적절한 관리를
하지 않아 인접국가에 환경오염을 야기하였을 경우 국가책임을 면하기 어려울 것이
다.28) 또한 각국은 그들의 입법기관 또는 법원의 행위에 의해서도 국가책임이 성립한
다. 이것은 국제관행과 국제판례에29) 의해서도 지지되고 있다. 그리고 국가는 지위의
높고 낮음에 관계없이 자국의 모든 공무원의 행위에 대해 책임을 진다.30)

송에 관한 결의(37/92) 원칙 8, 1986년 우주공간의 원격탐사활동에 관한 결의(41/65) 원칙 XIV 등도
사인의 행위에 대하여 국가책임이 발생함을 규정하고 있다.

27) 2001년 국가책임에 관한 규정초안 제4조: ILC Report (2001), pp.84~92.

28) 이와 같은 행정기관에 의한 허가를 국내법에 의한 정당한 행정행위, 즉 정당한 주권의 행사라고 하여
면책을 주장할 수 있으나, 옳지 않다고 본다. 그 이유는 첫째, ILC의 국가책임에 관한 규정초안 제3조를
보면 "국가의 행위는 국제법에 따라서만 국제법 위반 여부를 결정할 수 있다. 이러한 결정은 동일한 행
위가 국내법상 적법하다고 결정되더라도 영향을 받지 않는다"라고 규정하여 국가의 행위는 설령 그것이
국내법에 위배되지 않을 뿐만 아니라 심지어 법적으로 국가가 그 행위를 해야 할 의무가 있더라도 그것
이 국제법위반인 경우에 국제위법행위를 구성한다는 점을 밝히고 있다. 다시 말해서 이는 국가는 스스
로의 행위가 국내법상 적법하다고 하여 당해 행위가 국제위법행위가 아니라고 주장할 수 없다는 점을
밝히고 있는 것이다. 둘째, 이와 같은 논거는 1932년 상설국제사법재판소(PCIJ)의 '단찌히거주 폴란드국
민의 취급에 관한 권고적 의견'(Treatment of Polish Nationals in Danzig Territory, Advisory
Opinion, Poland v. City of Danzig of D32, PCIJ Ser. A/B, no.44, p.24)과 국제사법재판소(ICJ)의
1949년 'UN근무중 입은 손해배상에 관한 권고적 의견'(Reparation for Injuries Suffered in the
Service of the UN, Advisory Opinion, ICJ Reports 1949, pp.174~188)에서도 지지되었다.

29) 폴란드령 상부 실레지아 사건(Polish Upper Silesia case, German v. Poland, 1925, PCIJ Ser. A,
no.6, p.5; 또한 Lotus호 사건에서는 국제적인 사법적 의무위반에 대하여 국가책임이 있다고 판결하였
다(Lotus case (France v. Turkey), 1927, PCIJ Ser. A, no.9, p.24).

30) 예를 들면, 멕시코인이 미국인 Massey를 살해한 뒤 멕시코 감옥에 투옥되었다가 간수의 실수로 탈출한 이른
바 Massey 사건에서, 멕시코정부는 간수란 최말단공무원이기 때문에 국가책임을 야기하지 않는다고 주장하
였으나 멕시코-미국일반청구위원회는 이를 받아들이지 않았다(Massey case, US v. Mexico, Mexico-US

국제법상 국가기관의 행위는 작위(action)와 부작위(omission)를 포함한다.31) 즉, 국가가 국제의무를 위반하는 행위를 한 경우뿐만 아니라 국제의무상 요구된 행위를 하지 않는 경우에 의해서도 국가책임은 성립한다. 실제로 국가의 국제책임이 부작위에 대하여 주장된 사례가32) 국가에 의하여 적극적으로 취해진 작위에 의하여 주장된 경우 못지 않게 많다.33) 따라서 한 국가의 입법기관이 다른 국가의 환경에 손해를 미치는 환경오염을 야기하는 법률을 제정하였거나 환경보전을 위한 기준을 설정하는 법률을 제정하지 않아 다른 국가에 환경위해를 가한 경우에 국가책임이 성립한다고 볼 수 있다.34) 또한 국제조약에 의해 다른 국가의 영토보전을 침해하지 않고 자국의 영토를 사용해야 할 의무를 지고 있는 국가가 환경오염을 야기할 수 있는 법률을 제정하여 국제의무를 위반한 경우에도 국가책임이 성립한다고 볼 수 있다.

더 나아가 이들 중앙정부의 기관의 행위뿐만 아니라 지방자치단체(territorial governmental entity)의 행위 및 연방국가의 구성국의 행위도 당해 국가에 귀속된다.35) 또한 국가기관은 아니지만 당해 국가의 국내법에 의하여 공권력을 행사할 권한을 부여받은 개인 또는 단체가 그 같은 자격으로 행동하였다면 그 행위는 국제법상 그 국가의 행위로 간주된다.36) 그리고 사법인(私法人)이 국내법에 의해 특정의 임무를 부여받은 경우 그러한 사법인이 그 수임범위 내에서 행한 행위도 당연히 국가에 귀속된다고 보아야 할 것이다.37) 따라서 사기업이 국가로부터 권한을 위임받아 산업활동을 하다가 환경오염사고를 유발하여 인접국가에 손해를 미친다면 그 사기업에 권한을 위임한 국가가 국제책임을 부담하여야 할 것이다.

General Claims Commission, 4 RIAA 155 (1927)).

31) 2001년 국가책임에 관한 규정초안 제2조: ILC Report (2001), pp.68~74.
32) 예를 들면, Janes 사건에서 멕시코-미국일반청구위원회는 멕시코 정부에게 미국인을 살해한 범인을 체포하기 위해 적절한 조치를 취하지 않은 것, 즉 멕시코 정부 자신의 부작위에 대해 국가책임을 인정하였다(Janes case, US v. Mexico, Mexico-US General Claims Commission, 4 RIAA 86 (1926)).
33) Smith, op.cit., p.10.
34) 일찍이 Eagleton은 '국가는 국제법에 대립하는 적극적 입법행위뿐만 아니라 국제의무이행을 위하여 필요한 입법을 하지 않은 것에 대하여도 책임이 있다'라고 주장하였다(Eagleton, op.cit., p.66).
35) 2001년 국가책임에 관한 규정초안 제4조. 이 조항의 취지에 따르면 결국 연방국가에서 구성국의 행위는 연방국가의 행위로 간주되어 연방국가가 책임을 지게 된다. 그리고 한 국가 내에 있는 보조정부(subsidiary government)의 행위도 국가에 귀속된다는 중재판정도 있었다(Pellat case, France v. Mexico, 5 RIAA 536 (1929)).
36) 2001년 국가책임에 관한 규정초안 제5조: ILC Report (2001), pp.92~95. 예를 들면, 교도소를 운영하는 민간기업이나 경찰권을 행사하는 철도회사가 정부권한을 부여받은 자격으로 초국경적 오염행위를 한 경우 당해 국가의 행위로 간주될 수 있다.
37) 김석현, "국가책임 성립요건의 재검토", 「국제법학회논총」, 제39권 제1호(1994. 6.), 108면.

(2) 직무수행상의 오염행위

일반적으로 국가책임은 국가기관의 직무상 행위에 대하여 성립한다. 국가는 정치적 이념체이며 관념적인 추상체이므로 그 자신이 직접 행위할 수는 없는 것이므로 국가기관에 속한 개인(즉, 공무원)이 그 국가를 위하여 대신 행위할 수밖에 없다.[38] 여기서 국가기관의 행위란 그 국가기관의 지위에 있는 자연인의 직무상 행위를 말한다. 따라서 직무수행과 관련하지 아니한 공무원의 위법행위는 단지 사인의 행위로 간주되어 국가의 행위로 간주되지 않는다. 그렇다면 공무원이 직무수행과 관련하여 국내법에 의하여 부여받은 권한을 넘거나 지시를 위반한 경우에도 이를 단순한 그의 개인적 행위로 간주할 것인가? 아니면 당해 국가의 행위로 귀속되는가?

전통적인 견해에 의하면, 국가기관이 권한을 벗어나거나 지시를 위반한 경우에 당해 행위는 국가의 행위로 간주되지 않는다고 보았다. 다시 말해서 국가기관의 권한 밖의 행위는 국가의 행위를 구성하지 않는다고 보았다. 그러나 실제 국가기관이 불법행위를 하도록 권한을 위임 받거나 지시를 받는 경우는 거의 없음에도 불구하고 그 같은 논리에 따르게 되면 국가책임이 성립하는 경우는 거의 존재하기 어렵다. 그러므로 권한을 벗어나거나 지시를 위반한 행위에 대해서도 일정 범위 내에서 국가의 행위로 간주하여야 한다.[39] 오늘날의 국제법에 따르면, 국가기관이 국가의 명백한 공권력을 갖고 행동하는 한, 비록 그것이 국내법상 '권한 밖의 행위'(또는 월권행위; ultra vires acts)이더라도[40] 그 국가에 귀속된다.[41] 왜냐하면 국가기관의 당해 행위가 국내법상의 권한범위를 벗어났는지 아닌지는 국내법의 문제이며, 이를 근거로 국제법상의 책임이 면제되는 것은 아니기 때문이다.

또 하나의 문제는 국가의 행위로 귀속되는 권한 밖의 행위를 어디까지로 할 것인가이다. 이에 대한 하나의 견해는 외견상으로 그 권한 내에서 행해지는 것으로 보이는 국

---

38) Shaw, *op.cit.*, p.545.
39) 김대순, 「국제법론」 제20판 (삼영사, 2019), 685면.
40) 여기서 '권한 밖의 행위'란 국가기관 또는 공무원에게 부여된 법적 힘 또는 권한의 범위를 넘어서거나 초과한 활동을 말한다(*Webster's Third New International Dictionary* (1986), p.2480).
41) 권한 밖의 행위가 국가에 귀속되는 인정근거에 관한 학설은 과실추정설과 표견설(表見說)로 견해가 갈리고 있다. 과실추정설은 국가기관원의 권한 밖의 행위에 의하여 다른 국가에 손해를 야기한 때에는 국가가 이를 방지하지 못한 데에 고의·과실이 추정된다는 견해이고, 표견설은 국가기관원의 권한은 외부에 명확하게 나타나지 않은 경우가 많으므로 직무상 권한 밖의 행위가 외견상으로 권한 범위 내의 행위 같이 행하여진 경우에는 국가가 책임을 져야 한다는 견해이다. 표견설이 통설이고 오늘날 국제법도 이를 따르고 있는 것으로 보인다(이병조·이중범, 「국제법신강」 (일조각, 2000), 223~224면; 山本草二, 「國際法」 (有斐閣, 1999), 638면).

가기관의 권한 밖의 행위에 대해서만 국가책임이 발생한다는 것이다. 따라서 당해 행위가 외견상으로도 권한 밖의 행위로 보이는 경우에는 국가책임이 성립하지 않는다고 한다. 또 다른 하나의 견해는 국가기관의 권한 밖의 행위라 하더라도 그것은 국가로부터 부여받은 권한에 기초하여 행동한 것인 만큼 국가가 그에 대해 직접책임을 져야 한다는 것이다. 국가책임에 관한 규정초안 제7조는 이 문제에 대하여 "국가기관 또는 공권력의 행사 권한을 부여받은 개인이나 단체의 행위는 설사 자신의 권한을 넘어섰거나 지시를 위반하였을지라도, 당해 기관, 개인 또는 단체가 그 같은 자격에서 행동하였다면, 그들의 행위는 국제법상 국가의 행위로 간주된다"[42]라고 하여 후자의 견해를 따르고 있고 이것이 타당해 보인다.[43] 왜냐하면 외견상으로도 권한 밖의 행위임이 명백했었다는 이유만으로 국가책임을 면제하게 되면 사실상 피해자가 자신을 방어할 능력이 없는 경우 가해국에게 쉽게 책임을 피해갈 수 있는 여지를 제공할 위험이 있을 뿐만 아니라 가해국이 자국의 국내법규정을 이유로 책임을 회피할 수 있기 때문이다.

이들 문제를 초국경적 환경오염과 관련하여 생각해 보면 더욱 명백하다. 국제법이 사법부, 입법부, 행정부 공무원 등의 '직무상의 행위'만을 국가에 귀속시킨다면 이러한 국가기관들과 공무원들이 초국경적 환경오염을 유발하는 경우는 거의 상상 속에서나 존재할 것이다. 실제 문제가 되는 초국경적 환경오염은 공무원이 국가기관의 자격에서 행한 행위로서 국내법상의 권한을 벗어나서 또는 지시를 위반하여 환경오염을 유발하는 경우일 것이다. 따라서 오염행위자가 직무수행과 관련하여 국내법상의 권한을 일탈하거나 지시를 위반하여 국제의무를 위반한 경우에도 국가책임은 인정되어야 한다.

국가 자신이 상업적 실체로 행위를 하는 경우에도 국가관할권 밖의 환경에 손해를 야기할 수 있는데, 이 경우 그러한 행위를 국가에 귀속시킬 수 있는가에 대한 문제가 제기된다. 앞에서 소개한 ILC의 국가책임에 관한 규정초안 제7조에 따르면, 이 경우도 국가책임이 인정된다고 보아야 할 것이다. 이와 관련하여 B. Smith는 "국가가 조직, 소

---

42) ILC Report (2001), pp.99~103.
43) 국가책임에 관한 규정초안 제7조의 내용은 대부분의 국제판례와도 부합하는데, 그 대표적인 사례가 Youmans 사건이다. 이 사건은 멕시코의 한 마을에서 주민들이 미국인 3명을 살해한 것과 관련하여 제기된 배상청구였다. 살해행위가 있기 전에 그 마을이 속해 있는 지방자치단체장은 미국인을 보호하기 위해 지방군대에게 주민폭동을 진압하도록 명령한 바가 있었다. 그런데 폭동진압에 나선 군인이 오히려 폭동에 가담하여 미국인 살해에 참여하였다. 멕시코정부는 지방자치단체장의 명령을 위반한 군인들의 행위에 대해 배상책임이 없다고 주장하였다. 그러나 미국-멕시코 일반청구위원회는 이 같은 주장을 인정하면 공무원의 어떤 위법행위도 국가책임을 수반하지 않게 될 것이라고 반박하면서 멕시코의 배상책임을 인정하였다(*Youmans case*, *US v. Mexico*, Mexico-US General Claims Commission, 4 RIAA 1101 (1926)).

유관계, 자본화(capitalization), 이득의 수령(receipt of profits), 관리 그리고 유사한 관계 (similar involvement)를 통하여 상업적 기업에서 중심역할로 행동하는 것을 선택하는 경우, 그런 행위는, 국제적 귀속(international attribution)을 목적으로, 그 국가의 '공적'대표자로서 다루어지도록 하자"고 주장하였다.44)

(3) 사인의 오염행위

사인(私人)의 행위가 국가책임과 관련하여 논의가 되는 경우, 국제법학의 원칙은 개인이 국가를 대리하지 않고 순수한 사인의 지위에서 행동한 경우 국가기능의 행사와는 아무런 관련성이 없기 때문에 당해 행위는 국가에 귀속되지 않는다는 것이다. 사실상 국가행위를 제외하고, 사인의 행위는 국가에 귀속되지 않는 것이 원칙이다. 국가책임에 관한 규정초안도 이러한 입장을 취하고 있다.45) 그러나 일정한 경우에는 예외적으로 사인의 행위가 국가책임을 발생시킨다. 정확하게 말하면 사인의 행위는 국가책임 발생의 유인(incentive)으로 작용할 수 있으며, 국가책임 발생의 이론적 기초는 1차적으로 국제의무를 위반하는 사인의 행위를 방지하기 위하여 사전에 '상당한 주의'(due diligence)를 다하지 않았다는 것과 그 의무위반으로 인한 침해에 대해 사후에 '국내적 구제'(local remedies)를 취하지 않은 국가기관의 부작위에 있다. 이에 입각해서 환경오염문제를 생각해 보면, 국가는 사인의 행위에 의해서 야기될 수 있는 초국경적 환경오염을 방지하기 위한 상당한 주의의무를 다해 모든 합리적인 조치들을 취할 의무가 있다.46) 그리고 사인의 행위에 대하여 국가책임은 발생하지 않는다는 것은 어디까지나 국제법상 일반원칙이다. 따라서 사인의 행위에 대해서도 국가책임을 인정하는 조약을 체결할 수 있다.

---

44) Smith, op.cit., p.30.
45) 2001년 국가책임에 관한 규정초안 제8조와 제9조에서 예외적으로 '사실상'(in fact) 국가의 행위로 간주할 수 있는 사인의 행위를 규정하고 있다.
   제8조 (국가에 의하여 지도되거나 통제되는 행위)
   "사람 또는 사람들의 집단(a person or group of persons)이 그 행위를 수행함에 있어 사실상 국가의 지시(instruction)에 의하거나 국가의 지도 또는 통제(direction or control)에 따라 행동한 경우에는, 그러한 자의 행위는 국제법상 그 국가의 행위로 간주된다."
   제9조(공공당국의 부재 또는 마비 상태 속에서 수행된 행위)
   "사람 또는 사람들의 집단이 공공당국의 부재 또는 마비 상태 속에서 그리고 정부권한(governmental authority)의 행사가 요구되는 상황에서 사실상 정부권한을 행사하였다면, 그러한 자의 행위는 국제법상 그 국가의 행위로 간주된다."(ILC Report (2001), pp.103~111).
46) P.-M. Dupuy, "International Liability for Transfrontier Pollution", in M. Bothe (ed.), *Trends in Environmental Policy and Law* (Erlich Schmidt Verlag, 1980), p.369. 또한 Dupuy는 '상당한 주의' 개념의 사용은 국가의 불법적인 부작위와 관련이 있다는 점과 상당한 주의란 선량한 정부, 즉 국제의무에 주의를 기울이는 정부에게 기대되는 주의라는 점을 지적하고 있다(*Ibid.*).

예를 들면, 1967년 우주조약[47] 제6조는 사인의 우주활동에 대해서도 국가가 직접 책임을 진다고 규정하고 있다.

오늘날 대부분의 환경오염은 사인이나 사기업에 의하여 야기되고 있다. 이러한 이유로 초국경적 환경오염과 관련한 주된 행위주체인 사인에게 직접적으로 책임을 인정하고 있는 조약들도 적지 않다. 그러나 환경 분야에서의 국제책임은 그 주체가 국가로서 인정되는 책임, 즉 국가책임을 주로 다루는 것이기 때문에 오염행위자인 사인에 대해 국내법상 책임을 묻는 문제는 국제법의 관심대상에서 벗어난 문제이다. 그런데 초국경적 환경오염을 야기하는 사기업의 일부 또는 전부를 국가가 소유하고 있는 경우에는 국가가 직접 책임을 지게 된다. 그리고 순수한 사기업이 개인의 자격으로 활동하여 다른 국가에 환경오염을 끼친 경우에 원칙적으로 국가책임의 문제는 발생하지 않지만 그러한 오염행위를 상당한 주의의무를 다하여 방지하지 않았다면 당해 국가가 책임을 진다. 예를 들어 한 국가가 가입하고 있는 국제환경협약에 의해 부과된 오염방지를 위한 적절한 환경규칙을 제정하지 않고 그에 따라 사기업의 오염행위를 방지하지 못한 경우 당해 오염행위는 그 국가에 귀속될 수 있고, 그 국가는 국제의무를 위반하는 것이 된다.[48]

사인의 행위에 의하여 국가책임이 발생하는 경우 그 책임의 성질에 관하여 대위책임설(theory of vicarious responsibility)과 자기책임설이 대립하고 있으나, 국가가 사인의 행위에 대하여 책임을 지는 것은 당해 사인의 위법행위에 대해서가 아니라 국가 자신이 그 행위를 상당한 주의를 기울여 방지하지 못하고 적절한 국내적 구제를 하지 않은 데에 대하여 자기가 책임을 지는 것이라고 보는 자기책임설이 옳다.[49] 예를 들어, 국제환경협약상 환경오염 방지의무를 부담하고 있는 당사국이 자국 영토 내에 또는 관할권 아래에 있는 사기업에 의한 오염행위는 예방(방지)의무위반으로 책임을 져야 하는 경우가 있는데, 이 경우 자기의 국민을 대신하여 책임을 지는 것이 아니라 그 자신의 부작위에 대하여 직접적으로 책임을 지는 것이다. 따라서 사인의 행위는 국가책임의 원인이 되는 사실에 간접적 영향으로 작용할 뿐이다.[50] 그리고 오염행위자에 대한 민사법적인 손해

---

47) 이 조약의 정식명칭은 Treaty on Principles governing the Activities of States in the Exploration and Use of Outer Space, including the Moon and Other Celestial Bodies이다. 통칭하여 우주조약 (Outer-Space Treaty)이라고도 한다. 610 UNTS 205; 18 UST 2410, reprinted in ILM, vol.6 (1967), p.386.

48) J.G. Lammers, *Pollution of International Watercourses: A Search for Substantives Rules and Principles of Law* (Martinus Nijhoff, 1984), p.588.

49) 홍성화, 「국제법개론」 (건국대출판부, 1995), 146면; 이병조·이중범, 앞의 책, 225면.

50) A. Rest, "Responsibility and Liability for Transboundary Air Pollution Damages", in C. Flinterman, B. Kwiatkowska and J.G. Lammers (eds.), *Transboundary Air Pollution: International Legal*

배상청구와 국제법상 국가에 대한 보상청구는 구별되어야 한다.

그리고 '상당한 주의'는 구체적으로 무엇을 표준으로 하여 결정할 것인가에 관하여
는 국제표준주의(객관설)와 국내표준주의(주관설)가 대립하고 있다. 조약상의 권리 없이
국제표준주의를 다른 국가에게 일방적으로 강요하는 것은 국내문제 불간섭의무 위반으
로 부당한 주권침해가 될 가능성이 있기 때문에 당해 국가의 기대가능성 여하를 표준으
로 하여 내·외국인을 평등하게 취급하는 주관설이 더 지배적이나 규범의 국제화가 급
속히 진행되고 있는 오늘날 객관설이 유력하게 되어 가고 있다.[51] 그런데 주의의 정도
는 인접국가에 환경오염이나 손해를 끼치는 행위의 성질에 따라 달라질 것이다.[52] 또한
어떠한 국가가 상당한 주의를 기울였음에도 불구하고 그의 관할권 또는 통제 아래에서
사인이 다른 나라의 환경에 실제적인 손해를 입혔다면 그 원인국가는 침해자를 처벌하
고 피해자를 구제하기 위한 배상에 필요한 모든 국내적 구제조치를 취해야 한다. 그렇
지 않으면 오염행위는 국가에 귀속될 가능성이 있다.

각국은 자국의 영토 내에서 사인의 행위가 다른 국가의 영토에 손해를 주는 경우에
그러한 행위를 통제할 의무가 있다. 그러나 일반적으로 국가는 자국 영토 밖의 영역에
서 자국민의 행위를 통제할 책임은 없다. 그런데 오늘날 조약에 의해 자국의 영토 밖에
서도 자국민의 행위를 통제하여야 할 의무를 부과하는 경우도 있다.[53] 예를 들면, 1967
년의 우주조약 제6조에서 조약 당사국은 달과 천체를 포함한 우주공간에 활동에 있어서
자국 정부기관이나 비정부단체가 행한 경우를 막론하고 국제적 책임을 진다고 규정하고
있다. UN해양법협약 제139조 제1항에서도 "당사국은 당사국이나 국영기업에 의하여
수행되거나 당사국의 국적을 가지거나 당사국 또는 그 국민에 의해 실효적으로 통제되
는 자연인 또는 법인에 의하여 수행되는 심해저에서의 활동이 이 장[54]에 따라 수행되도
록 보장할 책임을 진다"고 규정하고 있다.

Aspects of the Co-operation of States (Martinus Nijhoff Publishers, 1986), p.317.

51) 홍성화, 앞의 책, 146~147면; 이병조·이중범, 앞의 책, 225~226면.

52) 1960년 Havard대학의 '외국인의 손해에 대한 국가의 국제책임에 관한 협약초안'(Draft Convention on
the International Responsibility of States for Injuries to Aliens)의 제10조에서 '상당한 주의'의 정도는
피해 외국인의 '공·사적 성격'에 따라 다르고 '사고의 상황'에 따라 다르다고 하였다. 피해 외국인의
'공·사적 성격'이란 외국의 원수, 외교사절 등은 일반인에 비하여 더 세심한 주의와 예방수단이 필요하
다는 것이며, '사고의 상황'이란 사고가 긴급한 상황에서 발생했느냐 또는 태만결과의 대소(大小)에 비
례한다는 것을 말한다(AJIL, vol.55 (1961), pp.548~584).

53) I. Brownlie, *System of the Law of Nations: State Responsibility*, Part 1 (Clarendon Press, 1983),
pp.165~166.

54) UN해양법협약 제11장(Part XI)(제133조~제191조)을 말하며, 여기서는 심해저(deep sea-bed)에 관한
내용을 규정하고 있다.

국제법전문가들은 국가에 귀속시킬 수 있는 사적 행위의 범위를 넓히고자 하였다. 예를 들면, ILC의 국가책임에 관한 작업은 국가책임원칙의 전통적인 '상당한 주의'기준을 피하고, 자국 영토 또는 통제 아래에서의 모든 활동에 책임이 있는 국가들을 대상으로 하고 있다.55) ILC 위원이었던 Magraw에 의하면 국가책임에 관한 연구는 "사적 행위의 규제를 포함하는 폭넓은 국가의 의무와 보험 또는 재정적 안전을 확보하기 위하여 사적 행위자에게 요구하는 국가의 능력"에 기초하고 있다고 한다.56) 그런데 어떻게 그러한 사적 행위의 국가귀속의 확대를 각국의 이익과 조화롭게 하느냐를 착상하는 것은 어려운 일이다. 행위의 국가귀속을 넓게 인정하는 제도는 사경제활동에 대한 정부의 강제가 요구되고 경제발전에 더욱 비용을 많이 들게 한다. 그리고 이러한 내용은 최근에 많은 국가들이 정부의 역할을 줄이고 사기업의 규제를 완화시키고자 하는 측면과 역행하는 것이다. 더욱이 사적 행위의 국가귀속의 확대는 각자의 영토 내에서 이루어지는 사적 활동을 통제할 수 있는 각국의 능력을 동일하게 보고 있는데, 이는 허구적 동질성(a fictional homogeneity)을 의미한다. 이러한 국가귀속의 확대개념을 작업의 배경으로 함으로써, ILC는 각국이 기업규제를 계획할 수 있는 경제적 자원과 전문적 기술의 상이한 수준을 간과하고 있는 것이다. 사기업의 활동에 대한 정부간섭의 양태와 강도는 국가에 따라 상당히 다르고, 정부의 강제 수준은 사적 활동을 통제하기 위한 해당 국가의 능력에 영향을 준다. 이러한 측면을 고려해 볼 때 국제적인 환경오염 분야에서 사인의 행위를 국가의 행위로 간주해야 할 필요성이 존재하기는 하지만 국가귀속의 확대개념은 각 개별국가들의 국내 정치적인 현실을 무시하고 대신에 국가산업정책의 다양성 및 복잡성과 관계가 없는 법규를 만들 우려가 있음을 아울러 유의해야 할 것이다.

2. 환경과 관련한 국제의무의 위반 — 국제위법행위의 객관적 요건

(1) 국제의무의 연원

문제되는 행위가 원인국가에 귀속될 수 있다고 하더라도, 국가책임이 발생하기 위

55) R.Q. Quentin-Baxter, "Fifth Report on International Liability for Injurious Consequences Arising Out of Acts Not Prohibited by International Law", *Yearbook of ILC 1984*, vol. II (Part 1), pp.155~173, U.N. Doc. A/CN.4/383 and Add.1 (1984). 국제책임(international liability)은 국가의 영토 내에서 또는 통제 아래에서의 활동이 다른 국가의 영토 내에 또는 통제 아래에 있는 영역의 이용과 향유에 영향을 미치는 물질적 결과(physical consequence)를 발생하거나 발생시킬 수 있는 경우를 포함함을 제안하고 있다.

56) D.B. Magraw, "The Internatonal Law Commission's Study of International Liability for Non-prohibited Acts as It Relates to Developing States", *Washington Law Review*, vol.61, 1986, p.1046.

해서는 국제의무위반이 존재하여야 한다.57) 다시 말해서 국가책임성립의 주관적 요건
으로 문제의 행위가 국가에 귀속되고, 객관적 요건으로 그러한 행위가 국제법상 위법성
을 가져야 한다. 국제의무위반에 대해서 국가책임을 설정하는 것은 논리적으로 타당하
다.58) 통상적으로 국가행위의 위법성을 '국제법의 위반'(violation of international law)으로
인식하였으나 ILC는 특별보고자이었던 R. Ago교수의 제의를 받아들여, 국제법상의 모
든 위법행위를 국가책임성립의 객관적 요건으로 하기 위하여 '국제의무의 위반'(breach
of an international obligation)이라는 표현을 쓰고 있다.59) 그러므로 초국경적 환경오염으
로 인한 국가책임은 각종의 국제환경법의 위반뿐만 아니라 국제재판소의 환경과 관련된
판결, 국제환경기구의 결의, 법적 구속력이 있는 국가의 일방적 선언 등에 의해 부과된
의무(obligation)60)의 위반에 의해서도 성립될 수 있다.61) 역시 국제관습법상의 환경 관
련 의무의 위반에 의해서도 국가책임은 성립할 수 있다. 따라서 초국경적 오염에 대한
국가책임은 국제관습법상의 의무인 *sic utere tuo ut alienum non laedas* 62) 원칙을 위반
하여 다른 국가에 환경오염을 야기한 국가에 귀속시킬 수 있다.

(2) 국제의무위반의 판단근거

어떠한 국가행위가 국제의무를 위반한 것인지의 판단함에 있어서 각국의 국내법에
의하지 않는다는 점은 이론의 여지가 없다.63) 국가책임에 관한 규정초안도 이러한 입장
을 분명히 하고 있다. 즉, "국가행위의 국제위법성의 결정은 국제법에 의하여 정하여진

---

57) 2001년 국가책임에 관한 규정초안 제2조: ILC Report (2001), pp.63~68.

58) Smith, *op.cit.*, p.9.

59) Yearbook of ILC 1973, vol. Ⅱ, p.184; 국가책임의 구성요건으로 국제위법행위의 대상이 되는 '의무'는
반드시 국제법규 그 자체에 의해서만 파생되는 것이 아니라 특정 법규나 국제적인 사법 및 중재법정의
판결에 의해서도 생성된다고 볼 수 있다. 따라서 국제위법행위란 단순한 국제법위반만을 의미하는 것은
아니다(*Ibid.*, p.205, para.45).

60) '의무'를 나타내는 obligation이 동의어인 duty 또는 engagement라는 용어 대신 사용한 이유는 법적 의
미의 차별을 고려한 연유가 아니라 보편적으로 관련 국제법 문헌 및 각국의 관행 그리고 국제법정의 판
결에서 사용되고 있는 용어이기 때문이다(*Ibid.*, p.184).

61) 2001년 국가책임에 관한 규정초안 제12조를 보면 "국가의 행위가 국제의무에 의하여 요구되는 바와 합치
되지 않는 경우, 그 의무의 연원이나 성격과는 상관없이 국가의 국제의무 위반이 존재한다"라고 규정하
고 있다(ILC Report 2001, pp.124~133); 그리고 Nuclear Tests 사건은 국가의 일방적 선언(또는 약속;
unilateral declarations, acts or promises)도 선언국이 법적 구속력이 있는 것으로 의도하였다면 당해 국
가에게 법적 의무를 창설하는 효과를 가질 수 있음을 보여주고 있다(ICJ Reports 1974, pp.267~270).

62) *sic utere tuo ut alienum non laedas*은 로마법에서 유래한 것으로 '너의 것으로 말미암아 남의 것을
해하지 않도록 사용하라'라는 것으로, 이는 "자기의 재산을 타인의 재산에 손해를 주지 않는 방법으로
사용하여야 한다"는 것을 말한다(*Black's Law Dictionary*, 6th ed. (1990), p.1380).

63) R. Ago, "Third Report on State Responsibility", *Yearbook of ILC 1971*, vol. Ⅱ (1971), pp.226~233.

다. 이는 동일한 행위가 국내법상 적법하다는 결정에 의하여 영향받지 아니 한다"라고
규정하고 있다.64) 어떤 행위는 한 국가의 국내법에 의해 허용될 수도, 금지될 수도 있
다. 국제의무위반을 구성하는 국가의 작위 또는 부작위는 이러한 행위에 대한 국내법의
태도와 관계없이 국제법상 국가책임을 발생하게 되는 것이다.65) 이는 그동안의 국제판
례에서도 확인되었다.66) 국가는 자신의 국제의무의 불준수에 대한 근거로서 자국 헌법
의 규정 또는 결함을 주장할 수 없다는 원칙은 실로 국제법의 전 체계에 관철되고 있으
며, 국제법의 모든 부문에 적용되는 대원칙의 하나이다.67) 국제법상 각각의 국가의무
에 대하여 이해관계국이 그 이행을 청구할 수 있는 권리가 있음은 국가간체체
(inter-statism)인 국제사회에서 당연한 논리적 귀결이다. 사회에서 어떤 국가가 자국의
국제의무를 위반한 경우 그로 인해 침해를 받은 다른 국가는 그 침해를 구제받을 수 있
는 권리를 갖는다. 국제법상 국가책임제도는 특히 그러한 침해를 구제하기 위하여 창안
되었고, 그러한 침해를 억제하는 데 기여하고 있을 뿐만 아니라 국제의무준수를 강제하
는 역할을 한다.68)

(3) 국제의무위반의 기준

환경오염에 대하여 국가의 국제책임을 부과하기 위해서는 그러한 오염행위가 당해
국가의 행위이어야 하고, 그러한 오염행위가 환경 관련 국제의무의 위반에 해당하여야
한다. 국가의 행위가 국제의무에 의하여 요구되는 바와 일치하지 않을 때 국제의무위반
이 발생하는데,69) 여기서 문제가 되는 것은 이때 어느 정도의 국제의무위반이 이에 해
당하는가이다. 그런데 선린성의 원칙과 *sic utere tuo ut alienum non laedas* 원칙에 있어
서 생활방해(nuisance)의 기준은 환경손해의 어느 정도의 수준이 수용할 수 없는 손해를
구성하는가라는 문제에 대해 사전에 답을 줄 수 없고, 국가권리의 어느 정도의 실행이
수용할 수 없는 피해의 원인이 되는가를 충분히 밝히지 못하고 있다.70) 극단적으로 보

---

64) 2001년 국가책임에 관한 규정초안 제3조: ILC Report 2001, pp.74~80.

65) Yearbook of ILC 1973, vol.II, pp.184~188.

66) '윔블던호 사건'(*S.S. Wimbledon case, France, Great Britain, Italy, Japan v. Germany*, 1923, PCIJ
Ser. A. no.1, pp.29~30); '단찌히거주 폴란드국민의 취급에 관한 권고적 의견'(*Treatment of Polish
Nationals in Danzig Territory, Advisory Opinion, Poland v. City of Danzig*, 1932, PCIJ Ser.
A/B, no.44, p.24).

67) Smith, *op.cit.*, p.10.

68) *Ibid.*, p.43.

69) 2001년 국가책임에 관한 규정초안 제12조: ILC Report 2001, pp.124~133.

70) Note, *op.cit.*, (*Harvard Law Review*, vol.104, 1991, p.1508).

면 당사국은 법이 허용하는 범위 내에서 다른 국가의 재산에 손해를 끼칠 수 있고, 법이 금지하지 않은 범위 내에서 다른 국가의 재산에 손해를 끼칠 수도 있다. 즉, 선린성의 원칙과 *sic utere tuo ut alienum non laedas* 원칙은 법으로 그 내용을 구체적으로 규정할 때까지는 직접 적용되는 데 한계가 있다. 따라서 이러한 한계를 극복하기 위해서는 구체적인 기준을 담은 법을 만들어야 한다. 그러나 이미 국제사회에서 보아 왔듯이 국제입법과정은 국내입법과정에 비해 매우 까다롭고 오랜 시간이 소요된다. 다만 이러한 한계는 재판을 통해 어느 정도 해결할 수 있다. 즉, 사법적 판결은 독자적으로 이 같은 문제에 해답을 제공함으로써 선린성의 원칙과 *sic utere tuo ut alienum non laedas* 원칙의 규범적인 내용을 부여할 수 있었다. 그러나 국제판례의 결핍으로 인하여 이 원칙의 구체적인 내용을 밝히는 데도 어려움이 있다. 그래서 국제법 전문가들은 초국경적 환경오염을 방지하는 데 있어서 국가에게 요구될 실행의 기준을 조약에 구체적으로 규정함으로써 이러한 결함상태를 보완하고자 하였다.

3. 국가책임의 성립요건으로서 과실

국제위법행위에 대한 국가책임이 성립하기 위해서는 앞에서 설명한 두 가지 요소 이외에 국가기관의 고의 또는 과실이 필요한가? 국제의무위반행위가 존재하고 당해 행위가 문제의 국가에 귀속되면 이것만으로 국제위법행위에 대한 국가책임이 발생한다고 주장하는 객관적 책임이론(objective theory of responsibility)과 이 두 가지 요소 이외에 고의 또는 과실이 필요하다는 주관적 책임이론(subjective theory of responsibility)이 대립하고 있다. 전자를 무과실책임론이라고 하며, 후자를 과실책임론이라고 한다. 전통적인 국제법 이론에 따르면, 국가책임의 성립요건으로 행위의 국가귀속과 국제의무위반 이외에 심리적·주관적 요소인 고의(dolus) 또는 과실(culpa)이 요구된다고 보았다. 이는 로마법 이론에 영향을 받은 국내사법상의 원칙을 국제법에 적용한 것이다. 그런데 오늘날 환경오염에 대한 국가책임 분야에서 가장 논란이 많은 문제는 국가책임의 성립에 고의나 과실을 필요로 하는가 하는 문제이다.

(1) 학 설
① 과실책임론
과실책임론(fault theory)은 국제법상 국가책임이 성립하려면 국제위법행위에 고의 또는 과실이 존재하여야 한다는 견해로 Grotius 이래의 전통적 견해이다. 즉, 국가책임성립의 주관적 요건으로 국가를 대신하여 행위를 한 개인에게 과실 또는 부주의가 있어야 한다는 것이다.71) 이러한 견해는 과실을 위법행위의 본질적 요소라고 보아 '과실 없으면, 위법성도 없다'라는 관념을 밑바탕에 두고 있다. 이 견해에 의한다면 초국경적 환경오염으로 인하여 단순히 손해가 발생하였다는 것만으로는 불충분하고 그러한 오염행위에 고의 또는 과실이 존재하거나 그것을 방지하지 못한 국가기관에 과실이 있어야 한다.72) 따라서 사인이나 사법인이 다른 국가에 환경적 손해를 끼쳤을 경우에 국가기관의 고의 또는 과실이 없는 한 환경오염행위에 대한 책임을 추궁할 수 없다.73)

② 무과실책임론

무과실책임론(no-fault theory)은 국가가 국제책임을 부담하는 것은 당해 국가에 귀속 가능한 국제위법행위가 존재하는 경우이고 행위주체의 고의 또는 과실이 있고 없고와는 별개로 국가책임이 성립한다는 견해이다. 이 학설에 의하면 일반적으로 국가책임을 결정하는 요소는 국가 자신을 위하여 국가기관원의 자격으로 행동하는 개인의 심리적 상태가 아니라 개인에 의해 대리된 국가 자신의 객관적 행위라는 것이다. 즉, 국가는 자기의 기관으로서 행위를 한 개인의 심리적 태만 또는 부주의를 밝혀낼 필요 없이 모든 국제의무위반에 대해서 책임이 있다는 것이다.74) 또한 이 견해에 따르면 근본적으로 고의 또는 과실은 행위주체의 '주관적' 또는 '심리적' 요소인바, 이는 자연인의 행위와 관련하여서는 말할 수 있겠으나, 법인에 해당하는 국가에 대해서는 그 개념 자체가 적용될 수 없다고 한다.75) 무과실책임론을 주장하는 대표적인 학자인 D. Anzilotti는 국내법상으로 과실이 없는 국가공무원의 행위에 대하여도 국제법익이 침해되고 국가책임이 추궁되는 경우가 있으며, 이 경우 당해 국가기관의 행위와 국제법익 침해 사이에 인과관계가 있으면 국제위법행위의 존재라는 객관적 사실이 인정된다고 주장하였다.76) 무

---

71) *Oppenheim's International Law*, op.cit., pp.508~509.

72) G. Handl, "State Liability for Accidental Transnational Environmental Damage by Private Persons", *American Journal of International Law*, vol.74, 1980, pp.535~540; G. Handl, "International Liability of States for Marine Pollution", *Canadian Yearbook of International Law*, vol.21, 1983, p.85; A. Rest, "International Protection of Environment and Liability", in *Beiträge zur Umweltgestaltung* (Erich Schmidt Verlag, 1978), p.116.

73) 노명준, 「신국제환경법」 (법문사, 2003), 327면.

74) E.J. de Aréchaga, "International Responsibility", in M. Sørensen (ed.), *Manual of Public International Law* (Macmillan, 1968), pp.534~538.

75) 김석현, 앞의 논문, 120면.

과실책임을 주장하는 견해에 따르면, 국가기관의 고의나 과실이 없이도 초국경적 환경오염이 발생한 경우에 국가책임이 성립한다.77)

(2) 국제법상 국가책임의 형식

국제적 차원에서 환경을 효과적으로 보호하기 위해서는 환경보호를 위한 실체적인 내용의 조약과 관습법규뿐만 아니라 효과적인 책임에 관한 법규체계가 존재하는 것이 상당히 중요하다. 그러나 대부분의 조약은 환경오염방지를 위한 적절한 조치를 취할 의무와 이를 위한 협력의무에 의존하고 있을 뿐 책임과 배상에 관한 규정은 존재하지 않는다.78) 이 점과 관련하여 최근에 몇 가지 발전적인 내용이 나타나고 있다. 지금까지 나타난 국제사회의 관행은 각국이 대체로 환경위해에 대한 책임의 일반원칙을 수락하고 있음을 보여주고 있다. 즉, 각국은 자국의 영토 내에서 수행하거나 허용한 행위 또는 자국의 통제 아래에서의 활동에 의하여 발생한 환경손해에 대하여 책임이 있다는 일반원칙을 승인하고 있다. 그러나 아직 그러한 원칙의 정확한 내용과 한계 등에 관하여 불확정적인 상태가 잔존하고 있다.79) 여기서 중요한 문제 중의 하나는 환경손해에 대한 국가책임의 법적 기초와 형식(form) 등과 관련된 문제이다. 이러한 문제를 제기하는 데 있어서 우선 이론적으로 국가의 국제책임은 어떠한 형식을 취해야 하는가를 명확히 하여야 한다.

① 과실책임

국제법상 국가책임의 첫 번째 책임체계는 과실책임이다. 이는 앞에서 설명한 바와 같이 가장 전통적인 책임형식이다. 이러한 유형은 피고국의 국제의무위반 이외에 불법행위에 대한 피고국의 심리적 과실(psychological fault; 고의적 또는 부주의한 행위)이 존재하여야 하고, 이러한 내용을 원칙적으로 피해국가가 입증하여야 하는 점에 특징이 있다. 따라서 이에 의하면, 행위에 대한 객관적이고 국제적인 기준으로서 '상당한 주의'(due

---

76) 김찬규·이영준, 「국제법개설」 (법문사, 1994), 358면에서 재인용.

77) J. Schneider, *World Public Order of Environment* (University of Toronto Press, 1979), pp.163~167; L.F.E. Goldie, "International Principles of Responsibility for Pollution", *Columbia Journal of Transnational Law*, vol.9, 1970, p.283.

78) F.O. Vicuña, "State Responsibility, Liability and Remedial Measures under International Law: New Criteria for Environmental Protection", in E. Brown Weiss (ed.), *Environmental Change and International Law: New Challenges and Dimensions* (United Nations University Press, 1992), p.133.

79) Rest, *op.cit.*, pp.308~318.

diligence)가 중요한 요소로 작동하고, 이러한 상당한 주의의무 위반이 책임의 성립요건을 구성한다.[80] UN해양법협약체계가 기본적으로 이러한 과실책임에 입각하고 있다.[81]

② 무과실책임

과실책임과 대조적인 것은 객관적 책임(objective responsibility) 또는 무과실책임(liability without fault)이다. 객관적 책임이론은 대리(agency) 및 인과관계(causal connection)가 입증되면 결과만으로 의무위반이 있다고 추정하는 자발적 행위이론(doctrine of voluntary act)에 근거한다.[82] 이러한 책임형식에 의하면 국가는 자국의 관리 또는 기관에 의하여 행해진 행위가 국제법상 위법행위이면 그들이 권한 내에서 활동하였는가를 불문하고 책임을 진다.[83] 이와 같이 무과실책임은 책임의 성립요건으로 과실을 필요로 하지 않고 단지 행위의 국가귀속과 국제의무위반만을 국가책임의 성립요건으로 하고 있다. 이러한 책임형식은 핵에너지, 유류오염, 우주공간의 이용 등과 관련이 있는 이른바 '고도로 위험한 활동'(ultra-hazardous activities) 영역과 관련 있는 조약에서 주로 채택되고 있다.[84]

이러한 무과실책임은 두 가지로 나누어진다.[85] 하나는 엄격책임(strict responsibility)이다. 이는 피고국이 국제법에 의해서 허용되는 위법성을 배척하는 상황을 제시하여야 한다. 다시 말해서 이는 피고국의 반증에 의하여 번복될 때까지는 일응(*prima facie*) 피고국에 책임을 인정하는 것이고, 피고국에게는 적절한 항변사유를 제시함으로써 이러한

80) R. Pisillo-Mazzeschi, "Forms of International Responsibility for Environmental Harm", in F. Francioni and T. Scovazzi (eds.), *International Responsibility for Environmental Harm* (Graham & Tortman, 1991), p.16.
81) UN해양법협약 제235조 제1항, 제263조 제3항, 제304조는 과실책임을 인정하고 있는 대표적인 규정이다(Vicuña, *op.cit.*, p.133). 이에 비하여 동협약 제110조 제3항은 무과실책임을 인정하고 있는 규정이라고 보아야 한다.
82) I. Brownlie, *Principles of Public International Law* (Oxford University Press, 2003), p.437.
83) *Ibid*.
84) 무과실책임을 인정하고 있는 조약의 예로는 1907년의 육전의 법규·관례에 관한 조약 제3조(군대구성원의 모든 행위), 1949년 포로대우에 관한 제네바협약 제12조 제1항(포로의 취급), 1949년 전시민간인보호에 관한 제네바협약 제29조(피보호자의 취급), 1952년 외국항공기가 제3국에 대한 지상의 제3자에 끼친 손해에 관한 협약, 1958년 공해에 관한 협약 제22조 제3항, 1960년 원자력 분야에서 제3자 책임에 관한 협약, 1962년 원자력선의 운용관리자의 책임에 관한 브뤼셀협약 제2조, 1963년 원자력손해에 대한 민사책임에 관한 협약, 1972년 우주물체로 인한 손해에 대한 국제책임에 관한 협약 제2조 등이 있다.
85) P.W. Birnie and A.E. Boyle, *International Law and the Environment* (Clarendon Press, 2002), pp.183~184; K. Zemanek, <"Causes and Forms of International Liability", in B. Cheng and E.D. Brown (eds.), *Contemporary Problems of International Law: Essays in Honor of Georg Schwarzenberger on His Eightieth Birthday* (Stevens and Sons, 1988)>, p.193.

책임에서 벗어날 수 있는 가능성이 부여되고 있다.[86] 이러한 의미에서 이를 상대적 책임이라고도 한다. 이러한 엄격책임원칙 아래에서는 만약 다른 국가에 대한 권리침해가 자신의 관할권 또는 통제 밖의 요인에 의해 발생하였다면 오염행위자는 책임이 없게 된다.[87] 또한 불가항력(force majeure) 또는 제3자의 행위에 의한 오염의 경우에도 책임이 발생하지 않는다.[88] 이와 같은 엄격책임을 인정하고 있는 조약은 1977년 '환경변경기술의 군사적 또는 적대적 사용금지협약'이다.[89] 또한 국제사례들에서도 엄격책임을 인정하였다. 예를 들면, Cherry Point 유류오염 사건과[90] Arcisate 화약공장 사건에서도[91] 엄격책임을 인정하고 있다. Cherry Point 유류오염 사건에서 주목할 만한 점은 첫째, 캐나다가 엄격책임에 근거하여 정화비용 및 British Columbia에 발생한 직접적인 손해 전부를 미국이 보상하여야 한다고 주장하였다는 사실이다. 둘째, 미국에 국가책임이 존재한다는 관점에서 볼 때 캐나다정부를 위한 확고한 사실은 전적으로 사적 행위가 미국의 감독 아래에 있는 미국영토상에서 행해졌다는 점이다. 그런데 여기서 미국행정기관의 과실에 근거하여 미국이 책임을 지는 것인지 아닌지에 관한 문제는 전혀 제기되지 않았다. 결국은 선박소유자가 정화비용을 캐나다에 지불하고 문제가 종결되었다. Arcisate

86) I. Brownlie, *System of the Law of Natons: State Responsibility* (1983), p.44.
87) J. Brunnée, *Acid Rain and Ozone Layer Depletion: International Law and Regulation* (Transnational Publishers, 1988), p.117.
88) Vicuña, *op.cit.*, p.133.
89) 이 조약의 정식 명칭은 Convention on the Prohibition of Military or Any Other Hostile Use of Environmental Modification Techniques이다. 31 UST 333, reprinted in ILM, vol.16 (1977), p.88.
90) 이 사건의 개요는 다음과 같다. 1972년 라이베리아에 등록된 유조선 'World'호가 워싱턴 Cherry Point에 있는 Atlantic Richfield 정제소에 정박하고 있는 동안 45,000리터의 기름을 유출시켰다. 기름은 해양으로 유출되어 캐나다해안까지 도달하여 British Columbia해안을 오염시켰다. 이로 인하여 캐나다정부는 그 책임을 물어 정화작업에 대한 보상을 포함하여 모든 손해가 배상될 수 있도록 해달라는 요구를 담은 공문을 미국무성에 보냈다. 여기서 캐나다정부는 "국가가 다른 국가의 영토에 피해를 야기하는 그러한 방법으로 자국의 영토를 이용하는 것을 허용해서는 안 되고, 그로 인해 발생한 모든 손해에 대하여 보상할 책임이 있다"라는 Trail Smelter 사건 판정(award)을 인용하였다. 당시에 이 원칙을 캐나다가 피고의 입장에서 승인했던 사실을 언급하면서, 이 경우 역시 그 원칙이 적용되어야 한다고 주장하였다.
91) 이 사건의 개요는 다음과 같다. 스위스 국경으로부터 약 5km 지점에 위치한 이탈리아 Arcisate에 있는 화약공장이 1948년 3월 4일 폭발하였다. 이 폭발사고에 의하여 국경 근처에 있는 Ticino마을(communities)에 손해가 발생하였다. 스위스는 "각국은 인접국가에 손해를 야기하는 책임 있는 모든 행위를 규제해야 한다는 보편적으로 승인된 국제법상의 원칙"을 언급하면서 이탈리아에 보상을 청구하였다. 스위스는 시설물의 특수한 위험을 지적하면서 다음과 같은 점에 근거하여 이탈리아의 통제의 실패를 주장하고 있다. 스위스의 견해에 의하면 "(이탈리아 당국의) 책임은 당국이 화약시설물의 위험에도 불구하고 국경지역에 화약고의 설치를 허용했다는 사실에 의해서이다. 그리고 이탈리아 당국은 필요한 안전조치를 취하지 않은 사실에 대해서도 책임이 있다"라는 것이다. 이 사건은 몇몇 외교적 수단을 취한 후에 이탈리아가 그 청구를 받아들여 10,000스위스 프랑을 보상금으로 지불하였다.

화약공장 사건(The gunpowder factory of Arcisate case)은 행정기관의 통제책임에 대한 과실에 근거하여 사인의 행위에 대해서 국가에 책임이 있다는 판결을 내려 주목할 만한 가치가 있다.

무과실책임의 또 다른 하나는 절대책임(absolute responsibility)으로 이는 국제법에 의해서 위법성을 배척할 만한 상황이 존재하지 않는 경우에 적용된다.[92] 이는 책임을 추궁당하는 국가에게 책임의 귀속을 방어할 수 있는 항변사유가 존재하지 않는 경우를 말한다.[93] 엄격책임과는 달리 책임을 면제받을 수 있는 사유가 존재하지 않기 때문에 그 상황에 관계없이 발생된 손해에 책임이 있다. 이러한 절대책임은 예외적으로 인정되며, 고도로 위험한 활동 분야에서 적용된다.[94] 이러한 유형의 책임을 인정하고 있는 대표적인 조약은 1972년 우주물체로 인한 손해에 대한 국제책임에 관한 협약이다.[95]

③ 위험책임

국제사회에서는 국제위법행위가 존재하지 않는 상황, 즉 적법한 행위에도 국가책임을 인정하면서, 이와 관련 있는 책임을 위험책임(risk liability) 또는 보증책임이라고도 한다.[96] 이러한 제도는 보상할 의무 또는 책임은 단순히 행위와 손해 사이의 인과관계에 기초하여 적법한 행위로부터 발생한다는 사실에 특징이 있다. 이러한 이유로 인하여 이러한 유형의 책임은 그 고유한 성질에 의해 객관적이고 절대적이다.[97] 이러한 책임은 관련된 행위 자체가 위법한 것이 아니므로 야기된 손해에 대하여 적합한 보상을 행하도록 하는 것에 그치고 손해를 야기한 그 행위를 금지할 의무까지 포함하고 있는 것은 아니다.[98]

이와 같이 국가책임의 형식은 명백하게 다른 체계를 띠고 있다. 그럼에도 불구하고 이러한 책임들에 대한 개념적인 용어상의 혼동이 자주 나타난다. 예를 들면, 많은 학자들이 위법행위가 없이도 지게 되는 책임을 객관적 책임 또는 엄격책임이라고 말하고 있다.[99] 그리고 위험책임도 엄밀히 말하면 국내법에서 말하는 무과실책임과는 차이가 있

---

92) Pisillo-Mazzeschi, op.cit., p.16.
93) Birnie and Boyle, op.cit., p.142.
94) Brunnée, op.cit., p.117.
95) 이 조약의 정식명칭은 Convention on International Liability for Damage Caused by Space Objects이다. 24 UST 2389, reprinted in AJIL, vol.66 (1972), p.702.
96) Pisillo-Mazzeschi, op.cit., p.17, fn.9.
97) K. Zemanek, op.cit., p.331.
98) Zemanek, op.cit., p.193.
99) Pisillo-Mazzeschi, op.cit., p.17.

음에도 많은 학자들은 무과실책임이라는 표현을 쓴다.[100] 그러나 이러한 이해는 '위법행위에 대한 책임과 위법행위가 없이도 지게 되는 책임' 간의 차이를 '과실책임과 무과실책임' 간의 차이에 대응시키고 있는 것으로 잘못된 것이다.[101]

(3) 비판적 검토

국가책임의 성립요건으로 고의 또는 과실이 필요한가에 대한 국제관습법은 분명하지 않다. 또한 국제판례도 어느 경우에는 과실책임을, 또 다른 경우에는 무과실책임을 지지하고 있어 두 가지 이론 중에서 어느 한 이론이 결정적인 지지를 받고 있다고 결론을 내릴 수 없는 상황이다. 예를 들면, Trail Smelter 사건, Corfu해협 사건, Gut댐 사건과 Lanoux호 사건 등의 판결이 과실책임에 의한 것인지 또는 무과실책임에 대한 견고한 판례인지에 대하여 많은 학자들의 견해가 대립하고 있다.[102] 즉, 무과실책임론자들은 Trail Smelter 사건, Corfu해협 사건, Gut댐 사건과 Lanoux호 사건, Nuclear Tests 사건, 인공위성 코스모스954호 사건 그리고 스톡홀름선언 원칙 21과 리우선언 원칙 2 등은 무과실책임을 인정하는 판례 및 선언이라고 한다.[103] 그러나 과실책임론자들은 이러한 국제판례들은 무과실책임론의 이론적 근거가 되지 못하며,[104] 스톡홀름선언 원칙 21은 도리어 과실책임론을 뒷받침할 기초를 제공해 주는 것이라고 주장한다.[105]

국제법은 전통적으로 과실의 존재에 대하여 국가책임을 부과하였다.[106] 따라서 국가기관의 국제위법행위에 고의 또는 과실이 전혀 없는데도 행하여진 행위와 발생한 결과 사이에 인과관계만 있으면 책임을 부담시키는 것은 전통적인 국내사법상의 책임원칙으로나 국제법상 책임원칙에서 볼 때 쉽게 받아들이기에는 어려운 점이 많다.[107] 전통

---

100) 김찬규·이영준, 앞의 책, 367~372면 참조: 김정건, 「국제법」(박영사, 1990), 113면 참조.
101) Pisillo-Mazzeschi, op.cit., p.17.
102) G. Handl, "Balancing of Interests and International Liability for International Watercourses", Canadian Yearbook International Law, vol.13, 1975, pp.167~170.
103) Zemanek, op.cit., p.193 참조.
104) 과실책임론자인 L. Oppenheim은 Corfu해협 사건에 대해서 ICJ의 판결이 알바니아정부의 인식 없이 기뢰를 설치하는 것은 불가능하다라는 점에 근거하고 있으므로 과실에 기초한 책임을 인정한 판례라고 한다(Oppenheim's International Law, op.cit., p.509).
105) 노명준, 앞의 책, 327~328면 참조.
106) Oppenheim's International Law, op.cit., pp.509~511.
107) 무과실책임론을 비판하면서, "화산폭발로 인한 천재지변 등과 같이 국가기관에 과실이 없는 경우에도 국가책임을 부담시키는 것은 불합리하다고 할 수 있다"고 주장하는 학자도 있으나(최승환, "초국경적 환경오염피해에 대한 방지의무", 「서울국제법연구」제2권 제2호(1995), 177~178면), 이는 무과실책임의 법리를 잘못 적용하고 있는 것이다. 화산폭발과 같은 자연작용으로 야기된 피해에 대해여 국가책임을 물을 수 없는 것은 고의 또는 과실이 존재하지 않기 때문이 아니라 그러한 자연작용은 그 어떤 국

적인 이론을 취하는 경우 과실의 기준 설정은 국제환경법에서 대단한 난점을 지니고 있다. 즉, 과실개념의 불명확성과 주관성은 국가책임의 성립을 어렵게 하는 요인이다. 과실은 극단적으로 그 자체의 주관적인 개념으로부터 국가책임제도라는 보편적 제도를 창조하는 역설을 보이고 있는 것이다. 이러한 역설은 국가책임제도가 국제사회에서 원래 의도하고 있는 기능을 다하는 데 필요한 합의(consensus)의 형성을 방해하고 있다. 만약 각국이 과실의 의미에 대하여 규범적인 견해를 주장한다면 과실책임론은 그러한 국가들 사이의 공유된 이해력을 통하여 그 주관성을 극복할 가능성이 매우 높기는 하다. 그러나 특정한 국내사법체계 내에서도 법률가들이 과실의 의미를 서로 다르게 해석할 수 있듯이 정치·문화·경제의 상이성이 존재하는 국가간에 과실에 대한 국제적이고 통일적인 이해는 더욱 어려운 문제이다.

한편, 과실에 대한 접근에 있어서 이러한 난점들은 초국경적 환경오염에 대한 엄격책임에 대한 관심을 촉진하는 동인(動因)이 되었다.108) 엄격책임론은 심각한 손해의 발생 후에 자동적으로 구제를 인정하는 이론이다.109) 엄격책임론자들에 의하면 엄격책임은 객관성을 정당화하는 징표를 모은다고 주장한다.110) 그러나 엄격책임의 승인과 국가이익 사이의 분열은 엄격책임에 대한 국제적 합의를 어렵게 한다. 이와 관련하여 Dupuy는 "이와 같은 자동적 구제권은 오염희생자에게는 너무 매력적이지만, 많은 선진공업국에게 그 제도에 대한 믿음을 주지 못하고 있다. 또한 그러한 권리는 특정한 국가의 특수한 지리적 조건을 무시하고 있다. 예를 들어 국제하천의 일방적 오염(one-way pollution)의 경우에 상류국가는 하류국가의 배타적 이익에 대하여 배상을 계속하여 지불하여야 한다"고 지적하고 있다.111) 또한 엄격책임은 개발도상국에게도 엄청난 파문을 일으킨다. 대부분의 개발도상국들은 국내적 활동, 특히 이들 국가들이 경제발전을 위해 의존하게 되는 대외활동으로 야기될 수 있는 초국경적 환경위해의 범위를 예측하는 데 필요한 정보가 부족하다.112) 엄격책임을 적용하게 되면 산업활동 비용이 증가하여 이로 인

가도로 귀속되는 행위가 아니며, 또한 그 자체가 어떤 국제의무를 위반한 경우도 아니기 때문이다. 자연현상에 고의 또는 과실을 적용하는 것은 법이론적으로 잘못된 해석이다.

108) 예를 들어, WCED는 초국경적 환경오염에 대한 법적 원칙으로 엄격책임을 제안하였다(WCED, *Our Common Future*, p.349).

109) WCED는 엄격책임과 관련하여 "각국은 행위가 착수된 당시에 해로운 것으로 알려지지 않은 활동일지라도 초국경적 위해가 실재하는 경우에 배상이 이루어지는 것을 보장하여야 한다"라고 설명하고 있다(*Ibid.*).

110) Smith, *op.cit.*, pp.15~21 참조.

111) Dupuy, *op.cit.*, pp.373~374.

112) Magraw, *op.cit.*, p.1050.

하여 개발도상국의 국제경쟁력을 저해할 수도 있고, 그들의 경제성장에 큰 짐이 된다. 그래서 개발도상국들은 선진국에 의해서 옹호된 환경규범은 제3세계국가의 경제목표달성을 방해할 수도 있다는 의혹을 제기하고 있다. 더욱이 엄격책임은 보편적인 국가책임제도의 기초인 과실을 무력하게 하는 주관성을 결코 완전하게 벗어날 수 없다. 초국경적 모든 환경손해에 대하여 책임을 일괄적으로 부과하는 것은 상상할 수 없는 복잡한 문제를 야기할 수 있으며, 이는 도리어 국가책임제도를 실행할 수 없는 제도로 만들 수도 있다. 거의 모든 인간활동과 기술은 환경에 영향을 주고 있는데, 엄격책임을 적용하면 이러한 모든 인간활동이 법적 책임에서 벗어날 수 없기 때문이다. 이러한 복잡한 문제로 인하여 현재 국제환경협약들은 주의의 기준이 과실인가 또는 엄격책임인가에 대하여 통일적인 기준을 제시하는 데 합의를 보지 못하고 있다.

최근에 고도로 위험한 활동과 관련 있는 분야에서는 국가의 무과실책임의 법리가 받아들여지고 있는 모습을 보이지만 확고한 국제관행으로 인정되고 있는 것은 아니다. 그동안의 국제적인 환경오염에 대한 국가책임을 인정한 사례들을 살펴보더라도, 분쟁당사국간의 계약적 합의에 의해서 무과실책임을 받아들였거나 또는 분쟁당사국이 모두 가입하고 있는 조약이 무과실책임을 규정하고 있는 경우에 당해 조약을 적용하여 무과실책임을 제한적으로 승인하였을 뿐이다. 그러나 국가기관 또는 사인이나 사법인의 행위로 인하여 환경오염이 야기되어 다른 국가의 불특정 다수의 사람이나 재산에 막대한 손해를 미쳤을 경우에는 비록 국가의 과실이 없더라도 국가책임을 지도록 하는 것이 바람직하다고 생각한다. 특히 환경은 한 번 파괴되면 원상회복이 불가능한 경우가 많거나 회복이 가능하더라도 엄청나게 오랜 시간이 요구되는 경우가 많기 때문에 환경오염의 예방적 차원에서도 무과실책임론의 적용이 바람직하다고 생각된다.[113][114] 그리고 많은 국제환경협약들은 당사국으로 하여금 당해 협약상의 의무이행을 위해 국내법을 제정하여 초국경적 환경오염을 방지할 의무를 부과하고 있는데, 이러한 의무의 이행을 소홀히 하여 다른 국가에 환경에 손해를 야기한 경우에 당해 국가에 책임을 부담하게 하는 것

---

113) 최승환, 앞의 논문, 178면.

114) 호주출신의 국제법학자 Goldie교수는 핵에너지 및 우주공간의 이용과 같은 고도로 위험한 활동 분야에서 무과실책임을 도입해야 할 이유를 다음과 같이 제시하고 있다. 첫째, 이 분야에서의 활동은 그 결과에 대하여 손해를 예측하기 어렵다. 둘째, 이 분야에서는 주의를 기울이더라도 손해발생을 방지하기 위한 적절한 조치를 취하기가 사실상 곤란하다. 따라서 과실로 간주할 가해자의 행태의 범위가 확정될 수 없다. 셋째, 이 분야의 산업기술은 외부의 제3자가 알 수 없는 경우가 많아 기울여야 할 주의의 정도에 대해서는 전문가라 할지라도 잘 모르는 경우가 많다. 넷째, 목적물의 실험, 개발, 사용 등에 대해서는 기업 또는 국가적 차원에서 기밀요지가 요청되는 경우가 많아 피해자 측에서 필요한 증거를 입수하기 어렵다(이영준, 「국제환경법」(법문사, 1995), 66면에서 재인용).

이 협약상의 의무준수를 강제하기 위해서도 바람직하다. 그러므로 국제환경입법론적으로도 원칙적으로 무과실책임을 채택하는 것이 바람직하다고 생각한다.115)

4. 환경손해의 발생

국가책임의 성립요건과 관련하여 또 다른 논쟁은 위해 또는 손해(damage)의 발생이 국가책임의 성립요건인가와 관련된 문제이다. 즉, 국가책임의 성립요건으로서 국가의 당해 행위로부터 구체적이고 실질적인 피해의 발생이 필요한가에 대하여 논란이 되고 있다. 전통적인 국가책임이론에 의하면 국가책임이 성립하기 위해서는 국가의 국제위법행위가 존재하고 그 행위는 고의 또는 과실에 의해서 행해지고, 또한 그러한 행위로 인하여 피해가 발생하여야 한다고 보았다.116) 다시 말해서 전통적으로 손해의 발생을 국가책임의 성립요건으로 주장하였다. 그러나 일반적 국가책임이론의 입장에서 손해발생이 국가책임성립의 절대적인 요건은 아니다.117) 손해는 국제법상 구제를 위한 속성(predicate)일 수 있지만, 모든 경우에 있어서 개별 국가가 유형적이거나 또는 직접적으로 손해를 입는 것이 필요한 것은 아니다. 그 이유는 다음과 같다. 첫째, 손해발생이 국가책임의 성립요소인가의 여부는 1차적 의무의 내용(content of the primary obligation)에 달려 있다.118) 그런데 이 문제에 대한 국제법상 일반규칙은 존재하지 않는다. 둘째, 국가의 국제책임은 국제불법행위와 국제범죄에 의해서 발생하는데119) 국제범죄의 경우에는 전체로서 국제공동체에 대한 법익의 침해로 간주하므로 특별한 손해를 입지 않은 국가에 대해서도 중대한 의무위반이 되기 때문이다. 셋째, 국제법의 일부 분야에서 대세적 의무(duties erga

---

115) 노명준교수도 이와 같은 주장을 하고 있다(노명준, "환경보호와 오염방지를 위한 국제법에 관한 연구", 「국제법학회논총」, 제27권 제1호(1982. 9.), 124~125면 참조).

116) de Arēchaga, op.cit., p.534.

117) ILC는 국가책임에 관한 규정초안의 작성과정에서 국가책임의 성립요건으로 행위의 국가귀속과 국제의무위반 두 가지만 규정하고 실질적인 손해가 발생하지 않은 경우에도 국가책임이 성립할 수 있음을 인정하였다(Yearbook of ILC 1973, vol.Ⅱ, p.186, para.12).

118) 2001년 국가책임에 관한 규정초안 제2조에 대한 주석에서도 이와 같은 논리를 전개하고 있다. 예를 들면, 어떤 법을 제정해야 할 조약상의 의무는 그 법을 제정하지 않으면 위반한 것이 되며, 다른 체약국이 그 불이행에 의하여 입은 구체적 손해를 적시할 필요는 없다. 어떤 특별한 의무에 대하여 책임 있는 국가가 행동하지 않은 즉시 이를 위반하는 것이 되는지 아니면 추가적인 요소가 필요한지는 1차적 의무의 내용과 해석에 달려 있다(ILC Report 2001, p.73).

119) 앞에서 살펴본 바와 같이 2001년 국가책임에 관한 규정초안이 채택되기 이전에 논의되었던 잠정초안은 제19조에 국제위법행위를 국제불법행위와 국제범죄로 구분하여 규정하고 있었다(Yearbook of ILC 1976, vol.Ⅱ (Part 2), pp.95~122; Yearbook of ILC, 1980, vol.Ⅱ (Part 2), p.30).

omnes) 또는 당사자간 대세적 의무(duties *erga omnes partes*) 개념이 도입되고 있는데,120) 이 개념에 따르면 실제로 손해를 입지 않은 국가도 조약 규정 또는 국제관습법에 의해 국제청구를 제기할 수 있다. 넷째, 손해가 정신적 손해(moral damage)까지 포함되는 것으로 한다면 손해발생은 국가의 의무위반에 내포되거나 필연적으로 수반되기 때문에 이를 국제의무위반과 별도로 요건화할 필요가 없다.121) 이런 이유로 손해발생을 국가책임의 절대적인 성립요건의 하나로 취급하는 것은 타당하지 않다. 그러나 다음에서 설명할 국제법상 금지되지 않은 국가의 적법한 활동으로부터 발생한 손해에 대한 국제책임에 있어서는 '손해의 발생'이 국제책임의 성립요건의 결정적인 요소이다. 행위의 국가귀속성을 배제하고 국제의무위반 여부와 관계없이 성립하는 이와 같은 국제책임은 손해의 발생 때문에 인정되는 보상책임이기 때문이다.

이와 같이 국제법상 위법하지 않은 행위로 인하여도 국제책임이 성립될 수 있음이 '고도로 위험한 활동'영역에서 인정되고 있음을 볼 때 손해발생이 국가의 국제책임의 성립요건이 아니라는 점에 대하여도 재검토를 하여야 할 것이다. 국가의 국제책임에 관한 일반론에서 손해발생을 절대적 요건으로 하지 않는 점에서는 동의할 수 있으나, 특히 초국경적 환경오염은 국가의 적법한 활동과정에서 충분히 발생할 수 있기 때문에, 이런 경우 오염원인국에게 국가책임을 묻기 위해서는 일반적 국제책임론과는 다른 연결고리가 필요하다. 바로 이 연결고리가 되는 것이 손해이다.122) 즉, 한 국가가 국제법상 위법하지 않은 국가활동의 수행의 결과로 인하여 다른 국가에 대하여 책임을 부담하게 되는 근거는 손해가 발생하였기 때문이다. 특히 초국경적 환경오염에 대한 국가책임에 있어 결정적인 요소는 손해의 발생이다.123) 초국경적 환경손해에 대한 국제책임을 인정함에 있어서 행위의 국가귀속성 및 국제의무위반의 여부와 관계없이 발생한 손해에 대하여 행위국에게 배상책임을 인정하는 경우에는 특히 손해의 발생이 국제책임의 결정적인 요소가 된다. 그동안 ILC가 작업하였던 '국제법상 금지되지 않은 행위로 인한 위험한 결과에 대한 국제책임'(International Liability for Injurious Consequences arising out of Acts not Prohibited by International Law)에 관한 논의 속에서도 손해를 책임원칙이 적용되는 근거로 하고 있다.124) 2001년에 채택된 '위험한 활동에서 야기되는 초국경적 손해의 방지

120) 예를 들면, 2001년 국가책임에 관한 규정초안 제48조 제1항 (a)는 국가책임을 원용할 자격이 있는 국가의 범위를 확대하기 위해 이러한 개념을 규정하고 있다.
121) Yearbook of ILC 1976, vol. II (Part 2), pp.95~122.
122) G. Handl, "Territorial Sovereignty and the Problem of Transnational Pollution", *American Journal of International Law*, vol.69, 1975, p.60.
123) *Ibid*.

에 관한 규정초안'(Draft Articles on Prevention of Transboundary Harm From from Hazardous Activities)도 초국경적 손해는 활동의 물리적 결과(physical consequence)의 소산이어야 함을 규정하고 있어,125) 물리적인 것이 아닌 손해에 대해서는 초안규정이 적용되지 않는다.

Ⅲ. 환경오염행위와 손해 간의 인과관계

국가책임이 성립되기 위해서는 가해국가의 행위와 손해 간의 인과관계가 있어야 한다. 이는 손해가 원인행위와 밀접하지 않거나, 사변적(speculative)이어서는 안 된다는 것을 의미한다. Trail Smelter 사건에서 중재법정이 미국이 청구한 기업의 손실에 대하여 지나치게 간접적이고(indirect), 원인행위와 밀접하지 않고(remote), 불명확(uncertain)하다는 이유로 인정하지 않은 것도 같은 맥락으로 이해할 수 있다.126)

그러나 환경손해에 대한 국가책임과 관련해서 인과관계의 입증은 쉬운 일이 아니다. 오염원과 손해 발생지 사이는 상당한 거리가 있어 오염행위를 규명할 수 있다고 하더라도 손해와의 인과관계를 명쾌하게 확립하기 어렵다. 또한 오염물질의 해로운 영향이 오염행위 시점으로부터 오랜 기간 동안 나타나지 않는 경우가 있는데, 예를 들면, 1986년 Chernobyl 원전 유출사고로 인한 방사능물질은 아직까지 직·간접적으로 암유발 등 인간의 건강과 환경에 영향을 미치고 있다. 어떤 유형의 손해는 오염이 오랜 기간 계속적·누적적으로 진행되어야만 나타나며 어떤 물질은 단독으로는 약간의 손해만을 유발하지만 다른 물질과 함께 복합작용을 하면서 큰 손해를 유발할 수 있다. 또한 같은 물질이라도, 기후·지형 등 물리적인 주위환경에 따라 다른 영향이 발생할 수 있다. 환경문제는 반복되는 오염의 축적과 다양하고 많은 오염원들에 의해 유발되는데, 집단적·전체적인 인과관계는 인정될 수 있다고 하더라도 개별적인 오염원과 개별적인 피해자간의 인과관계를 명확하게 밝히는 것은 사실상 불가능하며 경우에 따라서는 온실가스 등의 변화가 기후변화를 초래하는지와 같이 원인과 결과 간의 관계가 과학적으로 충분히 확립되어 있지도 않다.

---

124) Yearbook of ILC 1990, vol. Ⅱ (Part 1), pp.104~107.

125) 2001년 위험한 활동에서 야기되는 초국경적 손해의 방지에 관한 규정초안 제1조: ILC Report 2001, p.380.

126) *Trail Smelter case (United States v. Canada)*, 3 RIAA 1905, 1931 (1938).

IV. 환경오염행위의 법적 결과

초국경적 환경오염행위에 초래되는 국가책임은 다음과 같은 법적 결과(legal consequences)를 수반한다. 국가책임의 해제방법으로는 원상회복(restitution), 금전배상(compensation), 만족(satisfaction), 유지명령(injunction) 등이 있다. 2001년 국제법위원회의 국제위법행위에 대한 국가책임 규정초안에서도 국제위법행위로 초래된 손해에 대한 충분한 배상(reparation)은 원상회복, 금전배상, 만족의 형태로 이루어져야 한다고 밝히고 있다.127)

1. 원상회복

원상회복은 위법행위가 발생하기 전에 존재하였을 상황을 재확립하는 것을 의미한다. 여기에는 국제법을 위반하여 오염물질을 배출하는 행위에 대한 허가 취소, 오염원의 제거 또는 통제, 오염된 지역의 정화 또는 복구, 의무의 이행, 불법행위의 자제 등이 포함된다. 원상회복은 가장 이상적인 구제방법이긴 하나 법적으로 또는 사실상 불가능한 경우가 많다. 예컨대 불법행위가 계속 진행 중인 동안에 발생한 손해에 대하여는 원상회복이 적합하지 않고, 실제적 타당성이 없을 수도 있다. 그렇기 때문에 원상회복은 문제의 오염물질 배출의 제거 또는 감소에 초점이 맞추어지게 된다. 그러나 많은 경우 오염국가의 입장에서 위반 산업의 통제 또는 제거는 경제적으로 타당성이 없을 수 있다. 특히 그 해당 산업이 해당 국가의 경제에 필수 불가결한 경우 더욱 그러하다. Trail Smelter 사건이 대표적인 예이다. 그렇기 때문에 원상회복에는 일정한 제한이 있게 된다. 즉, 원상회복이 실질적으로 불가능하지 아니하고, 원상회복이 피해국이 금전배상 대신에 원상회복으로부터 얻게 되는 이익에 비추어 지나치게 부담을 주지 않아야 한다.128) 1928년 상설국제사법재판소는 호르죠(Chorzow) 공장 사건에서 "국제관행과 중재법정의 결정에 의해 확립된 위법행위 개념에 포함되어 있는 중요한 원칙은 배상(reparation)이 가능한 한 위법행위의 모든 결과를 제거하고 모든 가능성으로 보아 그 행위가 이루어지지 않았다면 존재하였을 상황을 재확립하여야 하며 원상회복이 불가능한 경우 원상회복에 상응하여 지급되는 금액은 필요한 경우 원상회복에 의해 구제되지 않는 손해에 대한 보전이나 이를 대체하는 비용의 지급을 포함하여야 한다. 이는 국제법

---

127) 2001 ILC 국제위법행위에 대한 국가책임 규정초안 제34조.
128) 2001 ILC 국제위법행위에 대한 국가책임 규정초안 제35조.

위반행위에 대한 손해배상액을 정하는 데 사용하여야 하는 원칙이다"라고 판시하였다.[129]

2. 금전배상

금전배상은 멸종된 종, 오염된 대기, 파괴된 생태계 등의 복원과 같이 원상회복이 충분하지 아니하고, 불가능한 경우에 이루어진다. 금전배상은 이익의 상실을 포함하여 금전적으로 평가할 수 있는 모든 피해를 보전하여야 한다.[130] 금전배상은 환경피해사례에 있어 가장 일반적인 구제형태라 할 수 있다. 그러나 국제법상 이 분야는 불분명하고 판례도 어느 정도가 충분한 배상이 되는지에 대하여 명쾌한 답을 하고 있지 아니하다. 예컨대, Gabčikovo-Nagymaros Project 사건에서 국제사법재판소는 헝가리와 슬로바키아 양 당사국은 모두 1977년 협정을 위반함으로써 각국의 권한 없는 행위로 발생한 손해를 배상하여야 한다고 결정하였을 뿐이다.[131]

대부분의 환경분쟁 사건에서 피해자는 가해행위의 중단, 원상회복, 환경자원에 대한 피해(순수한 환경손해)와 이러한 피해에 부수하는 인적·물적 손해와 관련한 비용을 보전하기 위한 금전배상 등을 구한다. 원상회복과 관련해서는 그 기준이 될 수 있는 피해가 발생하기 전의 상황(baseline conditions)을 규명하는 것이 무엇보다도 중요하다. 그 기준이 높을수록 가해자의 부담은 증가할 수밖에 없을 것이다. 금전배상과 관련해서는 피해액을 산정하는 작업이 중요하다. 그러나 이러한 작업은 쉬운 것이 아니다. 이는 환경피해에 대한 보전이 피해로 인한 경제적 비용을 보전하는 전통적인 접근방법만으로는 한계가 있기 때문에 발생한다. 특히 순수한 환경피해의 경우에는 그 한계가 크게 나타나고 있다. 순수한 환경피해는 경제적인 가치로 환산하는 것이 사실상 불가능하다. 멸종된 종을 완전히 복원할 수 있는가? 대기와 강에 배출된 오염물질을 완전히 회수하고, 오염된 환경을 완전히 정화할 수 있는가? 비록 복원·정화가 물리적으로 가능하다고 하더라도 사회적·경제적인 타당성이 없을 수도 있다. 원상회복은 비용/효과적인 수준까지만 허용되어야 할 것이라는 견해도 있을 수 있다. 이러한 견해는 결국 경제적 가치와 환경가치의 이익형량을 포함하게 된다. 그 이익형량은 통일적으로 이루어질 수가 없고 사안에 따라 달라지는 유동적인 것이다. 이러한 이유로 환경피해의 평가방법은 환경피

---

129) *Case Concerning the Factory at Chorzow*, 1928, PCIJ Ser. A, no.17, p.47.

130) 2001 ILC 국제위법행위에 대한 국가책임 규정초안 제36조.

131) *Gabčikovo-Nagymaros Project case (Hungary v. Slovakia)*, 37 ILM. 162 (1998); ICJ Reports 1997, 7 § 115, § 155.

해에 대한 국가책임에서 가장 어려운 문제를 안고 있다.

3. 만 족

원상회복이나 금전배상으로도 배상이 이루어지지 아니한 경우 불법행위를 행한 국가는 피해국가에 만족(satisfaction)을 제공하여야 한다. 이는 물질적인 또는 가시적인 피해가 없는 경우 적합한 구제수단이라 할 수 있다. 여기에는 의무위반의 인정, 행위의 위법성의 공식적·사법적 선언, 유감(regret) 또는 공식적인 사과, 위반자의 처벌, 명목적인 배상, 재발금지에 대한 보장 등 다양한 수단이 포함된다.[132]

제3절 ● 해로운 결과에 대한 국제책임

I. 의 의

전통적으로 국가의 국제책임은 국제의무위반에 대한 배상책임을 의미하였다. 그러나 오늘날 국가의 국제의무위반이 없이도 발생할 수 있는 국제책임이 존재함을 인정하는 징표들이 나타나고 있다.[133] 즉, 오늘날 국제법은 전통적인 '위법행위에 대한 국가책임'과 별도로 '해로운 결과에 대한 국가책임'의 존재를 인정하려는 움직임이 나타나고 있다. 원래 전통적인 국제책임이론은 국제법상 위법행위로 인해 발생된 손해에 대한 배상책임을 의미하는 것이었다. 그러나 오늘날 첨단과학기술의 발달로 고도의 위험한 활동이 환경적으로 해로운 결과를 초래하는 경우가 증대함에 따라 그러한 활동, 즉 적법한 행위임에도 불구하고 환경피해가 발생한 경우에 국제책임을 인정하는 경향이 나타나고 있다.

특히 국제법 위반이라는 위법성을 충족시키기 위해서는 환경피해발생을 예방하기

---

132) 2001 ILC 국제위법행위에 대한 국가책임 규정초안 제37조.

133) 김석현, "초국경적 손해에 대한 국제책임의 특수성: 일반적 국가책임과 비교하여", 「국제법평론」, 통권 제3호(1994. 9.), 55면 참조.

위해 구체적인 조약이나 관습법상의 의무가 존재하여야 하지만 아직까지 명시적인 작위·부작위 의무를 규정한 포괄적 협약이 체결되지도 않았을 뿐 아니라 국제법의 특성상 조약은 당사국 외에는 적용되지 않아 피해 발생국이 조약에 가입되어 있지 않는 한 위법성의 여부는 발생하지 않는다. 또한 조약 외에도 국제관습법을 위반하면 국가책임이 발생하지만 명백히 국가책임을 소추할 수 있는 구체적이고 명확한 국제관습법상의 의무가 확립되어 있다고 볼 수 없다. 국제환경법상 국제사회에 의무를 부과하고 있는 형식이 이른바 연성법(soft laws)인 것이 대부분이고 이는 아직까지 국제관습법에 이르지 못한 점을 고려한다면 국제환경법규의 미성숙으로 인해 환경오염피해가 발생하여도 책임은 발생하지 않는 비합리적인 경우가 발생한다. 이러한 문제점으로 인해 국가의 일정 행위가 비록 국제법상 의무위반에 해당하지 않을 경우라 할지라도 타국에 심각한 결과를 초래한 경우 국제적 책임을 추궁할 필요성이 존재한다.[134]

Ⅱ. ILC의 작업현황

ILC는 전통적인 국가의 국제책임과는 별도로 1978년부터 '국제법에 의하여 금지되지 않은 행위로 인한 위험한 결과에 대한 국제책임'에 관한 논의를 오랫동안 진행해 왔는데, 여기서 논의된 주요한 책임이 이른바 '해로운 결과에 대한 책임', '위험책임', '적법행위책임' 등으로 불리고 있다. 이러한 해로운 결과에 대한 국제책임은 한 국가의 영역 내 또는 관할권 아래에서의 활동에 대해서 적절한 통제와 방지조치를 취하였음에도 불구하고 다른 국가에게 해로운 결과를 야기한 경우에, 그러한 활동이 국제의무를 위반

---

134) 이러한 국가책임을 국가의 국제책임의 영역에 도입할 것을 제창한 학자들로는 1960년대의 L. Goldie 와 C. Jenks 등을 들 수 있다. 당시 그들은 새로운 과학의 발달, 즉 초음속항공기, 원자력, 우주활동, 심해저의 개발, 유전자실험 등 본래적으로 고도의 위험한 활동으로 분류되는 분야에 주된 관심을 두었다. 그들에 의하면, 이러한 고도의 위험한 활동에 대하여 결과책임을 인정할 수 있는 이론적 근거로서 다음과 같은 사항을 들었다. 즉, 첫째, 일반적 유용성 여부가 해결되지 아니한 많은 활동을 금지하는 것은 비현실적이다. 둘째, 최신의 기술을 가지더라도 손해를 예견 또는 대처할 수 없는 경우 전통적인 예견가능성의 기준을 적용할 수는 없고, 주의의무를 고도화하더라도 초기산업에는 무엇이 부주의를 구성하는 것인지 결정하기가 매우 곤란하다. 셋째, 사고가 현실적으로 발생한 경우에는 그 결과가 중대할 것이므로 특별한 책임제도가 필요하다. 넷째, 과학기술의 혁신에 수반된 위험은 형평에 맞게 부담하여야 하고, 잠재적 피해자에 대해서만 부담시켜서는 아니 된다는 것 등이다. L.F.E. Goldie, "Liability for Damage and the Progressive Development of International Law", *International & Comparative Law Quarterly*, vol.14, 1965, pp.1189~1264; C. Jenks, "Ultra-hazardous Liability in International Law", *Recuil des Cous*, Collected Courses of the Hague Academy of International Law (1966-I), pp.105~196. 법원도서관 편, 「환경법의 제문제」, 上 (법원도서관, 2002), 491면에서 재인용.

하였는지와 관계없이 당해 국가에게 발생한 피해에 대해 보상할 책임을 부과하는 것을 말한다. 국가가 수행한 활동이 국제법에 의해 금지되지 아니한 합법적인 활동이라고 하더라도 그 해로운 결과에 대하여 책임을 인정하는 것이 이에 해당한다. 그러나 위법행위에 대한 국가책임과 비교하여 볼 때 상대적으로 해로운 결과에 대한 국제책임 분야에는 더 복잡한 논쟁이 존재하고 있으며, 해결되지 않은 쟁점이 많은 편이다.

이러한 적법행위책임은 고도로 위험한 활동 분야를 다루고 있는 개별 조약에서 인정하고 있는 것이 국제법의 현단계이고, 일반적으로 국제법체제 내에서 인정되고 있는 것은 아니다. 이는 ILC의 그동안의 작업현황을 분석해 보면 명확하다. ILC가 "국제법에 의하여 금지되지 않은 행위로 인한 위험한 결과에 대한 국제책임"(International Liability for Injurious Consequences arising out of Acts not Prohibited by International Law)이란 제목으로 다루었던 원래의 주제가 논의과정에서 축소되어, 2001년 "위험한 활동에서 야기되는 초국경적 손해의 방지에 관한 규정초안"(Draft Articles on Prevention of Transboundary Harm From from Hazardous Activities)을 채택하였다. ILC의 2001년 채택된 초안에 따르면 당분간은 '방지'(prevention)에 초점을 맞추고, '책임'(liability)은 나중에 계속 다루기로 하였는데, 이는 적법행위에 대한 국제책임을 일반적으로 인정하는 데 많은 문제점이 제기되었기 때문이다. 현재 ILC는 방지(prevention)와 책임(liability) 간의 상호연관성을 염두에 두면서, 원칙적으로 적법하지만 위험한 활동의 경우에 적용될 책임 – 국가의 국제책임(international liability)과 개인의 민사책임(civil liability) – 의 원칙 내지 규칙을 마련하고, 위법하지 아니한 활동으로 인해 초국경적 손해를 입은 개인이 적절한 보상을 받을 수 있는 충분한 수단에 관하여 연구·검토 작업을 진행하고 있다.[135]

Ⅲ. 책임의 내용

1. 예방의 의무

여기에서 책임이 적용되는 활동은 국제법상 위법하지 않은 활동으로 자국 밖의 환

---

135) 2001년 '위험한 활동에서 야기되는 초국경적 손해의 방지에 관한 규정초안'에 대해서는 김대순, "적법행위에 대한 국가책임이론의 정립을 향하여: 2001년 ILC초안을 중심으로", 「국제법학회논총」, 제48권 제1호.(2003. 4.), 15~37면; J.G. Lammers, "Prevention of Transboundary Harm from Hazardous Activities: ILC Draft Articles", *Hague Yearbook of International Law*, vol.14, 2001, pp.3~24 참조.

경에 물리적인 결과를 통해 중대한 피해를 야기할 위험이 수반되는 활동으로 제한하고 있다. 중대한 초국경적 위해를 야기할 위험(risk of causing significant transboundary harm)이라 함은 중대한 초국경적 피해를 야기할 높은 개연성의 형식을 취하는 위험과 그 개연성은 적지만 재앙적인 초국경적 피해를 가져올 수 있는 위험을 의미한다.136) 따라서 본 규정은 중대하거나 재앙적인 피해를 야기하는 위험만을 의미하며 또한 물리적인 결과라고 한정하여 경제적 분야에서의 막연한 두려움으로 인한 결과는 제외하고 있다. 2001년 ILC가 제시한 책임은 자국의 관할권 내에서의 경제활동이 타국에 영향을 미치지 않도록 예방하고 영향을 미칠 가능성이 있는 경우 피해 예상국과 협력하여 그 피해를 최소화하도록 협력할 의무 두 가지로 요약할 수 있다.

예방의 의무는 원인국은 중대한 초국경적 피해를 방지하거나 또는 어떠한 경우에도 그것의 위험을 최소화하기 위한 모든 적절한 조치를 취해야 할 의무로 주석에서는 이를 사전주의 조치를 취할 의무라고 설명하고 있다.137) 그러나 사전주의 의무를 위반해 발생한 피해를 보상할 의무가 아닌 그러한 피해를 예방하기 위한 적절한 조치를 취할 의무이므로 만일 선량한 정부로서 상당한 주의를 했다고 입증한다면 보상의 책임에서 면제된다. 상당한 주의의무가 무엇이냐는 관련된 위험의 정도에 비례해야 하지만 국가별로, 즉 그 국가가 처한 경제적·사회적 단계에 따라 달리 고려되어야 할 것이다.

2. 협력의 의무

협력의 의무는 관련국들이 신의성실에 입각하여 협력하여야 하며 또한 필요한 범위 내에서 중대한 국경간 손해를 방지하거나 특정의 경우 그것의 위험을 최소화하기 위해 하나 이상의 권한 있는 국제기구의 도움을 청해야 하는 것을 포함한 의무를 의미한다.138) 여기서 국제기구에 대한 개념이 정부간기구(IGO)인지 아니면 비정부기구(NGO)까지 포함한 것인지 명확히 하고 있지 않으나 국제정부간기구라는 표현을 사용하지 않은 이상 NGO를 포함한 국제기구라고 해석을 하는 것이 바람직할 것이다.139)

협력의무를 구체화하면, 초국경적 피해를 야기할 가능성이 있는 활동을 하기에 앞

---

136) 위험한 활동에서 야기되는 초국경적 손해의 방지에 관한 규정초안 제2조 (a).

137) Commentaries, Art.3, para.14.

138) 위험한 활동에서 야기되는 초국경적 손해의 방지에 관한 규정초안 제4조.

139) J.G. Lammers, "Prevention of Transboundary Harm from Hazardous Activities: The ILC Draft Articles", *Hague Yearbook of International Law*, vol.14, 2001, p.8.

서 환경영향평가(environmental impact assessment)를 실시하고 만일 평가결과가 위험성을 내포하고 있으면 그러한 활동으로 영향을 받을 수 있는 국가에 통지하고 관련 정보를 제공하여야 하며 예방조치를 위한 조치를 취하는 데 있어 관련국과 협의에 들어가야 할 의무를 포함한다. 원인국이 피해예상국에게 제공하여야 할 정보제공의 시기와 범위는 가능한 빨리, 그리고 평가의 기초가 된 이용가능한 기술적 정보 그리고 다른 모든 관련 정보를 전달하여야 한다. 정보 제공 후 피해예상국과 협의과정에서 고려하여야 할 사항들은 다음과 같다. 1) 중대한 초국경적 피해의 위험정도 그리고 그러한 피해를 예방하거나 그 위험을 최소화하거나 그 피해를 교정하기 위한 수단의 이용가능성의 정도, 2) 활동의 중요성. 단, 그 활동이 영향받을 가능성이 있는 국가에 대해서는 잠재적인 피해를 주지만 원인국에 대해서는 사회적·경제적·기술적 성격의 전반적 이익을 줄 수 있다는 사실, 3) 환경에 대한 중대한 피해의 위험 그리고 그러한 피해를 방지하거나 그 위험을 최소화하거나 환경을 원상회복하기 위한 수단의 이용가능성, 4) 원인국과 또는 적절한 경우 영향받을 가능성이 있는 국가가 방지비용에 기여할 의사의 정도, 5) 예방비용을 생각하고, 또 다른 곳이나 수단에 의해 활동을 수행하거나 대안적 활동으로 대체할 수 있는 가능성을 고려할 때, 그 활동의 경제적 실행가능성, 6) 영향을 받을 가능성이 있는 국가가 동일하거나 유사한 활동에 적용하는 예방의 기준 그리고 유사한 지역 혹은 국제적 관행에서 적용되는 기준.

이러한 요소들은 협의과정에서 고려대상 지침으로서 역할을 하게 된다. 이들 요소 상호간 우선순위가 있는 것도 아니라 특정 상황에서는 일부의 요소는 고려의 대상에서 배제될 수도 있으며 또한 열거주의로 해석되는 것이 아니기 때문에 이외에도 사안에 따라 다른 요소들이 고려될 수도 있다.

3. 보상의 의무

예방의무나 협력의 의무 등이 성실히 준수된다 할지라도 환경피해는 발생할 수 있다. 이러한 경우 그러한 사고의 결과로 피해나 심각한 손실을 입은 자연인이나 국가를 포함한 법인이 적절한 보상을 받을 수 있어야 할 것이다. 1992년 리우선언 역시 환경오염이나 환경피해의 피해자에 대한 책임과 배상에 관한 국내법 및 국제법 발전에 대한 국가들의 의무와 오염자부담의 원칙 등을 강조하고 있다.[140] 이와 관련 ILC는 2006년

---

140) 리우선언 원칙 13 및 원칙 16.

'위험한 활동에서 야기되는 초국경적 피해의 손실분배에 관한 원칙 초안'(Draft principles on the allocation of loss from transboundary harm arising out of hazardous activities)을 채택하였다. ILC는 이 원칙 초안을 통해 신속하고 적절한 대응조치가 그러한 사고로 인한 피해나 손실을 최소화하도록 취해질 수 있도록 사인에게 보험 및 배상을 담보할 수 있는 사전 조치를 마련하고 국가는 환경피해를 야기한 사인의 배상책임이 충분하지 않을 경우 피해자에 대해 2차적 책임을 지도록 규정하고 있다.141) 이 원칙 초안의 적용범위는 국제법에 의해 금지되지 않는 심각한 피해를 가져오는 위험(risk)과 관련된 활동에 의한 원인국 외에 타국의 영토나 타국의 관할권이나 통제하의 사람, 재산 및 환경에 미친 피해 중 심각한(significant) 피해이며, 심각한 피해란 생명의 손실 또는 신체적 피해, 문화적 유산의 일부를 구성하는 재산을 포함한 재산의 손실 또는 피해, 환경의 악화의 손실 및 피해, 재산이나 자연자원을 포함한 환경회복을 위한 합리적인 조치의 비용, 합리적인 대응조치의 비용 등을 포함한다.142) 이와 같은 피해가 발생한 경우 우선 가해국은 피해국과 협의하여 직접적인 가해자와 함께 초국경적 피해를 줄이거나 가능하면 제거할 수 있는 적절한 대응조치가 취해질 수 있도록 보장할 뿐만 아니라 관심이 있는 제3국을 포함하여 적합한 국제기구의 지원을 모색하여야 한다.143) 피해보상에 대해 국가가 부담하는 책임은 신속하고 적절한 피해에 대한 보상이 이루어질 수 있도록 보장하는 것이며, 1차적인 보상책임은 직접적인 가해자가 진다. 보상을 보장할 구체적 내용으로는 위험을 야기할 수 있는 운영자에게 보상청구를 감당할 수 있는 보험이나 채권 및 기타 재정적 보증과 같은 재정적 안전조치의 설립·유지를 국내법적으로 설치하는 것 또는 적절한 경우, 해당 산업체 차원의 기금을 마련하도록 하는 것을 말한다.144) 예컨대, 원자력사업체 간의 원자력기금을 마련하여 사고가 난 경우 피해자에게 충분한 배상이 이루어지도록 하는 것이다. 이러한 조치를 취하지 않음으로 또는 이러한 조치를 취했음에도 불구하고 보험이나 기금으로 충분한 보상이 이루어지지 않은 경우에는 가해자의 국적국가가 2차적으로 사고피해에 대한 보상에 대해 책임을 지게 된다.145)

---

141) 위험한 활동에서 야기되는 초국경적 피해의 손실분배에 관한 원칙 초안 원칙 4와 원칙 5.
142) 위험한 활동에서 야기되는 초국경적 피해의 손실분배에 관한 원칙 초안 원칙 2.
143) 위험한 활동에서 야기되는 초국경적 피해의 손실분배에 관한 원칙 초안 원칙 5.
144) 위험한 활동에서 야기되는 초국경적 피해의 손실분배에 관한 원칙 초안 원칙 4.
145) 위험한 활동에서 야기되는 초국경적 피해의 손실분배에 관한 원칙 초안 원칙 5.

생각하기

1. 환경은 한 번 파괴되면 원상회복이 불가능한 경우가 많은데, 전통적인 국제법상 국가책임 이론으로 국제환경문제에 효과적으로 대처할 수 있는가?

2. 실제로 초국경적 환경오염문제를 다투는 재판이 이루어지는 경우 재판과정에서 제기될 수 있는 문제점을 구체적으로 생각해 보자.

3. 중국발 미세먼지에 대하여 중국에 국제법적 책임을 추궁할 수 있는가?

4. 적법행위임에도 해로운 결과가 발생하는 경우에 책임을 인정하는 국제법의 태도는 무엇에 근거하고 있는가?

참고문헌

김대순, 「국제법론」제20판, 삼영사, 2019.

_____, "적법행위에 대한 국가책임이론의 정립을 향하여: 2001년 ILC초안을 중심으로", 「국제법학회논총」, 제48권 제1호, 2003. 4.

김석현, 「국제법상 국가책임」, 삼영사, 2007.

_____, "국가책임 성립요건의 재검토", 「국제법학회논총」, 제39권 제1호, 1994. 6.

_____, "초국경적 손해에 대한 국제책임의 특수성: 일반적 국가책임과 비교하여", 「국제법평론」, 통권 제3호, 1994. 9.

_____, "환경오염에 대한 국가책임", 「국제법평론」, 통권 제4호, 1995. 3.

노명준, 「신국제환경법」, 법문사, 2003.

모영동, 「환경손상으로 인한 국제책임과 국제범죄」, 박사학위논문, 성균관대학교, 2012.

박기갑, "환경오염으로 인한 손해의 국제법적 구제방안", 「환경법연구」, 제23권 제1호, 2001. 9.

박병도, 「국제환경책임법론」, 집문당, 2007.

_____, "국제법상 월경성 오염에 대한 국가책임: 미세먼지 피해에 대한 책임을 중심으로", 「일감법학」, 제38호, 2017. 10.

_____, "중국발 미세먼지 - 국제법적 책임추궁은 가능한가?", 「국제법현안 Brief」, 제1호, 2019.

이병조, "국가책임협약 잠정초안에 관한 연구", 「법학논문집」(중앙대학교), 제17집, 1992.

이병조·이중범, 「국제법신강」, 일조각, 2000.

Ago, R., "Third Report on State Responsibility", *Yearbook of ILC 1971*, vol. II, 1971.

Aréchaga, E.J. de, "International Responsibility", in M. Sørensen (ed.), *Manual of Public International Law*, Macmillan, 1968.

Birnie, P.W. and A.E. Boyle, *International Law and the Environment*, Clarendon Press, 2002.

Boyle, A., "Transboundary Air Pollution: A Tale of Two Paradigms", in S. Jayakumar, T. Koh, R. Beckman and H.D. Phan (eds.), *Transboundary Pollution: Evolving Issues of International Law and Policy*, Edward Elgar, 2015.

Brownlie, I., *Principles of Public International Law*, 6th ed., Oxford University Press, 2003.

_____, *System of the Law of Nations: State Responsibility*, Part 1, Clarendon Press, 1983.

Crawford, J., "Revising the Draft Articles on State Responsibility", *European Journal of International Law*, vol.10, 1999.

Dupuy, P.-M., "International Liability for Transfrontier Pollution", in M. Bothe (ed.), *Trends in Environmental Policy and Law*, Erich Schmidt Verlag, 1980.

Eagleton, C., *The Responsibility of State in International Law*, New York University Press, 1928.

Glahn, G. von, *Law among Nations*, 5th ed. (Macmillan Publishing Co., Inc., 1986.

Goldie, L.F.E., "International Principles of Responsibility for Pollution", *Columbia Journal of Transnational Law*, vol.9, 1970.

Handl, G., "Balancing of Interests and International Liability for International Watercourses", *Canadian Yearbook International Law*, vol.13, 1975.

_____, "International Liability of States for Marine Pollution", *Canadian Yearbook of International Law*, vol.21, 1983.

_____, "State Liability for Accidental Transnational Environmental Damage by Private Persons", *American Journal of International Law*, vol.74, 1980.

_____, "Territorial Sovereignty and the Problem of Transnational Pollution", *American Journal of International Law*, vol.69, 1975.

Lammers, J.G., *Pollution of International Watercourses: A Search for Substantive Rules and Principles of Law*, Martinus Nijhoff, 1984.

_____, "Prevention of Transboundary Harm from Hazardous Activities: The ILC Draft Articles", *Hague Yearbook of International Law*, vol.14, 2001.

Magraw, D.B., "The Internatonal Law Commission's Study of International Liability for Non-prohibited Acts as It Relates to Developing States", *Washington Law Review*, vol.61, 1986.

McCaffrey, S.C., "Pollution of Shared Natural Resource", *Proceeding of ASIL*, vol.71, 1977.

Okowa, P., "Responsibility for Environmental Damage", in M. Fitzmaurice, D.M. Ong and P. Merkouris (eds.), *Research Handbook on International Environmental Law*, Edward Elgar, 2010.

Peel, J., "Unpacking the Elements of a State Responsibility Claim for Transboundary Pollution", in S. Jayakumar, T. Koh, R. Beckman and H.D. Phan (eds.), *Transboundary Pollution: Evolving Issues of International Law and Policy*, Edward Elgar Publishing Limited, 2015.

Quentin-Baxter, R.Q., "Fifth Report on International Liability for Injurious Consequences Arising Out of Acts Not Prohibited by International Law", *Yearbook of ILC 1984*, vol. II (Part 1), 1984.

Rest, A., "International Protection of Environment and Liability", in *Beiträge zur Umweltgestaltung*, Erich Schmidt Verlag, 1978.

_____, "Responsibility and Liability for Transboundary Air Pollution Damages", in C. Flinterman, B. Kwiatkowska and J.G. Lammers (eds.), *Transboundary Air Pollution: International Legal Aspects of the Co-operation of States*, Martinus Nijhoff Publishers, 1986.

Pisillo-Mazzeschi, R., "Forms of International Responsibility for Environmental Harm", in F. Francioni and T. Scovazzi (eds.), *International Responsibility for Environmental Harm*, Graham & Tortman, 1991.

Sands, P. and J. Peel, *Principles of International Environmental Law*, 4th ed., Cambridge University Press, 2018.

Smith, B.D., *State Responsibility and Marine Environmen*, Clarendon Press, 1988.

Springer, A.L., *The International Law of Pollution*, Quorum Books, 1983.

Vicuña, F.O., "State Responsibility, Liability and Remedial Measures under International Law: New Criteria for Environmental Protection", in E. Brown Weiss (ed.), *Environmental Change and International Law: New Challenges and Dimensions*, Tokyo United Nations University Press, 1992.

Xue, H., *Transboundary Damage in International Law*, Cambridge University Press, 2003.

Zemanek, K., "State Responsibility and Liability", in W. Lang, H. Neuhold and K. Zemanek (eds.), *Environment Protection and International Law*, Graham & Trotman, 1991.

_____, "Causes and Forms of International Liability", in B. Cheng and E.D. Brown (eds.), *Contemporary Problems of International Law: Essays in Honor of Georg Schwarzenberger on his Eightieth Birthday*, Stevens and Sons, 1988.

제 **12** 장

국제환경분쟁의
해결

제1절 ● 서 론

　　근대사회 이후 과학기술의 발전과 경제개발의 이면에 지구환경손상이 묵인되어 왔고, 뒤늦게 지구환경의 위험성에 주목하기 시작한 20세기 중반 이후 수많은 국제환경조약이 연이어 채택되었지만, 선진국과 개발도상국 간의 이해관계가 극심하게 대립하여 입법과정에서부터 진통을 겪어 오고 있다. 이러한 상황 속에서 채택된 환경조약의 이행 및 준수의 필요성은 거듭 강조될 수밖에 없고, 이행 및 준수를 확보하기 위한 수단으로서 분쟁해결제도에 대한 관심도 높아지고 있다. 일반적으로 분쟁(dispute)은 특정 사실(사실관계), 법 또는 정책에 대하여 의견 불일치가 있고, 일방의 요구나 주장이 상대방에 의해 거부당하거나, 상대방의 상반된 주장(counter-claim)에 직면하는 경우에 발생한다.[1] 결국 국제분쟁이란 국제법이나 사실에 관한 국가간의 의견불일치나 이해관계의 충돌을 의미하며,[2] 국제환경분쟁(international environmental dispute)은 인간행위를 통한 자연환경 체계의 변화에 대하여 국가간의 견해나 이해의 불일치 또는 충돌을 의미한다.[3]

　　20세기 후반 이후, 국제분쟁 및 그 해결에 대한 몇 가지 변화를 발견할 수 있는데, 그것은 국제평화와 안전을 위협하는 국제적 긴장상황이나 분쟁의 주요 원인 중 하나로 환경적 요소가 급부상하였다는 점이다. 환경분쟁의 예방 및 해결에 관심이 증대한 이유는 다음과 같은 시대적 배경으로부터 비롯된다. 첫째로, 한정된 또는 고갈가능한 자연자원에 대한 접근의 요구와 필요가 증가하고 있다. 둘째로, 각국이 환경보호에 관한 국제적 공약(commitments) 사항을 질적·양적으로 심화하면서, 국제환경의무의 성질 및 범위가 급속하게 변모하고 있다. 국제환경조약의 양적 증가에 비례하여, 조약상 의무의 해석에 관한 분쟁 역시 증가하고 있다. 셋째로, 국제환경의무의 증가가 조약 당사국에게 행정적·정치적·경제적 부담을 지우게 되어 국내적 이해에 영향을 미치게 되면서, 환경의무를 조약으로써 수락하지 아니한 국가들은 상대적으로 불공정한 이익을 향유하게 되었다. 넷째로, 국가(내) 경제의 국제화 추세에 따라 각국은 환경손상행위의 영향이

---

1) J.G. Merrills, *International Dispute Settlement*, 5th ed. (Cambridge University Press, 2011), p.1.
2) 다만, 위에서 언급한 바와 같이, 단순히 견해나 이해의 충돌만으로 국제분쟁이 발생하는 것은 아니며, 일방당사자의 청구에 대하여 타방 당사자의 적극적 반대가 있어야만 분쟁이 존재하는 것으로 볼 수 있다. 정인섭, 「(新)국제법강의」 제9판 (박영사, 2019), 1018면.
3) R.B. Bilder, "The Settlement of Disputes in the Field of the International Law of the Environemt", *Recueil des Cours* (1975-Ⅰ), p.153(노명준, 「신국제환경법」 (법문사, 2003), 355면에서 재인용).

미치는 범주를 불문하고, 이러한 행위가 경제적 분쟁과 연관될 경우에는 이를 국제(경제)분쟁화하고 있다.

모든 사회에서 그 구성원간의 분쟁은 필연적인 것이고, 이러한 분쟁을 법 또는 제도를 통하여 해결하는 것은 사회의 질서를 유지하면서 분쟁해결이 가능하게 된다는 점에 의의가 있다. 지구환경보호를 위한 국제환경법 역시 분쟁의 예방 및 해결에 대하여 주목하고 있다. 국제환경법상 분쟁의 예방책은 환경손상예방을 위한 절차적 의무로서, 환경조약이나 환경 관련 국제관습법 규범에서 거듭 확인되는 소위 '원칙'의 형태로 존재하며, 환경영향평가 의무, 통지 및 정보제공의 의무, 협의의무 등을 꼽을 수 있다.4)

국제환경법상 분쟁의 해결책을 역사적 관점에서 조감해 보자면, 국제환경법이라는 분야가 없었던 과거에는 일반 조약 또는 국제관습법상 분쟁 중 사실관계에 따라 환경관련 규범을 찾아내는 사법과정이었으나, 다양한 국제환경협약들의 채택과 함께 각 협약별로 분쟁해결에 관한 조항을 두기 시작하였다. 기후변화협약5)과 교토의정서6)는 "협약의 해석 또는 적용에 관한 분쟁 당사국은 교섭 또는 스스로 선택하는 그 밖의 평화적 방법을 통하여 분쟁해결을 모색한다"고 규정하면서, 그 밖의 평화적 방법으로 국제사법재판소(ICJ)와 중재법원을 언급하고 있다.7) 바젤협약8)과 사막화방지협약9) 등이 기후변화협약과 매우 유사한 규정을 두어, 교섭과 사법재판 및 중재재판을 언급하고 있다.10) 한편, 생물다양성협약11)은 체약당사국간 분쟁의 경우, 우선적으로 교섭을 통한 해결을 모색하고, 제3자의 주선 및 제3자에 의한 조정을 요청할 수 있으며, 자국이 수락한 중재 또는 ICJ의 재판을 받을 수 있도록 규정하고 있다.12) 오존층보호를 위한 비엔나협

---

4) 이러한 절차적 의무가 국제사회에서 법적 의무로서 논의된 것은 20세기 중반 이후의 일이다. 이에 대한 자세한 내용은 박병도, 「국제환경책임법론」(집문당, 2007), 229면 이하 참조.

5) 정식명칭은 '기후변화에 관한 UN골격협약'(United Nations Framework Convention on Climate Change: UNFCCC)이다.

6) 정식명칭은 '기후변화협약에 대한 교토의정서'(Kyoto Protocol to the United Nations Framework Convention on Climate Change: Kyoto Protocol)이다.

7) 기후변화협약 제14조 제1항, 제2항. 교토의정서 제19조.

8) 정식명칭은 '유해폐기물의 국가간 이동 및 그 처리의 통제에 관한 바젤협약'(Basel Convention on the Control of Transboundary Movements of Hazardous Wastes and Their Disposal)이다.

9) 정식명칭은 '심각한 한발 또는 사막화를 겪고 있는 아프리카지역 국가 등 일부 국가들의 사막화 방지를 위한 국제연합 협약'(United Nations Convention to Combat Desertification in those Countries Experiencing Serious Drought and/or Desertification, Particularly in Africa)이다.

10) 바젤협약 제20조 제1항, 제2항.

11) 정식명칭은 '생물다양성에 관한 협약'(Convention on Biological Diversity)이다.

12) 생물다양성협약 제27조 제1항~제3항.

약13)과 몬트리올의정서14) 역시 생물다양성협약과 유사한 규정을 두고 있다.15) CITE
S16)도 앞의 조약들과 유사한 규정을 두고 있는데, 다만 중재재판의 법원을 네덜란드 헤
이그에 소재한 상설중재재판소(Permanent Court of Arbitration: PCA)에 특정하고 있다는 것
이 특이한 정도이다.

한편, 국제환경조약의 분쟁해결규정의 치명적 단점은 이러한 국제환경조약 관련 분
쟁 또는 국제환경분쟁을 전담하는 독립된 사법재판소의 부재라 할 수 있다. 따라서 국
제환경법상 분쟁해결에 관한 논의는 일반국제법상 분쟁해결에 관한 폭넓은 이해로부터
출발하여야 하며, 이로 인한 문제점의 검토 및 극복방안을 모색하는 흐름으로 이루어져
야 할 것이다.

제2절 ● 국제환경분쟁에 대한 개요

I. 국제환경분쟁의 정의

국제환경분쟁은 국제분쟁 중의 하나이다. 국제분쟁이란 국가 또는 기타 국제법주체
간에 법률적 또는 사실적 의견이 다르고 권리 또는 이익과 관련하여 상호충돌이 존재하
는 것을 말한다. 분쟁은 쌍방적인 경우도 있고, 다자적인 경우도 있다. 국제분쟁을 초래
하는 원인은 너무 복잡하며 대부분 중대한 이익과 관련되어 있어서 많은 국제분쟁은 오
랫동안 해결되지 못하는 경향이 있다. 이는 세계평화와 안정에 대한 잠재적 위험 또는
현실적 위험이 된다. 분쟁이 심각해지면 무력충돌이나 전쟁을 초래할 수 있다. 이것은
분쟁 당사자에게 직접적 영향을 미치고, 해당 지역 그리고 전 세계까지도 영향을 미칠

---

13) 정식명칭은 'Vienna Convention for the Protection of the Ozone Layer'이다.
14) 정식명칭은 '오존층 파괴물질에 관한 몬트리올의정서'(Montreal Protocol on Substances that Deplete
the Ozone Layer: Montreal Protocol)이다.
15) 오존층보호를 위한 비엔나협약 제11조. 몬트리올의정서는 제14조를 통하여 분쟁해결을 포함한 대부분의
비엔나협약 내용을 준용하고 있다.
16) 정식명칭은 '멸종위기에 처한 야생동식물의 국제거래에 관한 협약'(Convention on International Trade
in Endangered Species of Wild Fauna and Flora: CITES)이다.

수 있다. 그래서 오늘날 평화적 수단에 의한 분쟁해결은 반드시 준수되어야 할 국제법의 기본원칙으로 확립되어 있다.

인류사회의 발전과 과학기술의 진보로 인해 환경문제가 점점 심각하게 되었고 이로 인한 국제분쟁의 발생은 피할 수 없는 필연적인 상황에 직면하고 있다. 환경오염과 생태파괴 그리고 자원고갈로 인하여 환경문제가 점점 더 심각해지고 있으며, 더불어 국제적 환경분쟁이 빈번하게 발생하는 것을 피할 수 없게 되었다. 국제환경문제가 심각할수록 국제환경분쟁은 더 많이 발생한다는 사실은 자명하다. 예를 들어 초국경적 대기오염 문제, 산업폐기물의 처리 및 통제 그리고 원자력 에너지 이용에서 야기되는 위험 등은 국제적인 환경분쟁의 발생가능성을 높이고 있는 것이다.

국제환경분쟁(international environmental disputes)이란 환경문제와 관련한 국제분쟁이라고 간단히 정의할 수도 있지만, 더 구체적으로는, 인간행위를 통한 자연환경체계의 변화에 대하여 국가간의 견해나 이해의 불일치 또는 충돌을 의미한다.[17] 다시 말해서 국제환경분쟁이란 국제환경법 분야에서 여러 가지 인위적 원인으로 인하여 환경의 오염과 파괴를 초래하여 충돌이 발생한 상태를 말한다.[18] 일반적인 분쟁의 범위는 주로 양국 사이에 발생하지만 환경분쟁은 여러 국가 또는 특정 지역 전체와 관련될 수 있고, 경우에 따라서는 전 세계까지도 미칠 수 있다.

II. 국제환경분쟁의 특징

국제환경분쟁은 국제법 다른 분야의 분쟁에 비하여 다음과 같은 특징이 있다. 첫째, 분쟁이 존재하는지 여부를 판단하기 어렵다. 국제환경분쟁이 존재하는지 여부를 판단하기 위해서는 환경오염에 대한 정의가 명확하게 내려져야 하는데, 아직도 객관적으로 합의된 환경오염에 대한 정의가 결여되어 있기 때문에 이의 존재 여부를 판단하는 것이 쉽지 않다. 둘째, 일반적인 국제분쟁은 주로 양국 사이에 발생하지만 국제환경분쟁은 여러 국가 또는 특정 지역 전체와 관련될 수 있고, 경우에 따라서는 전 세계까지도 미칠 수 있다. 다시 말해서 국제환경분쟁은 가해국(원인국)과 피해국의 일 대(對) 일 양국간의 관계인 경우도 있지만 장거리 대기오염이나 산성비 피해처럼 양국간의 관계를 넘어

---

17) R.B. Bilder, "The Settlement of Disputes in the field of the International Law of the Environemt", *Recueil des Cours* (1975-Ⅰ), p.153.
18) 박병도·서원상, "국제환경분쟁의 해결방법", 「일감법학」, 제18호(2010), 486면.

서 여러 국가가 분쟁당사자가 되는 경우가 많다. 더구나 '지구공공물'(global common)19)과 관련한 분쟁의 경우 당사자를 특정하기 곤란하다. 이는 소송당사자 지위를 확정하는 데 어려움을 잉태한다. 셋째, 환경분쟁은 과학적 지식이 불충분하거나 불확실한 사실 또는 위험이 원인이 될 수 있다. 이는 인과관계의 입증을 곤란하게 만들거나 분쟁해결과정이 장기간에 걸쳐 진행될 수 있는 요인이 될 수 있다. 넷째, 환경분쟁은 이익의 형량이나 부담의 분배 등으로 인해 곤란한 사회적 선택의 문제를 야기한다. 다섯째, 환경문제에서 우선적 가치는 발생한 손해에 대한 사후 구제보다는 예방 및 위험의 제거에 있는데, 분쟁이 때로는 바로 그 예방적 조치와 관련하여 발생한다.20) 여섯째, 대부분의 국제환경분쟁은 정치적 요소와 법률적 요소가 결부된 경우가 많다.21) 이러한 특징은 기존의 전통적인 국제분쟁해결방법, 특히 뒤에서 검토될, 사법적 수단, 즉 국제재판을 통한 환경분쟁의 해결이 적절하지 않은 이유와 연결되어 있다.

Ⅲ. 국제환경분쟁해결제도의 역할

분쟁해결을 위한 모든 메커니즘은 당사국간의 분쟁을 소거(消去)하는 데 목적을 두고 있다. 분쟁해결의 목적은 위반국에 대하여 배상 또는 만족(satisfaction)을 얻어 내어 법 또는 사실에 대한 의견의 불일치, 즉 분쟁을 소거하는 것이다. 국제법의 다른 분야와 마찬가지로 국제환경법에서 분쟁해결제도는 환경분쟁의 해결을 목적으로 한다. 분쟁해결의 목적은 판결(judgement) 또는 재정(award)의 형식으로 당사자들에게 구속력 있는 지

---

19) 현재 대부분의 다자간 환경협정은 공유자원 또는 전체로서 국제공동체에 영향을 주는 자원을 대상으로 규정하고 있으며, 특정 국가의 영유권 또는 관할권이 인정되지 않는, 이른바 '지구공공물'(global commons)과 관련한 내용을 규정하고 있다. 지구공공물은 세 가지로 분류할 수 있다. 첫째는 공해, 우주공간, 남극 등과 같이 어느 국가에게도 할당되지 않은 '국제공역' 또는 '지구공유공간'(global common spaces)이다. 즉, 어느 국가의 영유권도 인정되지 않는 공공영역이다. 두 번째 유형은 어느 국가에게도 포함되어 있지 않고 소유권의 분할이 불가능한 대기(atmosphere), 기후 등과 같은 '순수한 공공물'(true commons)이다. 세 번째 유형은 한 국가 또는 국가그룹(group of states)의 영토 내에 속해 있지만 지구환경에 중대한 영향을 미치는 것으로, 아프리카의 코끼리 떼, 브라질의 열대우림 등과 같은 자연자원이다. 예를 들면 브라질의 우림지역의 파괴는 지구기온을 변화하게 할 수 있고, 아프리카 코끼리의 멸종은 지구에 생존하는 야생동식물의 풍부한 다양성을 감소시킬 것이다(Note, "Development in Law: International Environmental Law", *Harvard Law Review*, vol.104, 1991, pp.1534~1535 參照).

20) M.A. Fitzmaurice, "International Protection of the Environment", *Recueil des Cours*, vol.293, 2001, p.336.

21) 박병도·서원상, 앞의 논문, 486~487면 참조.

시(indication)를 하거나 또는 분쟁을 해결할 수 있는 합의에 좀 더 쉽게 도달할 수 있도록 개입(intervention)을 하는 것이다.22) 보통 전자는 사법재판 또는 중재재판의 경우이고 (사법적 해결방법), 후자는 교섭, 주선, 중개, 조정과 같은 정치적 또는 외교적 해결방법(비사법적 해결방법)이다.

그리고 환경 관련 국제관습법을 확인하고 다자간 환경협정을 해석하는 분쟁해결 메커니즘의 역할은 특히 사법적 판결과 중재재정의 경우에 중요하다. 선례구속의 원칙 (doctrine of *stare decisis*)이 국제법에서는 적용되지 않음에도 불구하고,23) 선례는 국제법학의 발전에 크게 영향을 미치며, 실제로 국제재판관이나 국제중재인들은 명백하게 다른 사유가 없는 한 이전의 판결을 배제하지 않는 경향이 있다. 판결이나 재정을 통해 법을 선언하고 적용할 때 그 범위를 특정하고 그 의미를 해석함으로써 국제환경법의 발전에 기여한다. 사법재판이나 중재재판의 역할은 법적 구속력 있는 판결이나 재정에 의해 국제환경분쟁을 해결하는 데 그치지 않고 객관적이고 유권적인 법의 해석·적용을 통하여 국제환경법의 발전을 이끈다. 실제 주요 국제환경판례들은 국제환경법의 발전에 상당히 기여하였다. 이러한 기능에 하나를 더 추가하면, 이른바 억제 기능(deterrence function)이다. 강제적인 성격이 있는 사법재판이나 중재재판은 분쟁이 발생하는 것을 예방하거나 교섭 또는 기타 우호적 절차에 의하여 분쟁을 해결하도록 조장한다.24) 이러한 기능에 새롭게 추가하여 살펴볼 것은 분쟁해결 메커니즘이 국제환경의무의 이행 및 준수를 촉진하는 중요한 역할을 한다는 점이다. 분쟁해결제도가 잘 완비되어 있으면 의무의 이행 및 준수를 촉진할 수 있다. 의무를 이행하지 않아도 이를 다툴 수 있는 장(場)이 마련되어 있지 않다면 의무 불이행의 유혹이 더 커질 것이다. 국제의무의 이행을 위한 전통적인 방법은 감시(monitoring)와 보고(reporting), 국가책임 그리고 분쟁해결제도이다. 특히 다자간 환경협정에서는 의무의 이행 및 준수 메커니즘이 분쟁해결 메커니즘과 더욱 밀접하게 관련성이 있다. 이 장의 주요 쟁점 중에 하나이다.

---

22) T. Treves, "Disputes in International Environmental Law: Judicial Settlement and Alternative Methods", in Y. Kerbrat and S. Maljean-Dubois (eds.), *Transformation of International Environmental Law* (A. Pedone & Hart, 2011), p.285.

23) 국제사법재판소 규정 제59조는 "본 재판소의의 결정은 당사자간에 있어서만 그리고 당해 특정 사건에 대해서만 구속력이 있다"라고 규정하여 선례구속의 원칙을 도입하고 있지 않다.

24) Treves, *op.cit.*, p.286.

IV. 국제환경분쟁의 유형

국제환경분쟁의 유형을 이해해야 하는 이유는, 국내 환경소송에서 보듯이 환경분쟁 중에는 환경피해(즉, 환경오염 피해자가 가해자에게 민사책임을 추궁하는 소송)와 관련이 없는 소송이 있다. 이것은 분쟁은 있는데 왜 소송은 없는가의 문제를 이해할 수 있다. 국제사회는 국내 환경소송처럼 환경소송이 세분화되어 있지 않기 때문에 환경분쟁이 존재해도 재판화되는 사건이 많지 않다. 이 점을 이해하기 위해서는 환경분쟁의 유형에 대한 이해가 필요하다.

국제환경분쟁의 유형은 다음과 같다.25) 첫째는 환경오염물질이 국경을 넘어 다른 국가에 피해를 야기하여 발생하는 분쟁이다. 국내법상 환경오염으로 인해 피해가 발생하는 유형과 유사하다. 초국경적 환경피해(transboundary environmental damage)란 어떤 국가에서 유발된 오염원(pollutants)이 공유자연자원(shared natural resource, 주로 대기)을 통하여 그 국경을 넘어 이동되어 다른 국가 영토 또는 관할권이나 통제 아래의 사람, 재산 및 환경에 끼친 손해를 말한다.26) 이러한 국경을 넘는 환경피해는 한 국가 내에서 발생하여 다른 국가의 환경에 피해를 주는 경우도 있고,27) 또는 다른 국가의 환경에 해로운 영향을 미치는 물질의 계속적인 방출로부터 발생할 수 있다.28) 둘째는 기후, 대기, 생물다양성, 공해(high sea) 등과 같은 지구공공물과 관련한 분쟁이다. 지구공공물과 관련 있는 다자간 환경협정의 위반과 관련한 분쟁은 이것들이 특정 국가의 주권이나 관할권 아래에 있지 않기 때문에 분쟁당사자를 확정하기 어려운 측면이 있다. 셋째는 한 국가의 환경정책이나 환경규제가 다른 국가에 영향을 미치는 경우에 발생하는 분쟁이다. 예를 들면, 선진국들의 환경규제는 개발도상국들에 비해 엄격하기 때문에 개발도상국의

---

25) 박병도, "국제환경분쟁의 해결", 「국제법평론」, 통권 제42호(2015. 10.), 141~142면.

26) S.C. McCaffrey, "Pollution of Shared Natural Resource", *Proceeding of American Society of International Law*, vol.71, 1977, p.56; A.L. Springer, *The International Law of Pollution* (Quorum Books, 1983), p.13.

27) 예를 들면, 1984년 인도 Bhopal에 있는 Union Carbide회사의 자회사 공장에서 가스가 유출되어 2천여 명이 사망하고, 20만여 명에게 심각한 신체적 손상을 입힌 사고, 1986년 4월 구소련의 우크라이나에서 발생한 체르노빌 원자로 폭발사고(이 사고로 방사능 물질이 미국까지 흘러들어 갔다) 그리고 같은 해 11월 스위스의 산도즈(Sandoz)화재사고(이 사고에서 화염을 잡기 위해 소방호스를 사용하였는데, 그 결과 30톤의 화학물질이 라인강 근처로 유입되어 부근 여러 국가에 심각한 환경문제를 불러 일으켰다) 등이 이러한 경우에 해당하는 대표적인 사례들이다.

28) 예를 들면, 기후변화, 지구온난화, 산성비와 오존층파괴 그리고 중국에서 불어오는 미세먼지나 황사 등이 이러한 경우에 해당한다.

상품을 선진국에 수출할 때 관련국간에 분쟁, 이른바 무역분쟁이 발생할 수 있다.

제3절 ● 국제환경법상 분쟁해결방법

Ⅰ. 다자간 환경협정상의 분쟁해결조항

1970년대 이전의 초기 국제환경조약의 대부분은 분쟁해결절차에 관한 언급이 없었지만, 1970년대 이후 국제환경조약의 분쟁해결 관련 규정이 절대적 상대적으로 증가하기 시작하여, 2000년을 중심으로 20여 년간에 채택된 다자간 환경협정(Multilateral Environmental Agreements: MEAs)에는 분쟁해결조항이 일반화되었다.

국제환경조약의 분쟁해결조항이 증가하고 있음에도 불구하고, 국제환경법조약상의 분쟁 또는 국제환경분쟁의 해결을 위한 분쟁해결제도가 정착되어 가고 있는 것은 아니다. 수많은 국제환경조약들이 분쟁해결 관련 조항을 담고 있지만, 그 방식의 다양성은 찾아보기 어렵고, 기존 국제법의 분쟁해결방식을 채택하고 있을 뿐이다. 한편 수세기에 걸친 관행의 축적으로 정립된 일반국제법상 정치적 또는 사법적 방법의 분쟁해결방법 중에 국제환경분쟁에 특화되었거나 적합한 것으로 기대할 만한 새로운 분쟁해결방법이 있는 것도 아니다. 분쟁해결조항을 수록한 환경협정의 대부분은 두 가지 내용을 순차적으로 담고 있다. 첫 번째는 분쟁당사국들이 선택하는 특정의 정치적 수단에 의하여 분쟁을 평화적으로 해결하여야 한다는 '평화적 분쟁해결 원칙'이다. 이에 해당하는 수단에는 UN헌장 제33조 제1항에 열거된 교섭, 심사, 중개, 조정 등이 있으며, 그중에서도 교섭을 제1차적 분쟁해결 방식으로 규정하는 것이 보통이다. 두 번째는, 첫 번째 단계에서 분쟁해결이 이루어지지 않을 때에, 더 이상의 분쟁해결을 위한 방식을 언급하지 않는 경우와 분쟁해결을 위하여 좀 더 강제력 있는 분쟁해결절차(dispute settlement procedure)를 취할 것을 요구하는 경우로 나누어진다.

이러한 두 가지 유형을 좀 더 세밀히 분석하면 다음과 같다. 첫째로, 과거에는 ICJ나 상설국제사법재판소(Permanent Court of International Justice: PCIJ)와 같이 분쟁해결을 위한 국제상설기관이 적었기 때문에, 국가들은 특별협정이나 임시협정을 통한 분쟁해결절차를 밟아야 했다. 즉, 상설 사법기관의 이용은 최근에야 볼 수 있는 경향이다. 둘째로, 국제환경협정이 제시하는 분쟁해결절차는 현대 국제법에서 사용되는 분쟁해결제도를 옮겨 놓은 것에 불과하다. 특이한 것이 있다면, 최근 국제환경협정들은 회원국들에게 단일 절차만을 규정하기보다 여러 가지 분쟁해결절차 중 선택이 가능하도록 하였다는 것이다. 이러한 다양한 절차에는 협의(consultation)나 교섭(negotiation)과 같이 제3자에게 분쟁해결을 부탁하기보다 당사국간 합의를 모색하는 방식에서, 재판과 같이 당사자간 쟁송을 거쳐 제3자의 법적 강제력으로 분쟁해결을 시도하는 방식에 이르기까지 매우 다양한 형태의 분쟁해결방식이 있다. 이러한 경향은 1982년 UN해양법협약에서 확인해 볼 수 있는데, 동 협약은 가장 상세하고, 포괄적이며 복잡한 분쟁해결조항을 담고 있다. 분쟁의 분야에 따라 분쟁해결의 선택이 가능하도록 하여, 국제해양법재판소(International Tribunal for the Law of the Sea: ITLOS)는 물론 재판소 내에 특별 법정을 설치할 수 있도록 하거나, 여타 분쟁해결기관을 통한 분쟁해결의 선택도 가능하도록 개방되어 있다.29) 아무튼 국제환경협정상 분쟁해결절차가 더욱더 일반화되고 정교해진다 할지라도, 실제로 거의 사용되지 않는다. 전통적인 분쟁해결제도는 국제법의 위반 또는 그 결과에 대한 절차로서 이용되는 것으로, 본질상 쌍방간의 공격과 방어로 이루어지는 대결구도이며, 사법적 또는 준사법적 기관이 특정 분쟁당사국의 행위 불법성이나 보상 등의 할당을 결정하는 것이다.

전통국제법상 분쟁해결절차는 분쟁당사국 상호간의 정치적 이해관계에 큰 손상이 없는 경우에나 가능하다. 국가간의 의견불일치는 전형적으로 외교적 수단에 의존하여 왔고, 패소국에게 치명적인 결과를 초래할 수 있는 절차적 수단을 기피하여 왔다. 재판(adjudication)은 당사국들이 (조약)법이 공평하고 명료하다고 생각할 때, 그리고 당사국이 분쟁해결기구에 분쟁의 해결을 부탁하기로 합의하는 경우에 가능하다. 일반적으로 국가들은 자국의 공적 행위를 사후에 재판받는 것을 꺼리기 마련이다. 더욱이 어느 국가라도 자국의 환경기록을 재판을 통해 성급히 공개하고 싶지는 않을 것이다. 점차 특정 분야의 조약체제에서는 스스로 분쟁해결제도를 설립하거나 외부의 분쟁해결기관의 이용을 허용하여 분쟁당사국들에게 선택의 폭을 넓히고 있다. 개별 국제환경조약들이 의사결정의 제도화 및 내부화,30) 그리고 분쟁해결의 관리를 시도하는 것이 최근 국제환경법

---

29) UN해양법협약 제287조.

30) 매년 회합을 통해 기후변화협약에 관한 의사결정을 모색하고 있는 기후변화협약 당사국총회(COP)는 국제환경조약의 의사결정 제도화 및 내부화의 대표적 예라 하겠다.

의 전형적 동향이다. 1970년대 이후의 몇몇 다자간 환경협정은 당사국총회, 사무국, 기금 또는 과학기술기관 등 상설기관을 설치하였고, 이들 기관의 모니터링 결과 및 언급하는 사항을 준수토록 규정하고 있다. 중요한 것은 전통국제법상 분쟁해결절차는 환경분쟁이 특정 지역에 국한된 경우에나 이용되었을 뿐, 광범위하고 전 지구적인 차원의 환경분쟁에는 이용된 바 없다. 다수의 국가 또는 주체가 연관된 환경문제는, 당사국들이 이해관계를 달리하는 두 개의 그룹으로 명백히 갈리지 않는다면, 전통적인 사법적 분쟁해결절차에 적합하지 않다. 결국 전통적 분쟁해결방식은 쌍방의 구도로서, 일방의 제소(청원)에 대하여 상대방의 응소(대응)가 이루어져야 하는 것이다.

II. 국제환경협약 외연의 분쟁해결

국제법상 모든 국가들은 평화적으로 분쟁을 해결해야 할 의무가 있지만, 동시에 그들이 원하는 분쟁해결 방법 및 절차를 자유롭게 선택할 수 있는 권리도 향유한다. 언제든지 분쟁당사국들은 상호합의하에 해당 조약 외의 여타 분쟁해결 절차 및 기관의 이용을 결정할 수 있다. 1972년 폐기물 및 기타 물질 투기에 의한 해양오염방지협약[31] 및 1996년 의정서는[32] 당사국은 외교적 수단에 의하여 분쟁해결이 불가능할 경우, '당사국이 1982년 UN해양법협약에 열거된 절차 중 하나에 의한 분쟁해결을 합의하지 못하면,' 중재재판 절차를 밟을 것을 의무화하고 있으며,[33] 더욱이 1996년 의정서에서는 당사국들의 UN해양법협약 가입 여부를 불문하고 중재를 의무화하고 있다. 1997년 사용된 연료와 방사성 폐기물관리의 안전에 관한 공동협약[34]은 외교적 수단에 의하여 분쟁해결이 불가능한 경우에 국제법상 중개, 조정, 중재절차에 따라 분쟁해결을 모색할 것을 규정하고 있다.[35]

국제환경협약이 국제법의 광범한 분야의 일부라는 점은 자명한 사실이다. 따라서

---

31) 정식명칭은 'Convention on the Prevention of Marine Pollution by Dumping of Wastes and Other Matter'이다.
32) 정식명칭은 '1996 Protocol to the Convention on the Prevention of Marine Pollution by Dumping of Wastes and Other Matter of 1972'이다.
33) 폐기물 및 기타물질 투기에 의한 해양오염방지협약 제16조 제2항.
34) 정식명칭은 'Joint Convention on the Safety of Spent Fuel Management and the Safety of Radioactive Waste Management'이다.
35) 사용된 연료와 방사성 폐기물관리의 안전에 관한 공동협약 제38조.

분쟁당사국은 환경협정의 가입국임과 동시에 여타 비환경조약의 가입국일 경우가 대부분이다. 문제는 대부분의 국가가 우호·통상·항해에 관한 수많은 양자조약들을 체결하고 있고, 이러한 양자조약들 역시 분쟁발생시 상설 또는 임시 기관이나 절차에 따라 해결할 것을 규정하고 있다는 점이다. 뿐만 아니라, 다수의 다자간 협정들도 특정 절차에 따르는 분쟁해결을 규정하고 있다. 다수의 국제기구는 자체적인 사법기관 및 분쟁해결 제도를 가지고 있다. 예컨대 세계무역기구(World Trade Organization: WTO)의 회원국은 WTO협정상의 분쟁에 관하여 WTO 내에 설치된 분쟁해결절차에 따라 분쟁해결을 모색하여야 한다. 유럽평의회(the Council of Europe)의 회원국이 되려면 1950년 유럽인권협약(European Convention on Human Rights) 및 의정서를 비준하여야 하는데, 이는 협정 및 의정서에 따라 유럽인권재판소(European Court of Human Rights)의 관할권을 수락함을 의미한다. 한편 유럽공동체조약(European Community Treaty)을 비준함과 동시에 유럽사법재판소(European Court of Justice: ECJ)의 관할권을 수락하게 된다. 위에서 언급된 세 가지 모두 각 조약상 분쟁해결기관의 관할권 수락은 강제적인 것인데, 이는 분쟁해결수단 선택의 자유라는 일반원칙의 예외라 할 수 있다.

통상적으로 하나의 분쟁에 하나 이상의 조약이 연관되기 쉽고, 문제의 국가행위가 하나 이상의 조약을 위반한 경우가 허다하기 때문에, 각 조약의 분쟁해결조항이 다양한 분쟁해결수단을 열거하고 있는 것은 지극히 자연스러운 것이다. 특정 조약의 조항 이행에 관한 분쟁이 증가할수록, 초국경적 환경오염행위의 금지나 사전주의원칙과 같이 국제관습법이나 법의 일반원칙에 의해 생성된 의무의 해석 및 준수에 관한 분쟁 또한 증가한다. 국제재판에 의하여 해결된 초기 국제환경분쟁은 국제관습법이나 비환경조약에서 정립된 환경 관련 의무위반으로부터 비롯된 것이었다. 예컨대 국제환경법 분야의 대표적 사례인 미국과 캐나다 간의 Trail Smelter 사건도[36] 특정 국제환경협정의 위반과는 무관하다. 호주·뉴질랜드와 프랑스 간의 Nuclear Tests 사건과[37] 같은 1970년대에 이르는 시기의 주요 판례 등도 특정 환경협정의 위반을 다루고 있지 않다. 한편, 일반 조약, 즉 비환경협정의 위반에 관한 분쟁이 환경문제와 결부된 경우에도, 판결은 국제환경법상 관습법규의 존재 여부를 검토하여야 한다. 예컨대 1950년대의 스페인과 프랑스 간 Lanoux호 사건에서[38] 중재법정은 양국간의 경계를 획정한 1866년의 제3조약(1866 Third

---

36) *Trail Smelter Arbitration case (United States v. Canada)*, Award, 1941, 3 RIAA 1905.

37) *Nuclear Tests case (Australia v. France)*, ICJ Report 1973, p.99; *Nuclear Tests case (New Zealand v. France)*, ICJ Reports 1973, p.135.

38) *Lac Lanoux Arbitration case (Spain v. France)*, 24 ILR 101 (1957).

Treaty) 규정을 근거로 재판하였다. 헝가리와 슬로바키아 간의 Gabčíkovo-Nagymaros Project 사건39)은 양국간 수력발전소 건설사업에 관한 1977년 조약에 관한 것이었다.

제4절 ● 일반국제법상 국제환경분쟁의 해결

일반국제법상 분쟁해결방식은 크게 강제적 분쟁해결과 평화적 분쟁해결로 나뉠 수 있으며, 강제적 분쟁해결은 무력적 분쟁해결과 비무력적 분쟁해결로, 평화적 분쟁해결 은 사법적 분쟁해결과 정치적 분쟁해결로 나누어 볼 수 있다.40) 다자간 환경협정들은 대 부분 예외 없이 평화적 분쟁해결방식을 채택하고 있으므로, 여기서는 국제환경법상 분 쟁해결제도로 이용가능한 평화적 수단만을 언급하도록 한다.

국제환경조약의 분쟁해결 관련 조항의 공통점은 모두 분쟁당사국에게 우선적으로 교섭에 의한 분쟁해결의 모색을 요청하고, 이로써 합의에 이르지 못하는 경우에 중개, 조정 또는 당사국이 선택한 사법재판 및 중재재판에 의한 분쟁해결 절차를 밟도록 하고 있다. 그러나 이러한 분쟁해결 관련 규정은 분쟁해결방식의 열거라기보다 예시된 것으 로 볼 수 있으며, UN헌장 제33조에 언급된 평화적 분쟁해결 방식, 즉 교섭, 심사, 중 개, 조정, 중재재판, 사법재판, 지역적 기관 또는 지역적 협정의 이용, 기타 당사국이 선 택하는 평화적 수단에 의한 해결을 모두 포함하는 것이라 할 수 있다. 실제로 1992년 리우선언은 모든 국가는 그들의 환경분쟁을 UN헌장에 따라 평화적으로 또는 적절한 방 법으로 해결해야 한다고 선언하였고,41) 1982년 UN해양법협약도 당사국에게 해양오염에 관한 분쟁을 포함한 모든 국제해양분쟁을 UN헌장 제2조 제3항에 따른 평화적 방법에 의 하여, 제33조 제1항에 규정된 수단을 통하여 해결할 의무가 있다고 규정하고 있다.42)

분쟁의 평화적 해결수단으로 국제재판은 '국가간의 분쟁을 원칙적으로 국제법에 따 라 각 당사자를 법적으로 구속하는 결정에 의해 해결하는 절차'라고 정의할 수 있고 중

---

39) *Case Concerning the Gabčíkovo-Nagymaros Project (Hungary v. Slovakia)*, ICJ Reports 1997, p.92 (25 September).

40) 김정균·성재호,「국제법」, 제5개정판 (박영사, 2006), 659~660면 참조.

41) 리우선언 원칙 26.

42) UN해양법협약 제279조.

재재판과 사법재판이 여기에 해당한다. 국제재판은 분쟁당사국에 대하여 법적 구속력이 있는 판결을 통하여 궁극적으로 해당 환경분쟁을 법적·평화적으로 해결할 뿐만 아니라 대상 환경조약에 대한 객관적이고 유권적인 해석에 의하여 국제환경법의 발전에 기여한다.

국제환경조약은 환경분쟁의 예방을 위하여 일정한 절차적 의무를 법원칙으로서 받아들이고 있으며, 분쟁해결 관련 조항을 둠으로써 다각적인 분쟁해결을 도모하고 있다. 그러나 우선적으로 교섭을 하였으나, 이에 실패할 경우 중개, 조정, 중재, 사법재판에 따른다는 내용은 그리 새롭지 않다. 이는 이미 UN헌장의 평화적 분쟁해결과 다르지 않기 때문이다. 따라서 국제환경법상 분쟁해결제도를 살피기 위해서는 전통국제법상 분쟁해결방식에 대한 검토가 선행되어야 한다. 여기서는 환경분쟁의 정치적 해결방법과 재판을 통한 해결방법으로 나누어서 설명하겠다.

I. 정치적 분쟁해결방법

1. 직접교섭

분쟁당사국이 외교절차를 통해 분쟁을 해결하고자 노력하는 것을 직접교섭(negotiation)이라고 한다. 외교담판이라 할 수 있는 교섭은 당사국간의 합의에 의해서 분쟁을 해결하려는 일차적인 방법이다. 협상이 이루어지는 경우에는 가장 용이하게 사태를 해결할 수 있을 뿐 아니라 비교적 계속성 있는 광범한 합의에 도달할 수 있는 방편이므로, 현실적 입장에서 볼 때 이는 분쟁의 우호적 해결을 위한 최선의 수단이라고 볼 수 있다.

교섭은 모든 국제분쟁의 어떤 단계에서든 거의 이용되며, 모든 종류의 분쟁해결 방법과 교섭은 서로 관련되어 있다. 그중에서도 교섭과 재판(adjudication)의 관계에 주목할 필요가 있는데, 일반적으로 분쟁당사자의 교섭 실패를 재판개시의 조건으로 하기 때문이다.[43] 국제연합헌장은 회원국이나 비회원국을 막론하고, 모든 분쟁당사국이 '가장 먼저'(first of all) 직접교섭, 심사, 중개, 조정, 중재재판, 사법적 해결, 지역기관 또는 지역적 협정에의 부탁, 또는 그들이 선택하는 다른 평화적 수단에 의한 분쟁해결을 명백히 규정하고 있다.[44] 많은 조약들도 분쟁을 중재재판이나 사법적 해결에 부탁하는 것은 직

---

43) Merrills, *op.cit.*, p.21.
44) UN헌장 제2조 제3항, 제33조.

접교섭으로 만족스러운 결과를 얻지 못하였을 경우에 한한다고 규정함으로써 직접교섭
이 다른 평화적 수단의 선택보다 선행되어야 한다는 것을 분명히 하고 있다. 가장 먼저
직접교섭을 하도록 하는 목적은 분쟁의 평화적 해결을 위한 당사국의 노력을 최대한 확보
하려는 데 있는 것이다. 따라서 교섭을 행할 의무란 그것이 합의에까지 도달해야 할 의무
가 아니고 가능한 한 합의에 도달하도록 성실하게 교섭할 의무인 것으로 해석된다.[45]

　분쟁당사자간의 직접교섭은 국제환경분쟁의 해결에 좋은 방법이다. 예를 들어,
1978년 소련의 위성 코스모스 954호(Nuclear-powered Satellite; 핵 동력위성)가 태평양 상
공에서 해체된 후 위성파편이 캐나다 영토에 떨어져 환경오염과 피해를 초래하였다. 이
에 캐나다와 소련은 교섭을 통하여 소련이 캐나다에 300만 캐나다달러의 손해배상을
지급하였다. 이와 같이 교섭은 국제환경분쟁의 유효한 평화적인 해결방법으로 널리 이
용되고 있다.

　교섭은 많은 국제환경협약에 분쟁해결방법으로 규정되어 있다. 1985년의 오존층
보호를 위한 비엔나협약 제11조는 체약국간에 협약의 해석 또는 적용에 관하여 분쟁이
있는 경우에 교섭방식으로 해결하도록 규정하고 있다.[46] 1992년 기후변화협약과 생물
다양성협약도 체약국이 교섭방식으로 분쟁을 해결하여야 한다고 규정하고 있다. 생물다
양성협약 제27조 제1항은 "체약국간에 협약의 해석 또는 적용에 관하여 분쟁이 발생한
경우에 관련 당사국은 교섭방식을 통해서 해결한다"고 규정하고 있으며, 기후변화협약
제14조 제1항은 "본 협약의 해석 또는 적용에 관하여 둘 또는 그 이상의 당사자간에 분
쟁이 있는 경우에 관련 당사국은 교섭 또는 스스로 선택하는 기타 평화적인 방법을 통
해서 분쟁해결을 모색한다"라고 규정하고 있다. 국제하천의 비항행적 사용의 법에 관한
협약(Convention on the Law of the Non-navigational Uses of International Watercourses) 제33
조 제1항은 "이 협정의 해석과 적용에 관하여 둘 또는 그 이상의 당사국들 사이 분쟁이
발생하는 경우에 관련 당사국들은 그들 사이에 적용할 수 있는 교섭이 이뤄지지 않으
면, 그 밖의 평화로운 방법으로 그 분쟁의 해결방법을 찾아야 한다"고 규정하고 있다.

　특히 초국경적 환경피해를 발생한 경우 교섭의 의무에 대하여 반드시 주의를 기울
여야 한다. 즉, 가해국 및 피해국은 모두 교섭의무를 지고 있다. ILC의 2001년 "위험한
활동에서 야기되는 초국경적 손해의 방지에 관한 규정초안" 제19조 제1항은 "본 초안
규정의 적용과 해석에 관한 분쟁은 분쟁당사국들의 상호합의하에 교섭, 중개, 조정, 중

---

45) 김정균·성재호, 앞의 책, 662면.
46) 오존층 보호를 위한 비엔나협약 제11조 제1항은 "이 협약의 해석 또는 적용에 관하여 당사자간에 분쟁
　　이 발생한 경우, 관련 당사자는 교섭을 통하여 해결책을 모색한다"고 규정하고 있다.

재 및 사법적 해결을 포함한 평화적 해결수단에 의하여 신속하게 해결한다"고 규정하고 있다.

1977년 군사적 또는 기타 기술의 적대적 사용의 금지에 관한 협약도 교섭에 대하여 명확하게 규정하고 있다. 1980년 남극해양생물자원보존에 관한 협약에서도 교섭 등의 평화적 분쟁해결방법을 반복하여 강조하고 있다. 동 협약 제25조는 "이 협약의 해석 또는 실시문제에 관하여 둘 또는 그 이상의 당사자간에 분쟁이 발생한 경우에 관련 당사국들은 서로 교섭하여야 한다. 교섭, 사실심사, 조정, 화해, 중재, 사법적 해결을 통해서 해결하거나 그들이 스스로 선택하는 기타 평화적 방식을 통해서 분쟁을 해결한다"고 규정하고 있다.

교섭에 의한 국제분쟁해결의 방식은 다양하며, 구두 또는 서면방식을 사용할 수도 있고, 또는 양자를 동시에 사용할 수 있고, 다자간 교섭방식 또는 국제회의를 통해서도 이루어질 수 있다. 또한 국가원수 또는 정부수반이 직접 교섭에 참여할 수도 있으며, 환경부장관이나 외교사절 또는 특별한 전권대표가 참여할 수도 있다.

교섭으로 국제환경분쟁을 해결할 때에는 엄격한 국가주권평등의 원칙이 지켜져야 할 것이며, 교섭과정에서는 이익균형원칙을 견지하여야 한다. 각국이 주권평등에 기초하면서도 서로 양보하면서 분쟁해결을 모색하여야 한다.

2. 중 개

국제분쟁의 당사자들이 교섭으로 분쟁을 해결할 수 없을 때, 제3자의 개입을 통해서 당사자들이 받아들일 수 있는 해결책을 마련할 수도 있는데, 분쟁당사국간 직접교섭의 편의를 위해 제3국이 중간에서 쌍방의사를 연결짓는 행동을 주선(good office)이라 하고, 분쟁당사국간의 직접교섭에 제3국이 자진 개입하여 화해를 모색하는 것을 중개(mediation)라 한다. 그러나 국제적인 외교관례나 국가간의 조약에서도 주선과 중개를 구별하지 않고 있는 것이 통례이다.[47] 중개는 국제기구, 국가 혹은 개인에 의해서 이루어질 수 있는데, 이러한 중개자의 역할은 분쟁당사국간 교신의 전달자 역할에서부터, 분쟁당사국간의 교섭에 편의를 제공해주는 주선의 역할일 수도 있고, 또 당해 분쟁에 대한 나름대로의 해소방안을 건의할 수도 있다. 중개와 조정의 차이점은 중개자의 의견은 분

---

47) L. Oppenheim and H. Lauterpacht, *International Law*, 8th ed. vol. II (1958), p.10. 다만, Merrills는 중개를 주선과 구분하고 있으며, 중개는 주선과 조정의 중간에 해당하는 것으로 보고 있다. Merrills, *op.cit.*, p.28.

쟁당사자들이 제공한 정보를 중심으로 이루어지는 것이 원칙인 데 반하여, 조정에서의 의견은 분쟁에 대한 독립된 심사에 의하여 제시된다는 점이다.[48]

중개제도를 장려한 '국제분쟁의 평화적 해결에 관한 조약'은 제2장에서 각 체약국은 중대한 의견충돌이나 분쟁이 야기된 경우, 무력에 호소하기 전에 사정이 허용하는 한 우호국에 대하여 중개를 의뢰할 의무가 있다고 하였고, 그러한 분쟁과 관계가 없는 체약국은 자발적으로 중개를 행할 권리가 있다고까지 규정하였다. 그러나 주선자나 중개자의 임무는 대립된 주장을 타협시키고, 악감정을 융화하도록 하려는 데 있을 뿐이므로 중개가 권고적 성격 이상의 구속력을 가질 수는 없다.[49]

국제환경분쟁 당사국이 직접교섭을 원하지 않고 또는 교섭을 했는데 해당 환경분쟁을 해결하지 못했을 경우 제3국 또는 국제기구가 중개를 할 수 있다. 중개는 제3자가 평화적 해결을 하기 위하여 분쟁당사국들 상호간의 교섭과정에 참여하여 자신이 생각하는 적절한 해결책을 제시하는 것을 말한다. 중개는 보통 분쟁당사국들이 교섭으로 분쟁을 해결할 수 없는 경우에 채택하는 방법이다. 예를 들어 1985년 오존층 보호를 위한 비엔나 협약 제11조 제2항의 규정에 의하면, 당사국들이 교섭방식으로 분쟁을 해결하지 못하면 그들은 알선 또는 중개를 구할 수 있다.

3. 조 정

국제분쟁을 독립된 국제기관에 부탁하여 평화적으로 해결하는 제도를 조정(conciliation)이라고 한다. 통상 조정위원회를 구성하여 조정을 담당한다. 조정은 당사국이 상설 혹은 임시로 구성한 조정위원회에 의한 국제적 분쟁해결수단이며, 이를 통해 분쟁을 공정하게 조사하고, 당사국에 의해 받아들여질 수 있는 해결방안의 마련을 시도하며, 당사자들의 요구가 있는 경우에 위원회 자신의 견해도 표명할 수 있는 분쟁해결의 방법이다.[50] 중개가 그 본질상 교섭의 확장의 차원이라면, 조정은 제3자가 공식적인 법적 지위를 가지고 개입할 수 있도록 제도화한 점에서 사실조사(inquiry)나 중재와 비슷하다고 할 수 있다.[51][52]

---

48) Merrills, *op.cit.*, pp.28~29.

49) 국제분쟁의 평화적 해결에 관한 협약 제2조 내지 제4조.

50) *See* H. Fox, "Conciliation", in C.M.H. Waldock (ed.), *International Disputes: The Legal Aspects* (Europa Publications, 1972), p.93.

51) Merrills, *op.cit.*, p.64.

52) 조정과 중개는 다르다. 조정은 제3자-대체로 조정위원회가 분쟁당사국들의 동의를 얻어 분쟁의 기초된

조정은 중재나 사법재판보다 적은 비용으로 객관적인 분쟁해결안을 찾을 수 있다는 장점이 있다. 조정위원회의 권고나 해결책은 분쟁당사국에 대하여 법적 구속력을 갖지 못한다는 단점을 가지고 있다.[53]

조정을 통한 국제환경분쟁의 해결은 국제환경협약에도 명확하게 규정하고 있다. 1985년 오존층 보호를 위한 비엔나협약 제11조 제5항은 "(조정)위원회는 최종적이고 권고적인 판정을 내리며, 당사자들은 이를 성실히 고려하여야 한다"라고 규정하고 있다. 1992년 생물다양성협약 부속서 2 제2부에는 조정절차에 대하여 규정하고 있다. 1992년 기후변화협약 제14조 제5항과 제6항에도 조정절차에 관하여 규정하고 있다.

교섭, 중개, 조정 등의 정치적 분쟁해결방식은 궁극적으로 당사국간의 합의에 의한 분쟁해결이라는 점에서, 당사국의 상호간 양보를 포함하는 각고의 노력이 없는 한 분쟁해결 또한 요원해진다.

Ⅱ. 사법적 분쟁해결방법

1. 중재재판

분쟁을 해당 분쟁당사국이 선정한 중재자로 하여금 '법의 존중을 기초로 하여' 평화적으로 해결하도록 하는 수단을 중재재판(arbitration)이라 한다.[54] 중재재판은 중재자가 법을 유의하고 법적 절차에 의해서 특정 분쟁을 해결하는 법적인 기능의 하나이므로, 권고적 절차에 의하고 권고적 기능만을 가지는 조정과 다르다. 한편, 사법재판의 경우 ICJ나 유럽인권재판소와 같은 상설재판소에서 분쟁을 다루는 반면, 중재재판의 경우 어떤 분쟁 하나 혹은 일련의 분쟁을 해결하기 위하여 당사자들이 재판기관을 설치하고, 중재법관을 선정해야 한다는 점에서 차이가 있다.[55] 즉, 중재재판은 당사국이 재판소의 구성, 재판절차 및 재판법규에 관하여 사법재판보다 더 많은 영향력을 행사할 수 있다

사실을 조사하고, 당사자의 의견을 청취한 다음(대체로 보고서 형식의) 해결책을 제시하는 방법을 말한다. 중개는 제3자가 분쟁당사국들의 동의를 얻어 그들 상호간의 교섭과정에 적극 참여하여 자신이 생각하는 적절한 해결책을 제시하는 것을 말한다. 그리고 조정은 중재재판 및 사법판결과 다르다. 분쟁당사국들이 조정위원회의 의견을 받아주는 의무는 없는데 중재재판과 사법판결이 법적 강제력을 가지고 있다.

53) 정인섭, 앞의 책, 1022면.

54) 김정균·성재호, 앞의 책, 675면.

55) Merrills, *op.cit.*, p.91.

는 융통성 측면에서 사법재판에 비하여 장점이 있다.

상설중재재판소 회원국은 2001년 6월 19일에 '환경분쟁에 적용될 중재재판의 선택규칙'을 94개국 만장일치로 채택하였다. 이 규칙은 중재재판에 의한 국제환경분쟁해결을 용이하게 하기 위하여 유엔국제무역거래법위원회(UNCITRAL) 중재규칙을 약간 수정한 것으로, 국가는 물론 정부간 기구, 비정부간 기구, 다국적 기업 및 개인이 국제환경분쟁을 중재재판에 부탁하는 경우 적용된다. 이로써 국가간 환경분쟁을 정식 사법재판이 아니라 중재재판에 의하여 해결할 수 있는 길이 열리게 되었다.56)

2. 사법재판

사법재판은 제3자가 직접적으로 개입해서 행하는 분쟁의 처리방법으로, 분쟁의 평화적 해결방법 중 최종단계인 이 절차는 원칙적으로 법을 기준으로 하여 제3자인 법관이 법적으로 심리하여 법적 구속력이 있는 최종결정을 내리게 하는 방식이다. 사법재판은 중재재판과 달리 미리 선임된 법관에 의하여 구성된 상설의 재판소가 모든 사건에 동일한 재판준칙을 적용하여 행하는 재판이다. 사법재판의 경우 재판소의 관할권 문제와 재판절차가 미리 정하여져 있어 재판과정에 대한 국가의 통제가 제한되어 있다. 국제환경분쟁을 해결할 수 있는 상설적인 사법재판제도의 시작은 1921년에 창설된 상설국제사법재판소(PCIJ)이었으나, 1946년 국제연합의 국제사법재판소(ICJ)로 대체되었다. 또한 국제해양법재판소(ITLOS)와 유럽사법재판소(ECJ) 등도 환경분쟁을 해결할 수 있는 국제사법기관이다.

ICJ는 국제사법기관 중 가장 많은 회원국을 보유하고 있고, 모든 국제법상 분쟁에 대하여 재판할 수 있다는 장점이 있으며, 1993년에 환경문제를 위한 임시법정(ad hoc Chamber)이 설치되었음에도 불구하고, 국가만이 소송당사자가 될 수 있다는 점 때문에 그 역할이 제한되고 있다. 1982년 UN해양법협약은 당사국에게 협약의 해석이나 적용에 관한 분쟁을 해결하기 위하여 국제해양법재판소, 국제사법재판소, 중재재판소, 특별중재재판소 중 하나 이상을 선택할 수 있도록 하여, 다양한 사법재판 및 중재재판의 기회를 부여하고 있다.57) 유럽에서는 비정부간 기구와 개인도 제2차적인 유럽환경법의 해석이나 유럽연합의 규칙과 지침의 올바른 이행 및 적용이 관련된 경우에는 유럽사법재판소에 직접 소송을 제기할 수 있다. 그러나 유럽법의 적용에 관한 제한된 지역 분야

56) 노명준, 앞의 책, 370면.
57) UN해양법협약 제287조.

(restricted regional field)에 따르면 ECJ의 관할권은 세계환경보호를 위해 바람직할 만큼 확대되지는 못한 것으로 판단된다.58)

3. 사법적 분쟁해결절차의 문제점

가장 강력하고 최종적인 환경분쟁해결방법으로서 현행 사법재판제도는 여러 가지 문제점을 지니고 있다.59)

첫째, 재판소가 적용할 국제환경법이 아직 완전히 확립되지 않았고, 그 내용이 불명확하다는 이유로 분쟁당사국들이 분쟁을 사법재판에 부탁하는 것을 꺼리고 있다. 현행 국제환경법의 특징이 실제 적용상에 있어 재판규범으로서의 기준이 모호한 이른바 '원칙'을 중심으로 형성되어 있는바, 다양한 해석가능성은 재판의 패소가능성의 위험을 증대시키게 되어, 사법재판에 의한 분쟁해결을 기피하게 되었다. 따라서 조약의 체결로 법적 기준을 좀 더 명확히 하고, 분쟁해결에 있어 법을 우선적으로 고려한다는 것을 명시적으로 인정할 필요가 있다.

둘째, 사법재판의 법적 절차가 복잡하고 많은 시일이 필요하여, 신속한 분쟁해결이 어렵다. 환경분쟁은 그 성질상 신속한 해결이 필요한 경우가 많아 분쟁당사국이 분쟁을 국제재판에 부탁하도록 유도하기 위해서는 재판절차의 신속성 제고방법이 강구되어야 할 것이다.60)

셋째, 사법기관의 당사자능력의 제한이다. 현재 국제재판은 국제환경분쟁의 해결에서 제한적인 역할밖에 수행하지 못하고 있다. 그 이유 중에 하나는 현재 ICJ를 비롯한 대부분의 권리구제기관이 국가에게만 당사자능력을 인정하여 개인의 소송능력을 배제하고 있기 때문이다. ICJ 같은 국제재판기관들은 국가에게만 제한적으로 소송당사자 적격을 인정함으로써 환경규범의 강력한 옹호자이며 실제적인 집행자인 비정부간환경기구, 민간환경단체나 환경운동가 개인이 그들의 주장을 ICJ에 직접 제기할 수 없다. 환경오염으로 인한 일차적 피해자는 대부분 개인임에도 불구하고 이들을 국제재판에 의한 구제를 실행할 수 있는 당사자 지위에서 배제시킴으로써 환경오염의 책임이 있는 국가에 대한 철저한 책임부과가 이루질 수 없었고, 이것이 결과적으로 환경오염을 방지하지 못하는 한 원인이 되고 있다. 오늘날 국제사회는 주권적 이익의 대립으로 국제법의 실효

---

58) R. Alfred, 최승환 역, "국제환경재판소: 상설중재재판소의 역할", 「환경법연구」, 제21권(1999), 14면.
59) Bilder, *op.cit.*, pp.224~226.
60) A.L. Springer, *The International Law of Pollution* (Quorum Books, 1983), pp.158~160.

성 확보에 어려움이 없는 것은 아니지만 그래도 국제사회에서 발생하는 분쟁을 국제법을 통해서 해결해 나가는 것이 바람직하고 국제법이 지향하여야 할 발전방향이다. 최근 국제사회는 "과학과 기술의 발달로 인한 국가간의 상호의존성(interdependence of states)이 증가하고 있으며, 이러한 상호의존성은 국가들의 개별성에 기초한 국제법이 적합하지 않다는 점을 부각시키고 있다"는 지적이[61] 나오는 만큼 국제재판소 중 가장 보편성을 확보한 ICJ를 중심으로 그 권한 및 역할을 확대하여야 할 것이다. 그 첫 번째 방법은 ICJ의 강제관할권을 확대하는 것이고, 두 번째 방법은 ICJ에 소송을 제기할 수 있는 당사자의 범위를 국가에서 국제기구는 물론 개인에게까지 확대하는 것이다. 지구환경문제에 관련된 사건이라면, 최소한 국제환경조약의 당사국총회 또는 사무국 등 그 기관에 대하여 당사자능력을 인정해야 할 것이다.[62] 종합해 보면, 국제환경협약의 모호성, 사법재판절차의 비신속성, 사법기관 관할권의 비강제성 및 당사자능력의 제한성은 국제환경분쟁 해결의 큰 과제로 남아 있다.

대립적인 국제재판을 통한 국제환경분쟁의 해결의 이러한 문제점을 해결하기 위해서는 보다 근본적인 해결방안을 모색해 볼 필요가 있다. 국제사회 전체와 관련된 환경문제는 당사간의 대립적 성격의 재판보다는 다수의 국가가 참가하는 국제기구나 다자간 환경조약상의 국제제도(예를 들면, 다음 장에서 설명할 '비준수 절차 및 메커니즘')에 의한 분쟁을 해결하는 것을 생각해 볼 수 있다. 환경문제는 특히 다른 분야의 분쟁보다도 분쟁이 발생하기 전에 방지·예방하는 것이 중요한데, 최근의 환경조약에는 당사국총회 또는 이행위원회(준수위원회)를 통한 의사결정 및 분쟁관리의 국제제도화가 이루어지고 있고, 조약상의 의무위반이 발생하는 경우에도 의무준수를 촉진하기 위한 이른바 '비준수 절차'를 도입하고 있다. 이는 국제재판에 의하여 의무위반국에 책임을 추궁하거나 제재를 가하는 것이 전 지구적 차원의 환경문제의 해결에 도움이 별로 되지 않는다는 인식 아래 도입된 것이다.[63]

61) M. Lacks, "Thoughts on Science, Technology and World Law", *American Journal of International Law*, vol.86, 1992, p.680.

62) 박병도, 앞의 책, 224~225면.

63) J.H. Knox, "A New Approach to Compliance with International Environmental Law", *Ecology Law Quarterly*, vol.28, 2001, pp.5~7.

제5절 ● 환경분쟁과 국제재판소의 다양화

현재 국제환경분쟁을 전담하는 사법적·준사법적 국제재판기관은 존재하지 않는다. 따라서 환경 분야 이외의 사법적·준사법적 재판기관에서 환경분쟁의 쟁점을 다루게 된다. 국제사법재판소규정 제26조 제1항에 따라 1993년 8월 6일 '환경문제 전담재판부'(소재판부; chamber)를 비밀투표로 선출된 7인의 재판관으로 구성한 바가 있었으며 동 재판부는 13년간 존속하였으나 그동안 단 한 건의 사건도 다루지 못하였고, 국제사법재판소는 2006년 환경문제 소재판부 재판관을 선출하지 않기로 결정하여 현재는 이것도 존재하지 않는다. 대신에, 대부분의 국제환경분쟁이 다양한 분야의 국제문제와 연관되어 있기 때문에 다양한 국제재판소로 분쟁을 회부하는 것을 가능하게 한다. 즉, 국가간의 환경 관련 분쟁을 다룰 수 있는 국제재판소로는 국제사법재판소를 비롯하여 다양한 국제재판소가 있다. 실제로 국제사법재판소(ICJ), 국제해양법재판소(ITLOS), 세계무역기구(WTO)의 패널절차 및 상소기구, 유럽사법재판소(ECJ) 등의 사법재판기구와 국내외의 중재기구에서 환경 관련 국제법상 분쟁이 다루어진 바가 있다. 또한 국제인권재판소(유럽인권재판소, 미주인권재판소 등)나 국제형사재판소(구유고전범재판소(ICTY), 국제형사재판소(ICC)) 등에서도 자주 환경문제가 쟁점이 되어 국제법에 입각하여 판결이 이루어질 수도 있다. 예를 들면, 유럽인권재판소는 주거지 근처에 항공기 소음이 발생한 경우와 폐기물처리시설로 인한 환경오염에 대해 유럽인권협약 제8조의 '사생활 및 가족생활이 존중받아야 할 권리'를 침해하는 것으로 판결하였다.[64] 또한 국제형사재판소 규정(로마규정)에는 전쟁범죄의 한 유형으로 "자연환경에 대하여 광범위하고 장기간의 중대한 피해를 야기한다는 것을 인식하고서도 의도적인 공격을 개시하는 것"에 대하여 규정하고 있다.[65] 이는 무력분쟁에서 자연환경보호를 위한 규정을[66] 근거로 한 것으로, 그 해석과 적용은 국제환경법과 관련이 있다.[67] 이와 같이 다양한 국제재판소에서 환경 관련 분쟁이 다루어질 수 있는 이유로 어쩌면 환경분쟁을 전담하는 국제재판소(일명 국제환경재판소)의 설립의 필요성을

---

[64] 박병도, "환경보호에 대한 인권적 접근", 「국제법학회논총」, 제48권 제2호(2003. 8.), 89~95면 참조.

[65] 국제형사재판소 규정(로마규정) 제8조 제2항 (b) (ⅳ).

[66] 1949년 제네바의정서 제1추가의정서 제35조 제3항, 제55조.

[67] A. Kiss and D. Shelton, *International Environmental Law*, 3rd ed. (Transnational Publishers, 2004), p.364.

감소시키거나 늦추는 원인으로 순환되는지도 모른다. 국제환경재판소의 부재와 국제재판소의 다양화는 국제법의 파편화(fragmentation)와 결부되어 재판소 간의 관할권의 경합 및 충돌 등 복잡한 문제를 야기한다.

먼저, 동일한 분쟁에 대하여 복수의 재판소 간에 관할이 충돌 또는 경합되는 현상이다. 예를 들면, MOX Plant 사건에서 공장의 가동 허가를 둘러싸고 아일랜드가 영국을 제소한 사건이, ⅰ) 북대서양 해양환경보호를 위한 조약(OSPAR협약)의 분쟁해결조항에 의한 중재재판, ⅱ) 유엔해양법협약 제287조와 부속서 Ⅶ에 따라 설치된 중재재판, ⅲ) 아일랜드의 청구에 의한 국제해양법재판소의 잠정조치 등 법적 쟁점이 약간씩 다르긴 했지만 본질적으로 동일한 분쟁에 대해 3가지 재판이 진행되었다.68)

국제재판소의 다양화로 인한 또 다른 문제는 상이한 국제법 제도 간의 경합이다. 예를 들면, 자유무역을 기본이념으로 하고 있는 국제통상법과 환경보호를 본질적 가치로 두고 있는 국제환경법 분야는 서로 충돌할 가능성이 높다. 실제의 사례를 들어 보자. 칠레 앞바다(칠레의 관할수역을 넘어선 공해)에서 스페인 어선이 황새치(swordfish) 잡이를 하자 1991년 칠레는 이를 규제하였다. 이에 2000년 EU가 해당 규제는 'GATT 1994'에 위반된다고 주장하며 WTO분쟁해결절차에 회부하였고 칠레는 자국의 보존조치가 GATT 1994 제20조 제g호의 유한천연자원의 보존을 위한 조치로 정당화될 수 있다고 주장하였다. 이후에 칠레는 이 문제에 대해서 어업자원의 보호에 관한 유엔해양법협약상의 분쟁에 해당하므로 동 협약 부속서 Ⅻ상의 중재절차에 부탁하였으나 양 당사자의 합의에 의해 5명으로 구성된 국제해양법재판소의 특별재판부에 사건을 회부한 바가 있다.69) 이러한 현상은 복수의 재판소 간의 관할권 경합이라는 문제를 넘어서, 해양환경보호에 관한 법제도와 자유무역을 기본으로 하는 국제통상법제도가 분화하여, 각각 고유한 분쟁해결절차까지 완비하고 있는 데에서 기인한 것으로 국제법학이 해결해야 할 현안문제이기도 하다.

---

68) 이 분쟁과 관련하여, 추가로 하나의 사건이 진행되었다. 즉, EU집행위원회가 아일랜드를 상대로 EU재판소에 제소한 사건이 발생하였다. 아일랜드가 EU법 밖의 재판소에 소를 제기함으로써 EU법의 해석 및 적용에 관한 EU재판소의 배타적 관할권을 침해하였다는 것이 제소 사유였다(C.P.R. Romano, "International Disputes Settlement", in D. Bodansky, J. Brunee and E. Hey (eds.), The Oxford Handbook of International Environmental Law (Oxford University Press, 2007), pp.1039~1040).

69) Chile-Measures Affecting the Transit and Importation of Swordfish, WTO Press Release, 12 December 2000, WT/DS193/R; Case Concerning the Conservation and Sustainable Exploitation of Swordfish Stocks in the South Pacific Ocean, ILM, Vol.40, 2001, p.475; 이 분쟁은 양 당사자가 2001년 1월 WTO와 국제해양법재판소에서의 절차를 중지하기로(suspend) 합의하고 잠정협정에 합의하였다. 이 잠정협정에는 남동태평양에서의 황새치에 관한 양자간 과학기술위원회체제 내에서의 협의 재개, 제한된 척수의 EU어선의 칠레항구 입항 허용, 남동태평양에서의 황새치보존 및 관리를 위한 다자체제에 관한 합의 약속 등이 포함되었다.

생각하기

1. 일반적인 국제분쟁과 국제환경분쟁과의 차이는 무엇인가?

2. 환경분쟁을 전담하는 국제환경재판소의 설립이 필요한가?

3. 국제환경분쟁의 효율적인 해결을 위한 대체적인 분쟁해결방안은 무엇인가?

참고문헌

김정균·성재호, 「국제법」 제5개정판, 박영사, 2006.

노명준, 「신국제환경법」, 법문사, 2003.

박병도, 「국제환경책임법론」, 집문당, 2007.

_____, "국제환경분쟁의 해결," 「국제법평론」, 통권 제42호, 2015. 10.

정인섭, 「(新)국제법강의」 제9판, 박영사, 2019.

Rest Alfred, 최승환 역, "국제환경재판소: 상설중재재판소의 역할", 「환경법연구」, 제21권, 1999.

Fox, H., "Conciliation", in C.M.H. Waldock (ed.), *International Disputes: The Legal Aspects*, Europa Publications, 1972.

Klein, N., "Settlement of International Environmental Law Disputes", in M. Fitzmaurice, D.M. Ong and P. Merkouris (eds.), *Research Handbook on International Environmental Law*, Edward Elgar, 2010.

Lacks, M., "Thoughts on Science, Technology and World Law", *American Journal of International Law*, vol.86, 1992.

Lauterpacht, L. and H. Oppenheim, *International Law*, 8th ed., vol. II, 1958.

Merrills, J.G., *International Dispute Settlement*, 5th ed., Cambridge University Press, 2011.

Romano, C.P.R., "International Disputes Settlement", in D. Bodansky, J. Brunee and E. Hey (eds.), *The Oxford Handbook of International Environmental Law*, Oxford University Press, 2007.

Springer, A.L., *The International Law of Pollution*, Westport, Quorum Books, 1983.

제 13 장

국제환경협약의
이행 및 준수

제1절 ● 서 론

1970년대 이후 환경과 관련한 다수의 조약이 체결되었다. 환경보호 및 보존을 위한 국제적 대응의 초기단계에서는 소정의 목적을 달성하기 위한 국제적 합의, 특히 조약의 체결이 긴요하다. 실제 환경문제에 대한 공동의 인식을 바탕으로 다양한 환경협약이 체결되었다. 그런데 지구환경보호를 위해서 중요한 것은 조약의 수(數)가 아니다. 국제공동체 구성원들이 국제환경협약상의 의무를 잘 이행하도록 하는 것이 중요하다. 다시 말해서 현안의 환경문제를 해결하기 위해 필요한 것은 국제환경협약들의 실효성(effectiveness)을 확보하는 것이다. 국제환경협약의 실효성은 다양한 요소들의 작동에 달려 있지만 무엇보다도 이행(implementation)과 준수(compliance)에 의존한다.

최근의 국제환경협약체제의 경향은 새로운 국제환경기준들의 채택보다는 그것들의 이행 및 준수에 초점을 맞추고 있다. 그런데 국제환경협약들은 이행과 준수에 대한 정의를 내리지 않고 있어 이들의 정확한 의미를 통일적으로 내릴 수는 없지만 대체로 이들을 구별하여 사용하고 있으며, 호환적으로 사용하는 경우도 있다. 그 의미가 맥락에 따라 다르게 사용되는 경우도 있고, 모든 학자들이 이 용어들을 정확하게 동일한 의미로 사용하고 있지 않아서 한 문장으로 간명하게 정의하기 어렵다. 그러나 여기서는 다음과 같은 의미로 사용하고자 한다. 이행(implementation)은 국제적으로 합의된 규칙(rule)을 국내법으로 전환하기(transform) 위하여 국내적 차원에서 당사국이 취한 조치와 관련이 있다. 또한 이행은 정책이 조치(action)로 전환되는 과정(process)을 의미하기도 한다. 이에 비하여 준수(compliance)는 국제법상 설정된 의무가 국내적 차원에서 적용되고 있는지 여부에 관한 문제를 다룬다.[1] 국제의무의 준수란 국제의무에 일치하는(in conformity with) 국제법 주체의 행위(behaviour)를 의미한다.[2]

국제환경법의 이행 및 준수의 1차적 책임은 국가에게 있다. 따라서 국제환경의무를 이행하도록 강제하는 방법은 전통적인 방식으로 의무 불이행국에게 법적 책임, 즉 국제법상 국가책임을 추궁하는 것이다. 즉, 일반국제법에 의하면 당사국이 조약상의 의무를

---

1) G. Loibl, "Compliance Procedures and Mechanisms", in M. Fitzmaurice, D.M. Ong and P. Merkouris (eds.), *Research Handbook on International Environmental Law* (Edward Elgar Publishing Limited, 2010), p.443, fn.1.

2) M. Bothe, "Compliance", in *The Max Planck Encyclopedia of Public International Law*, vol. II (Oxford University Press, 2012), p.530.

이행하지 않는 경우 그에 대한 제재로 의무 위반국에 국가책임을 물을 수 있을 것이다. 그런데 지구환경보호에 목적을 두고 있는 국제환경협약들은 그 의무가 당사국 사이에 상호주의적이라기보다는 (준)보편적인 성질을 가지고 있기 때문에 제재 성격의 국가책임을 부과하는 것만으로는 해당 조약의 목적을 실효적으로 달성할 수 없다. 도리어 엄격한 국가책임체계의 작동은 지구환경리스크에 대처하기 위해 필수적인 국제협력을 이끌어내는 데 부정적으로 작용할 수 있다. 또한 궁극적으로는 지구환경보호를 위한 국제환경협약들은 모든 국가의 참여가 바람직하기 때문에 조약상의 의무위반을 이유로 그 조약을 종료(termination)하거나 운용정지(suspension of operation)를 하는 것은 바람직하지 않다.3) 더욱이 국제환경협약상의 의무 위반이나 불이행을 이유로 위반국을 해당 조약의 틀 밖으로 퇴출하는 것은 해당 협약의 목적달성에 부합하는 것이 아니다. 이러한 점을 배경으로 국제환경협약에는 그 의무이행을 위한 새로운 접근방법으로 의무 준수절차 및 메커니즘(compliance procedures and mechanisms), 이른바 비준수절차(Non-Compliance Procedures: NCP)4)가 등장하게 된 것이다.5)

국제환경법은 이행 및 준수에 충분한 관심을 기울이지 않고 있는 '협상체계'(nego-tiating system)에 불과하다고 비판하는 견해도 있지만,6) 국제환경체제는 사실 준수문제를 다루기 위한 다양한 제도 및 메커니즘을 발전시켜오고 있다.7) 이러한 제도 및 메커니즘은 조약 자체에 구체화되어 있는 경우도 있고, 당사국총회(COP)의 결정(decisions)을 통해서 확립된 경우도 있으며, 현재도 실행을 통해서 더 발전해 나가고 있다. 비준수절차라는 표현은 '준수 절차 및 메커니즘'이라는 표현과 호환적으로 사용되고 있으며, 환경

3) P. Birnie, A. Boyle and C. Redgwell, *International Law & the Environment*, 3rd ed. (Oxford University Press, 2009), p.238.

4) Non-Compliance Procedures(NCP)는 국제환경협약상의 의무를 준수하지 않은 위반국에게 법적 책임을 묻기보다는 비준수의 원인을 밝혀내서 의무 준수를 촉진하거나 강화하는 절차 또는 분쟁해결 메커니즘이다. 그런데 이를 원어 그대로 번역하여 표기하면 '비준수절차'가 되어 자칫 '비준수를 위한 절차' 또는 '비준수가 용인될 수 있는 절차' 등으로 오해될 수 있다. 그러나 이에 대한 국내학자들 간의 충분한 논의를 통해 적절한 용어를 사용하고 있지 못한 현단계에서는, 다소 용어상의 혼란이 있지만 원어 그대로 번역하여 사용하고자 한다. 국내의 대표적인 환경법학자인 김홍균교수의 「국제환경법」, 제2판 (홍문사, 2015), 518면 이하에도 '비준수절차'(非遵守節次)라고 표현하고 있다.

5) O. Yoshida, "Soft Enforcement of Treaties: The Montreal Protocol's Noncompliance Procedure and the Functions of Internal International Institutions", *Colorado Journal of International Environmental Law and Policy*, vol.10, 1999, pp.100~101.

6) A. Najam, M. Papa and N. Taiyab, *Global Environmental Governance: A Reform Agenda*, Winnipeg (International Institute for Sustainable Development, 2006), p.15. 국제환경법은 이행 결함상태(implementation deficit)가 존재한다고 주장한다.

7) UNEP, *Compliance Mechanisms under Selected Multilateral Agreements* (UNEP, 2007) 참조.

조약에 따라 약간씩 달라서 그 목적이나 관련 기구의 구조 및 구성, 절차개시규칙 등이 동일하지는 않기 때문에 여기서는 개별적인 국제환경협약상의 비준수절차에 대한 구체적 설명이 아니라 총론적이고 개괄적인 소개라는 점을 말해두고자 한다.

제2절 ● 비준수절차의 도입과 발전

최근에 국제환경무대에서의 관심사는 새로운 다자간 환경협정(multilateral environ-mental agreement: MEA)의 체결보다 이미 존재하는 협약의 이행 및 준수 문제로 이동하였다.[8] 국제환경법이 본격적인 궤도에 오르기 시작한 1970년대와 1980년대 초에는 이 문제는 거의 관심 밖에 있었다. 그 당시에는 국제법의 다른 분야와 같이, 거의 모든 국제환경협약들이 국제의무를 위반한 경우에 대하여 전형적 책임체계를 적용할 수 있도록 하는 분쟁해결조항을 두고 있었다.[9] 그런데 당사국들의 관행을 보면, 다자간 환경협정들에 분쟁해결조항이 존재함에도 이를 이용한 사례가 거의 없다.[10] 그리고 거의 모든 다자간 환경협정들에 나름대로 잘 정비된 실체적인 법규가 포함되어 있었지만 당사국이 국제의무를 잘 이행하고 준수하도록 보장하는 절차에 초점을 맞춘 규정은 거의 없었다.

---

8) 2001년 UNEP은 집행위원회(Governing Council)의 결정에 따라 2001년에 '다자간 환경협정의 준수 및 시행에 관한 UNEP 지침서'(Guidelines on Compliance with and Enforcement of Multilateral Environmental Agreements)를 발간하였다.

9) 예를 들면, 1973년 멸종위기에 처한 야생동식물의 국제적 거래에 관한 협약(CITES) 제18조, 1985년 오존층보호에 관한 비엔나협약 제11조, 1989년 위험폐기물의 국제적 이동 및 그 처리의 규제에 관한 바젤협약 제20조, 1992년 생물다양성협약 제27조, 1992년 유엔기후변화협약 제14조 등은 분쟁해결과 관련한 조항들이다. 이에 비해 1971년 물새 서식지로서 국제적으로 중요한 습지에 관한 협약(람사협약), 1972년 세계문화자연유산의 보호에 관한 협약 등은 각각의 조약에 분쟁해결조항을 두고 있지 않다. C.P.R. Romano, "International Disputes Settlement", in D. Bodansky, J. Brunee and E. Hey (eds.), *The Oxford Handbook of International Environmental Law* (Oxford University Press, 2007), pp.1039~1040.

10) 현재까지 다자간 환경협정들의 당사국들이 분쟁해결조항을 공식적으로 원용한 사례는 매우 제한적이다 (Romano, *op.cit.*, p.1041); 환경문제와 관련된 대표적인 국제 사례로, 국제사법재판소(ICJ)가 다룬 1974년 핵실험사건(Nuclear Tests case), 1997년 Gabčikovo-Nagymaros Project 사건, 2010년 Pulp Mill 등 그리고 중재재판의 사례인 Trail Smelter 사건, Lanoux호 사건, Gut Dam 사건 등도 다자간 환경협정의 위반이 문제가 된 것이 아니라 일반국제법상의 의무위반이나 양자조약의 위반 문제와 관련이 있었을 뿐이다.

1980년대 후반부터 당사국에 의한 국제환경협약의 준수와 이행을 강화하기 위한 '새롭고 추가적인' 절차 및 메커니즘의 도입에 관심을 보이기 시작하였다. 대표적으로, 오존층 파괴 물질의 생산 및 이용을 줄이거나 제거하기 위한 의무를 당사국이 이행하지 않으면 결국엔 전 지구에 부정적인 영향을 줄 수 있다는 인식에서 시작된 오존층보호를 위한 협상에서11) 이러한 절차에 대한 설계가 최초로 이루어졌다. 1987년 오존층파괴물질에 관한 몬트리올의정서(이하 몬트리올의정서)12)가 채택될 당시에는 그 이행 및 준수를 강화하기 위한 메커니즘에 관한 합의를 이루어내지는 못했지만 2개의 조항에서 이와 관련한 문제를 다루고 있다. 즉, 제7조는 당사국에게 오존층 파괴물질의 생산, 수출 및 수입에 관한 자료(data)를 보고하도록 의무를 부과하고 있고, 제8조는 이른바 '비준수절차'에 관하여 규정하고 있다. 즉, 제8조는 '당사국은 첫 번째 회의에서, 본 의정서의 조항에 대한 비준수를 결정하고 비준수에서 발견된 당사국의 취급을 위한 적절한 절차 및 제도적 메커니즘을 검토하고 승인하여야 한다'라고 규정하고 있다. 이들 조항에 근거하여 1992년 코펜하겐 당사국회의에서 최초의 비준수절차가 만들어졌다.13) 이러한 비준수절차의 주요 목적은 "다자적 맥락에서, 국가에게 자신들의 조약상의 의무를 준수하도록 장려·촉진하고 강화하며, 비준수의 경우에, 일반국제법상 전통적인 분쟁해결절차에 맡기지 않고 비준수를 다루기 위한 '더 유연한'(softer) 체제를 제공하는 것이다."14) 다시 말해서 비준수절차는 준수에 실패하는 국가를 돕기 위하여 설계된 것이지 반드시 비준수에 대해서 법적 책임을 묻기 위한 것이 아니다.15)

1992년 유엔환경개발회의(UNCED)를 위한 준비회의에서 보다 본격적으로 국제환경법의 이행과 준수의 개선에 관한 문제가 제기되었지만 이 문제를 어떻게 다룰 것인가에 관한 합의를 도출하지는 못해 UNCED에서 이 문제를 다루지 못했다.16) 국제환경협약

---

11) 오존층 보호를 위한 협약 및 몬트리올의정서의 협상과정에서 비준수절차에 대한 논의 내용은 Yoshida, *op.cit.*, pp.101~104 참조.

12) Montreal Protocol on Substance that Deplete the Ozone Layer, 26 ILM 154 (1987).

13) UNEP/Ozl. Pro.4/15, 1992, Copenhagen Adjustment and Amendments to Montreal Protocol on Substances that Deplete the Ozone Layer, Appendix IV(이하 코펜하겐 조정 및 개정).

14) M. Fitzmaurice and C. Redgwell, "Environmental Non-compliance Procedures and International Law", *Netherlands Yearbook of International Law*, vol.31, 2000, p.39: Jan Klabbers는 준수절차는 "유연성(flexibility)이 본질이다(the name of the game) - 유연한 규범, 유연한 기본 가치(baseline values), 유연한 이행 그리고 유연한 지원"이라고 설명한다(J. Klabbers, "Compliance Procedures", in D. Bodansky, J. Brunée and E. Hey (eds.), *The Oxford Handbook of International Environmental Law* (Oxford University Press, 2007), pp.996~997).

15) Fitzmaurice and Redgwell, *op.cit.*, p.39.

16) 다만 1992년 UNCED에세 채택된 의제 21(Agenda 21)은 제39장에서 '국제법적 문서와 메커니즘'이라는

상의 의무 준수절차 및 메커니즘은 1992년 이후에 전 지구적·지역적 다자간 환경협정
들에서 확실히 자리매김하였다. 다자간 환경협정상의 의무 준수절차 및 메커니즘의 수립
과정을 살펴보면, 1980년대 후반 이후에 체결된 대부분의 다자간 환경협정들은 해당 조
약의 발효 후 정해진 기한 내에 이러한 준수절차 및 메커니즘을 수립하도록 하는 조항(이
른바 '수권조항'(enabling clauses)) 규정을 두고 있다(예를 들면, 앞에서 설명한 1987년 몬트리올의
정서 제8조, 1997년 교토의정서 제18조[17]). 그리하여 해당 조약 채택 후 당사국총회의 결정
(Decision)으로 각각의 준수절차 및 메커니즘을 도입하게 되었다. 예를 들면, 유엔 유럽경제위
원회(UNECE)가 주도하여 채택한 1979년 '원거리초국경대기오염에 관한 협약(CLRTAP)'[18] 및
그 의정서(1997년 결정(Decision)), 1997년 교토의정서[19](2001년 결정, 제7차 당사국총회에서 채
택), 1989년 바젤협약[20](2002년 결정, 당사국회의에서 채택), 그리고 UNECE가 주도하여 채
택한 1998년 알후스협약,[21] 2015년 기후변화 관련 파리협정[22] 등이 의무 준수절차 및 메
커니즘을 도입하고 있다.[23] 이러한 준수절차 및 메커니즘은 특히 각각의 국제환경협약의
실체적 조항에 따라 구체적 내용이 다르며, 그 목적과 매우 밀접하게 관련되어 있다.[24]

제목으로 이 문제를 언급하고 있다. 의제 21은 '활동'(activities)이라는 제목 아래 '분쟁의 회피 및 해결
과 관련한 장래의 작업'에 대해 상세히 서술하고 있다. 이와 같이 의제 21은 국제환경법의 이행 및 준수
문제의 중요성을 강조하고 있으며, 국제환경협약에 포함될 수 있는 절차 및 메커니즘의 마련을 그 목표
로 설정하고 있다고 평가할 수 있다(Loibl, op.cit., pp.426~427).

17) 교토의정서 제18조: "이 의정서의 당사자회의의 역할을 수행하는 당사자총회는 제1차 회기에서, 이 의
정서가 준수되지 아니하는 원인·형태·정도 및 빈도를 고려하여, 그 결과에 관한 예시목록의 개발 등
그 사례를 결정하고 이에 대응하기 위한 적절하고 효과적인 절차 및 체제를 승인한다. 이 조의 규정에 의
한 절차 및 체제로서 기속력 있는 결과를 수반하는 것은 이 의정서의 개정에 의하여 채택된다(The
Conference of the Parties serving as the meeting of the Parties to this Protocol shall, at its first
session, approve appropriate and effective procedures and mechanisms to determine and to address
cases of non-compliance with the provisions of this Protocol, including through the development
of an indicative list of consequences, taking into account the cause, type, degree and frequency
of non-compliance. Any procedures and mechanisms under this Article entailing binding
consequences shall be adopted by means of an amendment to this Protocol).

18) Convention on Long-Range Transboundary Air Pollution, 18 ILM 1442 (1979).

19) 유엔유럽경제위원회(UNECE)가 주도하여 1979년에 체결한 이 협약의 정식명칭은 Convention on Long-range
Transboundary Air Pollution이다.

20) Convention on the Control of Transboundary Movement of Hazardous Wastes and Their Disposal,
28 ILM 657 (1989).

21) Convention on Access to Information, Public Participation and Decision-Making and Access to
Justice in Environmental Matters, 38 ILM 517 (1999).

22) 파리협정의 준수메커니즘에 대해서는 박병도, "신기후변화체제의 국제법적 쟁점: 준수 메커니즘을 중심
으로", 「국제법학회논총」, 제62권 제1호(2017. 3.), 37면 이하 참조.

23) 이에 관한 자세한 내용은 Klabbers, op.cit., pp.995~1009 참조.

24) Loibl, op.cit., p,427.

제3절 ● 비준수절차에 관한 일반적 고찰

Ⅰ. 비준수에 대한 대응

보통 국제의무의 비준수는 법적 약속(legal commitments)의 실효성을 제한하고, 국제법적 과정(international legal process)을 약화시킬 뿐만 아니라 갈등을 일으키고, 국제질서의 불안정성을 유발할 수 있다.[25] 비준수는 의무의 의미 또는 요건에 관한 해석의 차이와는 다르다. 비준수는 실체적 규범을 실행하지 않는 경우(예를 들면, 조약상 요구되는 유독가스나 온실가스의 대기권 배출의 제한을 실행하지 않은 경우, 관련 국제법을 위반하여 위험한 물질이나 가스의 국경을 넘는 배출을 허용하는 경우) 또는 절차적 요건을 충족하지 않는 경우(예를 들면, 환경영향평가를 하지 않는 경우, 새로운 공장 건설할 때 인접국가와 협의를 하지 않는 경우) 또는 제도적 의무(institutional obligation)를 실행하지 않은 경우(예를 들면, 관련 국제기구에 연례 보고서를 제출하지 않은 경우) 등을 포함한다.[26]

비준수에 대한 전형적인 대응방법 중에 하나는 강제적 시행(enforcement)이다. 그러나 강제적 시행은 결코 국제법과 잘 어울리는 정장이 아니다. 중앙집권적 제재에 의한 법규의 시행이 가능한 국내법과는 달리 국제법은 전통적으로 피해국에 의한 자구(自救; self-help)에 의존하고 있는 분권적 체제이다. 그러한 개별적인 사적 구제는 특정 국가에게 위해(harm)가 집중되어 문제가 발생한 경우에는 성공적인 것이 될 수 있다. 예를 들면 특정 국가에 의해 특정 국가가 피해를 입은 경우 대응조치(coutermeasures)가 구제방법으로 이용될 수 있다. 그러나 국제적인 감시 없이 사적인 강제적 시행(private enforcement)은 쉽게 남용될 수 있으며 긴장관계를 더욱 조성할 수 있다. 더욱이 이러한 방법은 기후변화 또는 오존층 파괴 등과 같이 전체로서 국제공동체에 피해를 야기할 수 있는 전 지구적 환경문제에 대해서는 적합하지 않다. 그래서 다자간 환경협정들은 거의 강제적 시행 메커니즘을 포함하고 있지 않다. 더욱이 더 강력한 시행제도를 두자는 제안은 자신들의 주권이 제약받는 것을 꺼려하는 국가들의 저항에 부닥치고 있다. 그래서

---

25) P. Sands and J. Peel, *Principles of International Environmental Law*, 4th ed. (Cambridge University Press, 2018), p.144.

26) *Ibid.*, p.145.

강제적 시행에 초점을 맞추기보다는 국제환경체제는 준수를 장려하고 촉진하기 위한 다른 방식을 취하였다. 비준수를 방지하여 준수를 장려하고 촉진하고 강화하는 메커니즘에 더 관심을 가지게 된 것이다.[27] 다자간 환경협정들은 그 위반에 대한 제재보다는 지속적인 감시, 권고, 제도적인 원조, 인센티브의 제공 등을 통하여 준수를 보장하고 있다.[28] 비준수의 원인이 이행제도의 결여, 재원 또는 인적 자원의 부족에 있는 경우에는 이러한 방법이 국제환경의무의 준수에 더 적합하다고 할 것이다.

특히 국제환경법에서 다루는 비준수절차는 일반적으로 과거의 비준수에 대한 제재 또는 구제보다는 미래의 준수를 촉진하는 데 더 초점을 두고 있다. 징벌보다 억제(deterrent)나 예방에 더 중점을 둔다. 또한 과거의 행적보다 미래의 행위에 영향을 주는 것을 목적으로 한다. 과거에 나타났던 비준수문제보다 미래에 이행을 확보하기 위한 준수문제에 관심을 두는 미래지향적 태도를 보인다. 그리고 비준수절차는 비쟁송적이고 비대립적인(non-contentious and non-adversarial) 구조에 바탕을 두고 있고, 비준수에 대하여 제재나 엄격한 법적 책임을 묻고자 하는 것이 아니다. 이와 같이 비준수절차는 비준수문제를 유연하게 해결하여 준수를 촉진하는 것이 국제환경협약의 목적에 더 적절하다는 인식이 반영된 결과이다.[29] 이런 측면에서, 비준수의 사례를 밝혀내고 이에 대응하기 위해 확립된 비준수절차는 강제적(enforcement) 기능보다 촉진적(facilitative) 기능에 1차적 목적을 두고 있다. 그러한 절차의 목적은 위반에 대해 처벌이나 제재보다 비준수의 원인을 밝히고, 해당 국가가 그 문제를 시정하게 하는 데 있다. 그래서 비준수절차의 모토(motto)는 '위협은 하되 물어뜯지는 마라'(hiss don't bite)라고 말할 수 있다.[30] 이는 비준수에 대해 경고는 하되(즉, 주의는 주되) 제재 또는 처벌은 하지 말라는 의미이다.

27) D. Bodansky, *The Art and Craft of International Environmental Law* (Harvard University Press, 2010), p.227.
28) T. Yang, "International Treaty Enforcement as a Public Good: Institutional Deterrent Sanctions in International Environmental Agreements", *Michigan Journal of International Law*, vol.27, 2006, p.1141.
29) N. Goeteyn and F. Maes, "Compliance Mechanisms in Multilateral Environmental Agreements: An Effective Way to Improve Compliance?", *Chinese Journal of International Law*, vol.10, 2011, pp.815~816.
30) Bodansky, *op.cit.*, p.227.

II. 비준수절차의 다양한 명칭

여기서 언급하고 있는 비준수절차에 해당하는 명칭이 국제환경협약에 따라 다양하게 나타나고 있다. 예를 들면, 준수절차 및 메커니즘을 최초로 확립한 몬트리올의정서에서는 '비준수절차'(non-compliance procedure)라고 하고 있고, 바젤협약에서는 '이행과 준수를 촉진하는 메커니즘'(mechanism for promoting implementation and compliance), 교토의정서에서는 '준수와 관련한 절차와 메커니즘'(procedure and mechanism relating to compliance), 바이오안정성의정서에는31) '준수에 관한 절차와 메커니즘'(procedure and mechanism on compliance), 알후스협약에는 '준수위원회의 구조와 기능 및 준수 검토를 위한 절차'(structure and functions of the compliance committee and procedures for the review of compliance)라고 표현하고 있다. 이러한 용어의 다양성은 주로 역사적 근거에서 연유한 것이지 그 자체로 다양한 절차 및 메커니즘 간의 차이를 구별하기 위한 당사국의 의지를 나타내는 것이 아니다.32) 이들 모든 절차는 1차적으로 해당 조약의 위반행위에 대해 국제재판에 회부하지 않고, 또한 위반행위에 수반하는 결과에 대해 법적 책임을 추궁하지 않고, 비준수 국가를 준수상태로 돌리도록 유도하는 것이다.33) 즉, 국제환경협약의 의무를 이행하지 않는 당사국을 제제하기보다는 재정 및 기술 지원, 능력배양 등을 통해 비준수 원인을 제거하여, 준수상태로 복귀할 수 있도록 유인하는 것이다.

III. 비준수절차의 목적

일반적으로 국제법 분야에서 비준수문제를 다루는 목적으로는 위반자에 대한 처벌 또는 제재, 배상을 통한 피해자의 구제 그리고 장래에 준수의 촉진 등 3가지를 생각할 수 있다.34)

첫째, 위반자에 대한 처벌 또는 제재이다. 비준수에 대한 매력적인 대응방법 중의

---

31) Protocol on Biosafety to the Convention on Biological Diversity, 39 ILM 1027 (2000).

32) Loibl, op.cit., p.429.

33) M. Fitzmaurice, "Kyoto Protocol Compliance Regime and Treaty Law", Singapore Yearbook of International Law, vol.8, 2004, pp.23~40.

34) Bodansky, op.cit., pp.231~232 참조.

하나는 위반국에 대한 제재이다. 국제법은 때론 이러한 의도에서 인과응보라는 방법을 허용하였다. 이른바 보복(revenge)에 의존하는 방법이다. 제1차 세계대전 후 베르사유 (Versailles)조약에 의해 독일에 배상책임을 부과한 것이나 제2차 세계대전 이후 전범자들에 대한 처벌 등이 이러한 경우에 해당한다. 그러나 앞에서 언급한 바와 같이 국제환경법 분야에서 비준수문제를 다루는 목표를 위반자에 대한 처벌이나 제재로 세우는 것은 적절하지 않다. 국제환경법과 국가책임법은 우정을 나눌 수 있는 관계가 아니다.[35] 예를 들면, 1991년 걸프전쟁(Gulf War) 당시에 이라크의 유전 폭파 등 '생태계 파괴'(eco-cide)행위에 대해 처벌을 하지 못했다.[36] 그동안 국제사회에서 생태계파괴행위를 국제범죄로 처벌하자는 제안도 있었지만 현재 국제형사재판소 로마규정(Rome Statute of the International Criminal Court)은 전쟁시 매우 제한적인 상황에서만 환경피해에 대한 형사책임을 묻고 있다.[37]

둘째, 비준수문제를 다루는 또 다른 목적은 피해에 대해서 배상하는 것이다. 배상을 통한 피해자의 구제는 징벌과 달리, 처벌보다는 희생자를 구조하는 데 초점이 맞춰져 있다.[38] 예를 들면, 원자력 시설의 운영자에게 배상책임을 인정하고 있는 1963년 핵피해에 대한 민사책임 협약[39]과 1997년 그 개정의정서[40]는 그 목적이 피해자에게 배상하는 것이다.

셋째, 비준수문제를 제기하는 목적은 장래에 이행 및 준수를 촉진하기 위한 것이다. 바로 이것이 국제환경협약에서 비준수문제를 다루는 목적이다. 비준수절차의 목적은 각각의 환경조약이 당사국들에 의해 이행되고 준수되는 것을 보증하는 것이다. 일반적으로 비준수절차는 준수를 촉진하고 장려하는 데 목적이 있다.[41] 이외에도 개별 환경조약에 따라 다른 목적이 추가되거나 강조될 수 있다. 바젤협약은 그 준수 메커니즘의 목적을 '협약상의 의무에 따르도록 당사국을 돕고 협약상의 의무 이행 및 준수를 촉진하고

---

35) M.M. Goote, "Non-Compliance Procedures in International Environmental Law: The Middle Way between Diplomacy and Law", *International Law FORUM du droit international*, vol.1, 1999, pp.83~84.

36) 당시 쿠웨이트에서 철수하면서 이라크는 고의적으로 대규모적인 환경피해를 야기한 바가 있었다.

37) 국제형사재판소에 관한 로마규정은 제8조 제2항 (b)(ⅳ)에서 "예상되는 구체적이고 직접적인 제반 군사적인 이익과의 관계에 있어서 … 자연환경에 대하여 광범위하고 장기간의 중대한 피해를 야기한다는 것을 인식하고서도 의도적인 공격의 개시"를 전쟁범죄로 규정하고 있다.

38) 그렇지만 피해에 대한 배상도 징벌과 같이 소급적이다.

39) Vienna Convention on Civil Liability for Nuclear Damage, 1063 UNTS 265 (1963).

40) Protocol to Amend the Vienna Convention on Civil Liability for Nuclear Damage, 36 ILM 1462 (1997).

41) 김홍균, 앞의 책, 482면.

장려하며 감시하고 보장하기 위한 것'이라고 밝히고 있다.42) 바젤협약, Espoo협약43)과 바이오안정성의정서 등의 목적은 준수를 촉진하기 위하여 당사국을 지원하는 것이다. 가장 정교한 절차를 마련하고 있는 교토의정서상 비준수절차는 교토의정서 조항을 강력하게 '시행하는 것'(to enforce)을 그 목적으로 하고 있다.44)

Ⅳ. 비준수절차의 특징

비준수절차는 우호적·협력적이며, 비대립적·비대면적인 특징을 지닌다. 비준수절차는 대립적인 분쟁해결절차를 회피하면서 우호적이고 협력적인 태도로 비준수문제의 해결을 위한 조치를 모색한다. 1993년 제3차 유럽 환경장관회의에서 채택된 Lucerne 선언은 비준수절차의 본질적 성격에 대해 다음과 같이 설명하고 있다.45) 비준수절차는 복잡성(complexity)을 피하는 것을 목적으로 하며, 비대결적(non-confrontation)이며, 또한 투명하고(transparent), 공개적인 보고제도 및 절차를 포함한다.

Ⅴ. 비준수절차와 국가보고제도

비준수절차는 국가보고제도와 밀접한 관계가 있다. 대부분의 다자간 환경협정들은 비준수절차에 당사국의 정기적인 보고제도를 포함하고 있다. 정기적인 국가보고서는 협약의 이행 감시를 위해 필수적이다. 다자간 환경협정상의 국가보고제도는 국제인권조약의 이행감독 메커니즘 중의 하나인 국가보고제도를 모델로 하여 다자간 환경협정에서 일반적으로 채택된 것이다. 당사국은 국제환경협약을 이행하기 위해서 국내적 차원에서 취한 조치(입법적·행정적·사법적 조치 및 정책 포함)에 관하여 보고할 의무를 부담하고 있다.46) 실효적인 이행 및 준수를 위해 정보의 수집과 심사는 필수적이다. 정보의 공개·수

---

42) 바젤협약 준수절차, 제1항(para.1).

43) Convention on Environmental Impact Assessment in Transboundary Context, 30 ILM 800 (1991).

44) 교토의정서 준수 메커니즘의 특이한 점은 시장경제 메커니즘을 도입하여 경제적 함의가 있다는 것이다. 이에 대해서는 정서용, 「기후변화, 글로벌거버넌스 그리고 국제법」 (박영사, 2011) 참조.

45) Lucerne Declaration, para.23.

46) 국제환경협약에 따라 특정 물품의 생산, 소비, 수입 수출 등에 관한 자료를 제공해야 할 의무가 당사국에게 부과되기도 한다.

집·검토는 의무준수의 토대이다. 대부분의 준수절차 및 메커니즘에 의하면, 당사국의 보고의무는, 특히 정보원(sources of information)으로서 준수 메커니즘의 운영에서 중요한 역할을 한다.[47] 왜냐하면, 조약기구에서 국가보고서를 바탕으로 심의·검토가 이루어지면서 국제적 차원의 문제가 되기 때문이다. 국가보고제도는 특별히 새로운 제도는 아니지만 비준수절차에서도 절차가 진행되는 데 중요한 자료가 되고 장래에 준수조치를 만드는 데에도 필수적이다.

대부분의 다자간 환경협정들은 이행 및 준수에 관한 정보를 수집하고 이를 보고하는 제도를 갖추고 있다. 이러한 제도는 해당 조약에 의해서 부여된 권한의 범위에 따라 두 가지 유형으로 구별할 수 있다.[48] 첫 번째 유형은 통상적인 보고형태이다. 당사국은 해당 조약상의 의무를 이행하기 위해 취한 국내적 조치에 관한 보고서를 조약기구(COP, 사무국, 또는 다른 기관)에 제출할 의무를 진다. 이러한 조치 중에는, 국가에게 특정한 환경적 변수(예를 들면, 특정 물질의 배출)를 감시할 수 있는 시스템을 확립할 것을 요구하는 내용도 있다. 이러한 메커니즘은 '원거리초국경대기오염에 관한 협약'하의 SO_2의정서[49] 제4조와 제6조에 잘 나타나 있다. 동 의정서 제4조에서는 매년 취해진 조치와 이루어진 진보에 관하여 집행기구(Executive Body)에 보고할 의무를 부과하고 있다. 제2조는 30% 감축의무를 부과하고 있는데, 이와 관련하여 제6조에서는 당사국에게 유황의 배출을 가능한 한 빨리, 늦어도 1993년까지 최소한 30% 감축시킬 수 있는 국가의 정책, 프로그램, 전략을 개발할 의무를 부과하면서 집행기구에 이러한 목표를 향한 진보를 보고하도록 하고 한다. 두 번째 유형은 첫 번째 유형과 유사하나 두 가지 중요한 차이가 있다. 먼저 절차적 의무가 보다 정교화되어 있다. 정보의 제공을 위한 기한(deadline)과 형식(format)을 정하고 있다. 다른 한편으로, 조약에 따라 약간씩 차이는 있지만, 정보를 받는 조약기구가 더 많은 권한, 예를 들면 제출된 정보를 검증할 권한, 추가정보를 요구할 수 있는 능력, 자발적으로 정보를 수집할 능력 등을 가진 경우도 있다.[50] 최근에 MEAs

---

47) G. Loibl, "Reporting and Information System in International Environmental Agreements as a Means for Dispute Prevention; The Role of 'International Institutions'", *Non-state Actors and International Law*, vol.5(1), 2005, p.1.

48) P.-M. Dupuy and J.E. Viñuales, *International Environmental Law*, 2nd ed. (Cambridge University, 2018), pp.296~297.

49) 1985년 헬싱키에서 채택된 「유황의 방출 또는 초국경적 이동의 최소한 30% 감소에 관한 의정서」(Protocol on the Reduction of Sulphur Emission or their Transboundary Fluxes by at least 30%)를 말하며 1993년까지 유황의 방출이나 초국경적 이동을 1980년을 기준으로 30%를 감소하는 것을 목표로 하였으며, 이를 위해 유황의 연간 배출량과 배출량 측정방법을 집행기구에 보고할 의무를 부과하고, 당사국들에게 집행기구와 협력을 통해 정보를 교환할 의무를 부과하고 있다. 헬싱키의정서라고도 한다.

의 경향은 감시와 보고 제도가 진화하고 있다는 점이다. 제도화가 더욱 강화되고 검증이 더 구체화되고 있다.[51] 그리고 이러한 시스템은 준수를 촉진하거나 비준수를 관리하기 위해 설계된 절차들과 함께 운영되기도 한다.[52]

그런데 지금까지 국제사회에서 나타난 현실을 놓고 볼 때 보고서의 질과 신뢰성의 문제는 여전히 논란거리이다. 국가보고서에 대한 정기적인 심사를 제도화하거나 보고서의 내용이 미흡한 경우 해당 당사국 현지에서 조사를 하도록 하는 방법 등이 이러한 문제를 보완할 수 있을 것이다. 그리고 국제인권조약의 이행감독 절차에서 활용되고 있는 비정부기구(NGO)의 참여와 역할도 제고할 필요가 있다.

---

50) 예를 들면, 1971년의 람사협약(Convention on Wetlands of International Importance especially as Waterfowl Habitat) 당사국 총회(COP)는 1990년 보호장소와 관련한 정보의 제공 및 검증을 위한 메커니즘(Mechanisms for Improved Application of the Ramsar Convention)을 수립하였다. 이 메커니즘은 협약 제3조 제1항(수직적인 실체적 의무)와 제2항(감시와 통보 등 절차적 의무)을 이행하는 것이다. 이 메커니즘을 수립하고 있는 당사국총회 결정의 부속서 Ⅱ는 습지형태의 분류 체계를 적용하여 정보전달의 특별한 형식(format)을 사용할 것을 요구하고 있다. 그리고 부속서 Ⅰ은 당사국이 협약 사무국에 목록에 지정된 장소의 생태적 특성이 인간의 간섭으로 변화하는 경우 그에 관한 정보를 제공해야 한다고 규정하고 있다. 사무국은 상태를 평가하기 위해 추가적인 정보를 요구할 수 있다. CITES 경우에도, 사무국은 당사국들에게 연차보고서와 격년보고서 제출에 관한 표준 양식을 소개하는 가이드라인을 제공한 바가 있으며, 사무국은 이러한 보고서를 검토하는 권한을 가지고 있는 기구로서 협약의 이행을 보장하는데 필요하다고 여기는 추가적인 정보를 당사국에게 요구할 수 있다(CITES 제12조 제2항 제d호). UNFCCC에서는, 당사국에게 이행 관련 정보의 통보에 관해서 자세히 규정하고 있다(UNFCCC 제12조). 국가보고서(National Reports)는 부속서 Ⅰ 국가와 비부속서 Ⅰ 국가별로 보고서 제출의 빈도, 보고서의 내용 그리고 조약기구에 의한 검증의 정도가 다르다. 부속서 Ⅰ 국가들은 정해진 형식(공통의 보고서 형식(CRF)과 국가인벤토리 보고서(NIR))에 따라 온실가스 배출에 관한 연례보고서를 제출해야 한다. 교토의정서 당사국은 교토의정서가 요구하는 추가적인 정보를 제출해야 한다. 더불어 당사국들은 배출을 감축하기 위해 자신들이 취한 조치에 관한 정기적인 '국가통보서'(national communications)을 제출해야 한다. 이러한 보고서는 사무국에 의해 조직된 전문가팀에 의해 심도 있게 검토된다. 이러한 검토에는 전문가 팀과 해당 국가 사이의 의견교환도 포함된다. <http://unfccc.int/national_reports/items/1408.php> (2017년 7월 13일 방문).

51) 유엔기후변화협약체제는 다른 다자간 환경협력들보다도 보고 및 검토 절차가 강화되어 있고, 파리협정의 보고 및 검토 제도는 더욱 강화되어 있다(H. van Asselt and T. Hale, "Reviewing Implementation and Compliance under the Paris Agreement", Workshop Background Note, Arizona State University, April 7-8 2016, p.1, <hhttps://conferences.asucollegeoflaw.com/workshoponparis/files/2012/08/Reviewing_implementation_compliance_background_note_310316.pdf>.

52) Dupuy and Viñuales, op.cit., pp.298~299.

<h1 style="text-align:center">제4절 ● 비준수절차의 주요 요소</h1>

I. 의 의

앞에서 살펴본 바와 같이 비준수절차라고 표현하고 있지만 그 명칭이 다르듯이 각각의 다자간 환경협정은 각자의 준수절차 및 메커니즘의 발전 역사를 가지고 있으며, 각각의 국제환경협약에 맞게 수립되어 있다. 그렇지만 비준수절차는 다음과 같은 공통적인 주요 요소를 갖추고 있다. 1) 준수위원회(또는 이행위원회 또는 위원회)의 설치, 2) 준수위원회의 기능, 3) 준수위원회에서 준수절차의 개시에 관한 규칙, 4) 준수위원회에서 검토되는 정보, 5) 준수위원회에서의 검토절차, 6) 준수위원회의 '결과'(consequences), 7) 당사국총회(COP)(또는 개별 국제환경협약의 최고기구)의 역할 등이다.[53]

II. 위원회의 명칭, 구조, 구성 및 기능

1. 위원회의 명칭

각각의 다자간 환경협정에 의해 수립된 준수절차 및 메커니즘 아래서 설치된 준수위원회의 명칭도 다양하다. 예를 들면, '이행위원회'(implementation committee),[54] '준수위원회'(compliance committee)[55] 또는 단순히 '위원회'(committee)[56] 등과 같이 다양하다. 이렇게 다양한 용어를 사용하는 것은 또한 주로 해당 조약의 역사적 발전 과정과 관련이 있는 것이지, 위원회의 기능이 다르기 때문에 그런 것이 아니다. 따라서 위원회의 명칭은 교체될 수 있는 것으로 보인다. 명칭은 다양하지만 그 절차와 위원회의 구조와 기능은 거의 유사하다.[57]

---

53) Loibl, *op.cit.*, pp.428~429.
54) 예를 들면, 몬트리올의정서, Espoo협약, 원거리초국경대기오염에 관한 협약과 그 의정서 등.
55) 예를 들면, 교토의정서, 바이오안정성의정서, 알후스협약 등.
56) 예를 들면, 바젤협약.
57) 이 장에서는 '준수'와 관련한 문제에 초점을 두고 있기 때문에, 편의상 이러한 위원회를 '준수위원회'로 표현한다.

2. 위원회의 구성, 회기 및 의사결정

준수위원회는 당사국에 의해 선출된 제한적인 위원으로 구성된다. 위원회의 규모도
또한 약간 다르다. 위원회의 위원수는 다양하다. 원거리초국경대기오염에 관한 협약상
의 위원회는 9명으로 구성되고, 알후스협약상의 위원회는 원래 8명으로 구성되었다가
제3차 당사국회의에서 9명으로 변경되었다. 몬트리올의정서상의 이행위원회는 10명으
로, 바젤협약과 바이오안정성의정서상의 위원회는 15명으로 구성된다. 교토의정서상의
준수위원회는 2개의 부서(branches; 촉진부와 집행부)로 나누어져 있는데 각각 10명씩, 총
20명으로 구성되어 현재 위원수가 가장 크다. 위원회는 각 환경협약의 당사국들의 대표
들 중에서 선출된 위원으로 구성되는 경우에 독립적인 기구라기보다는 위원이 소속된
당사국들의 혼합체(mixture)라고 볼 수 있다. 따라서 위원회는 비준수 사례를 다룰 때 국
적국의 정치적 목표에 따라 폭넓은 재량을 행사할 수 있는 여지가 많다.58) 그리고 모두
위원들은 형평한 지리적 배분에 기초하여 선출되며,59) 이때 해당 조약의 특별한 성격을
고려한다.60) 대부분 위원의 임기는 2년 또는 4년이다. 위원들은 1회에 걸쳐 재선이 가
능하다.61)

그동안 준수위원회의 규모와 관련한 논의는 더 작은 위원회가 활동 측면에서 더 효
율적인지 여부 또는 더 큰 규모의 위원회가 해당 조약의 당사국을 더욱 대표할 것인지
여부에 관한 문제에 초점이 맞춰져 있었다.

초창기에 준수 메커니즘은 당사국 대표들이 위원으로 선출될 수 있도록 하였으나
최근에는 개인 자격으로 사인이 선출될 수 있도록 하고 있다. 당사국 대표 위원들은 해
당 환경조약의 운영에 있어서 당사국들의 공통의 이익을 강조하는 경향이 있는 반면에,
개인 자격의 위원들은 준수위원회에서의 절차의 객관성(objectivity)을 강조하는 경향이

---

58) Yoshida, *op.cit.*, p.114 참조.
59) 예를 들면, 몬트리올의정서 준수위원회는 COP/MOP에서 2년의 임기로 10개 당사국의 대표들로 구성된
   다. 유엔의 5개 지역그룹에서 각각 2명의 위원이 나온다. 바젤협약과 바이오안정성의정서 위원회의 15
   명의 위원(사인 자격으로 선출된 개인)은 유엔의 5개 지역그룹에서 각각 3명씩 선출된다. 원거리초국경
   대기오염에 관한 협약과 알후스협약상의 위원회의 위원은 서유럽, 중부 및 동부 유럽, 신생독립국가(이
   전의 소련의 구성국들) 등 3개 지역으로 나누어 선출된다.
60) 교토의정서상의 준수위원회 소속 2개의 부서 위원 각각 10명 중에 유엔 5개 지역그룹에서 각각 1명의
   위원을 선출하고 1명의 위원은 소규모 도서 개발도상국가(small island developing states)에서, 그리고
   부속서 I 당사국에서 2명의 위원을, 비부속서 I 당사국에서 2명의 위원이 선출된다.
61) 예를 들면, 교토의정서 준수절차 및 메커니즘 제IV조 제2항, 제V조 제2항, 바이오안정성의정서 준수절
   차 및 메커니즘 제2부(Section II) 제4항.

있다. 개인 자격의 위원들은 그들 국적국의 정부의 정치적 입장에 따라 활동하는 것이 아니라 개인 자격으로 활동한다.[62] 그런데 국제인권조약 이행감독기구들과는 달리, 위원회의 위원들에게 과학적·기술적 전문지식이나 특정한 법적 자격을 가지고 있을 것을 요구하고 있지 않은데, 이는 위원회가 기술적이거나 과학적인 비준수 문제를 다루는 것뿐만 아니라 여전히 정치적 또는 외교적 문제들도 다루어야 하기 때문이다.[63] 그런데 실제로는 개인적 자격으로 선출된 위원들은 대부분 과학적·기술적·사회경제적 또는 법적 분야에서 해당 환경조약의 주제와 관련하여 전문성을 가지고 있다.[64] 일부 준수절차 및 메커니즘에 따르면, 위원회 위원들은 자신들의 책임을 강조하기 위하여 책임을 떠맡기 전에 임무 선서를 한다.[65] 더욱이 일부 준수절차 및 메커니즘은 위원회의 독립성과 공정성(impartiality)을 강조하기 위하여 위원들은 이해관계의 충돌(conflict of interest)을 공개하여야 한다는 명백한 규칙을 두고 있다.[66]

준수위원회의 구조와 관련하여, 교토의정서 준수절차에 독특한 특징이 있다. 준수위원회는 2개의 분과, 즉 촉진부(촉진분과; facilitative branch)와 집행부(집행분과; enforcement branch)로 구성되어 있다. 각 부에 10명씩, 총 20명의 위원으로 구성되며, 개인 자격으로 선출된 위원이 자신의 직무를 수행할 수 없는 경우에는 선거를 통하여 대체 위원을 선출한다.[67]

알후스협약에도 또 다른 특징이 보인다. 환경적 의사결정에 공중(public)의 참여를 규정하고 있는데, 당사국과 서명국뿐만 아니라 비정부기구도 후보자를 제안할 수 있다.[68] 그래서 위원들은 다양한 후보군에서 당사국들의 투표에 의해 선출된다.

그리고 대부분의 위원회는 정기적으로, 최소한 1년에 1번 또는 2번 회합하여야 한다. 이러한 정기회의는 위원들 간의 긴밀한 협력을 수립하고 의사결정과정을 수월하게 하는 것이다. 특수한 상황에서는 의사결정이 전자수단에 의해 이루어질 수 있다.[69]

의사결정에 참여하는 위원들의 정족수(quorum)는 대개 4분의 3이다. 출석하여 투표

---

62) Loibl, *op.cit.*, p.430.

63) Yoshida, *op.cit.*, p.112.

64) 이와 관련하여 고도의 경험을 가진 과학 및 기술 전문가들이 활동하는 유엔환경계획 오존 사무국의 역할은 매우 크고 중대하다 할 것이다(*Ibid.*).

65) 2004년 교토의정서 준수위원회 절차규칙, rule 4, para.2; '알후스협약 준수메커니즘 지도문서' (Guidance Document) 5 참조, <www.unece.org/env/pp/compliance/manualv7.doc>.

66) 예를 들면, 교토의정서 준수위원회 절차규칙, rule 4, para.2(3).

67) 교토의정서 준수절차 및 메커니즘 제Ⅱ조 제5항.

68) 알후스협약 준수 메커니즘 제4항.

69) 예를 들면, 알후스협약 준수위원회의 절차(*modus operandi*).

하는(present and voting) 위원의 4분의 3 다수결에 의해 결정이 이루어진다. 이러한 특별다수결을 요구하는 이유는 어떤 결정이든 위원들 대부분의 견해를 나타내는 것이어야 하고 그래야 높은 권위를 가질 수 있기 때문이다.[70] 그런데 실제로는 준수위원회는 이러한 특별다수결보다는 일반적으로 컨센서스(consensus) 방식에 의해 결정한다.

3. 위원회의 기능

준수위원회의 주요 기능은 절차를 개시하는 규칙에 따라서 개별 당사국의 준수상황을 심사하는 것이다. 그러나 실제로 위원회의 역할은 이것보다 넓다. 대체로 위원회는 사무국의 연차보고서를 검토하고 타당성을 평가하며, 관련 당사국이 제출한 보고서에서 제기된 사항들을 검토하고, 비준수의 여부, 원인, 정도 등을 평가하여 당사국총회에 권고안을 제출하는 역할을 한다.

준수위원회는 국가보고 문제 또는 정기적인 준수 검토와 같은 준수 문제를 다룰 수 있는 권한을 가지고 있다. 특히 국가보고 문제는 준수위원회에서 주요한 주제가 된다. 국제의무를 따르겠다는 자신들의 공약을 담은 당사국의 정기보고서에서 제공된 정보를 바탕으로 당사국들에 의해 준수에 대한 정례적인 검토가 이루어진다. 위원회는 필요한 경우 해당 당사국에 추가정보를 요구할 수 있으며, 해당 당사국의 동의 아래 그 국가의 국내에서 정보를 수집할 수 있다. 당사국에 의한 보고를 향상시키도록 하는 준수위원회의 권고(recommendation)는 국제의무의 이행과 준수에 핵심적이다. 또한 준수위원회는 당사국총회의 요청에 따라 다른 문제도 심사할 수 있다.[71] 이러한 위원회의 기능은 국제환경협약의 준수를 촉진하고 장려하는 데 '실질적 돌파구'(real breakthrough)로 평가할 수 있다.[72]

그리고 위원회는 그 구성, 기능, 적용규칙, 절차, 결정 등을 고려해 볼 때, 그 성격은 국제분쟁의 해결기구로서 조정(conciliation)을 담당하는 조정위원회로서의 성격과 사법적 재판을 담당하는 국제재판소로서의 성격을 모두 포함하고 있는 것으로 볼 수 있다.[73]

---

70) Loibl, *op.cit.*, p.431.

71) *Ibid.*

72) A. Kiss, "Compliance with International and European Environmental Obligations", *Hague Yearbook of International Law 1996*, 1996, pp.50~51 참조.

73) M.M. Goote, "Non-Compliance Procedures in International Environmental Law: The Middle Way between Diplomacy and Law", *International Law FORUM du droit international*, vol.1, 1999, pp.82~89 참조.

Ⅲ. 비준수절차의 발동 주체

비준수절차를 개시할 수 있는 권한이 있는 주체는 당사국과 사무국이다. 이른바 방아쇠장치(trigger mechanisms)는 다음과 같다. 즉, 위원회에서 비준수절차가 발동되는 경로는 다음과 같다.

첫째, 당사국이 자신의 준수(또는 비준수) 상황에 대하여 사무국에 보고를 제출한다(자기신고형(self-reporting 또는 self party trigger)).74) 당사국이 자신의 의무를 준수하지 못하는 경우 그 비준수의 원인에 해당하는 상황을 설명하는 보고서(written explanation)를 조약 사무국에 제출하면, 사무국은 그 보고서를 위원회에 전달하고 위원회는 그것을 검토한다.75) 비준수절차를 확립하고 있는 모든 국제환경협약은 당사국이 자신의 의무준수와 관련하여 그 절차를 개시할 수 있는 제도를 마련하고 있다.76)

둘째, 일방 당사국이 다른 당사국의 이행에 관하여 '의심'(reservations)을 가진 경우에 관련 정보를 첨부하여 신청서를 사무국에 제출할 수 있다(제3국신청형(third party trigger) 또는 국가간 고발형(one party against another party 또는 party to party trigger)). 이는 일방 당사국이 다른 당사국의 협약상의 의무이행에 관하여 '의심'을 가진 경우에 사무국에 고발하는 것이다. 사무국은 고발 내용을 담은 신청서를 피신청국에 전달하여 그에 대한 답변서를 받아, 관련 정보와 함께 위원회에 전달한다.77) 신청서에는 비정부기구(NGO)를 포함한 비국가행위자들이 제공한 정보를 포함시킬 수 있다.78) 준수절차 및 메커니즘을 설계할 당시에 일부 당사국들의 반대가 있었지만 일방 당사국이 다른 당사국을 고발하는 이러한 유형의 발동절차도 비준수절차를 수립하고 있는 모든 국제환경협약에서 인정하고 있는 제도이다. 다만 당사국에 의해 '정치적 수단'으로 악용될 수 있는 가능성을 제한하기 위하여, 신청국은 피신청국의 이행과 관련하여 자신의 관심대상을 구체화한 정보를 포함한 신청서를 제출하도록 하고 있다.

셋째, 각 협약의 사무국은 자신의 보고서를 준비하는 과정에서 당사국의 비준수를

---

74) 자기신고형은 소련의 제안을 토대로 성사되었다(P. Széll, "The Development of Multilateral Mechanisms for Monitoring Compliance", in W. Lang (ed.), *Sustainable Development and International Law* (1995), p.100).

75) 예를 들면, 교토의정서, 몬트리올의정서 코펜하겐 조정 및 개정 제4항.

76) Loibl, *op.cit.*, p.432.

77) 예를 들면, 교토의정서, 몬트리올의정서 코펜하겐 조정 및 개정 제1항.

78) Yoshida, *op.cit.*, p.112.

인지한 경우 이 문제를 위원회에 통보할 수 있다(사무국통보형(secretariat trigger)). 보통 사무국이 당사국의 비준수의 가능성을 인지하는 경우에 사무국은 해당 당사국에게 해당 문제를 제시하며, 준수의 장애가 특정 기간 이내에 해결될 수 없는 경우에만 그 문제를 준수위원회의 심사에 회부한다. 사무국은 당사국에게 그 국가의 비준수와 관련한 정보를 제출하도록 요구할 수 있고, 만약 일정한 기간 내에 해당 국가로부터 회신이 없는 경우 또는 사무국에 의해 문제가 해결되지 않는 경우, 사무국은 이를 당사국회의에 보고하고 위원회에 이를 통보할 수 있다.79) 이러한 사무국통보형(사무국개시형)은 자기신고형이나 제3국신청형에 비해 제한적으로 나타난다. 예를 들면, 몬트리올의정서, 광역장거리대기오염에 관한 협약, 알후스협약, 교토의정서 등에서만 인정되고 있을 뿐만 아니라 사무국은 실제 비준수절차를 원용하는 것을 선호하지 않는다.80)

　　그런데 사실 다수의 당사국들이 사무국에 의한 회부를 반대한 바 있다. 다수의 당사국들은 사무국에 절차를 발동할 수 있는 권한을 부여하는 것은 사무국의 '객관성'(objectivity)과 '공정성'(impartiality)을 훼손할 수 있다고 주장하였다. 당사국의 비준수 가능성에 관해 준수위원회에 정보를 제공함으로써 사무국이 분쟁에 '참여자'(participant)로서 관여하게 되어 해당 조약이 당사국들에게 더 이상 공정한 제도(impartial institution)로 간주될 수 없게 될 수도 있다는 우려를 표명한 것이다. 더욱이 당사국들은 정보가 준수위원회에 제공되는 것을 두려워하여 사무국에 어떤 정보를 제공하는 것을 꺼리게 될 것이라는 비판도 있다.81) 그러나 당사국들이 관련 국제환경협약을 이행하고 준수할 수 있도록 관련 당사국에 대하여 준수위원회의 권고를 위하여 정보를 제공하는 것은 사무국에 의해 해당 국제환경협약의 온전함(integrity)을 지원하는 역할로 볼 수 있기 때문에 사무국개시형을 부정적으로만 볼 것은 아니라 판단된다.82) 과거에는 각각의 국제환경협약의 사무국이 단지 행정적 기능만을 수행해 왔으며 국제환경협약상의 중요한 권한은 당사국총회가 가지고 있었으나 점차 사무국의 역할이 증대하고 있는 것이 최근의 경향이다. 사무국통보형 뿐만 아니라 자기신고형과 제3국신청형도 모두 협약 사무국을 통해서 이루어지도록 제도가 설계되어 있다. 이와 같이 최근에는 사무국이 당사국의 협약 이행 및 준수를 확보하는 데 매우 큰 역할을 한다.83)

---

79) 예를 들면, 원거리초국경대기오염에 관한 협약, 교토의정서, 알후스협약, 몬트리올의정서 코펜하겐 조정 및 개정 제3항.

80) Yoshida, *op.cit.*, pp.113~114.

81) Loibl, *op.cit.*, p.432.

82) *Ibid.*

83) Brown Weiss교수는 일부 국제환경협약 사무국의 최고지도부가 해당 협약의 비약적 발전에 커다란 기여를

넷째, 비준수절차는 공중(public)에 의한 통보(communication)에 의해서도 개시될 수 있다. 그런데 이와 같이 공중의 통보에 의한 절차의 개시를 허용하고 있는 비준수절차는 매우 드물다. 단지 UNECE의 주도로 체결된 알후스협약이 이를 인정하고 있을 따름이다.[84] 민주주의가 준수를 촉진시킨다는 명제를 지지한다면 다양한 관계자들의 참여가 환경조약의 이행과정을 보다 투명하게 하고, 감시가 더욱 광범위하게 이루어질 수 있도록 작용하기 때문에 공중의 참여를 긍정적으로 볼 수 있다.

그동안 준수위원회가 다룬 사례가 많지 않지만 대부분의 비준수절차에 의하면, 각각의 위원회에서 다루어진 대부분의 사례는 자국의 준수상황에 관하여 당사국들이 제출한 보고(자기신고형)에 의해서 이루어졌다. 몬트리올의정서와 원거리초국경대기오염에 관한 협약상의 비준수절차의 실행을 보면, 이와 같은 자기신고형 관행을 확연하게 보여주고 있다. 아주 드물게 다른 당사국의 신청에 의해(제3국신청형 또는 국가간 고발형) 비준수절차가 개시된 사례도 있다. 사무국에 의한 회부도 매우 드물었다. 알후스협약에 따른, 공중의 통보에 의한 사례는 드물지 않게 나타나고 있다.[85]

그런데 비준수절차를 개시할 수 있는 권한이 있는 주체로 인정되지 않은 실체(예를 들면, 국제기구, 비당사국 등)에 의한 신청이 이루어진 경우에 비준수절차를 개시할 수 있는지 여부 문제와 이런 경우 준수위원회는 이러한 신청을 어떻게 다루어야 하는지 문제는 여전히 해결해야 할 사안이다.

IV. 준수 검토를 위한 절차

절차가 개시되면 준수위원회는 먼저 해당 신청이 허용가능한지 여부를 결정해야 한다.[86] 위원회는 해당 신청이 사소하거나(de minimis) 또는 명백하게 근거가 없는(ill-founded) 경우에는 절차를 진행해서는 안 된다.[87]

한 사례를 소개하고 있다, E. Brown Weiss, "Understanding Compliance with International Environmental Agreements: The Baker's Dozen Myths", *University of Richmond Law Review*, vol.32, 1999, p.1555 참조.

84) 알후스협약은 전반적으로 공중에게 특별한 권리를 부여하고 있다. 예를 들면, 알후스협약은 공중에게 환경문제와 관련한 의사결정 과정에 참여할 수 있는 권리를 부여하고 있다.

85) 이에 대해서는 Loibl, *op.cit.*, p.433 참조.

86) 대부분의 비준수절차는 허용가능성(admissibility)이라는 용어를 사용하고 있지 않으나, 절차진행을 위하여 대부분의 비준수절차제도에는 검토절차 개시신청의 기준을 정하고 있다.

87) 예를 들면, 바젤협약 준수절차 제18항(para.18).

검토 절차가 개시되면 제공된 비준수 관련 정보를 검토한다. 준수위원회가 검토할 정보는 준수와 관련한 모든 정보로, 비준수절차는 대개 이러한 정보에 관하여 자세한 규칙을 두고 있다. 절차를 발동한 권한을 가지고 있는 주체(당사국, 신청국, 피신청국, 사무국 등)는 일반적으로 위원회에 정보를 제공할 수 있다. 시민사회와 같은 실체가 준수위원회에 추가적 정보를 제공할 수 있는지 여부 문제가 협상과정에서 논쟁이 되었다. 1990년대 초에 확립된 비준수절차에는 이 문제에 대해 아무런 규정이 없었다. 그 이후에 채택된 비준수절차는 추가적인 정보원이 준수위원회에서 이용될 수 있다고 규정하고 있다.[88] 예를 들면, 교토의정서는 "권한 있는 정부기구와 비정부기구는 관련 있는 사실적·기술적 정보(factual and technical information)를 제출할 수 있다"고 규정하고 있다.[89] 또한 위원회는 전문가에게 자문을 구할 수 있다. 그리고 위원회는 관련 당사국의 동의 아래 관련 당사국의 영토에서 정보를 수집할 수 있다.[90]

초창기의 준수절차 및 메커니즘은 위원회에서의 검토절차에 관하여 매우 초보적인 규칙만을 규정하고 있었다. 그 후 채택된 비준수절차는 절차진행의 기간과 위원회에서 관련 당사국의 청문권 등에 관한 규칙을 포함하게 된다. 예를 들면, 교토의정서와 알후스협약은 절차의 단계마다 엄격한 기간과 관련 당사국의 권리에 관하여 규정하고 있다. 비준수절차의 특징 중의 하나는 투명성(transparency)이다. 그중 대표적인 내용이 준수위원회 비위원국에 대한 절차의 공개이다. 준수위원회의 결정과 권고는 전자수단을 통하여 공중에게 이용가능하도록 하고, 위원회 회의는 모든 당사국과 공중에 공개한다. 다만 위원회는 자신들의 일부 회의를 비공개하기로 결정할 수 있다. 위원회에서 검토된 정보는 또한 전자수단을 통해서 당사국들과 공중에게 이용가능하도록 해야 한다.[91] 해당 당사국은 위원회의 절차에 참가하여 공정성을 지켜보고, 해명을 할 수 있는 기회 또는 청문권을 행사할 수 있다.

V. 위원회와 당사국총회의 권한

준수절차 및 메커니즘과 관련하여 중요한 이슈 중 하나는 각 국제환경협약들에 의

88) Loibl, op.cit., p.434.
89) 교토의정서 준수절차 및 메커니즘 제Ⅷ조 제7항.
90) 알후스협약 준수 메커니즘 제25항(para.25).
91) 교토의정서 준수절차 및 메커니즘 제Ⅷ조 제5항; 알후스협약 준수 메커니즘 제26항(para.26).

해 설치된 준수위원회 또는 최고기구(supreme body)(예를 들면, 당사국총회(Conference of the Parties: COP) 또는 당사국회의(Meeting of the Parties: MOP))가92) 준수와 관련 있는 권고(recommendation) 또는 결정(decision)을 채택할 수 있는 권한을 가지고 있는지 여부이다. 이와 관련해서는 3가지 유형으로 구별할 수 있을 것이다. 즉, 1) 권한이 최고기구(주로, 정치적 성격의 기구)에 부여된 경우, 2) 권한이 준수위원회에 부여된 경우, 3) 혼합형, 즉 일정한 권고를 채택할 수 있는 권한을 준수위원회에 위임하고, 최고기구에는 준수와 관련한 기타 권고와 결정을 채택할 수 있는 권한을 부여하는 경우 등이다.93)

몬트리올의정서, 원거리초국경대기오염에 관한 협약, Espoo협약 등은 최고기구에 권고 또는 결정을 채택할 수 있는 권한을 부여하고 있다. 준수위원회는 자신의 정기보고서에서 해당 국제환경협약상 최고기구에 특정 당사국의 준수와 관련한 특별한 권고안을 제안할 수 있을 뿐이다. 그러면 최고기구는 제안된 권고와 결정을 채택하거나 그것을 수정할 수 있다. 이러한 절차는 권고와 결정이 최고기구에 의해 채택됨으로써 더 권위를 가지는 장점이 있다. 그러나 최고기구가 회합하는 경우에만 권고와 결정을 취할 수 있을 뿐이라는 단점이 있다. 회의의 주기에 의존하기 때문에 비준수와 관련한 권고 또는 결정을 채택하고, 해당 당사국이 비준수 문제를 해결하기 위해 조치를 취하는데 2년 또는 그 이상 걸릴 수도 있다.94)

다음으로 준수위원회에 권한을 부여하는 경우이다. 현재까지는 교토의정서상의 준수절차 및 메커니즘만이 준수위원회의 두 부서(branches)에 권고와 결정을 채택할 수 있는 권한을 부여하고 있다. 촉진부는 '유연한 결과'(soft consequences)를 적용할 수 있는 권한을 가지고 있는 반면에, 집행부는 더 넓은 범위의 위임을 부여받았다.95) 집행부는 부속서 I 당사국이 자격 요건(eligibility requirements)을 하나 이상 충족하지 않았다고 판단하는 경우에 교토의정서 관련 조항에 따라 자격을 정지할 수 있다. 부속서 I 당사국

---

92) 당사국총회(Conference of the Parties: COP)는 각 다자간 환경협정의 최고기구(supreme body)로 부르기도 한다. 비준수절차가 확립된 다자간 환경협정은 모두 각각의 최고기구인 당사국총회가 설치되어 있다. 당사국총회는 특정 조약규정을 명확하게 해석하고 조약상의 의무이행을 위하여, 그동안 수많은 결정을 채택하였다. 그러나 준수절차 및 메커니즘에 COP의 관여는 상당히 다르다. 준수절차 및 메커니즘이 확립된 각각의 다자간 환경협정상의 최고기구는 기본적으로 정치적 성격의 기구이지만 '결과'(consequences)를 결정함에 있어서 중요한 역할을 한다. 예를 들면, 최고기구는 준수위원회에 일반적인 준수이슈를 다루어 준수위원회의 작업계획을 정하는 활동에 착수할 것을 요청할 수 있다. 위원회는 자신들의 활동에 관하여 최고기구에 정기적으로 보고하여야 한다. 보고된 내용은 최고기구에서 논의되고, 조치를 결정한다(Loibl, op.cit., p.437; Goeteyn and Maes, op.cit., p.792).

93) Loibl, op.cit., pp.435~436.

94) Ibid., p.436.

95) Ibid., p.435.

이 보고의무를 이행하지 않는 경우에 집행부는 비준수를 선언해야 하고, 관련 당사국은 비준수를 치유하기 위하여 이행의도가 담긴 조치와 관련한 계획을 수립해야 한다.96) 또한 집행부는 부속서 I 당사국이 배출량을 초과하거나 감축약속을 위반하였다고 결정한 경우에는 그 약속을 준수하지 않았다고 선언해야 한다. 당사국이 비준수 상태에 있을 때 신속하게 결정을 취해야 할 필요성이 있기 때문에 이와 같이 권한 위임이 이루어진 것이다. 물론 관련 당사국은 집행부의 결정에 대하여 당사국총회(COP)나 당사국회의(MOP)에 항소할 수 있다.97)

마지막으로, 혼합형은 바젤협약, 바이오안정성의정서, 알후스협약에 존재한다. 위원회는 관련 당사국에 조언(advice) 또는 지원의 제공, 관련 당사국에게 준수행동계획을 수립하도록 요청하거나 도움을 주는 것, 진전된 내용의 보고서를 제출하도록 관련 당사국에게 장려하는 것 등과 같은 '결과'(consequences)를 결정한다.98) 다른 (더 강력한) '결과'를 포함하고 있는 결정은 준수위원회의 권고에 따라 최고기구, 즉 당사국총회가 할 수 있다. 그 결정에는 재정적·기술적 지원, 기술이전, 훈련 및 기타 능력배양, 관련 당사국에게 주의를 주거나 비준수 사례를 발표하는 것 등도 포함된다.99)

비준수절차의 또 다른 이슈 중의 하나는 당사국이 비준수로 밝혀진 경우 또는 미래에 비준수가 될 것으로 예견되는 경우에 당사국총회 또는 준수위원회에 의해 적용되는 '결과'(consequences)에 관한 문제이다. 일반적으로 비준수절차의 초점은 '유연한 결과'(soft consequences. 때로는 '당근'(carrots)이라고 부르기도 한다)를 적용하고, 오로지 마지막 수단으로 '강력한 결과'(stringent consequences. 때로는 '채찍'(sticks)이라고 부르기도 한다)를 취하게 되는 것이다. '유연한 결과'는 준수에 필요한 조치를 취할 수 있도록 관련 당사국에게 인센티브를 제공하는 것을 목표로 한다.100) 비준수로 밝혀지는 경우 적용될 수 있는 조치에는 권고, 원조, 비준수 사례의 공표(publication; '유연한 결과'), 해당 국제환경협정상의 권리와 특권의 철회(withdrawal; '강력한 결과') 등이 포함된다. 일반적으로 조치를 적용할 때 위원회는 관련 당사국의 비준수의 원인, 형태, 정도, 빈도 등을 고려하여야 한다. 그리고 '유연한 결과'가 실패한 경우에만 권한 있는 기관(주로 최고기구인 당사국총회)에 의해 더욱 '강력한 결과'가 적용될 수 있다.101)

---

96) 교토의정서 준수절차 및 메커니즘 제XV조 제1항과 제2항.
97) 교토의정서 준수절차 및 메커니즘 제XI조 제1항.
98) 바이오안정성의정서 준수절차 및 메커니즘 제VI조 제1항.
99) 바이오안정성의정서 준수절차 및 메커니즘 제VI조 제2항.
100) 바젤협약 준수절차 제19항과 제20항.
101) Loibl, *op.cit.*, p.435.

결론적으로, 교토의정서 준수체계를 제외하고, 위원회는 단지 '유연한 결과'만을 결정하거나 관련 당사국과 합의로 조치를 취할 수 있고, 더욱 '강력한 결과'는 위원회의 권고에 따라 각각의 다자간 환경협정상의 최고기구, 즉 당사국총회에서 결정된다.

제5절 ● 전 망

그동안 국제공동체는 기후변화와 같은 전 지구적 환경문제를 극복하기 위해 지난한 노력을 계속해 왔다. 이제 그 과정들을 뒤돌아보고 국제환경협약의 실효성을 어떻게 담보할 것인가라는 질문에 대한 해답을 찾아야 할 때이다. 일각에서는 국제환경협약의 실효성에 의문을 품고서, 수많은 다자간 환경협정의 체결에도 불구하고 지구환경보호를 위한 노력은 대체로 실패하였다고 평가한다. 이들은 환경악화의 경향은 개선되지 않았고, 도리어 이전에 경험하지 못했던 환경악화를 경험하고 있다는 견해를 보이기도 한다. 그러나 이것은 지나치게 가혹한 평가이다. 다만 이러한 평가가 설득력이 있는 주장으로 다가오는 이유는 많은 국제환경협약들이 실효적으로 이행되고 준수되지 않고 있다는 현실에서 연유한다.

지난 30여 년 동안 많은 다자간 환경협정이 체결되었고, 최근 20년 동안 준수절차 및 메커니즘은 국제환경법에서 현실이 되었다. 즉, 대부분의 다자간 환경협정들은 이제 이행 및 준수와 관련한 문제를 다루고 있다. 비준수 문제를 제기하기 위하여 전통적인 분쟁해결방법에 의존하는 것보다 국제환경법의 실효성을 촉진하기 위한 더 좋은 방법은 유연한 접근방법이라는 데 공감대가 형성된 것이다. 그리하여 다자간 환경협정들은 각 협정에 근거한 이행 및 준수를 촉진하기 위한 준수체계를 확립하였으며, 준수체계에서 중요한 역할을 담당하는 준수위원회 또는 이행위원회를 구성하고 있다. 비준수절차의 발전은 다자간 환경협정의 준수문제가 국제환경법의 중심적인 이슈로 간주하고 있음을 보여주고 있는 것이다. 지금까지 비준수절차와 관련한 사례가 그렇게 많지 않기 때문에[102] 비준수절차의 실효성에 대한 일반적 평가는 어렵다. 그럼에도, 예를 들면, 비준수절차는 몬트리올의정서의 이행에 긍정적인 영향을 주었다.[103] 당사국뿐만 아니라 사

---

[102] 알후스협약 준수위원회가 다룬 사례 40여 건 중 단 한 건을 제외하고 모두 공중의 통보에 의해 이루어졌다. 다른 준수위원회들이 설립 이후 다룬 사례는 단 한 건도 없거나 아주 소수이다.

무국도 비준수절차를 개시할 수 있는 몬트리올의정서의 비준수절차는 그러한 제도로는 최초의 것이지만, 이제 다자간 환경협정에서 일반적인 것이 되었으며, 다른 다자간 환경협약, 예를 들면, 바젤협약, 교토의정서, 바이오안정성의정서 등의 비준수절차의 모델이 되고 있다. 그러나 몬트리올의정서 비준수절차의 성공이 다른 국제환경협약의 성공을 보장하는 것은 아니기 때문에 더 시간을 두고 비준수절차의 실행에 대해 심층적인 평가와 지속적인 보완이 요구된다. 보완과정에서 대체로 성공적이라고 평가되고 있는 국제인권조약의 이행감독절차가 모델이 될 수 있을 것이다.

비준수절차는 기본적으로 '정치적 과정'(political process)이다. 왜냐하면 거의 모든 비준수절차의 최종적인 권고 또는 결정은 당사국총회(COP)와 같은 최고기구(supreme body)에 의해서 이루어지게 되어 있는데, 최고기구는 정치적 기구이기 때문이다. 그렇다고 비준수절차가 정치적인 것만은 아니며 절차의 개시규칙이나 검토절차 등을 고려해 보면 '사법적 과정'(judicial process)으로서의 성격도 지니고 있다. 더구나 가장 정교한 절차를 두고 있는 교토의정서상의 비준수절차는 사법적 과정으로서의 성격을 지니고 있다.104) 일각에서는 전통적인 분쟁해결제도로부터 더욱 정치적인 성격의 비준수절차로 변화하는 경향에 대해서 부정적인 견해를 보이기도 한다. 비판론자들은 이러한 유연성은 사회의 질서를 잡는 모드(mode)로서 법의 특별한 지위를 침식한다고 우려한다.105) 그러나 비준수절차는 비준수에 대한 전통적인 대응방법인 사법적 절차가 국제환경법 영역에서 적절하지 않다라는 판단에서 탄생한 것이기 때문에 비준수절차의 정치적 성격은 태생적인 것이다. 전 지구적 환경문제의 효과적인 대처에 글로벌 거버넌스의 장점이 인정되듯이 비준수절차의 정치적 성격이 문제가 될 것은 없다고 생각한다. 도리어 몬트리올의정서에서 비준수절차가 전통적인 사법적 분쟁해결방법의 대체적 분쟁해결방법(ADR)으로 설계가 되어 다자간 환경협정들에 도입되었는데, 교토의정서상의 비준수절차가 다

---

103) UNEP과 WMO는 '오존층파괴에 대한 과학적 평가 2014'(*Scientific Assessment of Ozone Depletion 2014*)라는 최근 보고서에서 오존층이 회복되고 있다고 주장하며 오존층보호를 위한 몬트리올체제가 성공적인 경험으로 기후변화 대처에 모델이 될 수 있다고 한다. UNEP, "Ozone Layer on Track to Recovery: Success Story Should Encourage Action on Climate", <http://www.unep.org/newscentre/Default.aspx?DocumentID=2796&ArticleID=10978&l=en> (2014년 10월 9일 방문).

104) 교토의정서의 비준수절차는 다른 국제환경협약상의 비준수절차에 비해 최고로 강력한 조치를 두고 있다. 또한 교토의정서 준수위원회의 절차 진행은 엄격한 시한 내에 이루어지도록 하고 있으며, 관련 당사국에게 권리를 부여하고 있으며 결정에 이유를 제시해야 하고, 준수위원회가 적법절차를 지키지 않은 경우 당사국총회(COP/MOP)에 상소(appeal)할 수 있는 기회를 부여하고 있다.

105) M. Koskenniemi, "Breach of Treaty or Non-Compliance? Reflection on the Enforcement of the Montreal Protocol", *Yearbook of International Environmental Law*, vol.3, 1992, pp.123~162.

시 강제적인 사법적 절차로서의 성격을 갖는 것으로 설계된 점에 대해 부정적인 평가를
피할 수 없을 것이다.

　　그리고 알후스협약체제와 같이, 다자간 환경협정의 이행 및 준수에 다양한 이해관
계자들이 참여하는 것은 민주적인 의사결정과 글로벌 거버넌스 구조에 적절하다고 생각
한다. 또한 국제환경의무의 성공적인 국내적 이행을 위해서는 국내적 여건조성이 필수
적이라는 측면에서 비준수절차에 공중(public)의 참여를 보장하는 것은 획기적인 발전이
라 평가할 수 있다. 다양한 행위자들이 참여하여 특히 비준수의 요인을 조사하고 적합
한 대응방법을 찾는 것은 바람직한 접근이며, 이미 이러한 방법은 국제환경법의 장래의
경향으로 자리잡아야 할 것이다. 따라서 국제환경의무의 이행 및 준수를 촉진하기 위해
서는 이미 설계되어 시행되고 있는 비준수절차에 국제환경기구, 환경 관련 비정부기구
(NGO) 등을 비롯한 비국가행위자들의 참여와 역할을 강화하는 방향으로 보완해 나가는
것이 요구된다.

생각하기

1. 비준수절차는 전통적인 분쟁해결절차의 대체적 방법으로 작동할 수 있는가?

2. 비준수절차와 국가책임법 및 조약법과의 관계는?

3. 비준수절차와 국내적 구제절차와의 관계는?

참고문헌

김홍균, 「국제환경법」, 제2판, 홍문사, 2015.

박병도, " 신기후변화체제의 국제법적 쟁점 – 준수 메커니즘을 중심으로", 「국제법학회논총」, 제62
　　권 제1호, 2017. 3.

박수진, "나고야의정서 이행준수체제의 국제법적 함의에 관한 소고", 「국제법 동향과 실무」, 통권
　　제36호, 2014.

이재협, "국제환경협약의 이행 및 준수체제", 「서울국제법연구」, 제6권 제2호, 1999. 12.

정서용, 「기후변화, 글로벌거버넌스 그리고 국제법」, 박영사, 2011.

Bodansky, D., *The Art and Craft of International Environmental Law*, Harvard University Press, 2010.

Bothe, M., "Compliance", in *Max Planck Encyclopedia of Public International Law*, vol. II, Oxford University Press, 2012.

Dupuy, P.-M. and J.E. Viñuales, *International Environmental Law*, 2nd ed., Cambridge University, 2018.

Fitzmaurice, M., "Kyoto Protocol Compliance Regime and Treaty Law", *Singapore Yearbook of International Law*, vol.8, 2004.

Fitzmaurice, M. and C. Redgwell, "Environmental Non-compliance Procedures and International Law", *Netherlands Yearbook of International Law*, vol.31, 2000.

Goeteyn, N. and M. Frank, "Compliance Mechanisms in Multilateral Environmental Agreements: An Effective Way to Improve Compliance?", *Chinese Journal of International Law*, vol.10, 2011.

Goote, M.M., "Non-Compliance Procedures in International Environmental Law: The Middle Way between Diplomacy and Law", *International Law FORUM du droit international*, vol.1, 1999.

Kiss, A., "Compliance with International and European Environmental Obligations", *Hague Yearbook of International Law 1996*, 1996.

Koskenniemi, M., "Breach of Treaty or Non-Compliance? Reflection on the Enforcement of the Montreal Protocol", *Yearbook of International Environmental Law*, vol.3, 1992.

Klabbers, J., "Compliance Procedures", in D. Bodansky, J. Brunée and E. Hey (eds.), *The Oxford Handbook of International Environmental Law*, Oxford University Press, 2007.

Loibl, G., "Compliance Procedures and Mechanisms", in M. Fitzmaurice, D.M. Ong and P. Merkouris (eds.), *Research Handbook on International Environmental Law*, Edward Elgar Publishing Limited, 2010.

_____, "Reporting and Information System in International Environmental Agreements as a Means for Dispute Prevention: The Role of 'International Institutions'", *Non-state Actors and International Law*, vol.5(1), 2005.

Romano, C.P.R., "International Disputes Settlement", in D. Bodansky, J. Brunee and E. Hey (eds.), *The Oxford Handbook of International Environmental Law*, Oxford University Press, 2007.

Sands, P. and J. Peel, *Principles of International Environmental Law*, 4th ed., Cambridge University Press, 2018.

Yoshida, O., "Soft Enforcement of Treaties: The Montreal Protocol's Noncompliance Procedure and the Functions of Internal International Institutions", *Colorado Journal of International Environmental Law and Policy*, vol.10, 1999.

제 14 장

다자간 환경협정과 통상규범

제1절 ● 무역과 환경의 충돌문제

산업혁명 이후 전 세계적으로 진행된 개발 및 각종 산업활동의 증가로 인해, 인간이 생각하기에 충분히 나타날 수 있는 단순 자연적인 현상이라고 보기 힘든 각종 자연재해들이 속출하였다. 지구온난화와 같은 기후변화, 산성비 문제, 각종 동식물의 멸종, 사막화 현상 및 열대우림의 파괴 등 인류의 생존과 직결되는 각종 문제가 발생되자 세계 각국은 환경의 중요성을 깨닫고 이를 해결하기 위해 노력하고 있는 중이다. 그러나 이러한 자연환경 문제는 어느 한 국가만이 애쓴다고 해서 해결되지 않고, 관련된 모든 등장한 국가들이 합심하여 대처할 수밖에 없다. 이러한 인식하에 체결된 것이 바로 20세기 후반에 등장한 각종 다자간 환경협정(Multilateral Environmental Agreements: MEAs)이다.

이러한 움직임은 유럽에서 가장 먼저 발생하기 시작하였다. 그중에서도 특히 독일의 환경운동은 최근부터 시작된 것이 아니라 19세기로 거슬러 올라간다. 19세기 산업혁명이 한창 일어나고 있을 무렵, 영국을 위시한 여러 유럽국가들에서 증기기관차가 발명되어 상용화되었고, 이에 비해 산업혁명의 속도가 늦은 독일은 이를 따라잡기 위하여 전력을 기울이고 있었다. 그런데 이러한 시대적 상황에도 불구하고 독일의 시인 및 사상가들은 자연을 보호해야 한다는 주장을 전파하기 시작하였다고 한다.[1] 이와 같은 사상을 이어받아 독일은 1961년 루르지방의 공업지대에서 "푸른 하늘 복원운동"이라는 환경보호운동을 전개했는데, 이것이 환경운동의 시초라고 평가받는다.[2] 결국 이와 같은 움직임을 시초로 하여 전 세계적으로 환경에 대한 관심이 폭발적으로 증가하였고 그 결과 MEAs라고 불리는 국제환경규범이 등장하게 된 것이다.

국제환경법은 지구상의 생물과 무생물의 보전을 포함하여 환경에 관련된 국제법규의 총체로 정의되고 있다. 우리가 살아가고 있는 국제공동체는 환경보호가 인류 전체의 공동관심사(a common concern of humankind)임을 1992년의 기후변화협약 등 여러 문서들에서 밝히고 있다. 특히 1992년 브라질의 리우에서 열린 지구정상회담 이후 환경보호와 국제환경법의 중요성은 갈수록 높게 인식되고 있으며, 근년에 나타나는 지구온난화 현상은 세인들에게 환경보호에 대한 한층 높은 경각심을 불러일으키고 있다.

이들 MEAs들이 체결되기 시작하면서 주목을 받게 된 이유는 물론 환경보호와 직

---

1) 靑木 正光, 「環境規制 Q&A 555」 (국제 환경규제 지원센터, 2010), 14면.
2) *Ibid.*

결되는 문제를 다루기 때문인 점도 있다. 그러나 더 큰 문제는 이 협정에서 규율하고 있는 여러 환경보호규정들 중 수입제한과 같은 무역제한조치를 제재수단으로 사용할 수 있게 허용하기 때문이다. 구체적으로 MEAs의 이러한 무역제한조치가 현 WTO체제의 자유무역 및 공정무역에 관한 원칙들과 양립할 수 있는지에 대해서 논란이 일고 있다. 일국이 환경보호를 목적으로 MEAs에 근거하여 무역제한조치를 실시할 경우 WTO협정상 기본원칙인 최혜국대우원칙 또는 내국민대우원칙, 수량제한금지 원칙 등을 위반할 수 있기 때문이다.

여기서 MEAs상의 무역제한조치가 WTO체제하에서 정당화될 수 있는지에 대한 문제가 제기되는데, 이에 대해 자유무역론자들은 환경보호를 이유로 하는 해당 조치들이 또 하나의 무역장벽으로 작용할 수 있기 때문에 WTO협정이 우선 적용되어야 한다고 주장한다.

환경문제에 대한 경제학적 시각으로는 Grossman과 Krueger의 분석이 있다. 이들의 연구에 의하면 무역은 환경에 대하여 구성효과, 규모효과, 기술효과가 있다고 한다.3) 먼저 구성효과(Composition Effect)로 인해 국제무역은 환경적으로 비교우위가 있는 국가로부터 환경적으로 비교열위에 있는 국가로 환경문제를 이전시킴으로써 환경문제의 구성을 변화시킨다. 무역자유화는 생산과 소비에 있어 자원사용 경향의 변화를 유발한다. 자유무역은 각국의 환경 능력 및 조건에 따라 효율적인 부분으로 경제활동과 자원이 배분되게 한다. 이 과정에서 자유무역은 요소배분의 효율성을 증대시켜 자원사용이 덜 낭비되게끔 만들어준다. 즉, 시장실패와 정부실패가 없는 상태에서 무역자유화가 이루어진다면, 이 국가의 생산구조는 무역이 없었을 때보다 환경면에서 더 효율적인 구조가 되는 것이다.

또한 무역은 규모효과(Scale Effect)에 의하여 각국의 경제규모를 확대시킨다. 경제규모가 확대되면 생산의 환경친화도와 자원절약의 강도는 높아지기 때문에 자유무역론자들은 자유무역이 소득증대효과를 가져오면 증대된 소득으로 환경보호에 투자할 수 있다고 주장한다.4)

한편 소득이 증가하면 청정생산에 대한 수요가 높아져서 전통적인 사후처리기술에서 청정기술로 전환하는 기술효과(Technology Effect)가 나타난다. 소비자는 청정기술을

---

3) G.M. Grossman and A.B. Krueger, "Environmental Impacts of a North American Free Trade Agreement", in *Woodrow Wilson Institute for Public Affairs* (Prinston Univ., 1991).

4) D. Palmeter, "Environment and Trade; Much A Do about Little", *Journal of World Trade*, June 1993, p.69.

사용하는 청정생산 방식으로 생산된 제품을 선호하게 되므로 청정생산은 확대된다는 주장이다. 이는 우리 주변에서도 많이 찾아볼 수 있다. 예를 들어 한국의 1인당 GDP가 2만 달러를 넘어서면서 유기농 제품에 대한 수요가 폭증하기도 하였다.

또한 각국이 맺은 다자간 환경협정들은 각국에 있어 직접적인 무역제한조치의 근거가 되나, 반대로 무역자유화 협정은 환경협정과의 갈등과 조화를 통해서 영향을 준다. 예를 들어 WTO와 NAFTA는 엄연히 자유무역협정이지만, 지속가능발전을 기본이념으로 내세우고 있기 때문에 환경보호는 이들 국제기구의 중요한 목표가 된다.

그 밖에 자유무역은 환경기술의 도입과 환경친화적 공정, 자본재 및 제품의 수입을 촉진함으로써 환경개선에 도움이 된다. 보호주의 무역은 오히려 환경을 오염시킨다. 예를 들어 미국이 일본에 소형승용차 수출자율규제(VER)를 강요하자 일본은 미국에 대형차 수출을 증가시켰으며 이는 미국 내에 대형차 숫자를 증가시킴으로써 미국 내의 대기오염을 가중시켰다.5)

반면 환경보호론자들은 환경보호를 위해서 가장 효과적이면서 불가피한 수단이 무역제한조치이기 때문에 MEAs가 우선적으로 적용되어야 한다고 주장한다. 그 이유로 첫째, 지구환경기금(World Wildlife Fund: WWF)은 자유무역 자체가 환경파괴요인으로 작용하는 경우도 있고, 자유무역 자체는 환경을 파괴하지 않으나 환경조건에 반하는 무역이 환경파괴요인이 되는 경우가 있다고 주장한다.6)

둘째, Daniel C. Esty는 환경보호주의자들의 무역에 관한 4개의 핵심적 명제를 다음과 같이 들고 있다. ① 무역은 효과적인 환경보호조치가 없으면 자연자원의 지속가능하지 못한 소비가 증가하는 동시에, 폐기물 생산의 증가를 유발하므로 환경을 파괴한다. ② 무역규범과 무역자유화는 시장접근협정을 수반하는데, 무역제도 내에 적절한 환경보호조치가 없다면 환경오염의 발생을 막을 수 없다. ③ 무역규제는 세계적 차원의 환경보호를 촉진하고, 특히 지구적 또는 초국경적 환경문제를 해결하기 위하여 국제환경협정을 강화하기 위한 수단으로 활용할 수 있어야 한다. ④ 환경오염이 다른 국가로 확산되지 않는다고 할지라도 환경기준이 낮은 나라들은 세계시장에서 비교우위를 유지하기 위하여 환경기준이 높은 나라들에게 환경기준의 수준을 하향조정하여 줄 것을 요구하게 된다. 결국 무역자유화는 필연적으로 환경오염을 불러일으킬 수밖에 없다.

셋째, 개발도상국들은 선진국들의 환경문제 제기에 대한 동기를 의심할 수밖에 없다. 개발도상국들은 선진국이 환경문제를 제기하여 개발도상국들의 수출을 막는 장치로

---

5) 김영생, 「무역과 환경」(두남, 2002), 62면.
6) 김영생, 위의 책, 55면.

사용할 것이라고 파악한다. 그리고 선진국들은 개발도상국의 환경보호조치에 대해 지원을 하지 않고 오히려 무역제한이라는 '채찍'을 꺼내 들어, 이것이 오히려 개발도상국들의 지속가능한 성장을 저해하고 환경파괴의 악순환을 초래한다고 주장한다.

현재 발효 중인 다양한 환경문제를 다루고 있는 MEAs는 250건을 약간 상회하는 수준이다.[7] 이 중 약 20건의 협정이 무역에 영향을 줄 수 있는 규정을 포함하고 있다. 이 규정은 크게 두 가지로 나누어 볼 수 있다. 우선 해당 MEA상에서 규제하고 있는 화학물질의 수출 및 수입을 제한하거나 일정한 요건하에서만 수출 및 수입을 할 수 있게 끔 하는 조치와 같이 무역 자체를 직접적으로 규제하는 무역조치가 있다. 다른 하나는 포장, 상품가공방법 등에 의한 라벨링(labeling) 요건과 같이 무역에 간접적으로 영향을 줄 수 있는 조치 및 해당 MEA에서 금하는 물질의 생산 및 소비를 금지하는 무역조치가 있다.

규범적 차원에서 환경과 무역 연계문제의 핵심은 WTO협정의 규정과 MEAs에 따른 무역조치를 포함하여 GATT 제XX조와 같은 환경보호를 이유로 한 무역제한조치를 위한 예외규정 간의 관계를 어떻게 정립할 것인지의 문제로 요약할 수 있다. 여기에는 국제법적으로 볼 때 조약 상호간의 관계, 조약의 해석 등 매우 다양한 문제가 포함될 수 있어 신중한 접근을 요한다.

제2절 ● WTO와 환경문제의 고려

WTO의 여러 협정들의 일반적인 목표는 시장경제를 바탕으로 한 국제무역의 증진 그리고 자유무역과 공정무역의 실현일 것이다. 국제경제법의 일반적인 자유화 추구는 국제환경법의 일반적 경향인 규제적 성질과는 그 방향을 달리하고 있다. 국제경제법이 지향하는 바는 국가간에 적용되는 국제통상에 관한 최소한의 기본적인 규범을 제정하고, 일반 국제거래관계(private business transactions)에 있어 정부의 간섭을 가능한 한 줄이고자 함이나, 국내 및 국제환경법은 사경제(private business) 주체의 행위에 공공의 이익을 위하여 정부가 간섭하는 경향을 띠게 된다.[8]

---

7) <http://www.wto.org/english/tratop_e/envir_e/envir_neg_mea_e.htm>.

8) R.E. Hudec, "The Relationship of International Environmental Law and International Economic Law",

　　현재까지 국제경제법과 국제환경법 사이에서 발생할 수 있는 잠재적 분쟁의 주된 분야는 상품무역에 적용되는 GATT규범이었다.9) WTO의 분쟁은 개별국가 정부가 환경 정책을 지지하기 위해 무역에 대한 제한을 이용할 때 주로 발생하며, 이러한 무역제한 은 특수한 환경보호목적을 위해 주로 이용된다. 무역제한을 제재조치로 사용하는 것은 물론 환경정책에만 독특하게 이루어지는 것이 아니다. 무역제한에 관한 GATT규범은 무역제재 이용을 위한 매우 광범위한 공공의 요구와 논쟁을 벌이고 있다. 이러한 요구 는 항상 GATT와 국제환경법 간의 분쟁배경 속에 내재되어 있다.10)

　　실제 분쟁이 야기되는 경우는 GATT나 그 밖의 WTO 부속협정의 규정상으로는 원 칙적으로 허용되지 않는 조치이나,11) 환경보호를 목적으로 무역을 제한하는 조치를 취 하는 경우이다. 예컨대, 어떤 물질의 사용을 금지하기 위한 조치일 수도 있고, 유해한 물질의 거래를 제한하기 위한 조치일 수도 있으며, 혹은 경우에 따라서는 다른 회원국 이 행한 환경적으로 유해한 조치에 대해 취하는 경제적 제재조치 또는 환경보호 수준의 차이에 따른 조정일 수도 있을 것이다.

　　WTO는 무역과 환경문제를 검토하기 위하여 1995년 WTO 출범과 더불어 각료결 정을 통하여 무역환경위원회(Committee on Trade and Environment: CTE)를 설치하였는데, 위원회의 역할은 i) 지속가능 발전을 촉진하기 위하여 무역조치와 환경조치의 상호관계 를 명확히 하고, ii) 그에 따라 WTO규범의 개정을 필요로 하는지 여부를 검토하는 것 이다. 현재까지 검토해야 할 10개의 분야를 확정하여 연구를 진행하고 있지만, 사안의 미묘함과 복잡성으로 인하여 이렇다 할 결과는 내놓지 못하고 있다. 그 밖에도 국제환 경법학계에서 배출권거래제도, GMO의 취급문제, 바이오안전성의정서와 WTO와의 관 계 등의 문제가 제기되고 있으나, 어느 것 하나 명확하게 결론내리지 못하고 있다. WTO 출범 이후 세 번째로 개최된 시애틀 각료회의에서 EU는 '제품 무관련 제조공

---

9) 국제통상법의 경우 WTO라는 하나의 중심적인 기구를 두고 국가간의 이해를 조정하나, 국제환경법의 경우 각 분야마다 별도의 조약으로 규정하고, 국제환경기구와 같은 중심이 존재하지 않는 것도 양자간 의 조화점을 모색하기 어려운 이유 중의 하나로 볼 수 있고, WTO규정은 분명한 조약규정이지만, 많은 환경협정의 경우 연성법(soft law)의 성격을 많이 띠고 있는 점도 다른 점이다.

10) 역사적으로 본다면 GATT가 성립하던 1940년대 후반에는 무역의 중요성에 비해 환경보호의 중요성에 대한 인식이 확산되어 있지 않아 GATT가 제XX조를 제외하고는 환경보호를 위한 적절한 규정을 두지 않은 것도 오늘날의 문제를 낳게 된 하나의 이유가 될 수 있을 것이다.

11) 주로 위반하게 되는 GATT의 조항이 제 I 조의 최혜국대우원칙, 제Ⅲ조의 내국민대우원칙과 제XI조의 수량제한금지원칙이다.

정'(non-PR PPMs), 라벨링 문제, 다자간 환경협정상의 무역 관련 규정, 사전주의원칙 등과 WTO규범 전반에 관한 명확화를 요구하였으나 이렇다 할 진전을 보지 못하였다.

기본적으로 WTO의 주요한 의사결정은 회원국들의 몫이며, 상충하는 이해관계가 있는 사안에 대해서는 패키지딜(package deal) 방식으로 해결하는 관행을 고려한다면, 무역환경위원회가 어떤 결론을 쉽게 도출할 것으로는 보이지 않는다. 특히 개도국의 입장에서는 보다 강한 환경보호는 보다 많은 무역규제로 귀결될 가능성이 높기 때문에 더욱 논의를 꺼리는 것으로 보인다. 그동안 다수의 무역과 환경 관련 규범이 있었음에도 양자간의 관계에 관한 명확한 정의가 내려져 있지 않다. 더구나 2000년에 바이오안전성의 정서가 채택됨으로써 이 문제가 다시 한번 주요한 논의의 대상이 되었다. 우선 스위스가 분쟁의 예방과 법적 명확성을 위하여 해석지침(interpretative understanding)을 요구하였고, 뉴질랜드는 협의체(consultative mechanism)를 구성하여 MEA에 따른 무역조치를 취하고자 할 때에는 그러한 조치가 당면한 환경문제를 해결하기 위한 가장 효과적인 가용 수단인가를 결정하기 위한 자발적 절차를 제안하였다.

양자간의 관계에 관한 논의는 CTE에서의 논의뿐만 아니라, TBT협정, SPS협정, 농업협정, TRIPs협정 등 개별협정의 관련 규정 개정논의 형태로도 진행될 수 있을 것이다. 또한 그 속성상 다른 국제기구들과도 관계가 밀접하기 때문에 WTO는 UNEP, UNFCCC 사무국 등과의 합동회의도 개최하고 있으나, 아직까지는 구체적인 결론보다는 상호협력한다는 합의 정도에 이르는 데 그치고 있다.

WTO 무역환경위원회는 초국경적(transboundary) 혹은 전 지구적(global) 성격의 환경문제를 해결하기 위한 가장 효과적인 방법으로 국제협력과 콘센서스에 기초한 다자적 해결을 제시하고 있으며, 그 방안으로 다음의 몇 가지 해결방안을 논의하고 있다.[12]

첫째, 현상유지를 원하는 입장이다. 많은 국가들은 이미 WTO규범들이 환경보호를 위한 무역과 환경 관련 내용들이 충분히 포함하고 있으므로 굳이 GATT / WTO규범을 개정할 필요가 없다는 입장이다.[13] 또 다른 논거로는 무역조치를 포함하고 있는 MEA의 숫자가 많지 않다는 점과 지금까지 MEA의 이행을 둘러싸고 분쟁이 야기된 적이 없다는 점을 들고 있다.[14]

---

12) E. Hay, *Reflections on International Environmental Court* (Kluwer, 2000); S. Shaw and R. Schwartz, "Trade and Environment in the WTO: State of Play", *Journal of World Trade*, vol.36(1), 2002, pp.134~137.

13) 주로 개발도상국이 이러한 입장을 취한다.

14) Shaw and Schwartz, *op.cit.*, p.134.

둘째, 일정 기간 동안 WTO 회원국들의 의무사항을 면제해 줄 수 있는 의무면제 (waiver)를 활용하자는 입장이다.15) 기본적으로는 WTO규범으로 MEA상의 무역 관련 환경보호조치를 해결할 수 있다고 보지만, 만약 문제가 발생하면 사안별로 WTO설립협정 제9조 제3항이 규정하고 있는 의무면제(waiver) 제도를 활용하자는 입장이다. 그러나 의무면제를 받기 위해서는 회원국의 총의 또는 3/4의 동의를 필요로 하고 시간상 제한이 있다는 점이 문제가 될 것이다.

셋째, WTO규범의 명확화를 도모하자는 것으로 WTO규범 중에서 특히 GATT 제 XX조의 일반예외규정을 개정하거나 WTO와 MEA의 관계를 규율하는 양해나 지침을 마련하자는 입장이다.16) 예측가능성을 높이기 위하여 절차적 · 실체적 규정의 명확화를 추구한다는 것이다.

무역과 환경에 관한 주제는 WTO가 출범한 이래 매우 중요하게 다루어져 왔다. 앞서 언급한 바와 같이 본 주제를 해결하기 위한 방법으로는 우선 WTO 분쟁해결사례를 통하여 점진적으로 변화하는 시대의 흐름을 반영하는 해석방법이고, 또 다른 한 가지는 궁극적인 해결방안으로서 WTO 회원국간의 협상과 합의를 통하여 관련 WTO규범을 개정하는 방안일 것이다. 그러나 현재 161개국에 이르는 회원국의 수와 회원국간의 이해관계에 관한 갈등을 고려한다면 WTO규범의 개정은 쉽지 않아 보이며, 당분간 보다 효과적인 해결방안은 분쟁해결사례를 통한 점진적인 발전을 도모하는 방법이라 생각된다.

제3절 ● WTO 협정상 환경 관련 주요 내용

I. WTO설립협정

WTO설립협정은 기존 GATT와는 달리 국제사회가 가진 환경문제에 관한 관심의 증대를 반영하여 전문(preamble)에서 지속가능한 발전과 환경보호의 중요성을 명시적으

---

15) Proposals by ASEAN, WT/CTE/W/39, 24 July 1996.
16) Submissions by EC, WT/CTE/W/170, 19 October 2000; Swiss, WT/CTE/W/168, 19 October 2000; Japan, WT/CTE/W/31, 30 May 1996.

로 규정하고 있다. 이처럼 WTO설립협정은 전문을 통하여 환경보호에 관한 기본적 관심과 '지속가능한 발전'이라는 국제환경법상의 중요한 개념을 수용하였다. WTO 항소기구는 *US-Shrimp* 사건에서 GATT규범의 해석시 국제사회가 가지고 있는 오늘날의 관심을 반영하여 해석하여야 한다면서 다음과 같이 지적한 바 있다.

"The words of Article XX(g), 'exhaustible natural resources,' were actually crafted more than 50 years ago. They must be read by a treaty interpreter in the light of contemporary concerns of the community of nations about the protection and conservation of the environment. While Article XX was not modified in the Uruguay Round, the preamble attached to the *WTO Agreement* shows that the signatories to that Agreement were, in 1994, fully aware of the importance and legitimacy of environmental protection as a goal of national and international policy. The preamble of the *WTO Agreement*-which informs not only the GATT 1994, but also the other covered agreements-explicitly acknowledges 'the objective of sustainable development' …."17)

이러한 판정은 WTO의 전문이 무역과 환경 관련 사안의 해결에 관련된 규정을 해석하는 주요한 길잡이가 될 수 있도록 하였고, WTO의 소관사항과 관련이 있는 비정부기구(NGO)와의 협력 가능성도 열어둠으로써 앞으로의 해석방향에도 시사하는 바가 클 것이라 생각한다.

II. GATT의 무역과 환경 관련 규정

실제 무역과 환경 관련 분쟁에서 문제가 되는 주요 GATT상의 조항으로는 (i) 제 I 조 최혜국대우원칙, (ii) 제III조 내국민대우원칙, (iii) 제XI조 수량제한금지원칙, (iv) 제XX조 일반예외규정 등이 있다. 제 I 조, 제III조, 제XI조는 GATT의 기본원칙을 규정한 조항들로서 GATT의 가장 중요한 규정에 해당한다고 할 수 있다. 그리고 이들 조항

---

17) *United States-Importance Prohibition of Certain Shrimp and Shrimp Products*, Appellate Body Repor t (WT/DS58/AB/R), para.129.

의 위반은 GATT 제XX조상의 허용된 예외에 해당하지 않는 한, GATT규범의 위반으로 이어진다. 먼저 GATT규범의 주요한 세 가지 규정을 간략히 살펴본다.

1. GATT 제 I 조: 최혜국대우원칙

동 원칙은 수입국의 입장에서 본다면 한 회원국에서 생산된 상품이 다른 회원국이 원산지인 동종상품(like product)보다 여러 가지 측면에서 불리하지 않은 대우를 받아야 한다는 원칙으로, 동종의 외국상품 상호간에 차별대우를 하지 않아야 한다는 것이다.[18]

무역과 환경과 관련하여 최혜국대우원칙이 문제가 될 수 있는 경우로는 예컨대, 교토의정서 당사국으로서 온실가스 감축의무를 부담하는 국가가 환경보호 기준이 매우 높은 국가의 상품 혹은 환경친화적인 상품에 대해서는 낮은 관세율을 적용하고, 그렇지 않은 국가의 상품이나 환경친화적이지 않은 상품에 대해서는 높은 관세율을 적용하는 경우를 생각해 볼 수 있다. 이 경우 두 상품이 동종상품에 속하는지, 동종상품이라면 두 상품 간의 차별이 GATT 제XX조에 의하여 정당화될 수 있는지, 나아가 다자간 환경협정의 이행을 위한 조치가 WTO 통상규범상으로도 정당화될 수 있는지 등이 문제가 될 수 있을 것이다.

2. GATT 제Ⅲ조: 내국민대우원칙

GATT 제Ⅲ조는 외국상품이 수입국의 모든 국경조치를 통하여 일단 국내시장에 진입하였을 경우, 국내에서 생산된 동종의, 혹은 직접적으로 경쟁적이거나 대체관계에 있는 상품(directly competitive or substitutable product)보다 조세 또는 법규 등에 따른 국내시장의 경쟁조건에 있어 불리하지 않은 또는 유사한 대우를 받아야 하는 원칙을 규정한다. 최혜국대우원칙이 외국제품 상호간에 국내 시장에서의 동등한 경쟁을 보장하는 것

---

18) Article I: General Most-Favoured-Nation Treatment

1. With respect to customs duties and charges of any kind imposed on or in connection with importation or exportation or imposed on the international transfer of payments for imports or exports, and with respect to the method of levying such duties and charges, and with respect to all rules and formalities in connection with importation and exportation, and with respect to all matters referred to in paragraphs 2 and 4 of Article Ⅲ, any advantage, favour, privilege or immunity granted by any contracting party to any product originating in or destined for any other country shall be accorded immediately and unconditionally to the like product originating in or destined for the territories of all other contracting parties.

이라면, 내국민대우원칙은 일단 수입된 외국제품과 동종 또는 경쟁관계에 있는 국내제품과의 동등한 경쟁보장을 의미한다고 할 수 있다.

그런데 이 조항이 무역과 환경과 관련하여 문제가 될 수 있는 경우로는, 환경친화적인 방법으로 생산되는 국산품에 대해서는 낮은 세율을 적용하고, 그렇지 않은 외국제품에 대해서는 높은 세율을 적용하였을 때 GATT 제III조 제2항과[19] 관련하여 내국민대우원칙 위반을 주장하는 경우가 있을 수 있다. 특히 상품 그 자체에 체화되어 있지는 않지만 생산공정이나 제조방법에 있어서 환경친화적이지 않은 상품에 더 높은 세율을 적용하는 경우, 상품의 동종성 판단이나 불리한 대우 부여 여부에 대하여 논란이 발생할 수 있다. 세율뿐만 아니라 판매에 영향을 미치는 각종 조치에 있어서도 외국제품에 불리한 대우를 한다면 GATT 제III조 제4항과 관련하여 문제가 될 수 있을 것이다.[20]

동종성 판단에 있어서 전통적인 해석방법은 주로 물품의 특성, 소비자의 기호, 상품의 최종소비목적, 관세분류 등을 고려하는바, 환경친화성이나 인체에의 유해성 여부가 상품의 동종성을 판단하는 데 있어서 고려요소가 될 수 있는지의 문제가 사안의 핵심이라고 할 수 있다. 특히 상품에 체화되어 있지 않은 생산과정에서의 차이를 동종성 판단에 고려할 수 있는지는 아직까지도 많은 논란의 대상이 되고 있다.[21]

3. GATT 제XI조: 수량제한금지원칙

동조는 수량제한과 관련해서, 수입규제를 위해서는 관세만이 허용되고 그 밖의 모

---

19) Article III: National Treatment on Internal Taxation and Regulation
   2. The products of the territory of any contracting party imported into the territory of any other contracting party shall not be subject, directly or indirectly, to internal taxes or other internal charges of any kind in excess of those applied, directly or indirectly, to like domestic products. Moreover, no contracting party shall otherwise apply internal taxes or other internal charges to imported or domestic products in a manner contrary to the principles set forth in paragraph 1.

20) Article III: National Treatment on Internal Taxation and Regulation
   4. The products of the territory of any contracting party imported into the territory of any other contracting party shall be accorded treatment no less favourable than that accorded to like products of national origin in respect of all laws, regulations and requirements affecting their internal sale, offering for sale, purchase, transportation, distribution or use. The provisions of this paragraph shall not prevent the application of differential internal transportation charges which are based exclusively on the economic operation of the means of transport and not on the nationality of the product.

21) 이재형, "기후변화상품에 대한 특별대우와 국제통상규범", 「법학연구」(연세대학교), 제20권 제2호(2010. 6.), 33~34면 참조.

든 수입제한이나 수입금지조치는 원칙적으로 허용되지 않는다는 내용을 담고 있다.22) 환경보호를 목적으로 특정 상품의 수입을 금지하거나 제한하는 경우에 GATT 제XI조 위반 여부가 문제될 수 있다.

수량제한금지의 원칙은 내국민대우원칙과 밀접한 관련이 있다. 각국의 환경보호조치는 특히 양 원칙에 위반되는 경우가 많은데, 내국민대우원칙의 경우에는 체약국이 자국 영역 내에서 다른 체약국의 제품에 부여하는 것과 동등한 대우를 부여하는 것을 말하며, 주로 국내제품과 수입제품의 국내세 부과의 차별이나 법제도에 따른 차별이 문제가 된다. 반면, 제XI조 수량제한금지의 원칙은 수출입상품에 대한 수량할당, 수출입허가 등 그 형태에 상관없이 GATT가 허용하는 관세·조세 또는 기타 과징금을 제외한 그 밖의 금지 또는 제한을 수출입상품에 부과하는 것을 금지한다. 기후변화 대응 등 환경보호를 위한 조치를 취하더라도 내국제품과 외국제품에 대하여 동등한 대우를 하여야 할 것이다.

Ⅲ. 그 밖의 협정상 무역과 환경 관련 내용

우루과이라운드 협상타결과 함께 탄생한 WTO는 GATT에 비하여 그 관할범위를 대폭 확장하였고, 그에 따라 각 협정상의 무역과 환경 관련 규정들도 예전보다 더 확대되었다. 이들 규정을 간략하게 소개하면 다음과 같다.

무역에 대한 기술장벽에 관한 협정(TBT협정)은 동 협정 제2조 제2항 등에서 회원국들이 무역제한적인 기술규정 등을 정당하게 취할 수 있는 경우 중에 인간이나 동·식물의 생명 또는 건강을 보호하거나 환경을 보호할 목적을 포함하고 있다.

위생 및 검역에 관한 협정(SPS협정)은 인간이나 동·식물의 생명 또는 건강을 보호하는 데 필요한 회원국의 SPS조치의 인정범위를 규정한다(제2조). 하지만 환경보호를 위해 SPS조치를 취하더라도, 이러한 SPS조치는 엄격한 과학적 조사에 기초하고 있어야 한다(제3조 및 제5조).

---

22) Article XI: General Elimination of Quantitative Restrictions
1. No prohibitions or restrictions other than duties, taxes or other charges, whether made effective through quotas, import or export licences or other measures, shall be instituted or maintained by any contracting party on the importation of any product of the territory of any other contracting party or on the exportation or sale for export of any product destined for the territory of any other contracting party.

농업에 관한 협정(Agreement on Agriculture)은 부속서 2의 제12항에서 국내보조와 관련된 환경계획에 따른 지불에 대해서는 감축약속으로부터의 면제를 인정하고 있어 WTO체제가 환경보호를 지지하고 있음을 보여주고 있다.

보조금협정은 농업에 관한 협정과의 관계상 농업 외의 상품에 회원국이 적용하는 보조금에 관여한다. 본래 허용(non-actionable)되는 보조금 중 보조금협정 제8조 제2항 (c)호에서 새로운 환경규정에 맞게 기존의 시설을 변경할 경우 지급하는 보조금을 포함하였으나, 동조는 2000년부터 효력을 상실하였다.

서비스무역에 관한 일반협정(General Agreement on Trade in Services: GATS)의 일반예외조항인 제ⅩⅣ조에서 열거한 각종 예외사유 중 환경과 관련된 예외사유인 GATS 제ⅩⅣ조 (b)호는 GATT 제XX조 (b)호와 동일하고 GATS 제ⅩⅣ조의 두문 또한 GATT 제XX조의 두문과 동일한 형태를 갖고 있다.

무역관련 지적재산권협정(Agreement on Trade-Related Aspects of Intellectual Property: TRIPs)은 특허를 다루고 있는 제5장에서 인간 또는 동·식물의 생명이나 건강을 보호하거나 환경에 야기될 수 있는 심각한 피해를 회피하기 위해 회원국이 특허권을 부여하지 않을 수 있다고 규정하여 환경보호를 명확히 언급하고 있다.[23]

제4절 ● GATT 제XX조 일반예외와 환경

Ⅰ. GATT 제XX조의 기능

GATT 제Ⅰ조, 제Ⅱ조, 제Ⅲ조, 제XI조 등이 GATT의 기본적인 의무규정이라면, GATT 제XX조는 이들 조항에 대한 일반적 예외로 기능할 뿐만 아니라, 실제 무역과 환경 관련 사례에서 마치 무역법에 대해 환경보호를 위한 예외조항과 같은 기능을 하고 있다.[24] 특히 기후변화와 관련해서 각국의 강력한 환경규제가 필요한 시점이라고 국제

---

23) 이상의 WTO 관련 내용은 국제경제법학회 편,「신국제경제법」(박영사, 2012)에서 필자가 집필한 제9장 일반예외와 환경보호 중 일부분을 전재하였다.

24) 이하의 내용은「신국제경제법」(박영사, 2012)에서 필자가 집필한 제9장 일반예외와 환경보호의 내용을

사회가 동조를 하고 있는 현 상황에서, WTO규범과의 충돌가능성이 가장 높은 것 또한 각국의 환경조치임은 자명한 사실이다. 이러한 상황 속에서 GATT 제XX조의 여러 예외 사유 중에서 (b)호의 '인간과 동·식물의 생명과 건강보호'와 (g)호의 '유한천연자원의 보호' 규정이 일반적으로 환경보호의 목적으로 해석되고 있다. 아래에서는 GATT 제XX 조의 해석문제를 (b)호와 (g)호를 중심으로 살펴보기로 한다.[25]

II. GATT 제XX조와 입증책임과 검토순서

GATT 제XX조는 GATT 일반의무에 대한 예외규정으로 그 입증책임은 제XX조를 원용하는 국가에 있다. 이는 GATT와 WTO의 여러 사례를 통하여 확립된 관행이라 할 수 있다. *US-Wool Shirts and Blouses* 사건을[26] 비롯한 여러 사건에서 입증책임에 대한 패널과 항소기구의 이러한 입장을 보여주고 있다.[27]

제XX조의 기본적인 검토는 제XX조 (a)~(j)호의 각 예외조항의 적용 여부를 살펴본 후에 두문(chapeau)상의 요건을 검토하는 순서로 이루어진다. 현재 이러한 2단계 검토는 패널 및 항소기구 보고서의 관행으로 확립되었다. *US-Shrimp* 사건에서[28] 패널이 두문 을 먼저 해석하여 요건을 갖추지 못하였다고 판단하였으나, 항소기구는 패널의 분석방 법이 잘못되었다고 지적하면서 각 개별조항의 해당 여부를 먼저 판단하고, 두문 요건에

요약하여 정리한 것이다.

25) 보다 상세한 GATT 제XX조의 해석에 대해서는 김호철, 「기후변화와 WTO: 탄소배출권 국경조정」(경 인문화사, 2011) 참조.

26) *United States-Measure Affecting Imports of Woven Wool Shirts and Blouses from India*(이하 "*US-Wool Shirts and Blouses* 사건"), Appellate Body Report, adopted on 23 May 1997, WT/DS/33/AB/R.

27) "As set out in the Appellate Body report on *US-Wool Shirts and Blouses*, and recalled by subsequent reports of panels and of the Appellate Body, the burden of proof rests upon the party, whether complaining or defending, who asserts the affirmative of a particular claim or defence. If that party adduces evidence sufficient to raise a presumption that what is claimed is true, the burden then shifts to the other party, who will fail unless it adduces sufficient evidence to rebut the presumption. It implies that the complaining party will be required to make a *prima facie* case of violation of the relevant provisions of the WTO Agreement. Committee on Trade and Environment," *GATT/WTO Dispute Settlement Practice Relating to Gatt Article XX, Paragraphs (b), (d) and (g)*, WT/CTE/W/203 (8 March, 2002), para.6.

28) *United States-Import Prohibition of Certain Shrimp and Shrimp Products*(이하 "*US-Shrimp* 사 건"), Appellate Body Report and Panel Report adopted on 6 November 1998, WT/DS58.

해당하는지 여부를 판단하는 것이 해석의 올바른 순서라고 판정하였다.[29]

제XX조 두문은 "such measures"의 언급으로 시작하는바, 이에 비추어 제XX조의 구조는 2단계 구조를 가지고 있다고 볼 수 있다. 첫째로는 일단 (a)~(j)호에 해당되는 예외조치이어야 하고, 둘째로 그러한 조치가 두문의 부가적인 조건을 충족시킬 것을 요구한다. 전자는 그 조치의 내용 자체, 즉 실체적 내용을 검토하는 것이라면, 후자는 그 조치의 적용방식(application)이라는 절차적 문제를 살피는 것이라고 할 것이다.

개별 조항의 해석을 먼저하고, 그 다음에 두문을 검토하는 것이 이제는 WTO의 각종 사례들을 통하여 확립된 원칙이라고 할 수 있을 것이다. 이하에서는 환경조치와 밀접한 관련이 있는 제XX조 (b)호, (g)호 그리고 두문에 대하여 검토하기로 한다.

III. GATT 제XX조 (b)호와 (g)호

1. 제XX조 (b)호: 인간과 동·식물의 생명과 건강 보호

제XX조 (b)호가 명시적으로 '환경'이라는 용어를 사용하고 있지는 않지만, 사실상 환경조치가 인간과 동·식물의 생명 및 건강과 관련되지 않을 수 없는 일이다. 문제의 환경 관련 조치가 "인간, 동·식물의 생명 및 건강의 보호에 필요한 조치"로서 제XX조 (b)호에 따른 예외로 허용되기 위해서는 (i) 해당 조치가 인간, 동·식물의 생명 및 건강을 보호하기 위한 범주에 속하는지, (ii) 해당 조치가 인간, 동·식물의 생명 및 건강을 보호하기 위해 필요한지, 그리고 (iii) 제XX조 두문 규정에 합치하는 방법으로 적용되었는지에 대한 검토가 이루어져야 한다. 이러한 검토방식은 US-Gasoline 사건에서도 확인될 수 있다.

(1) 조치의 정책적 목적

이는 해당 조치의 정책적 목적이 인간, 동·식물의 생명 및 건강을 보호하기 위한 범주에 속하는지의 문제이다. 이 요건은 상대적으로 그 인정의 폭이 넓은데,[30] 태국 담

---

29) CTE Report, para.10.

30) UNCTAD, *WTO: GATT 1994*, Course on Dispute Settlement-Module 3.5, UNCTAD/EDM/Misc.232/Add33(2003), p.59.

배 사건과[31] 미국 개솔린 사건[32] 등에서 이러한 입장을 잘 보여주고 있다.

(2) 조치의 필요성 요건(Necessity Test)

이는 GATT에 합치하지 않는 무역조치가 목적상 인간, 동물과 식물의 생명 또는 건강을 위해 필요한가에 관한 것이다. 이른바 필요성 테스트라고도 불리는 본 요건은 대체로 GATT에 합치되는 다른 조치가 있는지 혹은 본질적으로 목적을 성취할 수 있는 덜 침해적이고 덜 무역제한적인 방법이 있는지의 문제로 귀착된다. 무역과 환경 관련 사건이었던 *Brazil-Retreaded Tyres* 사건에서 항소기구는 대안조치가 "합리적으로 이용 가능하지 않는 경우"에는 '필요성' 요건이 충족된 것으로 보았다.[33]

필요성 요건의 판단은 초기에는 매우 엄격한 해석을 하였으나 점차로 그러한 엄격한 해석이 완화되는 추세에 있다. 초기에는 GATT 제XX조가 예외규정이라는 전제하에 'necessary'라는 단어의 해석을 조약법에 관한 비엔나협약 제31조에서 규정하고 있는 일상적인 의미(ordinary meaning)의 범위를 벗어나 지나치게 엄격하게 해석하였던 것이다. 영어의 'necessary'는 좁게는 '필요불가결한'(indispensable)이라는 의미에서부터 넓게는 '기여를 하는'(making a contribution to)이라는 의미를 가지고 있는데, 점차로 그 해석이 양자의 중간 정도로 이동해 가고 있다고 볼 수 있겠다.

제XX조 (b)호와 (d)호에서 특정 조치가 필요한지(necessary) 여부는 패널 판정의 실제에 있어서 아주 중요한 요소가 되고 있다. 필요성 요건은 (d)호의 적용과 관련하여 *US-Section 337* 사건에서[34] 가장 처음 정의된 후, (b)호의 적용에 관한 *Thailand-Cigarettes* 사건에서 그 입장이 유지되었다. 그 양 사건에서 소위 '가장 덜 제한적인 조치'(*least-trade restrictive*)라는 요건이 필요성 판단에서의 기준으로 확립되었다. *US-Section 337* 사건의 패널은 GATT와 부합하는 다른 대체수단의 존재 여부에 대한 판단이 필요할 것이라고

---

31) "[S]moking constituted a serious risk to human health and that consequently measures designed to reduce the consumption of cigarettes fell within the scope of Article. The Panel noted that this provision clearly allowed contracting parties to give priority to human health over trade liberalization." BISD 37S/200, para.73.

32) "[T]he policy to reduce air pollution resulting from the consumption of gasoline was a policy within the range of those concerning the protection of human, animal and plant life or health mentioned in Article XX(b)." *US-Gasoline case*, para.6.21.

33) *Brazil-Measures Affecting Imports of Retreaded Tyres*(이하 "*Brazil-Retreaded Tyres* 사건") Appellate Body Report, adopted on 20 August 2009, WT/DS332/AB/R, para.156.

34) *US-Section 337 of the Tariff Act of 1930*(이하 "*US-Section 337* 사건"), Panel Report, adopted on 7 November 1989, 36S/345.

판시한 바 있다. *Thailand-Cigarettes* 사건에서도 패널은 국민건강보호라는 목적달성을 위하여 GATT를 위반하지 않거나 가볍게 위반되는 대체조치가 없음을 입증하여야 한다고 하여 위 패널의 입장을 따랐다.

　Korea-Various Measures on Beef 사건에서 항소기구는 GATT 제XX조 (d)호의 조치의 '필요성'과 관련하여 상세한 분석을 전개했다.[35] 항소기구는 먼저 법적인 맥락에서 '필요한'이라는 단어의 사전적 의미를 고찰하면서, '필요한'은 사용되는 맥락에 따라 의미가 다양하고 그 강도가 달라질 수 있는데, 때에 따라 단순히 '편리한'(convenient) 정도를 의미할 수도 있고, 또는 '불가결한'(indispensable), '물리적으로 절대적인 필요'(absolute physical necessity)를 의미할 수도 있다. 항소기구가 판단하기에 GATT 제XX조 (d)호에서의 '필요한'의 의미는 반드시 불가결하고 물리적으로 절대적인 필요성에 한정되지는 않는다고 보았다. '필요한'의 의미를 그 강도의 연속선상에서 한쪽 끝을 '불가결한', 그리고 다른 쪽 끝을 '기여를 하는'(making a contribution to) 정도로 볼 때, 항소기구는 GATT 제XX조 (d)호에서 말하는 '필요한'의 의미는 '불가결한' 쪽에 더 가까운 의미로 보는 것이 옳다고 판단했다.[36]

　또한 이 사건에서 '필요성'의 해석과 관련하여 문제의 조치가 GATT 제XX조 (d)호상의 '필요한' 조치인지를 파악하기 위해서는 일련의 요소들을 비교형량하여 균형을 맞추는 과정(일명 'weighing and balancing process')을 거쳐야 한다고 판정하였다.[37] 이를 위해 항소기구는 크게 두 가지 기준을 제시하였다. 첫째, 문제의 조치를 통해 집행하고자 하는 국내법 규정이 공동의 이해나 가치(common interests or values)에 비추어 얼마나 중요한가에 따라 그 필요성이 달라질 수 있다는 것이다. 즉, 공동의 이해와 가치가 중요하면 할수록 문제의 조치가 '필요한' 조치로 인정받을 가능성이 높아진다는 것이다.

　둘째, 필요성 평가의 또 다른 기준은 문제의 조치가 법집행에 어느 정도 기여하는지 그리고 국제무역을 제한하는 효과가 어느 정도 있는지에 따라 필요성을 결정지을 수 있다는 것이다. 물론 이때 법집행에의 기여도가 높을수록 그리고 무역제한효과가 작을수록 필요한 조치로 인정받기 쉽다.

　이상에서 살펴본 바와 같이 GATT/WTO는 제XX조 (b)호와 (d)호의 필요성 요건

---

35) *Korea-Measures Affecting Imports of Fresh, Chilled and Frozen Beef*(이하 "*Korea-Various Measures on Beef* 사건"), Appellate Body Report, adopted on 10 January 2001, WT/DS161/AB/R, WT/DS169/AB/R, para.159ff.

36) CTE Report, para.40.

37) *Korea-Various Measures on Beef*, para.164.

의 해석과 관련하여 그동안 진화과정을 거쳐 온 것을 알 수 있다. 즉, 가장 덜 무역제한적인 조치만을 인정하다가 최근에 이르러서는 비례성 테스트(process of weighing and balancing)를 도입하였다고 할 수 있다.

2. 제XX조 (g)호: 유한천연자원의 보존

GATT협정 제XX조 (g)호를 판단하기 위해서는 먼저 (i) 조치를 통한 보호대상이 고갈될 수 있는 천연자원인지, (ii) 해당 조치가 천연자원의 보존에 관련된 조치인지, 그리고 (iii) 국내생산 또는 소비에 대한 제한과 결부되어 유효하게 되는 경우인지 여부를 검토하여야 한다.

(1) 유한천연자원 여부의 판단

WTO협정에는 '유한천연자원'이 무엇인지에 대한 정의규정이 없으므로 사건별로 (case-by-case) 패널 및 항소기구 보고서에서 언급된 사항을 중심으로 살펴보아야 한다. *US-Gasoline* 사건에서는 깨끗한 공기가 유한천연자원인가에 대하여 미국과 베네수엘라 간에 논쟁이 있었는데, 패널은 깨끗한 공기도 유한천연자원에 해당할 수 있다고 보았다.

US-Shrimp 사건 등에서 항소기구는 설사 문제의 천연자원이 기본적으로는 다시 생성될 수 있는 성질의 것이라고 할지라도, 특정 상황하에서 고갈되기 쉬운 것이라면 유한천연자원에 포함된다고 하였다.

(2) 관련성(relating to)의 해석 문제

제XX조 (b)호와 비교하여, (g)호에서는 필요성 요건을 심사하지 않는다. 그 대신에 제XX조 (g)호는 문제되는 조치가 유한천연자원의 보존과 '관련될'(relating to) 것을 요구한다. 그러나 과거 GATT 패널 보고서에서는 '관련성'을 조치가 보존을 '주된 목적으로 할 것'(primarily aimed at)을 요구하는 것으로 해석하여, 제XX조 (b)호의 필요성 요건과의 차이를 모호하게 만들었다.

그러나 이후 *US-Gasoline* 사건의 항소기구는 '관련성'은 일상적인 의미에 따라 해석되어야 하며, 나아가 문제되는 조치는 차별적인 요소가 아닌 그 조치가 근거하는 전반적인 규정이라고 판단하였다. 이로써 제XX조 (g)호는 유한천연자원보존을 목적으로 하는 거의 모든 무역제한조치에 적용될 수 있게 되었다. 즉, 'relating to'는 '주된 목적으로 하는' 조치에서 '관련된' 조치로 요건이 완화되면서 제XX조 (g)호의 예외를 원용할 수 있는 범위가 크게 확장되었다.

(3) 국내생산 또는 소비에 대한 제한과 관련하여 효과적일 것

원문은 "[…] in conjunction with restriction on domestic production or consumption"으로, 이는 문제되는 조치에 대한 유사한 제한이 국내상품에도 적용되어야 한다는 것을 뜻한다. 즉, 국내생산이나 소비에 대한 제한과 관련하여 효과적이어야 한다는 것은 문제된 조치가 외국제품이나 조치에만 적용되는 것이 아니라 국내생산이나 소비에도 동등하게 적용되어야 한다는 것을 의미한다.

WTO 분쟁해결기구는 *US-Gasoline* 사건과 *US-Shrimp* 사건을 통하여 여기서 동등하게 적용되어야 한다는 것은 국내제품에도 함께 공평하게(even-handed) 적용하면 된다는 의미로 'jointly with' 혹은 'together with'의 의미를 갖는 것이라고 해석하고 있다.[38]

Ⅳ. GATT 제XX조 두문(Chapeau)의 해석

문제의 조치가 GATT 제XX조 (b), (g)호의 요건을 각각 만족하였다 하더라도 동조의 두문규정에 합치하지 않으면 제XX조에 따른 정당화 조치로서 인정받을 수 없다. 두문규정의 역할이자 기능은 제XX조가 예외규정이라는 점에서 발생할 수 있는 남용 및 오용을 방지하는 데 있다고 할 수 있다. 즉, GATT 제XX조 두문규정은 기본적으로 GATT 제XX조를 원용하는 국가가 공공정책을 실현할 수 있는 권한과 다른 회원국이 가지는 통상에 관한 권리 간에 균형을 도모하는 조항이다.

문제가 되는 조치는 두문규정에 따라 자의적이거나 정당화할 수 없는 차별의 수단을 구성하거나 국제무역에 대한 위장된 제한을 구성하는 방식으로 적용되어서는 안 된다. 그러나 '자의적'이거나 '정당화할 수 없는', '국제무역에 위장된 제한을 구성하는 방식'이 구체적으로 무엇을 의미하는지 이들 각각의 용어에 대한 정의가 따로 없기 때문에 이 역시 전적으로 해석에 맡겨져 있으며, 지금까지의 GATT와 WTO의 패널 및 항소기구 보고서를 통해 어느 정도 해석지침이 마련되고 있다.

---

38) CTE Report, paras.55~56.

1. 자의적 또는 정당화할 수 없는 차별의 금지

(1) 자의적(arbitrary)의 의미

'자의적'이라는 단어의 원래 의미는 임의적인, 예측불가능한이란 뜻을 지니고 있다. *US-Shrimp* 사건의 항소기구는 어떤 조치가 자의적인지 여부를 판단하기 위해서는 첫째, 조치가 경직되게 적용되는지, 둘째, 여러 수출국의 의견수렴을 하였는지 여부 등이 판단요소라고 보았다. WTO 분쟁해결기구가 *US-Shrimp* 사건을 통하여 '자의적'이라는 요소에 대하여 구체적으로 언급한 내용을 정리하면 이와 같고, 이러한 맥락 속에서 패널은 이와 같은 이유로 미국의 조치가 자의적이라고 판단하였다.

(2) 정당화할 수 없는(unjustifiable)의 의미

'정당화할 수 없는'의 원래 의미는 '정당화가 불가능한'이라고 할 수 있다. 즉, 조치의 적용으로 인해 발생하는 차별에 대해 설득력 있는 논리로 설명할 수 없어야 한다. *US-Gasoline* 사건의 항소기구는 우연이나 불가피한 사정이 아닌 예견될 수 있었던 (foreseen) 차별은 정당화할 수 없는 차별이라고 지적하였고, *US-Shrimp* 사건 항소기구는 국제협정 체결을 위한 진지한 노력이 있었는지 여부와 조치의 유연성 여부를 '정당화할 수 없는'의 판단기준으로 보았다. WTO 분쟁해결기구가 *US-Gasoline*, *US-Shrimp* 사건을 통하여 '정당화할 수 없는'이라는 요소에 대하여 구체적으로 언급한 내용을 정리하면 다음과 같은데, WTO DSB는 협상을 위한 진지한 노력과 조치의 유연성 여부를 정당화할 수 있는지 여부에 대한 중요한 판단요소로 보았다.

(3) 국제무역에 대한 위장된 제한을 구성하는 방식의 금지

예외조치는 국제무역에 위장된 제한을 구성하는 방식으로 적용되어서는 안 된다. '위장된 제한' 요소에 해당하기 위해서는 첫째, 조치가 적용되는 방식(manner in which the measure is applied)을 평가하고, 둘째, 조치가 국제무역에의 제한(restriction on international trade)이 되는 방식으로 적용되고, 셋째, 그러한 제한이 위장된(disguised) 것이어야 한다. 위장된 제한을 구성하는지 여부에 대해서는 공개성, 자의적이거나 정당화할 수 없는 차별가능성, 해당 조치의 디자인, 구조, 형태 등을 살펴보아야 한다고 판정하고 있다.

이상에서 살펴본 바와 같이 WTO 회원국의 어떠한 조치가 GATT의 주요한 실체법

적 규정을 위반했을 경우 그 조치가 환경보호의 목적으로 인용되기 위해서는 GATT 제
XX조 개별 조항의 요건과 두문규정상의 요건을 모두 충족시켜야 한다. 과거 GATT 시
절의 사건들을 살펴보면 GATT 제XX조 개별 조항의 요건과 두문규정상의 요건을 매우
엄격하게 해석하여 GATT 제XX조의 효용성이 매우 적었다. 그러나 WTO 출범 이후,
US-Gasoline 사건, *US-Shrimp* 사건, *EC-Asbestos* 사건, *Brazil-Retreaded Tyres* 사건 등
에서 WTO설립협정 전문의 정신을 살리고, 환경보호라는 오늘날의 시대정신을 반영하
여 과거에 비해 그 해석을 보다 유연하게 함으로써 제XX조의 효용성을 어느 정도 확보
하게 되었다.

제5절 ● 기후변화대응과 통상법적 쟁점

Ⅰ. 저탄소차 협력금제도

우리나라는 이명박 대통령의 선언에 따라 2020년까지 2005년 기준 배출전망치 대
비 30%의 온실가스를 감축하기로 약속하였다. 부문별 감축목표에서 수송부분은 34.3%
를 차지하고 있고, 이를 위해서는 자동차에서 배출되는 온실가스를 줄이는 것은 주요한
정책목표 중의 하나일 수밖에 없다. 2013년 기준 우리나라 자동차의 등록대수는 1,844
만대로 그중 대형차가 81.4%, 전체 온실가스 배출량 중에서 자동차가 배출하는 비중은
14%에 이른다고 한다. 일부 국가에서는 판매되는 자동차의 배출가스 상한선을 높여가
고 있다. 자동차 부문의 온실가스 배출량을 줄이기 위해서는 중대형차의 비중을 줄여야
하고, 우리 자동차산업이 국제적으로 경쟁력을 갖기 위해서는 연비가 우수하고 온실가
스 배출이 적은 친환경차의 개발과 보급이 시급한 실정이다.

자동차를 구입하게 되면 취득세, 부가가치세, 개별소비세 등이 부과되고, 보유와 관
련하여 자동차세와 환경개선부담금이 부과되며, 운행과정에서도 유류에 대한 각종 세금
과 주행에 대한 자동차세가 부과되게 된다. 특히 보유에 따른 자동차세의 경우 한미
FTA 협상과정에서 미국의 주장을 받아들여 배기량 기준방식은 유지하되 세율단계를 3

단계로 간소화하고, 2,000cc 이상 대형차에 대한 세율을 220원으로 단일화함으로써 결과적으로 대형차에 대한 조세부담이 줄어들게 되었다.

배기량당 자동차 세액

영업용		비영업용(승용차)	
배기량	CC당 세액	배기량	CC당 세액
1,000cc 이하	18원	1,000cc 이하	80원
1,500cc 이하	18원		
2,000cc 이하	19원	1,600cc 이하	140원
2,500cc 이하	19원	1,600cc 초과	200원
2,500cc 초과	24원		

미국과 독일, 일본이 연비를 기반으로 한 자동차 세제를 실시하고, 영국이 탄소배출량을 기준으로 한 자동차 세율을 운용하고 있는 데 반해, 우리는 거꾸로 가는 정책을 시행하고 있다.[39]

자동차업계를 보더라도 국제적으로 치열한 연비경쟁을 벌이고 있고, 소비자의 선호도 또한 연비가 좋고, 온실가스를 적게 배출하는 자동차를 선호하는 것으로 보인다. 우리나라의 경우 유독 중대형차 선호경향이 강하여 온실가스 배출량은 끊임없이 증가하고 있는 가운데, 프랑스 등 선진국에서는 이미 수송부문 온실가스 배출량을 줄이기 위하여 저탄소차 협력금제도를 시행하고 있다.[40] 이에 우리나라도 2009년 7월 제4차 녹색성장보고대회에서 탄소를 많이 배출하는 자동차에 부과금을 메기고, 적게 배출하는 자동차 구매자에게 보조금을 지급하는 저탄소차 협력금제도의 도입을 결정하고 시책을 추진하여 오다가 몇 해 전부터 갑자기 그 시행을 연기한 바 있다.

당초 우리 정부가 구상하였던 저탄소차 협력금제도를 보면, 저탄소차 협력금은 국내에서 제작되거나 수입되어 국내에 판매되는 승용차 및 중량 3.5톤 미만의 10인승 이하 승합차를 대상으로 신차를 구매할 때 구매자에게 1회 적용한다(대기환경보전법 제76조의 7 제2항).

---

39) 이중교, "저탄소차협력금제도에 대한 법리적 쟁점: 조세와 부담금의 관계를 중심으로", 「법조」, 제64권 제3호(2015. 3.).

40) 프랑스, 벨기에, 싱가포르, 덴마크, 오스트리아에서 저탄소차 협력금제도를 시행하고 있다.

저탄소차 협력금제도 개요

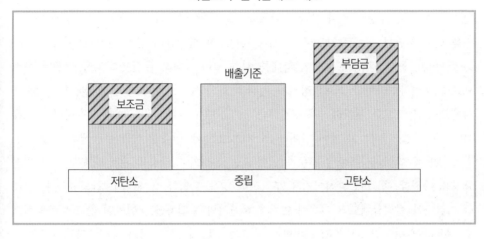

보조금구간에 속하는 자동차를 구매하면 보조금을 지급하고, 부담금구간에 속하는 자동차를 구매하면 부담금을 부과한다(대기환경보전법 제76조의7 제1항, 제76조의8 제1항). 중립구간에 속하는 자동차를 구매하는 경우에는 보조금을 지급하거나 부담금을 부과하지 않는다. 고탄소차의 구매자에게 부과하는 부담금을 재원으로 저탄소차의 구매자에게 보조금을 지급하여 보조금과 부담금 간 재정균형을 유지한다.

보조금구간, 중립구간, 부담금구간의 기준, 보조금 및 부담금 액수 등에 대하여는 대기환경보전법이 환경부령에 위임하였으나, 환경부령이 아직 구체적인 내용을 정하지 않았다. 참고로 2012년 환경부 발표안에 따르면 이산화탄소 배출량이 130g/km 이하이면 50만원부터 300만원까지의 보조금을 지급하고, 146g/km 이상이면 50만원부터 300만원까지의 부담금을 부과하도록 설계되어 있다.[41]

이 제도의 설계와 관련하여 정부는 조세연구원, 산업연구원, 환경정책평가연구원 등 국책연구기관에 연구용역을 발주하여 제도설계와 통상법과의 충돌 여부에 대한 검토를 맡긴 것으로 알려져 있다. 연구기관의 연구결과가 공개되지 않아 어떤 쟁점이 논의되었는지는 알 수 없으나 한미 FTA 규정에 따른 통상법적 이슈에 대한 우려가 제기되었다는 보도가 있었다.

한미 FTA 제2.12조 제3항은 "대한민국은 차종별 세율의 차이를 확대하기 위하여 배기량 기준에 의한 새로운 조세를 채택하거나 기존의 조세를 수정할 수 없다"는 규정

---

41) 이중교, 앞의 논문.

을 두고 있다. 자유무역협정은 조세와 관련해서는 관세에 대해 상세히 규정하는 것이 일반적이다. 이 규정은 한미 양국의 합의에 따라 대한민국의 자동차세제에 대한 조세주권을 일부 제한한 것으로 보인다. 그러나 저탄소차 협력금의 경우 첫째, 조세가 아니라 부담금이며, 둘째, 차종별 세율의 확대를 위한 것이 아니라 온실가스 감축을 위한 목적으로 기후변화협약이나 교토의정서의 정신에 합치하는 조치이고, 셋째, 배기량 기준에 의한 새로운 조세를 채택하거나 수정하는 것이 아니라, 온실가스 배출량에 따라 보조금이나 부과금을 규정하고 있어 한미 FTA 제2.12조 제3항과의 충돌은 발생하지 않는다.

또한 동 합의의사록에서 자동차 연비 또는 온실가스 배출에 관해 강제적인 새 기술규정을 마련할 때, 비효과적이거나 부적절한 경우 도입할 수 없다고 합의하였다. 그러나 저탄소차 협력금제도의 시행에 있어서 국산차와 수입차를 구별하지 않고 비차별적으로 적용하게 된다면, 한미 FTA 위반은 발생하지 않게 된다. 다만 통상조약과의 위반가능성은 존재하지 않더라도, 미국이 생산하는 대형 위주의 자동차 생산유형을 볼 때, 미국 자동차산업이 가장 큰 부정적 영향을 입게 됨으로써 한미 간의 통상마찰의 문제는 발생할 가능성이 높다. 그러나 이는 미국의 자동차생산 산업구조의 문제이지, 인류의 공동선에 해당하는 기후변화대응과 환경보호에 우선하는 고려사항은 아니어야 할 것이다.

TBT협정 제2조 제2항도 WTO 회원국이 국제무역에 불필요한 장애를 초래할 목적으로 또는 그러한 효과를 갖도록 기술규정을 채택, 준비 또는 적용하지 않을 것을 보장하도록 규정하고 있다. 이는 기술규정이나 표준의 채택 자체를 금지하는 것이 아니라, 국가안보상 요건, 기만적 행위의 방지, 인간의 건강 또는 안전, 동식물의 생명 또는 건강, 환경의 보호 등 정당한 목적 수행을 위해서는 이를 허용하는 규정이다. 특히 TBT협정은 환경의 보호를 정당한 목적 수행의 하나로 명시적으로 규정하고 있어 기후변화대응을 위한 조치가 비차별적으로만 적용된다면 TBT협정에 위반될 가능성은 없어 보인다.

저탄소차 협력금제도의 시행으로 인한 통상문제가 발생한다고 하더라도 WTO분쟁해결기구는 다자간 환경협정에 대한 고려를 반영하여야 할 것이다. 조약법에 관한 비엔나협약 제31조 제3항 (c)는 조약의 해석에 있어서 "당사국간의 관계에 적용될 수 있는 국제법의 관련 규범"의 고려를 의무화하고 있다. 물론 이 규정의 해석을 둘러싸고는 국제사회에서 많은 논란이 존재하지만, 국제사회가 인권과 환경에 대하여 보다 적극적인 고려를 하고 있는 것은 오늘날의 거스를 수 없는 국제적인 추세라고 할 것이다.

II. 국경세조정

국경세조정(Border Tax Adjustment)이란 국제통상규범과 기후변화정책이 충돌하는 경우에 각국이 취할 수 있는 일종의 완충장치라고 할 수 있다.[42] 특히 배출권거래제도 시행을 통하여 자국의 산업에 부담을 안겨 주고 있는 선진국들의 경우 국제경쟁력의 상실을 우려하고 있다. 기후변화정책으로 증가한 생산비로 인해 선진국에 위치해 있던 산업체들이 탄소배출 규제가 상대적으로 약한 개발도상국으로 옮겨가는 이른바 '탄소누출'을 우려하고 있다.[43]

이러한 우려를 불식시킬 수 있는 대안 중의 하나가 제품생산시 발생하는 온실가스 배출량을 상대적으로 감축하지 않은 국가들로부터의 수입품에 대하여 국경에서 세금을 부과하여 조정하는 것이다. 이를 통해 국경세조정은 국내산업의 국제경쟁력을 보호하고 탄소누출을 방지해 준다. 수입제품에 대한 국경세조정은 국가들이 수입품에 대한 내국세 부과를 허용하는 GATT 제2조 제2항 (a)호에 따라 허용되고 있다.[44]

2015년부터 우리나라에서도 배출권거래제도가 시행됨에 따라 일부 산업분야에서 우리 산업의 국제경쟁력 보호를 위하여 국경세조정을 요구하고 있는 것으로 보인다. WTO규범도 이를 허용하고 있고, 이론적으로는 국경세조정을 할 수 있겠지만, 실제에 있어서는 배출권거래제 도입에 따른 국내기업의 부담 증가분을 산정하는 것이 여간 어렵지 않고, 생산과정에서 포함되거나 소멸된 투입요소의 산정하여 국경세조정에 반영할 수 있는지 여부, 온실가스 감축을 위하여 추가된 기술비용을 각 제품에 어떤 기준으로 반영하여 부과할 것인지 등 수많은 어려움이 존재한다.

국내기업의 제품생산에 증가된 비용보다 높은 정도로 국경세조정을 하게 되면 내국민대우원칙 위반이 발생할 가능성이 있고, 이미 배출권거래제를 시행하고 있는 나라들의 경우에도 배출권 할당량이나 그 집행에 있어서 강도에 차이가 있어 최혜국대우원칙

---

42) 국경세조정이 하나의 굳어진 용어가 되었으나, 실제로는 국경에서의 조세 조정(tax adjustment at border)을 의미한다.

43) T. Epps and A. Green, 박덕영 · 이태화 역, 「기후변화와 통상문제: WTO의 역할」 (박영사, 2012), 제7장 참조.

44) Article 2 Paragraph 2. Nothing in this Article shall prevent any contracting party from imposing at any time on the importation of any product:
(a) a charge equivalent to an internal tax imposed consistently with the provisions of paragraph 2 of Article III* in respect of the like domestic product or in respect of an article from which the imported product has been manufactured or produced in whole or in part;

문제가 발생할 수 있을 것으로 보여 실제 국경세조정을 하는 데 있어서는 많은 현실적 어려움이 존재할 것이다. 아직 국내적으로 배출권거래제 도입에 따른 부담도 명확치 않고 하여 현재 상태에서 국경세조정을 논의하는 것은 시기상조로 보인다.

제6절 ● 마치며: 무역과 환경을 바라보는 시각

　　1972년 스톡홀름 인간환경선언과 1992년 지구정상회담을 통한 환경과 개발에 관한 리우선언 및 기후변화협약의 채택, 1997년 교토의정서의 채택 등 일련의 국제적인 기후변화대응과 환경보호에 관한 노력은 필연적으로 국제사회의 각 개별국가들에게도 이에 상응하는 노력을 요구하게 되었다. 1995년 채택된 WTO설립협정도 그 전문에서 환경보호와 지속가능한 개발을 언급하고 있다. 그러나 각 개별국가들은 EU처럼 지구온난화와 기후변화 문제에 적극적으로 대응하고 있는 지역이 있는 반면에, 자국의 이해관계에 따라 교토의정서 가입 자체를 부정하거나 역사적 책임론, 인구 1인당 탄소배출기준 주장 등 저마다 다른 목소리를 내고 있다.

　　아인슈타인에 따르면, 환경이란 나 자신을 제외한 나를 둘러싼 모든 것이라고 한다.[45] 하나밖에 없는 지구에 살고 있는 우리 자신을 둘러싼 모든 것이 환경이고, 그 환경은 지구온난화로 인해 나날이 인간이 살아가기에 열악한 환경으로 변해 가고 있다. 지구의 온실가스 농도는 점차로 증가하여 NASA에 따르면 이미 400ppm을 넘어서고 있다.[46] 이제 지구온난화에 대한 대응은 개별 국가의 이해관계를 따질 사안이 아니라, 국제사회 공동체 모두가 나서서 대응해야 할 시점이다. 최근 시민단체나 학계에서는 환경정의와 미래세대의 환경권에 대한 논의가 매우 활발하게 진행되고 있다.

　　우리나라는 외견상 적극적으로 기후변화에 대응하고 있는 것처럼 보이지만, 실제로는 높은 무역의존에 따른 통상 우위의 태도를 지속적으로 유지하고 있다. 국제회의에서 과묵하기로 알려져 있는 우리나라 공무원들이지만, 기후변화협약 채택과정에서는 기후변화대응이 통상에 장애를 초래해서는 안 된다는 제3조 제5항을 삽입하는 데 주요한 역할을 한 것으로 알려져 있다.[47]

---

45) "The environment is everything that isn't me."

46) <http://climate.nasa.gov> 참조.

우리나라는 지난 50년간 눈부신 경제성장과 더불어 민주화와 인권신장을 동시에 이룩한 지구상의 몇 안 되는 나라 중의 하나로 국제사회에서 평가받고 있다. 그러나 우리나라의 경제발전사는 재벌에 대한 집중지원과 불균형 성장론으로 대표된다고 해도 과언이 아닐 것이다. 지난 50여 년이 오로지 경제만을 위해서 달려온 시대였다고 한다면, 앞으로의 시대는 시민사회의 성숙과 인권신장, 환경보호와 미래세대를 위한 지속가능한 발전을 추구해야 할 것으로 생각된다.

경제발전과 행복이 항상 같이 가는 것은 아니다. 지구상에서 가장 행복한 사람들이 부탄이나 방글라데시 국민이라는 여론조사를 보면, 우리 국민들은 경제적으로 그들보다 나을지언정, 그들보다 행복한 것은 아니라고 여겨진다. 이제는 우리도 더 가지는 것에 대한 맹목적 추구에서 벗어나, 보다 나은 삶을 추구해야 할 시기가 아닌가 싶다. 보다 나은 환경에서 더불어 사는 세상을 만들기 위해서는 쾌적한 환경은 필수적인 요소이다.

생각하기

1. 다자간 환경규범과 통상규범의 관계에 관하여 조약 자체에서 규정하고 있는 예를 들어 보면 어떤 것들이 있는가?

2. 다자간 환경규범과 통상규범과 상충시 법적용에 있어서 어느 규정이 우선하는가? 그 법적 근거는?

3. 향후 다자간 환경규범과 통상규범의 조화로운 공존방법은 어떤 것들이 있겠는가?

---

47) Article 3, Paragraph 5. The Parties should cooperate to promote a supportive and open international economic system that would lead to sustainable economic growth and development in all Parties, particularly developing country Parties, thus enabling them better to address the problems of climate change. Measures taken to combat climate change, including unilateral ones, should not constitute a means of arbitrary or unjustifiable discrimination or a disguised restriction on international trade.

참고문헌

김영생, 「무역과 환경」, 두남, 2002.

김호철, 「기후변화와 WTO: 탄소배출권 국경조정」, 경인문화사, 2011.

박덕영·김승민·이재영 편저, 「WTO무역과 환경사례 연구」, 박영사, 2018.

박덕영·최승필·고문현, 「기후변화에 대한 법적 대응: 유엔기후체제, 국내법 및 통상법의 관점에
    서」, 박영사, 2019.

F. Deane, 박덕영·김민주·신지연 역, 「배출권거래와 WTO법」, 박영사, 2018.

T. Epps & A. Green, 박덕영·이태화 역, 「기후변화와 통상문제: WTO의 역할」, 박영사, 2012.

K. Holzer, 박덕영·박영덕·이주윤·이준서 역, 「탄소 관련 국경조정과 WTO법」, 박영사, 2016.

青木 正光, 「環境規制 Q&A 555」, 국제환경규제지원센터, 2010.

Bhagwati, J. and R. Hudec, *Fair Trade and Harmonization, Vol.2: Legal Analysis*, MIT
    Press, 1996.

Delimatsis, P., *Research Handbook on Climate Change and Trade Law*, Edward Elgar,
    2016.

Hay, E., *Reflections on International Environmental Court*, Kluwer, 2000.

Hudec, R., "The Relationship of International Environmental Law and International
    Economic Law", in F.L. Morrison and R. Wolfrum (eds.), *International, Regional
    and National Environmental Law*, Kluwer Law International, 2000.

Leal-Arcas, R., *Climate Change and International Trade*, Edward Elgar, 2013.

Palmeter, D., "Environment and Trade; Much A Do about Little", *Journal of World Trade*,
    June 1993.

제 15 장

인권보호 및 무력충돌과 국제환경법

제1절 ● 인권과 환경

I. 서 언

인권과 환경보호는 현대국제법의 가장 기본적인 두 가지 관심사이다.[1] 환경보호와 인권법은 여러 가지 측면에서 서로 영향을 미치고 있다.[2] 인권과 환경보호는 서로 다른 사회적 가치를 지니고 있지만, 그 가치가 중복되는 부분도 상당하다.[3] 제2차 대전 이후 국제법 분야에서 급속하게 발달한 영역은 국제인권법과 국제환경법이라고 볼 수 있다.[4] 역사적으로 볼 때 인권을 보호하고 증진시키려는 인권법의 역사가 상대적으로 더 오래 되었고, 두 분야는 원래 각자 고유한 자기의 영역을 가지고 발전하였다. 그런데 두 분야는 그 알맹이에 있어서 공통의 이익과 목적을 공유하고 있다. 물론 환경의 질적 저하와 인권침해가 필연적으로 연계되어 있는 것은 아니다. 그렇지만 인권의 완전한 존중을 위한 조건 중의 하나는 인간건강과 생활수준에 심각한 영향을 끼치는 것을 피할 수 있기에 충분한 환경이다. 인간의 생명과 건강이 적절한 환경상태에 의존하는 것이라면 환경보호와 인권간의 관계를 명확하게 하는 것이 필요하다. 1970년대 이후 점차적으로 환경과 인간의 삶은 불가분의 관계에 있음을 자각함과 동시에 건강하고 안전한 환경이 보호되지 않으면 인간의 권리도 진정으로 실현되기 어렵다는 인식이 높아지면서 환경보호와 인권을 접목하여 통합적으로 다루어지는 경향이 나타나고 있다. 환경보호에 대한 인권적 접근이 바로 그것이다. 전 지구적 환경악화문제를 제기하기 위하여 인권을 어떻게 세워 나갈 것인가? 이러한 논의와 관련하여 가장 밀접하게 존재하는 모습은 '환경권' 내지 '인권으로서 환경권'의 주장에서 찾을 수 있다. 그러나 환경권(right to environment)[5]의

---

1) D. Shelton, "Human Rights, Environmental Rights and Right to Environment", *Stanford Journal of International Law*, vol.28, 1991, p.138.

2) P.-M. Dupuy and J.E. Viñuales, *International Environmental Law*, 2nd ed. (Cambridge University Press, 2018), p.357.

3) Shelton, *op.cit.*, p.105.

4) L.E. Rodriguez-Rivera, "Is the Human Right to Environment Recognized Under International Law?: It Depends on the Source", *Colorado Journal of International Law and Policy*, vol.12, 2001, p.44.

5) 환경권이란 쾌적한 환경에 대한 권리(the right to a decent environment)를 의미한다. 구체적으로 말하

내용이 구체적으로 무엇인지에 대한 논란이 제기되는 상황에서 환경보호에 대한 인권적 접근(human rights approach to environmental protection)은 복합적인 문제를 던져 주고 있다. 그럼에도 불구하고 '쾌적한 환경을 향유할 권리' 또는 '적절한 환경에 대한 권리 등은 인권과 환경보호가 밀접한 관련이 있다는 것을 보여주는 개념이라고 여겨진다.

20세기 말엽부터 더 본격적으로 진행되는 관련 논의를 검토해 보면 인권과 환경보호 사이에 밀접한 관련성이 있음을 알 수 있다. 이러한 인권과 환경보호의 연계에 대해서 여러 측면에서 분석이 이루어지고 있다. 환경보호를 위한 도구로서 인권의 역할과 한계는 무엇인가? 국제법상 환경보호와 관련한 인권이 현재 존재하는 상태인가? 이러한 인권은 현존하는 인권에서 나오는가 아니면 국제관습법에서 나오는가? 아니면 환경과 관련한 새로운 인권이 정립되어야 하는가? 이러한 문제에 아직은 명확한 법적 결론을 내리기는 어려운 상태이나 환경보호와 인권 간의 관련성은 더욱 확대될 것으로 보이며 따라서 이에 관한 몇 가지 논의는 주목하여 살펴볼 필요가 있다.

국제인권법과 국제환경법은 다음과 같은 점을 인정하고 있다고 볼 수 있다.

첫째, 환경과 관련한 대표적인 인권은 '깨끗하고 건강한 환경을 향유할 권리'(the right to a clean and healthy environment)이다. 둘째, 환경악화는 실체적 인권의 향유를 위협할 수 있고, 환경보호는 인권실현의 밑거름이다. 셋째, 정보접근권, 의사결정 참여권, 사법접근권 등과 같은 절차적 인권은 환경목표의 실현에 중요한 역할을 한다.[6]

II. 환경보호와 인권의 연계

1. 역사적 전개과정

그동안 국제사회의 움직임을 보면 분명히 환경의 국제적 보호는 국제인권법과 밀접하게 관련되어 있다는 것을 알 수 있다. 유엔총회는 1968년 인간환경의 질과 기본적 인

면, 토지, 물 또는 공기의 과도한 오염으로부터 자유로울 권리, 소음공해로부터 자유로울 권리, 오염되지 않은 자연을 향유할 권리, 생물다양성을 향유할 권리 등과 같은 권리를 말한다(R.R. Churchill, "Environmental Rights In Existing Human Rights Treaties", in A.E. Boyle and M.R. Anderson (eds.), *Human Rights Approaches to Environmental Protection* (Clarendon Press, 1998, 이하 *Human Rights Approaches*, p.89).

6) E. Hey, *Advanced Introduction to International Environmental Law* (Edward Elgar Publishing Limited, 2016), p.124.

권의 향유와의 관련성에 관하여 최초로 언급하였는데,[7] 여기서 환경변화가 인간의 기본적 권리를 위협할 수 있다라는 점을 인정하였다.[8] 그리고 1972년 UN인간환경회의 (UNCHE)에서 채택된 '인간환경에 관한 스톡홀름선언'(Stockholm Declaration on the Human Environment)은[9] 인권의 향유와 환경의 질 사이의 상호관계를 최초로 공식화한 선언으로, 환경과 인권 사이에는 밀접한 관련이 있음을 밝혔다. 이 선언은 환경문제에 대한 관심을 확대하는 데 중요한 역할을 하였을 뿐만 아니라 인권의 범주에 환경권을 추가하는 계기를 제공하였다.[10] 즉, 환경이 생존권을 비롯한 기본적 인권의 향유를 위하여 중요하다는 것을 강조하면서 인권을 완전하게 실현하기 위해서는 환경의 보호와 개선도 요구된다는 인식을 공유하게 되는 계기가 되었다.[11] 스톡홀름선언은 전문(preamble)에서 '환경은 인권의 향유를 위해 기본적으로 중요하다'고 밝히면서, 원칙1(Principle 1)에서 "인간은 존엄과 복지를 유지할 수 있는 환경에서 자유, 평등 및 충분한 생활수준을 향유할 권리를 가지고 있으며, 현재세대 및 미래세대를 위해 환경을 보호하고 개선할 엄숙한 책임을 진다"라고 선언하고 있다. 또한 1986년 세계환경개발위원회(World Commission on Environment and Development: WCED)의 환경전문가그룹이 채택한 '환경보호와 지속가능한 발전을 위한 법원칙'(Legal Principles for Environmental Protection and Sustainable Development) 제1조는 "모든 인간은 자신들의 건강과 복지에 적합한 환경에 대한 기본적 권리를 가진다"라고 규정하고 있다.[12] 또한 1992년 UN환경개발회의에서 채택된 '환경과 개발에

---

7) UN GA Res.2398(XXⅡ), UN Doc. A/L 553/Add. 1-4 (December 3, 1968).

8) P. Sands and J. Peel, *Principles of International Environmental Law*, 4th ed. (Cambridge University Press, 2018), p.814; P. Sands, "Human Rights, Environment and Lopez-Ostra Case: Context and Consequences", *European Human Rights Law Review*, vol.6, 1996, p.599; Rodriguez-Rivera, *op.cit.*, p.24.

9) 11 ILM 1417 (1972).

10) 스톡홀름선언이 환경권이 존재한다는 것을 선언한 것은 아니지만 이 선언 이후 각국은 자국의 헌법에 환경권을 명문으로 규정하기 시작하였는데, 환경권을 법적으로 확인하는 입법은 점차 증가하고 있다. 환경권을 명문으로 규정하고 있는 헌법은 우리나라 헌법을 비롯하여, 스페인헌법, 스위스헌법, 포루투갈헌법, 슬로베니아헌법, 헝가리헌법, 폴란드헌법, 그리고 비교적 최근의 브라질헌법, 남미비아헌법, 남아프리카공화국헌법 등이다. 미국헌법, 독일헌법, 일본헌법 등은 명문의 규정이 없지만 해석론을 통하여 환경권의 근거를 찾으려는 경향이 있다(김철수, "환경권", 「환경법연구」 제3권(1981), 14~19면; D. McGoldrick, "Sustainable Development and Human Right", *International and Comparative Law Quarterly*, vol.45, 1996, p.810; E. Brown Weiss, *In Fairness to Future Generations: International Law, Common Patrimony and Intergeneration Equity* (United Nations University Press, 1989), pp.297~327; Shelton, *op.cit.*, p.103. fn.5; J. Glazewski, "Environmental Rights and the New South African Constitution", in *Human Rights Approaches*, pp.177~197 참조).

11) R. Desgagné, "Integrating Environmental Values into the European Convention on Human Rights", *American Journal od International Law*, vol.89, 1995, p.265.

관한 리우선언'13) 원칙 1은 "인간은 자연과 조화를 이룬 건강하고 생산적인 삶을 향유할 권리가 있다"고 천명하고 있다.14)

　환경보호와 인권의 연계에 있어서 가장 진전된 내용은 유엔인권위원회(UN Commission on Human Rights)의 '차별방지 및 소수자보호 소위원회'(UN Sub-Commission on Prevention of Discrimination and Protection of Minorities)15) 특별보고자인 Ksentini에 의해 1994년 작성되어 최종적으로 보고된 '인권과 환경'(Human Rights and The Environment)이다.16) Ksentini최종보고서는 "현재 국가적, 지역적 그리고 국제적 차원에서 인정되고 있는 환경적 권리에 대한 보편적 승인이 존재한다"고 밝히고 있다.17) 이 최종보고서에는 '인권과 환경에 관한 원칙선언 초안'(The Draft Declaration of Principles on Human Rights and The Environment)이 부속서(Annex)로 편입되어 있는데, 원칙 1(Principle 1)은 "인권, 생태적으로 건전한 환경, 지속가능한 개발 그리고 평화는 상호의존적이며 불가분한 것이다"18)라고 선언하고 있다. 이 원칙은 환경과 인권의 상호의존성과 불가분성을 명백히 밝히고 있는 것이다.19) 또한 원칙선언 초안은 "모든 사람은 안전하고, 건강하고 그리고 생태적으로 건전한 환경을 향유할 권리를 가진다"는 점을 인정하고 있다.20)

　1999년 UNESCO와 유엔인권최고대표(UN High Commissioner for Human Rights)는 환경권에 관한 국제전문가세미나(International Seminar of Experts on the Right to Environment)

---

12) Experts Group on Environmental Law of WCED, *Environment Protection and Sustainable Development* (Martinus Nijhoff, 1987), pp.38~42.

13) Rio Declaration on Environment and Development 31 ILM 876 (1992).

14) 스톡홀름선언 이후 환경권의 존재 여부 및 그 내용의 불확실성에 대한 논란이 심화되어 리우선언은 스톡홀름선언 원칙 1에서 천명된 환경과 인권과의 관계를 명확하게 하는 데 실패하였다고 비판하는 학자도 있다(A.E. Boyle, "The Role of International Environmental Law in the Protection of Environment", in *Human Rights Approaches*, p.43).

15) 유엔의 '차별방지 및 소수자보호 소위원회'에서 환경과 인권과의 관계를 연구하게 된 배경과 그 과정에 대해서는 N.A.F. Popovic, "In Pursuit of Environmental Human Rights: Commentary on The Draft Declaration of Principles on Human Rights and the Environment", *Columbia Human Rights Law Review*, vol.27, 1996, pp.490~494 참조.

16) UN Commission on Human Rights, Sub-Commission on Prevention of Discrimination and Protection of Minorities, Mrs. F. M. Ksentini, *Human Rights and The Environment*, Final Report of Special Rapporteur, UN Doc. E/CN.4/Sub.2/1994/9 (6 July 1994) (hereinafter 'Ksentini Final Report').

17) 'Ksentini Final Report, p.58.

18) Principle 1
"Human rights, an ecologically sound environment, sustainable development and peace are interdependent and indivisible."

19) Popovic, *op.cit.*, p.502.

20) Ksentini Final Report, p.75.

를 조직하고 '환경권에 관한 Biakaia선언'(Biakaia Declaration the Right to Environment)[21] 을 채택하였다. 이 선언 제1조는 "모든 사람은 개별적으로 또는 다른 사람과 함께 건강 하고 생태적으로 균형 있는 환경을 향유할 권리를 가진다"라고 규정하고 있다. 이와 같 이 다양한 국제환경문서들에 규정된 환경과 인권과의 관련성은 제2차 세계대전 이후 눈 부시게 발전한 국제인권법과 조화를 이루고 있다. 그러나 인권과 환경보호 사이의 구체 적인 관련성은 너무 모호하다.[22]

인권이사회(Human Rights Council)는 2011년 4월 인권과 환경에 관한 결의16/11에 서[23] 유엔환경계획(UNEP) 및 관련 다자간 환경협약, 특별절차, 조약기구 및 기타 이해 관계자들을 비롯한 관련 국제기구 및 정부간 기구는 기존 자원 내에서 인권과 환경의 관계에 관한 상세한 분석·연구를 수행할 수 있도록 그리고 제19차 회기 전에 인권이사 회에 제출될 수 있도록 유엔 회원국과 협의하고 그들의 견해를 고려할 것을 유엔 인권 최고대표사무소(OHCHR)에 요청하였다. 이에 OHCHR는 그 해 12월 "인권과 환경 간의 관계에 관한 분석적 연구"[24]라는 보고서를 유엔인권이사회에 제출하였다. 이 보고서에 는 주요 환경적 위협과 인권에 미치는 영향, 환경보호가 인권 실현에 어떻게 기여하는 지, 국가 헌법이 환경적 권리와 책임을 통합한 범위, 인권과 환경의 관계에 관한 유엔 헌장 및 인권 조약기구의 활동, 지역적 인권기구의 사례 그리고 인권과 환경의 역외적 차원에 대한 논쟁 등을 담고 있다.[25] OHCHR는 이 보고서에서 대기오염, 오존층파괴, 기후변화, 토양악화, 삼림파괴, 사막화, 수질오염, 유해화학·유해물질로 인한 오염, 생 물다양성 감소, 인간이 유발한 자연재앙[26] 등은 인권을 침해한다는 내용을 포함하고 있 다. 이 보고서에서 이끌어 낸 중요한 결론은 인권의 실현에 환경이 미치는 영향은 주로, 실제적이든 잠재적이든 간에, 인간 건강의 손상이라는 점이다. 물론 환경파괴는 인간의 가치, 그리고 특히 문화적 또는 미적 가치를 침해할 수 있다. 그렇지만 역시 인권적 측면 에서 왜 환경이 보호·보존되어야 하는지에 대한 주요한 이유는 인간의 건강보호이다.[27]

---

21) UN Doc. 30C/INF11(Sept. 24, 1999), <http://unesdoc.enesco.org/ulis/cgi-bin/ulis.pl>.

22) M.R. Anderson, "Human Rights Approaches to Environmental Protection: An Overview", in *Human Rights Approaches*, p.4.

23) A/HRC/RES/6/11, <http://www2.ohchr.org/english/bodies/hrcouncil/docs/16session/A.HRC.RES.16.11 _en.pdf>.

24) Analytical study on the relationship between human rights and the environment.

25) <https://www.ohchr.org/Documents/HRBodies/HRCouncil/RegularSession/Session19/A-HRC-19-34_en.pdf>.

26) 기후변화는 인간이 유발한 자연재앙에 해당한다고 언급하고 있음.

27) Dupuy and Viñuales, *op.cit.*, p.363.

2. 환경보호와 인권을 연계함에 있어서 제기되는 문제

1972년 UNCHE 이후 인권과 환경의 관계는 여러 가지 중요한 문제에 관한 활발한 지적 토론을 이끌어 냈다. 이론적 토론은 두 가지 핵심 사안을 다루고 있다. 첫째, 인권과 환경의 관계의 성격은 무엇인가? 둘째, 국제사회가 '건강한 환경'에 대한 새로운 인권을 인정해야 하는가?

'쾌적한 환경을 향유할 권리' 또는 '적절한 환경에 대한 권리'는 인권과 환경보호가 밀접한 관련이 있다는 점을 보여주고 있는 표현이다. 이러한 권리를 헌법에 명문으로 규정하고 있는 국가는 점차 증가하고 있는 것에 비하여, 현행 국제인권조약 중에는 그 일부만 이와 같은 권리를 명문으로 규정하고 있고 대부분은 아무런 규정이 없거나 매우 제한된 모습으로 반영되어 있다. 따라서 이러한 원인을 분석하는 것이 환경보호와 인권을 연계하려는 이론이나 실제를 이해하는 데 선행되어야 할 과제라고 생각된다. 현재 많은 국제인권조약들이 존재함에도 불구하고 일부만이 환경권을 명문으로 규정하고 있는 이유는 무엇인가? 먼저, 대부분의 국제인권조약들은 환경에 대한 국제공동체의 관심이 본격화되기 이전인 1970년대 이전에 체결되었다는 점이다. 둘째, 국제인권조약의 초점이 환경을 보호하기 위한 법들의 초점과 다르다는 점이다. 즉, 국제인권조약의 내용은 일반적 인권의 보호가 주요한 내용일 뿐만 아니라 개인보호 및 인간중심적 시각에 초점을 두고 있는 반면에 환경보호는 집단중심적이고 생태중심적 시각에 더 초점을 맞추고 있다. 셋째, 환경보호에 대한 인권적 접근의 유용성에 대한 회의적 분위기가 폭넓게 자리 잡고 있다는 점이다.[28]

이러한 원인들과 함께 환경보호에 대한 인권적 접근을 시도함에 있어서 고려해 보아야 할 다음과 같은 근본적인 문제들도 국제인권조약들에 환경권이 소극적이고 제한적인 모습으로 나타나게 한 이유라고 생각한다. 첫째, 환경권에 대한 권리본위(rights-based)접근방법은 적절하며 또한 유용한가? 환경법은 인권법과 유사한 목적을 추구하지만 권리본위인 인권법과 다르기 때문에 이의 질문에 대한 해결이 요구된다.[29] 즉, 인권은 권리중심이지만 환경은 규제 또는 의무 중심적인 측면이 있기 때문에 환경권은 오히려 의무, 기준 및 이행에 초점을 모으는 것이 더 적절하지 않은가?[30] 둘째, 환경권에 대한 인권본

---

28) P.W. Birnie and A.E. Boyle, *International Law and the Environment* (Clarendon Press, 1992), pp.187~197.

29) Shelton, *op.cit.*, p.103.

30) McGoldrick, *op.cit.*, p.811.

위(human rights-based)접근방법은 지나치게 개인주의적이고 인간중심적(anthropocentric)이어서[31] 환경의 본질적 가치를 적절하게 반영하고 있지 못한 것은 아닌가? 인권이 '인간의 권리'를 말하는 것이라면, 환경권은 '환경의 권리'(right of environment)라고 이해하는 것이 옳지 않은가? 인간은 단지 복잡한 지구생태계의 하나의 구성인자에 불과하다라는 입장에서 보면 인권은 전체로서 보호되는 자연의 기초적인 대상에 포함될 뿐이다.[32] 셋째, 환경권은 시민적·정치적 권리인가? 또는 경제적·사회적·문화적 권리에 해당하는가? 아니면 두 개의 성격이 결합된 권리인가? 아니면 전혀 다른 권리인가? 그리고 환경권은 기존의 기본적 인권의 발전인가? 아니면 새로운 인권의 출현인가? 넷째, 일종의 환경에 있어서 인권을 인정한다면, 그것은 실체적인 권리인가 절차적인 권리인가? 아니면 두 가지 권리를 모두 포함하고 있는가? 다섯째, 환경권을 향유하는 주체는 누구인가? 환경권은 누구의 권리인가의 문제는 법철학적이고 실질적인 중요한 문제이다.[33] 현재 진행되는 환경오염이 미래세대의 이익을 침해하는 것이라면 누가 현재 실존하고 있지 않은 미래세대를 대표할 것인가? 실체가 현존하지 않는 미래세대는 법인격(legal personality)을 갖지 못한다.[34] 이러한 맥락에서 볼 때 환경 관련 소송의 청구는 현존하지 않는 미래세대의 이익을 대표할 자가 정해지지 않는 한, 현행 국제인권청원제도 아래에서는 제기할 수 없다.[35] 즉, 소송당사자의 지위를 손해를 입은 희생자로 제한하는 한 미래세대는 당사자지위가 인정되지 않기 때문이다. 환경법의 주요한 목적이 환경손해를 '사전(事前)'에 방지하고 제한하기 위한 것인데 비하여, 국제인권법상 인권청원제도는 미래에 예상되는 침해에 대해서라기보다 과거에 행해지 행위로 인해 이미 발생한 침해를 다루기 때문에 그러한 제도는 유효성에 한계가 있다. 물론 그러한 제도는 어느 정도 장래에 있어서 환경침해의 억제책과 그에 대한 구제기능을 할 수 있다. 그런데 특히 환경침

---

31) 환경보호에 대한 인권적 접근을 인간중심적 권리관념에서 출발하고 있다고 비판하는 내용은 C. Redgwell,, "Life, the Universe and Everything: A Critique of Anthropocentric Rights", in *Human Rights Approaches*, pp.71~87; P. Taylor, *An Ecological Approach to International Law* (Routledge, 1998), pp.232~237; P.E. Taylor, "From Environmental to Ecological Human Rights: A New Dynamic in International Law?", *Georgetown International Environmental Law Review*, vol.10, 1998, pp.351~354; Boyle, *op.cit.*, pp.51~53; Birnie and Boyle, *op.cit.*, pp.193~194 참조.

32) Shelton, *op.cit.*, p.104.

33) J.G. Merrills, "Environmental Protection and Human Rights: Conceptual Aspects", in *Human Rights Approaches*, pp.31~34.

34) 국제환경법 분야에서 미래세대의 이익을 고려하여야 한다는 주장에 대해서는 E. Brown Weiss, *In Fairness to Future Generation: International Law, Common Patrimony and Intergeneration Equity* (United Nations University Press, 1989) 참조.

35) D. McGoldrick, *The Human Rights Committee* (Clarendon Press, 1994), pp.168~175.

해는 사후대처보다 사전예방이 중요하기 때문에 이미 침해된 인권에 대해서 허용되는 기존의 인권청원제도는 이런 측면에서 한계가 있다.36)

Ⅲ. 환경보호와 인권의 상호관련성에 대한 두 가지 접근방법

환경보호와 인권 사이의 관련성에 대하여 논쟁이 활발하게 이루어지는 가운데 법학자들에 의해 논의된 접근방법은 크게 두 가지로 구별할 수 있다.37) 첫 번째의 관점은 환경권을 인정하는 것이 기본적 인권의 궁극적 실현의 필요한 전제조건이라는 것이다. 이러한 접근방법의 지지자들은 "나빠진 자연환경은 직접적으로 인간의 생명, 건강 그리고 생활에 관한 권리를 침해하는 데 기여하기 때문에, 환경을 악화시키는 주도적인 행위는 국제적으로 승인된 인권의 즉각적인 침해를 구성한다"38)고 주장한다. 따라서 이들은 인권의 최소한의 기준을 준수하는 것을 보증하는 수단으로서 환경보호의 보편적인 시스템의 신설을 옹호한다.39) 즉, 기존의 인권에 추가로 일련의 환경권을 신설할 것을 제안한다. 인권보장을 통하여 환경보호라는 목적을 달성하기 위해서는 기존의 인권개념을 재구성하고 확대하여야 하는데, 이러한 점에서 환경권은 정치적 참여와 동의가 중요하다는 것이다.40) 또 다른 하나의 관점은 '환경권을 국제적 인권으로부터 유래하는 것'이라고 주장한다.41) 즉, 제1세대 인권이라고42) 말해지고 있는 시민적·정치적 권리의 본

---

36) 비교적 최근에 캐나다의 일단의 시민들이 자신들의 주거지 근처인 캐나다의 Port Hope에 방사성폐기물을 저장하는 것은 그 지역의 현재세대와 미래세대의 생존권을 위협하는 것으로 B규약 제6조 제1항 위반에 해당된다고 주장하는 청원을 인권이사회(Human Rights Committee)에 제기하였던 사례가 있었다. 인권이사회는 진정서(communication)상의 청원인들이 '미래세대를 대표할 수 있는 지위에 있지 않은' 현재 생존하고 있는 개인들이었기 때문에 인적관할권(*ratione personae*)의 범위에 해당되지 않았으나 "진정서에서 제기된 문제의 중요성을 구체화하기 위한 관심의 표현"으로 미래세대와의 연관성을 인정하였다. 이는 진정으로 누가 환경적 권리의 주체가 되어야 하는가에 대한 문제를 다시 한번 생각하게 하는 사례라고 볼 수 있다. 인권이사회는 인권을 보호할 당사국의 의무와 관련하여 중요한 문제를 제기하고 있는 점은 인정하면서도 개인의 청원권 행사의 요건인 국내적 구제를 완료하지 않은 점을 이유로 청원을 수리할 수 없다고 선언하였다(EHP v. Canada, Communication No.67/1980, Selected Decisions of the Human Rights Committee, vol.2, 1990, p.20; McGoldrick, *op.cit.*, p.813).

37) Taylor, *op.cit.*, p.212.

38) Anderson, *op.cit.*, p.3.

39) M.T. Acevedo, "The Intersection of Human Rights and Environmental Protection in the European Court of Human Rights", *New York University Environmental Law Journal*, vol.8(2), 2000, p.452.

40) Taylor, *op.cit.*, p.212.

41) Brown Weiss, *op.cit.*, p.116; Shelton, *op.cit.*, pp.104~111.

42) 1979년 Karl Vasak은 프랑스혁명의 세 가지 테마(*liberte, egalite, fraternite*)에 영감을 받아 인권을 세

질로부터 파생한 것으로 보는 것이다.[43] 이러한 관점의 지지자들은 환경보호의 기준을 포함시킬 수 있도록 기존의 인권을 발전시키는 데 관심을 둔다. 따라서 제2세대 및 제3세대 인권을 추론하게 한 기초(basis)로서 제1세대 권리를 포함하고 있는 국제인권조약을, 목적론적 해석방법을 통하여, 환경권을 추정할 수 있다고 주장한다. 한마디로 이는 해석적 접근방법이라고 말할 수 있는데, 기존의 인권을 재해석 또는 확대해석함으로써 환경 관련 피해를 구제받을 수 있다는 것이다.[44]

환경보호의 기준에 반영시키기 위한 기존 권리의 진보적 재해석은 새로운 권리의 신설에 대한 대체적인 방법이다. 이러한 재해석은 많은 국제인권조약들에서 명백하게 규정하고 있는 생명권, 건강권, 적절한 생활수준을 향유할 권리 등 기존의 여러 권리로부터 이루어질 수 있고 또한 그러한 권리의 새로운 해석에 의해서도 이루어질 수 있다. 이러한 종류의 재해석은 기존의 인권을 녹색화하는(greening) 것이다.[45] 그러나 이러한 방법은 많은 문제를 일으킨다. 예를 들면, 인간의 생명 또는 건강에 적절한 환경과 용인할 수 없는 환경적 위협 사이를 구별할 수 있는 선(line)은 어디인가? 환경악화는 대부분 누적적이고 점진적 과정을 통해서 이루어진다. 인간은 환경악화가 자기의 생명 또는 건강에 유형적인 위협으로 나타날 때까지 기다려야 하는가 또는 그때까지 참을 여유가 있는가? 인간의 생명권은 환경의 질 또는 다른 생명체의 생존에 비하여 우선권이 있는가? 기존의 권리를 재해석함으로 나타나는 최대의 결점은 환경과 관련한 새로운 인권을 선언하는 이익이 실현되지 않는다는 점이다.[46]

가지 세대의 인권으로 분류하였다. 즉, 제1세대 인권은 시민적·정치적 권리이고(*liberte*), 제2세대 인권은 경제적·사회적·문화적 권리이며(*egalite*), 그리고 제3세대 인권은 새로운 연대권(solidarity rights)이다(*fraternite*). 이러한 권리에 대한 자세한 설명은 Taylor, *op.cit.*, pp.317~319; S.P. Marks, "Emerging Human Rights: A New Generation for the 1980s?", *Rutgers Law Review*, vol.33, 1991, p.441.

43) Acevedo, *op.cit.*, p.452.

44) L.H. Leib, *Human Rights and the Environment: Philosophical, Theoretical and Legal Perspectives* (Martinus Nijhoff Publishers, 2011), p.71.

45) Taylor, *op.cit.*, p.220.

46) 그러나 새로운 인권을 선언하는 잠재적인 이익에 대하여 낙관적인 견해도 있다. Van Lier는 "생명권, 건강권 및 건강하고 쾌적한 환경을 향유할 권리 등과 같은 권리의 공식화(formulation)와 이들의 고유한 책임을 통한 '생태적 자각'(ecological awareness)은 정치적 의사결정과 때로는 심지어 판결의 기초가 되는 여론과 가치를 변화시키고 발전시킬 것이다"라고 주장하였다(I.H. Van Lier, *Acid Rain and International Law* (Bunsel Environment Consultants and Sijthoff and Noordhoff, 1980), p.137).

Ⅳ. 환경보호에 대한 인권적 접근

1. 환경보호를 보증함에 있어서 국제적 인권의 역할

1972년 스톡홀름선언 이후에 환경권을 명문으로 규정하고 있는 인권 관련 국제조약이 증가하고 있다.[47] 그러나 대부분의 전통적인 국제인권조약들은 1972년 스톡홀름 인간환경회의를 통하여 환경문제에 대한 국제적인 관심이 본격화되기 이전에 채택되었기 때문에 환경과 관련한 권리를 명문으로 규정하고 있지 않다. 이러한 측면에서 볼 때 인권의 맥락에서 환경적 배려를 고려할 수 있는 대체적인 방법은 인권의 재해석이다. 현재 주요한 국제인권조약이라고 볼 수 있는 1950년의 유럽인권협약(European Convention for Human Rights and Fundamental Freedoms),[48] 1966년의 시민적·정치적 권리에 관한 국제규약(International Covenant on Civil and Political Rights, 이하 자유권규약),[49] 1966년의 '경제적·사회적·문화적 권리에 관한 국제규약'(International Covenant on Economic, Social and Cultural Rights, 이하 사회권규약),[50] 1969년의 미주인권협약(American Convention on Human Rights)[51] 등에 규정하고 있는 권리들 속에 환경권을 포섭하기 위하여 다양한 방법으로 해석할 수 있다. 그런데 환경권을 명문으로 규정하고 있지 않은 기존의 국제인권조약을 통해서 직접적으로 환경권을 실행하는 것은 다음과 같은 문제들이 명확하게 정리되지 않고 있기 때문에 현실적으로 어려움이 있다. 즉, 기존의 인권에 대한 재해석의 기초가 되는 현행 국제인권조약들 속에 환경권을 실행할 수 있는 파생적 권리가 어느 정도 포함되어 있는가? 기존의 국제인권조약들에서 승인하고 있는 권리를 통하여 환경권의 실현이 가능한가? 환경권은 시민적·정치적 권리로 해석되어야 하는가 아니면 경제적·사회적·문화적 권리로 해석되어져야 하는가? 기존의 인권의 범주 속에서 환경권을 어디에 자리 잡게 할 것인가의 문제는 학술적 논쟁의 중요한 주제이다.[52] 1998년 Guerra 사건에서도[53]

---

47) 이에 해당하는 대표적인 국제인권조약은 1981년의 아프리카인권헌장 제24조, 1989년의 아동의 권리에 관한 협약 제24조, 1989년의 미주인권협약의 추가의정서 제11조 등이다(Shelton, *op.cit.*, p.103).

48) 213 UNTS 221, Eur. T.S. No.5.

49) UN G.A. Res.2200A, UN GAOR, 21st Sess., Supp. No.16, at 52, UN Doc. A/6316(1966).

50) 6 ILM 360 (1967).

51) 9 ILM 99 (1970).

52) Acevedo, *op.cit.*, p.462.

53) 이 사건의 개요와 판결의 내용 및 판결의 의미에 대한 구체적인 내용은 *Ibid.*, pp.437~496 참조.

환경권의 내용을 어떻게 해석해야 할 것인지에 대하여 많은 논쟁이 있었다. 만약 환경권을 시민적·정치적 권리로 해석한다면 환경권은 개인, 단체 및 비정부기구(NGOs)에게 환경정책의 의사결정과정에 참여할 수 있는 권한을 부여할 수 있을 것이다.[54] 또 만약 환경권을 경제적·사회적·문화적 권리로 해석한다면, 환경권은 권리본위가 아닌 대상들에 비하여 우선적이며, 다른 경제적·사회적 권리와 대등한 지위를 가질 것이다.[55]

위의 두 가지 입장과는 대조적인 견해로서, 쾌적하고 건강한 환경을 향유할 권리를 연대권(solidarity rights)의 하나로 보는 입장은 '원칙의 법적 내용이 강하면 강할수록 법칙 발전에 대하여 그 영향도 강하다'(The stronger the legal content of principles, the stronger their influence on the development of legal rules)는[56] 견지에서 애매모호한 해석에 반대하면서, 환경권을 명백한 하나의 독자적인 권리로 인정하는 것의 장점을 지지한다. 즉, 앞의 두 권리로서 해석하는 것보다는 훨씬 낫다고 주장한다.[57]

국제법학자들의 일반적인 컨센서스(consensus)는 경제적·사회적·문화적 권리로 표현된 환경권이 더 실질적인 보호를 이끌어 낼 수 있다고 보는 것 같다. 왜냐하면 경제적·사회적·문화적 권리의 적용이 최소수준의 결정을 포함하기 때문이다. 그러나 많은 학자들은 환경권은 시민적·정치적 권리로서 다루어져야 더 적절하다고 믿는다. 왜냐하면 국제사법기관들은 환경과 관련한 문제에 대해서 시민적·정치적 권리로 취급하는 것이 더욱 용이한 것으로 볼 수 있기 때문이다.

2. 인권에 대한 재해석을 통한 환경권의 실현

(1) 의 의

이미 앞에서 언급한 바와 같이 비교적 최근에 들어 국제법상 환경권의 지위에 관하여 이론적으로 많은 논쟁이 되고 있다. 주요한 국제인권조약에는 환경권에 관한 규정이

---

54) 예를 들어, 정보의 권리와 관련하여 볼 때, 개인, 단체 및 NGOs는 환경을 파괴하는 개발계획시행을 막을 수 있으며, 위험한 시설의 규제를 위하여 로비를 할 수 있으며 또한 해로운 활동으로부터 자신을 보호하기 위한 조취를 취할 수 있다.

55) Boyle, op.cit., p.48.

56) Popovic, op.cit., p.495.

57) 특히 환경권을 명백한 권리로 인정하는 것은 개발도상국에게 유익할 수 있다고 한다. 이것은 산업화로 인하여 발생하는 환경오염과 관련한 분쟁을 사법심사함에 있어서 개발도상국에게 하나의 분쟁해결 메커니즘을 제공한다. 게다가 건강한 환경을 향유할 권리의 인정은 지구의 환경피해에 대해 불균형적인 무거운 부담을 지고 있는 개발도상국이 배상(compensation) 또는 공정한 만족(just satisfaction)을 위한 조치를 취할 수 있는 수단을 가질 수 있도록 하는 것이다(Acevedo, op.cit., p.463).

없다. 기존의 인권을 바탕으로 환경 관련 청원 및 소송이 비교적 많았던 유럽의 유럽인권협약도 환경권을 보호하기 위한 어떤 특별한 규정도 없다. 이러한 점은 유럽인권협약에 근거하여 제기된 환경관련 청원 및 소송을 다루었던 유럽인권위원회와 유럽인권재판소에서도 매우 중요한 사항이었다. 환경권에 관한 규정이 없기 때문에 환경문제들은 개인이 유럽인권협약에 규정된 기존의 인권을 주장하는 가운데 부수적으로 제기되었을 뿐이다. 보편적인 인권제도가 가장 잘 실현되고 있는 유럽을 기준으로 해서 볼 때, 유럽인권협약에 근거하여 제기된 환경관련 청원 및 소송들은 1) 생명권, 2) 프라이버시와 가정생활을 존중받을 권리, 3) 소유물을 평화롭게 향유할 권리, 4) 건강과 안전의 위험에 관한 정보를 얻을 권리 등과 같은 기본적 인권의 위반으로 공식화되었다.[58]

환경피해는 인권의 향유를 침해하거나 부정할 수 있다. 그리고 인권침해는 환경에 대한 피해에서 기인할 수 있다. 그럼에도 불구하고 대체로 국제인권조약들은 직면한 환경문제를 적절하게 반영하고 있지 못하고 있다. 이는 환경권의 특수한 성격에서 유래하는 점도 있지만, 이러한 국제인권조약들이 체결될 당시에는 환경문제에 대해 그 심각성을 인식하지 못해 환경침해가 인권을 침해할 수 있다는 것을 충분히 인식하지 못한 점에서 그 이유를 찾을 수 있다. 그러나 최근의 유럽인권위원회나 유럽인권재판소의 결정들을 보면 환경보호와 인권 사이에 관련성이 있음을 인정하는 사례들이 나타나고 있다.[59] 즉, 환경권에 대하여 침묵하고 있는 세계인권선언, 유럽인권협약, 자유권규약, 미주인권협약의 새로운 재해석 또는 확장해석을 통하여 인권과 환경보호와 밀접한 관련성이 있음을 인정하는 결정들이 나오고 있다.

그런데 위에서 언급한 국제인권조약들은 환경권을 구체적으로 규정하고 있지 않기 때문에 환경 관련 소송의 제기가 현재 실현되고 있는 어떤 권리를 통해서 가능한가를 검토하는 것은 기존의 국제인권제도 내에서 어떻게 환경에 대한 권리의 실현이 가능한가를 밝히는 데 매우 유용하다고 볼 수 있다. 아래에서 구체적으로 국제인권조약상의 어떠한 권리를 원용하여, 제한적이기는 하지만 환경적 권리의 보호가 가능한지에 관하여 살펴보자.

---

58) *Ibid.*, p.464.
59) 유럽인권협약상의 기본적 권리를 근거로 하여 유럽인권위원회 및 유럽인권재판소에서 환경과 관련한 청원 및 제소가 이루어진 사례들에 대해서는 박병도, "국제인권조약의 적용을 통한 환경권의 실행가능성", 「국제법논총」 제9권(2000), 19~25면; Acevedo, *op.cit.*, pp.464~480 참조.

(2) 시민적·정치적 권리

전통적으로 국제적 수준에서 인권을 크게 두 개의 범주로 나누었다. 하나는 시민적·정치적 권리이고 또 다른 하나는 경제적·사회적·문화적 권리이다. 이와 관련한 두 개의 주요한 국제인권조약은 자유권규약과 사회권규약이다. 사회권규약은 경제적·사회적·문화적 권리들을 규정하고 있고, 자유권규약은 시민적·정치적 권리들을 규정하고 있다. 그러나 앞에서 말한 바와 같이 사회권규약과 자유권규약은 환경과 관련한 기본적인 권리를 명백하게 언급하고 있지 않다.60) 심지어 인권의 역사가 깊고 인권보장의 수준이 상당히 높은 유럽에서도 인권의 법적 토대가 되는 유럽인권협약이나 유럽사회헌장(European Social Charter)61)에도 쾌적한 환경을 향유할 권리에 대한 규정은 없다. 이런 까닭에 쾌적한 환경을 향유할 권리를 기존의 인권, 예를 들면, 생명권, 신체보전권, 사생활을 존중받을 권리 등에서 파생하는 것으로 해석하는 경향이 나타나고 있다.62)

소위 제1세대 인권이라고 불리는 시민적·정치적 권리는 정부의 개입을 요구하는 것보다 정부의 활동으로부터 개인을 보호하는 것이었다. 즉, 이들 권리는 적극적인("~에 대한 권리") 것보다는 오히려 소극적인("~으로부터의 자유")것으로서 생각했다.63) 그동안 국제환경법학자들은 조약에 환경권을 명시한 조항이 없는 경우에는 시민적·정치적 권리를 원용하고 있다. 그들 중에는 시민적·정치적 권리는 "환경 분야에서 약간의 제한된 파생적 권리들을 개인에게 제공하는 방법으로 적용될 수 있다"라고 주장한다.64) 실제로 유럽인권협약은 부분적으로 이러한 권리의 승인을 얻는 것을 목표로 하고 있기 때문에 유럽인권재판소의 해석적 접근은 환경권이 유래한 출발점으로서 시민적·정치적 권리들을 원용하는 것을 허용하고 있다.65) 다음에서 살펴보는 바와 같이 일부의 국제인권조약 및 선언들은 환경 관련 청원 및 소송과 관련 있는 실체적 및 절차적인 시민적·정치적 권리 양자를 모두 포함하고 있다.

---

60) T.J. Schorn, "Drinkable Water and Breathable Air: A Livable Environment as a Human Right," *Great Plains Natural Resources Journal*, Vol.4, Spring/Summer, 2000, p.130.

61) 529 UNTS 89. 물론 유럽사회헌장은 주로 경제적·사회적·문화적 권리들을 규정하고 있다.

62) Desgagné, *op.cit.*, pp.265~273; Schorn, *op.cit.*, pp.131~132.

63) B.H. Weston, "Human Rights", *Human Rights Quarterly*, vol.6, 1986, p.264; Taylor, *op.cit.*, p.309.

64) Churchill, *op.cit.*, pp.90~104.

65) Acevedo, *op.cit.*, p.454.

① 실체적 권리

가. 생명권

인간생활의 기본적 욕구의 충족은 자연환경의 요소들에 의존하고 있다. 그래서 환경의 질은 직접적으로 생명권(the rights to life)의 충분한 향유와 관련이 있다.66) 자유권규약 제6조, 유럽인권협약 제2조 그리고 미주인권협약 제4조에 "모든 사람은 생명권을 가진다"라고 규정하고 있는데, 이러한 생명권은 '인간의 최고의 권리'이다.67) 생명권은 국가에게 고의적으로 또는 부주의하게 생명을 박탈하는 것을 금지하는 것을 포함하고 있다.68) 즉, 생명권의 보장은 생명을 임의로 빼앗기지 아니할 권리를 의미한다.69) 생명권은 절대적으로 보장되어야 하는 권리로서 유럽인권협약 제15조 제2항, 자유권규약 제4조, 미주인권협약 제27조 제2항은 비상사태하에서도 생명권을 침해할 수 없는 권리로 규정하고 있다. 그리고 사회권규약과 자유권규약은 모두 '어떠한 경우에도 사람은 자신의 생존수단을 박탈당하지 않는다'라고 선언하고 있다.70)

유엔인권이사회(UN Human Rights Committee)의 견해에 의하면 당사국에게 생명권의 보호를 위한 적극적인 수단을 채택할 것을 요구하고 있다.71) 어떤 국가가 자국의 관할권 내에서 이루어지는 활동으로 인하여 환경위험이 발생한 경우에 이를 방지하기 위한 적극적인 조치를 취하지 않았다면 이는 국가가 생명권을 침해하는 것이 된다. 왜냐하면 심각한 환경손상의 위험은 중대하고 회복할 수 없는 성질을 가지고 있고 이는 상당한 수준의 생명권침해에 해당하기 때문이다. 여기서 언급한 생명권은 환경과 관련하여 환경에 대한 심각한 손상으로부터 인간생명을 보호하는 데 필요한 최소한의 환경보호법률을 제정하고 이행할 국가의 적극적 의무를 포함하는 것이다. 이러한 생명권의 보장을

---

66) Desgagné, *op.cit.*, p.266; W.P. Gormley, "The Legal Obligation of International Community to Guarantee a Pure and Decent Environment: The Expansion of Human Rights", *Georgetown International and Environmental Law Review*, vol.3, 1990, p.85.

67) A.A. Cancado, "The Contribution of International Human Rights Law to Environmental Protection", in E. Brown Weiss (ed.), *Environmental Change and International Law* (United Nations University Press, 1992), p.271.

68) Churchill, *op.cit.*, p.90.

69) E.M.K. Uhlmann, "State Community Interests, Jus Cogens, and Protection of the Global Environment", *Georgetown International Environmental Law Review*, vol.11, 1998, p.128.

70) 사회권규약 및 자유권규약 제1조 제2항 후단. 여기서 말하는 '어떠한 경우에도 사람은 자신의 생존수단을 박탈당하지 않을 권리'는 사람이 상주하는 국가 내에서 더 이상 자기 자신을 위하여 생존수단을 제공할 수 없을 정도로 자연환경을 파괴하는 국가의 활동을 금지하는 것으로 해석될 수 있다(A.R. Chapman, "Symposium Overview to Earth Rights and Responsibilities: Human Rights and Environment Protection", *Yale Journal of International Law*, vol.18, 1993, pp.223~224).

71) General Comments of Human Rights Committee (6)16, UN Doc. A/37/40, pp.93~94. paras.1.5.

위해서는 생명을 위협하는 환경오염을 유발하는 국가활동에 대하여 이 권리를 주장할 수 있을 것이다.[72] 그래서 Bhophal 사고 또는 Chernobyl 사고 등과 같이 귀책사유가 국가에 있는 환경재난으로부터 사망이 발생한 경우 이에 대한 배상을 받기 위하여 생명권이 개인에 의해 원용될 수 있다. 그러나 이 권리가 수명을 연장하는 조치를 취할 적극적인 의무를 국가에게 부과하는 것인지가 명확하지 않다.

나. 프라이버시권과 가정생활을 존중받을 권리

환경오염 또는 기타 환경의 악화로 고통을 당한 개인은 종종 프라이버시권을 원용한다. 유럽인권협약 제8조는 '모든 사람은 자신의 생명과 자기 가족의 생명 그리고 자기 가정이 존중받을 권리를 가진다'고 규정하고 있다. 그리고 유럽인권협약 제1의정서 제1조는 '모든 자연인 또는 법인은 재산권을 평화롭게 향유할 권리가 있다'라고 규정하고 있다. 미주인권협약 제11조 제2항 및 제21조도 이와 유사한 권리를 규정하고 있다. 반면에 사회권규약뿐만 아니라 자유권규약에도 재산권에 관한 조항은 없다. 다만 자유권규약 제17조에 가정에 대하여 '자의적으로 또는 불법적으로 간섭받지 아니할 권리'를 두고 있다. 이러한 규정들은 다양한 형태의 환경오염 또는 기타의 환경파괴에 의해 손해가 발생하고, 이에 대한 책임이 국가에게 있다면, 이로 인해 손해를 입은 개인에 의해서 원용될 수 있다. 이때 국가 자신이 항상 환경오염자 또는 환경파괴자이어야 함을 의미하는 것은 아니다. 사인(私人)이 환경을 오염시키거나 파괴하는 것을 방지하지 못한 경우에 이에 대한 책임이 국가에 귀속될 수도 있기 때문이다.

자유권규약과 미주인권협약상의 개인통보제도를 통하여 이러한 권리들이 환경문제와 관련하여 제기된 사례는 아직 없다. 그러나 유럽인권협약의 실행과정에서 나타난 몇 건의 사례들이 있다. 이들 사례들을 분석해 보면 유럽인권재판소는 환경권이 도출되는 원천이 프라이버시권이라는 입장을 보였다.[73] 특히 Guerra 사건에서 원고는 유럽인권협약 제2조(생명권)의 위반을 주장했으나, 유럽인권재판소는 제2조를 언급할 필요가 없다고 주장하면서 제8조의 위반에 해당된다고 보았다.[74]

---

72) M.L. Schwartz, "International Legal Protection for Victims of Environmental Abuse", *Yale Journal of International Law*, vo.l.18, 1993, pp.362~363.

73) Acevedo, *op.cit.*, p.454.

74) *Guerra & Others v. Italy*, App. No. 14967/89, *European Human Rights Report*, vol.26, 1998, p.382, (Eur. Ct. H.R.).

② 절차적 권리

가. 공정한 재판을 받을 권리 및 참여권

최근 국제환경법학자들 중에는 환경의 질이나 연대권 등에 대한 관심보다는 환경문제에 대한 사법적(司法的) 접근 및 환경정책결정에의 참여 등의 절차적 권리에 더 관심을 보이고 있다.75) 생명권, 프라이버시권 및 가정생활을 방해받지 않을 권리 등은 실체적 권리에 해당하는 것에 비하여 공정한 재판을 받을 권리(right to a fair trial), 정보에 대한 권리 및 의사결정과정에의 참여권(participatory rights) 등은 절차적 권리에 해당한다. 환경 관련 사건에서 공정한 재판의 요구는 공정한 재판을 받을 권리를 규정하고 있는 국제인권조약들에 근거하여 주장할 수 있을 것이다.76) 공정한 재판을 받을 권리는 자유권규약 제14조, 유럽인권협약 제6조,77) 미주인권협약 제8조에 규정되어 있다.78) 인권침해에 대하여 공정한 재판을 받을 권리는 환경권의 침해에 대한 사법적 구제를 추구할 수 있는 소송의 매개수단을 제공한다. 경우에 따라서는 까다로운 소송절차가 환경피해자의 입장에서 자신들의 효과적인 주장을 방해하기도 하지만, 조약상에 환경권에 대한 명시적 규정이 없는 경우에 환경피해자가 환경침해에 대한 구제를 추구하는 경우에 이를 가능하게 하는 것은 이러한 기본적 인권이라고 할 수 있다. 또한 환경 분야에서 참여권은 정치와 공무(公務)에 참가할 수 있는 권리에서도79) 근거를 찾을 수 있다. 정치 및 공무에 참여할 수 있는 권리를 통하여 정부의 환경 관련 정책결정과정에 참여할 수 있고, 환경입법과정에 참여하거나 선거과정에서 환경권론자들을 지지하여 의사를 반영하는 방법을 고려할 수 있을 것이다.

---

75) Boyle, *op.cit.*, pp.60~61; C., James and R. Mackenzie, "Access to Environmental Justice and Procedural Rights in International Institutions", in *Human Rights Approaches*, pp.129~152.

76) McGoldrick, *op.cit.*, p.815.

77) 공정한 재판을 받을 권리를 규정하고 있는 유럽인권협약 제6조는 주로 형사재판과 관련이 있는 것이나, 또한 개인의 '시민적 권리와 의무'(civil rights and obligations)를 결정함에 있어서 '독립적이고 공평한 법원에 의해서 합리적인 기간 내에 공정하고 공개적인 심리'에 대해서도 동시에 규정하고 있다. 제6조와 관련하여 유럽인권재판소는 여기서 표현된 '시민적 권리와 의무'(civil rights and obligations)에 대하여 본질적으로 재산권 및 영업활동과 상업적인 활동을 포함하는 '사법상의 권리와 의무'를 의미하는 것이라고 해석하였다(*Ringeisen v. Austria*, ECHR Ser. A No.13 (1971); *Konig v. Federal Republic of Germany*, ECHR Ser. A No.27 (1978); P. Van Dijk and G.J.H. Van Hoof, *Theory and Practice of the European Convention on Human Rights*, 3rd ed. (Kluwer Law International, 1998), pp.297~309).

78) 리우선언 원칙 10은 '국가차원에서 각 개인은 환경오염피해의 구제와 배상 등 사법 및 행정적 절차에 효과적으로 접근할 수 있어야 한다'라고 선언하고 있다.

79) 정치와 공무에 참가할 수 있는 권리는 자유권규약 제25조, 미주인권협약 제23조에 규정되어 있다.

나. 정보의 자유

정보의 자유를 향유할 권리(the right to freedom of information)는 기본적 인권으로서 뿐만 아니라 환경권으로서 기능한다. 환경적 위험을 알고, 그리고 그것을 어떻게 최소화하거나 또는 피할 것인가의 문제는 삶의 기본조건에 영향을 미치기 때문에 인권과 관련이 있는 것이다. 정보의 자유는 환경적 위해(危害)에 의해 피해를 입은 개인이 환경소송을 제기하는 경우 적법절차(due process)를 완수하기 위한 구실을 하게 된다. 그럼에도 불구하고, 이 권리를 실효적으로 주장하기 위해서는 까다로운 전제조건을 요구하기 때문에 환경 목적을 조정하는 것을 어렵게 하고 있다.

유럽인권협약 제10조, 자유권규약 제19조, 미주인권협약 제13조는 표현의 자유를 향유할 권리(right to freedom of expression)를 규정하고 있는데, 동조의 주요 요소는 정보를 제공받을 권리(right to receive information)와 정보를 전달할 권리(right to impart information)이다. 문제는 이 조항이 국가에게 특별히 환경의사결정과 관련한 정보를 제공해 줄 것을 요구할 수 있는 권리를 개인에게 부여하고 있는지 여부이다. 유럽인권위원회와 유럽인권재판소는 그동안 개인이 요구하는 특별한 환경정보를 국가가 제공할 의무가 있다고 보지는 않았다. 그래서 유럽인권협약에 근거한 환경정보에 대한 권리는 존재하지 않는다고 보는 학자들도 있다.[80] 그런데 유럽인권재판소는 최근에 이 문제에 관련하여 이정표가 될 만한 판결을 내렸다. Guerra 사건에서 화학비료공장의 독가스 배출로 인하여 피해를 입은 공장 근처에 거주하는 신청자들은 유럽인권협약 제8조상의 개인의 사생활 및 가정생활이 침해되었을 뿐만 아니라 공장에 인접한 사람들의 생활환경을 위협하는 '환경위험에 관한 정보'를 제공하지 않은 점을 들어 청원을 제기하였고, 이에 유럽인권재판소는 신청자들의 주장을 받아들여 이탈리아 정부에 책임이 있다는 판결을 내렸다. 이는 중대한 환경위험에 관한 핵심적인 정보를 제공받을 권리를 인정한 판결이다.

(3) 경제적·사회적·문화적 권리

경제적·사회적·문화적 권리는 시민적·정치적 권리와는 다르다. 즉, 보통 시민적·정치적 권리는 자의적인 정부의 간섭으로부터 자유를 수반하는 개인의 권리로서 또는 시민사회에서 참여권을 보장하는 것으로서 그 성격을 가지고 있는 반면에 경제적·사회적·문화적 권리는 사회적 평등(social equality)에 그 근본을 두고 분배적 정의의 기준에 따라 자원을 배분함에 있어서 국가의 개입을 필요로 하는 권리이다. 이런 의미에서 경

---

80) Van Dijk and Van Hoof, *op.cit.*, pp.418~419.

제적·사회적·문화적 권리는 "관련된 가치의 생산과 배분에 있어서 형평한 참여를 보장하기 위한 목적으로 국가의 개입을 요구하는 것으로, 소극적인(~으로부터의 자유) 의미보다는 적극적인(~에 대한 권리) 의미를 갖고 있다"고 말할 수 있다. 이는 공유자원의 분배에 관한 환경적 청구에서 명백한 이익을 갖고 있다. 경제적·사회적·문화적 권리는 환경의 질을 보장하기 위한 최소한의 기준을 정하는 인권으로 인정되었다.

분명히 경제적·사회적·문화적 권리는 시민적·정치적 권리보다는 더 실질적인 환경보호를 제공할 수 있다. 그러나 이 권리들은 추상적이고 정책지향적인 성격을 갖고 있기 때문에, 환경청원자들에 의한 청원의 가능성은 상당히 의심스럽다. 환경권에 관한 직접적인 규정이 없는 경우에, 이들 권리에 의해 보장될 수 있는 것은 단지 환경문제에 간접적으로 관련되어 있기 때문에, 환경청원자가 환경피해에 대한 인과관계와 국가책임을 입증하기란 현실적으로 매우 어렵다.

(4) 제3세대 인권 – 연대권

이른바 제3세대 인권(third generation of human rights)은 인권과 환경 간의 관계를 더 밀접하게 한다. 제3세대 인권은 보통 연대권(solidarity rights)으로 불린다. 아직 그 개념에 대한 정의가 명확하게 확립된 것은 아니지만 제3세계 민족주의의 등장을 반영하고 있는 것으로 이해되고 있다. 특히 제3세대 인권은 현재의 국제체제는 여러 가지 중대한 문제들을 해결하는 데 실효적이지 못하다는 인식에서 나온 것이다. 제3세대 인권은 기본적으로 개인과 국가의 상호의존을 함축하고 있으며, 또한 한 걸음 더 나아가 모든 국가 내 개인들의 상호의존을 함축하고 있다. 정의롭고 형평한 국제질서를 건설함에 있어 개인들은 상호의무와 권리를 갖게 되며, 이 포괄적인 상호의존은 곧 형제애와 결속을 뜻하는 것이다. 제3세대 인권이란 이처럼 각 개인이 갖는 권리이기는 하지만 그러나 각자가 국경선을 초월하여 다른 모든 사람들과 함께 협력함으로써만이 그 달성을 확보할 수 있는 인권들을 지칭하는 말이다.

제3세대 인권은 사회적 목적을 달성하기 위한 전 지구적인 집단행동의 이상을 강조한다.[81] 제3세대 인권이 구체적으로 어떤 권리인가에 대해서는 여러 가지 견해가 있지만, 일반적으로 '정치적·경제적·사회적·문화적 자기결정권을 향유할 권리'(right to political, economic and cultural self-determination), '경제적·사회적 발전을 향유할 권리'(right to economic and social development), '인류의 공동유산으로부터 이익을 얻고 그에

---

81) Rodriguez-Rivera, *op.cit.*, p.21.

참가할 수 있는 권리'(right to participate in and benefit from the common heritage of man-kind), '평화를 향유할 권리'(right to peace), '건강한 환경을 향유할 권리'(right to a healthy environment), '인도적 재난구조를 받을 권리'(right to humanitarian disaster relief) 등이 연대권에 해당하는 것으로 인정되고 있다. 이러한 권리들의 가장 기본적인 특징은 그 범위(dimension)가 본질적으로 집단적이라는 것이고 이들 권리의 실현을 위해서 국제적 협력이 요구된다는 점이다.[82] 이들 중 앞의 3가지 권리는 제3세계 국가의 출현과 권력, 부그리고 기타 중요한 가치의 전 지구적인 재분배에 대한 요구를 반영하고 있는 것이고, 나머지 3가지 권리는 비판적으로 보면, 민족국가의 무기력과 무능력을 강조하고 있는 것이다.

(5) 지역적 인권

현재 환경권을 명백하게 규정하고 있는 지역적 차원의 인권조약은 두 개가 있다. 먼저 1981년 아프리카인권헌장(African Charter on Human and Peoples' Rights)은 명문으로 '건강한 환경을 향유할 권리'(right to a healthy environment)에 관한 규정을 두고 있다.[83] 동헌장 제24조는 "모든 인민은 개발에 우호적이며 일반적으로 만족할 만한 환경을 향유할 권리를 가진다"라고 규정하고 있다. 그런데 이러한 권리를 향유하는 자는 동헌장상의 시민적·정치적 권리와 경제적·사회적·문화적 권리의 향유자인 '모든 개인'(every individual)과 대립되는 '모든 인민'(all peoples)이다. 여기서 '모든 인민'은 당사국 내에 있는 특정 인종 또는 기타 단체를 의미하기보다는 '당사국의 전체 국민'(entire population of a party State)을 의미한다.[84] 그러나 이러한 해석만으로는 전체로서 국민이 특정한 일부 국민보다 만족할 만한 환경을 향유하고 있는 경우에 있어서도, 국가가 제24조를 침해하고 있다고 청원을 제기하는 것이 가능한 것인지가 명확하지 않다. 또한 그러한 해석은 개인이나 개인의 집단에 의한 고발은 불가능하고 전체로서 국민에 의한 고발만이 가능하다는 것인지 불분명하다. 나아가 헌장 제24조 문맥에서 '인민'이라는 어휘의 모호성은 이 권리의 행사에 의심스럽게 한다. 제24조와 관련하여 또 한 가지 지적할 문제

---

82) *Ibid.*, p.316.

83) 아프리카인권헌장은 소위 제3세대 인권뿐만 아니라 다양한 시민적·정치적 권리 및 경제적·사회적·문화적 권리도 동시에 규정하고 있다(Churchill, *op.cit.*, pp.104~105).

84) R.N. Kiwanuka, "The Meaning of "People" in the African Charter of Human and Peoples' Rights", *American Journal of International Law*, vol.82, 1988, pp.82~101; A.H. Robertson and J.G. Merrills, *Human Rights in the World : An Introduction to the Study of the International Protection of Human Rights*, 4th ed. (Manchester Univ. Press, 1996), pp.221~223.

는 '만족할 만한 환경을 향유할 권리'가 개발과 연계되어 있다는 점이다. 그리고 '일반적으로 만족할 만한 환경'(general satisfactory environment)이 무엇을 의미하는 것인지에 관하여 아무런 언급이 없어 제24조는 상징적인 최소한의 법적 중요성밖에는 없다.

1988년의 미주인권협약에 대한 추가의정서(Additional Protocol to the American Convention on Human Rights in the Area of Economic, Social and Cultural Rights, 이하 미주인권의정서)[85] 제11조 제1항은 "모든 사람은 건강한 환경에서 생활할 권리를 가지며 기초적인 공공서비스에 접근할 권리를 가진다"라고 규정하고 있다. 그런데 이 의정서는 아프리카인권헌장과 비슷하게 '건강한 환경'(a healthy environment)이 무엇을 의미하는지에 관하여 아무런 언급이 없기 때문에 건강한 환경을 위해 무엇이 필요한지를 파악하기는 여전히 어려운 상태이다.

V. 인권과 환경과의 관계에 대한 평가

쾌적하고 건강한 환경이 무엇인지에 대한 정의가 명확하지는 않지만, 건강한 환경을 향유할 권리를 지지하는 자들은 '이 권리의 성질상 다른 인권의 실현은 적절한 환경의 질에 의존하고, 다른 인권은 환경을 보호하기 위한 정부의 행위 없이는 실현될 수 없다'는 입장에서 기존 인권을 해석하고 있다.[86] 그러나 현재와 같이 독립적인 환경권이 국제적인 기본적 인권으로 구체화되지 않고 생명권, 사생활과 가정생활의 존중, 재산권 등 기존의 인권에 의하여 환경권을 실현하는 데에는 한계가 있다. 이런 측면에서 볼 때 환경권이 국제인권조약에 명시적으로 인정될 필요가 있다.[87] 이러한 조약의 체결이 불가능하다면 기존의 인권에 대한 재해석을 통해서 환경권에 대한 적극적인 입장을

---

85) 일명 'San Salvador의정서'라고도 한다. OAS T.S. No.69, reprinted in 28 ILM 156 (1989).

86) Birnie and Boyle, op.cit., p.197.

87) 개인의 환경권을 보장하는 구체적이고 절차적인 권리를 규정한 최초의 국제조약이 1998년에 유엔유럽경제위원회(UNECE)의 주도로 덴마크의 알후스(Åarhus)에서 채택되었다. 이 조약의 명칭은 '환경문제에 있어서 정보에 대한 접근, 대중의 정책결정에의 참여, 사법적 접근에 관한 협약'(Åarhus Convention on Access to Information, Public Participation in Decision-making and Access to Justice in Environmental Matters)이다. 이 협약은 내용상으로 크게 세 부분, 즉 '국민 스스로가 주변에서 벌어지고 있는 환경에 영향을 미치고 있는 사안에 대한 정확한 정보를 얻을 수 있는 권리'(환경정보청구권, 제4조), '환경에 영향을 미치는 행정정책적인 사안에 직접 참여하여 본인의 의사를 개진할 권리'(환경정책 참여권, 제6조~제8조) 및 '환경과 관련한 분쟁에 있어서 적극적으로 사법부에 그 심사를 요청할 수 있는 권리'(사법심사청구권, 제9조)로 나눌 수 있다.

보여야 할 것이다.

이 점과 관련하여 유럽인권재판소가 1998년 Guerra 사건에서 환경보호와 인권의 관련성을 인정하는 획기적인 결정을 내려 "유럽사회의 변화와 법발전을 점진적으로 통합하고 그에 상응하는 현대적 문서로서 유럽인권협약을 해석한 것"[88]이라는 평가를 받고 있는 점을 주목할 필요가 있다. 즉, 유럽인권재판소가 Guerra 사건에서 쾌적한 환경에서 생활할 권리는 유럽인권협약에서 확립된 기본적인 시민적·정치적 권리에서 유래하는 것으로 판결한 점은 새로운 움직임이라고 평가할 수 있다.

환경보호를 위하여 규제중심의 접근방법이나 형법 또는 불법행위법을 통한 접근방법보다 인권적 접근방법을 선택하는 경우에 그 이익은 무엇인가? 환경보호에 대한 인권적 접근이 인간중심주의(anthropocentrism)에 기초하고 있음에도 불구하고, 다음과 같은 점에서 그 의미가 있다.[89] 첫째, 환경보호에 대한 인권적 접근은 인권과 관계가 있는 국제환경조약 내에서 조약의 윤리적 기초로 작용할 수 있다. 둘째, 환경보호에 대한 인권적 접근은 인류사회에서 새로운 환경윤리체계의 발전을 장려할 수 있는 생태학적 의식(자각)을 고양하는 것을 도울 수 있다. 특히 환경권은 환경법이 인간중심적인 틀에서 생태중심적인 틀로 변화함에 있어서 유용한 역할을 할 수 있다. 셋째, 환경보호에 대한 인권적 접근은 현행 국제환경법에 존재하는 약점을 보완하는 역할을 할 수 있다. 예를 들면, 환경권의 실현은 국가가 자신의 환경을 보호하는 데 이용되게 할 수 있다. 또한 환경권의 보장은 잠재적으로 국가관할권 밖의 영역을 보호하는 데 활용될 수 있다. 이러한 점은 환경적 인권이 지구환경보호를 위한 국제환경조약의 유용한 구성요소라는 점을 보여주는 것이다. 넷째, 환경보호에 대한 인권적 접근은 본질적으로 미래세대의 권리를 고려해 보는 법철학적 동기를 부여할 수 있다. 마지막으로 실제적으로 환경보호에 대한 인권적 접근은 환경적으로 해로운 활동을 예방할 수 있는 잠재적 가능성을 제공한다.

오늘날 인권은 시민사회에서 중심적이고 절실한 가치로 떠올랐다. 그리고 많은 시민사회운동이 인권개념의 지붕 아래 모여들고 있다. 실로 모든 것이 인권으로 통하는 세상이 된 것이다. 이는 인권사상의 보편적 특성에서 기인하는 것이다. 그러나 해결해야 할 과제도 적지 않다. 기존의 인권개념으로 감당하기 어려운 새로운 이슈들에 직면하고 있는 것이다. 여기에서 인권개념을 재구성하고 발전시켜야 할 당위성이 존재한다. 물론 인권의 본래의 모습(integrity)을 유지하기 위해서는 새로운 인권에 대하여 주의 깊

88) Acevedo, *op.cit.*, pp.481~492.
89) Taylor, *op.cit.*, pp.244~245.

은 고려가 요구된다.[90]

　현재 전체적으로 국제인권법이 쾌적한 환경을 향유할 권리를 완전하게 보장하고 있는지에 대해 확정적으로 결론을 내리기 어렵다. 그러나 많은 국가들이 이러한 권리를 자국의 국내법에 반영하고 있으며 국제인권조약을 비롯한 국제인권기구의 입장은 그 중요성을 더욱 확대하고 있다. 또한 기존의 인권을 적용하여 환경권을 인정하는 사법적 결정들이 나타나고도 있다. 특히 지구환경의 보호는 국제적 및 국내적 조치의 상호작용에 의존하는데, 개인 또는 환경단체에 의한 국내법제도의 이용은 자기 정부로 하여금 그들의 국제적 의무준수를 위한 추가적 압력으로 작용할 수 있다. 더구나 개인의 절차적 권리는 국내환경정책을 구체화하는 데 영향을 미칠 수 있다.

생각하기

1. 환경권이 국제인권조약에 명시적으로 인정될 필요가 있는가?

2. 환경보호에 대한 인권적 접근이 인간중심주의(anthropocentrism)에 기초하고 있음을 비판해 보자.

3. 환경보호에 대한 인권적 접근은 환경적으로 해로운 활동을 예방할 수 있는가?

제2절 ● 무력충돌과 환경보호

Ⅰ. 무력충돌과 환경파괴

　군사적 활동, 특히 무력충돌은 필연적으로 환경에 심각한 영향을 야기한다. 전통적 무기의 사용뿐만 아니라 화학무기, 생물무기, 핵무기 등의 실험, 개발, 생산, 관리 과정에서 많은 양의 위험하고 유독하고 해로운 물질 또는 방사능물질이 배출되며, 이로 인

---

90) P. Alston, "Conjuring Up New Human Rights: A Proposal For Quality Control", *American Journal of International Law*, vol.78, 1984, p.607.

해 회복할 수 없는 심각한 환경오염 및 파괴를 가져올 수 있다.

현대 국제법은 무력사용을 금지하고 있지만 현실에서 국제적 또는 비국제적 무력충돌은 끊이지 않고 있다. 무력사용의 합법성 여부와 관계없이 분명한 점은 무력충돌은 환경파괴를 수반하고 그 후유증은 인간의 생명 및 건강뿐만 아니라 자연환경에도 심각하게 나타난다는 것이다. 무력충돌에 의한 환경파괴의 영향은 장기간에 걸쳐 인간 및 동식물의 생명과 건강에 중대한 피해를 야기한다는 점은 그동안 국제사회에서 발생했던 수많은 무력분쟁에서 확인할 수 있다. 전쟁은 인명만 빼앗는 것이 아니다. 전쟁이 유발하는 환경파괴의 규모는 상상할 수 없을 정도로 방대하고 지속적이다.

인류는 그동안의 역사를 통해서 전쟁이 가져다주는 필연적인 환경파괴를 수없이 경험하여 왔다. 전쟁은 삼림을 파괴하고 수자원을 오염시키거나 폭격을 당한 공장으로부터 환경적으로 유독한 화학물질이 배출되는 경우 인체와 자연에 치명적인 손상을 가져올 수 있다. 전쟁으로 인한 환경파괴는 자연뿐만 아니라 인간에게 심각한 결과를 초래하고, 결과적으로 인간의 기본적 권리, 즉 인권에도 심대한 영향을 미친다. 전쟁은 직접적으로 자연환경을 파괴하는 것뿐만 아니라 인간의 기본적 삶을 불가능하게 하는 재앙을 가져다준다.[91] 그렇다면 국제사회는 그 동안 전쟁이 인류사회에 가져다주는 잔혹한 환경적 재앙을 해결하기 위하여 어떤 노력을 해 왔는가?

전쟁, 즉 무력충돌(armed conflicts)로 인하여 야기되는 인간의 고통을 완화하는 것을 목적으로 발전된 법이 이른바 국제인도법(International Humanitarian Law)이다.[92] 국제적십자위원회(International Committee of the Red Cross: ICRC)는 국제인도법이란 "그 성질상 뚜렷하게 인도적인 전쟁법의 규칙들, 즉 전투원과 일반 민간인을 포함하는 전쟁희생자와 민간인 생활에 필수불가결한 물자를 보호하기 위한 규칙들을 총칭한다"라고 정의한다.[93] 이러한 국제인도법은 무력충돌 시에 해로운 활동으로부터 인간을 보호하는 것을 목적으로 특정 행위를 제한함으로써 무력충돌행위를 규제하는 내용으로 발전해 왔다. 이러한 국제인도법은 오늘날 전쟁 시에만 적용되는 것이 아니라 평화 시에도 적용되는 법규로 확대되어 적용되고 있으나, 좁은 의미의 국제인도법은 전시에 인간의 고통을 경감

---

91) M. Bothe, C. Bruch, J. Diamond and D. Jensen, "International Law Protecting the Environment during Armed Conflict: Gaps and Opportunities", *International Review of the Res Cross*, vol.92, 2010, p.569; K. Hulme, "Environmental Protection in Armed Conflict", in M. Fitzmaurice, D.M. Ong, and P. Merkouris (eds.), *Research Handbook on International Environmental Law* (Edward Elgar, 2010), p.586.

92) 정운장·최재훈, 「국제법신강」 (신영사, 1996), 577면.

93) 정운장·최재훈, 위의 책, 578면.

하거나 극소화하고 그 고통스러운 상태를 개선하기 위하여 적용되는 국제법규를 말한다.

이와 같이 국제사회는 ICRC의 주도적 역할로 무력분쟁으로 인한 인간의 재난과 고통을 경감하거나 극소화하고, 그 고통스러운 상태를 개선하기 위하여 국제인도법을 발전시켜 왔다. 이러한 맥락에서 볼 때, 국제인도법이 직접적으로 환경보호를 목적으로 채택된 것은 아니라고 하더라고 국제인도법상의 규칙들을 적용함으로써 부수적으로 환경보호라는 효과를 가져올 수 있음이 명백하다. 국제인도법에는 무력충돌시 환경보호에 관한 일부 내용을 포함하고 있다. 국제인도법상의 환경보호와 관련한 내용은 우선적으로 생명권(right to life)과 깊은 관련이 있다. 생명권은 모든 인권의 근원이며 기초이다. 인간의 생명은 적합한 환경에서만 유지할 수 있기 때문에 생명권은 건강하고 생태적으로 균형 있는 환경에 대한 권리의 근원이 된다. 생명권은 개인의 권리일 뿐만 아니라 모든 개인이 속해 있는 집단의 권리이다. 또한 모든 정치적 공동체의 권리이며 전체로서 인류의 권리이다. 이러한 생명권과 건강한 환경에 대한 권리는 인권법과 인도법의 토대인 것이다. 따라서 무력충돌 시의 환경파괴 문제는 국제인도법의 문제이기도 하며 국제적 인권문제이기도 하다. 여기서는 국제인도법상의 환경보호 문제를 살펴본다.

II. 무력충돌이 환경에 미치는 영향

전쟁은 인명만 빼앗는 것이 아니라 필연적으로 자연환경을 파괴한다. 전쟁이 유발하는 환경파괴는 역사상에서 수없이 입증되었다.[94] 무력충돌은 환경의 치명적인 손상을 야기한다는 사실은 그동안 수많은 전쟁을 통하여 실증적으로 보여주었다. 정교하고 뛰어난 폭격능력을 특징으로 하는 현대전에서도 상상을 초월하는 환경파괴를 초래한다. 여기서는 전쟁으로 인하여 환경피해가 엄청나게 크게 나타났던 대표적인 유형 몇 가지를 살펴보기로 한다.

---

94) 1991년 걸프전쟁 때 이라크군은 쿠웨이트에서 퇴각하면서 쿠웨이트 유정(油井) 7백여 곳을 방화하여 매일 6백만 배럴 이상의 원유가 타면서 시꺼먼 연기가 발생하여 하늘을 뒤덮었고, 이로 인한 영향이 불가리아, 터키, 흑해 지역에까지 미쳐서 이 지역들에서 산성비가 심해졌다. 악취와 매연 등 각종 오염물질은 주민들의 건강에도 손상을 주어 기관지염, 천식 등 호흡기 질환으로 고통을 겪게 하였고, 장애아 출산도 급증한 것으로 알려졌다. 이뿐만 아니라 생태계에도 심각한 악영향을 비쳤는데, 타르와 기름찌꺼기가 걸프해안을 뒤덮어 바다새 3만여 마리가 떼죽음을 당했는가 하면 바다거북을 비롯한 세계적 희귀동물들이 죽었다. 지하로 스며든 쿠웨이트 지하수 30~40%를 오염시켰다. 걸프 지역의 오염된 물을 완전히 정화하는데 앞으로 2백년이 더 걸린다는 주장도 있다(김한택, 「국제환경법과 정책」 (강원대학교 · 환경부, 2010), 233~234면).

일반적으로 전쟁의 환경에 대한 영향은 다음 세 가지 범주로 나눌 수 있다. 첫째, 계획적인 군사적 목적을 위한 환경파괴, 둘째, 경제적 목적을 위한 환경파괴, 셋째, 부수적인 환경의 손상이다.[95) 경제적 목적을 위한 환경파괴도 대부분 군사적으로 유리한 입장을 획득하기 위하여 이루어진다. 뿐만 아니라 경제적 목적을 위한 환경파괴는 진행 중인 전쟁의 직접적인 효과에 관계없이 장기간에 걸쳐 전투 상대방의 경제활동을 방해하기 위한 초군사적 목적에 의해서 이루어진다. 부수적 환경 손상이란 군사적 목표물에 대한 부정확한 공격 또는 강력한 무기의 사용으로부터 부수적으로 일어나는 환경피해를 말한다.[96) 핵무기를 포함한 현대의 고성능 무기들은 넓은 지역을 황폐화시킬 수 있기 때문에 이러한 무기들의 사용은 부수적 손상을 야기하는 원인이 된다.[97)

전쟁은 다양한 환경문제를 야기한다. 예를 들면, 댐을 폭발한 경우를 생각해 보자. 그동안 댐폭발의 사례는 많이 있었다. 1937~1945년 제2차 청일전쟁 당시에 중국이 황하강의 Huayankow제방(둑, dike)을 다이너마이트로 폭발시켜 일본 병사 수천 명과 중국 민간인 수천 명이 사망하였고, 수백만 헥타르의 농토를 침수시켰다. 또 1943년 5월 제2차 세계대전 당시 연합군은 독일의 Ruhr계곡에 있는 두 개의 주요한 댐을 공격하여 수많은 공장, 다리, 탄광, 철로 등을 파괴하여 환경에 심각한 피해를 주었으며 경작지 3,000헥타르가 오염되었다. 한국전쟁 당시에 미군은 북한에 있는 댐에 대한 공격정책을 수행한 바 있다.[98)

베트남전쟁은 군사적 목적을 위해 계획적으로 환경을 파괴한 전쟁이었다고 볼 수 있다. 베트남전쟁 당시 미군은 북베트남군의 은신처와 농장을 없앤다는 이유로 4,000만 4백만 갤런(gallons)[99)의 화학물질을 베트남 국토의 10%가 넘는 지역에 방출하였다.[100) 그중에 반은 유독성이 대단한 물질인 Agent Orange[101)이었는데, 이는 미군이 사용한

---

95) J. Leggett, "The Environmental Impact of War: A Scientific Analysis and Greenpeace's Reaction", in G. Plant, (ed.), *Environmental Protection and Law of War* (St. Martin's Press, 1992), p.68.

96) N.A.F. Popovic, "Humanitarian Law, Protection of the Environment, and Human Rights", *Georgetown International Environmental Law Review*, vol.8, 1995, p.69.

97) Reggett, *op.cit.*, p.74.

98) A.H. Westing, "Environmental Hazards of War in an Industrializing World", in A.H. Westing, (ed.), *Environmental Hazards of War: Releasing Dangerous Forces in an Industrialized World* (Sage Publications, Inc., 1990), p.6.

99) 대략 83만 3천여 드럼에 해당함.

100) 특히 그중 약 80%는 한국군 작전지역에 집중되어 살포되었다고 한다(김달수, "비무장지대 고엽제살포", 「함께 사는 길」 (환경운동연합, 1999. 12.), 43면).

101) Agent Orange란 베트남전쟁에서 미군이 사용한 고엽제로 암유발, 기형아출산 등의 원인이라는 시비가 끊임없이 제기되고 있는 등 많은 논란이 되고 있다. 베트남의 민간인뿐만 아니라 베트남전쟁에 참가했

고엽제로 남베트남의 맹그로브(mangrove)[102]삼림 54%를 파괴한 것으로 보고되고 있다.[103] 베트남 정부는 미국이 62년에서 71년까지 4200만 리터의 고엽제를 살포했으며, 자국민 7,600만 명 중 100여만 명이 면역결핍 기형아출산 등 후유증을 앓고 있다고 주장하였다.[104] 고엽제의 휴유증은[105] 고엽제에 노출된 이후 보통 5년에서 10년 이후에 나타나는데, 고엽제로 인해 베트남의 콩 트리시에서만 2천 명이 사망하고 8천여 명이 직간접적인 영향을 받았으며, 5천2백 명이 넘는 기형아가 태어났다는 보도도 있었다.[106]

경제적인 동기가 관련되어 있는 환경전쟁은 석유와 같은 자연자원과 관련이 있는 경우도 자주 있다. 1991년 걸프전에서 쿠웨이트의 경제를 파괴할 목적으로, 이라크 군대는 쿠웨이트 유정(oil well) 700개 이상을 조직적으로 파괴하였고, 이와 별도로 이라크 군은 약 3백만 배럴의 석유를 페르시아만에 유입되게 하였다. 유입된 기름 때문에 돌고래, 해우, 바다거북 등 바다 생물이 심각한 피해를 입었다.[107] 바다의 동식물의 생명뿐만 아니라 인간생명을 지원하는 생태계의 다양성이 이러한 기름유출로 심각한 타격을 입었다. 더욱이 유정의 화재 및 파괴에 의해서 발생한 환경손상으로 불이 나지 않은 많은 유정으로부터 원유가 계속 흘러 들어오는 것을 통제할 수 없었기 때문에 환경피해는 더욱 심각해질 수밖에 없었다. 유정의 파괴로 흘러나온 기름은 고속도로까지 뒤덮고 사람들의 거주지역까지 흘러들어 생활환경에 해로운 영향을 끼쳤다. 원유가 불에 타고 그로 인하여 날마다 6백만 배럴의 기름이 유연(油煙)이 되어 대기를 오염시켰다. 보고된 바에 따르면, 걸프전으로 인하여 100만 톤의 기름이 타서 5만 톤의 아황산가스가 배출되고, 10만 톤의 유연성 연기가 대기권을 오염시켰다.[108] 이러한 유정의 화재로 인하여 전 세계에서 발생하는 총매연의 약 10%의 매연이 배출되어 대기를 오염시켰다.[109] 쿠

던 미군, 한국군, 베트남군도 전쟁 이후에도 오랫동안 이 고엽제의 피해로 많은 고생을 하였다.

102) 맹그로브(mangrove)란 열대산 홍수과(紅樹科) 리조포라속의 교목·관목의 총칭으로 습지나 해안에서 많은 뿌리가 지상으로 뻗어 숲을 이루어 홍수림으로도 불린다. 특히 맹그로브 숲은 남베트남에서 복합적이고 경제적으로 중요한 생태계를 지원하고 있다.

103) Reggett, op.cit., p.69.

104) 동아일보, 2000년 7월 18일, A11면.

105) 우리 정부가 고엽제 후유증으로 인정하는 질병은 12가지이다. 그중에 말초신경병이 가장 많이 나타나는데, 운동신경이 손상되어 감각이 마비된다. 또한 혈관이 막혀 발이 썩어 가는 버거병, 임파조직에 암세포가 증식하면서 면역체계를 파괴하는 비호지킨 임파선암, 붉은 여드름이 온몸에 돋고 햇빛에 노출될 경우 증상이 악화되어 외부생활이 불가능한 염소성 여드름, 그 외에 만발성 피부 포르피린증, 호지킨병, 다발성 골수종, 전립선암과 폐암, 후두암, 기관지암, 중추신경장애와 근질환, 갑상선 기능저하, 무혈성 괴사증, 고지혈증, 뇌경색, 연조직 육종암 등이다.

106) 김달수, 앞의 글, 43면.

107) Reggett, op.cit., p.70.

108) Ibid., pp.70~71.

웨이트에서 유연성 연기는 유정 주위의 시계를 급격하게 감소시켰으며 낮 시간의 기온을 10℃까지 하락시키기도 하였다.

걸프전은 의도적인 파괴로 인한 환경손상 이외에 부수적인 손상도 광범위하게 나타났다. 탱크기동작전(tank maneuver)은 허약한 체질의 사막 생태계를 심각하게 파괴하였다. 전투지역에 투입된 군사요원들은 하루에 8백만 갤론의 물을 소비하였고, 매주 가공된 식사 한 끼분을 담은 6백만 개의 플라스틱 백이 이용되었고, 군사용 장비들은 많은 양의 솔벤트, 윤활유 및 전력을 소비하였으며, 산성 등을 배출하였다.110)

1999년의 체첸전쟁 당시 러시아가 체첸반군의 자금원을 차단하면서 수도 그로즈니 주변의 소형 정유공장과 저유탱크 150,000여 곳을 집중 공격하여 인근 지역 하천으로 기름이 유출되어 주변지역이 기름범벅이 되었다.111)

유고전쟁으로 일컬어지는 코소보사태 당시 북대서양조약기구(NATO)가 단행한 20여 차례의 무차별 공습은 유럽의 젖줄인 다뉴브강 유역의 토양과 지하수를 심각하게 오염시켰다.112) 당시 동유럽 15개국 연합 환경단체인 동유럽지역환경센터(REC)는 "NATO의 공습으로 부서진 공장에서 흘러나온 화학물질과 기름은 Danube강으로 흘러들었거나 땅속으로 스며들어 지하수를 오염시켰다"고 주장하였다. 1984년 Union Carbide공장의 화학물질의 유출사고로 수천명의 사망자를 발생하게 했던 인도의 보팔에서와 같은 재래식기술을 사용하고 있는 판체보(Pancevo)의 석유화학 및 농약, 화학비료공장, 정유소도 NATO의 폭격대상이 되었다. 그 결과 화재가 발생하고 염소, 염화에틸렌, 염화비닐단량체 같은 독성화학물질이 대량 유출되어 엄청난 환경오염을 가져왔다. 독가스 구름은 판체보 근교와 유고 북서부 지역, 루마니아와 불가리아까지 확산되어 많은 사람들이 화학물질의 흡입으로 고통을 받았다.113) 유고 생태학자들의 주장은 폭격 당시 판체보공업단지에서 '사라져 버린' 화학물질 수천톤이 다뉴브강 유역을 심각하게 오염시켰다는 것이다. 신유고연방 정부가 1999년 말 발표한 사라진 '독성'화학물질은 수은 100톤, 양잿물로 알려진 수산화나트륨 3,000톤, 독성화학물질인 염소화합물(ECD) 800여 톤 등 8가지이다. 이로 인해 대수층이 발달하여 크고 작은 광천과 온천이 발달해 있는 유고의 지하

---

109) S.A. Earle, "Persian Gulf Pollution: Assessing The Damage One Year later", *National Geography*, 1992. 2, p.122.

110) Reggett, *op.cit.*, p.74.

111) 연합뉴스, 1999년 9월 27일.

112) A. Schwabach, "Environmental Damage Resulting from the NATO Military Action Against Yugoslavia", *Columbia Journal of Environmental Law*, vol.25, 2000, pp.118~120.

113) 마용운, "코소보분쟁과 환경파괴", 「함께 사는 길」 (환경운동연합, 1999. 6.), 51면.

수는 심각하게 오염되었다. 이러한 피해는 유고지역에만 한정되지 않고 세계자연보호기
금(WWF)이 그 심각성을 지적하고 나설 만큼 흑해의 환경에 치명적인 손상을 입혔다.
이러한 독성화학물질에 의한 환경오염은 인간뿐만 아니라 생태계에도 엄청난 악영향을
미쳤다. 예를 들면, 세계적으로 생물다양성이 가장 풍부한 13개국 가운데 하나인 유고
의 다뉴브강 하류에서 살고 있는 철갑상어와 펠리컨 등 여러 생물체를 죽였고, 먹이사
슬을 따라 독성물질의 축적이 일어나고 생식이 불가능하게 되는 등 생물체에 악영향을
미쳤다. 유엔환경계획(UNEP)은 1999년 11월 '유고환경보고서'를 발표하였는데, 당시 클
라우스 퇴퍼 사무총장은 "현대 전쟁에서 갖는 반인류적 파괴행위에 대한 국제사회의 논
의가 절실하다"라고 주장하면서, "상대방의 전쟁 수행능력을 떨어뜨리기 위해 화학·정
유시설을 우선 공격할 수밖에 없는데, 이런 기간시설의 파괴는 최악의 환경훼손을 가져
올 수밖에 없다"고 지적하였다.

한편, 미국군과 영국군에 의해 최초로 걸프전에 사용되었던 열화우라늄탄[114]은 미
국의 참전군인과 이라크인에게 나타나는 '걸프전 신드롬'의 주요 원인인데, 이라크에서
는 지난 1991년 걸프전 이후 사산, 기형아 출산, 백혈병 등이 빈발하고 있으며, 민간인
과 당시 전쟁에 참여했던 군인 2만~10만 명이 치명적인 암에 걸렸다는 보고가 있
다.[115] 1998년 10월 세계보건기구(WHO)는 전쟁을 겪은 이라크 남단지역의 어린이 백
혈병환자 증가에 대한 연구에 착수하였고, 특히 전쟁에 참여했던 이라크 퇴역군인들에
게서 암 발생율이 급격히 증가하였으며, 이라크 서부지역에서 수천명의 퇴역군인들이
원인조차 파악되지 않는 질병 때문에 심한 고통을 겪고 있다. 전쟁이 끝나고 몇 년 후
에도 그들의 소변에서 열화우라늄이 검출되고 있을 정도로 피해가 심각하다. 이렇게 위
험한 열화우라늄탄은 유고전쟁 당시에도 NATO군에 의해 대량 사용되었다.

위의 사례들에서 나타난 바와 같이 무력충돌은 의도하였든 의도하지 않았든 여러
가지 복잡한 환경문제를 야기한다. 불행하게도 역사는 아직 전쟁의 환경적 비용을 명확

---

114) 열화우라늄은 핵무기와 핵발전 산업에서 발생하는 방사성 폐기물로서 중금속의 독성을 가지는 데다,
방사성 알파 미립자를 방출하므로 생명체에 치명적인 위험한 물질이다. 열화우라늄탄은 납으로 만든
탄환 보다 관통력이 1.7배 더 강하기 때문에 탄환과 미사일 속의 납을 대신해 사용되고 있다. 열화우
라늄탄은 폭격기가 목표물을 명중했을 때 충격과 동시에 화염이 뿜어져 나오고, 탱크와 장갑차를 관통
하면서 방사성 우라늄 에어로졸이 방출된다. 이 에어로졸은 우라늄 먼지보다 가벼워 방출된 장소로부
터 대기를 통해서 10km 정도 옮겨갈 수 있으며, 먼지, 바람, 사람의 활동을 통해서 확산된다. 그 입자
가 매우 작기 때문에 호흡을 통해서 허파에 유입된 방사능 에어로졸은 수년 동안 허파 속에 존재하며
30미크론 정도의 강력한 알파 미립자를 발생시켜 폐기종과 섬유증의 원인이 된다. 또한 위장과 허파
조직에 구멍을 내기도 하고, 혈관 속에 침투하거나 간, 신장, 뼈 등의 조직에서 오랫동안 잔류하며 손
상을 입힌다(마용운, 앞의 글, 53면).
115) 마용운, 위의 글.

하게 가르쳐 주지 않았다. 그렇지만 확실한 것은 전쟁이 자연환경에 미치는 영향은 자연환경 자체에 대해서뿐만 아니라 그 속에 살고 있는 인간에게도 지대하다는 것이다.

Ⅲ. 무력충돌에 있어서 환경보호를 규정하고 있는 국제인도법규

1991년 걸프전 당시 이라크가 고의적으로 유정을 파괴하고 해양으로 원유를 방출하여 환경에 대단한 악영향을 미치자 생태계파괴행위(ecocide)에116) 대한 논란이 강하게 제기되었다. 이후 생태계파괴를 금지하는 조약 규정과 국제판례 및 국제기구 결의가 나타났다. 당시 국제사회는 사담 후세인의 전투방법을 '생태테러'(eco-terror)라고 비난하였다. 당시 독일의 외무부장관 Genscher는 이라크의 행위에 대하여 '전쟁범죄의 새로운 형태' 및 '환경전쟁범죄(environmental war crimes)라고 비난하였고, 러시아 환경장관은 '환경범죄'(environmental crimes)라는 용어를 사용하였다.117)

이와 같이 무력충돌이 환경에 커다란 피해를 주는 경우가 다반사로 발생하면서 무력충돌 시에 환경보호문제를 다루는 유엔 결의118) 등이 채택되었다. 물론 이러한 결의들은 기본적으로 민간인과 비군사적 재산을 보호하고자 의도되거나 또한 본질적으로 잔인하고 파괴적인 전쟁의 일정한 방법을 금지하고, 일정한 유형의 무기를 실험하고 사용하는 것을 제한하기 위한 목적으로 채택되었다.119) 그렇지만 이러한 결의 내용으로부터

---

116) 생태계파괴행위(ecocide)란 환경의 고의적이고 적대적인 변경행위(deliberate and hostile modification of the environment)를 말한다(L.D. Guruswamy, G.W. Palmer, B.H. Weston and J.C. Carlson, *International Environmental Law and World Order* (West Information Pub. Group, 1999), p.1086).

117) E.M. Kornicker Uhlmann, "State Community Interests, Jus Cogens, and Protection of the Global Environment", *Georgetown International Environmental Law Review*, vol.11, 1998, pp.120~121.

118) 유엔안전보장이사회는 1991년 4월 3일 결의 687을 통해 '이라크의 쿠웨이트에 대한 불법적인 침략 및 점령의 결과로서 환경손상 및 자연자원의 파괴에 대한 국제법상 이라크의 책임'을 재확인하였다. 그리고 1992년 11월 UN총회는 무력충돌시 환경의 보호문제에 대하여 결의를 채택하였다. UN총회는 이 결의에서 걸프전 당시 이라크가 취했던 전쟁수단을 언급하면서 유정(油井)을 파괴하고 원유를 해양으로 방출한 행위는 명백하게 환경을 파괴하는 행위임을 상기하면서 환경손상에 대한 우려를 표명하면서, 동시에 현재 국제법 규정은 '그러한 행위를 금지하고 있으며 환경파괴는 군사적 필요에 의해서도 정당화될 수 없는 행위로 현행 국제법에 명백하게 반하는 것이다'고 선언하였다(UN G.A. Res.37 UN GAOR, 47th, Sess., Supp. No.49, at 290, UN Doc. A/47/49(1993), reprinted in D. Rauschning *et al.* (eds.), *Key Resolutions of the United Nations General Assembly* 1946-1996 (Cambridge University Press, 1997), p.428).

119) Schwabach, *op.cit.*, p.121.

무력충돌 시에 환경보호를 위해 적용이 가능한 규칙을 찾아낼 수 있다.

　일찍이 일부 국제인도법규가 환경보호 문제도 함축하고 있었음에도 무력충돌로 인한 환경피해 문제와 관련하여 논의하기 시작한 것은 비교적 최근의 일이다. 이제 국제사회는 핵무기, 화학무기, 생물무기 등 최신의 대량파괴 무기의 개발에 따라 야기될 수 있는 환경에 대한 위협문제를 심각하게 인식하고 있다.

　여기서는 국제인도법상 환경보호와 관련 있는 주요한 규정들을 검토하여 이러한 규정들이 어떻게 환경을 파괴하는 군사적 활동에 적용될 수 있는지를 살펴본다.

1. 헤이그협약(일명 헤이그 육전규칙)

　1899년 및 1907년의 육전의 법규 및 관례에 관한 헤이그협약(이하 헤이그협약)은 기본적으로 군사적 활동을 규제하는 데 목적을 두고 있다.[120] 즉, 헤이그협약의 준수가 인간이나 환경에 이익을 줄 수는 있지만, 헤이그협약 자체가 직접적으로 인간을 보호하기 위하여 체결된 것도 아니고 직접적으로 자연을 보호하기 위하여 체결된 것도 아니다. 그럼에도 불구하고 헤이그협약에는 환경보호와 관련 있는 규정이 여러 곳에 있다. 먼저 헤이그협약의 규칙 제22조는 "해적(害賊)수단을 선택할 수 있는 교전자의 권리는 무제한한 것이 아니다"라고 규정하여 군사적 활동에 제약이 있음을 선언하고 있다. 제23조는 불필요한 고통을 주는 무기, 투사물, 기타의 물질을 사용하는 것을 금지하고 있으며, 또한 불필요하게 적의 재산을 파괴하는 것도 금지하고 있다. 제25조에서는 "방어되지 않는 도시, 촌락, 주택 또는 건물은 어떠한 수단에 의하건 이를 공격 또는 포격할 수 없다"라고 규정하고 있으며, 제27조에는 포위공격 및 포격을 행함에 있어서 종교·예술·학술 및 자선의 용도에 제공되는 건물, 역사적 기념물 등이 되도록 피해가 가지 않도록 필요한 조치를 취하도록 하고 있다. 그리고 제28조는 "공격(assault)에 의한 경우일지라도 도시 또는 기타 지성(地城)을 약탈할 수 없다"라고 하고 있다. 이러한 규정들은 직접적으로 환경보호를 위해 어떠한 군사적 활동이 제한되는지 특정하고 있지는 않다.

　제55조에 의하면 점령국은 "적국에 속하며 또한 점령지에 있는 공공건물, 부동산, 삼림 및 농장의 관리자 및 용익권자"의 지위에 있으며, 점령국은 "이러한 재산의 기본을 보호하며, 용익권의 법칙에 따라 이를 관리하여야 한다"라고 규정하고 있다. 이 규정에 의하면 점령국은 피점령국의 자연적 부로부터 이익을 얻을 수는 있지만 자연에 손상

---

120) Espiell, *op.cit.*, p.19.

을 끼쳐서는 안 된다. 따라서 점령국은 점령지 내의 자연자원을 합리적으로 이용할 수
는 있지만, 무분별하게 사용하거나 악의적인 파괴하는 것은 허용되지 않는다.

　헤이그협약상 환경보호와 관련 있는 이러한 규정들이 환경보호를 위한 도구로서 폭
넓게 승인된 것은 아니지만, 이러한 규정들은 역사적으로 또는 문화적으로 중요한 자연
지형의 보호 및 군사적 필요의 범위를 넘어선 환경파괴행위에 적용되어야 할 것이다.
환경보호와 관련 있는 규정이 준수되면 결과적으로 인간과 환경을 보호하는 부수적 효
과를 얻게 될 것이다. 헤이그협약은 후에 국제인도법의 내용이 자연환경의 보호문제까
지 확대됨에 있어서 관련 조약의 기초를 제공하였다고 평가할 수 있다.[121] 따라서 헤이
그협약은 인간생명 및 문화적·역사적 환경의 보존을 요구함으로써 전쟁을 통한 파괴행
위를 제한하고자 하는 국제법규로 이해하여야 할 것이다.[122]

2. 제네바협약

　제2차 세계대전의 쓰라린 경험을 토대로 1949년에 체결된 4개의 제네바협약은[123]
당사국간의 전쟁 또는 기타 무력충돌의 모든 경우에 그리고 당사국 영토가 일부 또는
전부 점령된 모든 경우에 적용된다.[124] 제네바협약은 무력분쟁 및 점령의 시초부터 적
용되고, 무력분쟁 당사국의 영역 내에 있어서는 본 협약의 적용은 군사행동의 일반적
종료와 동시에 정지되고, 점령지역의 경우에 있어서는 본 협약의 적용은 군사행동의 일
반적 종료 일 년 후에 정지된다.[125]

　'전시 민간인의 보호에 관한 제네바협약'(제네바 제4협약)은 4개의 제네바 협약 중 민
간인보호를 다루고 있는 유일한 협약이다. 무력분쟁의 희생자들에 대한 존중과 보호 및
인도적 대우를 확보하기 위해 교전당사국 내에 있는 외국인 또는 점령지역 내에 있는
주민이 교전당사국 또는 점령국의 안전에 유해한 활동을 하지 않는 한 그들을 보호하도
록 하고 있으며, 비국제적 무력충돌의 경우에도 적대적 행위에 직접 참여하지 않는 자

---

121) Popovic, *op.cit.*, pp.72~73.
122) Schwabach, *op.cit.*, pp.123~125.
123) 1949년 4개의 제네바협약은 다음과 같다.
　　① 육전에서의 군대의 상병자의 상태개선에 관한 협약(제네바 제1협약)
　　② 해상에서 군대의 상병자 및 조난자의 상태개선에 관한 협약(제네바 제2협약)
　　③ 포로의 대우에 관한 협약(제네바 제3협약)
　　④ 전시 민간인 보호에 관한 협약(제네바 제4협약)
124) 4개의 제네바협약은 모두 각각 제2조에 이와 동일한 내용을 규정하고 있다.
125) 제네바 제4협약 제6조.

는 불리한 차별을 두지 않고 인도적으로 대우할 것을 규정하고 있다.

동 협약은 '피보호자'(protected persons)에 대한 특별한 보호를 규정하고 있는데, 여기서 '피보호자'란 "무력충돌 또는 점령의 경우에 있어서, 특정의 시기 및 방법에 관계없이, 충돌 당사국 또는 점령국의 권력 내에 있는 자로서 동 충돌 당사국 또는 점령국의 국민이 아닌 자"를 말한다.[126] 동 협약은 "피보호자들에게 육체적 고통을 주거나 또는 그들을 학살(extermination)하는 것과 같은 성격을 가진 조치를 취하는 것"을 금지하고 있다. 또한 피보호자들에 대한 살해, 고문, 육체적 형벌, 신체의 절단(mutilation) 및 피보호자의 치료에 필요하지 않은 의학적·과학적 실험을 금지하고 있을 뿐만 아니라 "기타 잔학한 조치"(other measures of brutality)도 금지하고 있다.[127] 여기서 "기타 잔학한 조치"를 확대적용하여 환경파괴를 이에 해당하는 것으로 보아야 한다. 그래야 베트남전쟁에서 있었던 네이팜탄(napalm bomb)의 사용과 같은 가장 잔인한 환경파괴행위를 규제할 수 있다.[128]

또한 동 협약은 "사인, 국가, 기타 공공당국, 사회단체 또는 협동단체에 속하는 부동산 또는 동산의 점령군에 의한 파괴는 그것이 군사활동에 절대 필요한 경우가 아닌 한 일체 금지된다"라고 규정하고 있다.[129] 이는 헤이그협약 제23조 및 제55조와 동일하게 군사적 필요성의 원칙 및 점령국의 점령지 내에서의 행위를 규제하고 있는 것이다. 그런데 이 규정은 점령지의 재산을 보호하는 데 그 의도가 있는 것이지, 환경적 요소를 보호하는 데 그 목적이 있는 것이 아니기 때문에 환경파괴에 적용하는 데는 한계가 있다. 그리고 동 협약은 점령국에게 주민의 식량 및 의료품의 공급을 확보할 의무를 부과하고 있는데,[130] 동 규정 자체는 환경보호를 규정하고 있는 것은 아니지만 식량을 확보하기 위한 농업의 보호는 환경을 간접적으로 보호할 수도 있다. 그렇지만 이 규정 자체로서 환경을 보호하는 것은 현실적이지 못하다는 견해가 지배적이다. 또한 제네바 제4협약은 점령국에게 점령지의 의료 및 병원 시설과 서비스 그리고 공중보건 및 위생을 확보하고 유지할 의무를 부과하면서, "특히 전염병 및 유행병의 만연을 방지하기 위하여 필요한 예방적 조치를 채택하여 이를 실시"하도록 규정하고 있다.[131] 물론 이 규정도 질병을 다스리기 위한 조치를 통하여 간접적으로 환경보호를 위한 규정이라고 볼

---

126) 제네바 제4협약 제4조.
127) 제네바 제4협약 제32조.
128) Popovic, *op.cit.*, p.74.
129) 제네바 제4협약 제53조.
130) 제네바 제4협약 제55조.
131) 제네바 제4협약 제56조.

수 있다. 건강, 위생 그리고 깨끗한 환경은 질병억제의 본질적 요소이기 때문이다.

제네바 제4협약의 규정에서 환경보호와 관련하여 주목할 만한 또 다른 내용은 제15조가 중립지대(neutralized zone)의 설치에 관하여 규정하고 있다는 점이다. 이 규정에 근거하여 환경파괴로부터 자유로운 중립지대를 설정할 수 있을 것이다. 중립지대가 환경적으로 아주 민감한 지역에 설치된다면, 환경보호에 특히 유용한 것이 될 것이다.132)

결론적으로, 제네바 제4협약의 규정들은 무력충돌 시에 사람을 보호하고 사람에게 도움이 되는 하부구조적인 요소를 보호하는 것이다. 그런데 이러한 규정들 중에 유일하게 제53조는 물적 재산의 보호에 관한 내용을 두고 있다. 제53조는 재산의 파괴가, 제32조의 짐승 같은 잔인한 취급으로 인하여 발생한 것이든 아니든, 제55조상의 식량 또는 의료품 공급의 와해로 인하여 발생한 것이든 아니든, 또는 제56조상의 의료 시설 및 서비스의 장애로 인하여 발생한 것이든 아니든 적용된다. 제53조의 대상인 재산(property)이 인간의 필요와 특별한 관련이 있을 것을 요구하고 있지 않기 때문에, 제53조는 자연환경을 보호하기 위한 추가적 조치를 규정하고 있는 것으로 해석할 수 있다.133) 이와 같이 제네바 제4협약도 헤이그협약과 마찬가지로 그 기능상의 효과를 통하여 간접적으로 환경보호의 효과를 가지게 하는 특성을 갖고 있다.134)

3. 환경변경기술의 군사적 또는 기타 적대적 사용의 금지에 관한 협약

오늘날 과학의 발전으로 인위적인 환경변화로 야기되는 효과를 군사적으로 이용하는 것이 가능해졌다. 즉, 인공강우기술로 폭풍우를 일으키거나 지진, 해일을 유발하고, 어느 지역의 생태계를 파괴하거나, 기상(weather) 및 기후(climate)의 형태를 변경하거나, 해류, 오존층, 전리층(state of ionosphere)을 변경시킬 수 있다면 이를 전략적 또는 전술적 무기로 사용할 수 있다. 실제로 베트남전쟁에서 미국이 부분적인 강우변경을 군사작전에 이용함으로써, 환경변경기술이135) 평화적 목적이 아닌 군사적 목적으로 악용될 가

---

132) P. Antoine, "International Humanitarian Law and the Protection of the Environment in time of Armed Conflict", *International Review of the Red Cross*, No.291, 1992, p.534.

133) Popovic, *op.cit.*, pp.74~75.

134) Schwabach, *op.cit.*, pp.125~128; 성재호, "무력충돌시의 환경보호", 「인도법논총」, 제16호(1996. 8.), 167면.

135) ENMOD협약 제2조는 환경변경기술에 대하여 정의를 내리고 있는데, "환경변경기술"이란 자연과정의 고의적인 조작을 통하여 생물상(biota), 지각(lithosphere), 수계(hydrosphere) 및 대기권을 포함한 지구의 또는 우주공간의 역학, 구성 또는 구조를 변화시키는 모든 기술을 의미한다.

능성에 대하여 많은 국가가 관심을 가지게 됨으로써 이를 규제하기 위한 '환경변경기술의 군사적 또는 기타 적대적 사용의 금지에 관한 협약'(이하 ENMOD협약)이136) 1976년 12월 10일 유엔총회에서 채택되었다.137) 동협약은 의도적인 자연환경의 변경으로 인하여 환경이 파괴되는 것을 규제하는 것을 목적으로 체결된 최초의 조약이다.138) ENMOD협약상의 환경관련 규정을 보면 우선, "협약의 각 당사국은 다른 당사국에 대한 파괴, 손상 또는 위해의 수단으로서 광범위하거나, 장기적이거나 또는 심각한 효과를 미치는 환경변경기술을 군사적 또는 기타 적대적 행위로 이용하지 아니한다"라고 규정하고 있다.139) ENMOD협약은 계속하여 "협약의 각 당사국은 어느 국가, 국가그룹 또는 국제기구가 본조 제1항의 규정에 반하는 활동에 종사하는 것을 돕거나 고무하거나 권유하지 아니한다"라고 규정하고 있다.140)

ENMOD협약을 해석해 보면, 동 협약상 사용이 금지된 환경변경기술은 첫째, 그것이 적대행위에 이용되고, 둘째, 그러한 환경파괴행위가 3가지 요건, 즉 '광범위하거나', '장기적이거나', '심각한' 것 중 하나에 해당되는 것이어야 한다. 그렇다면 여기서 말하고 있는 '광범위하거나', '장기적이거나', '심각한'의 의미는 무엇인가? 보통 '광범위'(widespread)는 수백km²의 지역을 의미하며, '장기적'(long-lasting)이라 함은 수개월 또는 한 계절 동안 지속되는 것을 의미하며, '심각한'(severe)의 의미는 인간의 생존, 자연자원, 기타 재산에 대한 중대하고 현저한 파괴 또는 손상을 말한다.141) 여기서 알 수 있는 점은 환경변경기술의 이용이 전면적으로 금지된 것이 아니라 비군사적인 목적으로는 사용이 가능하다는 점이고,142) 그것을 군사적 또는 적대적으로 사용하더라도 아주 짧은 기간 내에 좁은 지역에서 덜 심각하게 영향을 미치는 정도라면. 동협약상 금지되지 않는다는 해석이 가능하다는 점이다.143)

결론적으로 ENMOD협약은 환경을 인위적으로 변화시키거나 파괴하는 것은 인간

---

136) 동협약의 정식명칭은 Convention on the Prohibition of Military or Any Other Hostile Use of Environment Modification Techniques이다. 1978년 10월 5일 발효. 1108 UNTS 151.

137) ENMOD협약의 체결과정에 대해서는 정운장, 「국제인도법」(영남대출판부, 1994), 87면 참조.

138) P. Sands and J. Peel, *Principles of International Environmental Law*, 4th ed. (Cambridge University Press, 2018), p.834.

139) ENMOD협약 제1조 제1항.

140) ENMOD협약 제1조 제2항.

141) Antoine, *op.cit.*, p.526.

142) 이러한 점은 동협약 제3조 제1항에서 명백히 규정하고 있다. 즉, "본 협약의 규정은 평화적 목적의 환경변경기술의 사용을 방해하지 아니하며 이러한 사용에 관한 국제법상 일반적으로 승인된 원칙과 적용가능한 규칙에 영향을 미치지 아니한다."

143) 정운장, 앞의 책, 311면.

의 복리에 부정적인 영향을 미친다는 점을 명백히 천명함으로써 인간의 복리를 보호하기 위하여 환경파괴를 금지하기 위한 목적으로 제안된 국제조약으로서 의의가 있기는 하지만, 환경을 파괴하거나 손상시킬 수 있는 인위적인 환경변경기술의 이용을 제한하는 데에는 많은 한계가 있다.144)

4. 1977년 제네바협약 제1추가의정서

'1949년 8월12일자 제네바협약에 대한 추가 및 국제적 무력충돌의 희생자보호에 관한 의정서'(이하 제1추가의정서라 약칭함)는 국제인도법 중에서 가장 명확한 환경보호 규정을 포함하고 있다. 제1추가의정서는 환경을 파괴하는 행위를 포함한 전쟁행위의 한계에 관하여 규정하고 있는데 그 대표적인 조항이 제35조와145) 제55조이다.146) 제1추가의정서는 환경보호는 인간의 건강 및 생존에 필수적이라는 점을 인정하고 있다. 그래서 제1추가의정서는 선행자에게 수반하는 환경보호 요구를 명확하게 하고 있다. 제1추가의정서 제35조는 전투 방법과 수단에 관한 기본적 규칙을 규정하고 있다. 즉, "어떠한 무력충돌에 있어서도 전투수단 및 방법을 선택할 충돌 당사국의 권리는 무제한한 것이 아니다"라고 규정하면서, "자연환경에 광범위하고 장기간의 심각한 손해를 야기할 의도를 가지거나 또는 그러한 것으로 예상되는 전투 수단이나 방법을 사용하는 것은 금지된다"라고 전쟁을 통한 자연환경의 파괴를 금지하고 있다.

제1추가의정서는 모든 환경파괴에 대하여 규정하고 있지 않고, 단지 자연환경에 광범위하고 장기간의 심각한 손상을 야기할 의도를 가지거나 또는 그러한 것으로 합리적으로 예상되는 파괴에 대해서만 규정하고 있다.

제35조와 유사한 규정인 제55조는 제1항에 "광범위하고 장기적인 심각한 손상으로

---

144) Schwabach, op.cit., pp.128~129.
145) 제35조 (전투방법 및 수단)(methods and means of warfare)
   1. 어떤 무력충돌에 있어서도 전투수단을 및 방법을 선택할 충돌당사국의 권리가 무제한한 것은 아니다.
   2. 과도한 상해 및 불필요한 고통을 초래할 성질의 무기, 투사물, 물자, 전투수단을 사용하는 것은 금지된다.
   3. 자연환경에 광범위하고 장기간의 심각한 손해를 야기할 의도를 가지거나 그러한 것으로 예상되는 전투수단이나 방법을 사용하는 것은 금지된다.
146) 제55조 (자연환경의 보호)
   1. 광범위하고 장기간의 심각한 손해로부터 자연환경을 보호하기 위하여 전투 중에 주의조치가 취해져야 한다. 이러한 보호는 자연환경에 대하여 그러한 손해를 끼치고 그로 인하여 주민의 건강 또는 생존을 침해할 의도를 갖고 있거나 또한 침해할 것으로 예상되는 전투방법 또는 수단의 사용금지를 포함한다.
   2. 보복의 수단으로서 자연환경에 대한 공격은 금지된다.

국가의 관할권 및 통제를 넘어선 영역의 환경을 존중해야 하는 것을 보장할 국가의 일반적 의무는 국제환경법 내용의 중요한 한 부분이다"라고 하였다.153) 그리고 ICJ는 이 사건의 권고적 의견을 통해 제네바협약 제1추가의정서 제35조 제3항과 제55조 제2항은 '광범위하고 장기간의 심각한 환경손상에 대하여 자연환경을 보호할 일반적 의무를 구체화시켰다'고 지적하면서 이에 서명하여 동의한 모든 국가에게 강력한 구속력이 있다고 밝혔다.154)

그리고 국제형사재판소 로마규정(Rome Statute of the International Criminal Court) 제8조 제2항 (b)(ⅳ)에는 "예상되는 구체적이고 직접적인 제반 군사적인 이익과의 관계에 있어서 … 자연환경에 대하여 광범위하고 장기간의 중대한 피해를 야기한다는 것을 인식하고서도 의도적인 공격의 개시"를 전쟁범죄(war crime)로 규정하고 있다.

Ⅳ. 국제인도법의 적용을 통한 환경보호의 한계 및 극복방안

제네바협약과 그 추가의정서들은 환경적 영향을 미치는 무력충돌에 적용되지만, 그 적용 및 이행의 한계는 관련 규정들의 실효성을 가로막는 요인이 되고 있다. 국제적십자위원회(ICRC)의 도움 또는 격려를 받기는 하지만, 제네바협약과 추가의정서들의 이행 및 준수에 대한 대부분의 책임은 당사국 자체에 있다.

제1추가의정서는 효과적인 시행을 위한 다양한 조치를 규정하고 있는데, 이를 구체적으로 살펴보면, 먼저 체약당사국 및 충돌 당사국에게 제네바협약과 본 의정서상의 자국 의무의 이행을 위해 지체없이 모든 필요한 조치를 취하도록 하고 있고,155) ICRC가 자기에게 맡겨진 임무를 수행할 수 있도록 당사국에게 편의를 동 위원회에 제공하도록 요구하고 있으며,156) 그리고 당사국에게 제네바협약과 본 의정서의 적용에 관하여 군대에 시달되는 지시에 관하여 군지휘관에게 자문을 해 줄 법률고문을 확보하도록 하고 있고,157) 당사국에게 무력충돌 시뿐만 아니라 평시에도 제네바협약과 본 의정서의 보급하고 학습을 장려하도록 하고 있으며,158) 또한 당사국에게 본 의정서의 적용을 보장하기

---

153) *Ibid.*, pp.241~242, para.29.
154) *Ibid.*, p.242. para.31.
155) 제1추가의정서 제80조 제1항.
156) 제1추가의정서 제81조.
157) 제1추가의정서 제82조.
158) 제1추가의정서 제83조.

위하여 자국이 채택한 법률 및 규칙을 상호전달하도록 하고 있다.159)

이와 같이 제1추가의정서는 제네바협약과 본 의정서의 이행과 관련하여 당사국의 행동과 자체 감시에 중점을 두고 있는데, 이는 무력충돌시 환경위해를 피하는 데 있어서 상당한 약점이 아닐 수 없다. 첫째, 협약이 사람에 대한 취급에 중점을 두고 있기 때문에 (물론 환경보호도 궁극적으로는 인간에게 이익을 주는 것이지만) 지방 군지휘관은 협약에 포함되어 있는 환경보장에 관한 내용을 모르거나 또는 그것에 대해 적절한 주의를 기울이지 않을 수 있다. 제1의정서 제80조 제1항은 "체약당사국 및 충돌당사국은 군지휘관들에게 그들의 지휘하에 있는 군대의 구성원 및 그들의 통제하에 있는 다른 자들의 제네바협약 및 본 의정서에 대한 위반을 예방하고 필요한 경우에는 이를 억제하며, 권한 있는 당국에 이를 보고하도록 요구하여야 한다"고 규정하고 있다. 그러나 지방당국이 그러한 위반을 무시해 버린다면, 이 조항은 아무런 도움을 줄 수 없다. 둘째, 대부분의 경우에 환경손상은 회복이 불가능하거나 장시간이 필요하기 때문에, 단지 환경위해가 발생한 후에 개입하는 것은 그 완화 및 억제조치를 더욱 어렵게 만들 수 있다.160)

제네바협약 및 추가의정서는 이른바 '중대한 위반'(grave breach)으로 간주하는 인도법의 최악의 침해에 대한 특별 조항들을 두고 있다. 그중 제1추가의정서 제85조 제3항은 '어떤 공격이 과도한 생명의 손실, 민간인에 대한 상해 또는 민간물자에 대한 손상을 야기할 것이라는 것을 인식하면서 민간주민 또는 민간물자에 영향을 미치는 무차별 공격(indiscriminate attack)을 개시하는 것', '어떤 공격이 과도한 생명의 손실, 민간인에 대한 상해 또는 민간물자에 대한 손상을 야기할 것이라는 것을 인식하면서 위험한 물리력(dangerous forces)을 함유하는 시설물에 대하여 공격을 개시하는 것' 등을 중대한 위반이라고 규정하고 있고, 동 제4항은 권한 있는 국제기구에 의하여 특별한 보호가 부여되고 있는 역사적 기념물 및 예술작품에 대한 공격도 중대한 위반이 될 수 있음을 규정하고 있다.

유독물질을 생산하는 공장 및 핵시설의 폭발 등과 같은 전시에 이루어지는 활동은 인간 및 환경에 비참한 결과를 가져올 가능성을 잠재하고 있기 때문에 제네바협약의 중대한 위반에 대한 구제는 매우 중요하다. 제네바협약 및 의정서에 대한 중대한 위반은 전쟁범죄로 간주되어야 한다.161) 당사국은 중대한 위반을 억제하여야 할 의무가 있고, 더 나아가 당사국에게 "작위의무가 있는 경우에 이를 행하지 않음으로써 발생하는 중대

---

159) 제1추가의정서 제84조.

160) Popovic, *op.cit.*, p.77.

161) 제1추가의정서 제85조 제5항.

한 위반을 억제하기 위한 필요한 조치를 취해야 할" 의무를 부과하고 있다.162) 당사국은 중대한 위반을 범한 자들을 검거하여 재판에 회부하여야 한다. 베트남전쟁 당시 네이팜탄을 사용한 것이나 걸프전 당시 유정에 고의적으로 방화한 행위는 중대한 위반에 해당한다고 보아야 할 것이다. 따라서 범행자들은 형사소추되어야 하며, 협약 당사국들은 이들을 재판에 회부하도록 요구하여야 한다.

제네바협약 및 제1의정서에서 정의된 바와 같은 중대한 위반이라고 주장되는 모든 혐의사실을 조사할 수 있는 권한을 가진 국제사실조사위원회(International Fact-Finding Commission)를 설치할 수 있다.163) 또한 위원회는 주선을 통하여 장래의 위반을 예방할 수 있는 명령을 내릴 수 있다. 위원회는 사실을 조사하고 보고서를 통하여 당사국들에게 권고(recommendations)할 수 있다. 그런데 국제사실조사위원회는 문제가 된 중대한 위반이 강대국에 의해 행해진 경우, 전적으로 국제공동체의 정치적 의지에 의존하는 한계가 있다.

마지막으로 제네바협약 또는 추가의정서를 위반한 당사국은 배상할 책임이 있고, 이때 동 당사국은 자국 군대의 일부를 구성하는 자들이 행한 모든 행위에 대하여 책임을 진다.164)

이상과 같은 규정들이 국제인도법 위반에 대한 중요한 이행 및 준수 메커니즘을 만드는 것이지만, 이러한 이행 및 준수 메커니즘은 예방적 능력이 결여되어 있기 때문에 환경위해의 경우에 그 유용성이 제한된다. 예를 들어, 핵시설의 폭파가 이루어진 이후에 진행되는 사실조사 및 권고는 거기서 초래하는 환경문제를 제기하기에는 너무 늦다. 그러한 사실이 있은 후에 환경손실에 대한 배상이나 보상은 가능할지 몰라도 전쟁으로 파괴된 환경은 원상태로 회복되는 것은 불가능하든지 상당한 기간이 필요하다. 한번 붕괴된 생태계는 원상태로 회복되기 거의 불가능하다.

전쟁의 속성 및 국제인도법의 양태(modality)는 전투결정의 세세한 점까지 통제하는 이행구조를 불가능하게 한다. 군사적 활동의 환경에 대한 영향을 고려함에 있어서 반드시 유념해야 할 점은 손해가 발생하기 전에 군사적 활동이 가져다줄 환경에 대한 영향을 정확하게 검토하여야 한다는 것이다. 구제를 기대하는 것은 적대행위가 진행되는 동안에는 거의 비현실적이나, 일정 종류의 예방조치는 실행이 가능할 것이고 환경보호를

---

162) 제1추가의정서 제86조 제1항.
163) 제1추가의정서 제90조. 체약당사국 20개국 이상의 합의에 의하여 구성되며, 15인의 위원으로 구성된다. 이 위원들은 개인 자격으로 활동한다.
164) 제1추가의정서 제91조.

확실히 용이하게 할 것이다.

제네바협약 및 추가의정서의 이행구조와 관련한 또 다른 문제는 국제사실조사위원회의 사실판정을 공표하지 못하게 하고 있다는 점이다.165) 예를 들어, 핵시설 파괴 또는 수자원의 방사능 오염 등으로 환경위해가 예상되는 경우 또는 계속해서 생명, 건강 및 환경을 위협하는 경우, 대중이 그러한 정보에 접근하는 것을 허용하는 것은 매우 중요하다. 따라서 국제적십자위원회가 그 임무를 수행하거나 또는 개인을 보호함에 있어서 기밀성의 보장이 필요한 경우가 있겠으나, 계속적인 심각한 환경위험은 공표되어야 할 것이다. 또 한 가지 지적한 사항은, 인권침해의 피해자 개인에게 구제를 허용하고 있는 유엔 및 지역적 인권제도와는 달리 제네바협약은 개인고발제도를 정식으로 규정하고 있지 않다. 따라서 국제인권법상의 개인고발제도를 국제인도법에 도입하여 무력충돌시 환경파괴로 인하여 피해를 입은 자가 구제를 받을 수 있도록 하는 방안도 생각해 볼 수 있겠다. 그리고 국제인도법의 적용을 통하여 환경보호라는 목적을 달성하기 위해서는 무력충돌시 환경에 대한 고의적인 심각한 손상이 강행법규에 의해 금지되어야 한다.166)

법언 중에 "가장 정의롭지 못한 평화라도 가장 정의로운 전쟁보다 낫다"(The most unjust peace is to be preferred to the justest war)라는 말이 있다. 극단적인 표현이기는 하지만 전쟁이 일어나지 않은 때의 정의롭지 못한 일이라도 전쟁이 일어났을 때에 벌어지는 참혹함과 아픔에 비교하면 사소한 것에 불과하다고 할 수 있다. 인류 역사 이래로 전쟁이란 물리적 폭력의 세계에서 존재하는 것으로 규범적인 이성의 세계와는 단절된 것으로 간주하였다. 그러므로 전쟁 시에는 이성의 표현인 법률도 침묵하는(Laws are silent in time of war) 것으로 여겼다. 이러한 측면에서 볼 때, 국제사회가 전쟁시 환경보호를 위한 훌륭한 법을 마련하고 있더라도 무력충돌이 발생하면 그러한 법은 무용지물이 될 가능성이 높다. 따라서 최선의 방법은 환경을 파괴하는 극악무도한 전쟁을 예방하는 것이다.

전쟁 시에 환경에 대한 고의적이고 심각한 파괴문제를 해결하는 것이 지구환경보호에 있어서 가장 절박한 문제는 아니다. 왜냐하면, 근본적으로 환경보호 문제는 무력충돌이라는 예외적인 상황에서보다 평시 빈번하게 제기되기 때문이다. 그러나 평시에 비해 무력충돌시 환경에 대한 고의적이고 심각한 손상은 그 파괴력과 피해의 정도가 비교할 수 없는 것이다. 전쟁은 생명의 존엄과 환경을 파괴하는 가장 극악한 수단이다. 무력

---

165) 제1추가의정서 제90조 제5항 (c).

166) W.T. Gangl, "The *Jus Cogens* Dimensions of Nuclear Technology", *Cornell International Law Journal*, vol.13, 1980, p.87; S. Kadelbach, *Zwingendes Völkerrecht* (C.H. Beck Verlag, 1992), S.320; 박병도, "지구환경보호와 강행법규", 「국제법평론」, 통권 제13호(2000. 8.), 65~69면.

충돌이 환경에 치명적인 손상을 야기한다는 사실은 그 동안 수많은 전쟁을 통하여 실증적으로 드러났다.

그런데, 국제인도법은 광범위하게 전쟁행위를 규제하고 있음에도 불구하고, 그 기본구조가 전쟁의 환경에 대한 영향을 취급하는 데 있어 효과적이라고 입증된 것도 아니고, 피해자를 구제하는 데에도 효과적이지 못하다. 이러한 맥락에서 볼 때, 피해자에게 적절한 절차에 접근할 수 있도록 보장하는 것은 무력충돌의 환경에 대한 영향에 관한 문제를 제기하기 위한 유용한 제도를 제공하는 것이라고 볼 수 있다. 전쟁의 환경에 대한 영향을 효과적으로 다루고 피해자 개인을 위한 구제방법의 이용가능성을 높이기 위해서는 실체적 및 절차적 제도의 범위를 확대하는 것이 필요하다.

물론 가장 바람직한 방향은 무력분쟁이 발생하지 않도록 국제사회가 노력하는 것이 겠으나, 무력분쟁을 사전에 예방할 수 없다면 이로 인한 환경파괴를 감소하기 위한 법적 체제를 구축하는 것이 필요하다. 지금까지 살펴본 바와 같이 무력충돌시 환경보호와 관련한 국제인도법상의 규정이 존재하고 있지만 이의 실효적 이행이 미흡한 상태이기 때문에, 이를 보완하거나, 별도의 일반적인 무력충돌시 환경보호를 목적으로 하는 국제조약의 체결이 요구된다 할 것이다.

V. ILC에서의 논의 동향

유엔 국제법위원회(ILC)는 2013년부터 "무력충돌 관련 환경보호"(Protection of the Environment in relation to Armed Conflicts)를 작업주제로 선정하여 논의를 진행하고 있다. ILC는 이 주제에 대하여 국제적 무력충돌과 비국제적 무력충돌 모두를 포섭하는 규칙을 세 가지 시점, 즉 무력충동 발생 이전, 무력충돌 진행 중 그리고 무력충돌 종료 후로 나누어 환경보호를 위해 적용가능한 법원칙을 만들어가고 있다. 그동안 특별보고자 Marie Jacobsson가 3개의 보고서를 제출한 바 있고, 가장 최근인 2018년에는 특별보고자로 새로 임명된 Letho가 무력충돌 진행과 종료 시에 모두 관련이 있는 전시점령 상황에서 환경보호에 관한 규정초안을 제출하였다.[167] 이 초안 중에는 특히 점령 당국(Occupying

---

167) 이에 대한 자세한 내용은 박기갑, "2015년 제67차 회기 UN 국제법위원회 작업현황 및 제70차 유엔총회 제6위원회 논의결과", 「국제법평론」, 통권 제43호(2016. 4.), 153~162면과 "2018년 제70차 회기 유엔 국제법위원회 작업현황 및 제73차 유엔총회 제6위원회 논의결과", 「국제법평론」, 통권 제52호 (2019. 4.), 173~183면 참조.

power)은 점령지역 내에서의 행위가 피점령지역 밖의 환경에 심각한 손해를 야기해서는 안 될 "상당한 주의"의무를 부담한다는 내용도 포함하고 있다.

생각하기

1. 국제적 및 비국제적 무력충돌시 국제인도법의 적용을 통해 환경파괴를 막을 수 있는가?

2. 무력충돌시 환경보호를 위해 별도의 국제조약의 체결이 필요한가?

3. 무력충돌시 환경보호의무를 강행법규(*jus cogens*)로 규범화하는 것에 대한 의견을 만들어 보자.

참고문헌

김달수, "비무장지대 고엽제살포", 「함께 사는 길」, 환경운동연합, 1999. 12.

김한택, 「국제환경법과 정책」, 강원대학교·환경부, 2010.

마용운, "코소보분쟁과 환경파괴", 「함께 사는 길」, 환경운동연합, 1999. 6.

박기갑, "2015년 제67차 회기 UN 국제법위원회 작업현황 및 제70차 유엔총회 제6위원회 논의결과", 「국제법평론」, 통권 제43호, 2016. 4.

_____, "2018년 제70차 회기 유엔 국제법위원화 적업현황 및 제73차 유엔총회 제6위원회 논의결과", 「국제법평론」, 통권 제52호, 2019. 4.

박병도, "인권과 환경의 관계에 관한 소고(小考)", 「환경법연구」 제41권 제2호, 2019. 8.

_____, "지구환경보호와 강행법규", 「국제법평론」, 통권 제13호, 2000. 8.

성재호, "무력충돌시의 환경보호", 「인도법논총」, 제16호, 1996. 8.

정운장, 「국제인도법」, 영남대출판부, 1994).

정운장·최재훈, 「국제법신강」, 신영사, 1996.

Antoine, P., "International Humanitarian Law and the Protection of the Environment in time of Armed Conflict", *International Review of the Red Cross*, No.291, 1992.

Bothe, M., C. Bruch, J. Diamond and D. Jensen, "International Law Protecting the Environment during Armed Conflict: Gaps and Opportunities", *International Review of the Red Cross*, vol.92, 2010.

Boyle, A.E., and M.R. Anderson (eds.), *Human Rights Approaches to Environmental Protection*, Clarendon Press, 1998.

Cancado, A.A., "The Contribution of International Human Rights Law to Environmental Protection", in E. Brown Weiss (ed.), *Environmental Change and International Law*, United Nations University Press, 1992.

Churchill, R.R., "Environmental Rights In Existing Human Rights Treaties", in A.E. Boyle and M.R. Anderson (eds.), *Human Rights Approaches to Environmental Protection*, Clarendon Press, 1998.

Dupuy, P.-M. and J.E. Viñuales, *International Environmental Law*, 2nd ed., Cambridge University Press, 2018.

Grear, A. and L.J. Kotze (eds.), *Research Handbook on Human Rights and the Environment*, Edward Elgar Publishing Limited, 2015.

Guruswamy, L.D., G.W. Palmer, B.H. Weston and J.C. Carlson, *International Environmental Law and World Order*, West Information Pub. Group, 1999.

Hajjar, L.L., *Human Rights and the Environment: Philosophical, Theoretical and Legal Perspectives*, Martinus Nijhoff Publishers, 2011.

Hey, E., *Advanced Introduction to International Environmental Law*, Edward Elgar Publishing Limited, 2016.

Hulme, K., "Environmental Protection in Armed Conflict", in M. Fitzmaurice, D.M. Ong, and P. Merkouris (eds.), *Research Handbook on International Environmental Law*, Edward Elgar, 2010.

Leggett, J., "The Environmental Impact of War: A Scientific Analysis and Greenpeace's Reaction", in G. Plant (ed.), *Environmental Protection and Law of War*, St. Martin's Press, 1992.

Popovic, N.A.F., "In Pursuit of Environmental Human Rights: Commentary on The Draft Declaration of Principles on Human Rights and the Environment", *Columbia Human Rights Law Review*, vol.27, 1996.

Razzaque, J., "Human Rights to a Clean Environemnt", in M. Fitzmaurice, D.M. Ong and P. Merkouris (eds.), *Research Handbook on International Environmental Law*, Edward Elgar, 2010.

Rodriguez-Rivera, L.E., "Is the Human Right to Environment Recognized Under International Law?: It Depends on the Source", *Colorado Journal of International Law and Policy*, vol.12, 2001.

Sands, P. and J. Peel, *Principles of International Environmental Law*, 4ᵗʰ ed., Cambridge University Press, 2018.

Sands, P., "Human Rights, Environment and Lopez-Ostra Case: Context and Consequences", *European Human Rights Law Review*, vol.6, 1996.

Schmit, M.N., *The Environmental Consequences of War*, Cambridge University Press, 2000.

Schwabach, A., "Environmental Damage Resulting from the NATO Military Action Against Yugoslavia", *Columbia Journal of Environmental Law*, vol.25, 2000.

Shelton, D., "Human Rights and the Environment", in M. Fitzmaurice, D.M. Ong and P. Merkouris,(eds.), *Research Handbook on International Environmental Law*, Edward Elgar, 2010.

_____, "Human Rights, Environmental Rights and Right to Environment", *Stanford Journal of International Law*, vol.28, 1991.

Taylor, P., An *Ecological Approach to International Law*, Routledge, 1998.

Uhlmann, E.M.K., "State Community Interests, Jus Cogens, and Protection of the Global Environment", *Georgetown International Environmental Law Review*, vol.11, 1998,

Westing, A.H., "Environmental Hazards of War in an Industrializing World", in A.H. Westing (ed.), *Environmental Hazards of War: Releasing Dangerous Forces in an Industrialized World*, Sage Publications, Inc., 1990.

World Bank, *Human Rights and Climate Change: A Review of the internatioanl Legal Dimensions*, 2010.

제 **16** 장

대한민국과
국제환경법

제1절 ● 서 론

대한민국은 1948년 정부수립 이후 극심한 가난과 전쟁의 후유증을 치유하기 위한 고난의 기간을 거쳐 1960년 중반 이후 본격적으로 추진된 산업화 과정을 통하여 2018년 4월 현재 GDP기준으로 세계 11위[1]의 경제대국으로 성장하였다. 하지만 산업화 과정에 필수적으로 수반되는 환경오염과 자연훼손의 문제에 적절하게 대응하지 못하여 많은 환경문제를 안게 되었다.

환경문제를 다루는 독립된 정부부처 없이 1967년 보건사회부의 한 부서(환경위생과 공해계)로 시작하였다가 1980년에 와서야 '환경청'이라는 독립부처를 갖게 되었고 1994년에 '환경부'로 격상되었다. 이제는 환경문제를 다루는 중심 부처가 환경부인 것은 분명하지만 거의 모든 정부부처가 환경문제를 다루는 부서를 두고 있고 각 정부부처의 중요한 기능의 하나가 되었다.[2] 초기단계에서는 국내 환경문제에 대응하는 수준에 머물던 것이 이제는 국제무대에서 우리의 입장을 적극적으로 개진하고 어떤 분야에서는 협상을 주도하거나 조정하는 중요한 역할을 수행하는 데까지 발전하고 있다. 하지만 아직까지 여러 환경문제에 대하여 우리의 독자적 입장을 적극적으로 개진하기보다는 선·후진국간 입장을 살피며 모호하거나 어정쩡한 태도를 보이는 경우가 많았던 것이 사실이다. 이하에서는 환경 분야별로 한국이 참여하고 있는 국제환경협력 및 규제체제, 한국이 국제환경법 개별 분야에서 규범에 관한 국제적 논의에 참여하고 법발전에 미친 역할과 영향, 국제환경법의 국내 수용 및 이행과정에서의 특징적 측면 등을 중심으로 한국의 국제환경법 관행을 살펴보고자 한다.

---

1) Statistics Times, Projected GDP Ranking, <http://statisticstimes.com/economy/projected-world-gdp-ranking.php>.
2) 예를 들어, 외교부의 경우 기후환경과학외교국을 두고 있고 기후변화대사라는 별도 직책을 두어 기후변화 관련 외교활동을 수행한다.

제2절 ● 환경보호를 위한 국제적 협력 및 규제체제

한국은 주요 국가들과 양자적 환경협력체제를 구축하여 왔는데 구속력 있는 조약형태와 구속력 없는 양해각서(MOU) 형태 두 가지로 체결하였다. 전자의 형태는 일본(1993.6), 중국(1993.10), 러시아(1994), EU(2001, 환경기본협력협정), 튀니지(2007), 미국(2001: 주한미군주둔지환경보호, 2012: 일반 환경협정) 등 5개국과 1개 국제기구와 체결하였다. 양해각서 형태는 35개 국가와 체결하였다. 그 내용을 보면 아시아지역 국가로 베트남(2000)을 시작으로 중국(2016, 환경협력강화를 위한 협력의향서), 이란, 쿠웨이트, 이스라엘, 몽골(2007년 자연보호지역의 관리 조사연구 및 보호에 관한 약정을 체결하였다가 2009년 기후변화 등 다른 환경문제를 포함하는 것으로 개정), 캄보디아, 아랍에미리트, 카자흐스탄, 사우디아라비아 등 10개국, 남미국가로 페루, 에콰도르, 칠레, 코스타리카, 콜롬비아, 멕시코 등 6개국, 북미 및 유럽 국가로 미국, 프랑스, 덴마크, 네덜란드, 독일, 헝가리 등 6개국, 오세아니아국가로 호주, 기타 아프리카 튀니지, 모잠비크, 탄자니아, 짐바브웨, 알제리, 이집트, 모로코, 가나, 앙골라, 베냉, 케냐 등 11개국과 체결하였다.

양적으로는 상당히 성장하여 온 양자적 환경협력을 위한 이들 협정 또는 양해각서는 실질적인 협력이 이루어질 수 있는 내용을 담고 있지 못하고 구속력 있는 의무라고 할 수 있는 규정들이 극소수이거나 없어서 이들 문서만으로는 국제환경법의 형성과 발전 또는 실질적인 국제적 환경협력에 큰 역할을 해 오지 못하였고, 장래에도 그러한 역할을 기대하기 어렵다고 평가된다.

환경 관련 국제기구와도 환경 관련 협력을 위한 약정이 체결되어 왔는데 UNEP(2003: 집행이사회 및 지구장관포럼 준비, 2007: 2012 북한 환경개선 지원협력), IBRD(2008: 홍해-사해간 수로 건설 협력 및 환경 평가), ESCAP(1999), ILO(1994, 화학물질 안전 규제) 등이 그것이다. 약정형태가 아닌 환경협력의 예로는 2010년 11월부터 매년 개최되고 있는 한-아프리카 환경협력포럼이 있다.

개별 환경 분야별로 환경보호를 위한 협력체제 마련을 위한 양자조약들이 체결되어왔다. 대표적으로 어족자원보호와 관련된 어업 분야 조약이 많이 체결되어 왔다. 일본(1965년 체결, 1998년 전면개정), 중국(2000)과의 어업협정이 가장 의미 있는 조약이고 이 밖에도 러시아와의 해양생물자원의 불법, 비보고 및 비규제(IUU) 어업방지협력 협정 등

14개 국가와 40여 개 어업협력조약을 체결하여 왔다. 또한 원자력안전규제와 관련하여서는 미국, 일본, 프랑스를 비롯한 30개 국가와 양자조약을 체결하고 있고 국제원자력기구(IAEA) 및 OECD 등 국제기구와도 협력협정을 체결하고 있다. 한편 페루, EU, 터키, 캐나다, 중국, 호주, 뉴질랜드 등과 체결한 자유무역협정(FTA)에는 환경에 관한 장을 별도로 규정하여 환경보호의무, 무역과 투자촉진을 위한 환경보호의무, 환경피해구제 및 환경기준위반에 대한 제재 등을 규정하고 있다. 미국과의 FTA에서는 환경협력위원회를 구성하여 이행을 촉진하는 역할을 하는 제도적 장치를 두고 있다.

양변적 협력체제의 협력이행을 위한 조직으로는 한국이 체결한 환경협력조약에 따라 구성된 한·중환경협력공동위원회, 한·일환경협력공동위원회, 한·미환경협력공동위원회 등이 있다. 한·중 간에는 환경협력 조정역할을 담당할 환경협력센터가 베이징에 설립되었다. 하지만 한·일, 한·중 간 환경협력협정에 따라 운영되고 있는 환경협력공동위원회는 실질적인 협력이 이루어지는데 큰 역할을 하지 못하고 있다.

한국이 지역환경협력을 위해 참여하고 있는 조직체로는 북서태평양보전실천계획(Northwest Pacific Action Plan: NOWPAP), 동북아환경협력고위급회의(Northeast Asian Sub-regional Programme of Environmental Cooperation: NEASPEC), 동북아환경협력회의(Northeast Asian Conference on Environmental Cooperation: NEAC), 아시아태평양경제협력체(Asia-Pacific Economic Cooperation: APEC), ASEAN+3, 아시아태평양경제사회이사회(Economic and Social Council for Asia-Pacific: ESCAP), UNEP태평양사무국, 황사와 관련된 황사지역기술지원체제(Regional Technical Assistance on Dust and Sandstorm: DSS-RETA), 대기오염과 관련된 동아시아산성강하물모니터링네트워크(Acid Deposition Monitoring Network in East Asia: EANET) 등이 있다. 예를 들어, ESCAP에서는 한국의 급속한 경제발전과 그로 인한 환경문제의 해결 경험을 반영한 녹색성장을 위한 'Seoul Initiative'를 채택하는 데 기여하였다. 특히 NEAC의 발족은 한국이 주도하여 이루어졌다는 점이 주목된다. 이들 지역조직체는 아직은 너무 느슨한 조직이고 예산 등의 뒷받침이 부족하여 의미 있는 성과를 기대하기 어렵다. 또한 이들 조직체는 특정 환경문제만을 다루고 있어 서로 연계되어 있는 지역적 환경문제를 종합적으로 다루지 못한다는 한계를 가지고 있다.

한국이 속해 있는 동북아시아는 지리적 인접성에도 불구하고 각국의 정치체제와 정치적 상황, 경제발전 정도, 국내의 환경보호 상황과 국제적 환경문제에 대한 태도 등에 있어서 다양성을 가지고 있다. 이로 인해 지중해국가들의 지역적 환경보호협력,3) 발틱

---

3) 동북아시아지역협력체 마련을 위한 지중해국가들의 지역적 협력체제의 모델가능성에 대하여는 S. Chung, "Is the Mediterranean Regional Cooperation Model Applicable to Northeast Asia", *Georgetown*

해 국가들의 해양환경보호협력, 라인강 등 국제하천의 이용과 환경보호를 위한 지역적 협력체제 등과 같은 효과적인 지역적 협력체제를 구축하기 어려운 상황이다. 이러한 어려운 환경에서도 공식조약에 의한 조직체는 아니지만 1999년 이후 1년마다 정기적으로 회의를 개최하고 있는 한·중·일환경장관회의(Tripartite Environment Ministers Meeting: TEMM)는 지리적으로 인접하여 상호간 환경영향을 주고받을 수밖에 없는 세 국가의 환경협력에 대한 조정과 발전에 많은 기여를 해 왔다. 2014년에는 세 국가가 중점적으로 추진할 9대 우선협력 분야의 37개 협력사업을 담은 공동실행계획이 채택되었다. 긴급하게 협력이 필요한 분야인 황사, 미세먼지와 같은 분야가 강조되고 있지만 거의 전 환경 분야를 망라하고 있다. 이와 같이 한·중·일 환경장관회의는 세 국가의 정치적 상황에 따라 영향을 받기는 하지만 구체적 협력성과를 내고 있는 편이다. 한·중·일 환경장관 협력체제의 지속적 운영과 진전은 비교적 정치적 영향을 적게 받는 환경 분야에서 의미 있는 지역적 협력체를 구성하는 데 좀 더 적극적으로 나선다면 느슨한 형태의 협력체라도 만들어 낼 가능성이 있음을 보여준다.

한편, 다변적 협력체제 구축은 환경 관련 다변조약에의 참여와 관련 국제기구와의 협력과 논의참여 등을 통해 이루어져 왔다. 우선 많은 환경 관련 다변조약의 당사국으로 국제환경보호 노력에 참여하고 있다. 첫째로 대기환경보호와 기후변화 분야에서 한국은 5개 환경다변조약과 4개의 환경협약의 개정조약에 대한 당사국이다. 이 중 5개 환경다변조약은 오존층 보존을 위한 비엔나협약(1992.5.27.), 오존층파괴물질에 관한 몬트리올의정서(1992.5.27.), 기후변화협약(1994년 3월 21일 한국에 대하여 발효), 기후변화협약에 대한 교토의정서(2005.2.16.), 파리협정(2016.11.4.)이다. 4개 개정조약은 모두 몬트리올의 정서에 대한 개정조약(런던개정, 코펜하겐개정, 몬트리올개정, 베이징개정)이다.

둘째로, 생물다양성 보호 분야에서는 10개 협약, 의정서 또는 그 개정조약의 당사국이다. 그들 조약으로는 물새서식처로 국제적으로 중요한 습지보호를 위한 람사협약(1982, 1987년 개정조약 포함, 1997.3.28.), 멸종위기 야생동식물의 국제거래에 관한 협약(1993.7.9.) 및 제21조 개정(2013.11.29.), 생물다양성협약(1995.1.1.), 동협약의 의정서로 유전자변형생물체(LMO)의 국제적 이동을 규제하여 안전성을 통제하려는 바이오안전성의정서(2008.1.1.)와 생물유전자원의 접근과 그 이용으로 인한 이익을 공유하는 문제를 규율하는 나고야의정서(2017.8.17.), 국제식물보호협약(1953.12.8.), 아시아태평양지역식물보호협정(1981.11.4.), 1983년 국제열대목재협정(1985.6.25.), 1994년 국제열대목재협정(1997.1.1.), 세계문화유산 및 자연유산의 보호에 관한 협약(1988.12.14.) 등이 있다.

셋째로, 위험물질의 국제적 규제 분야에서는 유해폐기물의 국가간 이동 및 그 처리에 관한 협약(1994.5.29, 바젤협약) 및 부속서 8, 부속서 9 개정(2005.10.8.), 특정 유해화학물질 및 농약의 국제교역에 있어서 사전통보승인에 관한 로테르담협약(2004.2.24.), 잔류성 유기오염물질에 관한 스톡홀름협약(2007.4.25.), 수은에 관한 미나마타협약(2020.2.20.)[4] 등 네 개 협약 및 그 개정조약의 당사국이다.

넷째로, 해양환경보호 분야에서는 23개 다변조약 및 그 개정조약의 당사국으로 되어 있다. 이들 조약에는 국제포경협약(1978.12.29.), 대서양참치보존에 관한 국제협약(1970.8.28.), 동남대서양생물자원보존협약(1981.2.18.), 남극해양생물자원보존에 관한 협약(1985.4.28.), 1954년 유류에 의한 해양의 오염방지를 위한 국제협약(1962, 1969년 개정 포함), 폐기물 및 그 밖에 물질의 투기에 의한 해양오염방지에 관한 협약과 개정의정서(1994.1.20., 2009.2.21.), 유류오염 손해에 대한 민사책임에 관한 국제협약과 그에 대한 1976년 의정서 및 1992년 개정의정서(1979.3.18., 1993, 3.8., 1998.5.15.), 1971년 유류오염손해배상을 위한 국제기금 설치에 관한 국제협약 및 1992년 개정의정서(1993.3.8., 1998.5.15.), 1973년 선박으로부터의 오염방지를 위한 국제협약 및 1978년 의정서(1984.10.23.), 북서대서양 다자간 장래어업협력에 관한 협약(1993.12.21.), UN해양법협약과 이행협정(1996.2.28., 1996.7.28.), 1990년 유류오염의 대비 대응 및 협력에 관한 국제협약(2000.2.9.), 인도양참치위원회설립협정(1996.3.27.), 중부 베링해 명태자원의 보존과 관리에 관한 협약(1996.1.4.), 남방참다랑어 보존협약(2001.10.17.), 북태평양소하성자원보존협약(2003.5.27.), 공해상어선의 국제적 보존관리조치 이행증진을 위한 협정(2003.4.24.), 중서부태평양 고도회유성어족의 보존과 관리에 관한 협약(2004.11.25.), 남태평양 공해수산자원의 보존과 관리에 관한 협약(2012.8.24.), 남동대서양 수산자원의 보존과 관리에 관한 협약(2011.4.9), 1982년 해양법협약의 경계왕래어족 및 고도회유성어족 보존과 관리에 관한 조항의 이행에 관한 협정(2008.3.2.), 북태평양 공해수산자원의 보존과 관리에 관한 협약(2015.7.13) 등이 열거될 수 있다.

다섯째로, 핵물질의 안전과 관련된 협력체제 구축을 위해서 5개 다변조약의 당사국이 되어 있다. 이들 조약은 핵물질의 물리적 방호에 관한 협약과 그 개정협약(1987.2.8: 핵물질 및 원자력시설의 물리적 방호에 관한 협약으로 개칭, 2016.5.8: 대한민국에 대하여 발효) 원자력안전에 관한 협약(1996.10.24.), 사용 후 핵연료 및 방사성폐기물관리의 안전에 관한 공동

---

4) 동협약의 부속서 가, 나, 다 개정(2012.8.6.), 부속서 가 헥사브로사이클로도데칸 등재 개정(2015.10.27.), 부속서 가 엔도설판 및 그 이성체 등재 개정(2015.10.27), 부속서 개정(2018.10.27.) 등도 대한민국에 대하여 발효하였다.

협약(2002.12.15.), 핵사고의 조기통보에 관한 협약(1990.7.9.), 핵사고 또는 방사능 긴급사태시 지원에 관한 협약(1990.7.9.) 등이 포함된다.

기타 어느 분야에 포함시키기 어려운 다변조약으로는 남극조약(1986.11.28.), 환경보호에 관한 남극조약 의정서(마드리드의정서, 1998.1.14.) 및 동의정서의 제5부속서(2012.5.24.), 심각한 한발 또는 사막화를 겪고 있는 아프리카 지역 국가 중 일부 국가들의 사막화방지를 위한 국제연합협약(사막화방지협약, 1999.11.15.), 환경기술의 군사적 또는 기타 적대적 사용의 금지에 관한 협약(1986.12.2.), 세균무기(생물무기) 및 독소무기의 개발, 생산, 비축의 금지와 그 폐기에 관한 협약(1987.6.25.) 등이 있다.

국제기구와의 환경협력으로는 우선 유일한 환경담당 유엔기구인 UNEP의 활동참가가 중요한 부분이다. 한국은 몇 차례 주요 의사결정기관인 운영이사회(Governing Council, 현재는 Environment Assembly) 이사국으로 활동하였다. 또한 한국은 UNEP 등 관련 국제기구와 독일 등 선진국과 함께 몽고, 페루, 세네갈 등 10개 개발도상국의 녹색경제이행 지원사업에 참여하고 있다. 또한 OECD회원국으로 동기구의 환경정책위원회에서의 환경논의에 참여하여 국제환경법 논의에 의견을 개진하고 있다. 이 밖에도 UN과 FAO, IMO, ICAO 등 환경 관련 업무를 그 기능에 포함하고 있는 UN전문기구, WTO, IAEA 등과 같은 국제기구 등의 국제적 환경규제 논의에도 참여하고 있다. 예를 들어, 한국은 WTO에서는 복수국간 협정을 통한 환경상품자유화에 대한 공동성명에 다른 13개 국가와 함께 참여하였다. 한편, 기후변화협약, 생물다양성협약 등 환경다변조약의 당사국총회에서도 한국이 그 입장을 드러내고 국제환경규범의 논의에 참여하는 중요한 통로 역할을 한 부분은 긍정적 평가를 받을 수 있다.

다만, 아직도 핵사고시 제3자 민사책임협약 등 중요 환경다변조약들에 대하여 당사국이 되지 못하고 있는 것은 아쉬운 부분이다.

제3절 ● 대기환경보호와 기후변화규제

한국은 대기환경보호와 기후변화 분야에서 앞서 보았듯이 5개 환경다변조약과 4개 개정조약에 대한 당사국이다.

한국의 대기오염 문제와 관련된 국제환경법 관련 활동은 황사와 미세먼지에 대한 대응에 집중되어 있다. 바람 방향의 특성 등으로 주로 중국과 몽골 등 서북지역의 황사와 대기오염물질이 한반도에 영향을 미치기 때문이다. 한·중·일환경장관회의에서도 이 문제는 주요 의제가 되고 있으며 한·중 환경협력과 한·몽골 환경협력의 가장 민감하고 중요한 주제이다.5) 황사문제는 중국과 몽골지역의 사막지역에 대한 식재사업을 통해 발생원인을 줄이거나 제거하려는 장기적 사업이 시행되고 있다. 2008년 제9차 한·중·일 환경장관회의에서는 한·중·일 황사공동연구단 사업을 승인하여 황사문제의 현황과 대책을 연구하고 있다. 미세먼지의 경우 한국의 미세먼지 오염원의 출처를 밝히는 사업이 한·중 및 한·중·일 협력사업의 일환으로 진행되고 한국이 미국 등 다른 국가와의 협력사업을 통해 독자적 노력도 진행하고 있다. 최종결과는 아니지만 한·중·일의 동북아 장거리 이동 대기오염물질 공동연구(Long-range Transboundary Air Pollutant in Northeast Asia: LTP)의 2013년의 미세먼지(PM2.5)배출원-수용지 영향분석 모델링 분석결과에 따르면 우리나라의 미세먼지 중 47.4% 가량이 국내요인으로 분석되고 있으며, 나머지는 중국의 영향과 북한의 영향을 받고 있는 것으로 나타나고 있다.6) 동북아시아청정대기파트너십(Northeast Asian Clean Air Partnership: NEACAP)을 출범시키기 위한 노력이 결실을 맺어 2019년 7월 출범하였다. 느슨한 형태이기는 하지만 한국, 일본, 중국, 러시아, 몽골, 북한 등 6개 회원국이 동북아환경협력회의(NEAC) 틀 안에서 동북아시아에서의 초국경대기오염 문제와 기후변화에 대한 조직적 접근이 이루어지는 기초가 될 수 있을 것이다. 한국의 주도로 아세안회원국과 함께 2018년에 설립한 아시아산림협력기구(Asia Forest Cooperation Organization)는 기후변화 대응을 위한 지리적 협력범위를 동남아시아까지 넓히게 해주었다.

한국과 중국은 공동미세먼지 저감 환경기술 실증 협력사업도 시행하고 있는데 한국의 대기오염 방지기술로 중국의 제철소, 석탄화력발전소, 소각발전소 등 미세먼지 발생원에 적용하여 공동현안인 미세먼지 문제해결과 환경협력을 강화하려는 것이다.

한편 기후변화 문제는 지구전체의 문제이고 환경문제를 넘어 정치, 사회, 경제문제를 포괄하는 종합적 접근과 대책이 필요한 문제가 되었다. 한국은 산업화가 급속도로 이루어지면서 2016년 기준 연간 6억 9,410만 톤을 배출하여 세계 12위의 온실가스 배

5) 동북아의 황사문제에 대한 상세한 논의는 J. Lee, "Transboundary Pollution in Northeast Asia: An International Environmental Law Perspective", *University of Hawaii Law Review*, vol.35, 2013. pp.769~785.
6) 박병도, "중국발 미세먼지: 국제법적 책임추궁은 가능한가?", 「국제법현안 Brief」, 2019-1호, 2면.

출국이다. 이는 기후변화협약 감축의무의 기준연도인 1990년 2억 9,300만 톤의 2.3배에 해당하는 것이다.[7] 하지만 지속적 경제발전과 산업계의 무리 없는 적응을 위해서는 급격한 온실가스감축이 어려운 상황이다. 다행스러운 점은 일인당 배출량은 2015년 13.6톤에서 2016년 13.5톤으로 극히 적지만 감소하고 있다는 것이다. 그럼에도 불구하고 평균기온 상승이 피부로 느껴지고[8] 이에 따른 어종변화, 식재가능 농식물의 변화와 함께 나타나는 생물다양성 감소, 홍수 또는 가뭄 등 기후변화의 영향이 나타나면서 이에 대한 대응 필요성을 절감하고 있다.

앞서 보았듯이 우리나라는 기후변화협약과 교토의정서 및 파리협정의 당사국이다. 기존의 기후변화협약체제에서는 교토의정서가 부속서 1 국가에 속하는 선진국과 과거 사회주의국가였던 체제전환 국가에 대하여만 구체적 감축의무를 부담시켰기 때문에 우리나라는 기후변화협약 제4조상의 일반적 공약을 비롯한 기본의무만 준수하면 족하였다. 교토의정서는 온실가스감축을 위해 도입한 청정개발체제, 공동이행제도, 배출권거래제 등 시장기반 체제인 신축성체제를 도입하였는데 2015년 우리나라도 탄소배출권거래제를 도입하였고 2017년 2,630만 톤 정도의 거래가 이루어졌고 매년 증가추세이다.

교토의정서에 의한 감축의무의 한계, 부속서 I에 속한 국가들의 불만 등으로 2008년에 시작된 5년의 1차 공약기간의 종료와 함께 새로운 규제체제의 논의가 이루어졌지만 합의가 지연되었다. 이에 일단 2차 공약기간을 2020년까지 연장하고 새로운 규제체제 논의를 계속해 2015년 말에 파리협정이 채택되어 발효되었고 우리나라도 2016년 비준하여 당사국이 되었다. 2020년 이후 파리협정에 따른 이행체제가 마련되면 모든 당사국과 함께 우리가 정하여 2015년 6월에 보고한 국가감축약속(Intended Nationally Determined Contribution, INDC, 배출전망치(Business As Usual: BAU) 8억 5,100만 톤 대비 37% 감축)에 따른 감축의무를 부담하게 된다. 이에 따라 2016년 제1차 기후변화대응 기본계획과 2030 국가온실가스감축 기본로드맵을 만들었다. 기후변화정책 실행에 따른 영향에 사회 모든 영역이 잘 적응하는 것이 중요하고 국제의무이행에도 중요하여 2008년 국가 기후변화 적응 종합계획(2009~2030)이 수립되었고 이후 국제사회의 변화상황을 반영하여 제2차

7) 참고로 같은 기간 선진국인 독일의 경우 1990년 보다 27.8%를 감축하였고 러시아는 29.6%를 감축하였다. 반면에 최대 배출국인 중국은 277.6% 증가하였고 신흥개발국인 인도는 165.1% 증가하였다. 환경부, 「환경백서 2018」, 55면, 표 2-1-6 참조.
8) 우리나라 연평균기온이 1954년부터 1999년에는 10년에 섭씨 0.23도씩 상승한 반면 1981부터 2010년에는 10년에 0.41도, 2001년부터 2010년에는 0.5도의 변화율을 보이고 있어 온난화가 심화되고 있는 것으로 분석된다. 온실가스 배출추세를 현재대로 유지하는 경우 2071~2100 간의 21세기 후반에는 1981~2010년간 기온대비 5.3도 상승할 것으로 전망된다. 환경부, 위의 책, 46면.

국가기후변화 적응대책(2016~2020)이 작성되었다. 온실가스감축의무 이행을 위한 국내 입법은 2010년 제정된 저탄소 녹색성장기본법이고 동법에 따라 온실가스종합정보센터가 설립되었고 2011년부터 국가온실가스 종합정보관리시스템이 운영되고 있다.

　　대한민국은 OECD회원국이지만 개발도상국으로 인정되어 교토의정서상의 감축의무를 부담하지 않았다. 하지만 중국, 인도, 브라질 등과 함께 온실가스배출 비중이 큰 국가로 파리협정 체결 이전부터 온실가스 감축의무를 부담하여야 하는 대표적인 국가로 지목되어 큰 압력을 받아 왔다. 이러한 상황에서 한때는 선진국과 개발도상국의 중간적 입장에서 벗어나 선제적으로 녹색성장을 추구하는 기후변화에 적극 대응하는 국가라는 이미지를 심으려고 노력하였다. 이러한 과정의 결과로 기후변화체제의 재정체계를 담당하는 핵심기구인 GCF(Green Climate Fund)를 유치하게 되었다. 기후변화협약의 후속체제 논의와 파리협정의 체결과정에서는 리히텐슈타인, 멕시코, 모나코, 스위스 등과 함께 환경건전성그룹(Environmental Integrity Group: EIG)에 속하여 주요 의제에 대한 공동제안이나 타협안을 제시하여 이해대립국 간 가교역할을 수행하는 등 협상타결에 기여한 것으로 평가된다. 하지만 화력발전에 의존하고 있는 에너지정책, 철강 등 화석연료 사용이 필수적인 산업의 비중이 큰 산업구조 등의 문제로 기후변화 문제에 대한 국제적 대응에 선제적이고도 적극적인 역할을 수행하지 못하고 있는 것이 현실이다.

제4절 ● 생물다양성

　　생명공학을 21세기 국가발전 동력의 하나로 설정하고 있는 우리나라는 생물다양성 분야의 국제환경법 논의에 적극적인 태도를 보여 왔다. 그리하여 앞서 보았듯이 물새서식처로 국제적으로 중요한 습지보호를 위한 람사협약을 비롯하여 2017년 8월 17일에 당사국이 된 나고야의정서 등 10개 관련 다변조약의 당사국으로 되어 있다. 아울러 이들 국제법규들은 국내적 이행을 위해 자연환경보전법, 습지보전법, 야생동물보호 및 관리에 관한 법률, 자연공원법, 문화유산과 자연환경자산에 관한 국민신탁법, 남극활동 및 환경보호에 관한 법률, 생물다양성 보전 및 이용에 관한 법률, 유전자원의 접근 이용 및 이익공유에 관한 법률, 유전자변형생물체의 국가간 이동에 관한 법률 등의 국내법에 반영되어 있다.

러시아, 호주 등 관련 국가들과 철새보호협정을 체결하는 등 양자적, 지역적 협력 체제도 구축하여 왔다. 철새보호와 관련하여 철새이동 및 서식 경로를 따라 연계된 한국, 일본, 중국, 호주 등 4개국이 협력방안을 논의하여 왔다. 또한 한국은 2008년 12월 동아시아 대양주 철새 파트너십 사무국을 유치하였다. 특히 우리나라는 2008년 제10차 람사협약의 당사국총회를 창원에서, 제12차 생물다양성협약 당사국총회를 2014년 평창에서 각각 개최하였다. 창원총회에서는 '인류복지와 습지에 관한 창원선언문'을 채택하는 데 주력하여 습지보전에 관한 국제법 발전에 일정한 역할을 감당하였다. 또한 평창생물다양성협약 당사국총회에서는 생물다양성 전략계획과 목표이행 촉진수단에 관한 평창로드맵을 만드는 데 기여하고 이것의 이행을 지원하기 위한 '바이오브릿지이니셔티브'(Bio-Bridge Initiative)를 마련하는 데 중요한 역할을 수행하였다. 우리나라는 또한 생물다양성 관련 국제기구의 하나로 2012년 설립이 결정된 생물다양성과학기구(International Science-Policy Platform on Biodiversity and Ecosystem Services)의 가맹국이다.

람사협약에 따라 우리나라는 44개의 습지보호지역 중 강원도 인제군의 대암산 용늪, 경남 창원의 우포 늪 등 22개 습지를 람사습지로 등록하고 있고 2009년에는 동아시아 람사협약 지역센터를 유치하여(애초에는 창원에 유치하였으나 2016년 1월 순천으로 이전) 아시아지역 국가의 이 분야협력을 이끌고 있다. 또한 설악산, 한라산, 신안다도해, 광릉숲, 고창, 순천 등이 유네스코 생물권보전지역으로 지정되었다.

2017년 말을 기준으로 할 때 우리나라에 발굴된 생물종의 수는 동물 28,639종, 식물 5,443종, 균류, 지의류 5,056종, 원생동물 1,890종, 원핵생물 2,079종 등 총 49,027종이다.[9] 자연보호지역으로는 생태경관보전지역, 자연공원, 습지보호지역, 특성도서 야생생물특별보호구역, 연안습지보호지역, 수산생물보호수면, 산림유전자원보호림, 백두대간보호지역, 천연보호구역명승지 등이 있다.

---

9) 환경부, 앞의 책, 371면.

제5절 ● 독성화학물질, 유해폐기물 등 위험물질과 원자력 및 핵물질

한국은 폐기물 등 위험물질을 규제하기 위하여 체결된 다변조약 중 바젤(Basel)협약이라고 불리는 유해폐기물의 국가간 이동 및 그 처리에 관한 협약, 로테르담(Rotterdam)협약으로 불리는 특정 유해화학물질 및 농약의 국제교역에 있어서 사전통보승인에 관한 협약, 스톡홀름(Stockholm)협약으로 불리는 잔류성 유기오염물질에 관한 협약, '미나마타협약'으로 불리는 수은에 관한 국제협약 등 네 협약의 당사국이다.

세계적으로 유통되는 화학물질의 수는 24만여 종이고, 매년 3,000여 종의 새로운 화학물질이 개발되어 상품화되고 있고 국내에는 4만4천 종 이상이 유통되고 2,000종이 국내시장에 새롭게 진입하고 있다.10) 한국은 화학물질 등록 및 평가 등에 관한 법률에 의하여 화학물질을 등록하도록 하고 등록된 물질에 대한 유해성심사 및 위해성평가를 통하여 유독물질, 허가물질, 제한 금지물질로 지정하게 하고 있다.11)

독성이 강하고 자연환경에서 잘 분해되지 않아 오랫동안 잔류하면서 생물 중에 고농도로 축적되어 인간과 생태계에 큰 위해를 주는 물질을 지칭하는 잔류성유기오염물질(POPs)은 DDT, PCBs, 다이옥신 등 소위 dirty dozen과 과불화화합물(PFOS), 브롬화난연제 등 9개 물질이 추가되었고(2009), 엘도설판, 헥사브로모사이클로도데칸(HBCD), 염화나프탈렌(CNs), 핵사클로로부타디엔(HCBD), 펜타글로페놀과 그 염 및 에스테르(PCP) 6가지 물질이 2010~2012년에 추가되었다. 한국은 이를 규율하는 스톡홀름협약의 당사국이다(2007). 하지만 산업에 미치는 영향을 고려하여 일부물질은 항구적 면제, 일부 물질은 특정 면제를 요청하여 가입하였다.

한국은 폐기물과 관련하여 바젤협약의 국내이행을 위한 법률(1992)을 제정한 후 바젤협약에 가입(1994)하였다. 폐기물관리법은 수출입에 신고가 필요한 폐기물 25개 품목을 지정하고 있는데 2015년 기준 수출 314,374톤, 수입 2,309,146톤으로 꾸준히 증가하고 있는 추세이다.

국내법으로는 화학물질관리법, 화학물질 등록 및 평가 등에 관한 법률, 잔류성유기오염물질관리법, 폐기물관리법, 유해화학물질관리법 등의 법률이 앞서 열거한 유해물질을 규제

---

10) 환경부, 위의 책, 308면.
11) 환경부, 위의 책, 309면.

하는 국제규범을 반영하여 위험화학물질을 포함한 위험물질의 관리를 위해 제정되어 있다.

국가전력수요의 약 20%를 원자력에 의존하고 있는 한국은 이 분야의 안전을 보호하여 환경과 인간건강에 미치는 위험을 최소화하기 위한 노력을 하고 있는데 많은 관련 조약에 가입하고 협력체제를 구축하였다. 핵물질과 원자력의 시설안전을 규제하기 위한 다변조약으로 한국이 당사국인 조약은 핵물질 및 원자력시설의 물리적 방호에 관한 협약, 원자력안전협약, 사용 후 핵연료 및 방사성폐기물관리의 안전에 관한 공동협약, 핵사고의 조기통보에 관한 협약, 핵사고 또는 방사능 긴급사태시 지원에 관한 협약 등 5개 조약이 있다. 또한 앞서 보았듯이 원자력 분야의 협력을 위한 양자조약은 미국을 비롯한 30개 국가와[12] 체결하고 있고 국제원자력기구(IAEA) 및 OECD 등 국제기구와도 협력협정을 체결하고 있다.

제6절 ● 해양환경 보호

한국의 관할해역은 443,838km²에 이른다. 따라서 이 광활한 해역의 환경과 그 생물자원 및 생태계를 보존하는 것은 국가발전과 생존에 중요하다. 우리 해양은 일본, 중국 등 인접 국가와 연계되어 있고 공해 및 타국 해역에서의 원양어업이 활발하게 이루어지고 있어 이 분야에서의 국제협력이 필수적이다. 앞서 보았듯이 한국은 해양환경과 해양생물자원의 보호 및 보존과 관련하여 국제포경협약, 남극해양생물자원보존협약, 유류에 의한 해양의 오염 방지를 위한 협약, 선박으로부터의 해양오염방지를 위한 협약(MARPOL73/78), 해양투기로 인한 해양오염방지협약(일명 런던협약), 북태평양 공해수산자원의 보존과 관리에 관한 협약 등 23개에 달하는 많은 관련 다변조약의 당사국으로 되어 있다. 이들 협약들은 해양오염 방지와 관련된 것과 해양생물자원의 보존과 관리에 관한 것으로 대별할 수 있는데 후자의 경우 한국은 주로 원양어업국가로서의 이해관계 때문에 당사국으로 참여한 지역해 또는 공해에서의 수산 관련 협약이 많아 보존적 측면에서의 역할이 제한적이었음이 사실이다.

해양환경을 규제하기 위한 국제규범을 반영하고 해양환경을 보호하기 위한 국내법은 선박으로부터의 해양오염방지를 위한 협약(1954)의 국내이행을 위해 제정되었던 해

---

12) 미국, 캐나다, 호주, 독일, 일본, 영국, 중국, 베트남, 아르헨티나, 터키, 프랑스, 아랍에미레이트(UAE) 등 주요 국가가 모두 포함되어 있다.

양오염방지법(1977)이 첫 법률이다. 이 법은 추후의 국제규범의 내용을 반영하기 위하여 개정되어 오다가 2007년 전면개정과 함께 해양환경관리법으로 명칭이 바뀌었다. 이후 최근에 제정된 해양환경 보전 및 활용에 관한 법률이 해양환경보호에 중요한 역할을 하고 있고 특이한 것은 이 법률은 명시적으로 국제환경법의 한 원칙인 사전주의원칙(precautionary principle)을 명시적으로 도입하고 있다는 것이다.

해양생물종은 전체 동식물의 34.9%인 9,307종으로 파악되어 있다. 해양생물다양성보존을 위한 핵심 국내법규는 해양생태계의 보전 및 관리에 관한 법률이다. 해양생물다양성보호를 위해 무안갯벌 등 14소의 연안습지구역을 설정하였고 신두리사구해역을 포함한 12개소의 해양생태계보호구역을 설정하였으며 가로림만 해역 등 27개소의 보호구역을 설정하여 관리하고 있다. 우리나라가 등록한 22개소의 람사습지 중 순천만갯벌, 인천송도갯벌 등 6개소가 해양연안습지이다.

제7절 ● 국제환경법원칙 및 국제환경보호 체제의 국내 수용

우리 헌법은 "헌법에 의하여 체결·공포된 국제조약과 일반적으로 승인된 국제법규는 국내법과 같은 효력을 갖는다"고 규정하고 있다.13) 이 규정은 일반적으로 국제법의 주요 연원인 조약과 국제관습법이 원칙적으로 국내법으로의 변형절차 없이 국내법이 될 수 있으며 국내법으로 수용된 국제조약과 관습법이 일반적으로 국회가 제정한 국내법률과 동등한 효력을 가진다는 것을 선언한 것으로 본다.14) 따라서 우리나라가 체결한 환경조약과 국제환경법 관련 관습법규도 국내법과 같은 효력을 갖는다고 하겠다. 다만 조약규정에서 요구하고 있거나 조약의 성격상 국내이행을 위한 국내이행법률이 필요한 경우 관련 국내법을 별도로 제정하거나 신규로 제정되는 관련법률 또는 기존 법률에 반영하여 왔다. 전자의 예로는 바젤협약을 국내이행하기 위한 폐기물의 국가간 이동 및 그 처리에 관한 법률, 바이오안전성의정서를 국내이행하기 위한 유전자변형생물체의 국가간 이동 등에 관한 법률, 유전자원의 접근 및 이익공유에 관한 나고야의정서를 이행하기 위한 유전자원의 접근이용 및 이익공유에 관한 법률(약칭, 유전자원법) 등을 들 수 있

---

13) 제6조 제1항.
14) 김정건·장신·이재곤·박덕영, 「국제법」 (박영사, 2010), 141면.

다. 후자의 예로는 멸종위기종의 국제거래에 관한 협약(CITES)의 국내이행을 위한 법규가 법의 일부로 반영된 야생동물보호 및 관리에 관한 법률, 습지에 관한 람사협약을 반영하고 있는 습지보전법, 로테르담협약과 스톡홀름협약이 반영된 화학물질관리법 등을 들 수 있다. 이 밖에도 남극조약과 남극환경보호를 위한 마드리드의정서를 반영한 남극활동 및 환경보호에 관한 법률, 원자력안전협약을 반영한 원자력안전법 등도 그러한 범주에 속한다.

우리 환경 관련 국내법규들은 환경손해를 야기하지 않을 책임원칙, 사전주의원칙, 지속가능발전원칙, 예방원칙 등 환경 관련 국제관습법 또는 환경 관련 국제환경법상의 원칙으로 열거될 수 있는 것들을 직접 혹은 간접적으로 반영하고 있는 것으로 평가된다.15) 예를 들어, '사전주의'원칙의 경우 환경영향평가법이 전략적 환경영향평가제도를 도입하고 있는데 이는 사전주의원칙 반영의 일환으로 볼 수 있다. 유전자변형생물체의 국가간 이동 등에 관한 법률도 동 법률의 목적으로 유전자변형생물체로 인한 국민의 건강과 생물다양성의 보전 및 지속적인 이용에 미치는 위해를 사전에 방지하기 위한 것으로 선언하고 있는데16) 사전주의원칙을 규정한 바이오안전성의정서의 이행법률임을 고려하면 사전주의원칙을 반영하고 있다고 하겠다. 앞서 보았던 해양환경 보전 및 활용에 관한 법률도 사전주의원칙을 포함하고 있는 입법사례이다.

'공동이지만 차별적인 책임'원칙의 경우 법령상의 수용은 아니지만 개도국 전문가, 관련 행정공무원 등에 대한 교육훈련을 실시하고 기술이전 사업을 벌이고 있는 것은 산업화과정의 경험을 공유하고 개도국의 능력배양을 도우려는 것으로 볼 수 있다. 또한 아직 많이 부족하지만17) 대외경제협력사업을 통한 개발도상국의 능력배양도 그러한 일면이라고 하겠다. 예들 들어, 한·중 환경협력사업의 일환으로 이루어지고 있는 환경협력단 파견, 환경전문가 상호연수 등의 사업과 가나(2011), 나이지리아(2012), 케냐(2013), 탄자니아(2014), 모잠비크(2015), 에티오피아(2016) 등에 지원한 아프리카 소규모 마을상수도시설 설치사업, 파리협정 이행을 위한 정보관리, 보고의무 이행 등을 위한 개도국 전문가 연수프로그램 운영(2018) 등이 그 전형적인 사례이다. 개도국에서 선진국으로 발전한 경험을 가진 국가가 별로 없는 상태에서 개도국의 경제발전에서 발생하는 환경문

---

15) 이재곤, "국제환경법원칙의 국내적 수용에 관한 연구", 「국제법학회논총」, 제42권 제2호(1997. 12.), 133~162면 참조.

16) 동법 제1조.

17) 2016년 환경부 세출예산 5조6,976억원 중 국제협력예산은 133억원에 불과하고 이 예산은 개발도상국지원 외의 국제협력사업을 포함한 것임을 감안하면 아직 적은 비중을 차지한다.

제를 해결하는 데 있어 한국의 경험이 유용할 수 있다는 점에서 실질적인 지원이 될 수 있도록 재원의 확대와 프로그램의 다양화가 요구된다. 한국은 34개국과 60여 건의 무상원조를 위한 기본협정을 체결하였고, 60개국과 330여 건의 대외경제협력기금제공을 위한 협정을 체결하여 개발도상국의 경제개발사업을 지원하여 왔다. 아쉬운 점은 이들 가운데 환경보호와 관련된 사업지원이 거의 없다는 것과 무상원조 또는 협력사업을 위한 저리의 장기차관을 제공하면서 지원사업이 미치는 환경적 측면을 고려하도록 요구하는 조항을 두고 있지 못하다는 점이다. 다만, 2016년에서 2018년간에 이루어진 경제협력기금 제공사업 중에는 유일하게 2016년 4월 8일 발효한 니카라과에 대한 재생에너지개발사업 지원협정이 있고, 에콰도르(2016년 1월 18일 발효), 세네갈(2016년 10월 31일 발효), 콩고(2018년 6월 7일 발효)와 체결한 개발협력 또는 무상원조를 위한 기본협정의 전문에서만 '지속가능발전을 증진'하기 위하여 재원을 제공하고 협력함을 밝히고 있어 환경적 측면의 인식을 보여주고 있을 뿐이다. 또한 대외경제협력기금법 등의 관련 법규에서 지원사업 결정과정에서 환경영향평가를 요구하는 것과 같은 환경적 요소를 고려하도록 의무화하는 구체적 언급을 하지 않고 있는 것은 아쉬운 부분이다.

정보교환, 정보에의 접근 및 환경 관련 결정에의 공중참여 보장 등의 절차적 규범과 관련한 예를 보면, 환경기술 및 환경산업지원법에 따른 환경정보공개의무기관 지정을 들 수 있다. 국가정책으로 추진하고 있는 공공데이터 개방 및 환경정보서비스 고도화도 그러한 국제규범의 수용이라고 하겠다.

한편, '지속가능발전'원칙과 관련하여 국제사회는 1987년 세계환경개발위원회(WCED)가 작업한 브룬틀란보고서(Brundtland Report)에서 지속가능발전을 정의한 이래 환경, 경제, 사회의 통합과 균형을 지향하는 전략으로 발전시켜 왔다. 1992년 리우환경회의에서 채택된 의제 21(Agenda 21)은 국가지속가능발전전략을 채택하도록 요구하고 있다. 2012년 UN지속가능발전회의는 '우리가 원하는 미래'(The Future We Want)라는 결의를 통하여 녹색경제를 지향하도록 방향을 제시하고 17개 지속가능발전목표(SDGs)를 선언하였다. 이를 기초로 2015년 유엔총회에서는 위 17개 SDGs와 169개 세부목표로 구체화한 2030 지속가능발전의제(2030 Agenda for Sustainable Development)를 채택하였다. 한국은 지속가능발전을 위한 실천방안을 구체화한 의제 21 국가실천계획을 1996년 3월에 수립하였고, 2000년 6월 새천년 국가환경비전을 선포하였다. 지속가능발전의 효과적 이행을 위한 기구로 2000년 지속가능발전위원회가 설립되었다. 현재 3번의 지속가능발전계획이 수립되었는데 제1차(2006~2011), 제2차(2011~2015), 제3차(2016~2035)가 그것이다. 이에 대한 이행평가보고서는 2012년, 2014년, 2016년에 각각 작성되었다.

국제환경규범의 국내수용에서 아쉬운 점은 많은 환경조약들이 국내적으로 이행할 최소한의 기준을 정하고 국내법에 재량권을 주고 있는 경우 우리나라의 국내법규는 그 기준보다 상향된 기준을 정하는 경우가 극히 드물다는 것이다. 경제력이 커지고 대중의 환경의식수준도 높아지는 것을 감안하여 관련 국내 산업계의 적응속도를 고려한다 하더라도 분야에 따라서는 선도적 규제기준을 세울 수 있을 것이다.

생각하기

1. 한국의 국제환경법 규범형성에 있어 선진국과 개발도상국의 입장 중 어느 편에 서야 하는가? 만약 선진국의 입장에 서서 규범형성의 선도적 입장을 취한다면 모든 환경분야에서 동일한 입장을 취해야 하는가? 선도적 입장을 취하는 것은 지금까지 주로 취해 온 선진국과 개도국 간의 가교적 역할의 경우와 비교하여 국가이익에 반하는가?

2. 정권교체 등의 정치적 이유로 국제환경법에 대한 대응태도와 내용이 달라지는 것은 어떤 문제를 야기하는가?

3. 동북아시아에서의 환경협력체제 구축가능성과 가능하다면 동 협력체제에서 중점을 두어야 할 분야는 무엇인가?

참고문헌

김정건·장신·이재곤·박덕영, 「국제법」, 박영사, 2010.

박병도, "중국발 미세먼지: 국제법적 책임추궁은 가능한가?", 「국제법현안 Brief」, 2019-1호, 2019.

이재곤, "국제환경법원칙의 한국환경법규에의 수용에 관한 연구" 「국제법학회논총」, 제42권 제2호, 1997. 12.

환경부, 「환경백서 2018」, 2018.

Lee, J.-H., "Transboundary Pollution in Northeast Asia: An International Environmental Law Perspective", *University of Hawaii Law Review*, vol.35, 2013.

Lee, J. G., "Korea", Year-in Review, *Yearbook of International Environmental law*, vol.4, 1993, pp.448-453; vol.5, 1994, pp.441-443; vol.6, 1995, pp.500-502; vol.7, 1996, pp.340-342; vol.8, 1997, pp.420-422; vol.9, 1998, pp.484-487; vol.10, 1999, pp.571-577; vol.11, 2000, pp.536-540; vol.12, 2001, pp.556-561; vol.13, 2002, pp.626-632; vol.14, 2003, pp.571-575; vol.15, 2004, pp.626-632; vol.16, 2005, pp.682-687; vol.17, 2006, pp.616-624; vol.18, 2007, pp.553-561; vol.19, 2008, pp.598-603; vol.20, 2009, pp.457-464; vol.21, 2010, pp.474-483; vol.22, 2011, pp.457-464; vol.23, 2012, pp.514-521; vol.24, 2013, pp.478-485; vol.25, 2014, pp.432-441; vol.26, 2015, pp.461-471; vol.27, 2016, pp.379-389.

Chung, S., "Is the Mediterranean Regional Cooperation Model Applicable to Northeast Asia", *Georgetown International Environmental Law Review*, vol.11, 1999.

조약 및 국제문서색인

사건색인

사항색인

공저자 약력

이 재 곤

연세대학교 법과대학(법학사)
연세대학교 대학원(법학석사, 법학박사)

미주리대, 듀크대 로스쿨 방문교수
충남대학교 법학전문대학원장
금강물포럼위원
국제법평론회 회장
대한국제법학회 회장 등 역임

(현) 충남대학교 법학전문대학원 교수
    외교부 자체평가위원
    대전고등법원 조정위원
    Yearbook of International Environmental Law,
        National Reporter

국제환경법주요판례(공저), 박영사, 2016
국제법(공저), 박영사, 2010
우주활동과 국제환경법, 충남대학교출판부, 2009
현대사회와 법(공저), 삼영사, 2003
생물다양성의 환경법적 보호(공저), 길안사, 1998
소련법률제도(공편역), 연세대학교 출판부, 1988 등

박 덕 영

연세대학교 법과대학 졸업
연세대학교 대학원 법학석사, 법학박사
영국 University of Cambridge 법학석사(L.L.M)
영국 University of Edinburgh 박사과정 마침
한국국제경제법학회 회장
산업통상자원부 통상교섭민간자문위원
대한민국 국회 입법자문위원
법제처 정부입법자문위원
연세대학교 법학전문대학원 교수
연세대 SSK 기후변화와 국제법 연구센터장
연세대 외교통상학 연계전공 책임교수
외교부 정책자문위원
대한국제법학회 회장

「기후변화에 대한 법적대응」, 「EU통상법」, 「국제
기후변화법제」, 「WTO 무역과 환경 사례연구」, 「배
출권거래와 WTO법」, 「EU란 무엇인가」, 「알기쉬
운 국제중재」, Legal Issues on Climate Change and
International Trade Law 외 다수의 저서와 논문

박 병 도

건국대학교(법학박사)
Indiana University, School of Law, Visiting Scholar
한국환경법학회 국제이사
대한국제법학회 부회장
국제법평론회 회장 역임

(현) 건국대학교 법학전문대학원 교수
    건국대학교 법학연구소장

국제환경책임법론, 집문당, 2007
인권법(공저), 아카넷, 2007
미국의 ODA, 한국법제연구원, 2010
로스쿨 국제법사례연습(공저), 박영사, 2018
고등학교 국제법(공저), 인천광역시교육청, 2018
기후변화 취약성과 기후정의(논문), 2014
신기후변화체제의 국제법적 쟁점, 2017
기후변화와 인권의 연관성에 관한 국제법적 검
    토, 2019

소 병 천

Pace University, School of Law(법학박사 S.J.D)
American University, Washington College of Law
    법학석사(LL.M. in International Environmental Law)
Tulane University, School of Law 법학석사(LL.M.
    in Energy and Environmental Law)

(현) 아주대학교 법학전문대학원 교수
    뉴욕주 변호사
    국제법평론회 회장
    한국환경법학회 부회장
    환경부 규제개혁위원회 위원
    환경부 화학관리위원회 부위원장
    환경부 화학물질정보공개심의위원회 위원
    환경부 통합환경관리정보공개심의위원회 위원

유럽연합 환경법(공저) 고시계사 2016
환경판례백선(공저) 박영사 2019
국제법상 기후변화피해책임 - 기후변화협상 Loss &
    Damage 논의를 중심으로 2016(논문)
국외 발생 미세먼지 관련 국제법적 분석 및 대응
    방안 2017(논문)
미세먼지 문제에 대한 환경법, 정책적 소고 2018(논문)
미국 환경법 최근 입법동향 2019(논문) 외 다수

제 2 판
국제환경법

초판발행	2015년 6월 25일
제2판발행	2020년 5월 20일
지은이	이재곤 · 박덕영 · 박병도 · 소병천
펴낸이	안종만 · 안상준
편 집	윤혜경
기획/마케팅	조성호
표지디자인	박현정
제 작	우인도 · 고철민
펴낸곳	(주) **박영사**
	서울특별시 종로구 새문안로3길 36, 1601
	등록 1959. 3. 11. 제300-1959-1호(倫)
전 화	02)733-6771
f a x	02)736-4818
e-mail	pys@pybook.co.kr
homepage	www.pybook.co.kr
ISBN	979-11-303-3576-6 93360

copyright©이재곤 · 박덕영 · 박병도 · 소병천, 2020, Printed in Korea

* 잘못된 책은 바꿔드립니다. 본서의 무단복제행위를 금합니다.
* 저자와 협의하여 인지첩부를 생략합니다.

정 가   37,000원